Mr. Sponges Sporttour

Robert Smith Surtees

Writat

Cette édition parue en 2024

ISBN : **9789359942049**

Publié par
Writat
email : info@writat.com

Inhalt

VORWORT

Der Autor nutzt gerne die Gelegenheit, ein Vorwort zu verwenden, um zu erklären, dass man am Ende des Werkes sehen werde, warum er eine so charakterlose Figur wie Mr. Sponge zum Helden seiner Geschichte macht.

Er wird sich freuen, wenn es dazu dient, die heranwachsende Generation vor betrügerischen, promiskuitiven Bekanntschaften zu warnen und sie zum edlen Sport der Jagd zu erziehen, unter Ausschluss seiner söldnerischen, illegitimen Ableger.

November 1852

KAPITEL I

UNSER HELD

Es war ein trüber Oktobertag, als man den Helden unserer Geschichte, Mr. Sponge oder Soapey Sponge, wie ihn seine gutmütigen Freunde nennen, auf seinem Weg in den Westen die Oxford Street entlangschlendern sah. Nicht, dass es etwas Ungewöhnliches gewesen wäre, dass Sponge in der Oxford Street gesehen wurde, denn wenn er in der Stadt ist, bestehen seine täglichen Spaziergänge aus einem Rundgang, beginnend vom Bantam Hotel in der Bond Street nach Piccadilly, über den Leicester Square und so weiter nach Aldridge's in St. Martin's Lane, dann vorbei an Moores Sportdruckerei und weiter durch einige dieser zweideutigen und gewundenen Straßen, die den Entdecker früher oder später auf der Südseite der Oxford Street landen, da sie alle Wege auf einmal und keinen bestimmten zu führen scheinen .

Die Oxford Street verhält sich im nördlichen Teil Londons wie die Strand im Süden: Früher oder später wird sie mit Sicherheit einen Besucher anlocken. Ein Mann kann kaum über beides hinwegkommen, ohne es zu wissen. Nun, nachdem Soapey die Oxford Street erreicht hatte, ging er in einem kantigen Tempo mit den Knien und den Entenzehen voran, das durch die Motorhauben, die Fahrzeuge und die Reiter, die er traf, um sie zu kritisieren, reguliert wurde; denn für Frauen, Fahrzeuge und Pferde hatte er sich selbst zum vollendeten Richter gewählt. Tatsächlich war er sich völlig darüber im Klaren, dass Kiddey Downey und er die einzigen Männer in London waren, die *wirklich* etwas über Pferde wussten, und völlig beeindruckt von dieser Überzeugung blieb er stehen, stand da und starrte auf eine Art und Weise, die ihn anstarrte jeder andere Mann wäre als unverschämt angesehen worden. Vielleicht war es bei Soapey unverschämt – wir wollen nicht sagen, dass es das nicht war –, aber er hatte es schon so lange gemacht und war von so sportlichem Gang und Statur, dass er sich einigermaßen privilegiert fühlte. Darüber hinaus sind die meisten Reiter mit den Tieren, die sie reiten, so zufrieden, dass sie ihren Ausleger anheben und mit der Miene „Finden Sie irgendetwas auszusetzen, entweder an mir oder an meinem Pferd, wenn Sie können" mitreiten.

So ging Mr. Sponge gemächlich weiter, mal nickte er diesem Mann zu, mal deutete er mit dem Ellbogen darauf, mal lächelte er auf einem Phaeton, mal spottete er über einen Bus. Wenn er nicht bei Shackell's oder Bartley's oder einem der Händler an der Leitung vorbeischaute, war er immer gegen halb sechs am Cumberland Gate anzutreffen, von wo aus er gemächlich den Park hinunterging, und nachdem er zu einem... gekommen war Nach einem langen Check an den Schienen der Rotten Row, von wo aus er die gesamte Kavallerie im Park im Blick behalten würde, würde er sich auf den Weg zurück zum Bantam machen, ganz in dem Stil, den er gekommen war. Dies war sein Sommerprozedere.

Mr. Sponge hatte dieses unternehmungslustige Leben einige „Saisons" lang geführt – mindestens zehn – und wenn man annimmt, dass er mit zwanzig oder einundzwanzig angefangen hat, wäre er ungefähr dreißig, wenn wir das Vergnügen haben, ihn unserem Leben vorzustellen Leser – ein Lebensabschnitt, in dem Männer zu vermuten beginnen, dass sie mit zwanzig nicht ganz so weise waren, wie sie dachten. Nicht, dass Mr. Sponge über irgendwelche besonderen Indiskretionen nachgedacht hätte, denn er war einigermaßen scharfsinnig, aber er hatte das Gefühl, dass er seine Zeit besser hätte nutzen können, die man kurz so beschreiben kann, als hätte er den ganzen Winter mit der Jagd verbracht Ich rede den ganzen Sommer darüber. Mit diesem beliebten Sport verband er den Zeitvertreib der Glücksjagd, obwohl wir mit Besorgnis sagen müssen, dass sein Erfolg bis zur Zeit unserer Einführung in keinem Verhältnis zu seinen Verdiensten stand. Hoffen wir jedoch, dass ihm bald bessere Tage bevorstehen.

Nachdem wir unseren Helden nun unseren männlichen und weiblichen Freunden im Rahmen seiner interessanten Beschäftigungen als Fuchs und Glücksjäger vorgestellt haben, ist es an uns, ein paar Worte zu seinen Qualifikationen zu sagen, um diese weiterzuführen.

Mr. Sponge war ein gutaussehender, eher vulgär aussehender Mann. Aus einer Entfernung von etwa zehn Metern verlieh ihm seine Größe, seine Figur und seine Haltung ein gewisses imposantes Aussehen, was jedoch eher durch eine ruckartige, nervöse, unruhige Art getrübt wurde, die allzu deutlich zeigte, dass er nicht der natürliche Mensch war, oder was die niederen Stände den *wahren* Gentleman nennen. Nicht, dass Sponge schüchtern gewesen wäre. Weit davon entfernt. Er zögerte nie, nach einer dreitägigen Bekanntschaft einer Dame ein Angebot zu machen oder einen Herrn zu bitten, ihm über Nacht ein Pferd mitzunehmen, mit dem er vielleicht auf dem Jagdgebiet in Berührung kommen könnte. Und er tat das alles auf eine so coole, beiläufige und selbstverständliche Art, dass Leute, die verwundert gestarrt hätten, wenn irgendjemand anders einen solchen Vorschlag angedeutet hätte, wirklich von Humor und Stimmung begeistert zu sein schienen der Sache zu verstehen und sie eher als Selbstverständlichkeit denn als etwas anderes zu betrachten. Damals wurde seine Geschicklichkeit, in die Häuser der Menschen einzudringen, nur noch durch die Schwierigkeit übertroffen, ihn wieder herauszuholen, aber darauf müssen wir vorerst zugunsten seiner Porträtmalerei verzichten.

Von der Größe her war Mr. Sponge überdurchschnittlich groß – etwa 1,70 Meter groß –, hatte einen gut getragenen, nicht schlecht geformten, kurz geschorenen ovalen Kopf, eine einigermaßen gute, aber etwas fliehende

Stirn, leuchtende haselnussbraune Augen, eine römische Nase, ... Sorgfältig gepflegter Schnurrbart, der bis zu den Ecken eines wohlgeformten Mundes reicht und von dort in Halbkreisen in eine weite Haarfläche unter dem Kinn abfällt.

Nachdem wir Mr. Sponges eleganten Gang und seinen Pferdegeschmack erwähnt hatten, war es fast unnötig zu sagen, dass seine Kleidung sportlich war – man konnte an seiner Kleidung erkennen, was er war. Jeder Artikel schien so gestaltet zu sein, dass er der äußersten Härte der Elemente trotzt. Sein Hut (Lincoln und Bennett) war hart und schwer. Es klang auf einem Tisch in der Eingangshalle wie eine Trommel. Eine kleine magische Schleife im Futter erklärte die Ursache für sein Gewicht. Irgendwie waren seine Hüte weder alt noch neu – nicht, dass er sie aus zweiter Hand gekauft hätte, aber wenn er einen neuen bekam, nahm er mit einer sengenden Lampe den „langen Mantel", wie er es nannte, ab und fertigte ihn an Es sieht aus, als hätte es ein paar Probeschauer erlebt.

Wenn ein guter Londoner Hut bis zu einem bestimmten Punkt nachlässt, wird er nicht schlechter; Es ist nicht wie ein vom Land geschaffenes Ding, das so lange weitergeht, bis es zu einem Ding wird, das keinerlei Ähnlichkeit mehr mit seinem ursprünglichen Selbst hat. Abgesehen von seinem Gewicht und seiner Härte hatte der Schwammhut außer dem Schwammkopf keinen besonderen Charakter. Es war nicht eines dieser winzigen Ovale oder Cheshire-Cheshire-Käse-Flächen oder geschweiften Dinger, die es einem ermöglichen, anhand der Hüte im Eingangsbereich zu erkennen, wer sich in einem Haus aufhält und wer nicht, sondern es war einfach nur Stille , runder Hut, ohne irgendetwas Auffälliges, weder an der Bindung, am Futter noch am Band, aber dennoch war es ein sehr passender Hut, als Sponge ihn trug. In Hüten steckt viel Charakter. Wir haben Hüte gesehen, die ihre Besitzer weitaus eindringlicher in die Erinnerung rufen als die Allgemeinheit von Porträts. Aber zu unserem Helden.

Dass es in der Kleidung eine schicke Schlichtheit geben kann, beweisen jeden Tag unsere Freunde, die Quäker, die ihre wunderschönen braunen Sachsenröcke mit kleinen Samtkragen innen und ausgefallenen Seidenknöpfen schmücken, und sogar die strenge Ordnung sportlicher Kostüme, die unser Freund Mr . Sponge ist nicht ohne die Fähigkeit zur geschmackvollen Anpassung. Dies zeigte Mr. Sponge vor allem dadurch, dass er eine Ähnlichkeit zwischen seinen Halstüchern und Westen hervorhob. Wenn er also eine cremefarbene Krawatte trug, würde er eine hellbraune Weste tragen, wenn er eine gestreifte Weste hätte, dann wäre die Stärke etwas von der gleichen Farbe und dem gleichen Muster durchdrungen. Die Bindungen variierten je nach Beschaffenheit. Die Seidenschnüre endeten in einer Art Kutschenfalte und waren mit einer goldenen Fuchskopfnadel befestigt, während die gestreiften Stärker mit Hilfe einer Nadel auf jeder Seite einfach eine ordentliche, unaufdringliche Krawatte in der Mitte bildeten, eine Art im Miniaturformat der eklatanten, wegfliegenden Mile-End-Menschen der aufstrebenden Jugend der Gegenwart. Seine Mäntel waren einreihig, mit Cut-Away-Manteln und Außentaschen und im Allgemeinen entweder aus Oxford-Mischung oder einer dunklen Farbe, sodass man ihn in ein günstiges Licht rücken musste, um sagen zu können, was es war.

Seine Westen hatten natürlich die korrekteste Form und das korrekteste Material, im Allgemeinen entweder hellbraun oder gelbbraun mit einem schmalen Streifen, ähnlich den Ausziehwesten der Diener der königlichen Familie, nur dass das Muster quer statt längs verlaufend war. Da diese Würdenträger meistens ihre haben und mit guten, ehrlichen Stehkragen ausgestattet sind, wandeln sie manchmal ihre aufrechten Stehkragen anstelle der angeblichen Rollkragen um. Wenn er tief nachdachte, vielleicht den Wert eines vorbeikommenden Pferdes errechnete oder darüber nachdachte, ob er Rindersteaks oder Lammkoteletts zum Abendessen haben sollte, ruhte Sponges Daumen in den Armlöchern seiner Weste; In dieser lockeren, aber nicht sehr eleganten Haltung verharrte er manchmal, bis jede Spur der Idee, die sie erhob, aus seinem Kopf verschwunden war.

Bei der Hosenlinie hielt er an der enganliegenden Tracht früherer Tage fest; und es gab viele Prüfungen, Erleichterungen und Änderungen, bis er ein Paar genau im Kopf hatte. Viele Kunden wandten sich ab, als sie sahen, wie seine männliche Gestalt den Schaukelspiegel in „Snip and Sneiders" füllte, ein Monopol, gegen das einige Handwerker Einwände erheben könnten, nur dass Mr. Sponges Hosen als perfekte „Triumphe der Kunst" gelten. Je häufiger eine solche Wanderwerbung im Laden zu sehen war, desto besser. Tatsächlich glauben wir, dass es sich für Snip und Co. gelohnt hätte, sie ihm umsonst zu überlassen. Sie waren locker, ohne eng zu sein, oder besser gesagt, sie sahen eng aus, ohne eng zu sein; Es gab keine Tasche, keine Falte oder Falte, die es nicht geben sollte, und so stark und sturmtrotzend sie auch schienen, waren sie dennoch so weich und geschmeidig wie ein Damenhandschuh. Sie sahen eher so aus, als wären seine Beine darin geblasen worden, als dass solche makellosen Kleidungsstücke das Werk von Menschenhänden wären. Es gab viele Stupser und viele „Blick auf die Hosen dieses Kerls", die ihm von ehrgeizigen Männern gegeben wurden, die seinem Aussehen nacheiferten, als er vorbeiging, und viele drehten sich um, um zu prüfen, wie tadellos sie auf seinen strahlenden Stiefel fielen. Den Stiefeln käme vielleicht ein wenig Ruhm zugute, denn sie waren wunderbar weich und sahen am Fuß kühl aus, bequem, ohne zu locker zu sein, und er behielt den Glanz ihres Lacks bis zum letzten Augenblick bei gehen. Es gab nie einen besseren Mann, der zu Fuß oder zu Pferd durch den Dreck kam als unser Freund.

Für die Besucher der „Ecke" wäre es fast überflüssig zu erwähnen, dass er ein ständiger Begleiter ist. Er hat mehrere Bände mit „Katalogen", in denen am Rand die Preise aufgeführt sind, die die Pferde erzielt haben, und er hat ein seltenes Talent dafür, alte Freunde zu erkennen, so verändert, verkleidet oder entstellt sie auch sein mögen – „Ich habe diesen Riss gesehen." „Vorher", wird er mit einem wissenden Kopfschütteln sagen, wie ein unglücklicher Teufel mit dem besten Bein voran zum Hammer geht, oder: „Was!" ist das alte Biest zurück? warum er jeden Tag hier ist.' Kein Mann kann Soapy mit einem Pferd überwältigen. Er kann die rauen Plausibilitäten des Strohhofs ebenso erkennen wie die Metamorphose des Klippers oder Sängers. Sein geübtes Auge lässt sich weder durch die Schmeicheleien des Bang-Tails noch durch die Verluste des Docks belasten. Tattersall begrüßt ihn von seinem Podium aus mit: „Hier ist ein Pferd, das zu Ihnen passt, Mr. Sponge!" günstig, gut und hübsch! Komm und kaufe ihn.' Aber es ist unnötig, ihn hier zu beschreiben, denn jeder deplatzierte Stallknecht und Hundedieb kennt ihn vom Sehen.

KAPITEL II

HERR. BENJAMIN BUCKRAM

Nachdem wir unseren Helden gekleidet und ausreichend beschrieben haben, um unseren Lesern eine allgemeine Vorstellung von dem Mann zu ermöglichen, müssen wir sie nun bitten, zum Tag unserer Vorstellung zurückzukehren. Mr. Sponge war in einem etwas schnelleren Tempo als sonst die Oxford Street entlang gelaufen – er hatte eine kürzere Pause im verwirrten „Circus" des „Busses" gemacht und seltener als gewöhnlich zwischen dem Circus und dem Ende seines Spaziergangs angehalten . Sehen Sie ihn jetzt am Ende der Edgeware Road, wie er die Busse mit einer Miene beäugt, die mitfahren möchte, statt mit dem verächtlichen Spott, den er normalerweise gegenüber diesen unhöflichen Inszenierungen an den Tag legt. Rot, Grün, Blau, eintönig, zimtfarben, gingen vorbei und überquerten und drängten und hielten an und blockierten, und die Schurken telegrafierten und zwinkerten und nickten und lächelten und schimpften, aber Mr. Sponge beachtete sie nicht. Er hatte eine Art „Bus"-Panorama im Kopf, kannte den Weg von ihnen allen, wo sie ankamen, wo sie anhielten, wo sie tranken, wo sie umstiegen, und war, wunderbar zu erzählen, noch nie in einem Sixpenny gefangen gewesen Fahrpreis, als er vorhatte, einen Dreigroschen zu nehmen. In der Taxi- und Busgeographie gibt es in London keinen gebildeteren Mann.

Markieren Sie ihn, wie er an der Ecke steht. Er sieht, was er will, es ist das karierte mit den roten und blauen Rädern, das die Bayswater-Räder zwischen sich haben, und dass die St. John's Wood und zwei Western Railway-Räder versuchen, durch Überqueren in Schwierigkeiten zu geraten. Was für ein Krach! Wie die Raufbolde peitschen und stampfen und stürmen und sich mit ihren Stöcken fast gegenseitig in die Zähne stechen, wie die Schurken gestikulieren und wie die Passagiere fluchen! Jetzt sind die Hauben aus den Fenstern, und die Reihe nimmt zu. Sechs Kutscher stürmen und stürmen, sechs Schurken zerschneiden die Luft, sechzehn Damen in Blumen schreien, sechsundzwanzig stämmige Passagiere schwören, dass sie „sie alle bestrafen" werden, und Mr. Sponge ist der einzige coole Mensch in der Szene. Er stürzt sich nicht in die Menge und „springt hinein", aus Angst, der Bus könnte sich befreien und ohne ihn weiterfahren; er macht die Verwirrung nicht noch schlimmer, indem er seinen Befehl andeutet; er beschmutzt seine hellen Stiefel nicht, wenn er vom Bordstein tritt; Doch während er still darauf wartete, dass der Dampf verdampfte und sich die Fahrzeuge entwirrten, musste der Bus durch das kleinstmögliche Zeichen der Welt, das im passenden Moment gegeben wurde, und durch ein festes Festhalten an den Flaggen entweder zu sich kommen ‚ oder das Fahrgeld verlieren, und er steigt leise ein und zwängt sich bis zum anderen Ende, als wollte er die ganze Reise auf sich nehmen.

Davon rumpeln sie die Edgeware Road hinauf; Das allmähliche Heraustreten aus dem stationären Londoner Alltag war sowohl durch das Aussprechen der Passagiere als auch durch die zunehmenden Entfernungen zwischen den Häusern gekennzeichnet. Erstens ist es bei beiden ein enges Gedränge. Strenge Eisengeländer bewachen die unterirdischen Küchenbereiche , und strenge Blicke verraten den Wunsch der Passagiere, ihre eigenen Taschen zu schützen; Nach und nach verdrängen kleine Gärten die beengten Plätze, und mit ihrem humanisierenden Aussehen treten sanftere Gärten an die Stelle der stirnrunzelnden *Anti* -Swell-Mob-Gärten.

Gegenwärtig kann man zwischen den breiteren Räumen der Häuser einen Blick auf grünes Land oder ferne Hügel erhaschen, und häufige Platzierungen nach unten vergrößern den Raum zwischen den Passagieren; nach und nach tauchen Wintergärten auf und Gespräche beginnen; Dann kommt die Exklusivität der Villen, von denen einige freistehend sind und andere schließlich in echte, reine grüne Felder mit Bäumen und malerischen Topfhäusern münden, bevor eines dieser letzteren mit einer plötzlichen Drehung und einem Ruck das Ende der Reise ankündigt. Der letzte Passagier (falls vorhanden) wird dann kurzerhand auf das Land entlassen.

Unsere Leser werden die Freundlichkeit haben, sich vorzustellen, dass unser Held, Herr Schwamm, im Zeichen der Katze und des Zirkels aus einem Omnibus geschossen wurde, in der vollen ländlichen Natur des Graslandes, übersät mit Brachflächen und Rübenfeldern. Wir sollten feststellen, dass diese ungewöhnliche Reise dem Wunsch entsprang, Mr. Benjamin Buckram auf der Farm des Pferdehändlers in Scampley einen Besuch abzustatten, die etwa anderthalb Meilen von seinem Aufenthaltsort entfernt liegt und den er nun zu Fuß erkunden wollte .

Herr Benjamin Buckram war ein kleiner Pferdehändler – klein zumindest, wenn er kaufte, aber großartig, wenn er verkaufte. Es würde einem jungen Spieler gut tun, wenn Ben die beiden Kapazitäten ausfüllen würde. Er handelte mit Second-Hand-Handel, d. aber bei dieser Gelegenheit suchte Mr. Sponge seine Dienste eher als Briefträger als als Pferdeverkäufer. Mr. Sponge wollte ein paar plausibel aussehende Pferde einstellen, mit der Option, sie zu kaufen, vorausgesetzt, er (Mr. Sponge) könnte sie für mehr verkaufen, als er Mr. Buckram ohne die Miete zahlen müsste. Wir sollten sagen, dass Mr. Buckrams Arbeitspreis so nahe bei zwölf Pfund pro Monat lag, inklusive achtundzwanzig Tagen, wie er nur konnte, wobei der Mieter natürlich für die Haltung der Tiere sorgte.

Scampley ist einer dieser hübschen kleinen Vorstadtbauernhöfe, die im Norden und Nordwesten Londons typisch sind – Bauernhöfe mit einer Fläche von 50 bis 100 Acres gut gedüngtem, kiesigem Boden; jeder Bauernhof mit seinen malerischen kleinen Gebäuden, bestehend aus kleinen, mit Honig gefüllten, mit Rosen umrankten Backsteinhäusern, mit kleinen, flachen Pfannendächern und Sprossenfenstern; und daneben ein großer Heuhaufen, dreimal so groß wie das Haus, oder eine verlassene Scheune, halb so groß wie alle anderen Gebäude. Aufgrund der Kleinheit der Grundstücke sind die Bauernhäuser so dicht und in so unterschiedlichen Abständen von den Straßen verstreut, dass sie wie minderwertige „Villen" aussehen, die aus der Reihe geraten; Die meisten von ihnen sehen halb schlau, halb schäbig aus.

Die Bauern, die sie anbauen, oder vielmehr betreuen, sind weder Stadt noch Land. Sie haben die clowneske Kleidung und den ungehobelten Gang der gewöhnlichen „Chaws", gepaart mit einem guten Teil der schnellen, misstrauischen, säuerlichen Frechheit der niederen Londoner. Wenn Sie überhaupt eine Antwort von ihnen bekommen können, wird diese im Allgemeinen so übermittelt, dass sie zeigt, dass der Antwortende denkt, dass Sie das sind, was man als „Ärger" bezeichnet, indem Sie ihn fragen, was Sie wissen.

Diese Farmen dienen dem doppelten Zweck, als Lieferanten für die Londoner Ställe und als Krankenhäuser für kranke, überarbeitete oder unverkäufliche Pferde. Alle großen Handwerker und Pferdehändler haben diese Rückzugsorte auf dem Land, und die kleineren geben vor, sie zu haben, von wo aus sie zu gegebener Zeit jedes Tier ziehen können, das ein Kunde sich wünscht, ebenso wenig Wein ohne Keller -Händler können Ihnen jede Art von Wein aus echten Betrieben besorgen – wenn Sie ihnen nur Zeit lassen.

Es gab viele Geheimnisse um Scampley. Manchmal befand es sich in den Händen von Herrn Benjamin Buckram, manchmal in den Händen seiner Beauftragten, manchmal in denen seines Cousins Abraham Brown, und manchmal waren es John Doe und Richard Roe.

Mr. Benjamin Buckram hatte den Vorteil, dass er wie ein respektabler Mann aussah, auch wenn er weit davon entfernt war, einer zu sein. Er hatte eine gewisse rundliche, wohlgenährte Rosigkeit an sich, die ihm, unterstützt durch ein farbenfrohes Kleid und das ständige Fummeln in den Taschen seiner tristen Hose, das Aussehen eines Wohlhabenden verlieh „-die-Welt"-Typ Mann. Darüber hinaus trug er zu seinem blauen Mantel einen Samtkragen, ein imposanterer Schmuck, als es auf den ersten Blick scheint. Natürlich gibt es zwei Arten von Samtkragen: den echten Samtkragen, der mit dem Mantel beginnt, und den übernommenen Samtkragen, der angelegt wird, wenn der Stoffkragen schäbig wird.

Buckrams Kragen war immer der richtige Samtkragen, der von Anfang an neu war, und wir glauben wirklich, dass ein permanenter Samtkragen, an dem man bei Sturm und Sonnenschein festhält, auf die Welt einen sehr gewinnbringenden Eindruck macht. Es zeigt einen Geist, der den Gefühlen dürftiger Sparsamkeit überlegen ist, und wir glauben, dass es für einen Menschen viel leichter zu entschuldigen wäre, wenn er von einem Mann mit einem guten Samtkragen an seinem Mantel zum Opfer gemacht würde, als von jemandem, der dieses falsche Zeichen der Vornehmheit zur Schau stellt – ein Pferd und einen Wagen .

Der Leser wird nun die Freundlichkeit haben, über die Ankunft von Mr. Sponge in Scampley nachzudenken.

„Ah, Herr Schwamm!" rief Mr. Buckram, der, nachdem er gesehen hatte, wie unser Freund die kleine gewundene Zufahrt von der Straße zu seinem Haus hinaufging, durch ein kleines quadratisches Fenster, das fast von irischem Efeu bedeckt war, durch das er die Ankunft seiner gelegentlichen Gäste zu betrachten pflegte , Reh und Reh. „Ah, Herr Schwamm!" rief er mit wohlverstandener Fröhlichkeit aus; „Du hättest gestern hier sein sollen; schickte zwei Sich-Osses weg – perfekte „Unters" – die absolut besten, die ich je in meinem Leben gesehen habe; Beide hätten für Ihr Geld viel Geld ausgegeben. „Aber kommen Sie herein, Herr Schwamm, kommen Sie herein", fuhr er fort und drängte sich durch ein kleines Wachhäuschen eines grünen Portikus zu einem schmalen Gang, der auf beiden Seiten in kleine Räume abzweigte.

Als Buckram diese rückläufige Bewegung machte, zog er sanft am Holzgriff eines altmodischen Drahtklingelzugs inmitten von Buggy-, Vierspänner- und anderen Peitschen, die im Eingang hingen, eine Berührung, die war durch ein einziges Klingeln der Glocke im Stallhof bestätigt.

Dann betraten sie den kleinen Raum auf der rechten Seite, dessen Wände mit verschiedenen sportlichen Drucken geschmückt waren, die hauptsächlich Hindernisjagden darstellten, und hier und da einen verkrüppelten Fuchspinsel, der als Staubwedel herumwirbelte. Der schlecht belüftete Raum stank nach abgestandenem Rauch, und der verblasste grüne Stoff eines kleinen runden Tisches in der Mitte war mit Haselnussschalen und leeren Biergläsern bedeckt. Die gesamten Möbel des Zimmers waren keine fünf Pfund wert.

Mr. Sponge, der sich nun auf den Dealer konzentrierte, begann in der dem Anlass angemessenen, dürftigen Manier. Nachdem er seinen Hut auf den Boden gelegt, sein linkes Bein zum Stillen hochgehoben und sein Haar mit der rechten Hand nach hinten gestrichen hatte, begann er folgendermaßen:

„Nun, Buckram", sagte er, „ich werde dir sagen, wie es ist." Ich bin schwer enttäuscht – regelmäßig in Short's Gardens. Ich verlor achtzehn Pfund beim Derby und sieben beim Leger, tatsächlich den größten Teil meines Jahreseinkommens; und ich möchte nur zwei oder drei Pferde für die Saison mieten, mit der Kaufoption, wenn ich möchte; und wenn Sie mich gut versorgen, kann ich das Mittel sein, Ihrer Mühle Schrot zuzuführen; du Zweig, was?'

„Nun, Mr. Sponge", antwortete Buckram und ließ mehrere halbe Kronen hintereinander über die Schrägfläche seiner Tasche gleiten. „Nun, Herr Schwamm, ich werde gerne mein Bestes für Sie tun." Ich wünschte, du wärst gestern gekommen, obwohl ich, wie ich schon sagte, zwei der hübschesten Nörgler hatte – einen Braunen und einen Grauschimmel –, für einen Richter wie dich spielt die Farbe keine Rolle; Es gibt kein vernünftigeres Sprichwort, als dass ein gutes Schwein niemals eine schlechte Farbe hat; Nur für einen jungen Edelsteinmann, wissen Sie, ist es gut, sie schlau zu haben, und kurz gesagt, das Ticket; Wie auch immer, ich muss mein Bestes für Sie tun, und wenn nichts dabei ist, was Ihre Fantasie anregt, dann müssen Sie mir ein paar Tage Zeit geben, um zu sehen, ob ich einen Austausch mit einem anderen Herrn arrangieren kann; aber die Gegenwart scheint eine hektische Zeit zu sein; Ich hatte noch nie so viel Glück mit den Knochen, wie ich mich erinnern kann, und ich bin jetzt ein Händler, ein Mann und ein Junge, seit achtunddreißig Jahren alt geworden; Aber junge Herren sind skurril, und es war ein junger Mann, der diese bekommen hat, und es lässt sich nicht sagen, dass er sie vielleicht nicht mag – in der Tat ist jemandes schwieriger zu reiten – das heißt, der Graue, der hübscheste von beiden , und er *kann* zurückkommen, und wenn ja, sollst du ihn haben; und ein sichererer, süßerer Oss wurde noch nie gesehen, oder einer, der einem Herrn mehr Ehre erweisen möchte: Aber Sie wissen, was ein Oss ist, Herr Schwamm, und können mir gerecht werden, und ich würde Ihnen gerne das Beste geben Hände – *das* sollte ich tun.'

Mit Gesprächen, oder besser gesagt mit Unsinn, wie diesem, verschaffte sich Mr. Buckram die wenigen Minuten, die nötig waren, um die Verbände abzunehmen, die Flaschen zu verstecken und die zu untersuchenden Krüppel aufzurütteln, und das schwere Klappen der Kutschenhaustür verkündete dies Als alles bereit war, führte er uns sofort durch eine Tür in einer Ziegelmauer in einen kleinen, dreieckigen Hof, der aus Ställen und losen Boxen bestand und in dessen Mitte sich ein heruntergekommener Taubenschlag über einer Pumpe befand. Mr. Buckram, der keinen Mais anbaut, konnte es sich leisten, Tauben zu halten.

KAPITEL III

PETER LEDER

Nichts verrät den Charakter eines Händlergewerbes mehr als die Diener und Mitläufer des Establishments. Je höflicher das Benehmen und je besser sie „angezogen" sind, desto höher ist das Ansehen des Meisters und desto besser ist der Stempel der Pferde.

Die Dinge bei Mr. Buckram waren sehr zwielichtig. Kerle mit schmutzigen Hemden, prügelnden, ausgebeulten Hosen und langen Gamaschen, denen das Wort „Gin" unauslöschlich ins Gesicht eingeprägt ist. Peter Leather, der Anführer, war einer der gefallenen Engel der Knechtschaft. Er hatte einst einen Herzog getrieben – den Herzog von Dazzleton – und hatte nichts anderes zu tun, als sich anzuziehen und auf seinen gut ausgeschnittenen, reich mit Fransen besetzten Thron zu klettern, mit einem Helfer an jedem Pferdekopf, den er auf ein Nicken seines breit geschnürten Pferdes „loslassen" konnte Dreispitz. Nachdem er dann seine Fracht (oder seinen Müll, wie er sie immer nannte) beladen hatte, startete er in einem wirklich grandiosen Tempo, schaltete dieses Fahrzeug aus, schoss an diesem vorbei, streifte beinahe ein drittes und verfluchte die „Busse". und die Fuhrmänner missbrauchen. Wir wissen nicht, wie es ihm mit der Königin ergehen würde, aber er fuhr auf jeden Fall so, als ob er glaubte, niemand hätte etwas auf der Straße zu suchen, während die Herzogin von Dazzleton es wollte. Die Herzogin ging gern schnell, und Peter kam ihr entgegen. Der Herzog trainierte seine Pferde und kümmerte sich nicht um das Tempo, und so wäre es vielleicht ganz bequem weitergegangen, wenn Peter nicht eines Nachmittags mit seiner Stange gegen die Verkleidung einer sehr schlichten, aber sehr gepflegten gelben Kutsche gefahren wäre, als er am Ende vorbeifuhr Die New Bond Street, die nichts als ein einfaches Wappen hatte – einen Hirschkopf auf der Tafel –, ließ ihn glauben, sie gehöre zu einem massigen Bürger, der mit seiner Rippe die Luft einnahm, der sich aber unglücklicherweise als kein geringerer Mensch entpuppte als Sir Giles Nabem, Ritter, der große Polizeirichter, verübte auf einen seiner Myrmidonen in Zivil, der zu Hilfe kam, einen äußerst heftigen Angriff, für den ihm sein unglücklicher Zufall eine abwechselnde Beschäftigung für seine fetten Waden verschaffte 'H. von C.", wie der Angestellte das Justizvollzugsanstalt kurz nannte. Dorthin ging Peter, und anstelle seines spitzenbesetzten Mantels, der mit Goldbeschlägen besetzten Plüschtiere, der Strümpfe und der Schnallenschuhe trug er einen Anzug aus eng anliegendem, gelb und schwarz gestreiftem Kammgarn, der ihm das Aussehen eines … verlieh Wespe ohne Flügel. Peter Leather stürzte dann regelmäßig die Treppe der Knechtschaft hinunter, wobei die Größe seines Sturzes gelegentlich dadurch unterbrochen wurde, dass er an einer minderwertigen Stelle landete.

Vom Herzog von Dazzleton, oder besser gesagt von der Tretmühle, ging er zum Marquis von Mammon, den er jedoch sehr bald verließ, weil er keine gebrauchte Perücke tragen wollte. Vom Marquis wurde er vom großen irischen Earl of Coarsegab angestellt, der von ihm erwartete, dass er die Kutsche wusch, am Tisch bediente und andere Nebenarbeiten erledigte, an die ein Londoner Kutscher nie gedacht hätte. Peter war empört, als ihm gesagt wurde, er solle die Briefe zur Post bringen. Anschließend lebte er eine Zeit lang von seinen „Mitteln", was in der Theorie viel besser ist als in der Praxis, und nachdem er sein Vermögen fast aufgebraucht und den Großteil seiner Kleidung in Sicherheit gebracht hatte, ließ er sich herab, eine Stelle als Kutscher anzunehmen in einem Pferdestall – einem Pferdestall, in dem er stunden-, tage- oder monatsweise vermietet wurde –, in dem er ebenso viele Charaktere spielte und zumindest so viele unterschiedliche Auftritte hatte, wie es der verstorbene Mr. Mathews in seinem berühmten „Pferdestall" zu tun pflegte. Zu Hause.' Eines Tages würde man Peter sehen, wie er mit einem dieser fettigen, schmerzhaft gebürsteten Hüte, den gewissen Vorläufern von schmutzigem Leinen und schäbigen, höchst schäbigen, geknöpften Mänteln, unter dem Eingang des Stallgebäudes hindurchhuschte und es einem Zauberer schwerfallen würde, zu sagen, ob das der Fall war Schwarz oder Grau oder Oliv oder unsichtbares Grün verwandelte sich in sichtbares Braun. Dann könnte man ihn eines anderen Tages in der himmelblauen Livree der alten Mrs. Gadabout sehen, mit einem angelaufenen, goldbesetzten Hut, der über der Nase nickt; und auf einem dritten strahlte er in der Kokarde von Frau Generalmajor Flareup mit einem Kammgarn-Schulterknoten und einem stark überschmierten, hellen, tristen Livreemantel mit purpurroten Unaussprechlichkeiten, so eng, dass er einen Betrachter in Erstaunen versetzte, wie er es jemals tun konnte bin in sie hineingeraten. Demütigung hat jedoch neben anderen Dingen auch ihre Grenzen; und Peter wurde eingeladen, aus seiner Loge herabzusteigen – leider! ein normales Lacklederkleid vom Land und investierte in einen blauen Mantel mit Quäkerkragen, einer roten Weste und einer blauen Hose mit einem breiten roten Streifen an den Seiten, um die ehrenwerte alte Miss Wrinkleton aus der Harley Street zu fahren. Als er in einem „One-Oss-Pianoforte-Koffer", wie er einen Clarence nannte, vor Gericht kam, hielt er es nicht länger aus, warf die Unterkleidung ins Feuer, stürmte hektisch die Treppenstufen hinauf, bestieg seine Kiste und steppte das alte Krokodil eines Pferdes den ganzen Weg nach Hause, begleitet von jedem Schnitt mit einer Verwünschung wie „ *Ich* mache einen Kerl aus mir!" (Peitsche) ' *Ich* zieh dir solche Sachen an!' (Peitsche, Peitsche) „ *Ich* fahre die Sin Jimses Street entlang!" (Peitsche, Peitsche, Peitsche), „ *Ich würde* sie sofort sehen!" (Peitsche, Peitsche, Peitsche) und schlug auf das alte Pferd ein, als würde er es Miss Wrinkleton antun, so dass er, als er nach Hause kam, eine beträchtliche Menge Schaum auf dem alten Gaul gebildet hatte, woraufhin sein Herr ärgerlicherweise einen Streit auslöste , dessen Fortsetzung man sich leicht vorstellen kann. Nachdem er Mrs. Clearstarch, der Kilburn-Wäscherin, ein paar Wochen lang beim Ein- und Aussteigen ihrer Wäsche geholfen hatte, landete ihn der Zufall schließlich bei Mr. Benjamin Buckram, von wo er nun entfernt werden soll, um unser Held Mr. zu werden. Sponges Sancho Panza, in seiner Fuchsjagd- und Glücksjagdkarriere, und verbreitet in abgelegenen Gegenden seine Lehren über die wahre Ehre und Würde der Knechtschaft. Nun zur Inspektion.

Peter Leather, der ebenso wie sein Herr ein Guckloch hatte, hatte sich, als er Mr. Sponge kommen sah, extra abgerieben und sein schmutziges Hemd mit einem sauberen, gut gebundenen weißen Tuch und einem ganzfarbigen Scharlachtuch bedeckt Weste, die später Eigentum eines seiner edlen Arbeitgeber war, in der Hoffnung, dass Sponges Besuch etwas bewirken könnte. Peter hatte die Vororte so gut wie satt und dachte natürlich, dass es ihm nicht schlechter gehen könnte als dort, wo er war.

„Hier ist Mr. Sponge, der ein paar Osse will", bemerkte Mr. Buckram, als Leather ihnen in der Mitte des kleinen Hofes entgegenkam, und drehte seinen rechten Arm mit einer Art militärischem Schwung an die Stirn. „Was haben wir da drin?" fuhr Buckram mit der Miene eines Mannes fort, der so viele Pferde hat, dass er nicht weiß, was drin und was draußen ist.

„Vy, wir haben Rumbleton dabei", antwortete Leather nachdenklich und strich ihm beim Sprechen übers Haar, „und wir haben Jack o'Lanthorn dabei, und wir haben das Camel dabei, und da ist das kleine Hirish-Oss mit dem Zweig." Schwanz – Jack-a-Dandy, wie ich ihn nenne, und der Flyer wird heute Abend da sein, er ist sozusagen gerade mit dem alten Mr. Callipash unterwegs."

„Ah, Rumbleton würde nicht für Mr. Sponge reichen", bemerkte Buckram nachdenklich und ließ gleichzeitig eine gewaltige Lawine von Silber in seine Hosentasche laufen. „Rumbleton würde nicht reichen", wiederholte er, „noch Jack …" a-Dandy nother.'

„Na ja, ich würde sie nicht loben", antwortete Peter und folgte dem Hinweis seines Meisters, „nur wenn du mich dafür entscheidest, dass es drin ist, weißt du, dass ich dir natürlich eine *richtige Antwort geben muss.* "'

„Natürlich", nickte Buckram.

Leather und Buckram hatten sich in der Lügenlinie gut verstanden und waren eine Art stillschweigende Vereinbarung getroffen worden, dass es ihm freisteht, die bestmöglichen Bedingungen für sich selbst auszuhandeln, wenn Ersterer standhaft gegenüber den Pferden ist. Was auch immer Buckram sagte, Leather schwor, und sie hatten bestimmte Signale und Ausdrücke entwickelt, die jeder verstand.

„Ich habe einen ungemein netten Oss", bemerkte Mr. Buckram schließlich mit einem prüfenden Blick auf Sponge, „und einen Oss, der Ihrer Arbeit in keiner Weise ähnelt, aber er ist ein Oss, das würde ich ganz offen sagen, das würde ich nicht tun." Geben Sie jedem eins ab, denn im ersten Fall ist er sehr reichhaltig, und im zweiten benötigt er einen Osmanen zum Reiten; Wie auch immer, da ich weiß, dass du reiten *kannst*, und wenn es dir nichts ausmacht, meinen „Chefmann" zu nehmen, der mit dem Ellbogen auf Leather deutet, „um nach ihm zu sehen, hätte ich nichts dagegen, dich zu beschimpfen, sofern wir können." „Vereinbarung der Bedingungen."

„Nun, lass uns ihn sehen", unterbrach Sponge, „und danach können wir über die Konditionen reden."

„Sicher, Sir, sicherlich", antwortete Buckram und ließ erneut einen wieder angesammelten Silberschwall in seine Tasche fallen. „Hier, Tom! Joe! Harry! Wo ist Sam?' Während er sprach, zog er an der kleinen Glocke.

„Sam sei im Strohhaus", antwortete Leather und ging durch einen Stall in einen hölzernen Vorsprung dahinter, wo der betreffende Herr ein Nickerchen machte.

'Sam!' sagte er: „Sam!" wiederholte er mit lauterem Ton, als er sah, wie die Nase des Gegenstands seiner Suche mitten durch das Stroh ragte.

'Was jetzt?' rief Sam, fuhr auf und sah sich wild um; 'was jetzt?' wiederholte er und rieb sich mit dem Handrücken die Augen.

„Raus, Ercles", sagte Leather *mit leiser Stimme* .

Der Junge war ein kleiner Jüngling – vielleicht fünfzehn oder sechzehn Jahre alt – groß, schlank und gepflegt, mit dunklem Haar und Augen, und trug eine braune Jacke – eine echte Jungenjacke, ohne Schoß, mit weißen Kordeln und Oberteil -Stiefel. Es war seine Aufgabe, zu jeder Tageszeit, auf allen möglichen Pferden und an jedem Ort, an dem irgendjemand von ihm verlangte, dass er ein Pferd hinstellte, seinen Hals und seine Gliedmaßen zu riskieren, und das tat er mit der verwegenen Freude daran Jugendliche, die sich noch nicht von einem schweren Sturz einschüchtern ließen. Sam machte sich nun auf, das Pferd auszusteigen. Das Klappern der Hufe kündigte bald seine Annäherung an.

Ob Herkules wegen seiner erstaunlichen Kraft Herkules genannt wurde oder aufgrund einer fantasievollen Beziehung zu dem berühmten Pferd dieses Namens, wissen wir nicht; aber seine Stärke und seine Hautfarbe würden beide Annahmen begünstigen. Er war ein riesiges, großes, kräftiges, dunkelbraunes, sechzehnhändiges Pferd mit gewölbtem Hals und Kamm, gut angesetztem, sauberem, schlankem Kopf und Lenden, die aussahen, als könnte man einen Mann in die nächste Grafschaft schießen. Sein Zustand war perfekt. Sein Fell lag so eng und gleichmäßig wie Satin an, mit sauber entwickelten Muskeln, und insgesamt sah er so hart aus wie ein Cricketball. Er hatte einen berühmten Rutenschwanz, der fast bis zu den Sprunggelenken reichte und ihn kleiner aussehen ließ, als er es sonst getan hätte.

Mr. Sponge kannte sich zu gut mit Pferdefleisch aus, um sich vorzustellen, dass ein solches Tier im Besitz eines so drittklassigen Händlers wie Buckram sein würde, es sei denn, mit ihm stimmte etwas völlig nicht, und da Sam und Leather das Pferd bezahlten Mit diesen stabilen Aufmerksamkeiten, die einem Auftritt immer vorausgehen, kam Mr. Sponge zu dem Schluss, dass die Beobachtung, dass er einen Reiter brauchte, um ihn zu reiten, bedeutete, dass er bösartig war. Er täuschte sich auch nicht in seinen Erwartungen, denn nicht alle Pfiffe von Leather oder Sams Zärtlichkeiten und Beobachtungen konnten den eingesunkenen, finsteren Blick verbergen, der so gut wie sagte: „Halten Sie sich besser von mir fern."

Mr. Sponge war jedoch ein unerschrockener Reiter. Was der Mensch wagte, wagte er, und als das Pferd stolz und frei aus dem Stall trat, fand Herr Schwamm, dass es einem Jäger sehr ähnlich sah. Es fehlte auch nicht an Herrn Buckrams Lobpreisungen zugunsten des Tieres.

„Da ist ein ‚Orse!'" rief er, zog seine rechte Hand aus der Hosentasche und schwenkte sie auf sich zu. „Wenn das Pferd unten in Leicestersheer wäre", fügte er hinzu, „würde er drei Unterguineen holen." Sir Richard würde ihn in einer Minute erledigen – *das würde er!* « fügte er stampfend hinzu, als er sah, wie das Tier seinen Rücken aufrichtete und bei der Annäherung des Jungen zusammenzuckte. (Wir können hier in Klammern erwähnen, dass Mr. Buckram ihn für dreißig Pfund aus Warwicksheer herausgeholt hatte, wo sich das Pferd sehr hervorgetan hatte, und zwar auch dadurch, dass es in den fröhlich belebten Straßen von Leamington verschiedene scharlachrote Wellen auslöste flüchtete mit anderen über die weitläufigen Weidegründe von Southam und Dunchurch.)

Aber zu unserer Geschichte. Das Pferd stand jetzt da und starrte uns an: Feuer in seinen Augen und Kraft in jedem seiner Gliedmaßen. Leder an seinem Kopf, der Junge an seiner Seite. Sponge und Buckram etwas links.

„W-h-o-a-a-y, mein Mann, w-h-o-a-a-y", fuhr Mr. Buckram fort, während auf ein großzügiges Zeigen des Weißen im Auge ein kleines Zucken folgte und Heben der Hinterhand bei näherer Annäherung des Jungen.

„Schau scharf, Junge", sagte er in einem ganz anderen Ton als dem beruhigenden Ton, in dem er gerade das Pferd angesprochen hatte. Der Junge hob sein Bein zum Heben. Leather gab ihm so schnell wie gedacht einen und führte das Pferd, während der Junge seine Zügel aufnahm. Dann machten sie sich auf den Weg zu einem großen Feld hinter dem Haus, auf dem Sprungstangen, Hürden, „Ein- und Ausstiege", „Ein- und Ausstiege" und alle möglichen ausgefallenen Sprünge verstreut waren. Nachdem er ihn einigermaßen hineingebracht hatte und der Junge sich einigermaßen im Sattel niedergelassen hatte, gab er dem Pferd einen Stoß mit dem Sporen, während Leather seinen Kopf losließ, und nach ein oder zwei verzweifelten Stürzen begann er im Galopp.

„Er ist frisch", bemerkte Mr. Buckram vertraulich zu Mr. Sponge, „er ist frisch – will Arbeit, kurz gesagt – es fehlt ihm an Arbeit – würde ihm nicht alles antun – würde keinen deiner schüchternen, eingebildeten Kerle anziehen." ihn, denn wenn er jemals den Hupper bekommen würde, weiß ich nicht, wie wir den Hupper bekommen könnten, und von ihm, Agent, aber der verspielte Schurke weiß, dass er einen Arbeiter auf dem Rücken hat „Sehen Sie, wie er dem Jungen nachgibt, obwohl er erst fünfzehn ist und noch nicht ganz so stark wie er ist", fuhr Mr. Buckram fort, „und ich schätze, wenn er so eine Bestürzung über Talent wie Sie auf dem Rücken hätte, würde er bald sterben sei so still wie ein Lamm – nicht, dass er böse wäre – ganz im Gegenteil, nur Spiel – voller Spiel, darf ich sagen, obwohl es natürlich keinen großen Unterschied macht, ob es aus Spiel oder aus dem Spiel heraus geschieht, wenn ein Mann etwas verschüttet wice.'

Während dieser Zeit durchlief das Pferd seine Entwicklungen, hüpfte über dieses Ding, hüpfte über jenes und machte von allem so wenig, wie es die Übung dazu bringt.

Nachdem er die übliche Routine durchlaufen hatte, führte der Junge nun das leuchtend behaarte, schnaubende Pferd zurück zu der Stelle, an der das Trio stand. Mr. Sponge musterte ihn noch einmal, und da er immer noch keine Ausnahme sah, forderte er den Jungen auf, auszusteigen und die Steigbügel zu verlängern, damit er mitfahren konnte. Das war die Schwierigkeit. Die ersten zwei Minuten haben es immer geschafft. Mr. Sponge ließ sich jedoch nicht entmutigen, lieh sich Sams Sporen und ließ Leather das Pferd am Kopf halten, bis es gut im Sattel saß, und es dann ein Stück weiterführen; Er versetzte dem Tier einen derartigen Stoß in beide Seiten, dass es völlig aus der Fassung gebracht wurde und es im Galopp davonlaufen ließ, anstatt aufzustehen und zu liefern, wie es seine Gewohnheit war.

Mr. Sponge schoss davon, zerrte ihn herum, versuchte alle seine Schritte und brachte ihn zu allen möglichen Sprüngen.

Ermutigt durch den Mut und die Geschicklichkeit, die Mr. Sponge an den Tag legte, stand Mr. Buckram da und dachte über eine weitere Prüfung seiner Reitfähigkeiten nach, während er ihm dabei zusah, wie er „Ercles" umherwarf. Herkules hatte so viele Trier mit dem Spang gehauen, und das abscheuliche Zusammenziehen seines resoluten Rückens hatte so viele davon abgehalten, aufzusteigen, dass Buckram zu befürchten begann, er müsste ihn in die einzige verbleibende Schule für Unheilbare, den Bus, stecken. Pferdereiter sind selten großartige Reiter. Allein die Tatsache, dass sie Reitpferde reiten, zeigt, dass sie wenig mit Pferden vertraut sind, sonst würden sie für ein paar Wochen Arbeit nicht das Honorar eines Tieres hergeben.

„Ich habe ein wunderbar kluges kleines Oss", bemerkte Mr. Buckram, als Sponge mit schlaffen Zügeln und zufriedener Miene auf dem Rücken des verstorbenen, entschlossenen Tieres zurückkam. „ *Wenig*, ich kann ihn kaum nennen", fuhr Mr. Buckram fort, „nur ist er niedrig; Aber Sie wissen, dass die Acht eines Oss nichts mit seiner Größe zu tun hat. Dies ist ein perfekter Dray-Oss im Miniaturformat. Ein „Arrow-Herr", der ihn neulich ansah, taufte ihn „Multum in Parvo". Aber obwohl er so enorm stark ist , hat er das Talent, vor allem in die Tiefe zu gehen; und wenn du nicht zu Sir Richard gehst, sondern in ein paar von ihnen, würde ich ihn dir empfehlen.

„Schauen wir uns ihn an", antwortete Herr Schwamm, warf sein rechtes Bein über Herkules' Kopf und glitt vom Sattel auf den Boden, als würde er vom leisesten schießenden Pony der Welt absteigen.

Dann hieß es nur noch: Eile, Hektik und Hektik, um dieses zweite Wunderkind herauszuholen. Plötzlich erschien er. Multum in Parvo war sicherlich alles, was Buckram über ihn beschrieb. Ein langer, niedriger, sauberköpfiger, sauberhalsiger, großhöckriger Fuchs mit langem Schwanz und großen, großen, flachen weißen Beinen, ohne Flecken oder Makel darauf. Im Gegensatz zu Herkules gab es an ihm nichts, was auf Laster oder Unfug schließen ließ. Tatsächlich war er eher ein ruhiges, nachdenklich wirkendes Tier; Und statt wie Leder und Co. Herkules auf die wachsame und auf Armeslänge entfernte Art und Weise behandelten, zuckten und schlugen sie Parvo herum, als wäre er eine Kuh.

Dennoch hatte Parvo seine Schwächen. Er war ein entschlossenes, kopfstarkes Tier, das allen Strapazen der Welt zum Trotz seinen eigenen Weg ging. Wenn er es sich in den Kopf setzen würde, sich in ein bestimmtes Gebiet zu begeben, dann würde er darin sein; oder gegen den Torpfosten stieß er das Bein des Reiters auf eine Weise an, die ihn an die Meinungsverschiedenheit zwischen ihnen erinnern würde. Er war kein feuriger, hitzköpfiger Geist, der sich durch ein Ziel oder einen Grund leiten ließ, sondern einfach nur eine regelrechte, geradezu sture Dummheit, für die sich niemand etwas erklären konnte. Er hatte ein Maul wie ein Stier und ging manchmal lieber sauber durch ein Tor, als sich die Mühe zu machen, aufzustehen, um darüber zu springen; ein anderes Mal hüpfte er wie ein Vogel darüber. Er konnte Mr. Buckrams Männer nicht schlagen, weil sie mit scharfen Sporen stets auf der Suche nach Objekten des Streits waren und bereit waren, in seine Seiten einzudringen, sobald er anfing anzuhalten; Aber ein schwacher oder schüchterner Mann hatte auf seinem Rücken keine größere Chance als auf einem Elefanten. Wenn das Pferd ihn beim Treffen in die Mitte der Hunde tragen wollte, würde es ihn hereinlassen – nein, es würde sich nichts dabei denken, den Meister selbst mitten im Rudel zu verärgern. Das Provozierende war dann, dass das widerspenstige Tier, nachdem es den ganzen Unfug angerichtet hatte, einfach anfing zu fressen, als wäre nichts passiert. Nachdem er einen Sportler im Schlamm gerollt hatte, begab er sich zum nächsten Heuhaufen oder zur nächstgelegenen Grasbank und wurde gefangen. Er war jetzt zehn Jahre alt, oder vielleicht ein *bisschen* älter, und einige von ihnen waren sehr böse Jahre gewesen. Seine Abenteuer, seine Verkäufe und seine Rückkehr, seine Vermietungen und seine Entmietungen, seine Stöße und Verschüttungen, seine Stöße und Zusammenstöße, auf der Straße, auf dem Feld, im Ein- und Zweispännergeschirr würden einen Band von sich bilden; und in Ermangelung eines fähigeren Historikers beabsichtigen wir, sein zukünftiges Vermögen mit dem von „Ercles" zu vermischen, um im Dienste unseres Helden Mr. Sponge und seines versierten Bräutigams zu stehen und die wichtige Erzählung über sie selbst zu übernehmen.

KAPITEL IV

LAVERICK WELLS

Wir vertrauen darauf, dass unsere ersten Kapitel, unterstützt durch den Bleistift unseres Freundes Leech, es unseren Lesern ermöglicht haben, einen solchen Schwamm vor ihrem geistigen Auge zu verkörpern, der ihnen dabei helfen wird, uns auf seinen Wanderungen zu folgen. Wir geben nicht vor, ein solches Porträt gezeichnet zu haben, das in den Köpfen aller die gleiche Art von Schwamm hervorrufen würde, aber wir vertrauen darauf, dass wir einen so allgemeinen Überblick über den Stil und über den Charakter gegeben haben, wie es ein gewöhnlicher Kenner der Welt tun wird Ermöglichen Sie ihnen, sich einen guten, drängenden, lockeren Mann vorzustellen, der ein Gentleman sein möchte, ohne zu wissen, wie.

Weitaus schwieriger ist es, unseren Lesern solche Informationen zu vermitteln, die es ihnen ermöglichen, sich ein Bild von den Wegen und Mitteln unseres Helden zu machen. Eine entgegenkommende Welt — insbesondere der weibliche Teil davon — schreibt im Allgemeinen dem Rennfahrer den Untergang und dem Fuchsjäger das Glück zu; aber obwohl Mr. Sponges große Verluste auf dem Revier, wie er Mr. Buckram anlässlich ihres Deals oder „Jobs" darlegte, ihn in die Kategorie der Unglücklichen einordnen würden; Dennoch war diese Darstellung fast, wenn nicht sogar, fabelhaft. Dass Mr. Sponge bei den großen Rennen des Jahres vielleicht eine Kleinigkeit verloren hat, wollen wir nicht leugnen, aber dass er beim Derby eine Summe von achtzehnhundert und beim Leger siebenhundert verloren hat, darüber sind wir uns im Klaren aus dem besten aller möglichen Gründe zu widersprechen, dass er es nicht zu verlieren hatte. Gleichzeitig wollen wir Herrn Sponge nicht die Unwahrheit unterstellen – ganz im Gegenteil – es ist nicht ungewöhnlich, dass Kaufleute und Händler – Männer, die „in Tausenden reden" – erklären, dass sie dadurch zwanzigtausend oder vierzig verloren haben Tausend, was einfach bedeutet, dass sie es nicht geschafft haben, und wenn Mr. Sponge die von ihm genannten Summen hätte gewinnen können, indem er die größte aller großen Quoten gegen den erbärmlichsten Außenseiter ausnutzte, dann hatte er sicherlich ein Recht darauf sagen wir, er hat sie verloren, als er sie nicht bekam.

Es reicht nie aus, von Natur aus arm zu sein, wenn wir einen solchen Ausdruck verwenden dürfen, und wenn ein Mann am Ende seiner Kräfte ist, muss er etwas oder jemanden dafür verantwortlich machen, und nicht seine eigene Extravaganz oder Unvorsichtigkeit, und wenn es keine gibt Ein schurkischer Anwalt, der mit seinen Eigentumsurkunden durchgebrannt ist, oder ein betrügerischer Agent, der seine Gelder unterschlagen hat, warum kommen dann Eisenbahnen oder Verluste auf dem Revier oder

Aktienbanken, die kurzfristig den Mund geschlossen haben, als Sündenböcke ins Spiel? . Vor allem bei Eisenbahnen sind sie sehr willige Kerle, und sie werden so häufig geritten, dass es nicht leicht ist, zwischen dem echten und dem fiktiven Verlierer zu unterscheiden.

Aber obwohl wir Mr. Sponges Verlusten auf dem Rasen widersprechen können, bedauern wir, dass wir ihn nicht zu den Reichtümern erheben können, die die Figur eines Fuchsjägers im Allgemeinen hervorruft. Dennoch schien Mr. Sponge, wie viele Männer, von denen die allgemeine Aussage lautet: „Niemand weiß, wie er lebt", in der Welt immer gut aufgehoben zu sein. Es gab keinen Anschein von Mangel an ihm. Er jagte immer: manchmal mit fünf Pferden, manchmal mit vier, selten mit weniger als drei, obwohl er zum Zeitpunkt unserer Vorstellung nur noch zwei hatte. Dennoch waren diese beiden, sofern er sie nur zum „Gehen" bringen konnte, gut geeignet, die Arbeit von vieren zu erledigen. Und es lässt sich beobachten, dass Kutschenpferde aller Art im Allgemeinen doppelt so viel Arbeit leisten wie Privatpferde; Und wenn es einen Mann auf der Welt gibt, der besser dazu geeignet ist, die Arbeit aus ihnen herauszuholen als ein anderer, dann ist dieser Mann mit Sicherheit Mr. Sponge. Und das erinnert uns daran, dass wir genauso gut sagen können, dass sein Deal mit Buckram eine Art Job-Deal war. Für jedes Pferd musste er monatlich zehn Guineen zahlen, wobei es für den Fall, dass er sich für den Kauf entschied, zu einer Art Staffelung der Preise kam – der Preis für „Ercles" (das große Braune) wurde am Ende auf fünfzig Guineen festgesetzt, inklusive Miete ersten Monat und allmählich ansteigend, je nachdem, wie lange er ihn darüber hinaus behielt; während „Multum in Parvo", die resolute Kastanie, für dreißig gebucht wurde, mit dem Recht, für fünf weitere zu kaufen, ein Eventualfall, mit dem Buckram kaum gerechnet hatte. Wir können hinzufügen, dass er ihn für zehn bekommen hatte, und er hielt ihn für teuer, als er ihn nach Hause brachte.

Die Welt stand nun ganz vor Mr. Sponge, wo er wählen sollte; Und da wir nicht der Mann sind, der Pferde im Auge behält, müssen wir ihn in Gang setzen.

„Leicestersheer Swells", wie Mr. Buckram sie mit ihren vierzehn Jägern und vier Hacken nennen würde, werden über die Vorstellung lächeln, dass ein Mann mit nur ein paar „Schrauben" von zu Hause auf die Jagd geht, aber Mr. Sponge wusste, was er wollte war in der Nähe und wollte nicht, dass ihn jemand beriet. Er wusste, dass es Orte gibt, an denen ein Mann die Wirkung, die ein roter Mantel am Morgen hervorruft, am Abend mit großem Vorteil weiterverfolgen kann; und wenn er nicht jeden Tag in der Woche jagen könnte, wie er es sich gewünscht hätte, könnte er seine Zeit vielleicht genauso gewinnbringend auf andere Weise verbringen. Die Damen, um ihnen gerecht zu werden, hegen überhaupt kein Misstrauen gegenüber Männern – am

„Knabbern" – sie halten es immer für selbstverständlich, sie sind „alles, was sie sich nur wünschen können", und sie kennen sich so gut, dass jeder warnende Hinweis wirkt eher zu Gunsten eines Mannes als anders. Darüber hinaus sollen alle Jäger, wie wir bereits sagten, reich sein, und da nur sehr wenige Damen wissen, dass ein Pferd nicht jeden Tag in der Woche jagen kann, klassifizieren sie einfach die gesamte „Gattung" der Vierzehn-Pferde-Männer , Zehn-Pferde-Männer, Fünf-Pferde-Männer, Zwei-Pferde-Männer, zusammenbinden, sie zu einem Haufen zusammenbinden, es als „ *sehr reich* " bezeichnen und entsprechende Maßnahmen ergreifen.

Besuchen wir nun eine der „Hochburgen" der Fuchs- und Glücksjagd.

Eine plötzliche Biegung einer langen, sanft ansteigenden, aber bisher uninteressanten Straße bringt den Postreisenden plötzlich in das reiche, waldreiche, wunderschön gewellte Tal von Fordingford, dessen schöne grüne Weiden gelegentlich durch das Schimmern eines sich schlängelnden Flusses erhellt werden die Mitte des Tales. In der Ferne sieht man, als wären die blauen Hügel ganz nah, obwohl sie in Wirklichkeit mehrere Meilen voneinander entfernt sind, verschiedene Türme und höhere Gebäude, die sich aus den grauen Nebeln erheben, zu denen eine gerade, unveränderliche, sachliche Eisenbahnlinie führt rechts vom Tal, lenkt den Blick. Dies ist das berühmte Laverick Wells, der Badeort, von dem laut Zeitungsberichten tatsächlich alle Badeorte stammen

„Ritter und Damen, und all dieser Reichtum und hohe Abstammungsansprüche."

Zu der Zeit, über die wir schreiben, war „Laverick Wells" jedoch in Hochform – solche Zeiten hatte es noch nie gegeben. Jedes Haus, jede Unterkunft, jedes Loch und jede Ecke war voll, und die großen Hotels, die eher an Baumwollspinnereien in Lancashire als an englische Gasthöfe erinnern, schickten Bewerber auf die beiläufigste und gleichgültigste Art weg.

Die Laverick-Wells-Hunde standen früher unter der Leitung des bekannten Mr. Thomas Slocdolager, eines hartnäckigen, hartgesottenen und hartnäckigen Sportlers, dessen ganze Seele bei der Sache war und der gerne weitergeritten wäre sein bester Freund im Eifer der Jagd.

HERR. THOMAS SLOCDOLAGER, VERSTORBENER MEISTER DER LAVERICK WELLS HOUNDS

In manchen Ländern mag ein solches Geschöpf als Anschaffung betrachtet werden, und solange er in den Wells regierte, machten die Menschen das Beste aus ihm, obwohl es für die Pferdestallwärter und andere, die das Beste hatten, schmerzlich offensichtlich war Das Interesse des Ortes liegt ihm am Herzen, dass ein so rotgesichtiger, handschuhloser, eintöniger Hosen- und Mahagonistiefel-Puffer, der zur richtigen Zeit abhauen würde und der sein großes, stoppelwangiges Gesicht entschlossen allen Show- und Gesellschaftsveranstaltungen entgegenstellte Geschlechtsverkehr auf dem Feld war nicht gerade der richtige Mann für einen zivilisierten Ort. Ob die Zeit Mr. Slocdolager darüber aufgeklärt haben könnte, dass das kontinuierliche Töten von Füchsen nach ermüdend langen Läufen nicht der Weg zu den Herzen der Laverick Wells-Sportler war, ist unbekannt, denn bei dem Versuch, ein so gutes Abonnement abzuschließen wie … jemals auf Papier erschien, schmolz es während des Sammlungsprozesses so stark, dass das, was dabei herauskam, seiner Annahme kaum wert war; Er sagte in seiner üblichen unverblümten Art, dass er, wenn er auf eigene Kosten ein Land jagen würde, eines jagen würde, das nicht mit Narren übersät sei, und stopfte einfach seine kleine Garderobe in ein Paar alte schwarze Satteltaschen und ritt hinaus der Stadt, ohne „Teer, Teer" zu sagen, sich zu verabschieden, Karten zu machen oder irgendjemandem eine PPC zu machen.

Dies geschah am Ende einer Saison, ein Umstand, der die Unannehmlichkeiten, die ein so plötzlicher Abgang mit sich gebracht hätte, erheblich milderte, und was eine der großen Schönheiten von Laverick Wells ist, ist, dass es im Sommer genauso in Mode ist wie im Winter. Die Einwohner trösteten sich mit dem alten Aphorismus, dass es „so gute Fische im Meer gibt, wie es je aus dem Meer kam", und machten sich auf die Suche nach jemandem, der seinen Platz zu möglichst geringen Kosten für sie bereitstellen konnte. An einem Ort, an dem es so viel Geld und Unternehmungslust der Jugend gab, waren kaum Schwierigkeiten zu erwarten, besonders wenn der alte Köder „ein Name" alles war, was man brauchte, „ein großzügiges Abonnement", um alle im Hintergrund anfallenden Ausgaben zu bestreiten durchgehalten.

KAPITEL V

HERR. WAFFELN

Unter einer Schar höchst verdienstvoller junger Männer – (von denen jeder hinter einen Fünfhundert-Pfund-Schein stand, ohne darauf zu achten, dass es sich nicht um tausend handelte) – unter einer Schar höchst verdienstvoller junger Männer, die in Laverick auftauchten Wells gegen Ende der Regierungszeit von Herrn Slocdolager war Herr Waffles; ein überaus unternehmungslustiger junger Mann, kurz vor der Volljährigkeit und im Besitz einer beträchtlichen Menge charmanten Geldes.

Hätte eine „stolze Aristokratie", wie Sir Robert Peel sie nannte, nicht gezeigt, dass sie jeden kleinen Mangel an Abstammung überwinden kann, wenn genügend Geld vorhanden ist, hätten wir es für notwendig gehalten, das Beste aus Mr. Waffles zu machen ' Stammbaum, aber da sich die Meinung offenbar in die andere Richtung wendet, werden wir es einfach so geben, wie wir es hatten, und die stolze Aristokratie ihn ablehnen lassen, wenn sie will. Der Vater von Mr. Waffles war also entweder ein großer Viehzüchter oder ein großer Kohlenbrenner – was wir nicht sagen können, weil „ein kleiner Tropfen Tinte darauf gefallen ist", nicht „wie Tau", sondern wie ein schwarzer Käfer Der erste Buchstabe des Wortes in der Mitteilung unseres Korrespondenten mag für beides reichen – aber in einem dieser Berufe verdiente er eine „Geldmünze" und heiratete später im Leben eine Dame, die bisher das ehrenvolle Amt einer Molkerei innehatte – Dienstmädchen in seinem Haus; Sie war eine schöne, hübsche Frau, und ein oder zwei Jahre nach der Geburt ihres einzigen Kindes verließ er dieses Leben, fast achtzig statt siebzig, und hinterließ einen „Untröstlichen" usw., der unglücklicherweise eine Ehe mit einem Schweineschlachtermeister einging. bevor sie das schöne, schmeichelhafte weiße Denkmal aufstellte, was dazu führte, dass der junge Waffles von dieser erfahrenen Oberin des Obersten Bundeskanzleramts zur Trockenpflege in Anspruch genommen wurde; wer ihm natürlich eine ordentliche Ausbildung verschaffte – wohin, darauf kommt es nicht an, da wir weitermachen werden, bis wir ihn auf dem College treffen.

Unserem Freund, der sich für die Oxford Dons als etwas zu lebhaft erwiesen hatte, wurde empfohlen, die Wirkung des Laverick Wells oder eines anderen Wassers, das ihm gefiel, auszuprobieren, und er war mit ein paar Jägern und einem Ausreißer angekommen, sehr zur Zufriedenheit des Freundes benachbarter Jagdhundmeister und sein Jäger; denn Waffles war in den beiden Saisons, die er in Oxford verbracht hatte, zu seinem eigenen Anteil über mehr Hunde geritten und diese verstümmelt, als dieser Herr für den Gebrauch der gesamten Universität zu verwenden pflegte. Der Freude dieses

Herrn, ihn loszuwerden, entsprach Mr. Slocdolagers Bestürzung über sein Erscheinen, denn völlig überzeugt davon, dass Oxford der Sitz der Fuchsjagd sowie aller anderen Künste und Wissenschaften war, unternahm Mr. Waffles es, ihn aufzuklären sein Jäger über die Geheimnisse ihres Berufes, und „Old Sloc", wie er genannt wurde, da er ein sehr stiller Mann war, während Mr. Waffles ein sehr lauter Mann war, wurde Sloc von ihm fast taub geredet.

Mr. Waffles befand sich gerade in der Blütezeit der heißen, unbesonnenen, jugendlichen Indiskretion und Extravaganz. Er hatte nicht die geringste Ahnung vom Wert des Geldes und betrachtete das Vermögen, dem er so nahe kam, als völlig unerschöpflich. Seine Zimmer, die geräumigsten und prächtigsten in diesem geräumigsten und prächtigsten Hotel, dem „Imperial", waren mit einer Fülle der nutzlosesten, aber kostspieligsten Gegenstände gefüllt. Schmuck ohne Ende, unzählige Bilder, Bilder, die alle möglichen imaginären Geldbeträge darstellten, genauso wie sie alle möglichen imaginären Szenen darstellten, deren wirklicher Wert oder Echtheit jedoch niemals geprüft werden würde, bis der Besitzer sie „umwandeln" wollte.

Mr. Waffles war ein „hübscher Mann". Groß, schlank und zierlich, mit langem, lockigem, hellem Haar, rosa-weißem Teint, visionärem Schnurrbart und einer Tendenz zu einem Schnurrbart, den man am besten seitlich erkennen kann. Er hatte hellblaue Augen; Während seine Gesichtszüge im Allgemeinen gut waren, drückten sie doch kaum mehr als große gute Laune aus. In seiner Kleidung war er sowohl elegant als auch vielfältig; Tatsächlich fällt es uns schwer, ihm ein bestimmtes Kostüm zuzuordnen, so häufig und gegensätzlich waren seine Veränderungen. Er hatte Mäntel in allen Schnitten und Farben. Manchmal war er der Rennfahrer mit einem Newmarket-Braun-Cutaway mit leuchtenden Knöpfen, weißen Cordhosen und tristen Stoffstiefeln; Anon würde er der Offizier sein und in einer schicken Feldmütze glänzen, die er unbeschwert über einer Fülle gut gewachster Locken trägt, einem reich geflochtenen Überrock und einem Militäroverall, der über hochlackierten Stiefeln festgeschnallt ist, deren heuchlerische Absätze ein Paar davon tragen würden aus großen, gereihten, langhalsigen, klingelnden Messingsporen. Manchmal war er ein Jack Tar, mit einem kleinen Glashut, einer einfarbigen Krawatte, einem karierten Hemd, einer blauen Jacke, weiten Hosen und weiten Pumps; und bevor die bewundernden Damen ihn in diesem Kleid richtig verdaut hatten, sah man ihn auf einem langschwänzigen weißen Barren davongaloppieren, in einer erbsengrünen Entenjagdjacke mit cremefarbenem Leder und rosafarbenen Oberteilen. Er war

„Alle Dinge der Reihe nach und nichts langes."

Dies war der Herr, der zum Nachfolger des stillen, sachlichen Herrn Slocdolager im wichtigen Amt des Meisters der Laverick Wells Hunt gewählt wurde; Und was auch immer die Vorzüge einer der beiden sein mögen – über die wir uns nicht äußern –, es kann nicht geleugnet werden, dass sie wesentlich unterschiedlich waren. Herr Slocdolager war ein Mann der wenigen Worte und überhaupt kein Damenmann. Er konnte nicht einmal sprechen, wenn er mit Wein vollgestopft war, und obwohl er eine gute Menge Wein fassen konnte, fanden die Leute bald heraus, dass sie ihn genauso gut in einen Krug statt in seinen Hals schütten konnten, also gaben sie es auf, ihn um ein Rendezvous zu bitten. Er war ein Mann mit wenigen Mänteln und auch mit wenigen Worten; eins an und eins aus, das war der Umfang seiner Garderobe. Sein Scharlachrot färbte sich pflaumenfarben, und der Rest seines Jagdkostüms wurde bereits angeschaut. Er wohnte oberhalb von Smallbones, dem Tierarzt, in einer kleinen Seitenstraße, wo er auf die ruhigste Weise lebte und aß, wenn er von der Jagd kam Er trank Brandy und Wasser und ging zu Bett, lange bevor viele seiner „Felder" das Esszimmer verlassen hatten. Er war kaum besser als ein besserer Jäger.

Waffles war, wie wir bereits sagten, gegen Ende der Regierungszeit von Herrn Slocdolager auffällig geworden, vor allem durch sein schickes Kostüm, sein rücksichtsloses Reiten und seine beiläufige Art, Menschen in die Luft zu jagen und zu beschimpfen.

Tatsächlich hätte ihn ein Fremder für den Herrn gehalten, eine Täuschung, die dadurch verstärkt wurde, dass er mit einem beeindruckend aussehenden Sherrykoffer in Form eines Horns am Sattel ritt. Außer als er daran lutschte, war seine Zunge nie schuld. Es war Geschwätz, Geschwätz, Geschwätz; Geschwätz, Geschwätz, Geschwätz; Geschwätz, Geschwätz, Geschwätz; Gelegentlich ging es um etwas, öfter um nichts, aber in Deckung oder draußen, auf steifem Land oder im Freien, im Trab oder im Galopp, an nassen oder trockenen Tagen, an gut riechenden Tagen oder an schlechten, Waffles' Klöppel war nie in Ruhe. Wie alle lauten Kerle konnte auch er es nicht ertragen, dass jemand außer sich selbst Lärm machte. Um dies voranzutreiben, rief er seine Oxfordshire-Rhetorik zu Hilfe. Er beschimpfte *Menschen* und bezeichnete sie mit einer Eigentümlichkeit, aus der er sich bei Bedarf herauswinden konnte, anstatt sie mit Namen anzugreifen. Wenn also ein Mann sprach oder sich dort hinstellte, wo Waffles seiner Meinung nach nicht sein sollte (also irgendwo anders als dort, wo Waffles er selbst war), rief er aus: „Beten Sie, Herr, halten Sie den Mund! – Sie, Herr!" „Nein, Herr, nicht Sie – der Mann, der spricht, als hätte er einen Pinsel im Hals!" – oder: „ *Kommen Sie doch* weg, Herr! – Sie, Herr! – der Mann mit dem Pilzhut!" – oder: „Dieser Herr in den sparsamen Stiefeln!" Ich schaue jemanden mit sehr schmalen Spitzen an.

HERR. WAFFLES, DER AKTUELLE MEISTER DER LAVERICK WELLS HOUNDS

Dennoch war er ein aufgeweckter, gutmütiger Harum-Scarum-Typ; und Jagdhundemeisterschaften, Mitgliedschaften im Parlament – allesamt teure Ämter, mit denen man kein Geld verdient – Dinge, die die meisten Männer gerne ihren Freunden aufzwingen würden, verschafften Mr. Waffles' großes Gerede und seine Einmischung auf dem Gebiet ihm die Ehre der ersten Verweigerung. Nicht, dass er der Mann war, der ablehnen würde, denn er nahm das Angebot sofort an, und da er vor Beginn der Saison volljährig sein würde und sein gesamtes Geld von der Kanzlei erhalten hätte, verschmähte er es, über ein Abonnement zu sprechen, und nahm die Hunde mutig als seine eigenen an. Anschließend wurde er zu einer sehr wichtigen Persönlichkeit bei Laverick Wells.

Er war schon immer eine der wichtigsten Persönlichkeiten unter den Damen gewesen, aber da die Männer ihn nicht heiraten konnten, machten ihn natürlich diejenigen aus, die sich kein Geld von ihm leihen wollten. Früher hieß es: „Schau dir diesen tollen Arsch an, Waffles, ich sage, sein Anblick macht mich krank"; oder: „Was für ein Friseurlehrling dieser Kerl ist, mit seinen Locken, die ganz mit Makassar beschmiert sind."

Jetzt waren es Waffeln hier und Waffeln da: „Wer speist mit Waffeln?" „Waffeln sind der beste Kerl unter der Sonne!" Bei Jingo, ich kenne keinen Mann wie Waffles!' „ *Der verdienteste* junge Mann!"

Die großartige Art und Weise, wie er an die Arbeit ging, trug wesentlich dazu bei, dass sie zu dieser Schlussfolgerung gelangten. Der alte Tom Towler, der Peitsche, der sich zwanzig Jahre lang mit fünfzig Pfund und dem, was er „aufsammeln" konnte, in seinem Beruf abgemüht hatte, wurde mit ein paar Männern unter seiner Führung auf hundertfünfzig gebracht. Anstatt auf abgenutzten, heruntergefallenen Zwanzig-Pfund-Schrauben zu reiten, wurde er auf Hundert-Guinea-Pferde montiert, für die die Händler ein paar Hundert übrig hatten, *wenn sie bezahlt wurden* . Alles war im gleichen Verhältnis.

Die Nachfolge von Mr. Waffles bei der Jagd sorgte für großes Aufsehen auf der Messe – viele elegante und interessante junge Damen, die den frommen Kurs gegen Reverend Solomon Winkeyes eingeschlagen hatten, den beliebten Junggesellenprediger von St. Margaret's, der an seinen Schulen unterrichtete Während er seine Traktate verteilte und die Penny-Abonnements für seinen Bekleidungsclub sammelte, fing er nun an, in Fächerschwänzen und Federhüten zu reiten und über Springen und Jagen und das Reiten über Schienen zu sprechen. Mr. Waffles bekam in einer Woche ein Pfund Hutschnüre und unzählige Muffatees zugeschickt. Einige haben ihm leider Zigarrenetuis besorgt. Im Gegenzug ließ er, nachdem er viel Mühe und Einfallsreichtum in die Erfindung eines „Knopfes" gesteckt hatte, nun mehrere Dutzend davon zu Broschen verarbeiten, die er mit großzügiger Hand verstreute. Es war nicht einer Ihrer sachlichen Geschichtenerzählknöpfe – ein Fuchs mit „ TALLY-HO " oder ein Fuchskopf, der in grimmigem Tod grinste –, der einen roten Mantel wie eine Miniatur-Schlächterschlacht aussehen ließ, aber es war einer davon Ihre seltsamen, mit Buchstaben versehenen Anliegen, die entweder als Militärknopf, als Marineknopf, als Vereinsknopf oder sogar als Livreenknopf durchgehen können. Die Buchstaben, zwei Ws, waren so geschickt ineinander verschlungen, dass selbst ein Setzer – und Setzer sind Leute, die fast alles lesen können – vor Rätsel gewesen wäre, sie zu entziffern. Die Buchstaben waren vergoldet und auf Stahl genietet, und die Träger der Knopfbroschen wurden von den Nichtempfängern sehr bald „Mr." genannt. Waffeln' Schafe.'

Ein feiner Knopf erfordert natürlich einen feinen Mantel, um ihn anzuziehen, und es gab viele Beratungen und Vorschläge, was er sein sollte. Herr Slocdolager hatte in der Dekorationsabteilung nichts unternommen, und viele waren der Meinung, dass das Scheitern der Mittel zu einem großen Teil auf diese Tatsache zurückzuführen sei. Mr. Waffles war nicht der Mann, der sich die Gelegenheit entgehen ließ, seiner Garderobe ein weiteres Kostüm hinzuzufügen, und nach unendlich viel Mühe und Versuchen mit fast allen Farben des Regenbogens entschied er sich schließlich für die folgende Uniform, die zumindest hatte den Charme der Neuheit, es zu empfehlen. Der Morgen- oder Jagdmantel sollte scharlachrot sein, mit cremefarbenem Kragen und Manschetten; und der Abend- oder Frack sollte cremefarben sein, mit einem scharlachroten Kragen und Manschetten sowie scharlachroten Seidenbesätzen und Futter, so dass es aussah, als hätte der Träger den Morgenmantel umgedreht. Westen und andere Kleidungsstücke wurden der Wahl des Trägers überlassen, da die Erfahrung gezeigt hat, dass es sich dabei um Artikel handelt, über die man keine Gesetze mit irgendeiner Wirkung erlassen kann.

Die alten Damen, Gott segne ihre desinteressierten Herzen, allein blickten auf den Jagdhundfreak mit anderen als wohlwollenden Gefühlen.

Sie fanden es schade, dass er sie mitnahm. Sie wünschten, er könnte sich nicht verletzen – Hunde waren teure Dinge – führten zu Unregelmäßigkeiten – es würde ihm leid tun, einen so netten jungen Mann wie Mr. Waffles in die

Irre führen zu sehen – nicht, dass es für sie einen Unterschied machen würde, *aber* –(sie schauen ihre Töchter vielsagend an). Kein Fuchs war von mehr Hunden gejagt worden als Waffles von den Damen; aber obwohl er mit fünfzig schönen Mägden geplaudert und geplaudert hatte – jeder von ihnen hätte er nur schwer widerstehen können, wenn man sie allein in einem Landhaus „festgehalten" hätte, neutralisierte sich doch die Vielzahl der Angreifer gegenseitig vollständig und bestätigte sie die Wahrheit des Sprichworts, dass es „Sicherheit in einer Menschenmenge" gibt.

Wenn die hübsche, lispelnde Miss Wordsworth glaubte, sie hätte ihm über Nacht einen Pfeil ins Herz geschossen, so entlockte ihm am nächsten Morgen ein frisches Lächeln und ein scharfer Blick aus den dunklen Augen der kleinen Mary Ogleby dies und ließ ihn an sie denken, bis die gebieterische Gestalt und die edle Ausstrahlung von Die ehrenwerte Miss Letitia Amelia Susannah Jemimah de Jenkins vertrieb sie in der ganzen Eleganz erstklassiger Hutmacherei und Schneiderkunst völlig aus seinem Gedächtnis, um ihrerseits durch etwas Bezauberneres verdrängt zu werden. Mr. Waffles hatte angeblich viel Geld, und er ging so vor, als hielte er es für völlig unmöglich, durchzukommen. Die Tatsache, dass alles aus den Mitteln stammte, war für ihn bei seinen Bemühungen eine große Erleichterung – ein großer Vorteil für den Verschwender. Es sorgt dafür, dass er stets über Bargeld verfügt und dass er so schnell, wie er möchte, „abhauen und wiederkommen" kann. Das Land ist nicht halb so entgegenkommend; Geld für Hypotheken gibt es auch nicht. Da ein fleißiger Mann so viel Zeit damit verbringt, einen Titel zu prüfen oder die Rückzahlung zu kündigen, möchte er einen zweiten Kredit haben, bevor er den ersten erhält, oder vielleicht schon vorher. Hektar sind nicht leicht umzuwandeln, und die bloße Tatsache, dass man sie verkaufen möchte, impliziert irgendwo einen Mangel. Mit Geld in den Fonds bleibt einem Mann nichts anderes zu tun, als eine Vollmacht bei seinem Makler zu erteilen und vier- oder fünftausend Pfund zu zahlen, so wie er seinem Schuhmacher für vier oder fünf Paar Stiefel schreiben würde, das Einzige Der Unterschied besteht darin, dass das Geld aller Wahrscheinlichkeit nach schon vor dem Start sinken würde. Dann, mit Geld in den Fonds, hält ein Mann seinen Kredit bis zum äußersten Ende aufrecht – die letzten tausend erzählen nicht mehr Geschichten als die ersten und machen eine ebenso gute Show.

Wir haben fast Angst zu sagen, wie hoch die Mittel von Mr. Waffles waren, aber wir glauben wirklich, dass er zum Zeitpunkt seiner Volljährigkeit 100.000 *l hatte.* in den Fonds, die fast auf „Par" waren – ein Ausdruck, der ausdrückt, dass jeder Hundert hundert wert ist und nicht neunundachtzig oder neunzig Pfund, wie es jetzt der Fall ist, was einen erheblichen Unterschied beim Schmelzen macht. Jetzt echte echte *100.000* l . zählt im allgemeinen Sprachgebrauch immer als drei, wobei die letztgenannte Summe ein größeres Einkommen ergeben würde, als den Horizont des Geistes der selbstsüchtigsten Mutter vergoldet, sagen wir zehntausend pro Jahr, was unserer Meinung nach im Allgemeinen „v-a-a-ry" sein darf gutaussehend.'

Kein Wunder also, dass Mr. Waffles so ein Held war. Ein weiterer toller Hinweis an ihn war, dass er keine Zeit hatte, viel gezupft zu werden. Viele der jungen Glücksmänner, die in der Stadt auftauchen, haben auf der Rennbahn oder am Spieltisch die Hälfte ihrer Federn verloren, bevor die Damen eine Chance auf sie bekommen; aber hier war ein hübscher, frisch gefärbter Jüngling, mit all seinem flaumigen Grün auf ihm. Selbst bei Oxford-Preisen braucht es eine Menge Kleidung, um auf tausend Pfund zu kommen, und wenn wir für seine anderen Extravaganzen vier- oder fünftausend Pfund einkalkulieren, hätte er hunderttausend Pfund nicht viel schaden können.

Unser Freund, der bald herausfand, dass er der „Hahn der Welt" war, hatte keine Ahnung, seine Größe gegen das Nichts von London einzutauschen, und abgesehen davon, dass er hin und wieder hinaufging, um zu sehen, wie er die Schleusen seines Vermögens öffnete, gab er fast das Geld aus den ganzen Sommer in Laverick Wells. Es war auch eine schöne Jahreszeit – die schönste Jahreszeit, die die Wells je erlebt hatten. Als die lange Londoner Saison endlich zu Ende ging, kam es zu einem Ansturm von Rang und Mode auf die englischen Badeorte, der in der „Erinnerung der ältesten Einwohner" seinesgleichen sucht. In jedem Stadium der Trauer und des Kummers gab es blühende Witwen, von der eleganten Mütze bis zum modischen Korsett und Ballvolant – Witwen, die niemals den lieben Verstorbenen vergessen oder an einen anderen Mann denken würden – *es sei denn, er hatte mindestens fünftausend im Jahr* . Hübsche Mädchen, denen es egal war, ob der Mann „nur gutaussehend" war; und lächelnde Mütter, die sie „anfeuerten", die ganz anders aussahen, wenn sie in das schreckliche £ sd kamen. Und dieser kaufmännische Ausdruck führt uns zu der Beobachtung, dass wir nichts kennen, das so unähnlich ist wie eine Handelsstadt und eine Badestelle. Im einen ist alles Geschäftigkeit, Eile und Geschäftigkeit; Andererseits scheinen die Menschen nicht zu wissen, was sie tun sollen, um den Tag zu überstehen. Die Stadt und das West-End stellen einen gewissen Kontrast dar, jedoch nicht in dem Maße wie Industrie- oder Seehafenstädte und Badeorte. Badeplätze sind in Bezug auf die Beschäftigung um einiges besser als Badestellen, denn die Leute können dort sitzen und aufs Meer starren, die Schiffe zählen oder ihre Nägel mit einer Muschel polieren, während sie an Badestellen im Allgemeinen wenig zu tun haben Aber schauen Sie sich an, reden Sie miteinander und verfolgen Sie den Fortschritt des Tages, indem Sie abwechselnd an den Brunnen trinken, in den Hotels essen und zwischen der Bibliothek und dem Bahnhof umherwandern. Die Damen verstehen sich besser, denn wo Damen sind, gibt es auch immer gute Geschäfte, und zwischen dem Warenumschlag, dem Fegen der Straßen mit ihren Schleppen, dem Telefonieren und dem Vermitteln von Partnern für Bälle verbringen sie ihre Zeit sehr angenehm; aber was für sie „Leben" ist, ist für die Männer oft der Tod.

KAPITEL VI

LAVERICK WELLS

Die schmeichelhaften Berichte, die Mr. Sponge in den Papieren der in Laverick Wells versammelten angesehenen Gesellschaft las, zusammen mit Einzelheiten über die fürstliche Pracht des wohlhabenden Bürgers Mr. Waffles, der nach jedem Jagdtag die ganze Welt beim Abendessen zu unterhalten schien, machten Mr . Sponge glaubt, dass es ein sehr wahrscheinlicher Ort wäre, der zu ihm passt. Dementsprechend schickte er Mr. Leather mit den furchteinflößenden Pferden an der Straße dorthin, in der Absicht, ihm in so vielen Stunden an der Reling zu folgen, wie sie zu Fuß Tage brauchten.

Eisenbahnen haben sowohl bei der Jagd als auch bei anderen Dingen geholfen und ermöglichen es einem Mann, in die „Steilhänge" des Grases, wie Mr. Buckram sie nennt, zu gleiten, und zwar mit so wenig Mühe und fast so kurzer Zeit, wie er dafür gebraucht hat ein Treffen in Croydon oder bei den Magpies in Staines. Sondern an unseren Bräutigam und unsere Pferde.

Mr. Sponge war ein zu guter Richter, um die Pferde mit den elenden, breiigen, wettergebleichten Arbeitssätteln und Zäumen der „Livree" zu entstellen, ließ sie aber mit seinen eigenen, gut gemachten, leicht abgenutzten Londoner Sätteln ordentlich in Szene setzen und schöne, warme braune Wollteppiche, darunter breit gebundene, blau-weiß gestreifte Laken, mit reich geflochtenen Schriftzügen und blau-weißen Kordeln. Ein guter Sattel und Zaumzeug machen bei fast jedem Pferd einen Unterschied von zehn Pfund im Aussehen. Es besteht keine Notwendigkeit, weil ein Mann auf einem Kutschenpferd reitet, um es der ganzen Welt zu verkünden; eine Tatsache, die nur wenigen Hack Horse Letters bekannt zu sein scheint. Vielleicht denken sie sogar daran, durch ihre minderwertigen Ernennungen Werbung für sie zu machen.

Auch Leder tat sein Bestes, um den Schein zu wahren, und präsentierte sich in einem braunen Cutaway mit Korbknöpfen, das sehr an einen Bräutigam erinnerte, mit einer sauberen, gestreiften Weste, einer weiten weißen Krawatte, eintönigen Hosen und Stiefeln, die so aussahen als hätten sie ein paar Dompfaffen durchstreift; Und das hatten sie auch, aber nicht mit Leathers Beinen darin, denn er hatte sie aus zweiter Hand von einem Pferdeknecht in Not gekauft. Seine Hände waren in Zobelhandschuhe aus Katzenfell gesteckt, was zeigte, dass er ein Gentleman war, der es gern bequem hatte. So gekleidet ritt er die Broad Street in Laverick Wells entlang und sah aus wie ein guter, treuer alter Familiendiener, mit einer leicht skorbutartigen Neigung der Nase. Er hatte alles richtig und in wahrer sportlicher Marschordnung arrangiert. Die Kragenschenkel waren ordentlich unter den Kopfstücken zusammengerollt, die Kleidung eng zusammengerollt und über den kleinen Satteltaschen auf dem Rücken des geführten Pferdes „Multum in Parvo" balanciert, wobei die Geschichtenerzählpeitsche durch die Rolle ragte.

Leder kam gerade in Laverick Wells an, als die ersten Schatten einer Novembernacht hereinbrachen, und ängstliche Mütter und sorgfältige *Anstandsdamen* trennten ihre hübschen Schützlinge von ihren jeweiligen Bewunderern und der gefürchteten Nachtluft und überließen die Straßen den Gaslaternen und Jugendlichen, die dort waren liebe den Mond.' Nachdem sich die Mädchen zurückgezogen hatten, verschränkten zügellose Jugendliche die Arme und trugen das breite *Pavé hinunter*, befragten diese Person, lachten darüber und starrten aus dem Gesicht auf die Nadelaufkleber und Strohhäcksler.

„Hier ist eine Ankunft!" rief einer aus. „Zerschmettere meine Knöpfe, wen haben wir hier?" fragte ein anderer, als Leather in Sicht kam. „Das ist kein schlecht aussehendes Pferd", bemerkte ein Dritter. „Bieten Sie ihm fünf Pfund dafür für mich", erwiderte ein Vierter.

„Ich sage, alter Bardolph! Wem gehören diese Vierbeiner? fragte einer und nahm eine duftende Zigarre aus dem Mund.

Obwohl Leather ein ebenso unverschämter Hund war wie alle anderen und den Besten von ihnen bei einem Slang-Wettbewerb bei weitem nicht gewachsen war, hielt er es für das Beste, höflich zu sein, da er ihn bevorzugte, und antwortete mit einer Berührung seines Hutes , dass sie „Mr. Sponge's.'

'Ah! alte Biskuitkekse! – ich kenne ihn!' rief ein Jugendlicher in einem Tweed-Umschlag aus. „Mein Vater hat seine Tante geheiratet. Grüß ihn von mir und sag ihm, er soll um sechs Uhr morgens mit mir frühstücken – er! Er! Er!'

„Ich sage, alter Junge, dieser kupferfarbene Vierbeiner hat noch nie alle Schuhe angezogen", quietschte eine Kinderstimme, die jetzt zum ersten Mal laut wurde.

„Das ist beabsichtigt, Gouverneur", knurrte Leather und ritt weiter, empört über die Vorstellung, dass jemand versuchen würde, ihn mit einem so alten Stallwitz zu „verkaufen". So ging Leather weiter durch die jetzt prächtig erleuchteten Straßen, die großen, von Gas strahlenden Glasfenstergeschäfte, in denen edler, vielfarbiger Samt, silberne Gaze, Bänder ohne Ende, ausgefallene Blumen und elegante Schals mit der Aufschrift „Sehr keusch" ausgestellt waren. „Vom Königshaus bevormundet", „Ganz gut!" und weiße Glacéhandschuhe in solcher Fülle, dass es schien, als gäbe es für jede Person im Ort ein Paar.

Mr. Leather ließ sich im „Eclipse Livery and Bait Stables" in der Pegasus Street oder Peg Street, wie es allgemein genannt wird, nieder, wo er die Rolle des Zuchthengstes perfekt verkörperte und selbst nichts tat, sondern dafür sorgte, dass andere es taten seine Arbeit und stolzierte konsequent mit den Maissieben zur Fütterungszeit.

Nach Leathers langer Erfahrung in London kann man davon ausgehen, dass es nicht lange dauern würde, ihn an einem Ort wie dem „Wells" wieder einem alten Bekannten zuzuführen, und die erste Nacht brachte ihn glücklicherweise in Kontakt mit ein paar Pferdeknechten, die es getan hatten die Ehre seiner Bekanntschaft, als er in all dem Glanz seiner glasgeblasenen Perücke Wohlstand als Kutscher des Herzogs von Dazzleton hatte und nichts von der Tretmühle oder seiner späteren Karriere wusste. Diese Einführung diente ihm mit seiner eigenen unbekümmerten Gewissheit, und die Ehrerbietung, die die Landdiener den Londoner immer erweisen, sofort, um ihm Ansehen zu verschaffen, und es ist der Etikette der Knechtschaft zu verdanken, dies zu sagen, als er dem „Mutton Chop and Mealy Potato Club" beitrat Am zweiten Abend nach seiner Ankunft im Cat and Bagpipes erhob sich der gesamte Club, um ihn zu empfangen, als er eintrat, und setzte ihn auf den Ehrenposten rechts vom Präsidenten.

Er fühlte sich sehr bald bei allen wohl und war bereit, alles zu erzählen, was er über die großen Familien wusste, in denen er gelebt hatte. Natürlich missbrauchte er die Stelle des Herzogs und sagte, er sei gezwungen gewesen, ihm endlich „hup" zu geben, da er ein völlig unmöglicher Mann sei, mit dem man zusammenleben könne; tatsächlich war sein einziges Wunder, dass er so lange mit ihm freundschaftlich verbunden war.' Die Herzogin sei ein „gutes Geschöpf" gewesen, sagte er, und tatsächlich sei er hauptsächlich ihretwegen geblieben, aber was den Herzog anbelangt, so war er – kurz gesagt, alles, was schlecht war.

Herr Sponge hingegen hatte keinen Grund, sich über die Farben zu beschweren, in denen sein Zuchthengst ihn bemalte. Anstatt der nackte Oberkörper eines paar bösartigen Hackenjägern zu sein, gab sich Leather als Generalverwalter des wohlhabenden Besitzers eines großen Gestüts aus. Die genaue Zahl schwankte je nach Anzahl der Gläser Grog, die Leather getrunken hatte, aber er hatte nie weniger als ein Dutzend, manchmal sogar bis zu zwanzig Jäger unter seiner Obhut. Diese, sagte er, seien im ganzen Königreich gepflanzt worden; einige in Melton, um sich mit dem Quorn zu verbünden; einige in Northampton, um „mit den Pytchley zusammenzukommen"; einige in Lincoln, um sich mit Lord Enry zu verbünden; und einige in Louth, um „mit ihnen zu reden" – er wusste nicht, mit wem. Was für eine schöne, schmeichelhafte, gut gesprochene Welt das ist, wenn der Sprecher seine eigene Konsequenz durch unsere Erhebung steigern kann! Man könnte meinen, dass „Neid, Hass, Bosheit und jede Art von Gemeinheit" nach Kalifornien übergegangen seien. Ein schwachsinniger Mann könnte den Kopf verdrehen, wenn er die Beschreibung hört, die seine Freunde über ihn geben. Aber hören Sie die gleiche Partei auf dem heruntergekommenen Kurs! – wenn entweder seine eigene Bedeutung keine Rolle spielt oder es sich aus schwerwiegender Beleidigung für ihn lohnt, „sich die Nase abzuschneiden, um sein Gesicht zu ärgern". Niemand würde das damals gezeichnete Porträt als dasselbe Individuum erkennen.

Mr. Leather war, wie wir bereits sagten, in der lobenden Stimmung, aber wie viele indiskrete Menschen übertrieb er es. Er begnügt sich nicht damit, das Gestüt in dem bereits beschriebenen großzügigen Ausmaß zu vergrößern, sondern muss notgedrungen das Reiten seines Herrn aufwerten und sich Andeutungen hingeben, dass er ihnen „den ganzen Weg zeigen" soll und so weiter. Nun „ärgert" nichts andere Pferdepfleger so sehr wie diese Art von Drohung, und kaum etwas verbreitet sich schneller als diese Art von Ausdünstungen an die Ohren ihrer Herren. Tatsächlich können wir die Anstrengungen, die Leather unternommen hat, nur mit der Begründung entschuldigen, dass ihm seine frühere Trainerkarriere keinen angemessenen Einblick in die Feinheiten des Jagdstalls ermöglicht hatte; Man erinnert sich, dass er erst jetzt zum ersten Mal als Zuchthengst fungierte. Wie dem auch sei, er hat einen hübschen Sturm heraufbeschworen, und je länger er tobte, desto stärker wurde er.

„Ordnen Sie es!" rief der junge Spareneck, der Hindernisjäger, als er inmitten einer vollen Versammlung, die einer großen Poule-Partie zusah, in Scorers Billardzimmer stürmte: „Lass es!" Es kommt ein Kerl, der bei Jupiter schwört, dass er uns allen den Glanz nehmen wird: „Schneide uns alle nieder!"

„Ich werde ihn so spielen, wie er will!" rief der kühle, mantellose Kapitän Macer aus und schlug seine Kugel als Kanone weg.

„Hör auf mit deinem Stück!" antwortete Spareneck; „Du denkst immer ans Spielen – ich spreche von der Jagd." Er ließ seine schwere, mit Silber beschlagene Jockeypeitsche krachend über sein Bein gleiten.

„Das sagst du nicht!" rief Sam Shortcut, der sich geschmeichelt fühlte, etwas härter zu fahren, als ihm lieb war, und befürchtete, sein Mut könnte auf die Probe gestellt werden.

„Was für ein Raufbold!" – (Puff) – bemerkte Mr. Waffles, während er seine Zigarre aus dem Mund nahm, während er als Schläger verkleidet auf der Bank saß und dem Spiel zusah, „er soll nicht rücksichtslos überfahren werden." uns.'

„Das soll er nicht!" rief Caingey Thornton, Mr. Waffles' erster Speichellecker und ständiger Grabenarbeiter.

„Ich werde ihn reiten!" „Mr. Ich bin dafür, dass wir ihn treffen und ihn zu einer Hindernisjagd bei Mondschein einladen.'

„Ich bin auf jeden Fall dafür, dass wir ihn besuchen gehen", bemerkte Frank Hoppey, legte sein Stichwort nieder, zog seinen Mantel an und fügte hinzu: „Ich würde gerne einen Mann sehen, der mutig genug ist, eine ganze Jagd zu ertragen – besonders eine solche Jagd." wie *unseres* .'

„Beenden Sie zuerst das Spiel", bemerkte Kapitän Macer, der eher das Beste daraus hatte.

„Nein, lass die Bälle so, wie sie sind, bis wir zurückkommen", entgegnete Ned Stringer; „Wir kommen zu spät." „Sehen Sie, es ist jetzt erst zehn *Uhr* ", fuhr er fort und zeigte auf die Uhr über dem Feuer. Daraufhin wurden Queues weggeräumt, Mäntel eilig angezogen, Hüte gesucht, Stöcke sortiert und der Raum für den Bahnhof allgemein verlassen.

HERR. SPONGE KOMMT IN LAVERICK WELLS AN

Kapitel VII

Unser Held kommt in Laverick Wells an

Pünktlich zum richtigen Zeitpunkt glitt der Eisenbahnzug, der das gefürchtete Genie vermittelte, in den gut beleuchteten, eleganten kleinen Bahnhof von Laverick Wells ein, und aus einem Waggon der ersten Klasse stieg Mr. Sponge in einem „Down the Road"-Mantel hervor. Er trug eine Pferdedecke in der Hand. Nach den gigantischen in London wirkte der Bahnhof so klein und unbedeutend, dass Mr. Sponge glaubte, er hätte sein Geld verschwendet, indem er ein Erste-Klasse-Ticket nahm, da niemand da war, den er kannte. Mr. Leather, der anwesend war, empfing ihn mit aller Ehrerbietung, die dem Meister von zwanzig Jägern gebührt, mit dem Hut in der Hand und täuschte ihn in diesem Punkt bald. Nachdem sie ihm den Umschlag abgenommen, sich nach seinem Gepäck erkundigt und einen Träger geschickt hatten, um ihm eine Fliege zu holen, standen sie zusammen über dem Koffer und der Hutschachtel, bis sie ankamen.

„Wie geht es den Pferden?" fragte Schwamm.

„Oh, die Knochen sind schön, Sir", antwortete Leather; „Sie sind ungewöhnlich gut gereist, und ich habe sie beide entfernen lassen, ohne dass sie es getan hätten, also ist einer von ihnen bereit, an dem Morgen zu gehen, den du für richtig hältst."

„Wo sind die Hunde?" fragte unser Held.

„Das muss bei Whirleypool Windmill sein", antwortete Leather, „das ist etwa fünf Meilen entfernt."

„Was ist das für ein Land?" fragte Sponge.

„In jeder Hinsicht ist es ein steifes Land, in dem es viel Wasser gibt." das heißt, der Liffey dreht und windet sich um ihn herum wie ein H'Aal.'

„Dann sollte ich lieber auf dem Braunen reiten, denke ich", bemerkte Sponge nach einer Pause: „Er hat genug Größe und Schrittweite, um alles zu überstehen, wenn er nur dem Wasser gegenübersteht."

„Das werde ich ihm rechtfertigen", antwortete Leather; „Lass die Latchfords nur gut in ihn hinein, und er wird gehen."

„Sind viele Jäger unten?" fragte unser Freund beiläufig.

„Sehr viele", antwortete Leather, „sehr viele; auch einige gute „Unds" unter ihnen; Zumindest um ihr Murren auszusprechen, obwohl ich nie glaube, dass all diese Jockeys das sagen. „Hier sind jetzt einige dabei", bemerkte Leather mit gedämpfter Stimme, zwinkerte mit seinem schelmischen Auge und drehte den Kopf dorthin, wo eine Gruppe von ihnen stand und unseren Freund aufmerksam beäugte.

'Welche?' fragte Schwamm und blickte sich auf der dünn besiedelten Station um.

„Da", antwortete Leather, „die am Bücherstand." „Das ist Mr. Waffles", fuhr er fort und gab seinem Herrn eine Berührung in die Rippen, während er seinen Koffer in eine Fliege verwandelte, „das ist Mr. Waffles", wiederholte er mit einem wissenden Blick.

'Welche?' fragte Mr. Sponge eifrig.

„Der Herr im grünen, hellwach gekleideten und großgeknöpften Mantel", antwortete Leather, „das ist nur ein Scherz, der sich an den jungen Mann im Tweed und ganz in Tweed wendet; Das ist Master Caingey Thornton, ein so großer kleiner Schurke wie alle anderen im Ort – lebt von Waffles und hat doch nie ein gutes Wort für ihn zu sagen, nein, auch nicht für sonst jemanden – und doch hört er den kleinen Teufel a Wenn man mit ihm redet, könnte man sich wirklich vorstellen, dass er glaubte, es gäbe nie wieder einen anderen Mann auf der Welt als Waffles – keinen anderen Reiter – keinen anderen Schlägerspieler – keinen anderen Taubenschützen – keinen anderen Alles in allem ein toller Kerl.'

„Hat Thornton Pferde?" fragte Schwamm.

„Nicht er", antwortete Leather, „nicht er, noch der Herr neben ihm – er im Pilotenmantel mit der aus der Tasche ragenden Peitsche, noch der im kaffeefarbenen Mantel, noch keiner." tatsächlich auf sie; Sie fügten hinzu: „Sie leben alle von Squire Waffles – frühstücken mit ihm – speisen mit ihm – trinken mit ihm – rauchen mit ihm – und wenn jemand von ihnen etwas zu essen hat, warum verkaufen sie an ihn und reiten so." für sich selbst.'

„Ein bequemer Gentleman", bemerkte Mr. Sponge und dachte, auch er könnte ihm entgegenkommen.

Der Fliegenmann berührte nun seinen Hut, um zu zeigen, dass er den Wunsch verspürte, wegzugehen, da woanders ein Fahrgeld wartete. Mr. Sponge wies ihn an, zum Brunswick Hotel zu gehen, während er in Begleitung von Leather zu Fuß zu den Ställen ging.

Mr. Leather hatte das wertvolle Gestüt natürlich unter Verschluss und jede Spalte und jedes Luftloch gut mit Stroh gestopft, als wären es die wertvollsten Pferde der Welt gewesen. Nachdem Mr. Leather den Ringschlüssel aus seiner Tasche hervorgeholt hatte, öffnete er die Tür, und nachdem er seinen Herrn hereingelassen hatte, schloss er sie schnell, damit kein Hauch frischer Luft eindringen könnte. Nachdem er einen Luzifer angezündet hatte, drehte er das Gas auf und stellte die Pferde mit ihren blühenden Mänteln, reichlich mit

Stroh übersät, zur Schau, was zeigte, dass er nicht der Mann war, der vierundzwanzig Schilling pro Woche für nichts bezahlte. Mr. Sponge stand einige Sekunden lang da und musterte sie mit offensichtlicher Zustimmung.

„Wenn dich jemand nach den Pferden fragt, kannst du sagen, dass sie *mir gehören* , weißt du", bemerkte er schließlich beiläufig und betonte dabei die Mine.

„Natürlich", antwortete Leather.

„Ich meine, du brauchst nichts darüber zu sagen, dass es sich um *Jobs handelt* ", bemerkte Sponge und befürchtete, dass Leather nicht gerade „annehmen" würde.

„Du vertraust mir", antwortete Leather mit einem wissenden Augenzwinkern und einer Bewegung seines Ellbogens gegen die Seite seines Herrn; „Du vertraust mir", wiederholte er mit einem Blick, als würde er sagen: „Wir verstehen uns."

„Ich habe ihnen tatsächlich ein paar gegeben", fuhr Leather fort und schaute, wie sein Meister es aufnahm.

'Hast du?' bemerkte Mr. Sponge fragend.

„Ich habe herausgefunden, dass Sie auf die eine oder andere Weise bis zu zwanzig haben", bemerkte Leather; „Einige hier, andere dort, tatsächlich überall, und dass du scherzhaft durch das Land rennst und nicht mit dem, was immer am höchsten ist."

„Nun, und was ist das Ergebnis?" fragte Mr. Sponge und dachte, sein Bräutigam schien von seinem Interesse wunderbar begeistert zu sein.

„Das Schöne daran ist", antwortete Leather, „dass die Männer alle verrückt und die Frauen alle wild darauf sind, dich zu sehen." Ich höre in meinem Club, dem Mutton Chop and Mealy Potato Club, der sowohl von Lakaien als auch von Nörglern besucht wird, dass beim Abendessen oder Tee nichts von der Rede ist, außer dem schrecklich reichen Fremden, der kommt, und von den Mädels alles Kappen ziehen, wer hat die erste Chance?'

„In der Tat", bemerkte Mr. Sponge und kicherte über die Sensation, die er hervorrief.

„Die Miss Shapsets, es sind fünf, haben für Sie eine Partie Fliegenklo gespielt", fuhr Leather fort, „das hat mir zumindest ihre kleine Zofe erzählt."

„ *Was fliegen* ?" fragte Herr Schwamm.

„Fliegen Sie auf die Toilette", wiederholte Leather, „Fliegen Sie auf die Toilette."

Herr Schwamm schüttelte den Kopf. Diesmal war er nicht „fliegend".

„Sehen Sie", fuhr Leather erklärend fort, „ihr Vater ist einer von diesen engstirnigen Kerzenpriestern, die alle Arten von Schlauheit und Moral verabscheuen und Kartenspiele, Glücksspiele oder sonst etwas nicht ertragen." Wenn also die jungen Damen einen Punkt klären wollen, wer zuerst heiraten soll oder wer den reichsten Mann haben soll, spielen sie auf die Toilette. „Angenommen, es ist Frühstückszeit, sie sitzen alle still und nüchtern wie am Tisch und sehen aus, als würde ihnen die Butter nicht im Mund zergehen, und jede hat ein Stück Zucker auf ihrem Teller oder neben ihrer Tasse oder irgendwo , und wer es schafft, „eine Fliege dazu zu bringen, zuerst zu ihrem Zucker zu kommen, gewinnt die Wette, oder um was auch immer er spielt."

„Fünf auf sie", wie Leather sagte, da es sich um eine hoffnungslose Zahl handelte, aus der man nichts Gutes herausholen konnte, wechselte Mr. Sponge das Thema, indem er Befehle für morgen gab.

Dass Mr. Sponges Aussehen eindeutig sportlich war und dass seine Pferde den Charakter beibehielten, milderte die aufgeregten Gemüter der sportlichen Zuschauer nicht, die von den drohenden, dampfenden Andeutungen des Kutscher-Bräutigams Peter Leather aufgewühlt waren. Es gibt nichts, was Männer so schnell verunsichert, wie die Andeutung, dass irgendjemand im ganzen Land kommt, um ihnen den „Glanz" zu nehmen. Wir haben die tödlichsten Fehden erlebt, die zwischen Parteien entstanden sind, die nie miteinander gesprochen haben, und zwar durch geschickte Vermittler, die einander berichtet haben, was der andere gesagt oder vielleicht auch nicht gesagt hat, aber was die „Vermittler" wussten, würde sie so aufrütteln Britischer Löwe, der bei Bedarf jeden Ritt ins Verderben treibt.

„Er sieht wie ein Schädling aus", bemerkte Mr. Waffles, als die Gesellschaft vom Bahnhof zurückkehrte; „Ich sollte mich nicht fragen, ob er gehen kann – ich wage zu sagen, dass er es versuchen wird – sollte sich nicht fragen, ob er am Boden liegt – furchtbar steifes Land für Pferde, die es nicht gewohnt sind – höchstwahrscheinlich handelt es sich um Leicestershire-Nörgler, die früher geflogen sind – gewonnen." Das geht hier nicht. Wenn er versucht, mit einem Gähnen auf jeder Seite einige unserer großen Dompfaffen mit Leichtigkeit zu erobern, wird er in Trauer geraten.'

„Hängen Sie ihn", unterbrach Caingey Thornton, „es gibt in allen Ländern gute Männer."

„Das gibt es!" rief Mr. Spareneck, der Hindernisjäger.

„Ich habe keine Ahnung, dass es einen Burschen gibt, der zufällig aus Leicestershire kommt", entgegnete Mr. Thornton.

„Ich auch nicht!" rief Herr Spareneck aus.

„Warum bleibt er nicht in Leicestershire?" fragte Mr. Hoppey, erhob nun zum ersten Mal seine Stimme und fügte hinzu: „Wer hat ihn hierher gefragt?"

„Wer eigentlich?" höhnte Mr. Thornton.

In dieser Stimmung kamen unsere Freunde im Imperial Hotel an, wo es am Tag vor der Jagd immer ein Abendessen gab – ein Abendessen, das irgendwie in den Zimmern von Mr. Waffles serviert wurde, der das Privileg hatte, für alle zu bezahlen, die dies nicht taten sich selbst bezahlen; eher eine beträchtliche Zahl, glauben wir.

Da das Beste von allem gut genug für die Gäste war und großzügige Großzügigkeit an der Tagesordnung war, verschwand das Tuch im Allgemeinen vor einem zufriedenen Publikum, ganz gleich, in welcher Laune sie sich auch befanden Wenn sie nicht ihren eigenen Schuss bezahlen, bedeutet das, auf die Gesundheit des Mannes zu trinken, der bezahlt. Mr. Waffles wurde immer in höchsten Tönen gelobt und applaudiert – solch ein Meister – solch ein Sportler – solch ein Wissen – solch eine Wissenschaft – solch ein Muster- Karte. Bei dieser Gelegenheit wurde der Toast mit besonderer Begeisterung aufgenommen, denn der Anwärter, Mr. Caingey Thornton, der dringend ein Reittier brauchte, spielte, nachdem er die Runde des alten Lobpreiskurses absolviert hatte, auf die drohenden Äußerungen des Fremden an und äußerte sich Sein fester Glaube, dass er „seinen Gegner treffen" würde, ein „Ergreifen des Stiers bei den Hörnern", stieß bei der weingetränkten Gruppe, von der die meisten in diesem Moment sehr „klein" waren, auf sehr große Zustimmung ,‘ in ihren eigenen Gedanken, vom größten Zaun, den es je gab.

Nichts ist so einfach, wie über das Mahagoniholz das beste Tempo zu erzielen.

Mr. Waffles, der mit beträchtlichem Applaus empfangen wurde und auf den Tisch klopfte, erwiderte den Trinkspruch in seiner gewohnt glücklichen Art und versicherte der Gesellschaft, dass er nur für den Genuss ihrer bezaubernden Gesellschaft lebe und dass alles Geld der Welt zur Verfügung stehe wäre nutzlos, wenn er nicht Laverick Wells hätte, in dem er es ausgeben könnte. Im Hinblick auf die Ausdünstungen eines „gewissen Gentleman" dachte er, es wäre sehr seltsam, wenn einige von ihnen ihm nicht den Glanz nehmen könnten, als sie das beobachteten „Brag" war ein guter Hund, aber „Holdfast" war ein besserer, mit einigen anderen sportlichen Gleichnissen und Ausdrücken, die alle auf Kampfbereitschaft hindeuteten. Bald nach dem Abendessen kam die Spannung hoch, und da sie alle der gleichen Meinung waren und alle darin übereinstimmten, dass die Jagd im Allgemeinen und sich selbst im Besonderen grob beleidigt worden waren, stellte sich nur die Frage, wie man sich daran rächen könnte. Endlich kamen sie darauf. Der alte Slocdolager, der verstorbene Jagdmeister, hatte die Angewohnheit, Tom Towler, den Jäger, am Abend vor der Jagd zu seiner Unterkunft zu rufen, wo sie bei einem Glas Gin und Wasser die Ereignisse des Tages besprachen und die allgemeinen Regelungen des Landes.

Mr. Waffles hatte ihn manchmal zu sich genommen, allerdings aus einem anderen Grund – zumindest in Wirklichkeit aus einem anderen Grund, obwohl er immer die Jagd als Vorwand benutzte, um ihn holen zu lassen, und dieser Zweck bestand darin, zu versuchen, wie viele Silberfüchseköpfe es gab Mit viel Portwein konnte Tom es austragen, ohne zu stolpern, und da der alte Mann eher alkoholsüchtig war, hatte er nie Einwände gegen das Experiment erhoben. Mr. Waffles wollte nun, dass er sich unter dem mildernden Einfluss des Getränks bemühte, ihn dazu zu bringen, sich herzlich auf etwas einzulassen, von dem er wusste, dass es den Gefühlen des alten Sportlers zuwider sein würde, nämlich das legitime Finden und Jagen durch einen „Drag" zu ersetzen des Fuchses. Die Fuchsjagd ist zwar zu jeder Zeit aufregend und aufregend, außer vielleicht, wenn die „Brachflächen fliegen" und der Sportler das Gefühl hat, dass er aller Wahrscheinlichkeit nach umso weiter zurückbleibt, je weiter er geht – Fuchsjagd, sagen wir Obwohl es aufregend und berauschend ist, bietet es, wenn die wahre Wahrheit ausgesprochen wird, nicht solche halsbrecherischen Annehmlichkeiten, wie Leute, die ihre Ideen aus Herrn Ackermanns Druckereischaufenster beziehen, sich vorstellen. Dass es in den meisten Zäunen große Stellen gibt, ist völlig wahr; Aber dass es auch schwache gibt, ist eine Tatsache, und ein geübter Blick erkennt letztere ungewöhnlich schnell. Deshalb wird von einem vernünftigen Mann nicht erwartet, dass er ihm folgt, auch wenn ein Verrückter an den großen Orten reitet; Und selbst wenn irgendjemand versucht sein sollte, dies zu tun, hat der Verrückte, der als Pionier fungiert hat, den Weg frei gemacht oder auf jeden Fall bewiesen, dass es für den Nachfolger praktikabel ist.

Darüber hinaus können Hunde, die unterwegs riechen müssen, jedoch nicht das Ultra-Hindernisjagd-Tempo einhalten, was im Gegensatz zum „Schauen, bevor man springt" steht, Gefahren und Schwierigkeiten mit sich bringt und sogar auf einem Jahrmarkt läuft Das Tempo hängt vom Zustand der Atmosphäre und dem Geruch ab, den der Fuchs hinterlässt. Es ist offensichtlich, dass man sich nicht darauf verlassen kann, dass eine Fuchsjagd die nötige Unterkunft bietet, wenn es nur um gewagtes, hartes Reiten geht. Eine Schleppjagd ist etwas ganz anderes. Der Widerstand kann auf jede beliebige Stärke eingestellt werden; Dadurch können Hunde rennen, als wären sie daran angebunden, und sie können gezogen werden, um alle gefährlichen Orte im Land mit einer gewissen Glaubwürdigkeit zu erreichen, so dass ein Mann sich umschauen und rufen kann, während er einen

Dompfaff angreift oder Brook: „Er führt uns durch ein äußerst verzweifeltes Land – ich habe in meinem ganzen Leben noch nie einen solchen Zaun gesehen!" Allerdings ist die Schleppjagd, wie wir bereits sagten, bei Sportlern nicht beliebt, schon gar nicht bei Jägern, und obwohl unsere Freunde mit ihren verletzten Gefühlen beschlossen hatten, eine solche Jagd zu betreiben, mussten sie den alten Tom erst noch belästigen, um ihn dazu zu bringen, mitzumachen Ansichten. Das war nun die Schwierigkeit.

KAPITEL VIII

ALTER TOM TOWLER

Es gibt kaum eine Person, die schwieriger zu identifizieren ist als ein unbekleideter Jäger, und von allen seltsamen Personen war vielleicht der alte Tom Towler der seltsamste. Tom lieferte in seiner Person ein treffendes Beispiel für die richtige Verwendung von Talenten und die Eignung der Dinge, denn er hätte weder einen Stallknecht noch einen Kutscher noch einen Postillion noch einen Lakaien noch einen Pflüger noch einen Mechaniker gemacht alles, was wir wissen, und dennoch war er ein erstklassiger Jäger. Er war zu schwach für einen Stallknecht, zu klein für einen Kutscher, zu hässlich für einen Postillion, zu verkümmert für einen Diener, zu leicht für einen Pflüger, zu nutzlos für fast alles.

Jeder, der ihn im „Mufti" ansah, würde ausrufen: „Was für ein unglückliches Objekt!" und bot ihm vielleicht einen Penny an, während ihn die Herren in seiner Jagduniform mit „Nun, Tom, wie geht es dir?" begrüßten. und Baronette fragen ihn: „Wie ging es ihm?" Bürger fühlten sich durch sein Gesicht geehrt, und doch wäre Tom ohne die Jagd eine Verschwendung gewesen – ein Chiffre – ein ungeeigneter Mann. Der alte Tom in seinem scharlachroten Mantel, der schwarzen Mütze und den Stiefeln und Tom in seiner unbekleideten Kleidung – sagen wir mit Hemdsärmeln, Shorts, grauen Strümpfen und Schuhen – hatten ungefähr die gleiche Ähnlichkeit miteinander, die ein vor drei Monaten toter Eichelhäher an einen Nagel genagelt hatte Die Hütte des Tierpflegers unterstützt den buntgefiederten Vogel, wenn er umherfliegt. Zu Pferd war Tom ein übermütiger, drahtig aussehender, scharfäugiger, grimmiger, hartgesottener kleiner Kerl, der da saß, als ob er und sein Pferd eins wären, während er zu Fuß der schlurfende, schlurfende, krummste Kerl war. Krabbe, die jemals gesehen wurde. Er war ein absoluter Vollidiot von einem Mann. Er war vom Ast eines Baumes skalpiert worden, seine Nase war durch den Tritt eines Pferdes in etwas wie einen Knopf geschlagen worden, seine Zähne waren durch einen Sturz in seine Kehle geschleudert worden, sein Schlüsselbein war gebrochen, sein linkes und sein rechtes Bein waren gebrochen Ebenso am Arm, ganz zu schweigen von Verletzungen an Rippen, Fingern und Füßen, und sein Gesicht war wie Schweinefleisch vernarbt, weil er wiederholt durch starke Dornenzäune gestreift war.

Aber wir werden ihn so beschreiben, wie er in der Nacht von Mr. Sponges Ankunft vor Mr. Waffles und den Herren von Laverick Wells Hunt erschien. Als Tom die Prahlereien von Mr. Leather hörte und dachte, sein Herr könnte vielleicht etwas zu sagen haben, oder dass er vielleicht an dem Elemosynary-Getränk teilnehmen wollte, das normalerweise in großen öffentlichen

Unterhaltungshäusern genossen wurde, war Toms Geist aufgeweckt worden sein Quartier in der Bar des „Imperial", wo er aufmerksam die „Meets" in *Bell's Life las* und las, wie sich die Atherstone in Gopsall, die Bedale in Hornby, die Cottesmore in Tilton Wood und so weiter mit einer Industrie trafen einer besseren Sache würdig; denn Tom kannte weder das Land noch die Orte, noch die Herren, noch die Hunde, noch die Jäger, noch irgendetwas anderes, obwohl er immer noch ein Interesse daran verspürte, zu lesen, wo sie auf die Jagd gehen würden. So saß er mit einem scharfen Ohr, einem der wenigen unbeschädigten Organe seines Körpers, da und war gespannt, um zu hören, ob nach Tom Towler gefragt wurde; Als ein Kellner seinen Namen vom Treppenabsatz zum Portier fallen ließ und fragte, ob ihn jemand gesehen habe, faltete Tom sein Papier zusammen, steckte es in die Tasche und strich mit der Hand über die wenigen vereinzelten Borsten, die noch herumstanden Mit seinem kahlen Kopf ging er, den Hut in der Hand, die Treppe hinauf in das Zimmer seines Herrn.

Sein Erscheinen löste eine Runde Jubelrufe aus! Hoppla! Tally-ho's! Horch nach vorn! Inmitten dieser Geräusche, des Geschwenktens von Servietten und der allgemeinen Geräusche bewegte sich Tom in einem sich drehenden, hinkenden, stockenden, seitwärts gerichteten Schritt durch den Raum. Seine krummen Beine schienen mit seinem Körper nicht genau zu verstehen, in welche Richtung sie gehen sollten; Einer, der rechte, neigte offensichtlich dazu, zur Seite zu taumeln, während der Linke stampfte, stampfte, stampfte, als wäre er ebenso entschlossen, sich jeder Abweichung zu widersetzen.

Endlich erreichte er die Spitze des Tisches, wo sein Meister saß, mit dem glitzernden Fuchskopf vor sich. Nachdem er eine Art Kratzverbeugung gemacht hatte, stellte sich Tom sozusagen entspannt auf das linke Bein, während er das rechte Bein des verstorbenen Recusant, das etwas kürzer war, als Stütze dahinter platzierte. Niemand hätte beim Anblick des kleinen, runzligen alten Mannes in dem weiten dunklen Kleid, der ausgebeulten gestreiften Weste und den Cordhosen aus Lackleder, die bis zu den Waden seiner O-Beine reichten, gedacht, dass es sich um den Bekannten handelte Jäger und schneidiger Reiter Tom Towler, dessen Name im ganzen Land gefeiert wurde. Er hätte ein Dorfschneider, ein Küster oder ein Friseur sein können; alles andere als ein Held.

„Nun, Tom", sagte Mr. Waffles und ergriff den Kopf des Fuchses, als Tom an seiner Seite vor Anker ging, „wie geht es dir?"

„Schön, vielen Dank, Sir", antwortete Tom und strich noch einmal über die Glatze.

Mr. Waffles. – „Was werden Sie trinken?"

Tom. – „Port, bitte, Sir."

„Da ist es also für Sie", sagte Mr. Waffles, fasste den Kopf des Fuchses, in dem sich etwa ein Drittel einer Flasche (mindestens eine Wirtshausflasche) befand, und reichte sie ihm.

„Alle meine Herren", sagte Tom, fuhr sich mit dem Ärmel über den Mund und warf einen Seitenblick auf die Gesellschaft, während er den Becher hob, um auf ihre Gesundheit zu trinken.

Er trank es in einem Zug aus.

„Na, Tom, und was machen wir morgen?" fragte Mr. Waffles, als Tom den Kopf des Fuchses mit der Nase nach oben auf den Tisch legte.

ALTER TOM TOWLER

„Na ja, wir müssen wohl zuerst Ribston Wood erreichen“, antwortete Tom, „und dann weiter nach Bradwell Grove, es sei denn, Sie denken gut darüber nach, Chesterton Common auf der Straße auszuprobieren, oder –“

„Ja, ja“, unterbrach Waffles, „das weiß ich alles; aber was ich wissen möchte ist, ob wir einen Durchlauf sicherstellen können. Wir wollen diesem großartigen Großstadtaufschwung einen Nutzen verschaffen. Du weißt wen ich meine?'

„Der Gentleman, wie er dem Brunswick kommandiert wird, nehme ich an“, antwortete Tom; „zumindest was *kommt* , denn ich habe noch nicht gehört, dass er gerufen wurde.“

„Oh, aber das *hat er* “, antwortete Mr. Waffles, „und ich zweifle nicht daran, dass er morgen draußen sein wird.“

„S-o-o“, bemerkte Tom in einer langen, gedehnten Notiz.

'Na dann! Glaubst du, dass du dich verpflichten kannst, uns zum Laufen zu bringen?' fragte Mr. Waffles, der sah, dass sein Jäger nicht geneigt zu sein schien, ihm auf den Grund zu gehen.

„Ich werde mein Bestes geben“, antwortete Tom und ging vorsichtig die vielen Eventualitäten durch seinen Kopf.

„Nimm noch einen Tropfen von etwas“, sagte Mr. Waffles und hob erneut den Kopf des Fuchses. „Was willst du haben?“

„Port, bitte“, antwortete Tom.

„Da“, sagte Mr. Waffles und reichte ihm eine weitere Stoßstange; 'trinken Fuchsjagd.'

„Fuchsjagd“, sagte der alte Tom und trank wie zuvor das Maß aus. Ein Hauch von Leben strömte in sein wettergegerbtes Gesicht, so wie ein Glühen der Hitze den Herd eines Schmieds belebt, nachdem er den Blasebalg berührt hat.

„Sie dürfen nicht zulassen, dass dieser pralle Schwanz uns schlägt“, bemerkte Mr. Waffles.

„Nein – o – o“, antwortete Tom und fügte hinzu: „Davor besteht keine Angst.“

„Aber er schwört, dass er *es tun wird* !“ rief Herr Caingey Thornton aus. „Er schwört, dass kein Mensch in die Nähe von ihm kommen darf.“

„In der Tat“, bemerkte Tom mit einem Funkeln seiner kleinen hellen Augen.

„Ich sag dir was, Tom“, bemerkte Mr. Waffles, „wir müssen ihn irgendwie rausholen.“

'Oh! „Er wird sich aller Wahrscheinlichkeit nach durchschlagen“, antwortete Tom; und fügte nachlässig hinzu: „Diese prahlerischen Kerle tun das immer.“

„Könnten wir uns nicht etwas einfallen lassen“, fragte Mr. Waffles, „um ihn herauszuholen?“

Tom schwieg. Er war ein Jagdjäger, kein Reiter.

„Trinken Sie ein Glas von etwas“, sagte Mr. Waffles und appellierte erneut an den Kopf des Fuchses.

„Danke, Sir, ich habe ein Glas getrunken“, antwortete Tom und trank das zweite Glas.

'Was wirst du haben?' fragte Mr. Waffles.

„Port, bitte“, antwortete Tom.

„Hier ist es“, antwortete Mr. Waffles und reichte ihm erneut das Maß.

Der Becher ging hinauf, der Inhalt ging darüber hinaus; aber Tom legte es mit einem weniger zufriedenen Gesicht als zuvor ab. Er hatte genug. Auch die linke Beinstütze gab nach und er wäre fast auf den Tisch gefallen.

Nachdem sie einen Stuhl für den heruntergekommenen alten Mann besorgt hatten, versuchten sie erneut, ihn in ihre Reihen aufzunehmen, mit größerem Erfolg als zuvor. Nachdem sie ihn gut mit Portwein behandelt hatten, behandelten sie ihn nun gut mit dem Fremden, und mit dem einen und dem anderen und ein oder zwei Gläsern Brandy und Wasser wurde Tom sehr gefügig, und schließlich wurde vereinbart, dass sie es tun sollten einen Zug über die härtesten Teile des Landes machen, an dem jeder teilnehmen sollte, der wollte, aber dass Mr. Caingey Thornton und Mr. Spareneck besonders damit beauftragt werden sollten, Mr. Sponge zu bedienen und ihn in Unheil zu verwickeln. Natürlich sollte es ein „tiefes Geheimnis“ bleiben, und natürlich bestand auch eine gute Chance, dass es gewahrt bleibt, wenn man bedenkt, wie viele sich darin befanden und wie viele zusätzliche Personen es mitteilen musste, bevor es ausgeführt werden konnte , und der glückliche Zustand, in dem sich der alte Tom befand, als er die Dinge arrangierte. Dennoch gratulierten sich unsere Freunde im „Imperial“ zu ihrem Erfolg; und nachdem sie ein paar Minuten damit verbracht hatten, den alten Tom über seinen Rückzug zu besprechen, löste sich die Gesellschaft auf, um sich in die prächtige Galauniform der „Jagd“ zu kleiden und sich auf Miss Jumpheavys Ball wieder zu treffen.

KAPITEL IX

DAS TREFFEN – DAS FINDEN UND DAS ZIEL

Früh zu Bett gehen und früh aufstehen – das gehörte zu den Maximen von Mr. Sponge. Kurz nach Tagesanbruch am nächsten Morgen genoss er den Blick auf die Dachziegel auf der Rückseite seines Hotels, eine Zeit, die an einem Novembertag ungefähr so schwer festzumachen ist wie das Alter von eine Dame in einem „bestimmten Alter". Selbst ein flinker Anzieher benötigt zehn Minuten oder eine Viertelstunde mehr, wenn er sich zum ersten Mal mit Stiefeln und Hosen befassen muss; Und da Mr. Sponge in seiner eigenartigen Branche ein ziemlicher Musterknabe ist, brauchte er natürlich noch einiges mehr, um „auf die Beine" zu kommen.

Ein geübtes Auge konnte an diesem Morgen eine ungewöhnliche Aufregung auf den Straßen erkennen. Man konnte Reitmeister und ihre Gehilfen beobachten, wie sie mit einer Reihe von Sattel- und Seitensattelschrauben mitgingen; Zu früherer Stunde begannen Fliegen zu rollen, und schicke Tiger traten in Wildledern herum, bevor sie mit guten, schlechten und gleichgültigen Jägern abzogen.

Jeder Mann hatte seiner Partnerin auf Miss Jumpheavys Ball von dem großen Streich erzählt, den sie dem Fremden spielen würden; und der Wunsch, den Fremden zu sehen, weit mehr als der Wunsch, den Trick zu sehen, veranlasste viele Schöne, ihre flaumigen Sofas zu verlassen, die sie viel besser behalten hätten.

Die Welt ist Fremden gegenüber im Allgemeinen sehr nachgiebig, solange sie Fremde *sind*, und stellt sie im Allgemeinen um einiges besser dar, als sie wirklich sind, und Mr. Sponge kam zu seinem vollen Anteil an der Ehre des Fremden. Sie brachten nicht nur alle zwanzig Pferde, die Leather angeblich verstreut hatte, nach Laverick Wells, sondern verlangten von ihm auch ein Haus am Eaton Square, eine Jacht in Cowes und einen erstklassigen Moorhafen in Schottland, und einige sagten, er sei ein Adeliger in Schottland Erwartung. Kein Wunder, dass er „zeichnete", wie Theaterleute sagen.

Nehmen wir nun an, er hat gefrühstückt und ist bereit für den Start.

Er wurde mit ungewöhnlicher Sorgfalt im vollständigsten Stil der strengen Ordnung sportlicher Kostüme „aufgerüstet". Da nun die eigentliche Jagdsaison begann – die erste Novemberwoche –, nutzte er die privilegierte Zeit, um alles Neue kennenzulernen. Er lehnte die jetzt allgemein getragene Mütze ab und blieb bei dem schweren, dicht geschlungenen Hut, den wir in unserem Eröffnungskapitel beschrieben haben. Er befestigte die Verbindung mit seinem Kopf oder seinem Rücken, falls er sich löste, durch eine kleine schwarze Seidenschnur, die durch den Hut gehakt war Er wurde von einem

Fuchszahn gefesselt und an einem Knopf an der Innenseite seines niedrigen Mantelkragens befestigt. Sein Hals war in die weiten Falten einer großen weißen Seidenkrawatte gehüllt, mit einer spitz zulaufenden Rautenkrawatte zusammengebunden und mit einer großen silbernen Hufeisennadel befestigt, deren Hufeisen fast groß genug für den Fuß eines jungen Esels war.

Sein niedriger Mantel mit schmalem Kragen war winzig klein; das heißt, ein Mantel, und doch so wenig wie möglich von einem Mantel – eigentlich fast einer Jacke. Die Nähte befanden sich natürlich außen, und ohne die extreme Stärke und Gleichmäßigkeit der Nähte und die offensichtliche Absicht der Sache hätte ein Unwissender annehmen können, dass er seinen Mantel gewendet hatte. Eine doppelte Stoffschicht erstreckte sich über die gesamte Länge der Außenseite der Ärmel, ganz in der Art, wie früher die Mäntel der Postkutscher üblich waren. und anstelle von Manschetten wurden die Ärmel bis zu den Fingerspitzen geführt, so dass es der Fantasie des Trägers überlassen blieb, eine lange Manschette oder eine kurze Manschette oder gar keine Manschette zu tragen – ganz wie das Wetter es erforderte. Obwohl der Mantel einreihig war, hatte er an der Knopfseite ein Loch angebracht, damit er ihn mit einer Miniaturtrense anstelle eines Knopfes zusammenhalten konnte. Die Trense verlief über seine Brust, von wo aus der Mantel, der leicht nach hinten floss, den breiten Kamm und die Furche einer weißen Cordweste zeigte, mit einem niedrigen Stehkragen, wobei die Weste bis zu seiner Figur reichte, mit großen Pattentaschen und einer Kerbe vorne, wie bei einem Kutscher. Anstelle von Knöpfen war die Weste mit Fuchsstoßzähnen und Darmschlaufen befestigt, während eine schwere Panzerkette, die von einer Tasche zur anderen führte, den Eindruck erweckte, dass sich in der einen eine Uhr und in der anderen ein Bündel Seehunde befanden. Die Weste war breit mit weißem Band gebunden und zeugte ebenso wie der Mantel von großer Stärke und Widerstandskraft. Seine Hosen hatten eine noch breitere Furche als die Weste und sahen aus, als hätte der Pflüger zwei Grate in einen gelegt. Sie reichten bis zum Bein und wurden von einem Paar gut gemachter, gut angezogener Stiefel mit sehr brauner Spitze empfangen, einer Farbe, die damals in Laverick Wells unbekannt war. Seine Sporen waren hell und schwer, mit beeindruckenden Hälsen und Sporen, deren leichteste Berührung ein Pferd zusammenzucken ließ und ihn auf sein gutes Benehmen aufmerksam machte.

Auch das große, schlagende braune Pferd Herkules erwies sich nicht als weniger imposant als sein Herr. Obwohl Leather nicht der Mann war, der selbst arbeiten konnte, hatte er doch eine sehr gute Vorstellung von Arbeit, und mit großer Mannhaftigkeit ließ er die Helfer in den Lackier- und Köderställen von Eclipse seine Pferde anschnallen und putzen. Herkules war ein schönes Tier. Um das zu erkennen, musste man kein großer Pferdekenner sein. Sogar die Damen, obwohl sie ihn vielleicht lieber in Weiß oder Creme gehabt hätten, konnten seine nussbraune Schnauze, sein glänzendes Fell, seine seidige Mähne und die elegante Art, wie er seinen wallenden Schweif trug, nur bewundern. Sein Schritt war herrlich anzusehen – so frei, so präzise und so leicht. Und das erinnert uns daran, dass wir Mr. Sponge genauso gut hochholen können – eine Leistung, die nicht einfach zu bewerkstelligen ist. Nur wenige Hack-Jäger sind ohne ihre kleinen Besonderheiten. Manche sind Ausreißer – manche treten – manche beißen – manche gehen mit dem Schwanz voran auf die Straße – manche rennen mit dem Schwanz voran an ihren Zäunen – manche stürmen, als wollten sie sie auffressen, andere schrecken ganz davor zurück – und nur wenige, sehr wenige geben ihnen Befriedigung . Diejenigen, die dies tun, ziehen sich im Allgemeinen vom öffentlichen Gestüt in das private Gestüt zurück. Sondern an unseren besonderen Vierbeiner „Herkules".

Mr. Sponge war nicht ohne Bedenken, dass das Pferd, ungeachtet dessen, was er bevorzugte, mehr von seiner Besonderheit zeigen könnte, als die Interessen seines Herrn fördern würde, und dass es, unabhängig von der Unannehmlichkeit, auf der Deckseite getreten zu werden, nicht immer so war Mr. Sponge dachte, das würde durch weiches Fallen kompensiert werden, da das Treffen nicht mehr weit entfernt war und er keinen Deckungsschutz trug, würde es genauso gut aussehen, ruhig auf seinem Pferd zu reiten, als im Flieger zu gehen, vorausgesetzt, er konnte immer Vollende den Berg – den Berg – wie den Mann, der mit dem Kopf unter dem Arm geht – und der der erste Schritt zu allem ist.

Dementsprechend ließ Mr. Leather das Pferd so ruhig wie möglich satteln und ausrüsten – seine warme Kleidung sofort über den Sattel legen und alles so weit wie möglich im gewohnten Gang halten, damit das Temperament des edlen Tieres nicht durch ungewohnte Unruhe getrübt werden konnte oder ungewöhnliche Objekte. Da Leather gesehen hatte, dass das Pferd Mr. Sponge nicht einmal in Hosen ausstoßen konnte, hatte er kaum Angst davor, dass er ihn in Stiefeln und Kniehosen verdrängen könnte; Dennoch war es wünschenswert, jeden unziemlichen Streit zu vermeiden und den hohen Charakter des Hengstes zu bewahren, wodurch Leather der Meinung war, dass sein eigener Charakter und seine Konsequenz am besten gewahrt würden. Deshalb verzichtete er darauf, einen der Stallgehilfen zu Hilfe zu rufen, und zog es vor, einmal selbst ein wenig zu arbeiten, vor allem, wenn der Reiter bereit war, und sich nicht „einen Herrn" dazu überreden zu lassen, „ein Pferd auszuprobieren". .' Mr. Sponge erschien pünktlich zu seiner Zeit im Stall, und nach langem Klopfen, Pfiffen, Schmökern, mein Mann, und allgemeiner Anbietung wurde der gefürchtete Nörgler aus dem Stall in ein gut gestreutes Stroh geführt. Im Hof, wo er zwar von einem Stier aufgespießt werden könnte, wenn er stürzte, die „Augen Englands" den Bodenleger aber jedenfalls nicht sehen würden. Pferde haben jedoch ein wunderbares

Gedächtnis und ein wunderbares Unterscheidungsvermögen. Obwohl das Pferd so anders gekleidet war als das, was es anlässlich seiner Prüfung trug, schien es Mr. Sponge zu erkennen, und zwar unabhängig von ein paar Schnauben, als er herausgeführt wurde, und einem oder zwei empörten Tritten mit dem Fuß, als es heruntergelassen wurde , nachdem Mr. Sponge aufgesessen war, nahm er die Sache sehr ruhig an.

„Jetzt", sagte Leather leise und tätschelte den gewölbten Hals des Pferdes, „ich gebe dir einen Hinweis; Sie werden einen Laden besuchen, um auszuprobieren, was er gemacht hat, also seien Sie auf der Hut.'

'Woher weißt du das?' fragte Mr. Sponge überrascht und zog beim Sprechen die Zügel an.

„*Ich weiß*", antwortete Mr. Leather mit einem Augenzwinkern.

In diesem Moment begann das Pferd zu stürzen, zu scharren und Anzeichen von Unbehagen zu zeigen, und Mr. Sponge wollte sich nicht ärgern oder seine schwachen Seiten zur Schau stellen, gab ihm den Kopf, und als er durch das Seitentor ging, befand er sich bald auf der Straße. Er verstand es nicht ganz, aber da er volles Vertrauen in seine Reitkünste hatte und glaubte, dass das, auf dem er saß, nichts anderes als Reiten erforderte, hatte er keine Angst, seine Chance zu nutzen.

Da Mr. Sponge nicht der Mann war, der seine Kerze unter den Scheffel stellte, nahm er auf seinem Weg aus der Stadt die Hauptstraßen ein. Wir sind uns nicht sicher, ob er sich nicht große Mühe gegeben hat, sie hineinzubringen, aber das ist weder hier noch dort, da er ein Fremder war, der den Weg nicht kannte. Welch ein Aufsehen erregte sein Auftritt, als der galante Braune stolz und frei die Coronation Street hinaufschritt und seinen eleganten, sauberen, gut aufgesetzten Kopf auf der ungehemmten Freiheit der Trense auf und ab zeigte.

„Oh, verdammt, da ist er!" rief Mr. Spareneck, sprang vom Frühstückstisch auf und fegte beinahe den Inhalt weg, indem er das Tuch mit seinem Sporen packte.

'Wo?' riefen ein halbes Dutzend Stimmen, inmitten eines allgemeinen Ansturms auf die Fenster.

'Was für ein Schreck!' rief die kleine Miss Martindale und flüsterte Miss Beauchamp ins Ohr: „Ich bin sicher, dass ihn jeder für mich haben kann", obwohl sie in ihrem Herzen spürte, dass er alles andere als schlecht aussah.

„Ich frage mich, wie lange es gedauert hat, bis er diesen Halsband angelegt hat", bemerkte Mr. Spareneck und musterte ihn aufmerksam, nicht ohne innere Bedenken, dass er sich eine schwierigere Aufgabe gestellt hatte, als er gedacht hatte, „ihn niederzuschneiden", besonders wenn Er blickte auf das edle Tier, auf dem er ritt, und auf die meisterhafte Art, wie er sich ihm hinsetzte.

„Was für ein Paar verschwenderischer Stiefel", bemerkte Kapitän Whitfield, als unser Freund nun an seiner Unterkunft vorbeikam.

„Es wäre die Pflicht eines vernünftig denkenden Mannes, einen Kerl in einem solchen Paar zu überholen", bemerkte sein Freund, Mr. Cox, der mit ihm frühstückte.

„Reite über einen Kerl in so einem Paar!" rief Whitfield aus. „Kein wohlerzogenes Pferd würde so etwas ertragen, sollte ich meinen."

„Er scheint viel von sich zu halten!" bemerkte Mr. Cox, als Sponge einen bewundernden Blick auf seinen glänzenden Stiefel warf.

„Das sollte mich nicht wundern", antwortete Whitfield; „Vielleicht wird ihm noch vor Einbruch der Nacht die Einbildung genommen."

„Nun, ich hoffe, du kommst rechtzeitig, alter Junge!" rief Mr. Waffles vor sich hin, als er von seinem Schlafzimmerfenster herabblickte und Mr. Sponge auf dem Weg zur Deckung die Straße entlanggehen sah. Mr. Waffles war gerade aus dem Bett aufgestanden und musste sich noch anziehen und frühstücken.

Ein Mann in Scharlachrot bringt alle anderen zum Zappeln, und ohne sich die Mühe zu machen, „das oder das" zusammenzubekommen, verlassen sie ihr Frühstück, eilen zu den Ställen, holen ihre Pferde heraus und rasseln davon, damit ihre Uhren nicht falsch laufen oder so Vereinbarung getroffen, von der sie nichts wissen. Auch die Jagdhunde waren auf der Borrowdon-Straße unterwegs, wie man an ihren Fußspuren erkennen konnte, ebenso wie an dem schaukelnden, schaukelnden Wippen verschiedener schwarzer Mützen über den Hecken, während der Jäger und die Peitschen in diesem angenehmen Postjungen-Trab weiterschritten. Das hat den Zorn so vieler Reiter gegen Pferde geweckt, die sie nicht rechtzeitig einhalten konnten.

Schauen Sie sich jetzt den alten Tom an, der unbekümmert auf dem würzigen Braunen sitzt, und sehen Sie, was für ein anderer Tom er ist als der, der er letzte Nacht war. Anstelle eines ramponierten, hinkenden, schäbig aussehenden kleinen alten Mannes ist er ganz lebendig und reagiert auf die Aktion seines Pferdes, als wären sie alle eins. Unter seiner eleganten Samtmütze ragt eine graue Haarsträhne hervor, die ein wettergegerbtes, aber scharfes und ausdrucksstarkes Gesicht mit kleinen, durchdringenden schwarzen Augen hervorhebt. Sehen Sie, wie munter und fröhlich er ist. wie sich sein rechter Arm mit der Peitsche immer wieder hebt und senkt und als Reaktion auf die Bewegung des Pferdes mit dem Ende gegen seinen Oberschenkel schlägt. Sein neuer scharlachroter Mantel verleiht seinem

Gesicht eine gesunde Farbe, und gute Stiefel und Hosen verbergen die Unvollkommenheiten seiner schlechten Beine. Seine Hunde scheinen an der Fröhlichkeit des alten Mannes teilzuhaben und scharen sich um sein Pferd oder toben auf den grasbewachsenen Straßenrändern vorwärts, bis sie, fast außer Hörweite, ein einzelnes „Yooi doit! – Arrogant!" oder „Hier schon wieder" ertönen , Brusher!' bringt sie fröhlich zurück, um zu jammern und dem alten Mann ins Gesicht zu schauen, um Applaus zu erhalten. Er scheut sich auch nicht vor seinem Lob. „G – oood bitch! – Arrogant! – g – oood bitch!" sagt er, indem er sich über die Schulter seines Pferdes zu ihr beugt und sie mit einer Handbewegung zum Weitergehen animiert. So trabt der alte Mann fröhlich weiter, mal macht er sein Pferd, mal überredet er einen Hund, mal redet er mit einer „Peitsche", mal berührt oder nimmt er seine Mütze ab, wenn er an einem Jäger vorbeikommt, je nachdem, wie er ihn einschätzt.

Als die Hunde die Windmühle Whirleypool erreichen, strömen ihnen viele Fußgänger entgegen. Zuerst kommt ein Wärter in Samtjacke und Lederbeinen, dem Tom (wenn auch misstrauisch gegenüber seiner Ehrlichkeit) es für klug hält, ihm die Hand zu geben; der Müller und auch er grüßen; und alsbald tauchte eine schwarze Flasche mit einem einzigen Glas auf und verbreitete sich in der Gesellschaft. Dann nähert sich der Erdstopper, legt eine Hand auf die Schulter von Toms Pferd und flüstert ihm vertraulich ins Ohr. Auch der Fußgängersportler des Landes hat etwas zu sagen; auch ein Pferdebrecher; während Gruppen ehrfurchtsvoller Kinder dastehen und den mächtigen Tom anstarren und ihn für den größten Mann der Welt halten.

Eisenbahnen und Fuchsjagd sorgen dafür, dass die meisten Menschen pünktlich sind, und weniger als fünf Minuten nach dem Halt der Hunde an der Windmühle strahlen die verschiedenen Straßen, die dorthin führen, dunkel gekleidete Pferdeknechte aus, die absteigen und die Schlammfunken abwischen , und beheben Sie jede kleine Störung, die sich die Pferde oder ihre Ausrüstung auf der Reise zugezogen haben könnten. Alsbald machten sich Mr. Sponge und die anderen Herren, die auf ihren eigenen Pferden geritten waren, auf den Weg, während von der Anhöhe aus die Straße nach Laverick Wells mit scharlachroten Mänteln und Fliegen, mit Pelzen und prunkvollen Federn deutlich zu erkennen ist. Jetzt beginnen die vordersten Reiter, den Hügel hinauf zu galoppieren

Überall ist es fröhlich, Männer, Pferde, Hunde, und in jedem lächelnden Gesicht erscheint frische, blühende Gesundheit und universelle Freude.

Dann mischen sich die Damen unter die Szene, einige zu Pferd, einige in Fliegen, alle plaudern und plappern wie immer, einige sagen kluge Dinge, einige versuchen es, alle machen sich so angenehm wie möglich und natürlich so fesselnd. Einige waren in Ekstase beim Ball der lieben Miss Jumpheavy – sie war so ein *nettes* Geschöpf – so ein charmanter Ball und so gut gemanagt, während andere sich auf die Freuden von Mrs. Tom Hoppey freuten und wieder einige fragten, wer Mr. Sponge sei. Dann wurde die Brille hochgehoben, während Mr. Sponge da saß und so unschuldig und tödlich aussah, wie er nur konnte. 'Liebe mich!' rief einer aus, „er ist jünger als ich dachte." „Das ist er, oder?" beobachtete einen anderen; „Ich sah ihn die Straße hinauffahren"; während die Anstandsspieler sein Pferd lobten und sagten, es sei eine Schönheit.

Die Hunde, die sie alle sehen wollten, wurden nie angeschaut.

Mr. Waffles war, wie viele Männer, die nichts zu tun hatten, äußerst unpünktlich. Er schien nie zu wissen, wie spät es war, und doch hatte er eine Uhr, die an Ketten und Schnickschnack hing, wie das Chatelaine einer Dame. Die Jagd nahm an der allgemeinen Verwirrung teil. Er gab nicht vor, vor elf abzuwerfen, aber oft war es fast zwölf, bevor er den Wurf machte. Dann würde er in vollem Gange auftauchen, umgeben von „Scharlachroten", wie ein General mit seinem Stab; Und als man einmal bei dem Treffen war, gab es eine ungeheure Eile, mit der man beginnen konnte, die nur durch den Eifer, aufzuhören, übertroffen wurde. An diesem glückverheißenden Tag schwebte er etwa zwanzig Minuten vor zwölf in bestem Tempo in Sichtweite die Straße entlang, mit einem zahlreicheren Gefolge als gewöhnlich. In seiner Kleidung entsprach Mr. Waffles dem leichten, schmetterlingsartigen Stil eines Sportlers – einfarbige Krawatte, französische Politur, Papierstiefel und so weiter. Bei dieser Gelegenheit trug er einen Hemdkragen mit drei oder vier blauen Linien und dann einem weißen Feld, gefolgt von drei oder mehr blauen Linien, wobei das Ganze an den Spitzen in blauen Flecken von etwa der Größe von Viergroschenstücken endete; eine einmalrunde blaue Seidenkrawatte mit weißen Punkten und fliegenden Enden. Sein Mantel war etwas leichter, jackenartig, mit kleinen Taschen hinten, etwas im Stil von Mr. Sponges (einem kupierten Morgenmantel), aber ohne die Außennähte, die Rückengurte und die allgemeine Stärke, die Mr. Sponges charakterisierten. Seine Weste war natürlich gearbeitet – Herzlichkeit gemischt mit Füchsenköpfen, auf echtem blauem Grund, ein Geschenk von – wir werden nicht sagen von wem –, sein Leder war aus feinstem Rehfell und er war lang Stiefel mit spitzer Spitze, die so dünn sind, dass an Nässe oder Schlamm nicht zu denken ist.

Das war der junge Mann, der jetzt herbeigaloppierte und seine Mütze abnahm, um dem Rang, der Schönheit und der Mode zu begegnen, die sich in der Windmühle von Whirleypool versammelt hatten. Anschließend erwies er ausführlich seine Aufwartung. Schließlich, nachdem er sein „Nichts" erschöpft hatte und dasselbe noch einmal auf ein Dutzend verschiedene Arten zu einem Dutzend verschiedener Damen gesagt hatte, gab er Tom

Towler eine leichte Kopfbewegung, der sofort seine Hunde pfiff und ihm folgte Die Peitschen huschten geschäftig vom Tatort.

KAPITÄN GREATGUN

Epping Hunt konnte in seinen besten Tagen nicht mit der Ausstellung mithalten, die jetzt stattfand. Einige der lebhafteren Pferde waren des Wartens überdrüssig und vielleicht von der Kälte eingeklemmt, denn die meisten von ihnen waren frisch geschoren Die Infektion breitete sich schnell aus, und in weniger als einer Minute gab es eine solche Szene des Schaukelns und Aufbäumens und Tretens und Tänzelns und Wieherns und Schießens über Köpfe und Drehen über Schwänze und Festhalten an Mähnen, vermischt mit solchem Geschrei die Damen in den Fliegen, und so herzhaft klingende Tritte gegen Spritzbretter und Fliegenböden, von vielen der bösartigen in Geschirren, wie man sie noch nie gesehen hat. Ein Herr, gekleidet in brandneues Scharlachrot, auf einem blühenden Schecken sitzend, der einst Mr. Batty gehörte, stand scharrend und kämpfend in der Luft, als wäre er in einem Sägemehlkreis, und sein unglücklicher Reiter klammerte sich um seinen Hals und erwartete es Lass das Biest wieder auf ihn zukommen. Ein weiterer kleiner, drahtiger Fuchs mit vielen Ringen, rasendem Martingal und ganz allgemeiner Ausrüstung drehte sich einfach von der Menge ab und rannte mit aller Kraft nach Hause, die er mit den

Beinen auf den Boden legen konnte; während ein guter, stabiler brauner Cob, mit einem Lauf wie ein Kolben und einem Schwanz wie ein Buschwerk, sich zum Entsetzen seines Reiters, Kapitän Greatgun, absichtlich niederlegte, nachdem er den schlammigsten und schmutzigsten Ort ausgewählt hatte, den er finden konnte. von der königlichen Marine, der, als er spürte, wie er plötzlich Mutter Erde berührte, dachte, er würde lebendig verschlungen werden, und aus dieser Täuschung erst durch die Rufe der Fußsoldaten geweckt wurde, die ihm sagten, er solle von seinem Pferd loskommen, bevor er losbreche Rollen.

Herkules hätte sich gern zu den Schulschwänzen gesellt, und beim ersten Aufruhr richtete sich sein großer Rücken nach oben und seine Ohren nach unten, mit einem einzigen Hieb nach hinten, der Unheil bedeutete, aber Herr Schwamm war auf der Hut und gab einfach nach Er grub ihn so mit seinen Sporen, dass er die Ordnung wiederherstellte, ohne etwas preiszugeben, was irgendjemandem auffallen könnte.

Der plötzliche Sturm ließ schnell nach. Die Verschütteten krabbelten hoch; die lockeren Reiter bekamen ihre Pferde fester im Griff; die schreienden Schönen versanken träge in ihren Kutschen; und der zuletzt unruhige Ozean der Reiter bildete *auf dem Weg* zur Deckung eine unregelmäßige Linie.

Bump, Bump, Bump; Trab, Trab, Trab; Ruck, Ruck, Ruck; Shake Shake Shake; und Kutschen und Kavallerie gelangten irgendwie nach Ribston

Wood. Es handelt sich um eine lange Deckung an einem Hügelhang, von der aus die Gruppen, die sich im grünen Tal darunter aufhalten, beobachten können, wie Hunde „ziehen", das heißt mit der Nase zum Boden rennen, falls es irgendwelche dummen Männer gibt genug, um zu glauben, dass es Damen wichtig ist, solche Dinge zu sehen. Da waren sie jedoch.

„Eu leu, rein!" ruft der alte Tom mit einer Armbewegung, da er feststellt, dass er den Eifer des Rudels nicht länger zurückhalten kann, als sie sich nähern, und überlegt, seinen Ruf zu retten, indem er scheinbar die Führung übernimmt. „Eu leu, rein!" wiederholt er mit noch herzlicherem Jubel, während das Rudel mit einem Krachen, das durch den Wald hallt, auf den morschen Zaun losgeht. Die Peitschen huschen zu ihren jeweiligen Spitzen, die Herren befühlen die Gurte ihrer Pferde, Hüte werden fest auf den Kopf gesetzt und die Sherry- und Brandyflaschen werden langsam geleert.

„Tally ho!" ruft ein Landmann oben im Wald und hebt seinen Hut auf einen Stock. Bei dem magischen Klang überkommen einige Angst, andere Freude und große Angst bei allen. Was für ein Aufruhr! Was für eine Unentschlossenheit! Was für eine Verwirrung! „In welche Richtung? – In welche Richtung?" ist der Schrei.

„Twang, twang, twang", ertönt das Horn des alten Tom oben im Wald, wohin er geflogen zu sein scheint, so schnell ist er dort angekommen.

Ein dunkel gekleideter Herr auf einem guten Familienpferd löst die wichtige Frage „Wohin?" –, indem er sofort in den Wald eintaucht und weiter rast, bis er an eine Kreuzung gelangt, die nach oben führt, wo sich die Szene öffnet „Eröffne frische Felder und neue Weiden", offenbart verschiedene andere Abschnitte, die sich in langen Reihen nach oben kämpfen, anderen Anführern folgen, alle schnaufend und keuchend und sich an den Mähnen festhaltend, viele hatten das Gefühl, als hätten sie schon genug – „Schnell!" ist das richtige Wort, denn die Jagdhunde fliegen über den Zaun aus dem ersten Feld über den Körper des Rudels, das fast stumm im höchsten Tempo davonläuft und viel kleiner aussieht, als es für die Augen eines Sportlers angenehm ist.

'F-o-o-r-rard!' schreit der alte Tom und fliegt über den Zaun hinter ihnen her, gefolgt von eifersüchtigen, drängelnden Reitern in Scharlachrot und Farben, manche ängstlich, manche locker, manche wollen dabei sein, manche wollen so aussehen, als ob sie es täten, manche wollen wissen, ob da etwas ist auf der anderen Seite.

Jetzt erklimmt Tom einen weiteren Zaun, hebt sich wie eine Rakete und senkt sich wie ein Vogel; immer noch 'F-o-o-r-rard!' ist der Schrei – los geht es im rasanten Tempo.

Das Feld erstreckt sich wie ein Teleskop und lässt den größten Teil am Ende zurück, und viele – insbesondere die Schönen und Dicken – sehen die Hoffnungslosigkeit der Sache und ziehen ihre Pferde an, während sie sich noch auf einer Anhöhe befinden, die einen Ausblick bietet. Fünfzehn oder zwanzig Reiter nehmen an dem Rennen teil und stürmen vorwärts, obwohl die Hunde den alten Tom eher überholen, und je weiter sie gehen, desto kleiner wird die Spitze des Teleskops. Das Tempo ist schrecklich; Ohne die Damen würden viele nachgeben. Am Ende einer Meile oder so zeigen sich die Entschlossenen an der Spitze, und die Spirter und „Scheinmenschen" nutzen gerne ihre Pionierkräfte.

Mr. Sponge, der gut durch den Wald kam, ging mit Leichtigkeit, der große, schreitende Braune warf die großen Felder mit Leichtigkeit hinter sich her und machte seine Sprünge sicher und gut. Er zeigt jetzt nach vorne, und der alte Tom, der immer noch auf seine Hunde losgeht, fällt entweder lieber auf das Feld zurück, oder das Feld zieht ihn an. Auf jeden Fall kommen sie irgendwie zusammen. Ein Gürtel aus Waldtannenplantagen mit einem steifen Zaun auf jeder Seite stellt ihren Mut und die Robustheit ihrer Hüte auf die Probe: Krachend kommen sie hindurch, der Lärm, den sie zwischen den Dornen und faulen Ästen machen, ähnelt dem Ausbruch eines Feuers. Mehrere Herren weichen hier im Schutz der Bäume aus.

'F-o-o-r-rard!' schreit der alte Tom, als er durch den steifen Zaun springt und auf dem Feld vor der Plantage landet. Er hätte sich vielleicht den Atem sparen können, denn die Hunde schlugen ihn ohnehin. Mr. Sponge bahnt sich seinen Weg durch denselben Ort, allerdings kaum unterstützt von allem, was der alte Tom getan hat, um ihm den Weg freizumachen, und die anderen folgen ihm.

Das Feld ist jetzt auf sechs reduziert, und zwei von ihnen, Mr. Spareneck und Caingey Thornton, richten ihre Aufmerksamkeit auf unseren Helden. Thornton reitet auf Mr. Waffles erstklassigem Steeple-Chaser „Dare-Devil" und Mr. Spareneck auf einem erstklassigen Jäger, der demselben Herrn gehört, aber es ist ihnen nicht gelungen, unseren Freund Sponge in Bedrängnis zu bringen. Im Gegenteil, sein Pferd ist, obwohl eingeseift, so stark wie eh und je, und Herr Schwamm, der ihre Absicht sieht, geht so vorsichtig wie möglich mit ihm um, um nicht an Boden zu verlieren. Sein feiner, starker, stabiler Sitz und sein ruhiges Handling stehen im guten Kontrast zu Thorntons rollenden Eimer-Stil, der bereits begonnen hat, eine schwere Schlagpeitsche zu schwingen, um seine Sporen an seinen Zäunen zu unterstützen, begleitet von einem halb hektischen „g-u-" R-r-r mit!' und fragt das Pferd, ob er glaubt, dass er es gestohlen hat?

Die drei gehen bald in Führung; Je schneller sie gehen, desto schneller werden die Hunde, und ein Zaun nach dem anderen wird hinter ihnen hergeworfen, so wie ein Mädchen sein Springseil wirft.

Tom und die Peitschen folgten grinsend mit der Zunge in den Wangen, während Tom immer noch „F-o-o-o-rard!-F-o-o-o-rard!" kreischte. in Intervallen.

Eine große Steinmauer, die aus Mörtel gebaut und mit schweren Steinblöcken bewehrt ist, wird von den dreien nebeneinander eingenommen, wofür sie mit einem Galopp die Stretchfurrow-Weide hinauf belohnt werden, von deren Gipfel aus sie die Hunde in Richtung einer Strafe davonströmen sehen Grasland unten, mit hier und da verstreuten Kopfweiden am Boden.

'Wasser!' sagt unser Freund Schwamm und fragt sich, ob Herkules sich dem stellen würde. Ein verzweifelter schwarzer Dompfaff, der so dick ist, dass er kaum hindurchsehen kann, schreckt einwilligend zurück, weil ein Landsmann ein Tor öffnet und ein oder zwei weitere Zäune passiert werden, während einige Hunde im Wasser planschen und andere geschüttelt werden am gegenüberliegenden Ufer zeigen, dass die Weiden wie üblich ziemlich wahre Propheten sind.

Caingey, der sein raues, rotes Gesicht fast doppelt grinst, sein Pferd fest am Kopf packt, rammt ihm die Sporen und schwingt seine Hiebpeitsche hoch in die Luft, mit einem „g-u-u-ur!" „Glaubst du, ich" – das „hat dich gestohlen", als er sich unter Wasser verirrte, gerade als Schwamm etwas weiter unten den Bach frei machte. Spareneck zieht dann hoch.

Als Nimrod Dick Christian bei seinem Lauf in Leicestershire in der Whissendine unter Wasser hatte und jemand, der menschlicher war als der Rest des Feldes, beobachtete, wie sie weiterritten,

„Aber er wird ertrinken."

„Das sollte mich nicht wundern", rief ein anderer.

„Aber das Tempo", fügte Nimrod hinzu, „war zu gut, um nachzufragen."

Bei unserem Wasserstellenhahn, Herrn Schwamm, war das jedoch nicht der Fall. Unabhängig von der Absurdität eines Mannes, der seinen Hals riskiert, nur um einen Haufen Ablenkungsmanöver aufzusammeln, konnte sich Mr. Sponge, nachdem er alle besiegt hatte, ein wenig Menschlichkeit leisten, vor allem, weil er sein Pferd zum Verkauf ritt, und das war jetzt der Fall Niemand blieb übrig, um Zeuge der weiteren Tapferkeit des Rosses zu werden. Dementsprechend bediente er sich einer schweren, frisch umgepflügten Brachfläche, auf der er landete, als er den Bach überquerte, um ihn hochzuziehen, und kehrte gerade zurück, als Mr. Spareneck, unterstützt von einer der Peitschen, es schaffte, Caingey an der Stelle zu landen -Abseits. Caingey war selbst in seinen besten Zeiten kein hübscher Junge – nur die parteiischsten Eltern konnten ihn für einen halten –, und sein ungeschicktes, kleines, zusammengekniffenes Gesicht und seine dicke, stämmige Figur wurden alles andere als durch eine Art Erbse verbessert. grünes Netz aus Wasserpflanzen, mit dem er aus seinem Bad aufstand. Er war ungewöhnlich stark durchnässt und musste an den Fersen hochgehalten werden, damit das Wasser aus seinen Stiefeln, Taschen und Kleidern fließen konnte. In dieser unwürdigen Position wurde er von Mr. Waffles und anderen Feldleuten gefunden, die an der Linie geritten waren.

„Warum, Caingey, alter Junge! Du siehst aus wie ein gekochter Schweinswal mit Petersiliensoße!' rief Mr. Waffles und hielt dort an, wo der unglückliche Junge stotterte und wie ein Krug geleert wurde. „Verdammt!" fügte er hinzu, während das Wasser gurgelnd aus seinem Mund kam, „aber du musst den Bach ausgetrunken haben."

Caingey hätte seine Unmenschlichkeit getadelt, aber da er wusste, wie unklug es war, mit seinem Brot und seiner Butter zu streiten, und sich auch der lächerlichen Figur einer ertrunkenen Ratte bewusst war, die er dann abgeben musste, hielt er es für das Beste, zu lachen und Mr . Waffeln ein andermal. Dementsprechend kicherte und lachte er auch, obwohl seine Kiefer ihren Dienst fast verweigerten, und schob die Schuld für den Unfall freundlicherweise vom Pferd auf sich selbst ab.

HERR. CAINGEY THORNTON GIBT NICHT GENUG DAMPF

„Er hat nicht genug Dampf gemacht", sagte er.

In der Zwischenzeit hatte der alte Tom, der mit den Hunden weitergezogen war, eine wohlbekannte Brücke etwas oberhalb der Stelle, an der Thornton hineinging, benutzt, um über den Bach zu gelangen, und genügend Zeit verstreichen lassen, um die Aufgabe ordnungsgemäß abzuschließen Die Farce wurde nun gesehen, wie er den gegenüberliegenden Hügel umrundete, mit seinen Hunden, die sich um sein Pferd scharten, während sein Geist über einen dieser imaginären Läufe nachdachte, die erfahrene Jäger so gut zu erzählen wissen, wenn es niemanden gibt, der ihnen widerspricht.

Nachdem er seinen Platz geviertelt hatte, um wieder zu seinem alten Freund, der Brücke, zu gelangen, trottete er einfach mit der angenommenen Fröhlichkeit auf ihn zu, während Caingey Thornton das letzte Stück grünes Gras zwischen seinen großen, dicken Lippen hervorspießte.

„Na, Tom!" rief Herr Waffles, „was haben Sie mit ihm gemacht?"

„Hat ihn getötet, Sir", antwortete Tom mit einer leichten Berührung seiner Mütze, als ob „Töten" bei ihnen eine alltägliche Angelegenheit wäre.

„Haben Sie tatsächlich!" rief Mr. Waffles und übernahm die Lüge voller Gier.

„Ja, Sir", sagte Tom ernst; „Er wurde fast geschlagen, bevor er den Bach erreichte." Tatsächlich dachte ich, Vanquisher hätte ihn dabei gehabt; aber er kam durch, und die Witterung blieb auf der Brachfläche wirkungslos, was ihm eine Chance gab; Aber ich hielt sie an der Hecke dahinter fest, wo sie sich wie ein Lauffeuer verstanden, und sie hörten nie wieder auf, bis sie ihn hinter Mr. Plummeys Wirtschaftsgebäuden in Shapwick umwarfen. „Ich habe seinen Pinsel", fügte Tom hinzu und holte einen stark zerschlissenen aus seiner Tasche hervor, „wenn du ihn haben möchtest?"

„Danke, nein – ja – nein", antwortete Waffles, der sich nicht darum kümmern wollte; „Bleiben Sie doch", fuhr er fort, als sein Blick auf Herrn Schwamm fiel, der immer noch zu Fuß neben seinem besiegten Freund ging; „Geben Sie es Mr. Wie nennen Sie sie?", fügte er hinzu und nickte unserem Helden zu.

„Schwamm", bemerkte Tom leise und reichte seinem Meister den Pinsel.

'Herr. Schwamm, würdest du mir den Gefallen tun, den Pinsel anzunehmen?' fragte Mr. Waffles und ging damit auf ihn zu; und fügte hinzu: „Es tut mir leid, dass dieser unglückliche Badegast Sie daran hindern sollte, das Ende zu sehen."

Mr. Sponge war ein ziemlich guter Kenner von Pinseln und kein schlechter Kenner von Kampfer; aber wenn dieser doppelt so stark gerochen hätte wie er – wenn er tatsächlich in seiner Hand zerfallen wäre oder ihm die Motten ins Gesicht geflogen wären, hätte er ihn eingesteckt, weil er gesehen hatte, dass er den Weg zu dem geebnet hatte, was er wollte -eine Einleitung.

„Ich bin Ihnen sehr dankbar, da bin ich mir sicher", bemerkte er und ging darauf zu, um es entgegenzunehmen – „wirklich sehr dankbar; „Es war ein extrem guter und schneller Lauf."

„Sehr fair – sehr fair", bemerkte Mr. Waffles, als stünde ihnen nichts im Wege; „Sieben Meilen in zwanzig Minuten, nehme ich an, oder so etwas in der Art."

„ *Eins* und zwanzig", warf Tom mit einem lobenswerten Streben nach Genauigkeit ein.

'Ah! „einundzwanzig", erwiderte Mr. Waffles. „Ich dachte, es wäre irgendwo in der Nähe." „Nun, ich nehme an, wir haben alle genug", fügte er hinzu, „könnten genauso gut nach Hause gehen und etwas zu Mittag essen und dann eine Partie Billard oder Schläger oder so etwas spielen." Wie geht es der alten Wasserratte?' fügte er hinzu und wandte sich an Thornton, der jetzt damit beschäftigt war, seine Mütze auszuleeren und den Samt abzuwischen.

Der Wasserratte ging es so gut, wie man es erwarten konnte, aber der neue Aspekt der Dinge gefiel ihr nicht ganz. Er sah, dass Mr. Sponge ein erstklassiger Reiter war, und wusste auch, dass nichts einen Mann so sehr bei einem anderen beliebt machte wie Geschick und Kühnheit auf dem Feld. Auf diese Weise hatte er sich in der Tat bei Mr. Waffles beliebt gemacht – eine Anbiederung, die ihm sowohl in Bezug auf Essen, Trinken, Reiten als auch Geld sehr nützlich gewesen war. Wäre Mr. Sponge, wie er selbst, ein bedürftiger, mittelloser Abenteurer gewesen, hätte Caingey versucht, ihn durch einige dieser plausiblen, mahnenden Andeutungen fernzuhalten, gegen die Armut die Menschen so abstoßend macht; Aber im Falle eines reichen, wohlhabenden Menschen mit einem so erstaunlichen Hengst, wie ihn Leather ihm vorgestellt hatte, war es eindeutig Caingeys Politik, sich auch Mr. Sponge zu unterwerfen und ihm unterwürfig zu sein. Wir sollten beachten, dass Caingey ein mutiger, rücksichtsloser Reiter war, der sich scheinbar nie um seinen Hals kümmerte, aber er war Mr. Sponge nicht gewachsen, der sowohl Geschick als auch Mut besaß.

Nachdem Caingey endlich von seinem Unkraut gereinigt, von seinem Schlamm gewischt und es ihm so angenehm wie möglich gemacht worden war, wurde er nun wieder auf das berühmte Hindernispferd gehievt, das auf der Absprungseite aus dem Bach geklettert war , und nachdem er eine gewisse Strecke am Ufer entlanggewandert war, wurde er vom Zaumzeug im Ast einer Weide gefangen – Caingey, sagen wir, wurde wieder bestiegen, und Mr. Sponge auch, ohne Behinderung durch das entschlossene braune Pferd, die erste Peitsche Er rückte ein wenig vor, während der alte Tom mit den Hunden folgte, und die zweite Peitsche vermischte sich mit dem nun immer größer werdenden Feld, wobei allgemein (zumindest für die Uneingeweihten) klar war, dass Hunde nichts damit zu tun haben, so lange nach Hause zu gehen wie andere Der Herr neigt zu einem Scurrey, egal ob er früh oder spät eingestiegen ist. Mr. Waffles hingegen war sehr schnell zufrieden und nahm einem Run mit einem Kill nie den Glanz, indem er eine anschließende Niederlage riskierte. Der alte Tom war zwar begeistert, wenn andere begeistert waren, doch seine Annehmlichkeiten waren ihm nicht gleichgültig, und er gelangte bald zu der Überzeugung, dass es genauso gut sei, um zwei oder drei Uhr nach Hause zu seinen Hammelkoteletts zu kommen, wie es der Fall sei Er tappte in dunklen Winternächten über bodenlose Nebenstraßen.

Als er seinen Weg zurück nach Hause nahm und das zerstreute Feld des Morgens einholte, wurde sein Talent zum Erfinden, oder besser gesagt zum Dehnen, erneut in Anspruch genommen.

„Was hast du mit ihm gemacht, Tom?" fragte Major Bouncer und brachte eifrig seinen kräftigen Kolben mit dem Halsband neben unserem Jäger her.

„Hat ihn getötet, Sir", antwortete Tom mit der geringsten Berührung der Kappe. (Türsteher gab kein Trinkgeld.)

'In der Tat!' rief Bouncer fröhlich aus, mit der Art vorgetäuschter Befriedigung, die die meisten Menschen über Dinge zum Ausdruck bringen, die sie überhaupt nichts angehen können. 'In der Tat! Darüber bin ich wahnsinnig froh! Wo hast du ihn getötet?'

„Auf der Rückseite von Mr. Plummeys Wirtschaftsgebäuden in Shapwick", antwortete Tom; und fügte hinzu: „Aber, mein Wort, er führte uns einen Tanz an, bevor wir dort ankamen – hinauf nach Ditchington, hinunter nach Somerby, um Temple Bell Wood herum, über Goosegreen Common, dann weiter nach Stubbington Brooms, um die Sanderwick Plantations herum, aber kaum hin." „in sie hinein, dann über den runden Hügel bei Camerton, das große Heatherton auf der rechten Seite verlassend, und so geradeaus weiter nach Shapwick, wo wir töteten, mit allen Hunden auf der Höhe –"

'Gott segne mich!' rief Bouncer, offenbar in Bewunderung verloren, obwohl er das Land kaum kannte; 'Gott segne mich!' wiederholte er: „Was für ein Lauf!" Der beste Lauf, den es je gab.'

„Neun Meilen in fünfundzwanzig Minuten", antwortete Tom und steigerte sowohl die Zeit als auch die Distanz ein wenig.

' *Junge* GOTT !' rief der Major aus.

Nachdem er Mr. Waffles die Hände geschüttelt und ihm aufrichtig und eifrig gratuliert hatte, eilte der Major davon, um der ersten Person, die er traf, alles zu erzählen, woran er sich erinnern konnte, so wie der Käseträger bei einer Taufe nach jemandem Ausschau hält, den er schenken kann den Käse dazu. Der Käsesammler bei dieser Gelegenheit war Doktor Lotion, der den alten Jackey Thompson aus Woolleyburn besuchen wollte. Da sich Jackey damals in einem etwas prekären Gesundheitszustand befand und ziemlich fortgeschritten im Leben war und keinen offensichtlichen Erben hatte, war er den Aufmerksamkeiten von drei verschiedenen Würfen von Cousins, von denen der eine oder andere ihn ständig „anbellte", zuwider. Obwohl Lotion ein kluger Mann war und in seiner Praxis einigermaßen hartnäckig war, gab er nicht vor, alte Menschen wieder jung zu machen, und da er spürte, dass er nur sehr wenig für den Körper tun konnte, richtete er seine Aufmerksamkeit darauf, Jackeys Geist zu amüsieren und irgendetwas in der Art Es war für den Arzt äußerst akzeptabel, Klatsch und Tratsch an seinen Patienten weiterzugeben. Darüber hinaus war Jackey ein ziemlicher Sportler und freute sich immer sehr, die Hunde zu sehen – *auf fremdem Land, außer auf seinem eigenen*

.

Also wurde Lotion mit der Geschichte vertraut gemacht und nachdem er die übliche Routine durchlaufen hatte, seinen Patienten zu fragen, wie es ihm ging, wie er geschlafen hatte, auf seine Zunge zu schauen und über das Wetter zu berichten, als die alte Frage aufkam: „Was gibt es Neues?" ' wurde gestellt, antwortete Lotion, da er nur allzu oft antworten musste, da er beim Aufnehmen von Informationen sehr langsam war.

„Nichts Besonderes, glaube ich, Sir", fügte er beiläufig hinzu: „Sie haben wohl schon von der Begrüßungsfahrt gehört, Sir?"

„Toller Lauf!" rief der Achtzigjährige, als ob es für ihn von größter Bedeutung wäre; „Großartiger Lauf, Sir; Nein, mein Herr, kein Wort!'

Der Arzt hat es dann verkauft.

Der alte Jackey war von dieser einen Idee besessen – er dachte an nichts anderes. Wer auch immer kam, er brachte es heraus, Kapitel und Vers, mit gelegentlichen Variationen. Er erzählte es allen „lauernden Cousins"; Jackey Thompson von Carrington Ford; Jackey Thompson aus Houndesley; Jackey Thompson von der Mühle; und all die Bobs, Bills, Sams, Harrys und Peters, die die jeweiligen Würfe bilden; – er vergaß, woher er es hatte, und hätte es Lotion beinahe selbst erzählt. Manchmal erleben wir, dass alte Menschen auf diese Weise betroffen sind und sich viel mehr für ein Thema begeistern als junge. Nur wenige fürchten den Aspekt der Dinge so sehr wie diejenigen, die kaum eine Chance haben, zu sehen, wie sie ausgehen.

Aber zum Laufen. Die Cousins reproduzierten die Geschichte entsprechend ihrem jeweiligen Übertreibungsvermögen. Einer legte zwei Meilen zurück, der andere zehn Meilen, und so ging es immer weiter, bis es die Ohren des großen Mr. Seedeyman erreichte, des mächtigen WE des Landes, als er in seiner Höhle saß und seine „Wunderschönen" für seinen Markt schrieb -Tag *Merkur*. Es hatte dann die große Seeschlange selbst in der Länge übertroffen und sich über 33 Meilen Land erstreckt, das Mr. Seedeyman berichtete, es sei in einer Stunde und 40 Minuten zurückgelegt worden.

Ziemlich gut, sollten wir sagen.

KAPITEL X

DER FÜHLER

Sackfuchsjagden, mögen sie noch so gut sein, sind nur unbefriedigende Dinge; Schleppfahrten sind über alle Maßen unbefriedigend. Nach der bestgeleiteten Sackfuchsjagd herrscht immer eine Art unterdrückte Freude, eine tödliche Lebendigkeit auf dem Feld. Diejenigen, die das Geheimnis kennen, haben Angst, es zu sehr zu loben, damit das Geheimnis nicht heraussickert, und Fremde nehmen an, dass alle ihre großen Läufe mit Sackfüchsen stattfinden, während die bloße Rückeroberung eines Tieres, das man zuvor in der Hand hatte, nicht dafür geeignet ist wecken keine sehr angenehmen Gefühle. Niemand gerät jemals in Panik, wenn er sieht, wie ein alter Esel von einem Reh nach einem Galopp wieder in seine Kutsche zurückgeladen wird.

Unsere Freunde erschöpften bei dieser Gelegenheit bald, was sie zu diesem Thema zu sagen hatten.

„Das ist ein nettes Pferd von Ihnen", bemerkte Mr. Waffles zu Mr. Sponge, als dieser nun dank des muffigen Gestrüpps neben dem Hundeführer ritt.

„Das glaube ich", antwortete Schwamm und rieb sich etwas von dem inzwischen getrockneten Schweiß von Schulter und Nacken; 'Ich denke er ist; „Ich mag ihn heute viel besser als beim ersten Mal, als ich ihn geritten habe."

„Was, er ist doch neu, oder?" fragte Mr. Waffles, nahm eine duftende Zigarre aus dem Mund und warf dem Pferd einen stetigen Seitenblick zu.

„Hab ihn in Leicestershire gekauft", antwortete Sponge. „Er gehörte Lord Bullfrog, der ihn nicht ganz für sein Gewicht hielt."

„Bis zu seinem Gewicht!" rief Mr. Caingey Thornton, der nun auf der anderen Seite seines großen Gönners aufgeritten war, „nun, er muss ein anderer Daniel Lambert sein."

„Eher so", antwortete Herr Sponge; 'reitet neunzehn Stun.'

„Was für ein Monster!" rief Thornton aus, der von der Taschenordnung war.

„Als ich ihn das erste Mal ritt, dachte ich, er wäre nicht schnell genug an seinen Zäunen vorbeigekommen", bemerkte Mr. Sponge und zog die Kandare leicht an, um den fein gewölbten Hals des Pferdes besser zur Geltung zu bringen; „Aber er ist heute nach bestem Wissen und Gewissen schnell genug gegangen", fügte er hinzu.

„ *Das hat er getan* “, bemerkte Mr. Thornton, der jetzt auf ein Schmeichler-Streichspiel aus war. „Ich habe noch nie einen besseren Aussätzigen gesehen.“

„Er flog viele Fuß über den Bach hinaus“, bemerkte Mr. Spareneck, der dachte, Diskretion sei der bessere Teil der Tapferkeit, und hielt an, als er seinen Kameraden Thornton in der Mitte herumhüpfen sah, und war daher qualifiziert, mit dem zu sprechen Tatsache.

Sie redeten also weiter über das Pferd, seine Punkte, seine Schnelligkeit und sein Verhalten, wahrscheinlich sowohl aus Mangel an etwas, was sie sagen wollten oder um sich vom Thema des Rennens fernzuhalten, als auch aus echter Bewunderung für das Tier .

Der wahre Weg, einen Mann dazu zu bringen, sich für ein Pferd zu begeistern, besteht darin, ihm vorzugaukeln, dass man es nicht verkaufen möchte – auf jeden Fall aber, dass man leicht damit ist, es zu verkaufen. Mr. Sponge hatte dieses Spiel so oft gespielt, dass es für ihn ganz natürlich war. Er wusste genau, wie weit er gehen musste, und nachdem er zuvor seine Einwände gegen das Pferd zum Ausdruck gebracht hatte, machte er nun die *Änderung aufs Schönste ehrenhaft,* indem er ihm auf den Hals klopfte und erklärte, dass er wirklich der Meinung sei, dass er es behalten sollte.

Man sagt, dass jeder Mensch seine Schwachstelle oder seinen „machbaren“ Punkt hat, wenn die Scharfsinnigen ihn nur entdecken können. Diese Beobachtung bezieht sich unseres Erachtens nicht auf Männer mit einer unschuldigen *Vorliebe* fürs Spielen oder für den Rasen, für den Kauf von Bildern, für das Sammeln von Porzellan oder für das Fahren von Kutschen usw., wobei sich all diese Geschmäcker früher oder später bemerkbar machen, sondern bedeutet, dass die Wissendsten, die Vorsichtigsten und die Sorgfältigsten alle auf die eine oder andere Weise überwunden werden müssen.

Es gibt kaum etwas Überraschenderes in dieser bemerkenswerten Welt als die großartige Art und Weise, wie Menschen über Geld reden, oder die Gemeinheit, zu der sie greifen, um etwas davon zu bekommen. Wir hören zu Hunderten und Tausenden Kerle blinken und reden, die für eine Fünf-Pfund-Note fast alles tun würden. Wir haben Männer kennengelernt, die vorgaben, Länder auf eigene Kosten zu jagen, in Wirklichkeit aber „von den Jagdhunden lebten“. Neben der Bewältigung dieser scheinbar fast unmöglichen Leistung kommt noch die Geschicklichkeit hinzu, die für den Lebensunterhalt im Pferdehandel erforderlich ist.

Etwas weiter unten auf der Skala liegt das Einkommen aus dem Beruf des „Vermittlers“ – des Herrn, der das Pferd billiger kaufen kann als Sie. Das war Caingey Thorntons Beruf. Er lauerte immer in den Ställen der Leute, unterhielt sich mit Pferdeknechten und brachte Geheimnisse heraus – wessen Pferd hatte Husten, wessen war ein Windsauger, wessen lahmte nach der Jagd und so weiter – und hatte einen Preis für jedes Pferd im Ort – wusste, was gegeben worden war, was die Besitzer verlangten, und wusste ziemlich genau, was sie nehmen würden.

Waffles wäre für Thornton ein unschätzbar wertvoller Kunde gewesen, wenn dessen Bräutigam, Mr. Figg, nicht etwas zu streng mit seinen „Stammgästen" umgegangen wäre. Er bestand darauf, dass Caingey alles, was er von seinem Herrn bekam, mit ihm teilte. Dadurch verringerte sich der Gewinn erheblich; Da es sich jedoch um einen Beruf handelte, der kein Kapital erforderte, konnte Thornton es sich leisten, liberal zu sein und musste sich nur an einem Ende festklammern, um am anderen Ende abzuschneiden.

Nach der Eröffnungsrede von Sponge, als sie mit den Hunden nach Hause ritten, hatte Thornton keine Schwierigkeiten, ihn zu diesem Thema zu befragen.

„Sie werden mich hoffentlich nicht für unverschämt halten", bemerkte Caingey in seinem ehrerbietigsten Stil unserem Helden gegenüber, als sie sich am nächsten Tag im Nachrichtenraum trafen – „Sie werden mich hoffentlich nicht für unverschämt halten; Aber ich glaube, Sie sagten gestern, als wir nach Hause ritten, dass Ihnen das braune Pferd, auf dem Sie saßen, nicht ganz gefiel?'

' *Habe ich?* ' antwortete Herr Sponge offensichtlich überrascht; „Ich glaube, du musst mich missverstanden haben."

'Warum nicht; „Genau das war es nicht", entgegnete Mr. Thornton, „aber Sie sagten, Sie mochten ihn besser als Sie, glaube ich?"

'Ah! „Ich glaube, ich habe so etwas gesagt", antwortete Schwamm beiläufig. „Ich glaube, ich habe so etwas gesagt. aber er trug mich so gut, dass ich eines Besseren belehrt wurde. „Tatsache war", fuhr Mr. Sponge vertraulich fort, „ich fand ihn etwas zu leichtfertig; „Ich mag ein Pferd, das mehr auf der Hand trägt."

'In der Tat!' bemerkte Herr Thornton; „Die meisten Leute halten einen hellen Mund für eine Empfehlung."

„Ich weiß, dass sie es tun", antwortete Mr. Sponge, „ich weiß, dass sie es tun; Aber ich mag ein Pferd, das ein wenig Reiten erfordert. Das ist für mich zu sehr ein gemachtes Pferd – zu viel von dem, was ich ein „Altmännerpferd" nenne. Ochsenfrosch, von dem ich ihn gekauft habe, ist sehr fett – frisst viel Wildbret und Schildkröten – eigentlich alles Mögliche – und verträgt es nicht, viel im Sattel zu kauen; Jetzt habe ich lieber das Gefühl, dass ich auf einem Pferd sitze und nicht in einem Sessel."

„Er ist ein schönes Pferd", bemerkte Mr. Thornton.

„Das sollte er auch", antwortete Mr. Sponge; „Ich habe einen Hut voll Geld für ihn gegeben – zweihundertfünfzig goldene Sovereigns und keine Guinea zurück." Bullfrog ist der größte Idiot, mit dem ich je zu tun hatte.'

Diese letzte Beobachtung war für Thornton äußerst ermutigend. Es zeigte, dass Mr. Sponge nicht zu Ihren engstirnigen Herren gehörte, die schon bei der bloßen Erwähnung von „Nachteilen" Anstoß nehmen, sondern im Gegenteil die Annahme vertrat, dass er sich „vornehm" verhalten würde, sollte ihm etwas passieren ein Verkäufer sein.

„Nun, wenn Sie Lust haben sollten, sich von ihm zu trennen, wären Sie vielleicht so freundlich, es mir mitzuteilen", bemerkte Mr. Thornton; und fügte hinzu: „Er ist natürlich nicht für mich, aber ich glaube, ich kenne einen Mann, zu dem er passen würde und der geneigt wäre, einen guten Preis für ihn zu geben."

„Das werde ich", antwortete Herr Sponge; „Das werde ich", wiederholte er und fügte hinzu: „Wenn ich ihn verkaufen *würde* , würde ich keinen Heller unter drei Underd für ihn nehmen – wohlgemerkt drei Underd- *Guineen* , *keine Pfund* ."

„Das ist eine riesige Geldsumme", bemerkte Herr Thornton.

„Kein bisschen", antwortete Mr. Sponge. „Er ist alles wert und noch viel mehr." Tatsächlich habe ich nicht gesagt, dass ich das für ihn nehme; Ich habe nur gesagt, dass ich nicht weniger nehmen würde.'

„Genau so", antwortete Mr. Thornton.

„Er ist ein Pferd mit hohem Charakter", bemerkte Mr. Sponge. „In der Tat hat er außerhalb von Leicestershire nichts zu suchen; Und ich weiß nicht, was meinen dummen Stallknecht dazu bewogen hat, ihn hierher zu bringen.'

„Nun, ich werde sehen, ob ich meinen Freund dazu überreden kann, zu sagen, was Sie sagen", bemerkte Mr. Thornton.

„Nein, es macht nichts, zu überreden", antwortete Mr. Sponge mit äußerster Gleichgültigkeit; „Es macht nichts, zu überreden; Wenn er keine Angst hat, heiße ich „einfach". Aber denken Sie daran, wenn ich noch einmal auf ihm reite und er mich wie gestern trägt, klatsche ich noch einmal auf fünfzig. „Ein Pferd dieser Größe kann um keinen Preis teuer sein", fügte er hinzu. „Setzen Sie ihn in eine Hindernisjagd, und in zehn Minuten bekommen Sie Ihr Geld zurück, und noch dazu eine Tüte voll."

„Stimmt", bemerkte Mr. Thornton und betrachtete diese Tatsache als einen zusätzlichen Anreiz, den er seinem Freund gegenüber nutzen konnte.

So trennten sich die liebenswürdigen Herren.

KAPITEL XI

Der Deal und die Katastrophe

Wenn die Leute zum Handeln geneigt sind, können die Geschäfte sehr bald an ungenutzten Wasserplätzen abgeschlossen werden, wo alles, was auch nur die Form einer Besetzung darstellt, ein Geschenk des Himmels ist und die Verhandlungspartner im Handumdrehen wissen, wo sie sich finden können. Jeder weiß, wo jeder ist.

„Hast du Jack Sprat gesehen?"

'Oh ja; Er ist gerade mit Miss Flouncey nach Muddle's Bazaar gegangen und sieht ungewöhnlich süß aus.' Oder-

„Können Sie mir sagen, wo ich Mr. Slowman finden werde?"

Antwort: „Sie finden ihn bis Viertel vor sieben in seiner Unterkunft, Nr. 15, Belvidere Terrace." Er ist nach Hause gegangen, um sich umzuziehen und mit Major und Mrs. Holdsworthy in der Grunton Villa zu speisen, denn ich habe gehört, wie er damals Jenkins' Fliege bestellt hat.'

Caingey Thornton wusste genau, wann er Mr. Waffles bei Miss Lollypop, der Konditorin, antreffen würde, wie er Eis aß und mit dieser sehr interessanten, viel umworbenen jungen Dame Liebe machte. Getreu seiner Zeit gab es Waffeln, die aßen und die kirschfarbenen Bänder beäugten, die in anmutigen Locken zusammen mit ihren rabenfarbenen Locken über Miss Lollypops schöne, frische, pralle Wangen schwebten.

Nachdem er sich ausführlich über die großen Vorzüge des Pferdes und die Gewissheit geäußert hatte, das ganze Geld zurückzubekommen, wenn man es im Frühjahr mit einem Hindernisrennen jagte, und seine Überzeugung zum Ausdruck gebracht hatte, dass Mr. Sponge keinen Teil des Kaufgeldes für Bilder oder Schmuck annehmen würde , oder irgendetwas in der Art, Herr Waffles gab seine Zustimmung zum Geschäft zu den Bedingungen, die das folgende Gespräch zeigt.

„Mein Freund wird Ihnen Ihren Preis nennen, wenn es Ihnen nichts ausmacht, seinen Scheck zu nehmen und ihn ein paar Monate lang aufzubewahren, bis er Geld hat", bemerkte Mr. Thornton, der jetzt Mr. Sponge im Billardzimmer aufsuchte.

„Nun", bemerkte Mr. Sponge nachdenklich, „Sie wissen, dass Pferde immer bereit sind, Geld zu verdienen."

„Stimmt", antwortete Thornton; „Zumindest ist das die Theorie der Sache; nur mein Freund befindet sich derzeit in einer ziemlich seltsamen Lage.'

„Ich nehme an, Mr. Waffles ist Ihr Mann?" bemerkte Mr. Sponge und urteilte zu Recht, dass es an diesem Ort nicht zwei solcher Wohnungen geben könne.

„Genau so", sagte Mr. Thornton.

HERR. WAFFELN BEI MISS LOLLYPOP'S

„Ich nehme lieber seinen „Stiff" als seinen Scheck", bemerkte Mr. Sponge nach einer Pause. „Ich könnte ein bisschen steifer *machen* , aber ein Scheck, wissen Sie – vor allem ein nachdatierter – wird immer abgelehnt."

„Nun, ich wage zu behaupten, dass das keinen Unterschied macht", bemerkte Mr. Thornton, „steif", wenn Sie es vorziehen – sagen wir drei Monate; Oder vielleicht gibst du uns vier?'

„Drei ist bei gutem Gewissen lang genug", antwortete Mr. Sponge kopfschüttelnd und fügte hinzu: „Bullfrog hat mich dazu gebracht, auf den Nagel zu zahlen."

„Nun, dann sei es so", stimmte Mr. Thornton zu; „Sie ziehen nach drei Monaten, und Mr. Waffles wird akzeptieren, zahlbar bei Coutts."

Nach so viel Freigebigkeit erwartete Mr. Caingey, dass Mr. Sponge ihm etwas Hübsches angedeutet hätte; Aber alles, was Sponge sagte, war auch: „So sei es", als er wegging, um einen Geldschein zu kaufen.

Mr. Waffles war rücksichtsvoller und versprach ihm den ersten Teil seines Neukaufs, obwohl Caingey lieber einen Zehn- oder sogar einen Fünf-Pfund-Schein gehabt hätte.

Gegen zehn Uhr an diesem ereignisreichen Tag begannen zahlreiche Reitknechte in Gamaschen, Hosen und Jacken die Hauptstraße auf und ab zu reiten, die meisten von ihnen hatten ihre Steigbügel nachlässig auf den Sattelzwiebeln gekreuzt, um anzuzeigen, dass ihre Herren unterwegs waren auf den Pferden reiten und nicht auf ihnen. Die Straße wurde belebt, nicht so sehr durch die Leute, die auf die Jagd gingen, sondern durch die Leute, die kamen, um diejenigen zu sehen, die jagen wollten. Zerfetzte Hibernianer mit Lumpen auf dem Rücken und Witzen auf den Lippen; junge englische *Chevaliers d'Industrie* , deren Hände bereit sind, in die Taschen von irgendjemandem außer ihren eigenen zu greifen; Stallknechts, die nicht am richtigen Platz waren, Diener, die bei ihren Besorgungen herumlungerten, Bräute, die ihnen halfen, Dienstmädchen mit Romanen oder Dreiviertelnoten und eine ganze Menge Bettler.

„Was, Spareneck, reitest du heute auf dem Grauen? „Ich dachte, Sie hätten Gooseman aus dem Sattel geworfen", bemerkte Fähnrich Downley, als eine Reihe scharlachrot gekleideter Jugendlicher nach dem Frühstück und bevor sie für den Tag aufstiegen, über dem Balkon des Imperial Hotels hing.

Spareneck. – „Nein, das ist für Dienstag." Er würde es heute nicht ertragen. Was fährst du?'

Downley. – „Oh, ich habe einen Kerl, einen von Screwman, Perpetual Motion nennen sie ihn, weil er nie Ruhe bekommt." „Das ist er, glaube ich, mit den hochbewegten Hinterbeinen", fügte er hinzu und zeigte auf einen unkrautigen, fadenförmigen Braunen, der unten vorbeizog, reich an Knochen und arm an Fleisch.

„Wer ist von der knalligen Kastanie?" fragte Caingey Thornton, der nun erschien und sich nach seinem zweiten Glas *Eau de vie die dicken Lippen abwischte* .

„Das ist Mr. Sponges", antwortete Spareneck mit leiser Stimme, wohl wissend, wie schnell ein Mann seinen eigenen Namen versteht.

„Er ist auch ein verdammt gutes Pferd", bemerkte Caingey lauter; und fügte hinzu: „Sponge hat die besten Pferde aller Männer in England – auf der ganzen Welt, darf ich sagen."

Herr Sponge erhob sich nun selbst vom Frühstückstisch, und ihm folgten eilig Herr Waffles und der Rest der Gesellschaft, von denen einige Sofakissen und Polster trugen, die sie auf die Balustraden legen konnten, damit sie es sich bequem machen konnten, in Anlehnung an das Coventry Der Club in

Piccadilly wächst. Dann rauchten unsere Freunde ihre Zigarren, überprüften die Kavallerie und kritisierten die Damen, die auf dem Weg zum Treffen unten in den Fliegen vorbeikamen.

„Komm, alter Bolter!" rief einer, „hier kommt Miss Bussington, um sich um Sie zu kümmern – sie hat auch ihre Mama dabei – also können Sie genauso gut sofort vorbeikommen, denn sie ist fest entschlossen, Sie zu haben."

„Auch die alte Uno ist eine teuflische Frau", bemerkte Fähnrich Downley; „Sie hat Jack Simpers von uns fast in Angst und Schrecken versetzt, als sie fragte, was er meinte, nachdem sie eines Abends drei Tänze mit ihrer Tochter getanzt hatte."

„Mein Wort, aber Miss Jumpheavy muss damit rechnen, heute mit dieser schönen schwebenden Feder und ihrem purpurroten Satinkleid und Hermelin hingerichtet zu werden", bemerkte Mr. Waffles, als diese geschätzte Dame in ihrem Victoria-Phaeton vorbeifuhr. „Sie sieht aus wie die Königin von Saba selbst." „Aber kommen Sie, ich nehme an", fügte er hinzu und holte eine winzige Genfer Uhr aus seiner Westentasche, „wir sollten gehen." Sehen! „Da ist dein Nörgler, der eine Schienbeinerei macht", sagte er zu Caingey Thornton, als der gefürchtete Braune von einem Bräutigam in Jeansjacke die Straße entlanggeführt wurde und auf alles einschlug, was ihm in die Nähe kam.

„Ich werde ihn treten", bemerkte Thornton, während er sich vom Balkon zur Brandyflasche zurückzog und sich ein ziemlich großes Glas nahm. Dann holte er seine große Schneidpeitsche aus dem Wirrwarr der Peitschen, mit denen sie vermischt war, und schepperte, klirrend, klirrend die Treppe hinunter zur Tür.

„Multum in Parvo" hielt an der Tür an, über deren Schulter Leather mit leiser Stimme die folgenden Andeutungen an Mr. Sponge weitergab, während dieser dastand und seine Hundefellhandschuhe anzog, der alles beobachtete, während er sich selbst schmeichelte Beobachter.

„Bedenken Sie jetzt", sagte Leather, „dieses Oss als seinen eigenen Willen; Obwohl er so ruhig wirkt, ist man nicht immer auf ihn angewiesen; Seien Sie also auf der Hut vor Sturmböen.'

Sponge, der ein Glas Brandy getrunken hatte, stieg gerade mit der Miene eines Mannes auf, der sich mit seinem Pferd auskennt, und zog die Zügel, wobei er leicht die Sporen spürte, und ging durch die Tür, um dem furchteinflößenden Herkules Platz zu machen. Herkules war offensichtlich nicht gut gelaunt. Seine Ohren waren angelegt, und das rollende weiße Auge zeigte Schalk. Sponge sah das alles und drehte sich um, um zu sehen, ob Thorntons ungeschickter Waschballsitz in der Lage sein würde, den widerspenstigen Geist des Pferdes zu bändigen.

„Juhu!" brüllte Thornton, als sein erster Sturzflug am Steigbügel daneben ging, und wurde mit einem kräftigen Tritt des Pferdes beantwortet, wobei das „Whoay" in einem ganz anderen Ton kam als der sanfte, überredende Stil von Mr. Buckram und seinen Männern. Hätte es nicht den Brandy im Inneren und die Zuschauer draußen gegeben, hätte Caingey zweifellos die weitere Bekanntschaft mit dem Pferd abgelehnt. So wie es war, wiederholte er schnell seinen Steigbügelversuch mit dem gleichen herrschsüchtigen „Juhu" und fügte, während er im Sattel landete und nach den Zügeln griff, hinzu: „Glaubst du, ich habe dich gestohlen?"

Wie auch immer die Meinung des Pferdes zu diesem Punkt sein mochte, es schien keine Lust zu haben, sie auszudrücken, denn mit Tritten alleine würde es nicht ausreichen, begann auch er sich sofort aufzubäumen und löste sich durch einen verzweifelten Sprung vor Thornton vom Pferdeknecht hatte ihn entweder am Kopf oder mit den Füßen in den Steigbügeln erwischt. Er machte drei äußerst verzweifelte Sprünge und erhob sich an der Lehne, als würde er wieder herüberkommen, wenn der Halt nicht gelockert würde. Beim vierten Versuch, der ihn zum gegenüberliegenden Bordstein brachte, sprang er mit solcher Wucht wieder hoch, dass er abstürzte direkt durch das schöne Glasfenster der Herren Frippery und Flummery , zum Schrecken und Erstaunen ihrer eleganten jungen Schalterführer, die damit beschäftigt waren, ihre Bänder und ihre Pracht für den Tag zu arrangieren. Direkt durch das Fenster ging Herkules, wechselte zwischen Buchmusselinen und Kähnen, wie er es mit einem Gimpel tun würde, und versuchte, durch einen großen Glasspiegel an der Wand der Garderobe dahinter zu entkommen, mit dem er alles in Stücke zerschmetterte sein Kopf. Es bleibt noch Schlimmeres zu sagen. „Multum in Parvo", als er sah, wie die Hinterteile seines alten Kameraden durch das Fenster verschwanden, nahm einfach das Gebiss zwischen die Zähne und folgte ihm, obwohl Mr. Sponge alle Anstrengungen unternahm, ihn umzudrehen; und als er ihn endlich herumzerrte, stellte sich heraus, dass das Pferd sich mit einem himmelblauen, mit Honiton-Spitze besetzten *Visite geschmückt hatte* , den er wie ein Ross auf dem Weg zu den Kreuzzügen oder wie ein Ross trug, das einen Ritter dorthin trug Eglinton-Turnier.

So schnell es auch geschah und sobald es vorbei war, schien sich ganz Laverick Wells auf der Straße versammelt zu haben, als unsere Helden durch die Glasfalttüren ritten.

KAPITEL XII

EIN ALTER FREUND

Ungefähr vierzehn Tage nach der oben genannten Katastrophe und als die Erinnerung daran durch die Entführung von Fähnrich Downley durch Miss Jumpheavy fast ausgelöscht wurde, fand unser Freund, Mr. Waffles, bei einem Besuch in seinem Gestüt um vier Uhr Stallstunde ein höchst respektables Erlebnis vor , ein Mann mittleren Alters mit rosigen Kiemen, der eher wie ein Bauer aussieht, spreizt seine engen, tristen Hosenbeine, eine gedrehte Eschenpflanze stützt sein Kinn, hinter dem gefürchteten Herkules. Er hatte einen nagelneuen Hut auf, einen blauen Mantel mit Samtkragen und Metallknöpfen, der überall anders als im grellen Glanz und Kontrast Londons für einen nagelneuen gehalten hätte; eine kleine, gestreifte Toilettenweste mit Stufenkragen; und die oben erwähnte triste Hose, in deren rechter Tasche seine losgelassene Hand immer wieder eine Lawine von Silber empor- und herabglitten ließ, was eine angenehme musikalische Untermalung seiner Geldunterhaltung bildete. Als der Fremde Mr. Waffles sah, berührte er seinen Hut und schien im Begriff zu sein, sich zurückzuziehen, als Mr. Figg, der Zuchthengst, seinen Herrn folgendermaßen ansprach:

„Dies ist Mr. Buckram, Sir, aus London, Sir; sagt, er kennt unser braunes „Ahorn, Sir."

„Ah, in der Tat", bemerkte Mr. Waffles und nahm eine Zigarre aus dem Mund; „Weiß nichts Gutes von ihm, sollte ich meinen." In welchem Teil von London leben Sie, Mr. Buckram?' fragte er.

„Nun, ich lebe nicht gerade in London, Mylord – das heißt, Sir – ein wenig abseits davon, wissen Sie – ich bin selbst ein wenig unabhängig, verstehen Sie?"

„Hör mal, wie soll ich so etwas verstehen – ich habe dich noch nie zuvor gesehen", antwortete Mr. Waffles.

Die Halbkronen begannen nun einzeln in der Tasche herabzusinken und hielten dabei ein langes Klingeln aufrecht, wie die Töne einer trägen, unentschlossenen Schnupftabakdose. Als der letzte Ton gefallen war, hatte sich Mr. Buckram soweit gesammelt, dass er weitermachen konnte.

Er nahm die Esche von seinem Mund, mit der er seine Lippen verschlossen hatte, und bemerkte:

„Ich wusste, dass dieser Oss war, als Lord Bullfrog ihn hatte", und nickte unserem alten Freund zu, während er sprach.

„Was für ein Mist, den du gemacht hast!" bemerkte Herr Waffles;' Wo war
das?'

„In Leicestersheer", antwortete Mr. Buckram. „Ich habe einen
Aufenthaltsort in Mount Sorrel; Sie hat ein wenig Eigenständigkeit, und ich
gehe gelegentlich hin, um sie zu sehen – tatsächlich glaube ich, dass ich ihr
Hase bin . Nun, ich war gerade zu Beginn der Saison dort unten, die Leute
trafen sich am Kirby Gate – ein oder zwei Meilen südlich, wissen Sie, auf der
Leicester Road – es war tatsächlich der erste Tag der Saison – und es war
eine große Menge da, und ich war einer; Und da ich ein Auge auf einen Oss
hatte, war ich beeindruckt von diesem hier, wissen Sie, er war, wie ich dachte,
ein wirklich netter Kerl. Der Mann von Lord Bullfrog war ein Verfolger von
ihm, und er hielt ihn von der Menge fern, indem er mit seinen Pints angab
und ihn vor und hinter den Nasen der Leute herumreichte, um die
Aufmerksamkeit der Nobs auf sich zu ziehen – Parsecutin, wie ich es nenne
– Und ich sah, wie Mr. Sponge zuschlug – ich kenne Mr. Sponge schon seit
vielen Jahren, und er ist wirklich ein netter Herr – nun, Mr. Sponge zog den
Kopf hoch und sagte zu dem Nörgler: „Wer ist dieser Kerl?" " „Mein Herr
Bullfrog, Sir", sagte der Mann. „Er ist ein verdammt netter Kerl", bemerkte
Mr. Sponge und dachte, er könnte ihn loben, da er einem Lord angehörte, da
er aller Wahrscheinlichkeit nach unverkäuflich war. „ *Das ist er* ", sagte der
Grummel und klopfte ihm auf den Hals, als ob er ihn besonders gern hätte.
„Ist mein Herr draußen?" fragte Herr Schwamm. „Nein, Sir; er ist noch nicht
heruntergekommen", antwortete der Mann, „und ich weiß auch nicht, wann
er kommen wird. Er ist seit einiger Zeit unten in Bath und hat mit den
Stadträten von Bristol „geverkehrt' und hat eine Menge Wasser erbrochen
„Böses Fleisch – zwei betäubende Sünden" in der letzten Saison – und er hat
Angst, dass dieser Kerl ihn nicht tragen kann, und deshalb hat er mir
geschrieben, ich solle ihn heute rausholen, um ihn ihm zu zeigen." „Er würde
mich tragen , glaube ich", sagte Mr. Sponge und überlegte sich sofort, wie er
sich dazu entschließt, an einem Zaun zu reiten – nicht, dass ich denke, dass
es ein guter Plan für einen Herrn ist, ihn zu zeigen dass er ein Oss liebt, denn
dafür werden sie ihn bestimmt büßen lassen. Wie auch immer, das ist weder
hier noch da. Nun ja, als Mr. Sponge das sagte, fuhr Sir Richard, und als er
seinen Arsch hatte, trotteten wir zum Goss Jist unten, und das nächste, was
ich sah, war Mr. Sponge, der das alte Feld anführte auf diesem verrückten
Nörgler. Nun, ich hörte nichts mehr, bis ich in Melton ankam, denn ich ging
in dieser Nacht nicht zu meinem Aufenthaltsort in Mount Sorrel, und ich sah
wenig von der Flucht, denn mein Oss war ziemlich geschwollen und ernährte
sich hauptsächlich von Spreu und Kleiebrei , Steckrüben und weiche
Lebensmittel; und als ich in Melton ankam, hörte ich: „Warum Mr. Sponge
dieses Oss gekauft hat", Mr. Buckram nickte mit dem Kopf in Richtung des
Pferdes, während er sprach, „und „warum er die Angelegenheit zu zweit

aufgegeben hatte." d – oder ich bin mir nicht sicher, ob es nicht zwei „unter fünfzig Guineen für ihn waren, und –"

„Nun", unterbrach Mr. Waffles, der seiner Ausführlichkeit überdrüssig war, „und was haben sie über das Pferd gesagt?"

„Warum", fuhr Mr. Buckram nachdenklich fort, stützte sein Kinn mit seinem Stock ab und zog alle halben Kronen wieder bis zum oberen Rand seiner Tasche, „das Pikanteste, was ich gehört habe, war Sir Digby Snaffles Grummeln, Sam." , sagte er zu Captain Screwleys Schlägermann-Grummel: „Jist vor der Tür des George Inn":

„Nun, Jack, Tommy hat das braune Oss verkauft!"

„N – O – O – R !" rief Jack und starrte mit ausgerissenen Augen, als wäre es unmöglich.

„Er ist *so als* ob", sagte Sam.

„Na dann, ich gehe davon aus, dass der Edelsteinmann gern spazieren geht", rief Jack aus, lachte laut und rannte weiter.

„Dieser Rayther hat mich zum Nachdenken gebracht", fuhr Mr. Buckram fort und ließ eine zweite halbe Krone fallen, die gegen den Notgroschen klirrte, der unten zurückgeblieben war, „und fürchtete, dass Mr. Sponge unter den Philistern gefallen wäre – worüber ich mir große Sorgen machte, denn er ist ein wirklich netter Herr, aber gedankenlos, wie viele junge Herren, die reichlich Zinn haben – ich habe es mir zur Aufgabe gemacht, mich nach diesem Kerl zu erkundigen; und wenn er der Oss *ist* , den ich in Leicestersheer gesehen habe, und ich habe kaum Zweifel daran (wobei er zwei aufeinanderfolgende halbe Kronen fallen ließ, während er sprach), obwohl ich ihn nicht draußen gesehen habe, dann –"

'Ah! „Nun, ich habe ihn von Mr. Sponge gekauft, der sagte, er hätte ihn von Lord Bullfrog", unterbrach Mr. Waffles.

'Ah! dann *ist* er natürlich der Oss", sagte Mr. Buckram mit einer Art traurigem Kinnkniff; „Er *ist* das Arschloch", wiederholte er; „Nun, dann ist er ein gefährliches Tier", fügte er hinzu und ließ drei halbe Kronen fallen.

'Was macht er?' fragte Mr. Waffles.

'Tun!' wiederholte Mr. Buckram, „ TUN SIE ES !" er wird für jeden reichen.'

„In der Tat", antwortete Mr. Waffles; und fügte hinzu: „Wie konnte Mr. Sponge mir so einen Rohling verkaufen?"

„Ich will wohl nicht sagen", bemerkte Mr. Buckram und zog drei halbe Kronen zurück, als ob er so viel zu weit gegangen wäre, „ich will wohl nicht sagen, dass er was ist." man nennt es ein fehlgeleitetes, außer Kontrolle

geratenes Tier, das von hinten nach hinten über das Tier läuft – aber ich
möchte damit sagen, dass es schwierig zu reiten ist – er ist ungestüm – und
einer, der, wenn er den Hupper bekommen würde, höchstwahrscheinlich
versuchen würde, ihn zu behalten Hupper „Und – verstehst du mich?“ sagte
er, während er Mr. Waffles aufmerksam beäugte und dabei vier halbe Kronen
fallen ließ.

„Ich sage Ihnen nichts als die Wahrheit“, bemerkte Mr. Buckram nach einer
Pause und fügte hinzu: „Natürlich ist es für mich nichts, ich bin nur hier
unten, um einen Freund zu besuchen, und „verdiene“ Da die Oss hier waren,
wagte ich es, hineinzuschauen, um zu sehen, ob er es war oder nicht. Nichts
für ungut, ich „opes“, fügte er hinzu, ließ den Rest des Silbers los und nahm
die Requisite unter seinem Kinn hervor, mit einer Ehrerbietung, als ob er
gleich gehen würde.

„Oh, überhaupt nichts für ungut“, entgegnete Mr. Waffles, „nichts für ungut
– eher im Gegenteil.“ Tatsächlich bin ich Ihnen sehr dankbar, dass Sie mir
erzählt haben, was Sie getan haben. „Halten Sie einfach eine halbe Minute
inne“, fügte er hinzu und dachte, er könnte genauso gut versuchen, etwas
mehr aus ihm herauszuholen. Während Mr. Waffles über seine nächste Frage
nachdachte, ersparte ihm Mr. Buckram die Mühe des Nachdenkens, indem
er selbst „den Galopp anführte“.

„Ich glaube, dass ich ein *gutes* Tier bin, und ich glaube, dass ich ein *schlechtes*
Tier bin“, bemerkte Mr. Buckram sentimental. „Ich glaube, dass dieser Oss
mit einem kühnen Reiter auf dem Rücken und gut mit den „Ounds“ die
meisten Osses schlagen würde, aber es ist der Anfang, der bei ihm die
Schwierigkeit darstellt; Denn wenn er andererseits keine Lust hat zu gehen,
werden ihm all die Sporen, das Steppen und das Ledermachen der Welt
nichts bringen. „Es wird eine Gnade der Vorsehung sein, wenn er nicht eines
Tages die Arbeit für den Kronmeister streicht.“

„Hängt das Biest!“ rief Herr Waffles angewidert; „Ich hätte gute Laune, ihm
die Kehle durchschneiden zu lassen.“

„Nein“, antwortete Mr. Buckram, seine Miene wurde heller und er rührte das
Silber in seiner Tasche wie ein Strudel hin und her, „nein“, antwortete er, „er
ist noch besser für den Gipfel geeignet.“

„Nicht viel, glaube ich“, antwortete Mr. Waffles und schmollte vor Abscheu.
Er stand nun einige Sekunden still da.

„Nun, aber was meinten sie damit, dass sie hofften, dass Mr. Sponge gerne
spazieren geht?“ fragte er schließlich.

„Oh, vy“, antwortete Mr. Buckram und sammelte das ganze Geld wieder ein,
„ich glaube, es war dieses ‚ere‘, begann sie auf eine halbe Minute zu

reduzieren und redete sehr langsam; „Die Oss haben, glaube ich, eines Tages Lord Bullfrog besiegt, irgendwo etwas auf dieser Seite von Thrussinton – das ist, wissen Sie, der Ort, an dem Sir Arry seine Zwinger gebaut hat – genau genommen zwischen Mount Sorrel und Melton – und ..." Ich habe seine Lordschaft abgesetzt, der, wie ich Ihnen sagen sollte, ein ungewöhnlich dicker Mann ist, er wollte ihn nicht wieder reinlassen, und er musste ihn in die Angelegenheit führen, ich weiß nicht, wie viele Meilen es waren; Mr. Buckram ließ den gesamten Silbersaldo eilig fallen, als wollte er zum Ausdruck bringen, dass es kein Scherz war.

„Der Rohling!" bemerkte Mr. Waffles angewidert und fügte hinzu: „Nun, da Sie anscheinend eine ziemlich gute Meinung von ihm haben, nehmen Sie an, dass Sie ihn kaufen; Ich gebe ihn dir günstig.'

„Gott segne Sie – mein Herr – das heißt, Herr!" rief Buckram, zuckte mit den Schultern und hob die Augenbrauen so hoch, wie es nur ging, „er würde mir nichts nützen, niemandem – ich sollte nicht wissen, was ich mit ihm machen soll – niemals tun für meine Gesundheit – außerdem." Ich bin ohnehin schon ein sehr guter Maschinenbauer – zumindest erspart er mir die Zeit, und das ist alles, wissen Sie. Nein, Sir, nein", fuhr er langsam und nachdenklich fort und ließ das Silber auf eine halbe Minute fallen; „Nein, mein Herr, nein; „Wenn ich mit einem Herrn Ihrer Würde freikommen könnte", fuhr er nach einer Pause fort, „würde ich sagen, verkaufen Sie ihn an einen Postmeister oder einen Busmeister oder ähnliches Vieh wie diese." „Aber ich glaube nicht, dass ich ihn auf die Seite eines Nicht-Gentlemans stellen würde, das heißt, wenn ich *du wäre*, zumindest nicht", fügte er hinzu.

„Nun, würden Sie dann selbst für die Busmeister über ihn spekulieren?" fragte Mr. Waffles, der des Gesprächs und des Vierbeiners gleichermaßen müde war.

PORTRÄT VON LORD BULLFROG, EHEMALIGER BESITZER VON „HERCULES"

„Oh, wehe, was das angeht", antwortete Mr. Buckram mit einer Miene völliger Gleichgültigkeit, „hey, was das angeht – ich bin weder ein Postmeister noch ein Busmeister – aber ich liebe es Ich sagte vorhin, ein wenig Unabhängigkeit von mir, vy, ich könnte natürlich keinen so hohen Preis zahlen, als wenn ich ihn sofort zur Rechenschaft ziehen könnte; Aber wenn es eine Gefälligkeit für Sie wäre, fügte er hinzu, während er das Silber auf Hochtouren brachte, „würde ich nichts dagegen haben, Ihnen den Betrag von ihm zu geben – sagen wir, abzüglich der Kosten, die er in die Stadt bringt." und an der Livree zu stehen, bevor ich einen Kunden finde – die Spesen gehen in die Stadt", fuhr Mr. Buckram fort und murmelte scheinbar berechnend vor sich hin, „an der Livree zu stehen – drei und sechs Pence pro Nacht, Grummel, und so weiter – ich „Es würde mir nichts ausmachen", fuhr er energisch fort, „ich gebe dir zwanzig Pfund für ihn – wenn du mir einen Sov zurückwerfen würdest", fuhr er fort, als er sah, dass Mr. Waffles' Stirn sich nicht zu dem Stirnrunzeln zusammenzog, das er hatte erwartet, dass für sein Dreihundert-Guinea-Pferd eine solche Summe geboten wird.

Im Laufe einer Stunde übermittelte diese wunderbare Erfindung der Neuzeit – der Elektrische Telegraph – die zufriedenstellenden Worte „Alles klar" an unseren Freund Mr. Sponge, gerade als er sich zum Abendessen in ein bestimmtes, prächtig gesandetes Kaffeezimmer setzte in der Conduit Street, der sofort den folgenden fertig geschriebenen Brief versiegelte und aufgab:

„BANTAM HOTEL, BOND STREET.

'HERR,

„Ich war sehr überrascht und verletzt, als ich hörte, dass Sie es für angebracht gehalten haben, meine Integrität anzuprangern und zu unterstellen, dass ich Sie mit dem braunen Pferd hereingelegt hätte. Solche Unterstellungen berühren einen an einem empfindlichen Punkt – der eigenen Selbstachtung. Ich möchte Sie daran erinnern, dass der Handel auf Ihrer eigenen Suche zustande kam, und ich sagte Ihnen damals, dass ich nichts von dem Pferd wusste, da ich es nur einmal geritten hatte, und ich sagte Ihnen auch, wo ich es hatte. Um zu zeigen, wie ungerecht und unwürdig Ihre Unterstellungen waren, muss ich Ihnen jetzt mitteilen, dass ich, nachdem ich mich vergewissert hatte, dass Lord Bullfrog wusste, dass er bösartig war, darauf bestand, dass seine Lordschaft ihn zurückholte, und ich muss nur hinzufügen, dass ich ihn von dort abholte Sie, ich werde Ihnen Ihre Rechnung zurückgeben.'

„Ich bin, Herr, Ihr gehorsamer Diener,

'H. SCHWAMM.

' ABSCHLEPPEN. WAFFELN , Esq., „Imperial Hotel, Laverick Wells."

Mr. Waffles war sehr verärgert und verwirrt, als er diesen Brief erhielt. Er hatte sich von dem Pferd getrennt, das verschwunden war, niemand wusste wohin, und Mr. Waffles hatte das Gefühl, dass er eine gewisse Redefreiheit genutzt hatte, als er über die Transaktion sprach. Nachdem Mr. Sponge Laverick Wells verlassen hatte, hatte er ihn vielleicht mit seiner Zunge ein wenig in die Irre geführt – einen abwesenden Mann zu verleumden, was allgemein als ziemlich sicheres Spiel angesehen wurde; Es schien nun, als hätte Mr. Waffles völlig Unrecht gehabt und hätte vielleicht sein Geld zurückbekommen, wenn er es nicht so eilig gehabt hätte, sich von dem Pferd zu trennen. Wie viele andere dachte er, es sei das Beste, seine Worte aufzufressen, was er auf folgende Weise tat:

„IMPERIAL HOTEL, LAVERICK WELLS.

'LIEBER HERR. SCHWAMM,

„Sie irren sich völlig, wenn Sie annehmen, dass ich *Ihnen* wegen des Pferdes jemals etwas unterstellt habe. Ich sagte, *er* sei ein Biest, und es scheint, dass Lord Bullfrog das zugibt. Kümmern Sie sich jedoch nicht weiter um ihn, auch wenn ich Ihnen für die Mühe, die Sie sich gemacht haben, gleichermaßen dankbar bin. Tatsache ist, dass ich mich von ihm getrennt habe.

„Wir haben Spitzensport; Wir gehen nie raus, aber wir töten, manchmal ein paar, manchmal an der Leine, Füchse. Ich hoffe, Sie erholen sich von den Folgen Ihrer Fahrt durch das Fenster und kommen bald wieder zu uns, glauben Sie mir, lieber Herr Schwamm.

„Mit freundlichen Grüßen

'W. WAFFELN.'

Worauf Mr. Sponge kurz darauf wie folgt antwortete:

„BANTAM HOTEL, BOND STREET.

„LIEBE WAFFELN,

„Deine Hand – ich freue mich, einen Haftungsausschluss für etwaige unwürdige Anschuldigungen bezüglich des braunen Pferdes zu erhalten." Solche Andeutungen sind nur etwas für Pferdehändler, nicht für Männer mit hohem Gentleman-Gefühl.

„Es tut mir leid, sagen zu müssen, dass wir nicht wie erhofft vom Pferd gekommen sind." Lord Bullfrog, ein äußerst streitsüchtiger Kerl, besteht darauf, ihn zurückzubekommen, wie es in meinem Brief heißt; Deshalb muss ich Sie bitten, ihn aufzuspüren, damit wir Seine Lordschaft wieder bei ihm unterbringen können. Wenn Sie mir sagen würden, wo er ist, kenne ich wahrscheinlich jemanden, der uns dabei helfen kann, ihn zu finden. Ich hoffe, Sie entschuldigen sich für diese Unannehmlichkeiten, wenn man bedenkt, dass ich die Sache nur zu Ihren Gunsten angegangen bin und darauf bestanden habe, ihn seiner Lordschaft zurückzugeben, wobei ich einen Verlust von 50 Pfund für mich erlitt, da ich nur 250 Pfund für ihn gegeben hatte.'

„Ich verbleibe, liebe Waffeln,

'Dein,

'H. SCHWAMM.'

' ABSCHLEPPEN. WAFFELN , Esq., „Imperial Hotel, Laverick Wells."

„LAVERICK WELLS.

„Lieber Schwamm,

„Ich fürchte, Ochsenfrosch wird ohne sein Pferd glücklich sein müssen, denn ich habe nicht die geringste Ahnung, wo er ist." Ich verkaufte ihn an einen übermütigen, ländlichen Mann, der sagte, er habe eine kleine „eigene Unabhängigkeit" – irgendwo, glaube ich, in der Nähe von London. Er hat nicht viel dafür gegeben, wie Sie vielleicht vermuten, wenn ich Ihnen sage, dass er ihn hauptsächlich in Silber bezahlt hat. An deiner Stelle würde ich mir um ihn keine Sorgen machen.'

„Mit freundlichen Grüßen,

'W. WAFFELN.

„An H. SPONGE, Esq."

Unser Held wandte sich im Laufe einiger Tage erneut an Herrn Waffles wie folgt:

„LIEBE WAFFELN ,

„Es tut mir leid, Bullfrog ohne das Pferd nicht aus der Ruhe bringen zu müssen. Er sagt, ich habe darauf bestanden, dass er ihn zurücknimmt, und jetzt besteht er darauf, ihn zu haben. Ich hatte seinen Anwalt, Mr. Chousam von der großen Kanzlei Chousam, Doem, and Co. in der Throgmorton Street, bei mir, der sagt, dass seine Lordschaft mit uns die alte Stachelbeere spielen wird, wenn wir ihn nicht bis Samstag zurückbringen. „Bitte geben Sie Vollgas und suchen Sie nach ihm."

„Mit freundlichen Grüßen,

'H. SCHWAMM.

„An W. WAFFLES, Esq."

Mr. Waffles gab richtig Gas, und zwar so erfolgreich, dass er das Pferd bei unserem Freund Mr. Buckram zu Boden trieb. Obwohl sich das Pferd in der Box neben dem Haus befand, erklärte Mr. Buckram, er habe es verkauft, um nach „Hireland" zu gehen; In welche Grafschaft konnte er wirklich nicht sagen, auch nicht auf welche Jagd; Er wusste nur, dass der Herr sagte, er sei ein „Kapitän" und lebe in einem Schloss.

Mr. Waffles übermittelte die Informationen an Sponge und forderte ihn auf, sein Bestes für ihn zu tun, der im folgenden Brief berichtete, was sein „Bestes" sei:

'LIEBE WAFFELN,

„Mein Anwalt hat Chousam gesehen, und er ist völlig überzeugt, dass er es getan hat. Offenbar ist Bullfrog empört darüber, dass man ihm etwas vorwirft; Und da er mich in die falsche Box gebracht hatte und das Pferd nicht wie behauptet zurückgeben konnte, wollte er mich arbeiten lassen. Zuerst hörte Chousam nichts anderes als „l-a-w". Nur so konnte die verletzte Ehre von Bullfrog gerettet werden. Allmählich gingen wir jedoch von l-a-w zu £-s.-d. über. und das Ergebnis ist, dass er seiner Lordschaft raten wird, 250 Pfund zu nehmen und damit fertig zu sein. Es ist langweilig; Aber ich habe es zum Besten getan und freue mich jetzt, Ihre Wünsche zu diesem Thema zu erfahren. „In der Zwischenzeit bleibe ich"

„Mit freundlichen Grüßen,

'H. SCHWAMM.

' ABSCHLEPPEN. WAFFELN , Esq.'

Früher sprach eine Überweisung per Post für sich. Die feinfühligen Angestellten konnten eine Beilage erkennen, egal wie geschickt sie gefaltet war. Damals gönnten sich nur wenige Menschen doppeltes Porto. Nun ähnelt ein Brief dem anderen so sehr, dass man nur dann klüger wird, wenn man sie öffnet. Mr. Sponge nahm die Antwort von Mr. Waffles aus den Händen des Kellners mit dem Gefühl entgegen, dass es sich nur um die Fortsetzung ihrer Korrespondenz handelte. Dann urteilte er über seine Freude, als ein schöner, sauberer, klarer Schuldschein mit einer Fünf-Schilling-Briefmarke zitternd zu Boden fiel. Dazu kamen ein paar Zeilen, in denen Mr. Waffles seine Dankbarkeit für die Mühe zum Ausdruck brachte, die sich unser Held gemacht hatte, und in der er hoffte, dass es nicht unbequem sein würde, sich nach zwei Monaten eine Notiz zu machen. Herr Schwamm war zunächst überglücklich. Es würde ihn für die Saison vorbereiten. Er überlegte, wie er es ausgeben würde. Er hatte fast vor, nach Melton zu gehen. Es gab dort keine Erbinnen, sonst würde er es tun. Leamington würde reichen, nur war es ziemlich teuer. Dann dachte er, er hätte genauso gut etwas mehr Waffeln machen können.

„Verdammt!" rief Sponge, „Ich werde mir selbst nicht gerecht!" Ich bin zu sehr ein Gentleman! Ich hätte fünf 'Under'd's haben sollen – so ein Arsch wie Waffles hat es verdient, gemacht zu werden!'

KAPITEL XIII

EIN NEUES SYSTEM

Unserem Freund Soapey ging es jetzt gut; Er hatte einen hohen Preis für sein nichtsnutziges Pferd bekommen, mit einer sehr stattlichen Prämie dafür, dass er es nicht zurückbekommen hatte, wodurch es ihm besser ging als schon seit einiger Zeit. Herren seines Kalibers sind im Allgemeinen in allem außer Bargeld äußerst wohlhabend. Sie haben Rechnungen ohne Ende – Rechnungen, die niemand anfassen wird, und Buchschulden in Hülle und Fülle – Buchschulden, die mit metallischen Bleistiften in merkwürdige kleine Taschenbücher mit Klammern eingetragen sind, und zwar mit einer völligen Missachtung der Methode, dass es einem Buchhalter ein Rätsel wäre, sie in irgendetwas Ähnliches zusammenzufassen Form.

Es ist wahr, dass Mr. Sponge von Mr. Waffles Rechnungen bekam – aber es waren gute Rechnungen und von einem so angemessenen Datum, wie es die anspruchsvollsten Mitglieder des Judenstamms für zwanzig Prozent „tun" würden. Mr. Sponge war entschlossen, das Spiel am Leben zu erhalten, und als er Hercules und Multum in Parvo wieder zusammenbrachte, fügte er einen auffälligen gescheckten Trick hinzu, den Buckram gerade von einigen Zirkusleuten bekommen hatte, die ihm ihre Arbeit nicht beibringen konnten.

Die Frage war nun, wohin man dieses imposante Gestüt manövrieren sollte – ein Problem, das Mr. Sponge schnell löste.

Zu den vielen Fremden, die in Laverick Wells eine wahllose Freundschaft mit unserem Helden eingingen, gehörte Mr. Jawleyford aus Jawleyford Court in ---shire. Jawleyford war ein großer Humbug. Er war ein feiner, lockerer, offenherziger, fröhlicher Kerl, der sich immer freute, einen zu sehen, bei dem Anblick zusammenzuckte und mit offenen Armen mitten auf der Straße stand, als wäre er ganz überglücklich darüber treffen. Obwohl er dort, wo er war, nie Abendessen veranstaltete, bat er jeden, zumindest jeden, der sie gab, ihn in Jawleyford Court zu besuchen. Wenn ein Mann gerne fischt, muss er unbedingt nach Jawleyford Court kommen; Er würde keine Weigerung hinnehmen, er würde ihn nicht in Ruhe lassen, bis er es versprach. Er würde ihm solche Angelmöglichkeiten zeigen – kein Gewässer auf der Welt, das mit seinem vergleichbar wäre. Über den Shannon und den Tweed konnte nicht am selben Tag gesprochen werden wie über seine Gewässer im Swiftley.

Schießen, genauso. 'Von Jove! Bist du ein Schütze? Nun, ich freue mich, das zu hören. Nun, wir werden den ganzen September bis Mitte Oktober zu Hause sein, und Sie müssen einfach zu Ihrer gewünschten Zeit zu uns kommen, und ich werde Ihnen einige der schönsten Rebhuhn- und Fasanenjagden bieten, die Sie je in Ihrem Land gesehen haben Leben; Norfolk kann nichts vorweisen, was ich kann. Nun, mein Guter, sagen Sie das Wort; *Sagen* Sie doch, dass Sie kommen werden, und dann ist die Sache geklärt, und ich werde mit großer Freude darauf warten!'

Er war ebenso großherzig in Bezug auf die Jagd, obwohl er, wie viele Leute, die „ihre Jagd gemacht haben", so tat, als sei seine Zeit vorbei, obwohl er ein äußerst eifriger Förderer des Sports war. Also bat er jeden, der jagte, zu ihm zu kommen; und mit seiner herzlichen, umgänglichen Art und der unbegrenzten Art seiner Einladungen galt er im Allgemeinen als äußerst gastfreundlicher, guter Kerl und kam zu endlosen Abendessen und anderen Unterhaltungen für seine Frau und seine Töchter, von denen er hatte zwei – Töchter, meinen wir, keine Ehefrauen. Seine Zeit war ungefähr oben in Laverick Wells, als Mr. Sponge dort ankam; Dennoch gelang es Mr. Jawleyford in den wenigen Tagen, die ihnen blieben, eine ziemlich innige Bekanntschaft mit einem Herrn zu machen, dessen Vermögen Berichten zufolge dem von Mr. Waffles selbst gleichkam, wenn nicht sogar größer war. Das Folgende war die Schlussszene zwischen ihnen:

Jawleyford vom Jawleyford Court

'Herr. „Schwamm", sagte er, packte unseren Helden in Culeyfords Billardzimmer an beiden Händen und schüttelte sie, als könnte er den Gedanken an Trennung nicht ertragen; „mein lieber Herr Schwamm", fügte er hinzu, „es tut mir leid, sagen zu müssen, dass wir morgen gehen werden; Ich hatte gehofft, noch etwas länger geblieben zu sein und das Vergnügen Ihrer angenehmsten Gesellschaft genossen zu haben.' (Das stimmte; er wäre geblieben, aber sein Bankier ließ ihn kein Geld mehr haben.) „Aber ich werde nicht Adieu sagen", fuhr er fort; „Nein, ich *werde nicht* Adieu sagen!" Ich lebe, wie Sie vielleicht wissen, in einem der besten Jagdländer Englands – My Lord Scamperdale – Scamperdale und ich sind wie Brüder; Ich kann mit ihm machen, was ich will – er hat, so darf ich sagen, die beste Hundemeute der Welt; Ich glaube wirklich, dass sein Jäger Jack Frostyface nicht zu übertreffen ist. „Dann kommen Sie, mein Lieber", fuhr Mr. Jawleyford fort, verstärkte den Griff und schüttelte die Hände und schaute Sponge aufs Ernstste ins Gesicht, als ob er eine Weigerung missbilligen würde; „Komm also, mein lieber Freund, und besuche uns; Wir werden unser Möglichstes tun, um Sie zu unterhalten und es Ihnen bequem zu machen. Scamperdale wird unseren Teil des Landes behalten, bis Sie kommen; In Lucksford, in der Nähe des Bahnhofs, gibt es erstklassige Ställe, und Sie sollen in Jawleyford einen Stall für Ihren Hirten haben und einen Mann, der sich um ihn kümmert, wenn Sie möchten; Also sagen Sie jetzt nicht nein – Ihre Zeit soll uns gehören – wir werden den ganzen Rest des Winters zu Hause bleiben, und ich schmeicheln mir, wenn Sie einmal herunterkommen, werden Sie geneigt sein, Ihren Besuch zu wiederholen; zumindest hoffe ich das.'

Es gibt zwei gängige Sprüche; erstens: „dass gleichgeartete Vögel zusammenschwärmen"; der andere, „dass zwei in einem Handel niemals einer Meinung sind"; die uns im tatsächlichen Lebensverkehr oft als widersprüchlich erscheinen. Humbugs haben sicherlich die Gabe, sich zusammenzutun, und doch sind sie immer ausgezeichnete Freunde und bürgen für die Güte des anderen auf eine Weise, die nur wenige geradlinige Männer für lohnenswert halten, wenn es um gleichgültige Menschen geht. In der Tat begnügen sich Humbugs nicht immer damit, die Humbugs ihrer abwesenden Brüder zu verteidigen, wenn sie hören, wie sie beschimpft werden, aber sie werden sich häufig gegenseitig auf den Kopf stellen, offenbar nur zu dem Zweck, zu verkünden, was für hervorragende Kerle sie sind, und zu sehen, ob es überhaupt jemanden gibt wird die Keule gegen sie erheben.

Mr. Sponge war zwar selbst ziemlich verärgert über den Humbug und einer, der die übliche Wertlosigkeit allgemeiner Einladungen vollkommen verstand, war aber dennoch so angetan von Mr. Jawleyfords höflichem, ernstem Auftreten, dass er ihn annahm Die bequeme und vertraute Lösung in solchen Angelegenheiten, dass es keine Regel ohne Ausnahme gibt, kam zu dem Schluss, dass Herr Jawleyford die Ausnahme war, und meinte wirklich, was er sagte.

Unabhängig von den Reizen, die die Jagd bot, die sowohl stark als auch überzeugend waren, haben wir gesagt, dass es zwei junge Damen gab, denen der Ruhm die enormen Vermögen zuwies, die in Fällen üblich sind, in denen es einen großen Besitz und keine Söhne gibt. Dennoch war Sponge ein vorsichtiger Vogel, und seine Erfahrung mit der Wertlosigkeit der meisten allgemeinen Einladungen ließ ihn es durchaus für möglich halten, dass es Mr. Jawleyford vielleicht nicht passte, ihn jetzt zu empfangen, zu der bestimmten Zeit, zu der er gehen wollte; Nachdem er den Fall und auch die beeindruckende Art der Einladung, die erst vor Kurzem ausgesprochen worden war, gebührend geprüft hatte, beschloss er, Jawleyford nicht die Chance zu geben, ihn abzulehnen, sondern nur zu sagen, dass er kommen würde, und sich auf ihn einzulassen, bevor er konnte Nein sagen.' Dementsprechend verfasste er den folgenden Brief:

„BANTAM HOTEL, BOND-STREET, LONDON.

„LIEBER JAWLEYFORD,

„Ich beabsichtige, morgen bei Ihnen zu sein, mit dem Schnellzug, der, wie ich sehe, bei Bradshaw um Viertel vor drei in Lucksford ankommt. Ich werde nur zwei Jäger und einen Hacken mitbringen, also könnten Sie mir vielleicht den Gefallen tun, indem Sie sie für die kurze Zeit meines Aufenthalts aufnehmen, da es für mich nicht bequem wäre, sie zu trennen. In der Hoffnung, dass es Frau Jawleyford und den jungen Damen gut geht, verbleibe ich, sehr geehrter Herr.

„Mit freundlichen Grüßen,

'H. SCHWAMM.

„An – JAWLEYFORD , Esq., Jawleyford Court, Lucksford.“

„Verfluche den Kerl!“ rief Jawleyford und hätte sich fast an einer Fischgräte erstickt, als er das Vorstehende beim Frühstück aufschlug und las. „Verfluche den Kerl!“ wiederholte er und stampfte den Brief mit den Füßen auf, als wollte er ihn in Atome zermalmen. „Wer hat jemals so eine Unverschämtheit gesehen!“

„Was ist los, meine Liebe?“ fragte Mrs. Jawleyford, besorgt, dass es wieder ihr mahnender Juwelier sein könnte, der schrieb.

'Gegenstand!' schrie Jawleyford in einem Ton, der durch die dicke Wand des Zimmers hallte und den humpelnden alten Gärtner auf der Terrasse dazu veranlasste, durch das schwere Fenster zu spähen. 'Gegenstand!' wiederholte er, als hätte er seinen *Gnadenstoß erhalten* ; „Sehen Sie da“, fügte er hinzu und überreichte ihm den Brief.

„Oh mein Lieber“, erwiderte Mrs. Jawleyford beruhigend, als sie sah, dass es nicht das war, was sie erwartet hatte. „Oh mein Lieber, ich bin sicher, es gibt nichts, was dich dazu veranlassen könnte, dich so sehr aus dem Weg zu räumen.“ 'NEIN!' brüllte Jawleyford, entschlossen, aus Kummer nicht sterben zu lassen. 'NEIN!' wiederholte er; „Nennst du das nichts?“

„Na ja, nichts, worüber Sie sich unglücklich machen könnten“, antwortete Mrs. Jawleyford eher erfreut als sonst; denn sie war froh, dass es nicht von Rings, dem Juwelier, war, und außerdem hasste sie die Monotonie von Jawleyford Court und war froh über alles, was sie lindern konnte. Wenn es nach ihr gegangen wäre, wäre sie das ganze Jahr über an den Wasserstellen herumgetollt.

„Nun“, sagte Jawleyford, warf den Kopf zurück und zuckte resigniert mit den Schultern, „Sie werden mich im Gefängnis haben; Ich sehe das.'

„Nein, mein lieber J.“, entgegnete seine Frau beruhigend; „Ich bin sicher, du hast viel Geld.“

'Habe ich!' rief Jawleyford. „Glauben Sie, wenn ich es getan hätte, hätte ich Laverick Wells verlassen, ohne Miss Bustlebey zu bezahlen oder eine Rechnung über drei Monate für die Hausmiete ausgestellt zu haben?“

„Nun, aber, meine Liebe, Ihnen bleibt nichts anderes übrig, als Mr. Screwemtight zu sagen, er solle Ihnen etwas Geld von den Mietern besorgen.“

„Geld von den Mietern!" antwortete Herr Jawleyford. „Screwemtight sagt mir, dass er von keinem Mann auf dem Anwesen noch einen Heller bekommen kann."

„Oh, puh!" sagte Frau Jawleyford; „Du bist viel zu gut zu ihnen." Ich sage immer, dass Screwemtight sich viel mehr um ihre Interessen kümmert als um Ihre."

Wir können beobachten, dass Jawleyford zu der recht zahlreichen Rasse von Landbesitzern mit Papierstiefeln und Feder und Tinte gehörte. Er kleidete sich auf dem Land immer so, wie er es auch in der St. James's Street getan hätte, und seine Kommunikation mit seinen Mietern beschränkte sich hauptsächlich darauf, zweimal im Jahr mit ihnen in der großen Eingangshalle zu speisen, nachdem Mr. Screwemtight sie in der Halle um ihr Bargeld erleichtert hatte Zimmer des Stewards. Dann würde Mr. Jawleyford die Verkörperung dessen, was ein Vermieter sein sollte, zum Vorschein bringen. Er war nach der höchsten Mode gekleidet, als wollte er durch seine Kleidung seine Worte Lügen strafen, und ließ sich über die Freuden solcher Begegnungen auf Augenhöhe ausbreiten; erklären, dass die einzigen wirklich glücklichen Momente seines Lebens neben denen, die er mit seiner Familie verbrachte, die waren, in denen er von seinem Pächter umgeben war; er schätzte den männlichen Charakter des englischen Bauern. Dann verwies er auf das große Alter der Familie Jawleyford, auf die viele Generationen von den Wänden der alten Halle herab auf sie herabblickten; einige auf ihren Kriegsrossen, einige mit bewaffneten *Cap-à-Pie*, einige in Hofkleidung, einige in spanischer Kleidung, einer in einem weißen Kleid mit goldenen Brokathosen und einem Hut mit einem riesigen Federbusch, der alte Jawleyford (Vater der Gegenwart). einer) in der Windsor-Uniform und unser Freund selbst, der eigentliche Prototyp dessen, was damals vor ihnen stand. Tatsächlich war er dabei abgebildet, wie er in der Halle, in der das Bild hing, seine ererbten Chawbacons ansprach. Da stand er mit seinem leuchtend kastanienbraunen Haar (jetzt vielleicht etwas dachsgescheckt, aber bei Kerzenlicht immer noch sehr passabel) – sein leuchtend kastanienbraunes Haar, sagen wir, kühn aus seiner hohen Stirn gestrichen, und seine verschwommenen grauen Augen blitzten vor Aufregung Getränk und Lebhaftigkeit, seine linke Hand ruhte auf der Hüfte seiner gut sitzenden schwarzen Pantalons, während die rechte, strahlend mit Ringen und mit umgedrehtem Armband besetzt, durch die Luft sägte, während er die Perioden der gewohnten Sägen abrundete .

Jawleyford war, wie viele andere Leute auch, sehr gastfreundlich, wenn er in vollen Zügen war – zwei Suppen, zwei Fische und die nötigen Beilagen; aber er würde jemanden weit genug sehen, bevor er ihm ein Abendessen schenkte, nur weil er eines wollte. Diese Art von protzigem Bankett hat die Landgesellschaft im Allgemeinen in eine Sackgasse gebracht. Die Menschen sind der ständigen Überarbeitung von Tellern, Leinen und Porzellan überdrüssig.

Mrs. Jawleyford hingegen war eine sehr rauhe Frau, die sich nie aus der Ruhe bringen ließ; Und obwohl sie ständig die alte Doktrin predigte, dass Mädchen „viel besser Singles als Verheiratete" seien, war sie immer auf der Suche nach Möglichkeiten, ihren Behauptungen zu widersprechen.

Sie war eine irische Dame mit einem Stammbaum, der fast so lang war wie der von Jawleyford, aber mit einem etwas unterdrückteren Stolz, und wenn sie keinen Herzog bekommen konnte, würde sie einen Marquis oder einen Earl nehmen oder sich sogar mit einem reichen Bürger zufrieden geben.

Das Durchlesen von Sponges Brief wirkte sich daher auf sie anders aus als auf ihren Mann, und obwohl sie sich vielleicht etwas mehr Zeit gewünscht hätte, hatte sie keine Lust, ihn so zu nehmen, wie sie waren. Jawleyford leistete jedoch heftigen Widerstand. Es würde ihm besonders unangenehm sein, zu diesem Zeitpunkt Gesellschaft zu empfangen. Wenn Mr. Sponge die gesamten dreihundertfünfundsechzig Tage im Jahr durchgemacht hätte, hätte er sich keinen für ihn unbequemeren Tag ausdenken können. Außerdem hatte er keine Ahnung, dass Leute auf diese Art und Weise schrieben, dass sie kommen würden, ohne ihm die Möglichkeit zu geben, Nein zu sagen. „Nun, aber, meine Liebe, ich wage zu behaupten, dass Sie ihn gefragt haben", bemerkte Mrs. Jawleyford.

Jawleyford schwieg, die Szene im Billardzimmer kam ihm wieder in den Sinn.

„Ich habe dir oft gesagt, meine Liebe", fuhr Mrs. Jawleyford freundlich fort, „dass du mit deinen Einladungen nicht so freizügig sein solltest, wenn du nicht willst, dass Leute kommen; Die Dinge sind heute ganz anders als in den alten Coaching- und Posting-Tagen, als es einen Tag, eine Nacht und einen halben Tag dauerte, um hierher zu kommen, und ich weiß nicht, wie viel Geld außerdem. Man könnte dann Leute mit Sicherheit einladen, aber jetzt ist das ganz anders, da sie nichts anderes zu tun haben, als sich in den Schnellzug zu setzen und in ein paar Stunden runterzufahren."

„Nun, aber, verwirren Sie ihn, ich habe seine Pferde nicht gefragt", rief Jawleyford aus; „Ich werde sie auch nicht haben", fuhr er mit einer Kopfbewegung fort, als er aufstand und klingelte, als sei er entschlossen, dem auf jeden Fall ein Ende zu setzen.

„Samuel", sagte er zu dem schmutzigen Pagen eines Jungen, der der Vorladung folgte, „sagen Sie John Watson, er solle direkt zur Railway Tavern gehen und bitten Sie sie, einen Stall mit drei Boxen für die kommenden Pferde eines Herrn vorzubereiten." „Heute – ein Herr namens Sponge", fügte er hinzu, damit nicht jemand anders kommen und sie an sich reißen könnte – „und sag John, er solle den Schnellzug abholen und dem Bräutigam des Herrn sagen, wo er ist."

KAPITEL XIV

GERICHT JAWLEYFORD

Auf die Minute genau zog die zischende Lokomotive den schnell dahingleitenden Zug unter dem eleganten und teuren Bahnhof von Lucksford hindurch – einem Gebäude, das einen seltenen Kontrast zu dem elenden alten Haus mit den roten Ziegeln und den fünf Fenstern bildete, das „Roter Löwe" genannt wurde, wo ein Brandy- Der Stirnschmied eines Vermieters verließ die angrenzende Schmiede und kümmerte sich um jeden, der mit der Kutsche in diesen Teil des Landes kam. Mr. Sponge war schnell auf dem Bahnsteig und sorgte dafür, dass seine Pferdebox abmontiert wurde.

Gerade als die Kavallerie sich gerade in Marschformation begeben wollte, ritt John Watson, ein wie ein Lumpen aussehender Wildhüter, in einem grünen Plüschmantel und mit einem sehr angelaufenen Spitzenhut auf einem sehr zottigen weißen Pony, dessen Fell für den Angriff ziemlich unempfindlich zu sein schien Besuche einer stark geknoteten Hundepeitsche, mit der er sich immer wieder an Schultern und Seiten salutierte.

„Bitte, Sir", sagte er und ritt mit einem Hauch von altem Hut auf Mr. Sponge zu, „ich habe hier in der Railway Tavern einen tollen Dreistallstall für Sie", und zeigte auf einen neu gebauten Ziegelstein Haus steht auf dem ansteigenden Gelände.

'Oh! „Aber ich gehe zum Jawleyford Court", antwortete unser Freund und dachte, der Mann sei der „Angeber" der Taverne.

'Herr. „Jawleyford nimmt keine Pferde auf, Sir", erwiderte der Mann und berührte erneut den Hut.

meines übernehmen ", bemerkte Mr. Sponge mit einem Hauch von Autorität.

„Oh, ich bitte um Verzeihung, Sir", antwortete der Wärter, der dachte, er hätte einen Fehler gemacht; „Es war Mr. Sponge, für dessen Pferde ich Ställe besorgen musste", und berührte dabei ausgiebig seinen Hut.

„Nun, *das* ist Herr Schwamm", bemerkte Leather, der dem Geschehen aufmerksam zugehört hatte.

"Tat!' sagte der Wärter und wandte sich wieder an unseren Helden mit einem „Ich bitte um Verzeihung, Sir, aber der Stall *ist* für Sie, Sir – für Mr. Sponge, Sir."

'Wie kannst du das Wissen?' forderte unser Freund.

„Weil Mr. Spigot, der Butler, zu mir sagt, sagt er: „Mr. Watson", sagt er – mein Name ist Watson, wissen Sie", fuhr der Sprecher fort und sägte an seinem Hut herum, „mein Name ist Watson, Sie." Sehen Sie, und ich bin der

Hauptwildhüter. „Mr. Watson", sagt er, „Sie müssen in die Taverne gehen und einen Dreistallstall für einen Herrn namens Sponge bestellen, dessen Pferde heute kommen." Und natürlich bin ich „herzlich" gekommen, fügte Watson hinzu. „Ein Stall mit *drei* Boxen!" bemerkte Mr. Sponge mit Nachdruck.

„Ein Stall mit drei Boxen", wiederholte Mr. Watson.

„Verwirrung ihn, aber er sagte, er würde sich auf jeden Fall einen Hack gefallen lassen", bemerkte Schwamm mit einem seitlichen Kopfschütteln; „Und ein Hack *wird er* auch aufnehmen", fügte er hinzu. „Sind Ihre Ställe in Jawleyford Court voll?" er hat gefragt.

„Gott sei Dank, nein, Sir", antwortete Watson mit einem anzüglichen Blick. „Da ist nichts drin als ein paar unkrautige Pferde und ein paar alte, abgenutzte Kutschpferde."

„Dann kann ich diesen Kerl auf jeden Fall einfangen", bemerkte Schwamm und legte beim Sprechen seine Hand auf den Hals des Schecken.

„Dazu", antwortete Mr. Watson kopfschüttelnd, „kann ich dazu nichts sagen."

„Aber ich muss", entgegnete Schwamm säuerlich; „Er *sagte,* er würde sich um mich kümmern, sonst wäre ich nicht gekommen."

„Nun, Sir", bemerkte der Wärter, „Sie wissen es am besten, Sir."

„Verdammter Mistkerl!" murmelte Schwamm und wandte sich ab, um Leather seine Befehle zu erteilen. „Ich werde ihn dafür *arbeiten lassen* ", *fügte er hinzu. „Er wird mich nicht so schnell* loswerden – zumindest nicht, es sei denn, ich finde woanders eine bessere Unterkunft."

Nachdem er den Abschied mit Leather vereinbart und sich einen Karren besorgt hatte, um seine Sachen zu transportieren, bestieg Mr. Sponge den Schecken und ließ sich von Watson an sein Ziel führen. Der erste Teil der Reise verlief schweigend, da Mr. Sponge nicht besonders erfreut über den Empfang war, auf den sein Wunsch, seine Pferde aufzunehmen, gestoßen war. Dieses Schweigen hätte er vielleicht die ganze Zeit über bewahrt, wenn ihm nicht der Gedanke gekommen wäre, dass er dem Diener etwas über die Familie, die er besuchen wollte, entlocken könnte.

„Das ist kein schlechter alter Bulle von dir", bemerkte er und zog die Zügel an, um den zottigen Weißen neben sich herkommen zu lassen.

„Dann straft er sein Aussehen Lügen", erwiderte Watson mit einem Grinsen seines leichenhaften Gesichts, „denn er ist ein ebenso böses Biest, wie es je durchs Zaumzeug ausgesehen hat." „Es ist eine echte Schande für einen Gentleman, einen Mann auf ein solches Biest zu setzen."

Sponge erkannte, mit was für einem Mann er es zu tun hatte, und handelte entsprechend.

„Leben Sie schon lange bei Mr. Jawleyford?" er hat gefragt.

„Nein, ich werde es auch nicht tun, wenn ich es verhindern kann", antwortete Watson mit einem weiteren Grinsen und einem weiteren Hauch des alten Hutes. Seinen Hut zu berühren war so ziemlich der einzige Anstand, den er vorhatte.

„Was, er ist dann doch kein Ziegelstein?" fragte Schwamm.

„Böser Mann", antwortete Watson kopfschüttelnd; „gemeiner Mann", wiederholte er. „Du hast wohl keinerlei Verbindung zur Familie, nehme ich an?" fragte er mit einem misstrauischen Blick, aus Angst, er könnte sich verpflichten.

„Nein", antwortete Schwamm; 'NEIN; lediglich ein Bekannter. Wir trafen uns in Laverick Wells und er drängte mich, zu ihm zu kommen.'

'In der Tat!' sagte Watson und fühlte sich wieder entspannt.

„Bei wem hast du gelebt, bevor du hierher kamst?" fragte Mr. Sponge nach einer Pause.

„Ich habe viele Jahre – tatsächlich den größten Teil meines Lebens – mit Sir Harry Swift verbracht. *Er* war jetzt, wenn man so will, ein *echter* Gentleman – ein freier, freizügiger Gentleman – keiner von den rasanten, käsefressenden Gentlemen oder Imitations-Gentlemen, wie ich sie nenne, sondern ein Mann, der wusste, was war dank guter Diener und gab es ihnen. Wir hatten gute Löhne und die richtigen Stammgäste. Gott segne Sie, ich könnte dort jedes Jahr ein neues Kleidungsstück verkaufen, anstatt die abgelegten Kleidungsstücke des letzten Hüters tragen zu müssen, und einen Hut, der alles andere als eine Krähe zur Schande machen würde. „Wenn das Futter nicht mit Schießwatte vollgestopft wäre, würde es über meiner Nase liegen", bemerkte er, während er es abnahm und die Watteschicht zurechtrückte, während er sprach.

„Sie hätten bei Sir Harry bleiben sollen", bemerkte Mr. Sponge.

„Das habe ich", erwiderte Watson. „Das habe ich getan, ich habe bis zuletzt an ihm festgehalten. Ich wäre jetzt bei ihm gewesen, nur hätte er in Boulogne kein Herrenhaus bekommen können, und ein Hausverwalter wäre ohne eines nutzlos."

„Was, er ist nach Boulogne gegangen, oder?" bemerkte Herr Schwamm.

„Ja, umso schade", antwortete Watson. „Er war in jeder Hinsicht ein Gentleman", fügte er mit einem Kopfschütteln und einem Seufzer hinzu, als würde er auf wohlhabendere Zeiten zurückblicken. „Er war, was ein Gentleman sein sollte", fuhr er fort, „nicht einer Ihrer armen, neugierigen, neugierigen Kerle, die sich immer einbilden, betrogen zu werden." Ich habe in meiner Abteilung alles bestellt und auch bezahlt; und nie wurde ein Gesetzentwurf angefochten oder auch nur kommentiert. Ich hätte eine Tonne Pulver verlangen können, ohne dass irgendetwas gesagt worden wäre.'

'Herr. Es ist unwahrscheinlich, dass Jawleyford den Weg nach Boulogne findet, nehme ich an?' bemerkte Herr Schwamm.

„Er nicht!" rief Watson, „nicht er! – sicherer Vogel – *sehr* ..."

„Er ist reich, nehme ich an?" fuhr Sponge mit einer Miene der Gleichgültigkeit fort.

„Ja, *ich* würde sagen, er war es; obwohl andere sagen, dass er es nicht ist", antwortete Watson und schlug das alte Pony mit der Hundepeitsche, als es ihm fast auf die Nase fiel. „Er kann nicht anders, als reich zu sein, mit all seinem Besitz; obwohl sie verzweifelte Hände zum Herumtollen sind; Ich nehme an, ich bin immer auf dem Weg zu dem einen oder anderen Badeort und suche nach Ehemännern. „Ich frage mich", fuhr er fort, „dass Herren sich nicht zu Hause niederlassen und sich mit Coursin' und Schießen vergnügen können." Mr. Watson ist, wie viele Bedienstete, der Meinung, dass der Großteil des Einkommens eines Gentlemans für die Förderung des jeweiligen Sports ausgegeben werden sollte, dem er vorsteht.

Mit diesem und einem ähnlichen Diskurs verführten sie die kurze Entfernung zwischen dem Bahnhof und dem Hof – eine Entfernung, die angesichts der rasanten Geschwindigkeit der Eisenbahn jedoch wesentlich größer aussah. Ohne diese gelegentliche Rückkehr ans *feste Festland* würden sich die Menschen wie Vögel vorstellen. Nachdem wir einen großen, aber sanft ansteigenden Hügel umrundet hatten, über dessen Gipfel die Straße nach der Art alter Straßen führte, blickte unser Reisender plötzlich auf das weite Tal von Sniperdown hinab, auf dem Jawleyford Court in einem hellen, offenen Anblick glitzerte feine, allmähliche Erhebung über dem breiten, sanft dahingleitenden Fluss. Eine klare Atmosphäre, die entweder auf Regen oder Frost hindeutete, offenbarte im Süden ein riesiges Stück wildes, flaches, schlecht kultiviert aussehendes Land, kaum unterbrochen von Wäldern oder Anzeichen von Besiedlung; das Ganze verlor sich gleichsam in einem undeutlichen grauen Umriss und vermischte sich mit den flauschigen weißen Wolken in der Ferne.

„Hier sind wir", bemerkte Watson und nickte zu einer angelaufenen rot-goldenen Flagge, die über einer unregelmäßigen Ansammlung von Türmen,

Türmchen und seltsam geformten Schornsteinen in der Winterbrise schwebte oder vielmehr träge flatterte.

Jawleyford Court war ein schönes altes Herrenhaus, das mit seinem Bergfried und seinen Türmen, seinen Zinnen, den schweren Gitterfenstern und der mit Pech versehenen Galerie eher den Charakter einer Burg als eines Hofes hatte. Es stand düster und grau inmitten riesiger, aber jetzt blattloser Bergahorne – Bäume, die sich selbst dafür danken mussten, Bergahorne zu sein; Denn wenn es sich um Eichenholz oder anderes marktfähiges Holz gehandelt hätte, hätte man sie schon vor langer Zeit zu Hauben oder Schals verarbeitet. Das Gebäude selbst war unregelmäßig und zeigte verschiedene Arten von Architektur, von reiner Gotik bis hin zu einigen sogar vollkommen modernen Gebäuden; Dennoch war es, als Ganzes betrachtet, riesig und imposant; und als Mr. Sponge darauf herabblickte, dachte er viel mehr an Jawleyford und Co. als an die bloßen Bewohner eines bescheidenen Hauses mit weißem Stuck und grüner Veranda in Laverick Wells. Seine Bewunderung ließ auch nicht nach, als er vorankam, und als er über eine mit Zinnen versehene Brücke den Wassergraben überquerte, sah er den massiven Charakter der Gebäude, die sich prächtig aus ihrem felsigen Fundament erhob. Eine imposante, feierlich getönte alte Uhr begann vier zu schlagen, als die Reiter unter dem gotischen Portikus ritten, dessen Töne widerhallten und widerhallten, und sich schließlich zwischen den Türmen und Zinnen des

Gebäudes verloren. Einen Moment lang war Sponge von Ehrfurcht ergriffen angesichts der Großartigkeit der Szene, da er das Gefühl hatte, dass es sich um das handelte, was er als „viele Schnitte über ihm“ bezeichnen würde; aber er erlangte bald seine gewohnte Unverschämtheit wieder.

„Er *würde* mich haben“, dachte er, als er sich an die Dringlichkeit der Jawleyford-Einladung erinnerte.

„Wenn Sie meinen Nörgler halten“, sagte Watson und warf sich von dem zottigen Weiß, „dann läute ich die Glocke“, fügte er hinzu und rannte eine breite Treppe zur Flurtür hinauf. Ein lautes Geläut kündigte die Ankunft an.

Kapitel XV

DIE JAWLEYFORD-STÄTTE

Das laute Klingeln der Türklingel am Jawleyford Court, das die Ankunft von Mr. Sponge ankündigte und mit dem wir das letzte Kapitel beendeten, zeigte, dass die Bewohner mit den Vorbereitungen für seinen Empfang beschäftigt waren.

Mrs. Jawleyford bemühte sich mit Hilfe einer sehr gleichgültigen Köchin, ein anständiges Abendessen zu organisieren; Die jungen Damen machten sich mit Hilfe eines etwas besseren Dienstmädchens attraktiv, wobei jede mit beträchtlicher Eifersucht auf die Bemühungen der anderen blickte; und Mr. Jawleyford trottete von Raum zu Raum, beäugte die verschiedenen Bilder von sich selbst, fragte sich, welches nun am ähnlichsten sei, und beobachtete, wie Vorhänge, Teppiche und Sofas aus ihren braunen Holland-Bezügen hervortraten.

Ein Sonnenschein schien im ganzen Herrenhaus zu herrschen; die längst bedeckten Möbel scheinen durch ihre Pensionierung an Frische gewonnen zu haben, so wie ein neu aufgesetzter Hut den Träger durch seine Güte überrascht; Nach ein paar Tagen sind die Mängel bei beiden jedoch bald behoben.

All diese Arrangements wurden plötzlich durch das Läuten der Türklingel beendet, so wie das leise Bühnenklingeln eines Theaters die Vorbereitung stoppt und die Schauspieler dazu zwingt, so zu stehen, wie sie sind. Mrs. Jawleyford warf ihre Seidenschürze beiseite und warf einen hastigen Blick auf ihr Gesicht im alten Spiegel mit Adlerspitze im Stillzimmer; Die jungen Damen legten ihre groben, schmutzigen Taschentücher ab und zogen vorsichtig die kunstvoll mit Fransen besetzten Taschentücher durch ihre spitzen Finger, um ihnen einen Hauch von Gebrauch zu verleihen, während sie sich hastig in den Schwenkspiegeln betrachteten. das Hausmädchen eilte mit einem ganzen Armvoll braunem Holland davon; und Jawleyford warf sich in einen kunstvoll geschnitzten, reich gepolsterten Sessel, mit einem Disraeli- *Leben von Lord George Bentinck* in der Hand. Aber Jawleyfords Gedanken waren weit von seinem Buch entfernt. Er saß auf Dornen, damit es nicht zu einer Ehrenwache kam, die Herrn Schwamm am Eingang empfing.

Jawleyford war, wie wir bereits sagten, nicht der Mann, den man unterhalten konnte, es sei denn, er konnte es „richtig" machen; und da wir alle unsere Anstandsnoten haben, nach denen wir spielen, können wir sagen, dass Jawleyfords Tonart ein Butler und zwei Lakaien waren. Einen Butler und zwei Lakaien hielt er für absolut unverzichtbar, um Gesellschaft zu empfangen. Er entschied sich dafür, dem Butler zwei Lakaien zu folgen, der dem Herrn zu der geräumigen Treppe folgte, die von der großen Halle zum Portikus führte, während er sein Pferd bestieg. Die Welt wird zu einem großen Teil vom Schein bestimmt. Herr Jawleyford begann sein Leben mit zwei absolut unantastbaren Johns. Sie waren fast zwei Meter hoch, hatten die Köpfe hoch erhoben und Beine, die als Modelle für einen Bildhauer hätten dienen können. Sie puderten mit größtem Anstand und waren jeden Tag um zwei Uhr in seidenen Strümpfen gekleidet und trugen die volle Livree von Jawleyford; himmelblaue Mäntel mit massiven silbernen *Aiguilletten* und breiten silbernen Nähten vorne und rund um die Klappen der Westentaschen; Silberne Strumpfbänder an den Knien ihrer purpurroten Plüschhosen: und so gekleidet waren sie bereit, mit dem Butler hinauszugehen, um Besucher zu empfangen und sie zu ihren Kutschen zurückzuführen. Allmählich nahm der Stil ab, aber nicht die Zahl, und als Mr. Sponge Mr. Jawleyford besuchte, war er eine Art Alleskönner, der sich kurzfristig in einen zweiten Lakaien verwandelte .

„Mein lieber Herr Schwamm! – Ich freue mich, Sie zu sehen!" rief Mr. Jawleyford, erhob sich aus seinem Sessel und warf seinen Disraeli's *Bentinck* beiseite, als Mr. Spigot, der Butler, mit tiefer, klangvoller Stimme unseren würdigen Freund verkündete. „Das ist wirklich sehr nett von Ihnen", fuhr Jawleyford fort und ging auf ihn zu. Er nahm unseren Freund an beiden Händen und fing an, seine Arme auf und ab zu bewegen wie der Untermann in einer Sägegrube. „Das ist wirklich sehr freundlich", wiederholte er; „Ich versichere Ihnen, ich werde es nie vergessen. Es ist genau das, was ich mag – es ist genau das, was Mrs. Jawleyford mag – es ist genau das, was wir *alle* mögen – ohne viel Aufhebens oder Zeremonien. Zapfen!' Er fügte hinzu und begrüßte den alten Pomposo, als dieser sich langsam zurückzog und dachte, was für ein Schwindel sein Meister war – „Spigot!" wiederholte er mit lauterer Stimme; „Lassen Sie die Damen wissen, dass Mr. Sponge hier ist." „Komm zum Feuer, mein Lieber", fuhr Jawleyford fort, ergriff seinen Gast am Arm und zog ihn dorthin, wo ein großer Rost gleichgültiger Kohlen unter einem prächtigen alten Eichenkamin mit den reichsten und kostbarsten Schnitzereien knisterte und brodelte. „Komm zum Feuer, mein Lieber", wiederholte er, „denn dir ist kalt; und ich wundere mich darüber nicht, denn der Tag ist freudlos und ungemütlich, und Sie haben eine lange Fahrt hinter sich. Nimmst du vor dem Abendessen etwas zu dir?'

„Um wie viel Uhr essen Sie?" fragte Mr. Sponge und rieb sich beim Sprechen die Hände.

„Sechs Uhr", antwortete Mr. Jawleyford, „sechs Uhr – sagen wir sechs Uhr – nicht auf einen bestimmten Moment festgelegt – die Tage sind kurz, wissen Sie – die Tage sind kurz."

„Ich denke, ich hätte dann gerne ein Glas Sherry und einen Keks", bemerkte Mr. Sponge.

Und sofort wurde die Glocke geläutet, und im Laufe der Zeit kam Mr. Spigot mit einem Tablett, gefolgt von den Miss Jawleyfords, die eigentlich erwartet hatten, dass Mr. Sponge ihnen in den Salon geführt würde, wo sie sich niedergelassen hatten sehr hübsch; Einer bearbeitet einen Papagei aus Chenille, der andere häkelt ein Stück Häkelarbeit.

Die Miss Jawleyfords – Amelia und Emily – waren lebhafte Mädchen; kaum Schönheiten – zumindest nicht genug, um in einer Menschenmenge Aufmerksamkeit zu erregen; aber dennoch sind die Mädchen auf dem Land gut darauf vorbereitet, „einen Mann zur Rechenschaft zu ziehen". Mr. Thackeray, der alle im Umlauf befindlichen Hauswahrheiten und viele, die nur in den inneren Kammern des Herzens existieren, zusammenfasste und das Ganze „Vanity Fair" nannte, sagt, denken wir (obwohl wir nicht genau wissen, wo wir hinlegen sollen). Hand auf der Passage), dass es nicht Ihre echten, auffälligen Schönheiten sind, die am gefährlichsten sind – jedenfalls die, die am meisten hinrichten –, sondern schlaue, ruhige Mädchen, die den Betrachter nicht auf den ersten Blick ins Auge fallen, sondern stehlen unmerklich auf ihn, während er sich kennenlernt. Die Miss Jawleyfords waren von dieser Art. In einfachen Morgenmänteln gesehen, begegnete ihnen ein Mann auf der Straße, ohne sich umzudrehen oder eine Beobachtung zu machen, ob gut, schlecht oder gleichgültig; aber in den engen Räumen eines Landhauses, mit der tatkräftigen Unterstützung erstklassiger Londoner Kleider, gut gerüscht und ausgestellt, jeder darauf bedacht, das Angenehme zu tun, wurden sie gefährlich. Die Miss Jawleyfords waren ungewöhnlich gut gekleidet, und Juliana, ihr gemeinsames Dienstmädchen, gebührte große Anerkennung für die Unparteilichkeit, die sie bei der Kleidung an den Tag legte. Es gab keinen halben Cent Auswahl, welches das Beste ist. Das gefiel der Magd umso mehr, als die Kleider – meergrüne Glacés – ziemlich zerschlissen waren; und je schlechter sie aussahen, desto wahrscheinlicher war es, dass sie ihr Eigentum wurden. Halbgestreifte Kleider hingegen, die im Gegensatz dazu eher schäbig wirken würden, kommen auf dem Land sehr frisch zur Geltung, besonders im Winter, wenn der Tag um vier beginnt. Und hier können wir beobachten, was für eine trostlose Zeit zwischen der Ankunft eines Gastes und der Abendessenstunde liegt, in den toten Wintermonaten auf dem Land. Die Engländer sind ein verzweifeltes Volk, weil sie ihre Konversationsfähigkeiten überbewerten. Sie haben keine Ahnung davon, wie sie ihren Smalltalk niederschreiben und ihn großzügig zu einer bestimmten Stunde in die Tat umsetzen können; Aber sie tröpfeln es den ganzen Tag über immer weiter aus und ermüden ihre Zuhörer, ohne dass es ihnen selbst nützt – so wie ein unvorsichtiger Fuhrmann seine Ladung auf der Straße verstreut. Nur wenige

Menschen sind sich des Vorteils eines frischen Champagners nicht bewusst, was nur möglich ist, wenn der Korken drin bleibt. aber nur wenige denken jemals daran, den Korken ihrer eigenen Konversation im Zaum zu halten. Sehen Sie einen Franzosen – wie leicht und beschwingt er in ein Wohnzimmer stolpert, frisch von der zufriedenstellenden Prüfung durch den Spiegel, mit all den Neuigkeiten und Witzen und so weiter Das Geschwätz des Tages, in voller Blüte! Wie funkelnd und strahlend er ist und jedem etwas Kluges und Angenehmes zu sagen hat! Wie durch und durch glücklich und entspannt er ist; Und was für ein Kontrast zum phlegmatischen John Bull, der mit geballten großen roten Fäusten dasteht und aussieht, als ob er glaubte, wer auch immer mit ihm sprach, wollte, dass er einen Wechsel indossiert! Aber wie wir bereits sagten, ist die schreckliche Stunde vor dem Abendessen eine schreckliche Zeit auf dem Land – schrecklich, wenn es zwei Stunden sind, und nie ein gemeinsames Thema, an dem die Gesellschaft arbeiten kann. Laverick Wells und ihr gemeinsamer Bekannter waren allesamt Sponge und Jawleyfords Handwerkszeug; und das war zunächst einmal ein sehr kleines Kapital, denn sie waren schon zu kurze Zeit zusammen dort gewesen, als dass sie sich sinnvoll unterhalten hätten. Sogar die jungen Damen mit ihren Fragen nach den jeweiligen Flirts – wie Miss Sawney und Captain Snubnose „zurechtkamen"? und ob die reiche Witwe Spankley wahrscheinlich Sir Thomas Greedey zur Rechenschaft ziehen würde? – konnte kein Gespräch zustande bringen; denn Sponge wusste wenig über die Einzelheiten dieser Angelegenheit, da seine Aufmerksamkeit mehr auf Mr. Waffles als auf irgendjemanden anderen gerichtet war. Dennoch halfen die bloßen Fragen, auf spielerische, weibliche Art gestellt, die Zeit voranzutreiben und verhinderten, dass es zu dieser schrecklichen Stille kam, die einen unwillkürlichen inneren Ausruf auslöst: „Wie *soll ich* die Zeit mit diesem Mann überstehen?" ' Es gibt Menschen, die zu glauben scheinen, dass Sitzen und gegenseitiges Anschauen die Gesellschaft ausmachen. Frauen haben gegenüber Männern einen großen Vorteil im Reden; Sie haben immer etwas zu sagen. Wenn viele Frauen einen ganzen Tag lang zusammengedrängt sind, werden sie nachts dennoch so ausgeglichene Gespräche führen, dass es notwendig wird, ein Schlafzimmer in eine Clearingstelle umzuwandeln, um es loszuwerden. Männer hingegen werden bald high und dry, besonders vor dem Abendessen; und ein Gastgeber sollte die Freiheit haben, das Riot Act zu lesen und sie in ihre Schlafzimmer zu vertreiben, bis sie essen und trinken wollten.

Ein äußerst wissenschaftlich erklingender Gong, der tief begann, wie entfernter Donner, und sein Murmeln allmählich steigerte, bis er das ganze Anwesen mit seinem Brüllen erfüllte, befreite schließlich alle Parteien von der Mühe weiterer Anstrengungen; und als Jawleyford auf seine Uhr blickte, fragte er Mrs. Jawleyford auf eine unschuldige, gleichgültige Art, wo Mr. Sponges Zimmer sei. obwohl er sich noch nicht lange zuvor darum gekümmert und das Porträt von sich selbst in seiner grün-goldenen Freibauernuniform mit einem alten Taschentuch bestäubt hatte.

„Das purpurrote Zimmer, meine Liebe", antwortete die wohlerzogene Mrs. Jawleyford; und Spigot kamen mit Kerzen, Jawleyford ging voran „Mr. Spazieren Sie eine prächtige, reich geschnitzte Eichentreppe hinauf, deren allmählicher und leichter Aufstieg fast den Eindruck erwecken würde, ein Kranker hätte sie in einem Gartenstuhl hinaufgezogen.

Nachdem er ein kurzes Stück einen geräumigen Korridor entlang gegangen war, öffnete Mr. Jawleyford plötzlich eine Tür nach rechts und führte in einen großen, düsteren Raum, in dem ein kleines, neu angezündetes Holzfeuer in einem riesigen Gitter knisterte, die Dunkelheit sichtbar machte und die Dunkelheit anzog Kälte aus den Wänden. Wir brauchen kaum zu sagen, dass es dieses schreckliche Zimmer war – das Beste; mit drei knarrenden, schlecht sitzenden Fenstern und schweren purpurroten Satin-Damast-Möbeln, die so alt waren, dass sie ihr eigenes Gewicht kaum tragen konnten. 'Ah! „Hier sind Sie", bemerkte Mr. Jawleyford, als er beinahe über Sponges Gepäck stolperte, das am Feuer stand. „Hier sind Sie", wiederholte er und ließ die Kerze schwungvoll schwenken, um die Größe des Raumes zu verdeutlichen, und richtete sie wieder auf das Porträt seiner selbst über dem Kaminsims. 'Ah! „Ich erkläre, hier ist ein altes Bild von mir", sagte er und hielt die Kerze ans Gesicht, als hätte er sie schon seit einiger Zeit nicht mehr gesehen – „ein Bild, das gemacht wurde, als ich in der Landarbeiterschaft von Bumperkin war", fuhr er fort , das Licht vor den Verkleidungen vorbeilassend. „Das galt damals als gutes Abbild", sagte er, während er es liebevoll betrachtete und seine Nase befühlte, um zu sehen, ob es immer noch die gleiche Größe hatte. „Wir hatten ein Kapitalkorps – eines der besten, wenn nicht sogar das Allerbeste in diesem Dienst." Der Inspektor sprach immer in den höchsten Tönen davon – insbesondere von *meiner* Firma, die wirklich so perfekt war, wie mein Lord Cardigan oder einer Ihrer besten Disziplinaristen es nur vorweisen können. Aber egal", fuhr er fort und senkte die Kerze, als er sah, dass Mr. Sponge nicht auf den Geist der Sache einging; „Du wirst dich anziehen wollen." „Auf dem Tisch dort drüben finden Sie heißes Wasser", deutete er auf die hintere Ecke des Raumes, wo man gerade noch die Umrisse eines Kruges erkennen konnte; „Es gibt eine Klingel im Bett, wenn Sie etwas wollen; und das Abendessen ist fertig, sobald Sie angezogen sind. „Sie brauchen sich nicht besonders gut zu machen", fügte er hinzu, als er sich zurückzog; „Denn wir sind nur wir selbst: Ich hoffe, dass wir morgen oder übermorgen einige unserer Nachbarn haben werden, aber gerade hier geht es uns ziemlich schlecht, was Nachbarn betrifft – zumindest was kurzfristige Nachbarn angeht." Mit diesen Worten verschwand er durch die dunkle Tür.

Letztere Aussage stimmte durchaus, denn obwohl Jawleyford offenbar ein so feiner, offenherziger und geselliger Mensch war, war er in Wirklichkeit ein sehr streitsüchtiger und lästiger Kerl. Er stritt sich nacheinander mit allen seinen Nachbarn und kam im Allgemeinen alle zwei oder drei Jahre durch; und seine Bekannten wurden in zwei Klassen eingeteilt – die besten und die schlechtesten Kerle unter der Sonne. Ein Fremder, der Jawleyford nach ein oder zwei Jahren Abwesenheit noch einmal Revue passieren lässt, würde höchstwahrscheinlich feststellen, dass sich die besten Kerle früherer Tage in die schlechtesten verwandelt haben. So kam und ging Pfarrer Hobanob, dieses Lieblingsopfer der Launen des Landes, außerhalb der Saison wie Lamm oder Spargel; Major Mustache und Jawleyford würden an einem Tag „dick wie Diebe" sein und am nächsten Tag mit gezückten Dolchen; Squire Squaretoes von Squaretoes House und er küssten oder schnitten ständig; Und selbst die Entfernung – neun Meilen schlechte Straße und natürlich hohe Mautgebühren – konnte den Frieden zwischen Anwalt Seedywig und ihm nicht aufrechterhalten. Zwischen Streit und Versöhnung war Jawleyford immer am Werk.

Kapitel XVI

DAS ABENDESSEN

Trotz Jawleyfords gegenteiliger Empfehlung machte sich Mr. Sponge zu einem ungewöhnlichen Angeber. Er zog eine verzweifelt steife Stütze an, die vorne mit einer großen goldenen Fuchskopfnadel mit Karfunkelaugen befestigt war; ein feines Hemd mit ausgefallener Vorderseite, leicht rosa, verziert mit mosaikgoldenen Nieten aus funkelnden Diamanten (oder je nach Fall aus französischer Paste); eine weiße Weste mit ausgefallenen Knöpfen; ein blauer Mantel mit hellen Unifarben und einem Samtkragen, schwarze Strumpfhosen, dazu breite schwarz-weiße Strümpfe im Cranbourne-Alley-Stil (eher Socken) und Lackpumps mit vergoldeten Schnallen – Sponge war stolz auf sein Bein. Auch die jungen Damen erwiesen sich als recht schick; Denn als Amelia feststellte, dass Emily statt des gefärbten Satins, von dem sie gesprochen hatte, ihre neue gelbe gewässerte Seide anziehen würde, ließ sie Juliana ihr blaues Satinkleid mit breiten Spitzen aus dem Kleiderschrank im grünen Ankleidezimmer hervorholen, wo es lag war in einer alten Tischdecke abgelegt worden; und band ihr dunkles Haar mit einem Kranz aus grünen Perlen zusammen, woraufhin Emily sich selbst mit einem Kranz aus weißen Rosen krönte.

So gekleidet und mit einem Lächeln an der Tür betraten die jungen Damen den Salon im vollen Eifer schwesterlicher Feindseligkeit. Sie waren sich in Größe, Form und Gesicht sehr ähnlich. Sie waren groß und vollschlank. Miss

Jawleyfords Gesichtszüge waren deutlich markanter und ihre Augen etwas dunkler als die ihrer Schwester; während sie eine Art gedämpfte Ausstrahlung hatte – vielleicht das Ergebnis eines erweiterten Umgangs mit der Welt – oder vielleicht auch von Enttäuschungen. Emilys Augen funkelten und glitzerten, ohne vielleicht zu wissen, warum.

Das Abendessen wurde sofort angekündigt. Es war von der imposanten Ordnung, die Menschen ihren Freunden beim ersten Besuch geben, als ob ihr Appetit an diesem Tag größer wäre als an jedem anderen. Sie aßen ohne Teller; Auf den Anrichten glänzten die Jawleyford-Wappen auf Tassen, Krügen und Tabletts. „Brecknel and Turner's" flammte und brodelte in Hülle und Fülle auf dem Tisch; während hin und wieder eine erlöschende Lampe auf den Anrichten oder Konsolen die ungewöhnliche Pracht der Szene verkündete und dem Essen eine Würze verlieh, an die der Koch nicht gedacht hatte. Der Raum, der groß und hoch war und nur selten genutzt wurde, hatte eine kalte, ungemütliche Atmosphäre; und wenn das Ding nicht so aussah, würde Jawleyford es vielleicht tun, sobald sie in dem kleinen Frühstückssalon zu Abend gegessen hätten. Trotzdem war alles sehr schick; Zapfen in voller Feige, mit einer Hemdrüsche, die ihm fast an der Nase kitzelte, einer großen weißen Weste und prächtigen Waden, die in seinen Gaze-Seidenstrümpfen schwollen. Der improvisierte Lakai ging knarrend umher, wie es bei solchen Herren üblich ist.

Der Stil war vielleicht besser als das Essen: Es gab immer noch Schildkrötensuppe (Muschel und Schildkröte zwar, aber immer noch Schildkrötensuppe); während die Weine von der bekannten Firma „Wintle & Co." geliefert wurden. Jawleyford sank, wo er es hatte, und tat so, als hätte es „Ewigkeiten" in seinem Keller gestanden: „Er hatte wirklich einen solchen Vorrat, dass er dachte, er sollte ihn nie aufbrauchen" – nämlich zwei Dutzend alter Portwein mit 36 *Sekunden*. ein Dutzend und ein Dutzend bei 48 *s*. ; zwei Dutzend blasser Sherry bei 36 *s*. und ein Dutzend braunes Dito bei 48 *s*. ; drei Flaschen Bucellas, von „bester importierter Qualität", bei 38 *s*. ein Dutzend; Lissabon „reich und trocken", bei 32 *s*. ; und etwas wunderbar cremigen Champagner bei 48 *s*. , dem sie sich hingaben, als er erklärte: „Warten Sie nicht auf mich, mein lieber Herr Schwamm!" rief Jawleyford und hielt ein langes Nadeletui von einem Glas hoch, auf dem die Wappen von Jawleyford prangten; „Warten Sie nicht auf mich, bitte", wiederholte er, als Spigot damit fertig war, den Schaum in Sponges Glas zu träufeln; und Jawleyford würdigte mit einer schwungvollen Verbeugung und dem Verzicht auf sein leeres Nadeletui Mr. Sponges sehr gute Gesundheit und fügte hinzu: „Ich freue mich *außerordentlich,* Sie in Jawleyford Court zu sehen."

Dann war Jawleyford an der Reihe, etwas Schaum zu trinken; Und nachdem er es mit der Miene eines Nektartrinkers ausgetrunken hatte, stellte er kopfschüttelnd sein Glas ab und sagte:

„So einen Wein gibt es heutzutage nicht mehr."

„Großartiger Wein! – Ausgezeichnet!" rief Sponge, der Bier besser beurteilen konnte als Champagner. „Bitte, wo könntest du es bekommen?"

„Unmöglich zu sagen! – Unmöglich zu sagen!" antwortete Jawleyford, warf schüttelnd die Hände in die Höhe und zuckte mit den Schultern. „Ich habe so einen Weinvorrat, der wirklich lächerlich ist."

„ *Ganz* lächerlich", dachte Spigot, der mit Hilfe eines falschen Schlüssels in den Keller gelangt war.

Mit Ausnahme von „Shell and Tortoise" und „Wintle" lieferte das Anwesen das Essen. Der Karpfen war aus dem heimischen Teich; die Schleie, oder was auch immer es war, war aus dem Mühlenteich; das Hammelfleisch stammte vom Bauernhof; das mit Karotten, Rüben und Rüben überzogene geschmorte Rindfleisch stammte von ditto; während der Garten das Gemüse lieferte, das in den massiven silbernen Beilagen genossen wurde. Watsons Gewehr lieferte den alten Hasen und die Rebhühner, die den Ball des zweiten Ganges eröffneten; und Torten, Gelees, Konfitüren und Puddings waren wie immer auf dem Markt. Einige Chateaux Margaux 'Wintle' aus dem ersten Wachstum, wiederum bei 66 *s.* , in sehr reichhaltig geschliffenen Dekantern begleitet die alten 36er . Hafen; und Äpfel, Birnen, Nüsse, Feigen und eingemachte Früchte besetzten das prächtige grün-goldene Dessertset. Natürlich wurde alles herumgereicht – eine geniale Art, eine Person zu quälen, die „gespeist" hat. Die Damen saßen lange da, Mrs. Jawleyford nahm drei Gläser Portwein (wenn sie ihn bekommen konnte); und es war Viertel vor acht, als sie vom Tisch aufstanden.

Jawleyford beantragte daraufhin eine Vertagung des Feuers; Was Sponge gerne unterstützte, denn seit er das Haus betreten hatte, war es ihm nie warm gewesen, und die Hitze der Feuer schien durch die Schornsteine zu steigen. Spigot stellte ihnen einen kleinen runden Tisch auf, stellte den Portwein und den Rotwein darauf und brachte ihnen anstelle des Nachtischs einen Teller Kekse. Dann reduzierte er die Beleuchtung auf dem Tisch und löschte die Lampen aus, die nicht erloschen waren. Nachdem er einen zustimmenden Blick in die Runde geworfen und festgestellt hatte, dass sie das hatten, was er für richtig hielt, überließ er sie sich selbst.

„Trinken Sie Portwein oder Rotwein, Herr Schwamm?" fragte Jawleyford und bereitete sich darauf vor, ihm das zu überlassen, was ihm lieber war.

„Bitte trinke ich *zuerst ein wenig Portwein* ", antwortete unser Freund – so als würde er sagen: „Ich schließe mit Rotwein ab."

„Sie werden das bestimmt sehr gut finden", sagte Mr. Jawleyford und reichte ihm die Flasche; Der Wein aus dem Jahr 1920 – ein sehr seltener Wein, den man heute bekommt – war ein sehr reichhaltiger, fruchtiger Wein und es dauerte lange, bis er getrunken wurde. Kenner würden dafür jedes Geld geben.'

„Es hat immer noch viel Körper", bemerkte Sponge, während er ein Glas abdrehte und mit den Lippen schmatzte, während er gleichzeitig das Glas an die Kerze hielt, um den öligen Fleck zu sehen, den es an der Seite hinterließ.

„Guter, gesunder Wein – guter, gesunder Wein", sagte Mr. Jawleyford. „Wenn Sie möchten, haben Sie noch viel Feuerzeug." Der leichte Wein wurde durch Gießen des starken Weins hergestellt.

„Oh nein, danke", antwortete Herr Schwamm, „oh nein, danke." „Ich mag einen guten, starken Militärhafen."

„Das tue ich auch", sagte Mr. Jawleyford, „das tue ich auch; Nur leider mag es mich nicht – ich bin gezwungen, Rotwein zu trinken. Als ich in der Freibauernschaft von Bumperkin war, tranken wir nur Portwein.' Und dann begann Jawleyford mit einer langen, weitschweifigen Dissertation über Unordnung und Kavallerietaktiken, die Mr. Sponge beinahe zum Einschlafen brachte.

„Wo, sagten Sie, sind die Hunde morgen?" fragte er schließlich, nachdem Mr. Jawleyford sich ausgeredet hatte.

„Morgen", wiederholte Mr. Jawleyford nachdenklich, „morgen – sie jagen nicht morgen – nicht an einem ihrer Tage – nächsten Tag." Scrambleford Green – Scrambleford Green – nein, nein, ich irre mich – Dundleton Tower – Dundleton Tower."

„Wie weit ist das von hier?" fragte Herr Schwamm.

„Oh, zehn Meilen – sagen wir zehn Meilen", antwortete Mr. Jawleyford. Manchmal waren es zehn, manchmal fünfzehn, je nachdem, ob Mr. Jawleyford wollte, dass die Party ging oder nicht. Diese elastischen Orte sind jedoch in allen Ländern verbreitet – sowohl für Touristen als auch für Jäger. „In der Nähe – in der Nähe", eines Tages. 'Oh! ein langer Weg von hier, ein anderer.

Für Parteien, die nichts gemeinsam haben, ist es schwierig, ein Gespräch in Gang zu bringen, vor allem, wenn jeder immer wieder versucht, auf sein eigenes, privates Thema einzugehen. Jawleyford war dafür, Sponge zu befragen, woher er käme und wie sich sein Besitz befinde; denn bis jetzt, das muss man bedenken, wusste er nichts von unserem Freund, außer dem, was er in Laverick Wells herausgefunden hatte, wo sicherlich alle Parteien darin übereinstimmten, ihn ganz oben auf die Liste der „begehrenswerten Menschen" zu setzen, während Sponge über die Jagd reden wollte. Besuchen Sie die Treffen der Hunde und erfahren Sie, was für ein Mann Lord

Scamperdale war. So spielten sie weiterhin gegensätzlich, ohne dass einer viel aus dem anderen herausholte. Jawleyfords Vertrautheit mit Lord Scamperdale schien mit der Nähe abgenommen zu haben, denn er sprach jetzt nicht mehr von ihm – „Scamperdale dies und Scamperdale jenes – Scamperdale, mit dem er alles machen konnte, was er wollte"; aber er nannte ihn „My Lord Scamperdale" und sprach ehrfürchtig und angemessen von ihm. Distanz verleiht der Zunge oft Kühnheit, wie der Dichter Campbell es ausdrückt:

Verleiht der Aussicht einen Zauber und hüllt den Berg in seinen azurblauen Farbton.

Es gibt nur wenige große Männer, die nicht mindestens ein Dutzend Leute haben, die dafür sorgen, dass sie Recht haben, wie sie es nennen. Wenn man einige der Kreaturen reden hört, könnte man natürlich meinen, ein Lord sei ein Wahnsinniger.

Endlich machte Spigot ihren Bemühungen ein Ende, indem er verkündete: „Tee und Kaffee seien fertig!" gerade als Mr. Sponge seine Flasche Portwein summte. Dann verließen sie die Düsternis des großen, mit Eichenholz getäfelten Speisesaals und begaben sich in den strahlenden Glanz des gut beleuchteten, hochvergoldeten Salons, wo unsere schönen Freundinnen sofort nach ihrem Rückzug begonnen hatten, mit Mr. Sponge zu reden der Esszimmer.

Kapitel XVII

DER TEE

„Und was denkst du über *ihn* ?" fragte Mama.

„Oh, ich denke, es geht ihm sehr gut", antwortete Emily fröhlich.

„Ich würde sagen, er war sehr *erträglich* ", sagte Miss Jawleyford gedehnt, die sich eher für eine Richterin hielt und tatsächlich einige Erfahrung mit Gentlemen hatte.

„ *Erträglich* , meine Liebe!" entgegnete Mrs. Jawleyford: „Ich würde sagen, dass es ihm sehr gut geht – in der Tat ziemlich *vornehm* ."

Das sollte ich nicht sagen ", antwortete Miss Jawleyford; „Seine Größe und Figur sprechen sicherlich für ihn, aber er entspricht nicht ganz meiner Vorstellung von einem Gentleman." Er versteht sich offenbar gut mit sich selbst; Aber ich würde sagen, wenn es nicht seine Offenheit gäbe, wäre er unbeholfen und unruhig.'

„Er ist ein Fuchsjäger, wissen Sie", bemerkte Emily.

„Nun, aber ich weiß nicht, ob ihn das von anderen Menschen unterscheiden sollte", entgegnete ihre Schwester. „Captain Curzon, Mr. Lancaster und Mr. Preston waren alle Fuchsjäger; Aber sie starrten nicht und platzten nicht heraus und traten nicht mit den Beinen herum, wie dieser Mann es tut.

„Oh, du bist so wählerisch!" kehrte zu ihrer Mutter zurück; „Sie müssen die Männer so nehmen, wie Sie sie finden."

„Ich frage mich, wo er wohnt?" bemerkte Emily, die durchaus bereit war, unseren Freund so zu nehmen, wie er war.

„Ich frage mich, wo er *lebt* ?" mischte sich Mrs. Jawleyford ein, denn die Plötzlichkeit des Abstiegs hatte ihnen keine Zeit für Nachforschungen gelassen. „Jemand hat Manchester gesagt", bemerkte Miss Jawleyford trocken.

„Umso besser", bemerkte Mrs. Jawleyford, „denn dann wird er sicher viel Geld haben."

„Gesetz, Ma! „Aber du glaubst nicht, dass Papa so etwas jemals zulassen würde", erwiderte Miss und erinnerte sich an die häufigen Ermahnungen ihres Papas an sie, gut auszusehen.

Burke finden ." „Emily, meine Liebe", fügte sie hinzu, „geh einfach in das Zimmer deines Vaters und bring mir die *Commoners* – du findest sie auf dem großen Tisch zwischen der *Peerage* und den *Wellington Despatches* ."

Emily stolperte davon, um zu tun, was ihr geboten wurde. Der schöne Bote kehrte bald zurück und trug beide Bände, reich gebunden und beschriftet, mit den Jawleyford-Wappen auf dem Rücken und einem riesigen Wappen an der Seite.

Eine sorgfältige Suche unter den Ss ergab nichts in Form von Sponge.

„Das ist unwahrscheinlich, glaube ich", bemerkte Miss Jawleyford mit einer Kopfbewegung, als ihre Mutter die Tatsache verkündete.

„Na ja, egal", antwortete Mrs. Jawleyford, als sie sah, dass nur eines der Mädchen ihn haben konnte, und dieses war ziemlich bereit; „Macht nichts, ich wage zu behaupten, dass ich etwas von ihm selbst herausfinden kann", und so ließen sie das Thema fallen.

Mit der Zeit prahlte unser Held selbst und strampelte mit den Beinen herum, wie es Männer in Strumpfhosen oder Tops normalerweise tun.

„Darf ich Ihnen Tee oder Kaffee geben?" fragte Emily im süßesten Tonfall, während sie ihren fein geschwungenen, behandschuhten Arm zu der Stelle hob, an der die glitzernden Gliedmaßen auf dem großen silbernen Tablett standen.

„Weder noch, danke", sagte Sponge und warf sich in einen Sessel neben Mrs. Jawleyford. Dann schlug er die Beine übereinander, hob bewundernd einen Zeh und begann zu gähnen.

„Fühlen Sie sich nach der Reise müde?" bemerkte Frau Jawleyford.

„Nein, das bin ich nicht", sagte Schwamm und gähnte erneut – diesmal ein gutes Gähnen.

Miss Jawleyford warf ihrer Schwester einen vielsagenden Blick zu – es folgte eine lange Pause. „Ich kannte eine Familie mit Ihrem Namen", bemerkte Mrs. Jawleyford schließlich auf die einfache Art und Weise, wie Frauen anfangen, Männer zu beeindrucken. „Ich kannte eine Familie mit deinem Namen", wiederholte sie, als sie sah, dass Sponge halb schlief – „die Sponges of Toadey Hall." Bitte, sind sie mit Ihnen verwandt?'

„Oh – ah – ja", platzte es aus Sponge heraus. „Ich nehme an, das sind sie." Tatsache ist, dass die Schwämme eine ziemlich große Familie sind. Treffen Sie sie fast überall.'

„Vielleicht wohnen Sie nicht im selben Landkreis?" bemerkte Frau Jawleyford.

„Nein, das tun wir nicht", antwortete er gähnend.

„Ist Ihr Land ein gutes Jagdland?" fragte Jawleyford und dachte daran, ihn auf eine andere Art und Weise auszudrücken.

'NEIN; „Ein teuflisch böses „Un", antwortete Sponge und fügte grunzend hinzu, „sonst wäre ich nicht hier."

„Wer jagt es?" fragte Herr Jawleyford.

„Warum, was das angeht", antwortete Schwamm, streckte seine Arme und Beine bis zum Äußersten aus und gähnte heftig, „warum, was das betrifft, kann ich für mich kaum sagen, wie Sie mein Land nennen würden." haben mit so vielen zu tun; Aber ich sollte sagen, von allen Ländern, mit denen ich – haw – verbunden bin, ist Tom Scratch das Schlimmste.'

Herr Jawleyford betrachtete Frau Jawleyford als einen Anwalt, der glaubt, er habe einen großen Erfolg erzielt, bevor er sich an die Geschworenen wendet, und sagte nichts mehr.

Mrs. Jawleyford sah nach einer dieser forensischen Taten so unschuldig aus wie die meisten Geschworenen. – Mr. Sponge begann seine nasalen Erholungen, Mrs. Jawleyford bedeutete den Damen, ins Bett zu gehen – Mr. Schwamm und sein Gastgeber folgten ihm.

Kapitel XVIII

DIE REFLEXIONEN DES ABENDS

„Nun, ich denke, er wird es tun", sagte sich unser Freund, als er in seinem Schlafzimmer nach moderner Mode ein Streichholz aus Zedernholz an das jetzt etwas besser abgebrannte Feuer anbrachte, um ein Feuer anzuzünden Zigarre – eine Zigarre! im Prunkschlafzimmer von Jawleyford Court. Nachdem er seinen eleganten blauen Mantel und die weiße Weste abgelegt und sich in einen grauen Morgenmantel gehüllt hatte, rückte er die losen Kissen eines Liegestuhls zurecht und tauchte in dessen luxuriöse Tiefen ein, um darüber nachzudenken.

„Er hat Geld", sinnierte Sponge zwischen den ausgiebigen Zügen der Zigarre, „natürlich lebt er in einem großartigen Stil" (Puff), fuhr er nach einem weiteren langen Zug fort, während er am Ende der Zigarre die Asche zurechtrückte Zigarre. „Zwei Männer in Livree" (Puff), „Einer raus, das geht nicht umsonst" (Puff). „Was für eine Fülle von Tellern!" (hauch) – „erkläre, dass ich nie" (hauch) „so eine" (hauch, hauch) „Pracht im gesamten Verlauf meines" (hauch, hauch) „Lebens" gesehen habe.

Als die Zigarre nun schon in vollem Gange war, saugte, paffte und schnupperte er in scheinbar leerer Benommenheit, die Beine übereinandergeschlagen und den Blick auf eine hervorstehende Kohle zwischen den unteren Stäben gerichtet, als ob er darauf bedacht wäre, den Wechsel von Flamme und Gas zu beobachten; obwohl er in Wirklichkeit alle Umstände durch seinen Kopf ging, sie mit seinen vergangenen Erfahrungen verglich und über den wahrscheinlichen Ausgang des gegenwärtigen Abenteuers spekulierte.

Er hatte in den Ehekriegen viele Dienste geleistet und hatte Anspruch auf ebenso viele Bars wie der angesehenste Veteran der Halbinsel. Keine Frau mit Geld oder einem guten Ruf wollte jemals ein Angebot haben, während er im Weg war, denn er würde ihr beim zweiten oder dritten Vorstellungsgespräch entgegenkommen: und drängte immer auf eine sofortige Erfüllung, damit sich die „verfluchten Anwälte" nicht einmischten und ihre Glückseligkeit unterbrechen. Irgendwie hatten sich die „verfluchten Anwälte" immer eingemischt; und so sicher sie hereinkamen, so sicher ging Herr Schwamm auch wieder hinaus. Er konnte die Vorstellung ihrer unhöflichen, neugierigen Nachforschungen nicht ertragen. Er war zu sehr ein Gentleman!

Liebe, leicht wie Luft, breitet beim Anblick menschlicher Bindungen
seine leichten Flügel aus und fliegt in einem Moment.

Also floh Herr Schwamm, tröstete sich mit dem Gedanken, dass kein Schaden angerichtet worden war, und hoffte auf „mehr Glück beim nächsten Mal".

Er wanderte von Blume zu Blume wie ein Schmetterling, berührte hier und ließ sich dort nieder, verging aber immer mit scheinbarer Gleichgültigkeit. Er wusste, dass er mit einer Fristverlängerung keine besseren Chancen haben würde, wenn er die Dinge nicht kurzfristig in den Griff kriegen würde; Wenn er also sah, dass sich die Dinge in die richtige Richtung entwickelten, lachte er einfach über das Angebot, tat so, als würde er nur nach seinem Geschmack tasten – sah, dass er nicht akzeptabel war – und entschuldigte sich dafür – und dann ging er zu jemand anderem. Er betrachtete eine Frau wie ein Pferd; Wenn sie dem einen Mann nicht passte, tat sie es einem anderen, und es konnte nicht schaden, es zu versuchen. Also paffte und rauchte er, und rauchte und paffte – und gelangte allmählich zu Reichtum und Wohlstand.

HERR. SPONGE, ALS ER IM BESTEN SCHLAFZIMMER AUFTRITT

Eine zweite Zigarre half seinem Verständnis erheblich – so wie eine zweite Flasche Wein den Menschen nicht nur aus ihren Schwierigkeiten hilft, sondern ihnen auch den Weg zu grenzenlosem Reichtum zeigt. Wir zweifeln nicht daran, dass viele der brillanten Eisenbahnpläne früherer Zeiten unter dem inspirierenden Einfluss der Flasche entstanden sind. Sponge sah nun alles so, wie er es wollte. Alle Fehler seiner früheren Tage waren ihm klar. Er sah, wie indiskret es war, sich Miss Trickerys Cousine, dem Major, anzuvertrauen; warum die reiche Witwe in Chesterfield ihn *vertrieben hatte;* und wie er aus der schönen Miss Rainbow mit ihrem wunderschönen Anwesen, mit seinem See, seinem Reihertum und seinem ewigen Advowson verschwunden ist. Er dachte auch über andere Pannen nach.

Nachdem er die Vergangenheit hinter sich gelassen hatte, wandte er seine Aufmerksamkeit der Zukunft zu. Hier waren zwei schöne Mädchen, die offensichtlich viel Geld hatten und zwischen denen es keinen halben Penny gab, um die Wahl zu haben. Auch die meisten vorbildlichen Eltern, denen das Geld scheinbar völlig egal war.

Dann begann er darüber zu spekulieren, was die Mädchen haben würden. „Tolles Haus – tolles Anwesen – tolles Anwesen, zweifellos." „Verdammt noch mal", fuhr er fort und ließ seinen schweren Blick träge umherschweifen, „hier ist ein Raum so groß wie ein Feld in einem engen Land!" Weniger als fünfzigtausend pro Stück kann ich zumindest nicht haben. Jawleyford ist freilich jung, dachte er; „kann lange leben" (Puff). „Wenn Frau J. sterben würde (Fluch – die Zigarre hat mir die Lippen verbrannt"), fügte er hinzu, warf den Rest ins Feuer und rollte sich aus dem Stuhl, um sich darauf vorzubereiten, sich ins Bett zu legen.

Hätte jemand Sponge erzählt, dass ein reicher Papa und eine reiche Mama nur auf der Suche nach liebenswürdigen jungen Männern sind, denen sie ihre schönen Töchter schenken können, hätte er sie verächtlich ausgelacht und gesagt: „Na, du Narr, das sind sie." Ich lache dich nur aus'; oder „Sehen Sie nicht, dass sie Sie gegen jemand anderen ausspielen?" Aber unser Held war wie andere Menschen blind, was ihn selbst betraf, und kam zu dem Schluss, dass er die Ausnahme von der allgemeinen Regel sei.

Herr und Frau Jawleyford hatten ebenfalls ihre Beratung.

„Nun", sagte Mr. Jawleyford und setzte sich auf den hohen Drahtfender direkt unter einer Marmorbüste von ihm selbst auf dem Kaminsims. „Ich denke, das wird er schaffen."

„Oh, kein Zweifel", antwortete Mrs. Jawleyford, die nie eine Schwierigkeit im Hinblick auf eine Verbindung sah; „Ich würde sagen, er ist ein sehr netter junger Mann", fuhr sie fort.

„Eher schroff in seiner Art vielleicht", bemerkte Jawleyford, der selbst eine ziemliche „Dame" war. „Ich frage mich, was er war?" fügte er hinzu und befingerte seinen Schnurrbart.

„Er ist reich, daran habe ich keinen Zweifel", antwortete Mrs. Jawleyford.

'Was bringt dich dazu, so zu denken?' fragte ihren liebenden Ehepartner.

„Ich weiß es nicht", antwortete Frau Jawleyford; „Irgendwie bin ich mir sicher, dass er es ist – aber ich kann nicht sagen, warum – alle Fuchsjäger sind es."

„Das weiß ich nicht", antwortete Jawleyford, der einige sehr arme Menschen kannte. „Ich würde gerne wissen, was er hat", fuhr Jawleyford nachdenklich fort und schaute zur Decke mit den tiefen Gesimsen hinauf, als würde er die Chancen zwischen den filigranen Ornamenten in der Mitte berechnen.

„Vielleicht einhunderttausend", schlug Mrs. Jawleyford vor, die nur zwei Beträge kannte – fünfzigtausend und hunderttausend.

„Das ist eine Menge Geld", antwortete Jawleyford mit einem leichten Kopfschütteln.

„Dann mindestens fünfzig", schlug Mrs. Jawleyford vor und kam sofort auf halbem Weg herunter.

„Nun, wenn er das hat, wird er es tun", entgegnete Jawleyford, dessen Erwartungen seit der Vision aus seiner Eisenbahnzeit, an deren hellem Licht er sich die Finger verbrannt hatte, ebenfalls erheblich zurückgegangen waren.

„Man sagte, er habe ein riesiges Vermögen – ich weiß nicht mehr, wie viel – in Laverick Wells", bemerkte Mrs. Jawleyford.

„Nun, wir werden sehen", sagte Jawleyford und fügte hinzu: „Ich nehme an, eines der Mädchen wird froh sein, ihn mitzunehmen?"

„Vertrauen Sie ihnen", antwortete Mrs. Jawleyford mit einem wissenden Lächeln und Kopfnicken. „Vertrauen Sie ihnen", wiederholte sie. „Obwohl Amelia die Nase rümpft und so tut, als wäre es ihr gut, verlassen Sie sich darauf, sie will nur sicher sein, dass er es wert ist, ihn zu haben."

„Emily scheint auf jeden Fall bereit genug zu sein", bemerkte Jawleyford.

„Sie wird nie die Chance dazu bekommen", bemerkte Mrs. Jawleyford. „Amelia ist ein sehr umsichtiges Mädchen und legt sich nicht fest, aber sie weiß, wie man mit den Männern umgeht."

„Na ja“, sagte Jawleyford mit einem herzlichen Gähnen, „ich denke, wir können genauso gut zu Bett gehen.“

Mit diesen Worten nahm er seine Kerze und zog sich zurück.

KAPITEL XIX

DER NASSE TAG

Als das schmutzige, schlüpfrige Hausmädchen am Morgen mit ihrem schmiedeeisernen Werkzeugkasten kam, um Mr. Sponges Feuer anzuzünden, war ein turbulenter Wintertag in vollem Gange seiner düsteren, überschwemmenden Kraft. Der Wind heulte und brüllte und pfiff und kreischte und spielte eine Art Äolische Harfe zwischen den Türmen, Zinnen und unregelmäßigen Burganlagen des Hauses; während die alten Fensterflügel klapperten und zitterten, als wollte jemand sie einschlagen.

„Lass es sein!" murmelte Schwamm unter der Bettwäsche hervor. „Was zum Teufel soll ein Mann an einem solchen Tag auf dem Land mit sich selbst anfangen?" Denken Sie darüber nach, wie viel besser es wäre, wenn er seine Nase an das Kaffeezimmerfenster des Bantam pressen oder durch die Ställe der Pferdehändler in Piccadilly oder Oxford Street schlendern würde.

Plötzlich erinnerte der Übernachtungsstuhl vor dem Feuer mit dem Bild von Jawleyford in der Buckerkin-Yeomanry, das durch die geteilten Vorhänge des geräumigen Bettes zu sehen war, an seine Spekulationen über die Nacht, und er begann zu denken, dass es ihm vielleicht genauso gut ging wo er war. Anschließend „unterstützte" er seine Ideen dort, wo er aufgehört hatte, und begann erneut über die Chancen seiner Position zu spekulieren. „Verdorbene schöne Mädchen", sagte er, „sie beide. Ich frage mich, was er ihnen geben wird?" – er kehrte zu seinen Spekulationen über Nacht zurück und kam am Ende zu dem Punkt, an dem er sich die Lippen verbrannt hatte der Zigarre – nämlich Jawleyfords Jugend und die Möglichkeit, dass er erneut heiraten würde, falls Mrs. Jawleyford sterben sollte. „Es reicht jedoch nicht aus, sich selbst Schwierigkeiten zu bereiten", überlegte er; Also streifte er die Bettwäsche ab, richtete sich stattdessen auf, ging zum Fenster und begann, sein erwartungsvolles Revier zu betrachten.

Es war ein schrecklicher Tag; Die zerlumpten, schwammigen Wolken zogen schwer dahin, und die sinkende Düsternis wurde nur durch gelegentliche heftige Sturmböen aufgelockert. Erde und Himmel hatten im Großen und Ganzen den gleichen grauen, feuchten, unangenehmen Farbton.

„Nun", sagte Schwamm zu sich selbst, nachdem er die wenig einladende Landschaft hinreichend betrachtet hatte, „es ist auch gut so, dass es kein Jagdtag ist – er hätte furchtbar durchnässt werden sollen." Ich muss die Zeit so gut wie möglich überstehen – Mädchen zum Reden – Hausbesuche. „Ich hoffe, ich habe meinen *Mogg mitgebracht* ", fügte er hinzu, wandte sich seinem Koffer zu und tauchte nach seinen „ *Ten Thousand Cab Fares* ". Nachdem er den unschätzbar wertvollen Band gefunden hatte, den er fast ständig studierte, begann er, sich in die seiner Meinung nach faszinierendste Kleidung zu kleiden; ein neuer Mantel mit weiten Ärmeln und sehr tief sitzenden Außentaschen, makellose, eintönige Hosen, eine hellbraune Weste mit einer cremefarbenen, einmal runden Seidenkrawatte, die durch in Gold eingefasste Querstangen aus rotem Karneol als Anstecknadel befestigt ist . So gekleidet, mit *Mogg* in der Tasche, stolzierte er hinunter zum Frühstücksraum, den er durch Lauschen an den Türen erreichte, bis er den Klang von Stimmen drinnen hörte.

Mrs. Jawleyford und die jungen Damen lächelten und grinsten, und es waren keine Anzeichen von Miss Jawleyfords *Hochmut* erkennbar. Sie traten alle vor und schüttelten unserem Freund herzlich die Hand. Auch Mr. Jawleyford war voller Schnörkel und Komplimente; bald blickte er auf das Wetter, bald gratulierte er sich dazu, Mr. Sponges Gesellschaft im Haus gesichert zu haben.

Als Herr Jawleyford die gemütliche, langwierige Mahlzeit, ein Landhausfrühstück, endlich beendet hatte und die Damen gegangen waren, schaute er auf die Terrasse hinaus, auf der der wütende Regen das stehende Wasser in Blasen schlug, und beobachtete Da es keine Chance gab, herauszukommen, fragte Herr Schwamm, ob er sich im Haus vergnügen dürfe.

„Oh ja", antwortete er, „ich habe ein Buch in meiner Tasche."

„Ah, ich nehme an – das *New Monthly* vielleicht?" bemerkte Herr Jawleyford.

„Nein", antwortete Schwamm.

„Dizzeys *Leben von Bentinck* , wage ich zu behaupten", schlug Jawleyford vor; und fügte hinzu: „Ich lese es selbst."

„Nein, das auch nicht", antwortete Schwamm mit wissendem Blick; „Ein viel nützlicheres Werk, das versichere ich Ihnen", fügte er hinzu, zog den kleinen Band mit der violetten Rückseite aus seiner Tasche und las die vergoldeten Buchstaben auf der Rückseite: „ *Mogg's Ten Thousand Cab Fares* . " Preis ein Schilling!'

„In der Tat", rief Mr. Jawleyford, „naja, das hätte ich nie gedacht."

„Ich wage es nicht zu sagen", antwortete Sponge, „Ich wage es nicht zu sagen, es ist ein Buch, ohne das ich nie reise." In der Stadt ist es von unschätzbarem Wert, und auf dem Land können Sie es mit großem Nutzen studieren. Mit *Mogg* in der Hand kann ich mir fast vorstellen, an beiden Orten gleichzeitig zu sein. „Omnibusführer", fügte er hinzu, drehte die Blätter um und las: „Acton fünf, vom Ende der Oxford Street und der Edger Road – siehe Ealing; Edmonton sieben, von Shoreditch Church – „Green Man and Still" Oxford Street – Shepherd's Bush und Starch Green, Bank und

Whitechapel – Tooting – Totteridge – Wandsworth; kurz gesagt, jeder Ort in der Nähe der Stadt. Dann sind die Taxifahrten wirklich von unschätzbarem Wert; „Du hast zehntausend davon hier", sagte er und tippte auf das Buch, „und du kannst dir noch so viele ausrechnen, wie du willst." Es bleibt nichts anderes übrig, als an einem nassen Tag wie diesem in einem Sessel zu sitzen und zu sagen: Wenn es vom Mile End Turnpike bis zum „Castle" an der Kingsland Road so viel ist, wie viel sollte es dann bis zum „Yorkshire Stingo" sein? " oder Pine-Apple-Place, Maida Vale? Und Sie messen nach anderen Tarifen, bis Sie dem gewünschten Ort so nahe wie möglich kommen, sofern er nicht schwarz auf weiß auf Ihrer Hand im Buch vermerkt ist.'

„Genau so", sagte Jawleyford, „einfach so." Es muss tatsächlich ein sehr nützliches Werk sein, ein sehr nützliches Werk. Ich werde eins bekommen – ich werde eins bekommen. Wie viel, sagten Sie, war es – eine Guinea? eine Guinea?'

„Einen Schilling", antwortete Sponge und fügte hinzu, „wenn du möchtest, kannst du meinen für eine Guinea haben."

„Bei Gott, was ist das für ein Tag!" bemerkte Jawleyford und drehte das Gespräch, während der Wind den harten Schneeregen wie einen Kieselsteinregen gegen das Fenster schleuderte. „Ein Glück, ein gutes Haus über dem Kopf zu haben, bei so einem Wetter; Und übrigens, das erinnert mich daran, ich zeige Ihnen meine neue Galerie und Sammlung von Kuriositäten – Bilder, Büsten, Murmeln, Antiquitäten und so weiter; Es wird Feuer geben, und es wird uns dort genauso gut gehen wie hier.' Mit diesen Worten führte Jawleyford ihn durch einen dunklen, verschlungenen, schäbigen Gang, wo eine stark vergoldete weiße Tür mit einem schönen purpurroten Vorhang darüber den Eingang zu etwas Besserem ankündigte. „Jetzt", sagte Mr. Jawleyford, verneigte sich, öffnete die Tür und bedeutete seinem Gast, einzutreten – „jetzt", sagte er, „werden Sie sehen, was Sie sehen werden."

Mr. Sponge trat entsprechend ein und befand sich am Ende einer Galerie von fünfzehn mal zwanzig Fuß und vierzehn Fuß Höhe, die von Oberlichtern und kleinen Fenstern rund um die Oberseite erhellt wurde. Auf beiden Seiten gab es Feuer in hübschen, mit Schornsteinen aus Caen-Steinen versehenen Kaminen, am anderen Ende befanden sich eine große Uhr und eine Orgel, und verschiedene weiße Becken waren verstreut und fingen die Tropfen von den Oberlichtern auf.

„Hängt den Regen auf!" rief Jawleyford, als er sah, wie es über eine Flussszene von Van Goyen (Herren auf einer Jacht und Figuren in Booten) tropfte und auf den Kopf eines kleinen Bacchus unten tropfte.

„Er will einen Regenschirm, dieser junge Herr", bemerkte Sponge, als Jawleyford damit begann, ihn mit seinem Taschentuch abzutrocknen.

„Gute Sache", bemerkte Jawleyford, trat zur Seite und zeigte darauf; „Schönes Ding – italienischer Marmor – von Frère – hat viel Geld gekostet – dafür wurden dreihundert Dollar geboten." Sind Sie ein Richter dieser Dinge? fragte Jawleyford; „Sind Sie ein Richter über diese Dinge?"

„Ein wenig", antwortete Schwamm, „ein wenig"; Ich dachte, er könnte genauso gut sehen, wie das persönliche Eigentum seines künftigen Schwiegervaters aussieht.

„Das ist etwas Schönes!" bemerkte Jawleyford und zeigte auf eine andere Gruppe. „Das habe ich für nichts gekauft – zwanzig Guineen – und war mindestens zweihundert wert. Lipsalve, der große Bilderhändler in der Gammon Passage, bot mir Murillos „Anbetung der Jungfrau und der Hirten" an, wofür er mir eine Quittung über einhundertfünfundachtzig zeigte.

'In der Tat!' antwortete Sponge, „Was ist das?"

„Es handelt sich um eine Bacchanal-Gruppe nach Poussin, geschaffen von Marin." Ich habe es bei Lord Breakdown's Sale gekauft; Es war zufällig ein regnerischer Tag – so ein Tag wie dieser – und alles lief umsonst. Das werden Sie wissen, nehme ich an?' beobachtete Jawleyford und legte seine Hand auf eine lebensgroße Büste von Diana aus italienischem Marmor.

„Nein, das tue ich nicht", antwortete Schwamm.

'NEIN!' rief Jawleyford aus; „Ich dachte, das wüsste jeder: Das ist meine berühmte „Diana" von Noindon – eines der schönsten Dinge der Welt. „Louis Philippe hat einen Agenten in dieses Land geschickt, um es ausdrücklich zu kaufen."

„Warum hast du es ihm nicht verkauft?" fragte Schwamm.

„Wollte das Geld nicht", antwortete Jawleyford, „wollte das Geld nicht." Außerdem war er, obwohl er ein König war, ein ziemlicher Idiot, und wir konnten uns nicht auf die Bedingungen einigen. „Das", bemerkte Jawleyford, „ist eine Vase aus der Zeit des Cinque Cento – ein sehr schönes Ding; und das", legte seine Hand auf den Scheitel einer viel gekräuselten Büste, die wie ein Friseurfenster aussieht, „natürlich, weißt du?"

„Nein, das tue ich nicht", antwortete Schwamm.

'NEIN!' rief Jawleyford erstaunt aus.

„Nein", wiederholte Schwamm.

„Sehen Sie noch einmal, mein Lieber; „ Sie *müssen* es wissen", bemerkte Jawleyford.

„Ich nehme an, es ist für dich bestimmt", antwortete Schwamm schließlich, als er die Besorgnis seines Gastgebers sah.

' *Gemeint!* Mein Lieber Gefährte; Warum, denkst du nicht, dass es so ist?'

„Ja, es gibt sicherlich eine Ähnlichkeit", sagte Schwamm, „jetzt, wo man es weiß." Aber ich hätte nicht ahnen sollen, dass du es warst.'

„Oh, mein lieber Herr Schwamm!" rief Jawleyford in einem beschämten Tonfall. „Willst du *wirklich* sagen, dass du das nicht denkst?"

„Na ja, es ist so", antwortete Schwamm, als er sah, in welche Richtung sein Gastgeber es wollte; „Es ist sicherlich so; Der Mangel an Ausdruck im Auge macht einen großen Unterschied zwischen einer Büste und einem Bild."

„Stimmt", antwortete Jawleyford tröstend – „wahr", wiederholte er und betrachtete es liebevoll; „Ich würde sagen, es war so – wie alles nur sein kann." Da stehen Sie doch etwas zu weit darüber, sehen Sie; „Setzen Sie sich hierher", fuhr er fort und führte Schwamm zu einer Ottomane, die ein riesiges Modell der Säule auf dem Place Vendôme umgab, die in der Mitte des Raumes stand – „Setzen Sie sich jetzt hierher und schauen Sie und sagen Sie, wenn Sie es nicht tun." meinst du es so?'

„DAS WISSEN SIE NATÜRLICH?"

„Oh, *sehr* ähnlich", antwortete Schwamm, sobald er Platz genommen hatte. „Ich sehe es jetzt direkt; Der Mund gehört dir bis ins letzte Detail.'

„Und das Kinn. Es ist mein Kinn, nicht wahr?' fragte Jawleyford.

'Ja; und die Nase und die Stirn und der Backenbart und das Haar und die Form des Kopfes und alles. Oh! „Ich sehe es jetzt so deutlich wie einen Hechtstab", bemerkte Schwamm.

„Das habe ich geglaubt", erwiderte Jawleyford tröstend, „das habe ich geglaubt; Es wird allgemein als hervorragendes Abbild angesehen – und das sollte es auch tatsächlich sein, denn es kostet eine Menge Geld – fünfzig Guineen! ganz zu schweigen von dem Lotusblatt-Sockel, auf dem es steht. Das ist ein anderer von mir", fuhr Jawleyford fort und zeigte auf eine Büste über dem Kamin auf der gegenüberliegenden Seite der Galerie. „Vor ein paar Jahren gemacht – mindestens zehn oder zwölf – nicht ganz so, aber immer noch so." Das Porträt dort oben, direkt über der „Auffindung des Moses" von Poussin, zeigt auf ein Porträt von sich selbst, wie er sich gebärdet, mit der Hand in der Hüfte und weit zurückgeworfenem Gehrock, um seine Figur und die Seide zu zeigen Lining to Advantage „wurde neulich von einem sehr aufstrebenden jungen Künstler gemacht; obwohl er mir vielleicht kaum gerecht geworden ist – vor allem in der Nase, die er viel zu dick und schwer gemacht hat; und die rechte Hand ist eher ungeschickt; Ansonsten ist die Farbgebung gut, und die Gestaltung des Hintergrunds ist sehr geschmackvoll und so weiter."

„Auf welches Buch zeigen Sie?" fragte Schwamm.

„Es ist kein Buch", antwortete Mr. Jawleyford, „es ist ein Plan – tatsächlich ein Plan dieser Galerie." Ich soll den endgültigen Befehl für den Bau genau des Gebäudes erteilen, in dem wir uns jetzt befinden.'

„Und es ist ein sehr hübsches Gebäude", bemerkte Schwamm und dachte, er würde daraus eine Schießbude machen, wenn er es hätte.

„Ja, es ist auf seine Art ein hübsches Ding", stimmte Jawleyford zu; „vielleicht wäre es besser, wenn es wasserdicht gewesen wäre", fügte er hinzu, als ein großer Tropfen auf seinen Scheitel spritzte.

„Der Inhalt muss sehr wertvoll sein", bemerkte Sponge.

„Sehr wertvoll", antwortete Jawleyford. „Für etwas habe ich zweihundertfünfzig Guineen gegeben – diese Vase." Es besteht aus parischem Marmor aus der Zeit des Cinque Cento und ist wunderschön in einem Tanz aus Bacchanalen, Arabesken und Chimärenfiguren gestaltet. es galt als billig. Diese schönen Affen im Dresdner Porzellan, die Musikinstrumente spielten, waren vierzig; diese Bronzen von Scaramouches auf Ormolu-Sockeln waren siebzig; diese Ormolu-Uhr im Stil von Louis Quinze von Le Roy war achtzig Jahre alt; Von diesen Sèvres-Vasen gab es hunderte – sie waren nämlich aus Ormolu gefertigt und mit Lilienkandelabern für zehn Lichter versehen. „Die Henkel", fuhr er fort und lenkte Sponges Aufmerksamkeit auf sie, „sind sehr hübsch – sie bestehen aus

Satyrn, die Girlanden aus Trauben und Blumen halten, die den Hals der Vase umgeben; An den Seiten sind pastorale Motive in höchstem Stil gemalt – nichts kann schöner und keuscher sein."

„Nichts", stimmte Schwamm zu.

„Die Bilder sind meiner Meinung nach am wertvollsten", bemerkte Jawleyford. „Mein Freund Lord Sparklebury sagte zu mir, als er das letzte Mal hier war – er ist jetzt in Italien und vergrößert seine Sammlung – „Jawleyford, alter Junge", sagte er, denn wir sind sehr intim – eigentlich genau wie Brüder; „Jawleyford, alter Junge, ich frage mich, ob deine oder meine Sammlung das meiste Geld einbringen würden, wenn sie von Christie & Manson wären." „Oh, Eure Lordschaft", sagte ich, „Ihre Guidos, Ostades, Poussins und Velasquez sind nicht zu übertreffen." „Stimmt", antwortete Seine Lordschaft, „es geht ihnen gut – sehr gut; aber Sie haben die Murillos. Ich möchte Ihnen eine gute Summe geben", fügte er hinzu, „um ein halbes Dutzend Bilder herauszusuchen." Ihre Galerie. Verstehst du Bilder?' fuhr Jawleyford fort und wandte sich an seinen Freund Sponge.

„Ein wenig", antwortete Schwamm in einem Ton, der entweder „Ja" oder „Nein" bedeuten könnte – viel oder gar nichts.

Dann nahm Jawleyford ihn mit und ging mit ihm seine Sammlung durch – er sprach über Licht und Schatten, Töne und die Tiefe der Farben, Tönungen und Bleistiftzeichnungen; und legen Sie Schwamm hier und da und überall hin, um das Licht (oder den Regen, je nach Fall) einzufangen; veranlasste ihn, seine Hand in ein Opernglas zu verwandeln und gelegentlich seinen Kopf zwischen seine Beine zu stecken, um eine verkehrte Ansicht zu erhalten – eine Leistung, die Sponge aufgrund seiner Reiterfahrung ziemlich gut bewältigen konnte. So schauten sie zu, bewunderten und kritisierten, bis Spigots überaus wichtige Gestalt auf der Galerie auftauchte und verkündete, dass das Mittagessen fertig sei.

'Segne mich!' rief Jawleyford und zog eine winzige Genfer Uhr aus der Tasche, an der Bleistifte, Pistolenschlüssel und andere Kuriositäten hingen; „Gott sei Dank, wer hätte das gedacht? Ein Uhr, erkläre ich! Na ja, wenn das nicht den Wert einer Galerie an einem nassen Tag beweist. Ich weiß nicht, was das bedeutet. „Aber", sagte er, „wir müssen uns vorerst losreißen und nachsehen, was die Damen vorhaben."

Wenn es einem Mann jemals eine Entschuldigung dafür gibt, dass er sich ein Mittagessen gönnt, dann sicherlich an einem strömenden Regentag (wenn er zur Beschäftigung isst) oder wenn er Liebe macht; Beides waren Ausreden, die Mr. Sponge zu bieten hatte, also setzte er sich einfach hin und aß so herzhaft wie die Besten der Gruppe, seinen Gastgeber selbst nicht ausgenommen, der beim Mittagessen ein ausgezeichneter Helfer war.

Jawleyford versuchte, ihn nach dem Mittagessen zurück in die Galerie zu bringen, aber ein Blick seiner Frau ließ erkennen, dass Sponge woanders gesucht wurde, und so sah er ihn leise ins Musikzimmer tragen; und plötzlich deuteten die Töne des „Flügels" und die vollen, klaren Stimmen seiner Töchter, die entlang der Passage widerhallten, an, dass sie versuchten, welche Wirkung die Musik auf ihn haben würde.

Als Mrs. Jawleyford etwa eine Stunde später vorbeischaute, fand sie Mr. Sponge vor, der mit seinem *Mogg* in der Hand am Feuer saß, und die jungen Damen, deren Schoß mit Firmenarbeit gefüllt war, und die im Kamin eine Art Kreuzfeuer der Unterhaltung führten Form von Frage und Antwort. Da Mrs. Jawleyfords Gesellschaft die Sache noch schlimmer machte, wurden sie bald ermüdend angenehm.

Im Laufe der Zeit betrat Jawleyford den Raum mit:

„Mein lieber Herr Schwamm, Ihr Bräutigam ist morgen vorbeigekommen, um sich nach Ihrem Pferd zu erkundigen. Ich habe ihm gesagt, dass es völlig unmöglich sei, an die Jagd zu denken, aber er sagt, er müsse seine Befehle von dir bekommen. „Ich würde sagen", fügte Jawleyford hinzu, „es kommt *überhaupt* nicht in Frage – es wäre Wahnsinn, daran zu denken; viel besser im Haus, so ein Wetter.'

„Das weiß ich nicht", antwortete Schwamm, „der Regen hat nachgelassen, und auch wenn das Land stark belastet sein wird, verstehe ich nicht, warum wir danach keinen Sport machen sollten."

„Aber das Glas fällt, und der Wind ist in die falsche Richtung gelaufen; „Der Mond hat sich heute Morgen verändert – kurz gesagt, alles deutet darauf hin, dass es weiterhin nass ist", antwortete Jawleyford. „Die Flüsse sind alle angeschwollen und die Tiefebene unter Wasser; außerdem, mein lieber Freund, bedenken Sie die Entfernung – bedenken Sie die Entfernung; Sechzehn Meilen, wenn es ein Yard ist.'

„Was, Dundleton Tower!" rief Sponge und erinnerte sich, dass Jawleyford am Abend zuvor gesagt hatte, es sei erst zehn Uhr gewesen.

„Sechzehn Meilen und eine schlechte Straße", antwortete Jawleyford.

„Zum Teufel!" murmelte Schwamm; und fügte hinzu: „Nun, ich werde auf jeden Fall meinen Bräutigam besuchen." Als er dies sagte, klingelte er, als wäre das Haus sein eigenes, und bat Spigot, ihm den Weg zu seinem Diener zu zeigen.

Leather war natürlich in der Dienerhalle und erfrischte sich nach seiner Fahrt von Lucksford mit kaltem Fleisch und Bier.

Als er feststellte, dass er mit der Hacke nach oben geritten war, bat er Leather, ihn dort zurückzulassen. „Sag dem Bräutigam, ich *muss* ihn unterbringen lassen", sagte Schwamm; „Und du reitest morgens auf der Kastanie." Wie weit ist es bis zum Dundleton Tower?' fragte er.

„Zwölf oder dreizehn Meilen, sagen sie, von hier", antwortete Leather; „Neun oder zehn aus Lucksford."

„Nun, das reicht", sagte Schwamm; „Du sagst dem Pferdeknecht hier, er soll das Pferd um neun Uhr für mich satteln lassen, und du reitest Multum in Parvo ruhig weiter, entweder zum Treffen oder bis ich dich überhole."

„Aber wie komme ich zurück nach Lucksford?" fragte Leather und hob einen Fuß, um zu zeigen, wie dünn er beschuht war.

„Oh, so wie du kannst", antwortete Schwamm; „Schick den Bräutigam hierher, damit er dich mit den Hacken seines Herrn niedermacht." Ich wage zu behaupten, dass sie heute nicht draußen waren, und es wird ihnen gut tun.'

Mit diesen Worten verließ Mr. Sponge seinen wertvollen Diener, um für sich selbst das Beste zu tun, was er konnte.

Als Mr. Sponge ins Musikzimmer zurückgekehrt war, verfolgte er mit Hilfe einer alten Kreiskarte seinen Weg zum Dundleton Tower. unterstützt oder vielmehr zurückgehalten von Mr. Jawleyford, der immer wieder auf alle möglichen Schwierigkeiten hinwies, bis er, wenn Mr. Sponge seinem Rat gefolgt wäre, achtzehn oder zwanzig Meilen der Strecke zurückgelegt hätte. Sponge jedoch, der es gewohnt war, sich in fremden Ländern fortzubewegen, erkannte, dass der Ort in zehn oder elf Minuten erreicht sein würde. Jawleyford war sich sicher, dass er sich verlieren würde, und Sponge war ebenso zuversichtlich, dass er es nicht tun würde.

Schließlich machte der fröhliche Klang des Gongs jedem weiteren Streit ein Ende; und die Insassen des Jawleyford Court zogen sich mit einer Kerze in der Hand in ihre jeweiligen Gemächer zurück, um sich für eine Wiederholung der gestrigen Veranstaltung zu schmücken, ergänzt durch die Gesellschaft von Rev. Mr. Hobanob, um Gnade zu sprechen und den „Wintle" zu loben.

Nach einem appetitlosen Abendessen folgten wie zuvor Tee und Musik.

Die drei eleganten französischen Uhren im Salon waren uneinig, eine ging eine Dreiviertelstunde vor der langsamsten und zwanzig Minuten vor der nächsten, wobei Mr. Hobanob (sehr zum Entsetzen von Jawleyford) beinahe mit seiner Uhr eingeschlafen wäre Sèvres Kaffeetasse in der Hand, zog schließlich seine große silberne Uhr an der Kette heraus und stellte fest, dass es Viertel nach zehn war. Er bereitete sich auf den Aufbruch vor und verabschiedete sich von den Damen so liebevoll, als hätte er es getan China.

Ihm folgten Mr. Jawleyford, um zu sehen, wie er seine Pumps einsteckte, und auch Mr. Sponge, um zu sehen, was für eine Nacht es war.

Der Himmel war klar, Sterne funkelten am Firmament und eine junge Mondsichel leuchtete mit silbrigem Glanz über der Szene.

„Das reicht", sagte Schwamm, als er es betrachtete; „Kein Dunst da. „Komm", fügte er zu seinem Schwiegerpapa hinzu, als Hobanobs Schritte auf der Terrasse verstummten, „du gehst besser morgen."

„Das geht nicht", antwortete Jawleyford; „Gehen Sie vielleicht am nächsten Tag nach Scrambleford Green – ein besserer Ort – viel." „Sie können abschließen", sagte er und wandte sich an Spigot, der mit beiden Lakaien anwesend war, um Herrn Hobanob zu verabschieden; „Sie können abschließen und dem Koch sagen, dass er genau um neun Uhr das Frühstück fertig haben soll."

„Oh, mir ist das Frühstück egal", warf Schwamm ein, „ich trinke Tee oder Kaffee und Koteletts oder gekochten Schinken und Eier oder was auch immer in meinem Schlafzimmer ist", sagte er; „Also macht es dir nichts aus, deine Stunde für mich zu ändern."

„Oh, aber mein Lieber, wir werden alle zusammen frühstücken" (Jawleyford hatte keine Ahnung davon, zwei Frühstücke zu vertragen), „wir werden alle zusammen frühstücken", sagte er; „Kein Problem, das versichere ich Ihnen – eher im Gegenteil." Sagen wir halb acht – halb neun. Zapfen! auf eine Minute, wohlgemerkt.'

Und als Schwamm erkannte, dass es nichts dagegen tun konnte, wünschte er den Damen eine gute Nacht und stürzte sich ohne große Hoffnung auf Pünktlichkeit ins Bett.

HERR. SCHWAMMES SCHNELLES FRÜHSTÜCK

KAPITEL XX

DIE FHH

Sponge hatte mit seiner Vermutung auch nicht unrecht, denn es war Viertel vor neun, als Spigot mit der massiven silbernen Urne erschien, gefolgt von der mutigen Schleppe, die die schweren Frühstücksutensilien trug. Obwohl die jungen Damen wie immer pünktlich, lächelnd und umgänglich waren, war Mrs. Jawleyford abwesend und hatte die Schlüssel; Es war also fast neun Uhr, bis Mr. Sponge seine Gabel in sein erstes Hammelkotelett steckte. Jawleyford war nicht gerade erfreut; Er fand, dass es für einen jungen Mann nicht gut aussehe, die Jagd der Gesellschaft seiner liebenswerten und gebildeten Töchter vorzuziehen. Gelegentlich war die Jagd ganz gut, aber man konnte daraus kein Geschäft machen. Dies behielt er jedoch für sich.

„Sie werden einen schönen Tag haben, mein lieber Herr Schwamm", sagte er und streckte die Hand aus, als er unseren Freund in braunen Stiefeln und im roten Kittel vorfand, der beim Frühstück arbeitete.

„Ja", sagte Schwamm und kaute auf ein hartes Leben. In weniger als zehn Minuten schaffte er es, mit Hilfe eines Stücks Brot, das er einsteckte, so viel zu essen, wie er dachte, dass er den ganzen Tag über reichen würde; und mit einem hastigen Abschied eilte er los, um die Ställe aufzusuchen und seinen Stall zu holen. Der Schecken war gesattelt, gezäumt und im Stall herumgedreht; für alle Bediensteten, die irgendetwas wert sind, etwa für weitere Jagdeinsätze. Mit Hilfe der Anweisungen des Bräutigams, der ihn aus dem Hof begleitete, gelang es Sponge, sich in einen schnellen Galopp zu begeben, angefeuert durch die Bemerkung des Bräutigams, dass „er dachte, er würde rechtzeitig da sein." Weiter, weiter ging er; jetzt wird über eine Wende spekuliert; zog nun eine Rubbelkarte, die er auf einem Stück Papier angefertigt hatte, aus seiner Westentasche; Jetzt erkundigte er sich nach dem Namen eines jeden Ortes, den er von einer Person sah, die er traf. So legte er ohne große Schwierigkeiten fünf bis sechs Meilen zurück; Die Straße verläuft, wenn auch nicht ausschließlich über Autobahnen, hauptsächlich über gut befahrbare Township-Straßen. Im Dorf Swineley mit seiner pummeligen Kirche und den elenden hüttenähnlichen Häuschen sollten seine Probleme beginnen. Er musste zwei scharfe Kurven machen – durch einen Strohhof fahren und über eine eingestürzte Mauer an der Ecke eines Häuschens springen –, um in die Swaithing Green Lane zu gelangen, und so einen Winkel von zwei Meilen abschneiden. Der Weg wurde dann zu einem Reitweg und war, wie alle Reitwege, für diejenigen, die ihn kannten, sehr einfach und für diejenigen, die ihn nicht kannten, sehr rätselhaft. Es war offensichtlich eine wenig befahrene Straße; Und da Mr. Sponge nach Fußspuren Ausschau hielt (die durch die jüngsten Regenfälle inzwischen fast verwischt waren) und darüber nachdachte, in welchen seltsamen Ecken der Felder sich die Tore befinden würden, hielt es Mr. Sponge für notwendig, sein Tempo auf einen sehr gemäßigten Trab zu reduzieren. Dennoch hatte er einen guten Weg zurückgelegt; und wenn man annahm, dass sie ein Viertelstundengesetz vorsahen und er sich über die Entfernung nicht getäuscht hatte, dachte er, dass er ungefähr um diese Zeit zum Treffen kommen sollte. Auch sein Pferd würde dort sein, und vielleicht könnte Lord Scamperdale aus diesem Grund ein wenig zusätzliches Gesetz erlassen. Dann begann er darüber zu spekulieren, was für ein Mann seine Lordschaft sei und wie seine Aufnahme wahrscheinlich sei. Er begann sich zu wünschen, dass Jawleyford ihn begleitet hätte, um ihn vorzustellen. Nicht, dass Sponge schüchtern gewesen wäre, aber er dachte dennoch, dass Jawleyfords Anwesenheit ihm guttun würde.

Lord Scamperdales Jagd war nicht die beste der Welt. Die Hunde und Pferde waren viel besser erzogen als die Männer. Natürlich gab Seine Lordschaft dem Ganzen den *Ton vor;* und da er ein grober, breiter, kahnstämmiger Mann war, hatte er eine entsprechende Kleidung und sah aus wie ein scharlachroter Fuhrmann. Er trug einen großen runden Hut mit flacher Krempe, der bei der Jagd allgemein angenommen wurde und ihm den Namen „FHH" oder „Flachhutjagd" einbrachte. Wir wagen zu behaupten, dass es unseren Lesern aufgefallen ist, dass es zusammen mit den „HHs", „VWHs" und anderen initialisierten Rudeln in der Liste der Jagdhunde im Winter auftaucht. Die Kleidung seiner Lordschaft war groß, geräumig, weit und üppig, mit großen Taschen, großen Knöpfen und vielen herausfliegenden Schnüren. Anstelle von Oberteilen trug er Ledergamaschen, die ihm aus der Ferne den Eindruck vermittelten, als würde er mit bis zu den Knien reichenden Hosen reiten. Auch diese wurden von der Jagd übernommen; und sein „Besonderer" Jack (Jack Spraggon), der Mann, den er bestieg und der ganz nach seinem Geschmack war, trug wie sein Gönner eine große, breitrandige Schildpattbrille von beträchtlicher Kraft. Jack war immer an der Seite seiner Lordschaft; und es war „Jack" dies, „Jack" das, „Jack" irgendetwas, den ganzen Tag. Aber wir müssen zu Mr. Sponge zurückkehren, den wir auf seinem Weg durch die komplizierten Felder zurückgelassen haben. Schließlich gelangte er durch sie hindurch und in den Red Pool Common, den er, indem er die Windmühle auf der rechten Seite ließ, ziemlich geschickt räumte und in eine Gegend gelangte, die noch wilder und trostloser war als alle, die er bisher durchquert hatte. Kiebitze schrien und schwebten über Land, auf dem außer Binsen und Wassergräsern und gelegentlich auch Heidekraut kaum zu wachsen schien. Der Boden tobte und spritzte, während er ging; Das Schlimmste war, dass die Zeit fast abgelaufen war.

Vergebens bemühte sich Sponge seine Augen auf der Suche nach dem Dundleton Tower. Vergebens bildete er sich ein, dass jeder hohe, die Skyline durchbrechende Ort in der Ferne der ersehnte Ort sei. Der Dundleton Tower war nicht mehr ein Turm als eine Stadt, und es schien, als wäre er durch die Regel des Gegenteils getauft worden, denn er war nichts weiter als ein großer, flacher, offener Raum, ohne Gegenstand oder Vorfall, der darauf hingewiesen hätte.

Sponge war jedoch nicht dazu bestimmt, es zu sehen.

Als er durch eine scheinbar endlose und fast bodenlose Gasse stolperte, deren versunkene Stellen und tiefe Furchen mit lehmigem Wasser gefüllt waren, das mit den Schnüren und braunen Stiefeln genau das Richtige spielte, drang der leichte Ton eines Hundes an sein Ohr, und Fast im selben Augenblick wandte sich etwas, das er für einen Hund gehalten hätte, wenn nicht der Ton des Hundes gewesen wäre, sozusagen von ihm ab und ging in die entgegengesetzte Richtung.

Sponge zügelte den Schecken und stand wie gebannt da. Es war tatsächlich der Fuchs! – ein prächtiger Bursche mit vollem Fell, einer leichten Tendenz zum Ergrauen auf dem Rücken und der mit der leichten, spitzen Leichtigkeit eines Tieres voller Kraft und Lauffreudigkeit ging.

„Ich wünschte, ich könnte es nicht ketchen", sagte Schwamm zu sich selbst und schauderte bei dem Gedanken, ihn angeführt zu haben.

Es war jedoch keine Zeit zum Nachdenken. Der Schrei der Hunde wurde deutlicher – sie kamen immer näher, voller und melodischer; aber leider! Für Sponge war es keine Musik. Plötzlich war der Jubel der Jäger zu hören: „ FÜR – *rard*!" FÜR – *rard*!' und dann mit der Geschwindigkeit einer Peitsche weiter hinten. Noch eine Sekunde, und schon waren Hunde, Pferde und Männer zu sehen, die über die große Weide auf der linken Seite davonströmten.

Zwischen Sponge und dem Feld befand sich ein hoher, schmaler Zaun, dick genug, um ihn nicht identifizieren zu können, aber nicht hoch genug, um ihn gänzlich abzuschirmen. Schwamm zog den Schecken um sich und raffte sich zusammen wie ein Mann, der erschossen werden soll. Die Hunde kamen schreiend zu ihm herübergerannt; da war ein brusthoher Duft, und jeder schien ihn zu haben. Sie stürmten ein paar Meter unterhalb seines Sitzplatzes in gemächlichem Tempo auf den Zaun zu, flogen über den tiefen, schmutzigen Weg und stürzten mit vollem Geschrei auf die Weide dahinter.

„Hallo zurück!" rief Schwamm. „Hallo zurück!" versuchen, sie umzudrehen; Aber anstatt dass der Schecken ihn vor dem Rudel trug, wie Sponge es wollte, begann er, sich aufzubäumen, zu stürzen und in der Luft zu scharren. Unterdessen rannten die Hunde eifersüchtig weiter, ohne etwas zu spüren, bis erst einer und dann der andere beschämt nachgab; und schließlich folgte eine allgemeine Ruhe dem jüngsten Freudenschrei. Schreckliche Zeit! schrecklich für jeden, aber schrecklich für einen Fremden! Obwohl Sponge auf der Straße war, wusste er genau, dass niemand etwas anderes zu suchen hat als mit Hunden, wenn ein Fuchs in Bewegung ist.

„Halten Sie fest!" war jetzt der Schrei, und die schwitzenden Reiter und eingeschäumten Rosse kamen zum Stehen.

„Twang – twang – twang", ertönte ein schrilles Horn; und ein paar Peitschen, die sich vom Feld abhoben, flogen über den Zaun dorthin, wo die Hunde warfen.

„Twang – twang – twang", erklang erneut die Hupe.

Währenddessen saß Schwamm da und genoss die folgenden Beobachtungen, die ihm ein Westwind ins Ohr wehte.

„Oh, verdammt noch mal! „Der Mann in der Gasse hat den Fuchs angeführt", schnaufte einer.

'Wer ist es?' keuchte ein anderer.

„Tom Washball!" rief ein Dritter aus.

„Köpft mehr Füchse als jeder andere Mann im Land", schnaufte ein Vierter.

„Immer einschneiden und ausstechen", rief ein fünfter.

„Kommt nie zum Treffen", fügte ein Sechster hinzu.

„Heute kommt eine Kuh", bemerkte ein anderer.

„Immer hacken und wechseln", fügte ein anderer hinzu; „Als nächstes kommt er auf eine Giraffe."

Nachdem Mr. Sponge seine Karriere bei der „FHH" so ungünstig und dennoch unentdeckt begonnen hatte, dachte er darüber nach, Tom Washball die Ehre seines *Fauxpas zu überlassen* und sich leise nach Hause zu schleichen, sobald die Hunde auf der Spur waren; Aber unglücklicherweise sollte gerade, als sie die Straße überquerten, irgendetwas in Sichtweite kommen und gemächlich dahingaloppieren, außer der gefürchtete Multum in Parvo, der, nachdem er sich des alten Leders dadurch entledigt hatte, dass er mit dem Bein gegen einen Torpfosten stieß, genoss eine eigene Linie.

„Juhu!" rief Schwamm, als er sah, wie das Pferd seinen Schritt beschleunigte, um die Hunde beim Überqueren abzuschrecken. „Wer – o – a – y!" brüllte er, schwang seine Peitsche und versuchte, den Schecken herumzudrehen; Aber nein, das Tier antwortete nicht, und da er fürchtete, er könnte nicht nur den Fuchs anführen, sondern auch noch den „besten Hund im Rudel" töten, stürzte sich Mr. Sponge ab, ungeachtet des Schlammbades, in dem er sich befand Er zündete sich an und fing den Ausreißer auf, als er versuchte, vorbeizuhuschen.

„Für-rard! – für-rard! – für-rard!" war wieder der Schrei, als die Hunde die Fährte wahrnahmen; während die spät innehaltenden, keuchenden Reiter energisch mit ihren Rössern kämpften und wie der brauende Wind vorwärts fegten.

Mr. Sponge war zwar etwas verwirrt, hatte aber dennoch genug Geistesgegenwart, um die Notwendigkeit sofortigen Handelns zu erkennen; und obwohl er vor kurzem über einen Rückzug nachgedacht hatte, änderte das unerwartete Erscheinen von Parvo die Lage.

„Jetzt oder nie", sagte er und blickte zuerst auf das verschwindende Feld und dann nach dem nicht erscheinenden Leder. 'Hänge es auf! „Ich kann mir den Lauf genauso gut ansehen", fügte er hinzu; So hängte er den Schecken an einen alten steinernen Torpfosten, der in dem zerlumpten Zaun stand, und verlängerte einen Steigbügelriemen, sprang in den Sattel und begann, den anderen im Gehen zu verlängern.

Es war einer von Parvos letzten Tagen; Tatsächlich hatten dieser alte Leather und er sich gestritten – Parvo wollte den Hunden folgen, während Leather auf seinen Herrn warten wollte. Und Parvo hatte das Talent zum Gehen und gelegentlich auch die Neigung dazu. Obwohl er wie ein Zugpferd aussah, konnte er erstaunlicherweise den Boden hinter sich werfen; und der tiefgründige Lehmboden, in dem er sich nun befand, passte wunderbar zu seinen kurzen, kräftigen Beinen und seinem enormen Schritt. Die Folge war, dass er sehr bald bei den hintersten Reitern war. Diese passierte er bald und gehörte nun zu denen, die hart reiten, wenn es nichts gibt, was sie aufhalten könnte. Die Zeit, die diese Sportler jetzt für den Blick nach vorn erübrigen konnten, widmete sie Schwamm, den sie mit größtem Erstaunen ansahen, als wäre er aus den Wolken gefallen.

Ein Fremder – ein echter Fremder – hatte ihre abgelegenen Regionen seit den Tagen des armen Nimrod nicht mehr besucht. 'Wer könnte es sein?' Aber „das Tempo", wie Nimrod zu sagen pflegte, „war zu gut, um es nachzufragen." Etwas weiter, und Sponge griff auf die großen Geschütze der Jagd – die Männer, die *zu* den Hunden reiten und nicht *hinter* ihnen her; derselbe, der ihn durch den Zaun hindurch kritisiert hatte – Mr. Wake, Mr. Fossick, Parson Blossomnose, Mr. Fyle, Lord Scamperdale, Jack selbst und andere. Ihr Erstaunen über die Erscheinung war groß und die Bemerkungen, die sie im Weitergalopp machten, widersprüchlich.

„Es ist schließlich nicht Wash", flüsterte Fyle Blütennose ins Ohr, als sie gemeinsam durch ein Tor ritten.

„Nein-oo", antwortete die Nase und musterte Schwamm aufmerksam.

„Was für ein Mantel!" flüsterte einer.

„Jacke“, antwortete der andere.

„Hat seinen Pinsel verloren“, bemerkte ein Dritter und zwinkerte zu Sponges kupiertem Schwanz.

„Er wird über uns alle reiten“, fauchte Mr. Fossick, an dem Sponge im Handgalopp vorbeikam, während Ersterer auf den tiefen Furchen, die aus einem Rübenfeld führten, herumstolperte und herumstolperte.

„Er wird es gleich fangen“, sagte Mr. Wake und beäugte Sponge, der sich auf Seine Lordschaft und Jack konzentrierte, während sie wie üblich das Feld anführten. Jack, der in respektvollem Abstand hinter seinem großen Gönner stand, erspähte zuerst Sponge; Und nachdem er ihn durch seine beeindruckende Brille hindurch genau angestarrt hatte, um sich zu vergewissern, dass es niemand war, den er kannte – ein Blick, den Schwamm so gut erwiderte, wie ein Mann ohne Brille den Blick eines Mannes erwidern kann –, trieb Jack sein Pferd an Lordschaft, und er erhob sich in seinen Steigbügeln und schoss ihm ins Ohr –

„Na, hier ist der Mann auf der Kuh!“ und fügte hinzu: „Es ist nicht Washey.“

„Wer zum Teufel ist es dann?“ fragte Seine Lordschaft und schaute über seine linke Schulter, während er im Kielwasser seines Jägers weitergaloppierte.

„Ich weiß es nicht“, antwortete Jack; „Ich habe ihn noch nie zuvor gesehen.“

„Ich auch nicht“, sagte Seine Lordschaft mit einer Miene, als würde sie sagen: „Das spielt keine Rolle.“

Seine Lordschaft war zwar gut beritten, hatte aber nicht gerade das richtige Pferd für das Land, in dem sie sich befanden; während Mr. Sponge nicht nur auf dem richtigen Weg war, sondern auch den Vorteil hatte, dass das Pferd den ersten Teil des Laufs ohne Reiter zurückgelegt hatte: so bestand Multum in Parvo, ob Mr. Sponge es wollte oder nicht, darauf so weit vorne zu sein, wie er nur konnte. Je mehr Sponge zog und zog, desto entschlossener war das Pferd; bis er, nachdem er sowohl Jack als auch seine Lordschaft in den Rücken geworfen hatte, sich auf den alten Jäger Frostyface zubewegte, der dicht an das immer noch fliegende Rudel heranritt.

„ Halten Sie fest , Herr! Um Gottes willen, haltet durch!‘ schrie Frosty, der intuitiv wusste, dass hinter ihm ein Pferd war, und er wusste auch, dass vor ihm ein Mann schoß, der aller Wahrscheinlichkeit nach den Fuchs angeführt hatte.

„ Halten Sie fest , Herr!“ brüllte er, als Parvo gähnend, gelangweilt und kopfschüttelnd durch das jetzt jauchzende, zerstreute Rudel stürmte und geradewegs auf ein steifes neues Tor zuging, das er durchschlug, so wie ein Zirkuspony einen Papierreifen zerschmettert.

'Hurra!' schrie Jack Spraggon, als er sah, dass die Hunde in Sicherheit waren. „Ein Hoch auf den Schneider!"

„Billy Button selbst!" rief Seine Lordschaft und fügte hinzu: „So etwas habe ich noch nie in meinem Leben gesehen!"

„Wer zum Teufel ist er?" fragte Blütennase im vollen Glanz der ziehenden Anstrengung eines Fünfjährigen.

„Ich weiß es nicht", antwortete Jack und fügte hinzu: „Er ist ein Rasierer, wer auch immer er ist."

Mittlerweile waren die verängstigten Hunde rechts und links verstreut.

„Ich gebe dir eine Guinee, er ist einer dieser verdammten Wartenden", bemerkte Fyle, der von einem Stammesangehörigen ziemlich grob behandelt worden war, der sich „ziemlich promiskuitiv" auf ein Feld fallen ließ, auf dem er war, genau wie Sponge es getan hatte mit Lord Scamperdale's.

„Das sollte mich nicht wundern", antwortete Seine Lordschaft, während er Sponges vergebliche Versuche, die Kastanie zu verwandeln, beäugte und darüber nachdachte, wie er „in ihn hineinfallen" würde, wenn er auftauchte. „Bei Gott", fügte Seine Lordschaft hinzu, „wenn der Kerl das ganze Land umrundet hätte, hätte er für eine solche Heldentat keinen schlechteren Ort wählen können; denn es *riecht* hier nie. Sehen! kein Hund kann es besitzen. Old Harmony selbst übergibt sich.

Die Peitschen sind wieder an ihrem Platz und wenden das erstaunte Rudel an Frostyface, der sich auf eine Casting-Expedition begibt. Das Feld sitzt wie immer da und schaut zu; etwas segnender Schwamm; einige fragten sich, wer er war; andere schauen, wie spät es ist; einige stiegen ab und schauten auf die Füße ihrer Pferde.

„Danke, Herr Brown Boots!" rief Seine Lordschaft, als Schwamm das Tier schließlich durch Beißen und Sporen herumwirbelte und sich vor das ganze Feld schlich. „Danke, Mr. Brown Boots", wiederholte er, nahm seinen Hut ab und verneigte sich sehr tief. „ Ich bin Ihnen sehr verbunden , *Mr. Brown Boots. „Ich bin* Ihnen ganz besonders *dankbar , Mr. Brown Boots", mit* einer weiteren tiefen Verbeugung. „Ich wäre Ihnen verpflichtet gehängt, Mr. Brown Boots! "Verdammt, Mr. Brown Boots!' fuhr Seine Lordschaft fort und sah Schwamm an, als würde er ihn fressen.

„Bitte um Verzeihung, Sir", platzte Schwamm heraus; 'mein Pferd-'

„Häng dein Pferd!" schrie Seine Lordschaft; „Es war doch nicht dein Pferd, das den Fuchs anführte, oder?"

„Bitte um Verzeihung – ich konnte nicht anders; ICH-'

„Konnte nicht anders. Hängen Sie Ihre Hilfen auf – Sie tun es *immer*, Sir. Sie könnten zu Hause bleiben, Sir – ich nehme an, Sir – könnten Sie nicht auch, Sir? eh, Sir?'

Schwamm schwieg.

„Sehen Sie, Herr!" fuhr Seine Lordschaft fort und zeigte auf das stumme Rudel, das nun dem Jäger folgte, „Sie haben uns unseren Fuchs verloren, Herr – ja, Herr, Sie haben uns unseren Fuchs verloren, Herr." Nennen Sie das nichts, Sir? Wenn du es nicht tust, dann tue *ich* es, du pervers aussehender Schweinehändler aus Pusey! Von Jove! Sie denken, weil ich ein Lord bin und nicht schwören oder unhöfliche Ausdrücke verwenden kann, dass Sie tun können, was Sie wollen – aber ich werde meine Hunde nach Hause bringen, Sir – ja, Sir, ich werde meine Hunde nach Hause bringen , Herr.' Mit diesen Worten BRÜLLTE Seine Lordschaft zu Frostface; Er fügte mit leiser Stimme zum ersten Peitschenhieb hinzu: „Bitten Sie ihn, zum Furzing-Field-Ginster zu gehen."

KAPITEL XXI

EINE LÄNDLICHE DINNERPARTY

Na, welcher Sport?' fragte Jawleyford, als er seinem überaus schmutzigen Freund begegnete, der nach seiner Rückkehr von seinem Tag, oder besser gesagt von seinem Nicht-Tag mit der „Flachhutjagd", die Eingangshalle zu seinem Schlafzimmer überquerte.

„Na ja, nicht viel – das heißt, nichts Besonderes – ich meine, ich habe keines gegessen", platzte Sponge heraus.

„Aber du hattest einen Lauf?" bemerkte Jawleyford und zeigte auf seine Stiefel und Hosen, die von den unterschiedlichen Bodenverhältnissen befleckt waren.

„Ah, das meiste davon werde ich decken", antwortete Sponge; „Das Land ist schrecklich tief, die Straßen abscheulich schmutzig!" und fügte hinzu: „Ich wünschte, ich hätte Ihren Rat befolgt und wäre zu Hause geblieben."

„Ich wünschte, du hättest es getan", antwortete Jawleyford, „du hättest zum Mittagessen eine ganz ausgezeichnete Kaninchenpastete gegessen." Aber zieh dich um, dann werden wir alles darüber erfahren.' Mit diesen Worten winkte Jawleyford zum Abschied, und Sponge stampfte in seinen schmutzigen, wassergetränkten Stiefeln davon.

„Ich fürchte, Sie sind sehr nass, Herr Schwamm", bemerkte Amelia im süßesten Tonfall und mit dem liebevollsten Lächeln, das möglich war, als unsere Freundin mit drei Schritten auf einmal die Treppe hinaufsprang und sie auf dem Treppenabsatz beinahe stieß , als sie kurz davor war herunterzukommen.

„Das bin ich", rief Schwamm, erfreut über die Begrüßung; „Das bin ich", wiederholte er und klopfte auf seine vielbefleckten Stricke; „Auch dreckig", fügte er hinzu und blickte auf seinen Untermann herab.

„Wäre es nicht besser, sich so schnell wie möglich umzuziehen?" fragte Amelia und behielt immer noch ihre Position vor ihm bei.

'Oh! „Alles zu seiner Zeit", antwortete Schwamm, „Alles zu seiner Zeit." Dein Anblick wärmt mich mehr als ein Feuer. und fügte hinzu: „Ich behaupte, dass du ganz bezaubernd aussiehst, nach all den Strapazen und Stolpereien im Freien."

'Oh! Du bist doch nicht gestürzt, oder?' rief Amelia und sah aus wie ein Bild der Verzweiflung; „Du bist doch nicht gestürzt, oder?" Rufen Sie den Arzt und lassen Sie ihn ausbluten.'

In diesem Moment öffnete sich eine Tür entlang des Gangs zur Linken; und Amelia, die ziemlich genau wusste, wer es war, lächelte, stolperte davon und überließ es Sponge, sich ausbluten zu lassen oder nicht, wie er es für richtig hielt.

Dann begab sich unser Held in sein Schlafzimmer, wo er, nachdem er seine Klebestiefel ausgezogen und den Rest seiner Jagdkleidung abgelegt hatte, sich in seinen grauen Flanell-Morgenmantel wickelte und sich darauf vorbereitete, seine Beine und Füße darin zu kochen angenehme Erwartungen, die sich aus dem jüngsten Interview ergaben, und gelegentliche Anspielungen auf seinen alten Freund *Mogg*, wann immer er seinen Weg auf dem ehelichen Weg nicht so klar sah, wie er es sich wünschen konnte. „Sie wird mich haben, das ist sicher“, bemerkte er.

„Verflucht sei das Wasser! wie heiß es ist!' rief er und hob seinen Fuß aus der Badewanne, in die er ihn unvorsichtig getaucht hatte, ohne die Temperatur des Wassers festzustellen. Dann übergoss er es mit Kälte und fügte als nächstes noch etwas Heißes hinzu; Endlich kam es ihm in den Sinn, und er zündete sich eine Zigarre an und bereitete sich auf den ununterbrochenen Genuss vor.

„Gott!“ sagte er, „sie ist keineswegs ein schlecht aussehendes Mädchen“ (hauch). „Teufellich gutaussehendes Mädchen“ (Puff); „guter Kopf und Hals, und trägt ihn auch gut“ (Puff) – „großes Auge“ (Hauch), „hell und klar“ (Puff); „Da gibt es keine Katarakte.“ Bei ihr passt alles zusammen' (huff, puh, huf). „Auch schön groß“, fuhr er fort, „und gut aufgebaut (hauch, hauch, hauch); „gerade wie eine Milchmagd“ (Puff); „viel Substanz – großartige Substanz“ (Puff). „Ich hasse eine schmächtige Frau – fünfzehnzweieinhalb – das heißt, 1,70 Meter groß ist genug für eine Frau“ (Puff). „Die Größe einer Frau hat nichts mit ihrer Größe zu tun“ (Wiff). „Ich wünschte, sie wäre nicht weggelaufen (Puff); „Hätte gerne noch ein bisschen mit ihr geredet“ (hauch, schnauf). „Frauen sehen nie so gut aus wie wenn man nass und schmutzig von der Jagd kommt“ (Puff). Dann sank er schweigend in den Sessel zurück und schnupperte und schnaufte in aller Ruhe allerlei fantastische Wolken, Säulen und Korkenzieher. Als die Zigarre ausgetrunken war und das Wasser im Fußbad langsam abzukühlen begann, schüttete er den Rest des heißen Wassers hinein, zündete sich eine neue Zigarre an und begann darüber zu spekulieren, wie das Spiel zustande kommen sollte.

Die Dame war in Sicherheit, das war klar; er hatte nichts anderes zu tun als „Pop“. Das würde er abends oder morgens oder zu jeder anderen Zeit tun – einem Mann, der mit einem Mädchen im Haus lebt, muss es nie an einer Gelegenheit mangeln. Als die Vorgespräche vorbei waren und man die übliche Antwort „Frag Papa“ erhielt, kam dann die Frage: Wie soll mit dem alten Jungen umgegangen werden? Denn Männer mit heiratsfähigen Töchtern sind in jeder Hinsicht „alte Jungs", egal wie alt sie sind Mai.

Er verlor sich im Nachdenken. Er saß da, den Blick auf das Jawleyford-Porträt über dem Kaminsims gerichtet, und fragte sich, ob er der liebenswürdige, liberale, herzliche, desinteressierte Mann war, der er zu sein schien, dem Geld gleichgültig war und der sich nur makellose junge Männer für seine Töchter wünschte; oder wenn er ein weltlich gesinnter Mann war, wie einige, die er getroffen hatte, und der ihn, nachdem er ihn auf jede erdenkliche Weise ermutigt hatte, wie einen Diener nach rechts schickte. Also rauchte Schwamm und dachte nach und dachte und rauchte, bis das Wasser im Fußbad wieder kalt wurde und die Schatten der Nacht hereinbrachen und er schließlich aufsprang wie ein Mann, der entschlossen ist, sich selbst zu wecken, und ein Streichholz in das Fußbad steckt Feuer, zündete die Kerzen auf dem Toilettentisch an und machte sich daran, sich zu schmücken. Nachdem er sich wieder in die tödlichen Strumpfhosen und Schnallenpumps geschlüpft hatte und dazu ein feines Hemd mit Blumenmuster trug, zündete er, bevor er sich an die Köstlichkeiten und Schwierigkeiten des Stärkekochens machte, das kleine Feuer an und faltete sich in seinen Schlafrock Er bemühte sich, seinen Geist auf die ruhige Betrachtung aller Einzelheiten der Frage durch etwas mehr *Mogg vorzubereiten* . In Gedanken zog er nach London und stellte sich nun vor, am Ende der Burlington Arcade zu stehen und einen Fulham- oder Turnham-Green-Bus zu rufen; Jetzt streitet er mit einem Schaffner, weil er ihm sechs Pence in Rechnung gestellt hat, als ein Wimpel mit der Aufschrift „ DEN GANZEN WEG 3D. " vor seiner Nase flatterte; Jetzt klappte er die Holztüren eines Kutschentaxi in der Oxford Street zusammen und überlegte, wie weit er für einen Acht-Cent-Fahrpreis maximal zurücklegen konnte: bis er schließlich in eine geradezu leere Art von Lektüre verfiel, ohne Sinn und Verstand, so wie man manchmal eine Lektüre liest eines Verzeichnisses oder eines Wörterbuchs – „Conduit Street, George Street, zur oder von der Adelphi Terrace, Astley's Amphitheatre, Baker Street, King Street, Bryanston Square irgendwo, Covent Garden Theatre, Foundling Hospital, Hatton Garden" und so weiter, bis der Donner des Gongs ihn dazu weckte, sich an seine Pflichten zu erinnern. Dann richtete er sich auf und griff nach seinem Halstuch.

„Na ja", sagte er und wandte sich wieder seiner Geliebten zu, während er sich aufmerksam im Spiegel ansah, während er die entscheidende Operation durchführte, „nach dem Abendessen rufe ich einfach den alten Herrn an – so etwas kann man besser machen." „Es sieht auch weniger förmlich aus, wenn man seinen Wein vielleicht besser trinkt als zu jeder anderen Zeit", fügte er hinzu und faltete die Krawatte wissend an der Seite. „Und wenn es nicht zu funktionieren scheint, kann man es einfach so ausgeben, als ob es für jemand anderen gemacht worden wäre – zum Beispiel für einen jungen Herrn in Laverick Wells."

Mit diesen Worten zog er seine weiße Weste an und krönte den siegreichen Anzug mit einem blauen Mantel und Metallknöpfen. Er steckte seinen *Mogg zurück* in die Tasche seines Morgenmantels, blies die Kerzen aus und tappte im Dunkeln nach unten.

Als er am Speisezimmer vorbeiging, schaute er hinein (um zu sehen, ob dort Champagnergläser standen, wie wir glauben), als ihm klar wurde, dass er nach dem Abendessen keine Gelegenheit haben sollte, seinen Schwiegervater anzusprechen, denn er fand es der Tisch war für zwölf Personen gedeckt und eine große Auswahl an Tellern, Leinen und Porzellan.

Dann stolzierte er weiter in den Salon, der in grellem Licht erstrahlte. Die lebhafte Emily hatte ihrer Schwester den Rang abgelaufen und war gerade eingetreten, gekleidet in ein schönes neues blassgelbes Seidenkleid mit Spitzenborte und anderen Verzierungen.

Zwischen den Schwestern kam es zu hochmütigen Worten über die Gemeinheit von Amelia, als sie versuchte, ihr ihren Freund wegzunehmen, besonders nachdem Amelia sich gegenüber Sponge so ernst gefühlt hatte; und ein genauer Beobachter hätte vielleicht den leichten Rotstich auf Emilys Augenlidern gesehen, der auf das übliche Problem solcher Szenen hinweist. Das Ergebnis war, dass jede davon beschloss, das Beste für sich selbst zu tun; Als der Freihandel verkündet wurde, machte sich Emily zügig daran, sich anzuziehen, und rechnete damit, dass Mr. Sponge, da er durchnässt hereingekommen war, sich höchstwahrscheinlich sofort anziehen und rechtzeitig im Salon erscheinen würde. Mit ihrer Rechnung war sie auch nicht unzufrieden, denn sie hatte kaum einen anerkennenden Blick in den Spiegel genossen, als unser Held stolziert hereinkam, mit zuckenden Armen, als hätte er seine Armbänder nicht zurechtgerückt, und mit den Beinen zuckend, als ob das nicht der Fall wäre Zu ihm gehören.

„Ah, meine liebe Miss Emley!" rief er und schritt fröhlich mit ausgestreckter Hand auf sie zu, die sie mit aller Freude der Welt ergriff; und fügte hinzu: „Und wie ist es dir ergangen?"

„Oh, schon gut, danke", antwortete sie und sah aus, als hätte sie gesagt: „So gut es geht, ohne dich."

Obwohl Sponge ein ausgezeichneter Kenner eines Pferdes und aller damit verbundenen Kleinigkeiten war, war er in Sachen Frau immer noch ziemlich unerfahren; und nachdem er sich entschieden hatte, dass Amelia seine Wahl sein sollte, kam er zu dem Schluss, dass Emily alles darüber wusste und im Namen ihrer Schwester arbeitete, anstatt das Angenehme für sich selbst zu tun. Und hier haben ältere Schwestern einen großen Vorteil gegenüber jüngeren. Sie werden immer zuerst gezeigt oder versuchen, sich zu zeigen; und wenn ein Mann sich einmal dazu entschließt, dass der Ältere es tun wird, ist die Sache erledigt; und es ist weder ein oder zwei tiefere Blautöne, noch ein hellerer Braunton, noch ein etwas kleinerer Fuß, noch eine elegantere Taille, die ihn dazu veranlassen werden, sich gegen eine jüngere Schwester auszutauschen. Die Jüngeren werden in den Köpfen der Männer sofort zu Schwestern und ziehen sich vom Feld zurück oder werden in den Ruhestand versetzt – „zerkratzt", wie Sponge sagen würde.

Amelia würde Emily jedoch keine Chance geben; Denn nachdem sie sich mit allem ausgestattet hatte, was zu einer attraktiven Toilette gehört – einem lavendelfarbenen Satin mit breiten schwarzen Spitzenrüschen und schwerem Schmuck an ihren wohlgeformten Armen – schlich sie sich so sanft an sie heran, dass sie Emily beinahe auf frischer Tat ertappte das Angenehme zu spielen. Sie verwandelte die Side in ein stattliches Segel, mit einem hochmütigen Grinsen und einer Kopfbewegung zu ihrer Schwester, als würde sie sagen: „Was machst du mit meinem Mann?" – ein höhnisches Grinsen, das sich plötzlich in ein süßes Lächeln verwandelte Ihr Blick traf auf den von Sponge – sie bedeutete ihm nur, zu einem Sofa zu gehen, wo sie ein *sotto-voce* -Gespräch im Stil eines verlobten Paares begann.

HERR. SPONGE UND DIE MISSES JAWLEYFORD

Dann begann sich die Handlung zu verdichten. Zuerst kam Jawleyford in einem schrecklichen Eintopf.

„Nun, das ist schade!" rief er aus und stampfte und schwenkte eine Duftnote mit einem Wappen und Initialen an der Spitze. „Das ist schade", wiederholte er; „Leute nehmen Einladungen an und weinen dann im letzten Moment."

„Wer kann nicht kommen, Papa – die Foozles?" fragte Emily.

„Nein – Dummköpfe werden gehängt", höhnte Jawleyford; „Sie kommen immer – *die Blütennasen!*"" antwortete er mit Nachdruck.

„Die Blütennasen!" riefen beide Mädchen aus, falteten die Hände und blickten zur Decke.

„Was, alle?" fragte Emily.

„Alle", erwiderte Jawleyford.

„Das sind doch vier", bemerkte Emily.

„Natürlich ist es so", antwortete Jawleyford; „Fünf, wenn man sie nach ihrem Appetit zählt; denn der alte Blossom isst und trinkt immer so viel wie zwei Personen.'

„Welche Entschuldigung geben sie?" fragte Amelia.

„Kutschpferd ist plötzlich krank geworden", antwortete Jawleyford; „Als ob das eine Entschuldigung wäre, wenn es im Umkreis von einem halben Dutzend Meilen Postpferde gibt."

„Aus Mangel an einem Pferd wäre er wohl nicht von der Jagd abgehalten worden", bemerkte Amelia.

„Ich wage zu behaupten, dass alles eine Lüge ist", bemerkte Jawleyford; und fügte hinzu: „Die Einladung soll sich jedoch auf ein Abendessen beziehen."

Die Denunziation wurde durch das Erscheinen von Spigot unterbrochen, der in voller Pracht in schwarzen Shorts, Seidenstrümpfen und Schnallenpumps durch den geräumigen Salon kam, gefolgt von einem verlegen aussehenden Jungen mit glattem Haar und rotem Apfelgesicht Herr, den er als Mr. Robert Foozle bekannt gab. Robert war die Hoffnung des Hauses Foozle; und es war ein Glück, dass seine Eltern mit ihm zufrieden waren, denn nur wenige andere Menschen waren es. Er war ein junger Herr, der jedem die Hand schüttelte, allem zustimmte, was jemand sagte, und bei der Beantwortung einer Frage, aus der tatsächlich sein Hauptgespräch bestand, folgte er stets den Worten des Verhörs, so weit er konnte. Zum Beispiel: „Nun, Robert, waren Sie heute in Dulverton?" Antwort: „Nein, ich war heute nicht in Dulverton." Frage: „Gehen Sie morgen nach Dulverton?" Antwort: „Nein, ich fahre morgen nicht nach Dulverton." Nachdem er allen Anwesenden die Hand geschüttelt und sich dem Feuer zugewandt hatte, um seine roten Fäuste zu wärmen, hatte Jawleyford so lange „stramm" gestanden, wie er glaubte, dass Mrs. Foozle vor dem Glas in seinem Arbeitszimmer damit beschäftigt sein würde, ihre Kopfbedeckung zurechtzurücken Als er keine Anzeichen einer weiteren Ankündigung sah, fragte er Foozle schließlich, ob sein Papa und seine Mama nicht kämen.

„Nein, mein Papa und meine Mama kommen nicht", antwortete er.

'Bist du sicher?' fragte Jawleyford aufgeregt.

„Ganz sicher", antwortete Foozle mit der selbstverständlichsten Stimme.

HERR. ROBERT FOOZLE

„Die Zwei!" rief Jawleyford, stampfte mit dem Fuß auf den weichen Teppich und fügte hinzu: „Es regnet nie, aber es schüttet!"

„Haben Sie eine Notiz oder so etwas?" fragte Mrs. Jawleyford, die Robert Foozle ins Zimmer gefolgt war.

„Ja, ich habe einen Zettel", antwortete er, griff in die Innentasche seines Mantels und holte einen hervor. Der Zettel war ein Brief – ein Brief von Mrs. Foozle an Mrs. Jawleyford, dreiseitig und gekreuzt; Als Mrs. Jawleyford das Ausmaß erkannte, steckte sie es ruhig in ihre Tasche und bemerkte: „Sie hofft, dass es Mr. und Mrs. Foozle gut geht?"

„Ja, es geht ihnen gut", antwortete Robert, obwohl er ausdrücklich angewiesen hatte, zu sagen, dass sein Papa Zahnschmerzen und seine Mutter Ohrenschmerzen hatte.

Dann läutete Jawleyford wütend die Glocke zum Abendessen, und im Laufe der Zeit begab sich die sechsköpfige Gruppe zu einem Tisch für zwölf Personen. Sponge verpfändete Mrs. Jawleyford an Robert Foozle, was Sponge das Recht auf die schöne Amelia verschaffte, die auf seinem Arm davonging und Emily mit dem Kopf anwarf, als hielte sie ihn für den schönsten, lebhaftesten Mann unter der Sonne. Emily folgte ihm, und Jawleyford kam schmollend allein herein, verärgert über das Scheitern dessen, was er mit *der* großen Unterhaltung meinte.

Lichter strahlten in Hülle und Fülle; Gewohntere Lampen hatten sich nun besser verhalten; und die gesamte Kraft des Tellers wurde beansprucht, was den unglücklichen Koch traurig verwirrte, etwas zu finden, das er auf das Geschirr legen konnte. Sie war jedoch eine wirklich großmütige Frau, die es sich zur Aufgabe machte, das Festmahl eines Oberbürgermeisters zu kochen – Suppen, Süßigkeiten, Braten, Hauptgerichte und alles andere.

Jawleyford war während des Abendessens fast still; Tatsächlich war er zu weit weg, um sich unterhalten zu können, wenn es denn eine gegeben hätte, an der er hätte teilnehmen können; was nicht der Fall war, denn Amelia und Sponge summten weiter Worte, während Emily Robert Foozle mit Fragen und Antworten bearbeitete, wie zum Beispiel:

„Waren deine Schwestern heute draußen?"

„Ja, meine Schwestern waren heute draußen."

„Gehen deine Schwestern zum Weihnachtsball?"

„Ja, meine Schwestern gehen zum Weihnachtsball" usw. &C.

Dennoch wurde Robert, obwohl er fast dumm war, im Allgemeinen gefragt, wo etwas los sei; und mehr als einen jungen La – aber darüber werden wir nichts erzählen, da er nichts mit unserer Geschichte zu tun hat.

Als die Damen sich verabschiedeten, hatte sich Mr. Jawleyford einigermaßen von dem Ärger über seine Enttäuschung erholt; und als sie sich zurückzogen, klingelte er und forderte Spigot auf, sich auf den Hufeisentisch zu setzen und eine Flasche des „grünen Siegels" zu bringen, der Farbe, die auf den Flaschen von vier Dutzend Portweinkörben angebracht ist („merkwürdig") alter Hafen bei 48 *s* ."), der von „Wintle & Co." eingetroffen war. mit der Bahn (natürlich Güterzug) an diesem Morgen.

"Dort!" rief Jawleyford, als Spigot die reich verzierte Karaffe auf den hufeisenförmigen Tisch stellte. "Dort!" wiederholte er und zog den grünen Vorhang zu, als wollte er ihn vor dem Feuer schützen, in Wirklichkeit aber, um die Trägheit zu verbergen, die ihm die jüngste Erschütterung verliehen hatte; „Dieser Wein", sagte er, „ist in der Flasche mindestens ein Vierteljahrhundert alt."

„In der Tat", bemerkte Sponge, „es ist Zeit, dass es betrunken ist."

„Ein Vierteljahrhundert?" klaffte Robert Foozle.

„Ein Vierteljahrhundert, wenn es ein Tag ist", antwortete Jawleyford und schmatzte mit den Lippen, als er sein Glas abstellte, nachdem er das kostbare Getränk getrunken hatte.

„Sehr gut", bemerkte Schwamm; Während er an seinem Glas nippte, fügte er hinzu: „Es ist seltsam, so einen alten Wein so vollmundig zu finden."

„Nun, erzählen Sie uns jetzt alles über den Verlauf Ihres Tages", sagte Jawleyford und hielt es für ratsam, das Gespräch sofort zu ändern. „Welchen Sport hatten Sie mit Mylord?"

„Oh, warum, ich kann dir wirklich nicht viel sagen", sagte Sponge gedehnt und verwirrt. „Seltsames Land – seltsame Gesichter – niemand, den ich kannte, und –"

„Ah, stimmt", antwortete Jawleyford, „wahr." Nachdem du weg warst, kam mir der Gedanke, dass du vielleicht niemanden kennst. Sie sehen, unser Land ist eher abgelegen; Nur wenige unserer Leute gehen in die Stadt oder anderswo. es sind alles heimelige Vögel. „Aber sie würden Sie sicher mit großer Höflichkeit empfangen – zumindest wenn sie wüssten, dass Sie von hier kommen", fügte er hinzu.

Sponge schwieg und nahm einen großen Schluck des langweiligen „Wintle", um sich eine Antwort zu ersparen.

„War mein Lord Scamperdale draußen?" fragte Jawleyford, da er sah, dass er keine Antwort bekommen würde.

„Das kann ich dir wirklich kaum sagen", antwortete Sponge. „Es waren zwei Männer draußen, jeder von ihnen könnte er sein; Zumindest schienen sie beide die Führung zu übernehmen, und – und –", er wollte sagen: „Die Leute in die Luft jagen", aber er dachte, er könnte das genauso gut für sich behalten.

„Stämmige, kräftig aussehende Männer, die sehr ähnlich gekleidet sind und große, breite Schildpattbrillen tragen?" fragte Jawleyford.

„Genau so", antwortete Schwamm.

„Ah, dann haben Sie recht", entgegnete Jawleyford; „Es wäre mein Herr."

„Und wer war der andere?" fragte unser Freund.

„Oh, dieser Jack Spraggon", antwortete Jawleyford und rümpfte die Nase, als würde ihm gleich schlecht werden; „einer der abscheulichsten Kerle unter der Sonne." Ich kenne wirklich keinen Mann, gegen den ich eine so große

Abneigung hege, für den ich eine so völlige Verachtung hege, wie für diesen Jack, wie sie ihn nennen."

'Was ist er?' fragte Schwamm.

„Oh, nur ein Mitläufer seiner Lordschaft; das Geschöpf hat nichts – überhaupt nichts; Er lebt von Mylord – isst sein Wildbret, trinkt seinen Rotwein, reitet auf seinen Pferden, schikaniert diejenigen, mit denen sein Lord nicht gerne zu kämpfen hat, und macht sich im Allgemeinen nützlich.'

„Er scheint ein Mann dieser Art zu sein", bemerkte Sponge, als er über das Kompliment nachdachte, das er erhalten hatte.

„Nun, wer hat dich denn sonst rausgebracht?" fragte Jawleyford. „War Tom Washball da?"

„Nein", antwortete Schwamm, „ *er* war nicht draußen, ich weiß."

„Ah, das ist bedauerlich", bemerkte Jawleyford, nahm sich selbst und reichte die Flasche. „Tom ist ein toller Kerl – ein perfekter Gentleman – ein toller Freund von mir." Wenn er draußen gewesen wäre, hätten Sie nichts weiter tun können, als meinen Namen zu erwähnen, und er hätte Sie in einer Minute in Ordnung gebracht. Wer war denn sonst noch da?' fuhr er fort.

„Da war ein großer Mann in Schwarz, auf einem gutaussehenden jungen braunen Pferd, der beim Zäunen ziemlich voreilig war, aber einen guten Gehstil hatte."

'Was!' rief Jawleyford, „ein Mann in eintönigen Cordhosen und Stiefeln, dessen Hutkrempe etwas nach oben gedreht ist?"

„Genau so", antwortete Schwamm; „und ein doppeltes Band als Hutschnur."

„Das ist Meister Blütennose", bemerkte Jawleyford und konnte seine Empörung kaum zurückhalten. „Das ist Meister Blütennose", wiederholte er und griff in der Aufregung des Augenblicks mit der Hand nach hinten. „Es würde ihm mehr Ehre machen, zu Hause zu bleiben und sich um seine Pfarrei zu kümmern", fügte Jawleyford hinzu; Das heißt, es wäre ihm mehr zugute gekommen, wenn er seine Verlobung ihm gegenüber an diesem Abend erfüllt hätte, anstatt morgens auf die Jagd zu gehen.

Dann saßen die beiden eine Zeit lang schweigend da, Sponge sah, wo die wunde Stelle war, und Robert Foozle sah wie immer nichts. „Na ja", bemerkte Jawleyford und brach schließlich das Schweigen, „es war bedauerlich, dass Sie heute Morgen gegangen sind." Ich habe mein Bestes getan, um dich davon abzuhalten – ich habe dir gesagt, wie weit der Weg ist und so weiter. Aber egal, morgen werden wir alles wieder in Ordnung bringen. Ich bin sicher, Seine Lordschaft wird sich sehr freuen, Sie zu sehen.

Also bedienen Sie sich", fuhr er fort und reichte den „Wintle", „und wir werden seine Gesundheit und seinen Erfolg auf die Fuchsjagd trinken."

Schwamm füllte einen Stoßfänger und trank auf die Gesundheit Seiner Lordschaft, mit der gewünschten Begleitung; und wandte sich an Robert Foozle, der das Gleiche tat, und sagte: „Jagen Sie gern?"

„Ja, ich jage gern", antwortete Foozle.

„Aber du jagst *nicht*, weißt du, Robert", bemerkte Jawleyford.

„Nein, ich jage nicht", antwortete Robert.

Als das „grüne Siegel" abgerissen wurde, bestellte Jawleyford eine Flasche des „anderen" und führte die leichte Verfärbung (die er erst entdeckte, als sie die Flasche fast ausgetrunken hatten) auf eine Veränderung der Atmosphäre im Außenkeller zurück. Sponge ging energisch gegen den Neuling vor, der besser war als der erste; und Robert Foozle, der während des Sprechens trank, füllte sich immer weiter, sehr zu Jawleyfords Unzufriedenheit, der gezwungen war, ein Drittel zu bestellen. Im Verlauf des Abrisses lockerte sich die Zunge der Hostie erheblich. Er sprach von der Jagd und den Reizen der Jagd – von der guten Kameradschaft, die sie hervorbrachte, und erläuterte ausführlich die Vorteile, die sie dem Land aus nationaler Sicht brachte, indem sie den Geist männlichen Unternehmungsgeists förderte und unsere konkurrenzlosen Menschen ermutigte Pferderasse; Beides betrachtete er als nationale Objekte, die die Aufmerksamkeit aufgeklärter Männer wie ihm durchaus verdienten.

Jawleyford war ein großer Förderer der Jagd; und sein Hüter Watson hatte immer einen Sackfuchs bereit, den er abweisen konnte, wenn die Hunde meines Herrn sich dort trafen. Es war nie bekannt, dass Jawleyfords Einbände leer waren. Obwohl sie am Tag zuvor erschossen worden waren, hielten sie am nächsten Tag immer einen Fuchs in der Hand – wenn ein Fuchs benötigt wurde.

Sponge war mit den Themen Pferden und Jagd bestens vertraut und lobte alle Beobachtungen seines Schwiegervaters über alle Maßen; Gelegentlich überlegte er, ob es ratsam wäre, ihm ein Pferd zu verkaufen, und wenn ja, überlegte er, ob er ihm eines der drei Pferde geben sollte, die er unten hatte, oder ob er den alten Buckram dazu bringen sollte, eine ruhige Schraube zu kaufen, die ein wenig Arbeit vertragen würde und ihm (Sponge) einen kleinen Gewinn bescheren und dennoch den großen Förderer des englischen Sports nicht zerstören. Je mehr Jawleyford trank, desto energischer wurde er und desto größere Freude erwartete er vom Treffen am morgigen Tag. Er machte dem Lord einen Strich durch die Rechnung und sprach von „Scamperdale" als einem hervorragenden Kerl – einem echten, guten, herzlichen, ehrlichen Engländer – einem Mann, den „je mehr man wusste, desto mehr mochte man"; All das war für Sponge sehr ermutigend. Schließlich schien Spigot die Aufruhr von Tee und Kaffee zu lesen, als Jawleyford beschloss, nicht aus einer anderen Flasche zu trinken, auf die fast leere Karaffe zeigte und zu Robert Foozle sagte: „Ich nehme an, Sie nehmen keinen Wein mehr?" ' Darauf antwortete Robert: „Nein, ich nehme keinen Wein mehr." Daraufhin schob Jawleyford seinen Stuhl zurück und warf seine Serviette weg, stand auf und ging voran ins Wohnzimmer, gefolgt von Sponge und diesem unterhaltsamen jungen Herrn.

Auf den Tee folgte ein Rundenspiel; Darauf folgte wiederum ein massives silbernes Tablett, das hauptsächlich mit kaltem Wasser und Bechern dekoriert war. und als die verschiedenen unabhängigen Uhren im Salon zu läuten begannen und elf schlugen, dachte Mr. Jawleyford, er würde versuchen, Foozle loszuwerden, indem er ihn fragte, ob er nicht besser die ganze Nacht bleiben sollte.

„Ja, ich denke, ich bleibe besser die ganze Nacht", antwortete Foozle.

„Aber werden sie dich nicht zu Hause erwarten, Robert?" fragte Jawleyford, der nicht geneigt war, in seine eigene Falle zu tappen.

„Ja, sie werden mich zu Hause erwarten", antwortete Foozle.

„Dann sollten Sie sie vielleicht besser nicht beunruhigen, indem Sie bleiben", schlug Jawleyford vor.

„Nein, vielleicht sollte ich sie besser nicht beunruhigen, indem ich bleibe", wiederholte Foozle. Daraufhin standen sie alle auf, und Jawleyford wünschte ihm eine gute Nacht und übergab ihn Spigot, der ihn einem Lakaien übergab, der ihn einem anderen übergab, damit er ihm seinen lederköpfigen Shandridan anknöpfte.

Nachdem er Robert besprochen und ihm erklärt hatte, wie unglücklich es sei, einen solchen Jungen zu haben, läutete Jawleyford die Glocke, um das Wasserbankett wegzunehmen. Unsere Freunde bestellten das Frühstück eine halbe Stunde früher als gewöhnlich und gingen zu Bett.

KAPITEL XXII

WIEDER DIE FHH

Herren, die es nicht gewohnt sind, in der Öffentlichkeit zu jagen, machen beim Ausgehen oft eine seltsame Figur. Wir haben sie in allen möglichen seltsamen Gewändern gesehen, halb Fuchsjäger, halb Fischer, halb Fuchsjäger, halb Matrosen, mit ab und zu einem kräftigen Bauernkreuz.

Mr. Jawleyford war eine Mischung aus einem Militär-Dandy und einem Knappen. Die grün-goldene Bumperkin-Futtermütze mit den Buchstaben „BYC" vorne war beschwingt auf einer Seite seines Dachskopfes gespannt, während er spielerisch mit dem Lacklederband spielte – jetzt spielte er damit auf seinem Lippe, mal lässt er sie unter sein Kinn fallen, mal zieht er sie sie bis zum Gipfel hoch. Er hatte einen ungeheuer steifen Schaft an – so hart, dass er bei keinem Druck Falten bekam, und so hoch, dass seine spitzen Kiemen kaum darüber hinausschauen konnten. Sein Mantel war ein hellgrüner Cut-Away-Mantel – hergestellt, als die Kragen sehr hoch und sehr hohl getragen wurden und die Taille etwa in der Mitte des Rückens eines Mannes liegen sollte, wobei Jawleyfords Rückenknöpfe diese bemerkenswerte Position einnahmen. Diese waren aus totem Gold mit einem hellen Rand und stellten eine Hase dar, die ihr ganzes Leben lang gestreckt hatte, und waren die Knöpfe der alten Muggeridge-Jagd – einer Jagd, die vor vielen Jahren aus Mangel an den nötigen Mitteln gestorben war (80 *Pfund*). um es weiterzuführen. Der Mantel, der einreihig und mit einem Samtkragen versehen war, hatte einen extremen Schwalbenschwanz und bildete einen bemerkenswerten Kontrast zu den geräumigen Karussells der Mitglieder der Flachhutjagd; Der nach hinten ragende Kragen in Form eines gotischen Bogens wies alle Nähte und Fäden auf, die zu diesem Teil des Kleidungsstücks gehörten.

Aber wenn Mr. Jawleyfords Mantel „Hase" lautete, war seine Weste „Fuchs" und ganz „Fuchs". Auf leuchtend blauem Grund trug er so viele „Köpfe", dass man nicht sagen kann, dass er in einem Zwinger voller unsicherer Hunde sicher gewesen wäre. Eines war allerdings zu seinen Gunsten, nämlich dass sie den Köpfen von Katzen genauso ähnelten wie denen von Füchsen. Der Mantel und die Weste waren altmodisch, aber sein Untermann war in rhabarberfarbene Tweedpantalons der neuesten Generation gehüllt – eine Materialart, die äußerst weich und angenehm zu tragen war, sich aber nicht so gut für den rauen Einsatz im Gelände eignete. Diese hatten einen breiten braunen Streifen an den Seiten und waren über den Fuß seiner feinen, französisch polierten Papierstiefel geformt, deren Absätze mit langhalsigen, ringförmigen Sporen verziert waren. So gekleidet und mit einer kleinen silberbeschlagenen Peitsche, die er ständig herumwirbelte, begegnete er Mr.

Sponge nach dem Frühstück in der Eingangshalle. Mr. Sponge wusste, wie alle Männer, die selbst „extrem schick" sind, Männer, die keinen einzigen Knopf verrutschen würden, selbst wenn es jemals so wäre, kaum, was er von Jawleyfords Kostüm halten sollte. Es war klar, dass er kein Sportler war; Und dann kam die Frage, ob er zu den wenigen Privilegierten gehörte, die tun und lassen können, was sie wollen, und die jede Art von Absurdität ertragen können. Welches Unbehagen Sponge in dieser Hinsicht auch verspürte, Jawleyford war ganz entspannt und stolzierte umher wie ein Adjutant bei einer Besprechung.

„Na ja, wir sollten wohl gehen", sagte er, streifte ein Paar halb schmutzige, zitronenfarbene Samthandschuhe über und säbelte mit der Peitsche durch die Luft.

„Ist Lord Scamperdale pünktlich?" fragte Schwamm.

„Tol-lol", antwortete Jawleyford, „tol-lol."

„Er wird auf *dich warten* , nehme ich an?" bemerkte Sponge und dachte darüber nach, Jawleyford nach diesem unfehlbaren Kriterium der Gunst zu prüfen.

„Wenn er wüsste, dass ich komme, dann würde er es wahrscheinlich tun", antwortete Jawleyford langsam und bedächtig, da er das Gefühl hatte, dass es jetzt keine Zeit zum Aufblitzen war. „Wenn er wüsste, dass ich komme, würde ich sagen, dass er es tun würde", wiederholte er; „In der Tat zweifle ich nicht daran, dass er es tun würde; aber man mag es nicht, große Männer aus dem Weg zu räumen; Außerdem ist es genauso einfach, pünktlich zu sein wie sonst. Als ich im Bumperkin war —'

„Aber dein Pferd ist doch dran, nicht wahr?" unterbrochener Schwamm; „Er wird dein Pferd dort sehen, weißt du."

„Pferd auf, mein Lieber!" rief Jawleyford, „Pferd an? Nein, sicher nicht. Wie soll ich da selbst hinkommen, wenn mein Pferd dran wäre?'

„Hack, natürlich", antwortete Sponge und zündete seine Zigarre an.

„Ah, aber dann hätte ich keinen Bräutigam, der mich begleiten könnte", bemerkte Jawleyford und fügte hinzu: „Man muss einen gewissen Auftritt machen, wissen Sie." Aber kommen Sie, mein lieber Herr Schwamm", fuhr er fort und ergriff den Arm unseres Helden, „lassen Sie uns zur Tür gehen, denn Ihre Zigarre wird das ganze Haus ausräuchern; und Mrs. Jawleyford hasst den Geruch von Tabak.'

Hier machte Spigot mit seinen Begleitern in Livree der Konfabulation ein Ende, indem er vorbeieilte, die Riegel zog und die geräumigen Falttüren zurückschob, als ob das Königshaus oder Daniel Lambert selbst „herauskommen" würden.

Der Lärm, den sie machten, war draußen zu hören; und als sie das obere Ende der geräumigen Treppe erreichten, sah man Sponges gescheckten Reiter, der einen schmutzigen Dorfjungen anführte, und Jawleyfords Rosse mit einem himmelblauen Stallknecht unter dem Portoco hin und her huschen, damit die Besitzer sie besteigen konnten. Die Jawleyford-Kavallerie gehörte nicht zu den Besten; aber Jawleyford war damit zufrieden, und das ist eine tolle Sache. Tatsächlich musste etwas nur Jawleyford gehören, damit Jawleyford es übermäßig mochte.

'Dort!' rief er, als sie die dritte Stufe von unten erreichten. 'Dort!' wiederholte er und packte Schwamm am Arm: „Das nenne ich Form." So ein Tier sieht man nicht jeden Tag", und zeigte auf einen nicht schlecht geformten, aber offensichtlich abgenutzten Braunen mit überknieten Knien, der mit den Knöcheln und zitternd dastand und darauf wartete, dass Jawleyford aufstieg.

„Eines der „Has-Beens", sollte ich sagen", antwortete Sponge und blies eine Rauchwolke direkt an Jawleyfords Nase vorbei; und fügte hinzu: „Es ist schade, aber Sie könnten ihm vier neue Beine besorgen."

„Faith, ich sehe nicht, dass er so etwas will", erwiderte Jawleyford, der sowohl über den Rauch als auch über die Beobachtung verärgert war.

„Nun, wo „Unwissenheit Glückseligkeit ist" usw.", antwortete Sponge mit einem weiteren großen Zug, der Jawleyford fast blind machte. „Geh weiter und lass uns sehen, wie es ihm geht", fügte er hinzu und ging beim Sprechen zum Schecken über.

Herr Jawleyford bestieg dann sein Pferd; und nachdem er sich auf einem Militärsitz niedergelassen hatte, berührte er die alte Schraube mit dem Sporen und machte sich im Galopp auf den Weg. Der Schecken, der den Portikus vielleicht mit einer Bude verwechselte und glaubte, es sei ein guter Ort, ihn auszustellen, starb in der anerkanntesten Form; und nicht jedes „Kommen" oder alle Tritte von Sponge konnten ihn zum Aufstehen bewegen, bevor er die gesamte Zeremonie durchlaufen hatte. Schließlich erhob sich der *ci-devant*-Schauspieler mit einer Mähne voller Kies, einer gut beschmierten Seite und einem traurig zerkratzten „Wilkinson & Kidd" zur großen Erleichterung des Dorfjungen, der sich beim Bringen einem Galopp hingegeben hatte er aus Lucksford, erwartete, dass ihm der Tod bevorstehen würde. Kaum war er aufgestanden, sprang Mr. Soapey, ohne darauf zu warten, dass er sich schüttelte, in den Sattel, packte ihn am Kopf und ließ die Latchfords in einer Art herein, die dem Pferd entsprach, in dem er nicht galoppieren wollte Kreis. Weg ging er, bestes Tempo; Denn wie alle Pferde von Mr. Sponge hatte er ein Talent zum Laufen, wobei die allgemeine Schwierigkeit darin bestand, sie dazu zu bringen, so zu laufen, wie sie es wollten.

Sponge überholte Mr. Jawleyford, der an ein Tor herangekommen war, das er mit mehreren vergeblichen Briggs-ähnlichen Pässen und Versuchen zu öffnen versuchte; Das Tor und sein Pferd schienen sich vereint zu haben, um ihn am Durchkommen zu hindern. Obwohl er ein erfahrener Schwertkämpfer war, war er nie in der Lage gewesen, die Kunst zu beherrschen, ein Tor zu öffnen, insbesondere eines dieser behutsam ausbalancierten, federbelasteten Dinger, die rechtzeitig erlegt werden müssen, sonst fallen sie genau dann, wenn das Pferd es braucht seine Nase zu ihnen.

„Warum bist du nicht hier, um das Tor zu öffnen?" fragte Jawleyford schnippisch, als der blaue Junge geschäftig auf ihn zukam, da die Bemühungen seines Meisters mit jedem Versuch aussichtsloser wurden.

Der Junge sprang wie ein kluger Kerl von seinem Pferd, öffnete es mit den Händen und rannte zu Fuß zurück.

Dann ritten Jawleyford und Sponge durch.

Galopp, Galopp, Galopp, ging Jawleyford, den Arm in die Seite gestemmt, den Kopf weit nach oben, die Beine weit nach unten, die Zehen gut gespitzt, als würde er zu einem Rennen gehen, bei dem seine Arbeit mit der Ankunft enden würde, und nicht zu einer Fuchsjagd , wo es erst beginnen würde.

JAWLEYFORD GEHT AUF DIE JAGD

„Du bist ziemlich hart zu dem alten Nörgler, nicht wahr?" fragte schließlich Schwamm, als sie, nachdem sie den hektischen, sumpfigen Park hinter sich gelassen hatten, auf den makadamisierten Schlagbaum stießen, und Jawleyford wählte die Mitte davon als Schauplatz für sein weiteres Voranschreiten.

'Ach nein!' antwortete Jawleyford und bewegte die Titten mit lockerem Zügel, als säße er auf dem kräftigsten und frischbeinigsten Pferd der Welt; 'Ach nein! „Meine Pferde sind daran gewöhnt." „Nun, aber wenn du ihn jagen willst", bemerkte Sponge, „wird er in die Luft gejagt, bevor er sich verstecken kann."

„Bringen Sie ihn in den Wind, mein Lieber", antwortete Jawleyford, „bringen Sie ihn in den Wind", indem er das Pferd mit den Sporen berührte, während er sprach.

„Glaube, aber wenn er genauso gut auf den Beinen wäre wie in der Luft, wäre er nicht verkehrt", entgegnete Schwamm.

Also galoppierten und trabten sie und trotteten und galoppierten davon, wobei Sponge dachte, er könne sich das Tempo genauso gut leisten wie Jawleyford. Tatsächlich muss ein Pferd nur ein Pferd werden, um die doppelte Arbeit leisten zu können, zu der es jemals fähig sein sollte.

Aber zum Treffen.

Scrambleford Green war ein kleines, verstreutes Dorf auf der Spitze eines etwas hohen Hügels, der das Tal, in dem Jawleyford Court lag, vom fruchtbareren Tal von Farthinghoe trennte, in dem Lord Scamperdale lebte.

Es war einer dieser abgelegenen Orte, an denen sich die Hunde trafen und ein Liebesfest oder Jahrmarkt stattfand, bestehend aus zwei Geigenspielern (einer für jedes Wirtshaus), ein paar nicht lizenzierten Packmännern und drei oder vier Lebkuchen Ställe, eine Herde Kühe und einige Schafe bilden die großen Ereignisse des Jahres bei einem Volk, das mit so viel Fröhlichkeit rundum glücklich und zufrieden ist. Denken Sie daran, Sie „verbrauchten" jungen Herren von zwanzig Jahren, die die Vergnügungen der Welt erschöpft haben! Die Hunde kamen nicht oft nach Scrambleford Green, da es kein beliebtes Treffen war; und wenn sie kamen, hatten Frosty und die Männer sie im Allgemeinen ziemlich für sich. Dieser Tag war jedoch die Ausnahme; und der alte Tom Yarnley, dessen Alter sich fast verdoppelt hatte und der auf zwei Stöcken dahinhumpelte, erklärte, dass er im Laufe seiner Erinnerung, die sich über den größten Teil eines Jahrhunderts erstreckte, noch nie einen solchen „roten Anblick" gesehen habe Mäntel', wie sie an diesem Morgen in Scrambleford Green zusammengestellt wurden. Es schien, als hätte es einen plötzlichen Aufschwung der Sportler gegeben. Was hat sie alle herausgebracht? Was hat Mr. Puffington, den Besitzer der Hanby-Hunde, hierher geführt? Was brachte Blossomnose wieder? Welcher Mr. Wake, Mr. Fossick, Mr. Fyle, die alle am Tag zuvor draußen gewesen waren? Leser, im ganzen Land hatte sich die Nachricht verbreitet, dass ein großer Schriftsteller am Ende sei; und sie wollten sehen, was er über sie sagen würde – sie waren tatsächlich gekommen, um sich für ihre Porträts zu setzen. Es gab eine große Versammlung, zumindest für die Flat Hat Hunt, bei der sich selten mehr als ein Dutzend versammelten. Tom Washball kam in einem schönen neuen Mantel und einem neuen flachen Hut mit breitem Rand; auch Mr. Sparks aus Spark Hall; Major Mark; Herr Archer von der Cheam Lodge; Herr Reeves aus Coxwell Green; Herr Bliss, aus Boltonshaw; Herr Joyce aus Ebstone; Dr. Capon aus Calcot; Mr. Dribble aus Hook; Herr Slade aus Three-Burrow Hill; und mehrere andere. Groß war das Erstaunen beider, als der andere sich ausgab.

„Warum, hier ist Joe Reeves!" rief Blütennase aus. „Wer hätte gedacht, dich zu sehen?"

„Und wer hätte daran gedacht, *dich zu sehen* ?" antwortete Reeves und schüttelte der lustigen alten Nase die Hand.

„Hier ist Tom Washball ausnahmsweise rechtzeitig, das erkläre ich!" rief Mr. Fyle, als Mr. Washball in Apfelkuchenreihenfolge herbeigaloppierte.

„Wunder werden niemals aufhören!" bemerkte Fossick und musterte Washy.

So bildete das Feld einen Ring um die Hunde, in deren Mitte sich wie üblich Jack und Lord Scamperdale befanden, die mit ihren großen Schildpattbrillen und den kurzen grauen Schnurrhaaren, die in einer Kurve bis zur Nase gestutzt waren, zusahen ein paar gehörnte Eulen mit Hüten.

„Hier ist der Mann auf der Kuh!" rief Jack, als er Sponge und Jawleyford erspähte, die gemeinsam den Hügel hinaufstiegen und ihre Pferde erleichterten, indem sie in ihren Steigbügeln standen und sich an ihren Mähnen festhielten.

„Das sagst du nicht!" rief Lord Scamperdale, drehte sein Pferd in die Richtung, in die Jack blickte, und blickte ebenfalls auf hartes Leben. „Das stimmt, das erkläre ich!" beobachtete ihn.' Und wer zum Teufel ist das bei ihm?'

„Dieser Arsch Jawleyford, wie ich lebe!" rief Jack, als der blau gekleidete Diener nun in Sichtweite schwebte.

'So ist es!' sagte Lord Scamperdale; 'Der verdammte Humbug!'

„Dieser Junge wird es auf eine der jungen Damen abgesehen haben", bemerkte Jack; „Er gehörte nicht zu den Schriftstellern, für die wir ihn hielten."

„Das sollte mich nicht wundern", antwortete Lord Scamperdale; Er fügte mit leiser Stimme hinzu: „Ich stimme dafür, dass wir aus dem alten Jaw hervorgehen." Ich lasse dich zu einer guten Sache herein – du sollst mit ihm speisen.'

„Ich nicht", antwortete Jack.

„ *Das werden Sie* aber", antwortete Seine Lordschaft bestimmt.

„Bitte nicht!" flehte Jack.

„Bei den Mächtigen, wenn Sie es nicht tun", erwiderte Seine Lordschaft, „sollten Sie einen Monat lang kein Reittier von mir bekommen."

Während dieses Gespräch im Gange war, hatten Jawleyford und Sponge, nachdem sie den Hügel erklommen hatten, wieder im Sattel Platz genommen, und Jawleyford, der sich in Stellung brachte, kitzelte sein Pferd mit seinen Sporen und galoppierte höflich auf die Meute zu. Schwamm und der Bräutigam folgen etwas dahinter.

„Ah, Jawleyford, mein lieber Freund!" rief Lord Scamperdale und stellte sein Pferd auf ein paar Stufen, um ihm entgegenzukommen, als er aufblühte. „Ah, Jawleyford, mein Lieber, ich freue mich, Sie zu sehen", streckte er beim Sprechen die Hand aus. „Jack, hier, hat mir erzählt, dass er deine Flagge wehen sah, als er vorbeikam, und ich sagte, wie schade es sei, aber ich hätte es schon vorher gewusst; Denn Jawleyford, sagte ich, ist ein wirklich guter Kerl, einer der besten Kerle, die ich kenne, und hat mich so oft zum Essen eingeladen, dass ich mich fast schäme, ihn zu treffen; Und es wäre eine schöne Gelegenheit gewesen, sich freiwillig für einen Besuch zu melden, wenn die Hunde hier sind, wissen Sie?

„Oh, das ist so nett von Euer Lordschaft!" rief Jawleyford ganz erfreut aus – „das ist so nett von Euer Lordschaft – das ist genau das, was ich mag! – das ist genau das, was Mrs. Jawleyford mag! – das ist genau das, was wir alle mögen! – ohne viel Aufhebens oder Zeremonien zu kommen, genau wie mein Freund Mr. Sponge, hier, tut es. Übrigens, würden Eure Lordschaft mir die Erlaubnis geben, meinen Freund Mr. Sponge vorzustellen – meinen Lord Scamperdale? Jawleyford passte die Tat dem Wort an und manövrierte die Zeremonie.

„Ah, ich habe gestern Mr. Sponges Bekanntschaft gemacht", bemerkte Seine Lordschaft trocken und musterte unseren Freund mit einer Art Dienerhut, während er ihn durch seine beeindruckende Brille musterte, und fügte hinzu: „Um die Wahrheit zu sagen", indem er sich selbst ansprach „Ich habe dich für einen dieser fiesen Schreiberlinge gehalten, die ich verunglimpfe", sagte er zu Sponge. Aber", fuhr Seine Lordschaft fort und kehrte nach Jawleyford zurück. „Ich erzähle dir, was ich über das Abendessen gesagt habe. Jack hier hat mir gesagt, dass die Flagge wehte; und ich sagte, ich wünschte nur, ich hätte es vorher gewusst, und ich hätte Jack und mir sicherlich vorgeschlagen, heute oder morgen mit Ihnen zu speisen; aber leider hatte ich mich erst fünf Minuten zuvor bei meinem Lord Barker verlobt.'

„Ah, mein Herr!" rief Jawleyford, streckte die Hand aus und zuckte verzweifelt mit den Schultern, „Sie quälen mich – das tun Sie tatsächlich." Du hättest kommen sollen, oder nichts darüber sagen. Du beunruhigst mich – das tust du tatsächlich.'

„Nun, vielleicht irre ich mich", antwortete Seine Lordschaft und klopfte Jawleyford aufmunternd auf die Schulter; „Aber ich sage dir was", sagte er, „Jack ist hier nicht verlobt, und er wird zu dir kommen."

„Ich freue mich sehr, Mr. – ha – hm – haw – Jack zu sehen – das heißt, Mr. Spraggon", antwortete Jawleyford, verneigte sich sehr tief und legte die Hand auf sein Herz, als wäre er von der Vorstellung der Ehre völlig überwältigt .

„Dann ist das ein Handel, Jack", sagte Seine Lordschaft und blickte sich wissend zu seinem sehr verwirrten Freund um. „Sie speisen und übernachten morgen im Jawleyford Court!" Und denken Sie daran", fügte er hinzu, „machen Sie sich den Mädchen gegenüber wohlwollend – das heißt den Damen."

„Könnten Eure Lordschaft es nicht so arrangieren, dass wir das Vergnügen haben, Sie beide eines Tages in der Zukunft zu sehen?" fragte Jawleyford, der darauf bedacht war, das Jack-Unglück abzuwenden. „Sagen wir nächste Woche", fuhr er fort; „Oder nehmen Sie an, Sie treffen sich am Hof?"

„Ha – er – hm. Treffen Sie sich am Hofe", murmelte Seine Lordschaft, „treffen Sie sich am Hofe – ha – er – ha – hm – nein; – hat keine Füchse."

„Viele Füchse, das versichere ich Euch, Mylord!" rief Jawleyford aus. „Viele Füchse!" wiederholte er.

„Wir finden sie also irgendwie nie", bemerkte Seine Lordschaft trocken; „Zumindest niemand außer diesen dreibeinigen Bettlern in den Lorbeerbäumen hinten im Stall."

'Ah! „Das wird die Schuld der Hunde sein", antwortete Jawleyford; „Sie brauchen nicht genügend Zeit zum Zeichnen – sie laufen zu schnell durch die Buchdeckel."

„Schuld an den Hunden, gehängt werden!" rief Jack aus, der im Allgemeinen der Champion des Rudels war. „Es gibt kein geduldigeres und sorgfältigeres Rudel auf der Welt als das seiner Lordschaft."

„Ah – nun ja – egal", antwortete Seine Lordschaft, „Jaw und Sie können diesen Punkt morgen bei Ihrem Wein klären; In der Zwischenzeit, wenn Ihr Freund, Mr. Wie heißt er hier, „sein Pferd bekommt", fuhr Seine Lordschaft fort und wandte sich an Jawleyford, blickte aber auf Sponge, der immer noch auf dem Schecken saß, „werfen wir ab."

„Danke, mein Herr", antwortete Schwamm; „Aber ich werde es an der Deckelseite montieren." Sponge war nicht geneigt, dem Flat Hat Hunt-Feld die Meinungsverschiedenheit bewusst zu machen, die gelegentlich zwischen dem galanten Braunen und ihm bestand.

„Wie es Ihnen gefällt", erwiderte Seine Lordschaft, „wie es Ihnen gefällt", und deutete mit dem Kopf auf Frostyface, der das Amt sofort den Hunden überließ; Daraufhin herrschte Aufregung. Die Kavallerie zog davon, und in weniger als fünf Minuten herrschte im geschäftigen Dorf wieder die gewohnte Stille; Der alte Mann auf Stöcken, zwei Weiber, die an einer Tür tratschten, ein Lumpensammler oder irgendetwas anderes, der mit einem Esel umherging, und ein Haufen schmutziger Kinder, die auf dem Grün herumstolperten, das war alles, was auf der Szene blieb. Alle arbeitsfähigen Männer waren den Hunden gefolgt. Warum die Hunde jemals den langen Hügel erklommen hatten, schien ein Rätsel zu sein, wenn man bedenkt, dass sie auf dem gleichen Weg zurückkehrten, den sie gekommen waren.

Obwohl Jawleyford zutiefst beunruhigt darüber war, dass „Jack" ihn verpfändet hatte, blieb er bei Mylord und ritt mit der Miene eines Generals zu seiner Rechten. Er fühlte, dass er seine Pflicht als Engländer erfüllte, indem er die Jagdhunde auf diese Weise förderte – den männlichen Unabhängigkeitsgeist förderte und unsere einzigartige Pferderasse förderte. Der Postjungen-Trab, mit dem Hunde reisen, ist freilich nicht gut für die Würde geeignet; Aber Jawleyford nährte und dampfte, so gut er unter den gegebenen Umständen und in Anbetracht der Tatsache, dass es bergab ging, konnte. Lord Scamperdale ritt mit und lachte im Ärmel über den schönen Abend, den Jack und Jawleyford zusammen verbringen würden. Gelegentlich lobte er Jawleyford für den Schnitt und den Zustand seines Pferdes und riet ihm, sich vor den wechselnden Raspeln in Acht zu nehmen, von denen es im Land viele gab , und das könnte für seine schöne muskatnussfarbene Hose tödlich sein. Der Rest des „Feldes" folgte, und das Fallen des Bodens ermöglichte es ihnen zu sehen, „wie stark Jawleyford mit Mylord zusammen war". Old Blossomnose, der sich, wie wir sehen sollten, bei Jawleyfords Ankunft unbemerkt davongeschlichen hatte, blickte von hinten aus der Vogelperspektive. Naughty Blossom ritt auf dem Pferd, das im „Chay" nach Jawleyford Court hätte fahren sollen.

KAPITEL XXIII

DER GROSSE LAUF

Unser Held hatte das Glück, den Sattel zu erreichen, ohne die Geheimnisse des Stalls preiszugeben, nachdem er den Braunen im Windschatten eines Nebengebäudes verführt hatte, während das Feld weiterzog. und als er sich in all dem Stolz seiner Form, Tat und Verfassung wieder der Menge anschloss, gaben sogar die Spitzenreiter Fossick, Fyle, Bliss und andere zu, dass Herkules kein schlechtes Pferd war; während die bescheideneren Gesinnten Sponge mit einer Mischung aus Ehrfurcht und Neid beäugten und darüber nachdachten, was für eine gute Fachliteratur sein muss, um mit so einem Pferd mithalten zu können.

„Ist Ihr Freund Wie heißt er?" fragte Lord Scamperdale und nickte Sponge zu, während er Herkules sanft auf dem Rasen am Straßenrand vorbeitrottete, auf dem sie ritten.

„Oh nein", antwortete Jawleyford scharf. „Oh nein – Herr, Mann mit Besitz –"

„Ich meinte nicht, dass er ein Mechaniker war", erklärte Seine Lordschaft trocken, „sondern ein Arbeiter; tatsächlich ein gutes „Un im ganzen Land". Seine Lordschaft bewegte seine Arme, als wollte er sich auf den Weg machen.

„Oh, ein erstklassiger Mann! – erstklassiger Mann!" antwortete Jawleyford; „Besiege sie alle in Laverick Wells."

„Das dachte ich mir", bemerkte Seine Lordschaft; und fügte hinzu: „Dann wird Jack ihm die Einbildung nehmen."

'Jack!' Er grüßte über die Schulter hinweg seinen Freund, der etwas hinterher joggte; 'Jack!' wiederholte er: „Dieser Herr Etwas –"

„ *Schwamm* !" bemerkte Jawleyford mit Nachdruck.

„Dieser Herr Schwamm", fuhr Seine Lordschaft fort, „ist ein Fremder im Land: Seien Sie so freundlich, sich um ihn zu kümmern . " Sie wissen, was ich meine?'

„Genau so", antwortete Jack; „Ich werde mich um ihn kümmern."

„Sehr höflich von Eurer Lordschaft, da bin ich mir sicher", sagte Jawleyford mit einer tiefen Verbeugung und legte die Hand auf seine Brust. „Ich kann Ihnen versichern, dass ich die große Aufmerksamkeit, die ich heute von Ihrer Lordschaft erhalten habe, nie vergessen werde."

„Vielen Dank für nichts", grunzte Seine Lordschaft vor sich hin.

Bump, Bump; Trab, Trab; Geschwätz, Geschwätz, weiter ging es wie zuvor.

Sie hatten nun die Deckung erreicht, Stechginster, und bevor die letzten Reiter die letzte Ecke des langen Hügels erreicht hatten, rollte Frostgesicht zu Fuß im üppigen Immergrün umher; mal ganz sichtbar, mal fast über uns, wie ein Mann, der zwischen den Wellen des Meeres hin und her schlägt. Speichern Sie Frostys fröhliche Stimme, die das unsichtbare Rudel dazu auffordert, ihn aufzuziehen! und 'vertreibe ihn!' eine Aufforderung, die das Schütteln des Ginsters zeigte, dass sie bereitwillig gehorchten, und ein gelegentlicher Ausruf von Jawleyford: „Wunderschön!" Wunderschön! – Ich habe noch nie bessere Hunde gesehen! – Eine schönere Meute kann es nicht sein!' kein Laut störte die Stille der Szene. Die Fuhrleute auf der Straße hielten ihre Wagen an, die späten, lärmenden Pflüger lehnten leer auf ihren Stelzen, die Rübenzieher standen aufrecht in der Luft, und die Hirtenjungen ließen die meckernden Herden im Stich; – alles war Leben und Freude und Freiheit – „Freiheit, Gleichheit und Fuchsjagd!'

„Yo-i-cks, wick ihn! Y-o-o-icks! Vertreibe ihn!' wurde frostig; Gelegentlich variierte er die Unterhaltung mit einem lauten Knall seiner schweren Peitsche, wenn er auf ein ansteigendes Stück Boden gelangen konnte, um den Riemen freizumachen.

„Tally-ho!" schrie Jawleyford und hisste die Mütze der Bumperkin Yeomanry in die Luft. „Tally-ho!" wiederholte er und blickte sich triumphierend um, als wollte er sagen: „Was bin ich doch für ein schlauer Junge!"

„Halten Sie Ihren Lärm!" brüllte Jack, der etwas weiter unten postiert war. „Sehen Sie nicht, dass es ein Hase ist?" fügte er inmitten der lauten Heiterkeit der Gesellschaft hinzu.

„Ich habe deine tollen Starrbrillen nicht auf, sonst hätte ich sehen müssen, dass er keinen Schwanz hatte", erwiderte Jawleyford, verärgert über den Ton, in dem Jack ihn angesprochen hatte.

„Schwanz sei –!" antwortete Jack mit einem höhnischen Grinsen; „Wer außer einem Schneider würde es einen Schwanz nennen?"

In diesem Moment war ein leises, leises Quietschen eines Wimmerns aus der dichtesten Stelle des Ginsters zu hören, und Frostgesicht jubelte dem Hund im Echo zu. „Schnell, Plünderer! H-o-o-ick!' schrie er in einem langgezogenen Ton, der jedes Bild mit Begeisterung erfüllte und die Pferde zum Herumtollen brachte.

Bevor Frostys langes Kreischen ziemlich zu Ende war, ertönte ein solcher Melodieausbruch und ein solches Schütteln der Ginsterbüsche, dass es deutlich zeigte, dass es für Reynard keine Sicherheit in der Deckung gab; und groß war der Trubel und die Aufregung unter den Reitern. Mr. Fossick ließ die Hutschnur sinken und fuhr mit dem Fuchszahn durch das Knopfloch; Fyle zog seine Gurte an; Washball nahm einen großen Schluck von seinem jagdhornförmigen Affen; Major Mark und Mr. Archer warfen ihre Zigarrenstummel weg; Mr. Bliss zog seine Hundefellhandschuhe an; Mr. Wake rollte die Spitze seiner Peitsche um den Stock, um seinem Zieher besser begegnen zu können; Mr. Sparks bekam einen Joch, um ein Glied seines Bordsteins aufzunehmen; George Smith und Joe Smith schauten auf ihre Uhren; Sandy McGregor, der Faktor, füllte seine große schottische Nase mit irischem Schnupftabak und rief, während er die Waage durch einen Schlag gegen seinen Oberschenkel aus seinen Fingern löste: „Oh, mein Mann, ich glaube, dieser Tod wird uns einen Strich durch die Rechnung machen!" während man Blossomnose sehen konnte, wie er sich sanft nach vorne schlich, auf der anderen Seite eines dicken Zauns, mit dem doppelten Ziel, Jawleyford zu entkommen und einen guten Start zu bekommen.

Während dieser und ähnlicher Vorbereitungen für den Kampf wurde am unteren Ende des Deckels eine Peitschenmütze hochgehoben; und eine Salve von „Tallyhos" brach von unseren Freunden aus, als man sah, wie der Fuchs, der seinen weißen Pinsel in der Luft schwenkte, über den grasbewachsenen Hügel dahinter davonschlich. Was für eine Aufregung war da! Wie blass manche aussahen! Wie glücklich andere!

„Singe laut, Jack! Um Himmels willen, singt!' rief Lord Scamperdale aus; ein begeisterter Sportler, immer so begierig auf einen Lauf, als hätte er noch nie einen gesehen. „Singe laut, Jack; Oder, beim Himmel, sie werden sie gleich zu Beginn überholen!'

„ HALTEN SIE FEST , meine Herren", brüllte Jack, schlug die Sporen in seinen Schimmel, oder besser gesagt in den Schimmel seiner Lordschaft, stürmte voran und zog das Pferd über die Straße, um das Fortschreiten des Feldes aufzuhalten. „ HALTEN SIE FEST , *eine Minute* !" wiederholte Jack, stand aufrecht in seinen Steigbügeln und bedrohte sie mit seiner Peitsche (einer äußerst furchteinflößenden). „Was auch immer Sie tun, *beten Sie* , dass sie entkommen!" *Bitte* verderben Sie sich nicht Ihren eigenen Sport! Denken Sie bitte daran, dass es die Hunde Seiner Lordschaft sind! – dass sie ihn fünfundzwanzig Dollar – zweitausendfünf Dollar pro Jahr – gekostet haben! Und wo, lasst mich abhauen, wenn der Weizen zunichte ist, würdet ihr einen anderen bekommen, wenn er sich übergeben würde?'

Als Jack diese Frage stellte, warf er einen hastigen Blick auf die jetzt ausströmende Packung; Und als er sah, dass sie sicher weg waren, wischte er sich mit dem Ärmel den Schaum vom Mund, ließ sich in den Sattel fallen, packte sein Pferd am Kopf, steckte ihm die Sporen in die Seite und galoppierte davon und rief:

„Jetzt, ihr Bastler, fangen wir alle mal fair an!"

Dann gab es so ein Gedränge! so ein Gedränge und Ellbogengefechte unter den Eifersüchtigen; so ein Gedränge und Gedränge unter den Eifrigen; so ein Verzeihungsflehen unter den Höflichen; So ein Spritzen der Ponys, so ein Klettern der Karrenpferde. Alle waren bestrebt, so weit wie möglich zu gehen – alle bis auf Jawleyford, der herumtanzte und herumtänzelte, auf die gönnerhafte Art und Weise, wie es Herren tun, die Jagdhunde fördern, um des männlichen Geistes willen, den der Sport hervorruft, und wegen des Vorteils, den die Jagd mit sich bringt unsere einzigartige Pferderasse.

Seine Lordschaft hatte sich mit dem Horn in der Hand davongeschlichen, unter dem Vorwand, die Hunde aus der Deckung zu jagen, sobald er Jack auf das Feld gesetzt hatte, hatte nun einen guten Start erwischt und segelte mit dem Pferd gut in der Hand hinter ihnen her .

„Foorr-ard!" schrie Frostgesicht, trat neben ihn, hielt sein Pferd – einen prächtigen reinrassigen Braunen – gut am Kopf und ließ sich im Gehen in seinem Sattel nieder.

„Für-rard!" schrie Seine Lordschaft und setzte sich die Brille auf die Nase.

„Twang – twang – twang", erklang das tiefe Horn des Jägers.

„T'weet – t'weet – t'weet", lautete der schrillere Ton Seiner Lordschaft.

„Ich kriege einen Stachel, mein Idiot", bemerkte Jack und legte sein Horn wieder auf das Gehäuse.

„Das hoffe ich", antwortete Seine Lordschaft und steckte seins ein.

Anschließend überflogen sie gemeinsam den ersten Zaun.

„Vorwärts!" schrie Jack in die Luft, als er sah, wie sich die Hunde gut zusammendrängten und mit brusthoher Witterung umherliefen.

„Für-rard!" schrie Seine Lordschaft, die eine Art Echo für seinen Jäger war, genau wie Jack Spraggon das Echo für Seine Lordschaft war.

„Er ist auf dem Weg nach Gunnersby Craigs", bemerkte Jack und zeigte in diese Richtung, denn sie waren gut zehn Meilen entfernt.

„Das hoffe ich", antwortete Seine Lordschaft, für die die Entfernung nie zu groß sein konnte, vorausgesetzt, das Tempo stimmte.

„Foor-rard!" schrie Jack.

„Für-rard!" schrie Seine Lordschaft.

Also machten sie sich gemeinsam auf den Weg und machten sich auf den Weg; Niemand im Feld konnte sie überholen – dank Jack Spraggon.

„Yoo-nder, er geht!" „Endlich schrie Frosty und nahm seine Mütze ab, als er den Fuchs sah, der etwa eine halbe Meile vor ihm am Rande des Newington Hill entlang davonschlich.

„Tallyho!" kreischte Seine Lordschaft und ritt mit seinem flachen Hut in der Luft, um das kämpfende Feld zu noch mehr Anstrengung anzuregen.

„Er ist ein guter Kerl!" rief Frosty und beäugte den Weg des Fuchses.

„Das ist er!" antwortete Seine Lordschaft und starrte ihn mit aller Kraft an.

Dann ritten sie weiter und umrundeten gerade Newington Hill selbst, wobei die Hunde gut zusammengepfercht waren und einen berühmten Kopf trugen.

Seine Lordschaft schaute nun nach, was dahinter vor sich ging.

Scrambleford Hill lag weit hinten. Jawleyford und der Junge in Blau verschwanden völlig in der Ferne. Etwa eine Viertelmeile entfernt befanden sich ein paar Punkte von Reitern, einer auf einer weißen, der andere auf einer dunklen Farbe – höchstwahrscheinlich Jones, der Tierpfleger, und Farmer Stubble auf der Fohlenstute. Dann, etwas näher, stand ein Mann in einer Hecke und versuchte, sein Pferd hinter sich her zu locken, wobei er den Weg zweier Jungen in weißen Hosen versperrte, deren Ponys wie Ratten aussahen. Wieder etwas näher waren einige der Beharrlichen – Männer, die immer noch in der verzweifelten Hoffnung auf einen Scheck festhalten – alle in dunklen Mänteln und größtenteils in Hosen. Dann kamen die letzten Rotröcke – Tom Washball, Charley Joyce und Sam Sloman, die gut im ersten Schwarm der zweiten Reiter ritten – der Stallknecht seiner Lordschaft, Mr. Fossicks Mann in Eintönigkeit mit grünem Kragen, Mr. Wakes in Blau, außerdem ein Bursche in Scharlach und mit flachem Hut, dazu ein zweites Pferd für den Jäger. Der Trupp kam immer näher – Männer in Rot, Männer in Braun, Männer in Livree, ein oder zwei Bauern in Büschel, alle vermischten sich; und ein paar hundert Meter davor und dicht vor Seiner Lordschaft befand sich die *Elite* des Feldes – fünf Männer in Scharlachrot und einer in Schwarz. Lassen Sie uns sehen, wer sie sind. Bei den Kräften ist Mr. Sponge der Erste! – Sponge segelt entspannt davon, gefolgt von Jack, der ihn durch seine großen Lampen anstarrt und sich danach sehnt, sich auf ihn zu stürzen, aber noch keine Entschuldigung braucht; Sponge war mit Urteilsvermögen unterwegs – Urteilsvermögen zumindest in allem, außer dass er die Führung von Jack übernommen hatte. Nach Jack kommt der alte schwarzstiefelige Blossomnose; und die Herren Wake, Fossick und Fyle vervollständigen unsere Fünfergruppe. Sie fahren alle gleichmäßig und gut; Alle sind jedoch sehr verärgert über den Fremden, der ihnen vorausgegangen ist, und bereit, Jack in allem zu unterstützen, was er sagen oder tun mag.

Weiter, weiter gehen sie; Die Hunde drängten immer noch vorwärts, obwohl sie keinen so guten Kopf hatten wie zuvor. Tatsächlich sind sie vier Meilen in zwanzig Minuten gelaufen; ziemlich gut überall hin, außer auf dem Papier, wo sie immer unnatürlich schnell sind. Allerdings sind sie da und machen immer noch weiter, wenn auch mit deutlich weniger Musik als zuvor.

Nachdem sie Newington Hill umrundet hatten, gelangten sie in ein wilderes und schlimmeres Land, inmitten von maurischem, schlecht bewirtschaftetem Land mit kalten, ungesund aussehenden Brachflächen. Auch der Tag schien sich zum Schlechten zu wenden; Eine schwere schwarze Wolke hängt über uns. Die Hunde wurden endlich an die Nase geführt.

Seine Lordschaft, die alle Augen, Ohren und Ängste verfolgt hatte, sah die Wahrscheinlichkeit dafür voraus; Er zog sich zu seinem Pferd und hielt die Hand hoch, das übliche Signal für Jack, „einen Laut zu rufen" und das Feld anzuhalten. Schwamm sah das Signal, Herkules jedoch leider nicht; und mit dem Kopf zu Boden reißend, trug er unseren Freund entschlossen nicht nur an Seiner Lordschaft vorbei, sondern direkt dorthin, wo die jetzt gebeugte Meute gerade noch an der Leine vorbeikam.

Dann sangen Jack und seine Lordschaft gemeinsam.

„ *Halten Sie fest!* « kreischte Seine Lordschaft in einem schrecklichen Zustand der Aufregung.

„ HALTEN SIE FEST !" donnerte Jack.

Schwamm *hielt* hart zu – hart genug, um dem Pferd die Kiefer zu spalten, aber das Biest machte trotzdem weiter.

„Bei den Mächten, er ist wieder unter ihnen!" schrie Seine Lordschaft, während das entschlossene Tier, dessen nach oben gerichteter Kopf fast bis zu Sponges Knie gezogen war, weiter in die Sterne starrte wie der Blinde in der Regent Street. „Singe laut, Jack! singt laut! „Um Himmels willen, singt laut", schrie Seine Lordschaft, schloss die Augen und fügte hinzu: „Sonst tötet er jeden einzelnen von ihnen."

„ JETZT, SUR !" brüllte Jack, „kannst du deinen Vierbeiner nicht steuern?"

„Oh, du pestilenzialer Sohn einer Pontry-Magd!" kreischte Seine Lordschaft, als Brilliant schreiend unter den Füßen von Sponges Pferd weglief. „Singe laut, Jack! singt!' keuchte Seine Lordschaft erneut.

„Oh, du skandalöser, heuchlerischer Sohn eines schnaufenden Maisschneiders mit rostigen Stiefeln und tauben Händen, warum wendest du deine Aufmerksamkeit nicht dem Füttern von Hühnern, dem Anbau von Kohl oder der Herstellung von Pantalons für kleine Leute zu, anstatt

Jagdhunde zu töten?" auf diese Art und Weise?' brüllte Jack; eine Anfrage,
die ihn erneut zum Schäumen brachte.

„Oh, du unansehnlicher, geheiligter, götzendienerischer Kupferschmied aus
Bagnigge-Wells, du denkst, weil ich ein Lord bin und nicht schwören oder
grobe Ausdrücke verwenden kann, dass du tun kannst, was du willst;
Verrotten Sie, mein Herr, ich werde Ihnen ein Zeugnis vorlegen! Ich zahle
Ihnen 100 pro Jahr, wenn Sie das Land verlassen. Bei den Mächten, sie sind
wieder weg!' fügte Seine Lordschaft hinzu, der, mit einem Auge auf Sponge
und mit dem anderen auf das Rudel gerichtet, zugesehen hatte, wie Frosty
sie über den schlecht riechenden Boden hob, bis sie, sie an einer Hecke
dahinter festhaltend, den Duft auf einer guten, gesunden Weide entdeckten.
und ging mit Punktezahl davon, wobei jeder Hund seine Zunge warf und die
Luft mit freudiger Melodie erfüllte. Sie fegten davon wie ein Hurrikan. „Foo-
rard!" war wieder der Schrei.

„Hör auf, Jack", rief Lord Scamperdale aus und legte seinem *Doppelgänger die
Hand auf* die Schulter, während sie nebeneinander galoppierten. Schlange. *Tu
es, wenn du dafür stirbst!* – Ich werde deine Überreste vornehm begraben –
Patentsarg mit Messingnägeln, ganz für dich selbst – ziehe Frosty und alle
anderen in Schwarz und errichte zu deiner Erinnerung ein Denkmal aus
weißem Marmor und erkläre, dass du der Allerbeste warst makelloser
tugendhafter Mann unter der Sonne.'

„Lass mich mit Jaw essen, und ich werde mein Bestes geben", antwortete
Jack.

'Erledigt!' schrie Seine Lordschaft und streckte seinen rechten Arm in die
Luft, als er über eine große Steinmauer flog.

Auch viele Pferde und Sportler hatten genug, bevor die Hunde
nachschauten; Und die schnelle Art und Weise, wie Frosty sie hochhob und
die Fährte wahrnahm, ließ ihnen nicht viel Zeit für die Rekrutierung. Viele
von ihnen saßen jetzt mit dem Hut in der Hand da, wischten und schnauften
und drehten ihre roten, schwitzenden Gesichter dem Wind zu. „Puff",
keuchte einer, als würde ihm gleich schlecht werden; „Puff", sagte ein
anderer; 'Oh! aber es ist 'ot!' rief ein Dritter und zog sein schlaffes Halstuch
ab; „Ich frage mich, ob es hier Bier gibt", rief ein Vierter. „Schrecklicher
Lauf!" beobachtete ein Fünftel; „Mindestens zehn Meilen", keuchte ein
anderer. Unterdessen strömten die Hunde weiter; und es ist wunderbar, wie
schnell diejenigen, die nicht folgen, hoffnungslos zurückbleiben.

Zu den wenigen, die folgten, gehörte jedoch Herr Schwamm. Er ließ sich
von den Komplimenten, die man ihm gemacht hatte, nicht einschüchtern
und brachte Herkules gut in den Griff; und das Pferd ließ sich wieder auf das
Gebiss fallen, nahm wieder seinen Platz vorn ein und ging so stark und stetig

wie immer. So ging er und warf denen, die ihm folgten, den Schlamm ins Gesicht, ungeachtet der darauf folgenden Eide und Verwünschungen; Sponge wusste genau, dass sie ihm dasselbe antun würden, wenn sie könnten.

„Alles Eifersucht", sagte Schwamm und gab seinem Pferd die Sporen. „Ich habe noch nie in meinem Leben eine so eifersüchtige Gruppe von Hunden gesehen."

Bald öffnete sich eine einladende Gasse, entlang der sie alle tobten, während die Hunde parallel durch die Gehege auf der linken Seite liefen; Sponge schleuderte ihm solche Salven aus Kieselsteinen und Schlamm in den Rücken, dass es ratsam war, einen guten Abstand hinter ihm zu halten. Die Leitung galt nun offenbar Firlingham Woods; doch als er sich dem strohgedeckten Häuschen auf Gasper Heath näherte, war der Fuchs, der höchstwahrscheinlich auf dem Weg war, kurz nach rechts abgebogen; und die Jagd verlief nun über die Sheeplow-Water-Wiesen und so weiter zu den Bolsover-Ziegelfeldern, wo das Rudel wieder von der Jagd zum Rennen wechselte und das Tempo eine Zeit lang streng war. Als Seine Lordschaft sein zweites Pferd an der Wende hatte, war er bereit für den Kampf und kämpfte energisch weiter, wobei er wie immer mit ganzem Herzen, mit ganzem Verstand, mit ganzer Seele und mit all seiner Kraft ritt; während Jack, immer noch auf dem Grau, eifrig hinterher trottete und sein Pferd rettete, so gut er konnte. Seine Lordschaft stürmte eine steife Schienenflucht in den Ziegelfeldern; Während Jack daran dachte, sein Pferd zu retten, ritt er an einer schwachen Stelle im Zaun, etwas höher, und wurde augenblicklich in einem Lehmloch über ihm versenkt.

„Geh unter, Jack! duck dich unter!' schrie Seine Lordschaft, als Jacks Kopf an die Oberfläche stieg. „Duck unter! Du hast es sofort voll!' fügte er hinzu und beäugte Schwamm und die anderen, die heraufkamen.

Sponge jedoch sah das Platschen, drehte sich etwas tiefer und landete sicher auf festem Boden. während die arme Blütennase, die als Nächste dran war, ebenfalls über ihnen zappelte. Aber das Tempo war zu gut, um anzuhalten und sie herauszufischen.

„Verdammt", sagte Schwamm und schaute ihnen dabei zu, wie sie planschten, „aber das war knapp für mich!"

Nachdem Jack auf diese Weise erledigt war, erhob sich Schwamm mit wachsendem Selbstvertrauen in seinen Steigbügeln und erleichterte den gefürchteten Herkules. und klopfte ihm auf die Schulter, während er ihm gleichzeitig die sanfteste Berührung des Sporens gab, und rief: „Bei den Kräften, wir werden diesen alten Flachhüten den Trick zeigen!" Dann begann er zu summen:

Mister Sponge, der die Rasper nimmt,
versetzt die Nerven der Junker ins Wanken;

und als er fröhlich weiterritt, befand er sich schließlich an der Grenze eines wilden, rau aussehenden Moores mit einer welligen Hügelkette in der Ferne.

Frostgesicht und Lord Scamperdale wichen hier zum ersten Mal von der Linie ab, die die Hunde verfolgten, und steuerten auf den Hals eines glatten, flachen, ziemlich einladend aussehenden Stücks Land zu, anstatt es zu überqueren. Schwamm, der daran dachte, eine Nische zu finden, ritt dorthin; und die „immer tiefere" Art der Flunder, die sein Pferd machte, ließ ihn bald wissen, dass er sich in einem Sumpf befand. Der ungestüme Herkules stürmte und bäumte sich auf, als wollte er die weite Fläche freimachen; und als er noch tiefer landete, schoss er Sponge mitten über den Kopf.

„ *Das ist deine* Gans !" rief Seine Lordschaft und beäugte Schwamm und sein Pferd, die in der schwarzen, breiartigen Masse umherstolperten.

„Fang mein Pferd!" jubelte Sponge dem ersten Peitschenhieb zu, der herbeigaloppierte, während Hercules sich wieder den Weg nach draußen bahnte.

„Fang ihn selbst", grunzte der Mann und galoppierte weiter.

Ein Torfstecher, humaner, empfing das Pferd, als es aus dem Schwarzen Meer auftauchte, und rief, während der jetzt gescheckte Schwamm zu Fuß hinterhertrottete: „A, Sir!" Aber du solltest dich niemals auf den Weg machen, durch so einen Ort zu reiten!'

Sponge, der den Mann großzügig mit einem Vier-Penny-Stück dafür belohnt hatte, dass er sein Pferd eingefangen und ihm den dicken Schlamm abgekratzt hatte, stieg wieder auf und galoppierte um den Punkt herum, zu dem er ursprünglich hätte gehen sollen; aber seine Chance war vertan – je weiter er ging, desto weiter wurde er zurückgelassen; bis er schließlich anhielt und das immer kleiner werdende Rudel beobachtete, das wie Murmeln über den Gipfel des Rotherjade Hill rollte, gefolgt von Seiner Lordschaft, die sein Pferd beim Gehen um den Hals schlang, und dem Jäger und den Peitschenführern, die ihr Pferd vor sich hertrieben .

„Böser eifersüchtiger alter Bettler!" sagte Schwamm und beobachtete, wie auch seine schwindende Lordschaft über dem Hügel verschwand. Dann führte Sponge die widerliche Zeremonie durch, indem er sich von den rennenden Hunden abwandte; Nicht, dass er vielleicht weiter auf der Leine getrottet wäre und vielleicht gesehen oder gehört hätte, was aus dem Fuchs wurde, aber Schwamm jagte nicht unter diesen Bedingungen. Wie viele andere Herren wäre er der Erste oder nirgendwo.

Wenn es ihm ein Trost war, hatte er viele Gefährten im Unglück. Die Linie war mit Reitern übersät, die zurück zu den Ziegelfeldern führten. Die erste Person, die er auf seinem Weg nach Hause mit der unzufriedenen, launischen Stimmung eines Rausgeschmissenen überholte, war Mr. Puffington, der Herr der Hanby-Hunde; über dessen Auftritt bei dem Treffen wir unsere Überraschung zum Ausdruck brachten.

Benachbarte Hundehalter sind oft mehr oder weniger eifersüchtig aufeinander. Kein Mann in der Welt der Hundeführer ist zu unbedeutend, um getadelt zu werden. Lord Scamperdale *war* zweifellos ein Sportler; während der arme Mr. Puffington an nichts anderes dachte, als wie man für einen gehalten wird. Als er das falsche Gerücht hörte, dass ein großer Schriftsteller am Boden sei, glaubte er, seine Chance auf Unsterblichkeit sei gekommen; und indem er sein bestes Pferd bestellte und sein bestes Gewand anzog, hatte er den Sticheleien und Spott von Jack und seiner Lordschaft getrotzt, um mit dem Fremden Bekanntschaft zu machen. Darin war er vereitelt worden: Bei dem Treffen war keine Zeit, sich einander vorzustellen, und er konnte sich auch nicht neben Sponge drängeln lassen, als er an die Decke ging; während das schnelle Finden, das schnelle Wegkommen, gefolgt von der schnellen Sache, die wir beschrieben haben, für das Unternehmen gleichermaßen ungünstig waren. Dennoch hatte sich Mr. Puffington jenseits der Ziegelfelder gehalten; und wenn er nur noch ein wenig durchgehalten hätte, hätte er die Genugtuung gehabt, Mr. Sponge aus dem Sumpf zu helfen.

Als Sponge nun kurz zuvor einen roten Mantel gesehen hatte, trottete er weiter und überholte schnell einen feinen, flotten, mit Satinstrümpfen bekleideten, elegant aussehenden Herrn mit wunderbar eleganten Lederanzügen und Stiefeln – ein toller Kontrast zu der großen, geräumigen, schiffsmannsähnlichen Kleidung der Mitglieder der Flachhutjagd.

„Du bist nicht verletzt, hoffe ich?" rief Mr. Puffington mit gespielter Besorgnis, als er Mr. Sponges schwarz beschmierte Kleidung betrachtete.

'Ach nein!' antwortete Schwamm. „Oh nein! – fiel weich – fiel weich. Mehr Schmutz, weniger Schmerz – mehr Schmutz, weniger Schmerz.'

„Na, du warst im Sumpf!" rief Mr. Puffington und beäugte den stark befleckten Herkules.

„Fast über Kopf", antwortete Schwamm. „Scamperdale hat mich gehen sehen und hatte nicht die Gnade, Hallo zu sagen."

„Ah, das ist wie er", antwortete Mr. Puffington, „das ist wie er: Es gibt nichts, was ihm mehr Freude bereitet, als andere in Kummer zu bringen."

„Nicht sehr höflich zu einem Fremden", bemerkte Mr. Sponge.

„Nein, das ist es nicht", antwortete Mr. Puffington, „nein, das ist es nicht; weit davon entfernt – weit davon entfernt; aber, sei es ehrlich gesagt," fügte er hinzu, „seine Lordschaft ist nur ein grober Kunde."

„Das ist er", antwortete Mr. Sponge, der es für in Ordnung hielt, einen Adligen zu beschimpfen.

„Tatsache ist", sagte Mr. Puffington, „diese Flat-Hat-Typen sind allesamt Snobs." Sie denken, dass es unter der Sonne keine so guten Kerle wie sie gibt; und wenn jemals ein Fremder in ihre Nähe schaut, legen sie Wert darauf, so unhöflich und unangenehm wie möglich zu ihm zu sein. Das ist es, was man als „Auswahl der Jagd" bezeichnet."

„In der Tat", bemerkte Mr. Sponge, erinnerte sich daran, wie sie ihm Komplimente gemacht hatten, und fügte hinzu: „Sie scheinen eine seltsame Gruppe zu sein."

„Es gibt einen Kerl, den sie „Jack" nennen", bemerkte Mr. Puffington, „der sich gegenüber seiner Lordschaft wie eine Art Bulldogge verhält und sich Sorgen macht, wen auch immer seine Lordschaft ihm anvertraut." Er ist etwas weiter hinten in ein Lehmloch geraten und hat zusammen mit dem Kaplan, der alten Blütennase, ein kostbares Plätschern gemacht."

„Ah, ich habe ihn gesehen", bemerkte Mr. Sponge.

„Sie sollten vorbeikommen und *meine* Hunde sehen", bemerkte Mr. Puffington.

'Was sind Sie?' fragte Schwamm.

„Der Hanby", antwortete Mr. Puffington.

'Oh! Dann sind Sie Mr. Puffington", bemerkte Sponge, der eine Art allgemeine Bekanntschaft mit allen Hunden und Meistern hatte – tatsächlich mit allen Treffen aller Hunde im Königreich –, die er in den wöchentlichen Listen in *Bell's Life las* . gerade als er *Mogg's Cab Fares las* . „Dann sind Sie Mr. Puffington?" beobachtete Sponge.

„Das Gleiche", antwortete der Fremde.

„Ich werde einen Blick auf dich werfen", bemerkte Sponge und fügte hinzu: „Nimmst du Pferde auf?"

„Ihre, natürlich", antwortete Mr. Puffington und verneigte sich; Ich fügte etwas über großartige öffentliche Charaktere hinzu, was Sponge nicht verstand.

„Ich werde auf dich zukommen, wie der Feuerlöscher dem Rushlight gesagt hat", bemerkte Mr. Sponge.

„Tu es", sagte Mr. Puffington; „Komm vor dem Frost." Wo wirst du nun bleiben?'

„Ich bin bei Jawleyford", antwortete unser Freund.

„In der Tat! – Jawleyford, oder?" wiederholte Herr Puffington. „Guter Kerl, Jawleyford – Gentleman, Jawleyford." Wie lange bleibt ihr?'

„Ich habe mich noch nicht entschieden", antwortete Schwamm. „Ich denke im Moment nicht daran, nachzugeben."

„Ah, na ja – ein gutes Viertel", sagte Mr. Puffington, der jetzt eine Ratte roch; „Gutes Quartier – nette Mädchen – schönes Vermögen – schöner Ort, Jawleyford Court." „Nun, buchen Sie mich für den nächsten Besuch", fügte er hinzu. „Das werde ich", sagte Schwamm, „und kein Zweifel. Wie nennt man Ihren Laden?'

„Hanby House", antwortete Mr. Puffington; „Hanby House – jeder kann Ihnen sagen, wo Hanby House ist."

„Das werde ich nicht vergessen", sagte Mr. Sponge, während er es im Geiste festhielt und sein Opfer beäugte.

„Ich zeige Ihnen ein schönes Rudel Hunde", sagte Mr. Puffington; „Viel feinere Tiere als die des alten Scamperdale – standhafte, echte Jagdhunde, die keinen Meter ohne Witterung gehen – keiner Ihrer eifersüchtigen, auffälligen, hektischen Teufel, die ohne Witterung eine halbe Gemeinde in Schutt und Asche legen, und das sind sie immer." auf der Suche nach „Halloas" und Hilfe –'

Mr. Puffington wurde in dem Vergleich, den er zwischen den Hunden Seiner Lordschaft und den seinen ziehen wollte, unterbrochen, als er bei den Bolsover-Ziegelfeldern ankam und Jack und Blossomnose mit dem Pferd in der Hand hin und her rennen sah, während verschiedene Landsleute hereinschlenderten das Lehmloch, das sie erst vor Kurzem besetzt hatten. Tom Washball, Mr. Wake, Mr. Fyle, Mr. Fossick und mehrere dunkel gekleidete Reiter und Jungen waren versammelt. Jack hatte seine Brille verloren und Blossomnose seine Peitsche, und die Landsleute hechten hinter ihnen her.

„Nicht verletzt, hoffe ich?" „Sagte Mr. Puffington im würdevollsten Tonfall der Gleichgültigkeit, als er dorthin ritt, wo Jack und Blütennose in ihren Stiefeln das Wasser aufwühlten, auf und ab stampften und versuchten, sich aufzuwärmen.

„Es tut weh, gehängt zu werden!" antwortete Jack, der ein furchtbares Schielen hatte, das seine Augen nach außen drehte, wenn er in Leidenschaft war: „Es tut weh, gehängt zu werden!" sagte er; „könnte ertrunken sein, egal, was es dich interessiert hätte."

„Das hätte mir leid tun sollen", antwortete Mr. Puffington und fügte hinzu: „Die Flachhutjagd konnte es sich kaum leisten, ein so nützliches und dekoratives Mitglied zu verlieren."

„Ich weiß nicht, was die Flat Hat Hunt zu verlieren leisten kann", stotterte Jack, der noch nicht den ganzen Ton aus seinem Mund hatte; „Aber ich weiß, dass sie es sich leisten können, auf die Gesellschaft gewisser Herren zu verzichten, die namenlos bleiben sollen", sagte er und blickte dabei Sponge und Puffington an, während er dachte, aber in Wirklichkeit zeigte er nichts als das Weiße in seinen Augen. „Das habe ich dir gesagt", sagte Puffington und deutete mit dem Kopf auf Jack, während Sponge und er die Köpfe ihrer Pferde drehten, um davonzureiten; „Das habe ich dir gesagt", wiederholte er; „Das ist ein Beispiel ihres Stils"; und fügte hinzu: „Sie sind die größte Bande von Raufbolden unter der Sonne."

Die neuen Bekannten joggten dann gemeinsam weiter bis zur Kreuzung in Stewley, wo Puffington, nachdem er Sponge in seinem eigenen Namen verpflichtet hatte, zu ihm zu kommen, wenn er Jawleyford Court verließ, ihm den Weg zeigte und ihn herzlich schüttelte Die Hände der neu gewonnenen Freunde trennten sich.

KAPITEL XXIV

LORD SCAMPERDALE ZU HAUSE

Wir befürchten, dass unsere schönen Freunde von der obigen Überschrift etwas Fröhliches erwarten werden – draußen Lampen und Fackeln, drinnen Geigenspieler, Federn und Flirter. Nichts dergleichen, schöne Damen – nichts dergleichen. Lord Scamperdale „zu Hause" bedeutet einfach, dass seine Lordschaft nicht auf der Jagd war, dass er seine schmutzigen Stiefel und Hosen ausgezogen und trockene Tweeds und Tartans angezogen hatte.

Lord Scamperdale war der achte Earl; und gemäß dem üblichen abwechselnden Ablauf großer englischer Familien – eine Generation lebte und die nächste hungerte – war seine Lordschaft an der Reihe zu leben; Da aber der siebte Graf bei der Dauer seines Pachtvertrags ziemlich unvernünftig vorgegangen war, hatte sich der jetzige Graf, der zu Lebzeiten seines Vaters Lord Hardup war, so sparsame Gewohnheiten angeeignet, dass er sie, als er in den Besitz kam, nicht ablegen konnte; Und wenn nicht die glückliche Freundschaft mit Abraham Brown, dem Dorfschmied, gewesen wäre, der seiner jungen Idee eine sportliche Wendung gegeben hatte, indem er ihn mit Frettchen und Kaninchen betrat und ihn so weiter im Terrier- und Rattenfangen, Dachs-Ködern und Otter-Jagd schulte Bis hin zum edlen Sport der Fuchsjagd selbst wäre Seine Lordschaft aller Wahrscheinlichkeit nach ein gewöhnlicher Geizhals gewesen. So wie es war, gab er keinen halben Penny für etwas anderes aus als für die Jagd; und seine Jagd war zwar gut, aber immer noch wirtschaftlich und kostete ihn ein paar Tausend pro Jahr, zu denen Jack, um den Wohlklang zu wahren, noch weitere fünfhundert hinzufügte; „zweitausendfünf unter dem Jahr, fünfundzwanzig unter dem Jahr", das klingt, wie Jack dachte, besser und imposanter als ein paar Tausend oder zweitausend pro Jahr. Es gab ein paar Tage, an denen Jack dem Feld nicht mitteilte, was seine Lordschaft die Hunde kosteten, oder besser gesagt, was sie ihn nicht kosteten.

Woodmansterne, der Hauptwohnsitz seiner Lordschaft, war ein schöner Ort. Es befand sich in einem hügeligen Park von 800 Hektar mit seiner Kirche, seinen Seen, seinem Reihergehege, seinem Lockvogel, seiner Pferderennbahn und seinen vielfältigen Gräsern der erlesensten Art, um die zahlreichen, so bekannten Hirschherden zu ernähren in Temple Bar und Charing Cross als Wildbret von Woodmansterne. Das Haus war ein modernes Gebäude, das vom sechsten Grafen erbaut wurde, der als „Leber" durch die enormen Ausgaben für dieses italienische Bauwerk, das gerade fertiggestellt war, in Verlegenheit geraten war, als er starb. Der vierte Graf, der, wie wir hätten sagen sollen, ebenfalls ein „Leber" war, war ein Mann von *Vertù* – ein großer Reisender und Sammler von Münzen, Bildern, Statuen,

Murmeln und Kuriositäten im Allgemeinen – Dinge, deren Kauf sehr teuer
ist. aber oft extrem günstig im Verkauf; und nachdem er eine riesige Menge
aus allen Teilen der Welt gesammelt hatte (damals keine leichte Aufgabe),
machte er sie zu Erbstücken und verließ dieses Leben, um dem nächsten
Grafen das Vergnügen zu hinterlassen, sie zu betrachten. Nachdem der
fünfte Earl sein ganzes Leben lang verhungert war, machte er Platz für den
sechsten; Als er feststellte, dass eine solche Menge an Wertgegenständen, wie
er dachte, auf ziemlich begrenzte Weise verstaut war, schickte er nach
London, um einen erstklassigen Architekten zu holen. Sir Thomas Squareall
(der immer mit vier Pferden postierte), der sofort das alte elisabethanische
Herrenhaus aus Ziegeln und Steinen abriss und das heutige prächtige
italienische Bauwerk aus feinstem poliertem Stein errichtete, mit Kosten –
sagen wir mal, Möbel und alles andere 120.000 *l.* ; Die Schätzung von Sir
Thomas liegt bei 30.000 *l.* Beim siebten Earl verhungerten sie natürlich; und
der jetzige Herr befand sich im Alter von dreiundvierzig Jahren im Besitz
von Haus, Münzen und Kuriositäten; und das Beste: rund 90.000 *l.* in den
Geldern, die im letzten Teil der Existenz seiner ehrwürdigen Eltern
stillschweigend zusammengeflossen waren. Seine Lordschaft beriet sich dann
mit sich selbst – zunächst, ob er heiraten oder ledig bleiben sollte; zweitens,
ob er leben oder verhungern sollte. Nachdem er das Thema mit aller
Aufmerksamkeit betrachtet hatte, die nur begrenzte Gehirne zuließen, kam
er zu dem Schluss, dass der zweite Vorschlag in hohem Maße vom ersten
abhängt; „denn", sagte er zu sich selbst, „wenn ich heirate, kann meine Dame
mich vielleicht am Leben *lassen* ; und deshalb", sagte er, „bleibe ich vielleicht
besser Single." Auf jeden Fall kam er zu dem Entschluss, nicht überstürzt zu
heiraten; und bis er es tat, hatte er das Gefühl, dass es für ihn keinen Anlass
gab, sich durch sein Leben Unannehmlichkeiten zu bereiten. Also ließ er das
Haus in braunem Holland wegräumen, die Teppiche zusammenrollen, die
Bilder zudecken, die Statuen in Musselin hüllen, die Kuriositätenkabinette
verschließen, den Teller sichern, das Porzellan verstauen und alles mit
größter Sorgfalt auf die Zeit vorbereiten , die er wie eine Zielscheibe in der
Ferne vor sich hinhielt, als er heiraten und zu leben beginnen sollte.

Anfangs veranstaltete er zwei oder drei große Abendessen pro Jahr, ungefähr
auf dem Höhepunkt der Obstsaison, und als es zu reif wurde, um in den alten
Kutschen nach London transportiert zu werden – als die Prunksäle feierlich
gelüftet wurden, und Damen aus allen Teilen der Grafschaft saßen zitternd
und mit bloßen Schultern da und waren alle bestrebt, die Ehre des
Oberhauptes der Tafel zu erringen. Seine Lordschaft behauptete immer, er
sei ein verheirateter Mann; aber selbst wenn er es nicht getan hätte, wären sie
trotzdem gekommen, da ein unverheirateter Mann immer im Vordergrund
stand; und obwohl er untersetzt, ungeschickt und hässlich war und so wenig
über sich selbst zu sagen hatte, wie man sich nur vorstellen konnte, waren sie
sich alle einig, dass er ein äußerst einnehmender, attraktiver Mann war – ein

ziemlich typischer Mann. Selbst zu Pferd und in seiner Jagdkleidung, in der er bei weitem am besten aussah, war er nur ein grober, vierschrötiger, stierköpfiger Mann mit harten, trockenen, runden, sachlichen Gesichtszügen, der nie jung aussah , und trotzdem irgendwie nie alt werden. Tatsächlich sah er in der Zeit, über die wir schreiben, kaum älter aus als ein Dutzend Jahre zuvor, als er Lord Hardup war. Diese zwölf Jahre hatten ihn jedoch in seinen Taten zu Fall gebracht.

Die Abendessen waren nach und nach völlig ausgefallen, und er hatte alle großen Tischdecken und Servietten grob trocknen und wegschließen lassen, damit er nicht heiratete; ein Ereignis, für das er offenbar umso mehr sorgen wollte, je unwahrscheinlicher es wurde. Er hatte auch auf den Hauptteil des Herrenhauses verzichtet und sein Quartier in dem ehemaligen Zimmer des Verwalters bezogen; Er konnte sich durch eine Seitentür, die sich vom Außeneingang aus öffnete, ruhig hineinschleichen und so nicht ständig der Kälte und Feuchtigkeit der großen, kathedralenartigen Halle dahinter ausgesetzt sein. Durch das Zimmer des Verwalters führte der ehemalige Munitionsraum, den er in ein Schlafzimmer für sich umwandelte. und etwas weiter am Gang befand sich eine weitere kleine Kammer, die aus dem ehemaligen Plattenraum bestand, dessen Besitz Jack oder wer auch immer im Amt war, besaß. Alle drei Zimmer waren auf die raueste, gröbste und heimeligste Weise eingerichtet – seine Lordschaft wollte alle guten Möbel vor seiner Heirat bewahren. Das Wohnzimmer, oder Salon, wie Seine Lordschaft es nannte, hatte einen alten grauen Teppich als Teppich, einen alten runden schwarzen Mahagonitisch auf Rollen, den der letzte Verwalter als zu schlecht für ihn aussortiert hatte, und vier halbkreisförmige Tische mit Holzgestellen Raucherstühle aus Walnussholz; ein altes Sideboard mit Spindelstielen und sehr kleiner Mitte, über dem ein paar Bücherregale hingen, deren grüne Enden von ein paar Fuchsbürsten gekrönt waren. So klein die Regale auch waren, sie waren doch größer, als Seine Lordschaft wollte – sie enthielten lediglich zwei Bücher, eines für Jack und eines für ihn selbst; während die anderen Regale mit Jagdhörnern, seltsamen Sporen, Knoten aus Peitschenschnur, Stapeln von Halfpence, Luzifer-Streichholzschachteln, Gewehrladungen und ähnlichen Gegenständen gefüllt waren.

Die Kost seiner Lordschaft war ebenso rau wie seine Möbel. Er war ein großer Bewunderer von Kutteln, Kuhfladen und solchen Delikatessen; Er aß zweimal in der Woche Kutteln – an einem Tag gekocht, am anderen gebraten. Er war auch ein großer Gönner von Beefsteaks, die er halb roh mit kalten Zwiebelscheiben in einer Untertasse mit Wasser aß.

Es war ein Beefsteak-and-Teig-Pudding-Tag, an dem der vorhergehende Lauf stattfand; und nachdem Seine Lordschaft und Jack die Natur mit ihren jeweiligen Gerichten zufriedengestellt hatten – denn sie hatten nur Gemüse gemeinsam – und zum Abschluss etwas sehr kräftigen Cheshire-Käse genossen, rollten sie ihre Stühle zum Feuer, während Bags, der Butler, den Tisch abräumte und ihn dazwischen stellte ihnen. Sie trugen komplette Anzüge aus flammenden, großkarierten rot-gelben Tartans, dem Tartan des edlen Clans der „Stunners", mit schwarz-weißen Shetlandhosen und roten Hausschuhen. Seine Lordschaft und Jack hatten von ihren gegenseitigen Abenteuern erzählt, indem sie einander beim Anziehen gegenseitig in ihren Schlafzimmern aufsuchten, und als das Abendessen angekündigt wurde, als sie fertig waren, hatten sie sich auf die Lebensmittel gestürzt und sich eifrig damit beschäftigt, und nun öffneten sie sehr rücksichtsvoll ihre Sie trugen Westen mit vielen Taschen und streckten die Beine aus, um dem Ganzen eine gute Chance zu geben, es zu verdauen. Sie sprachen selten viel, bis Seine Lordschaft seinen Mittagsschlaf gehalten hatte, den er im Allgemeinen unmittelbar nach dem Abendessen einnahm; aber an diesem besonderen Abend saß er vornübergebeugt in seinem Stuhl, stocherte in den Zähnen herum und blickte auf seine Zehen, offensichtlich unwohl im Geiste. Jack vermutete die Ursache, sagte aber nichts. Sponge, dachte er, hatte ihn geschlagen.

Schließlich warf sich Seine Lordschaft in seinen Stuhl zurück, streckte seine kleinen seltsamen Beine vor sich aus und begann immer heftiger zu atmen, bis er schließlich die Melodie zu einem Grunzen brachte. Es war nicht das feine, großzügige Schnarchen eines Schlafes, den er normalerweise genoss, sondern kurze, unruhige, unterbrochene Nickerchen, die im Allgemeinen in krampfhaften Zuckungen der Arme oder Beine endeten. Diese wurden schlimmer, bis schließlich alle vier auf einmal verschwanden, wie die Gliedmaßen eines Peter Waggey, als er erwachte, indem er sich mit heftiger Anstrengung nach vorne warf; und als er feststellte, dass sein Pferd nicht ganz oben auf ihm war, wie er dachte, gab er seinen Gefühlen in den folgenden Ausrufen Luft:

„Oh, Jack, ich bin glücklich!" rief er aus. „Ich bin verzweifelt!" fuhr er fort. „Ich bin elend!" fügte er hinzu und schlug sich auf die Knie. „Mir geht es vollkommen *elend*!" Er schloss mit einer starken Betonung des „Elenden".

'Was ist los?' fragte Jack, der selbst im Halbschlaf war.

SEINE LORDSCHAFT UND JACK

„Oh, dieser Mister Something! – er wird mein Tod sein!" beobachtete seine Lordschaft.

„Das dachte ich mir", antwortete Jack; „Was hat der Kerl jetzt vor?"

„Ich habe geträumt, er hätte den alten Lablache getötet – den besten Hund, den ich habe", antwortete Seine Lordschaft.

„Er wird —", grunzte Jack.

„Ah, es ist ja schön und gut, wenn Sie sagen: „Er ist dies" und „Er ist das", aber ich kann Ihnen sagen, dieser Kerl wird ein sehr unangenehmer Kunde sein – ein schrecklicher Dorn in meiner Seite."

„Hmpf!" grunzte Jack, der nicht verstand, wie.

„Dieser Kerl hat Unsinn", fuhr Seine Lordschaft fort, schenkte sich ein halbes Glas Gin aus und füllte es mit Wasser auf. „Der Kerl hat etwas Böses an sich." Ich mag sein Aussehen nicht – ich mag seinen Mantel nicht – ich mag seine Stiefel nicht – ich mag nichts an ihm. Ich sehe ihn lieber von hinten als von vorne. „Er muss beseitigt werden", fügte Seine Lordschaft hinzu.

„Nun, ich habe heute mein Bestes gegeben, da bin ich mir sicher", antwortete Jack. „Ich hätte beinahe den Patentsarg gewollt, den du mir so gut versprochen hast."

„Sie haben Ihre Arbeit gut gemacht", antwortete Seine Lordschaft; „Du hast deine Arbeit gut gemacht; und Sie sollen meine anderen Brillen haben, bis ich Ihnen ein neues Paar aus der Stadt besorgen kann; und wenn du mir wieder dienst, werde ich in meinem Testament an dich denken – ich werde dir etwas Hübsches hinterlassen.'

„Ich bin dein Mann", antwortete Jack.

„Ich habe mich noch nie in meinem Leben so sehr um einen Kerl gekümmert", bemerkte Seine Lordschaft. „Kapitän Topsawyer war schon schlimm genug und hat die Hunde immer viel zu stark bedrängt, aber er hat immer angehalten, wenn es darum ging; Aber dieser Kerl mit den rostigen Stiefeln scheint zu glauben, dass ihm die Hunde zum Reiten zur Verfügung stehen. „Er muss irgendwie losgeworden werden", wiederholte Seine Lordschaft; „denn wir werden keinen Frieden haben, solange er hier ist."

„Wenn er es auf eines der Jawley-Mädchen abgesehen hat, ist es schwierig, ihn loszuwerden", bemerkte Jack.

„Das ist genau der Punkt", antwortete Seine Lordschaft und trank seinen Gin mit der Miene eines Mannes, der völlig durstig ist; „Das ist genau der Punkt", wiederholte er und stellte sein Glas ab. „Ich denke, wenn ja, könnte ich seine Gans für ihn kochen."

'Wie so?' fragte Jack und trank aus seinem Glas.

„Warum, ich werde es Ihnen sagen", antwortete Seine Lordschaft, füllte sein Glas auf und reichte Jack die alte blaue Flasche mit dem goldenen Etikett; „Sehen Sie, Frosty ist ein schlauer alter Mann, der alle Nachrichten und Gerüchte des Landes aufnimmt, wenn er mit den Hunden trainiert oder in Deckung geht – weiß alles! – wer seine Frau leckt und wessen Frau ihn leckt – Wer ist hinter solch einem Mädchen her und so weiter – und er hat irgendwie herausgefunden, dass dieser Mr. Wie heißt er doch nicht der Mann aus Metall ist, für den er durchgeht.'

„In der Tat", rief Jack, hob die Augenbrauen und kniff die Augen zusammen; Jacks Meinung über einen Mann, der vollständig von seinem Geldbeutel reguliert wird.

„Das ist eine Tatsache", sagte Seine Lordschaft mit einem wissenden Kopfschütteln. „Als wir mit den Hunden nach Hause torkelten, sagte ich zu Frosty: „Ich hoffe, dass Mr. Something sich in seinem Bad wohlfühlt" – und meinte Gobblecow Bog, in das er geritten ist. „Warum", sagte Frosty, „es ist nicht sehr wahrscheinlich, dass so ein Blödsinn dabei herauskommt." Nun,

Frosty, wissen Sie, ist im Allgemeinen ein äußerst höflicher Mann mit fairen Worten, besonders vor Weihnachten, wenn er anfängt, nach Trinkgeldern zu suchen; Und da wir dank Ihrer vernünftigen Art, mit ihnen umzugehen, keine großen Probleme mit Fremden haben, dachte ich, dass Frosty das Beste aus diesem natürlichen Sohn von Dives gemacht und so höflich wie möglich zu ihm gewesen wäre. Allerdings war er offensichtlich kein Favorit von Frosty. Also habe ich nur gefragt – nicht, dass man gerne mit Dienern vertraut ist, wissen Sie, aber dennoch reicht dieser braungestiefelte Bettler aus, um die Neugier zu wecken und jemanden dazu zu bringen, ein wenig aus dem Weg zu gehen – also habe ich Frosty einfach gefragt, was er ist wusste von ihm. „Überall auf der linken Seite", sagte Frosty, deutete mit dem Daumen über die Schulter und sah so wissend aus wie eine einäugige Gans; „Überall links", wiederholte er. „Was ist links daneben?" sagte ich. „Na, dieser Herr Schwamm", sagte er. "Wie so?" fragte ich. „Warum", sagte Frosty, „er ist hergekommen und hat behauptet, er sei ein großartiger Mann – voller Geld und Pferde und so weiter; aber das ist mir ganz klar, er ist genauso wenig ein großartiger Mann wie ich." '"

„Die Zwei!" rief Jack, der blinzelnd dasaß und aufmerksam zuhörte, während Seine Lordschaft fortfuhr. „Nun, hängen Sie mich, ich dachte, er wäre ein Snob, als ich ihn sah", fuhr er fort; Jack ist einer dieser klugen Herren, die alles wissen, nachdem man es ihnen erzählt hat.

„Nun, woher weißt du das, Jack?" sagte ich zu Frosty. „Oh, ich weiß", antwortete er, als wäre er sich dessen sicher. Allerdings war ich nicht zufrieden, ohne es auch zu wissen; und als wir weiter joggten, kamen wir zum alten Coach and Horses, und ich sagte zu Jack: „Wir können uns genauso gut mit einem Tropfen Wärme wärmen." Also machten wir Halt und tranken jeder ein Glas Brandy, Peitschen und alles; und dann, als wir weiter joggten, sagte ich nur beiläufig zu Jack: „Haben Sie gesagt, dass Mr. Blossomnose Ihnen von den alten Brown Boots erzählt hat?" „Nein – Blossomnose – nein", antwortete er, als ob Blossom nie etwas halb so Gutes zu erzählen hätte; „Es war eine junge Frau", sagte er leise, „die es mir erzählte, und sie hatte es vom Bräutigam des alten Brown Boots."

„Nun, das ist gut", bemerkte Jack, indem er seine Hände ganz unten in seine großen Hosentaschen mit Schottenmuster steckte und seine Beine vor sich ausstreckte; „Nun, das ist gut", wiederholte er und verfiel in eine Art Träumerei.

„Na ja, aber was können wir daraus machen?" fragte er schließlich nach einer langen Pause, in der er die Tatsachen durch seinen Kopf ging und dachte, sie könnten für Schwamm nicht viel unhöflicher sein als sie gewesen waren. „Was können wir daraus machen?" sagte er. „Der Kerl kann reiten, und wir können ihn nicht daran hindern, zu jagen; und weil er nichts hat, macht er nur weniger Rücksicht auf seinen Hals.'

„Ja, genau das habe ich mir gedacht", antwortete Lord Scamperdale und nahm ein weiteres Glas Gin; „Das war genau das, was ich dachte – der Kerl kann reiten, und wir können ihn nicht daran hindern; Und gerade als ich das im Schlaf geklärt hatte, glaubte ich, ihn mit dem Kopf seines großen braunen Pferdes in der Luft vorbeistarren zu sehen und direkt auf den alten Lablache zu krachen. Aber ich sehe meinen Weg mit ihm jetzt klarer. Aber bedienen Sie sich", fuhr Seine Lordschaft fort und reichte die Ginflasche an Jack weiter, da er das Gefühl hatte, dass das, was er zu sagen hatte, einer kleinen Empfehlung bedurfte. „Ich denke, ich kann Frostys Informationen einem Konto zuordnen."

„Ich verstehe nicht wie", bemerkte Jack und füllte sein Glas nach.

„ Das tue *ich* allerdings", antwortete Seine Lordschaft und fügte hinzu: „Aber ich brauche Ihre Hilfe."

„Na ja, alles in Maßen", antwortete Jack, der sich gelegentlich einigen sehr seltsamen Jobs widmen musste.

„Ich werde Ihnen sagen, was *ich* denke", bemerkte Seine Lordschaft. „Ich denke, es gibt zwei Möglichkeiten, diesen hochmütigen Philister – diesen unreinen Geist – diese ‚Bösartigkeit eines Menschen' loszuwerden." Erstens denke ich, wenn der alte Chatterbox wüsste, dass er nichts hat, würde er ihn sehr bald aus Jawleyford Court verweisen; und im zweiten, dass wir ihn loswerden könnten, indem wir seine Pferde kaufen.'

„Nun", antwortete Jack, „ich weiß es nicht, aber du hast recht." Chatterbox würde sich bald von ihm waschen, wie er es zuvor von vielen vielversprechenden jungen Herren getan hat, wenn er nichts hat; Aber die Menschen unterscheiden sich so sehr in ihren Vorstellungen davon, woraus nichts besteht.'

Jack sprach gefühlvoll, denn er war ein Gentleman, von dem allgemein gesagt wurde, er habe nichts im Jahr und werde vierteljährlich bezahlt; und doch genoss er eine Rente von sechzig Pfund.

„Oh, warum, wenn ich sage, dass er nichts hat", antwortete Lord Scamperdale, „dann meine ich, dass er nicht das hat, was Jawleyford, der ein übermütiger Esel ist, für ausreichend halten würde, um ihn zu einem passenden Partner für eine seiner Töchter zu machen." . Er hat vielleicht ein paar Hundert im Jahr, aber Jaw wird sich sicher nichts unter Tausenden ansehen.'

„Oh, sicher nicht", sagte Jack, „daran besteht kein Zweifel."

„Nun, wissen Sie, ich dachte", bemerkte Lord Scamperdale und betrachtete Jacks Gesicht, „dass, wenn Sie morgen dort speisen würden, wie wir es vereinbart hatten –"

„Oh, verdammt noch mal! „Das konnte ich nicht", unterbrach Jack und setzte sich auf seinem Stuhl zusammen wie ein Pferd, das einen Sprung verweigert; „Das konnte ich nicht tun – ich könnte nicht mit Jaw essen, nicht umsonst."

'Warum nicht?' fragte Lord Scamperdale; „Er wird dir ein gutes Abendessen geben – Frikassees und alle möglichen guten Dinge; weitaus feineres Essen als hier.'

„Das mag alles sein", antwortete Jack, „aber ich will nichts von seinem Essen." Ich hasse den Anblick des Kerls und verabscheue ihn jedes Mal, wenn ich ihn sehe. Bedenken Sie auch, dass Sie gesagt haben, Sie würden mich freilassen, wenn ich Sponge rauslasse; und ich bin sicher, dass ich mein Bestes gegeben habe. Ich habe ihn über einige schreckliche Orte geführt, und dann habe ich mich geduckt! „Meine Ohren sind immer noch voller Wasser", fügte er hinzu und legte den Kopf auf die Seite, um zu versuchen, das Wasser herauszubekommen.

„Du hast es gut gemacht", bemerkte Lord Scamperdale – „du hast es gut gemacht, und ich hatte fest vor, dich gehen zu lassen, aber ich wusste ja auch nicht, mit was für einem Bettler ich es zu tun hatte." „Komm, sag, dass du gehst, das ist ein guter Kerl."

„Konnte nicht", antwortete Jack und blinzelte fürchterlich.

„Sie werden mir *gehorchen* ", bemerkte Lord Scamperdale.

„Na ja, ich würde alles tun, um Eurer Lordschaft einen Gefallen zu tun", antwortete Jack und dachte an die Ecke im Testament. „Ich würde alles tun, um Euer Lordschaft zu gefällig, aber Tatsache ist, Sir, ich bin nicht bereit zu gehen." „Ich habe meine Brille verloren – ich habe keine schicke Kleidung – ich kann nicht im Stunner-Tartan hingehen", fügte er hinzu, beäugte seine Brust, die wie ein Backgammonbrett aussah, und tauchte seine Hände in die geräumigen Taschen seiner Schießerei. Jacke.

„Ich werde das alles schaffen", antwortete Seine Lordschaft; „Ich habe eine prächtige, silberbesetzte Brille im indischen Schrank im Wohnzimmer, die ich zum Heiraten aufbewahrt habe. Ich leihe sie Ihnen, und es gibt kein Wort, aber Sie werden Miss fesseln können." Jawleyford in ihnen. Was die Kleidung angeht, gibt es meine neue zwetschgenfarbene Samtweste mit den Stahlknöpfen und meinen feinen blauen Mantel mit dem Samtkragen, den Seidenbesätzen und unserem Knopf daran; Im Großen und Ganzen werde ich Sie austricksen und Sie so großartig machen, dass Miss Jawleyford es Ihnen auf jeden Fall anbieten wird, um sich über den Verlust von Sponge zu trösten.'

„Ich fürchte, dann musst du für mich eine Einigung erzielen", bemerkte unser Freund.

„Nun, du bist ein guter Kerl. „Jack", sagte Seine Lordschaft, „und ich würde Ihnen genauso gerne einen Schaden zufügen wie jedem anderen."

„Ich nehme an, du schickst mich auf Rädern?" bemerkte Jack.

„Natürlich", antwortete Seine Lordschaft. „Hundekarren – Name dahinter – Ehrenwerter Graf von Scamperdale – Junge mit Kokarde – alles vornehm"; und fügte hinzu: „Bei Gott, sie werden dich für mich nehmen!"

Nachdem alle diese Angelegenheiten geklärt waren und vereinbart worden war, wie die Information Jawleyford mitgeteilt werden sollte, nahmen die Freunde schließlich ihre Kerzenständer aus Blockzinn mit ihren Kerzen mit Blumenkohlköpfen und zogen sich ins Bett zurück.

KAPITEL XXV

HERR. SPRAGGONS BOTSCHAFT AM GERICHT JAWLEYFORD

Als Mr. Sponge völlig schmutzig und befleckt von der Jagd zurückkam, fand er seinen Gastgeber in einem Sessel über dem Arbeitsfeuer sitzen, im Schlafrock und in Hausschuhen, mit einem Taschentuch um den Kopf gebunden, eine vorgetäuschte Krankheit, eine Vorbereitung um Mr. Spraggon abzuschrecken. Allerdings spielte er beim Abendessen besser mit Messer und Gabel, als es bei Personen mit dieser besonderen Krankheit üblich ist; aber Mr. Sponge, der sehr hungrig war und von der Messe gut betreut wurde – und außerdem keine Hintergedanken ahnte –, aß und plapperte einfach wie immer, mit der Ausnahme, dass er seinen kranken Schwiegerpapa in der Runde auslieB Beobachtungen. Also ging das Abendessen vorbei.

„Bringen Sie mir ein Glas und etwas heißes Wasser und Zucker", sagte Mr. Jawleyford und drückte seinen Kopf gegen seine Hand, während Spigot, nachdem er einige Flaschenenden auf den Tisch gelegt und das grelle Licht reduziert hatte, sich darauf vorbereitete, sich zurückzuziehen. „Bring mir etwas heißes Wasser und Zucker", sagte er; „Und sagen Sie Harry, dass er gleich morgen früh mit einer Nachricht zu Lord Scamperdale gehen muss."

Die jungen Damen sahen einander an und dann Mama, die, als sie sah, was sie wollte, Papa ansah und fragte: „Ob er Lord Scamperdale einladen würde?" Amelia hatte unter ihren vielen „Vorahnungen" schon lange die Ahnung, dass sie dazu bestimmt war, Lady Scamperdale zu sein.

„Nein – *vorbei* – nein", fauchte Jawleyford; „Was soll dir das in den Sinn bringen?"

„Oh, ich dachte, da Mr. Sponge hier war, wäre es vielleicht ein guter Zeitpunkt, ihn zu fragen."

„Scine Lordschaft weiß, dass er kommen kann, wann er möchte", antwortete Jawleyford und fügte hinzu: „Es dient dazu, Mr. John Spraggon abzuschrecken, der glaubt, er könnte dasselbe tun."

'Herr. Spraggon!' riefen die beiden jungen Damen. 'Herr. Spraggon! – was sollte ihn hierher bringen?'

„Was eigentlich?" fragte Jawleyford.

'Armer Mann! „Ich wage zu behaupten, dass an ihm nichts Schlimmes ist", bemerkte Mrs. Jawleyford, die immer für jeden bereit war.

„Auch nicht gut", antwortete Jawleyford, „auf jeden Fall werden wir ohne ihn genauso gut zurechtkommen." Du kennst ihn, nicht wahr?' fügte er hinzu und wandte sich an Schwamm – „großer grober Mann mit Brille."

„Oh ja, ich kenne ihn", antwortete Schwamm; „Er ist auch ein großer Raufbold", fügte er hinzu.

„Man sollte bei guter Gesundheit sein, um einem solchen Mann zu begegnen", bemerkte Jawleyford, „und Zeit haben, ein oder zwei Männer der gleichen Art zu treffen. Mit solch einem Mann können *wir* nichts anfangen. Ich kann nicht verstehen, wie sich Seine Lordschaft mit so einem Kerl abfinden kann.'

„Ich nehme an, dass er ihn nützlich findet", bemerkte Mr. Sponge.

Plötzlich erschien Spigot mit einem massiven silbernen Tablett, auf dem sich Becher, Zucker, Zitrone, Muskatnuss und andere Negusutensilien befanden.

„Kommst du mit mir auf ein bisschen Wein und Wasser?" fragte Jawleyford und zeigte auf den Apparat und die Flaschenenden. „Oder möchten Sie eine frische Flasche? – reichlich im Keller", fügte er mit einer Handbewegung hinzu, obwohl er weiterhin unverwandt auf das Negus-Tablett blickte.

„Oh – warum – ich fürchte – ich bezweifle – ich denke, dass ich einer Flasche im Alleingang kaum gerecht werden könnte", antwortete Schwamm. „Dann nimm Negus", sagte Jawleyford; „Sie werden es sehr erfrischend finden; Mediziner empfehlen es nach heftigem Training dem Wein vorzuziehen. Aber bitte, trinken Sie Wein, wenn Sie ihn bevorzugen.'

„Ah – nun, ich werde vielleicht mit einem kleinen Negus abschließen", antwortete Sponge und fügte hinzu: „In der Zwischenzeit hätten die Damen, glaube ich, gerne etwas Wein."

„Die Damen trinken Weißwein – Sherry", erwiderte Jawleyford, entschlossen, einen letzten Versuch zu unternehmen, seinen Portwein zu retten. „Aber Sie können eine Flasche Portwein für sich alleine haben, wissen Sie."

„Sehr gut", sagte Schwamm.

„Eine Bedingung muss ich stellen", sagte Mr. Jawleyford, „nämlich, dass Sie die Flasche *leer trinken* . " „Lass uns keinen Abfall haben, weißt du."

„Ich werde mein Bestes geben", sagte Schwamm, entschlossen, es zu bekommen; Daraufhin knurrte Mr. Jawleyford dem Butler das Wort „Port" zu, der die Bemühungen seines Herrn, die Aufmerksamkeit auf den Negus zu lenken, beobachtet hatte. Als sein Unterfangen vereitelt wurde, wurden Jawleyfords Kopfschmerzen schlimmer, und als die Damen sahen, wie die

Dinge liefen, zogen sie sich überstürzt zurück und überließen unseren Helden seinem Schicksal.

„Ich werde eine Notiz auf meinem Schreibtisch hinterlassen, wenn ich zu Bett gehe", bemerkte Jawleyford zu Spigot, als dieser sich zurückzog, nachdem er die Flasche abgestellt hatte; „Und sagen Sie Harry, er soll früh am Morgen damit beginnen, um zum Frühstück in Woodmansterne zu sein – spätestens um neun Uhr oder so", fügte er hinzu.

„Ja, Sir", antwortete Spigot und zog sich mit einer Miene zurück.

Sponge wollte dann die Abenteuer des Tages erzählen; Aber unabhängig von Jawleyfords natürlicher Gleichgültigkeit gegenüber der Jagd war er zu sehr verärgert darüber, dass ihm der Wein ausgegangen war, als dass er bereitwillig zugehört hätte; und nach verschiedenen „Summen", „In der Tat", „Sus" usw. dachte Sponge, dass er das Herüberlaufen genauso gut als Mühe betrachten könnte, es in Worte zu fassen, woraufhin eine lange Stille folgte, die nur durch das Klingeln von unterbrochen wurde Jawleyfords Löffel gegen sein Glas und die Stöße der Karaffe, als Sponge sich seinen Wein nahm.

Schließlich entschuldigte sich Jawleyford, nachdem er so viel Negus gehabt hatte, wie er wollte, mit der Begründung, er sei zunehmend krank, von der weiteren Teilnahme und zog sich in sein Arbeitszimmer zurück, um seinen Brief an Jack zu verfassen.

Zuerst war er verwirrt, wie er ihn ansprechen sollte. Wenn er Jack Spraggon gewesen wäre, der in der Unterkunft der alten Mutter Nipcheese in Starfield lebte, wie er war, als Lord Scamperdale ihn bei der Hand nahm, hätte er ihn mit „Sehr geehrter Herr" oder vielleicht in der dritten Person „Mr." angesprochen. Jawleyford überbringt Mr. Spraggon seine Komplimente usw.; Aber als rechte Hand meines Herrn hatte Jack ein gewisses Gewicht und verfügte über einen gewissen Einfluss, den er selbst nie erlangt hätte.

Jawleyford verschwendete drei Blätter cremefarbenes, satingewebtes Briefpapier (mit Wappen und Chiffre), bevor er sich mit einem Anfang zufrieden gab. Zuerst sagte er „Sehr geehrter Herr", was seiner Meinung nach zu steif aussah; dann sagte er „Mein lieber Herr", was seiner Meinung nach zu liebevoll aussah; als nächstes hatte er es „Lieber Spraggon", was er als zu vertraut ansah; und dann versuchte er es mit „Sehr geehrter Herr Spraggon", was seiner Meinung nach genügen würde. So schrieb er:

'LIEBER HERR. SPRAGGON,—

„Es tut mir leid, Sie abschrecken zu müssen; aber seit ich von der Jagd zurückkomme, bin ich von Grippe befallen, die mich für mindestens zwei oder drei Tage von der Freude an der Gesellschaft abhalten wird. Deshalb denke ich, dass das Freundlichste, was ich tun kann, ist, Ihnen zu schreiben, um Sie abzuschrecken; und in der Hoffnung, Sie und meinen Herrn bald wiederzusehen.

„Ich verbleibe, sehr geehrter Herr, mit freundlichen Grüßen,

„CHARLES JAMES JAWLEYFORD,

' *Jawleyford Court.*

„AN JOHN SPRAGGON, ESQ.,

&C. &C. &C.'

Dies besiegelte er mit dem großen Siegel von Jawleyford Court – einem Wappen mit unzähligen Einquartierungen und heraldischen Symbolen. Nachdem er dann sein Gedächtnis aufgefrischt hatte, indem er ein Bündel Rechnungen durchgesehen und den bedrohlichsten Brief der Anwälte ausgewählt hatte, um ihn am nächsten Tag zu beantworten, fuhr er fort, den Krankheitswahn aufrechtzuerhalten, indem er sich in sein Ankleidezimmer zum Schlafen zurückzog. Unsere Leser werden nun die Freundlichkeit haben, uns zu Lord Scamperdale zu begleiten: Zeit, am Morgen nach dem Vorstehenden. „Liebt mich, liebt meinen Hund", lautete ein Lieblingsspruch seiner Lordschaft, und so ernährte er sich selbst, seine Freunde und seine Hunde mit derselben Mahlzeit. Jack und er waren mit zwei großen Schüsseln voller Haferbrei beschäftigt, den Seine Lordschaft mit Milch verdünnte, während Jack ihn mit heißem Bratenfett umrührte, als die Verschiebungsnachricht eintraf. Seine Lordschaft trug immer noch einen kompletten Anzug mit dem tollen Backgammonbrett-ähnlichen rot-gelben Stunner-Tartan; aber als Jack von zu Hause wegging, hatte er sich ein Paar ockergelbe Lederanzüge seiner Lordschaft und neue Oberteile angezogen. Stiefel, während er die Stunner-Jacke und -Weste trug, um das sonntagsgrüne Cutaway seiner Lordschaft mit Metallknöpfen und die kanarienfarbene Weste zu retten. Seine Lordschaft aß seinen Brei nicht mit seinem üblichen Appetit, denn er hatte eine unruhige Nacht gehabt, da ihm Schwamm in seinen Träumen in allen möglichen Formen und Schwierigkeiten erschienen war; mal auf ihn springen – mal Jack verärgern – mal über Frostyface reiten – mal zwischen seinen Hunden zusammenkrachen; und er erwachte, fest entschlossen, ihn mit fairen oder unfairen Mitteln loszuwerden. Der Kauf seiner Pferde schien keine so gute Spekulation zu sein wie die Zerstörung seiner Kreditwürdigkeit am Jawleyford Court, denn obwohl er sich nicht gern von seinem Geld trennen wollte, erinnerte sich Seine Lordschaft daran, dass es noch andere Pferde zu kaufen gab und er Sponge nur die Möglichkeit dazu geben sollte sie zu kaufen. Je mehr er jedoch über das Jawleyford-Projekt nachdachte, desto zufriedener war er, dass es funktionieren würde; und Jack und er befanden sich in einer Art Probe, bei der Seine Lordschaft Jawleyford verkörperte und Jack (der nur ein ungeschickter Diplomat war) zeigte, wie er sich mit Sponges finanziellen Defiziten auseinandersetzen sollte, als der schmutzige alte Butler mit Jawleyfords Nachricht kam .

'Was gibt es hier?' rief Seine Lordschaft und fürchtete wegen seiner Klugheit, dass es von einer Dame stamme. 'Was gibt es hier?' wiederholte er, während er die Richtung untersuchte. „Oh, es ist für *dich* !" rief er aus und warf es Jack zu, der über die Entdeckung erheblich erleichtert war.

' *Mich!* ' antwortete Jack. „Wer kann mir schreiben?" sagte er und blickte mit zusammengekniffenen Augen auf das Siegel. Er öffnete es: „Jawleyford Court", las er. „Wer zum Teufel schreibt mir wohl von Jawleyford Court aus, wenn ich dorthin gehe?"

„Ein Ärgernis für eine Guinee!" rief Seine Lordschaft aus.

„Das hoffe ich", murmelte Jack.

„Hoffentlich *nicht* ", antwortete Seine Lordschaft.

'Es ist!' rief Jack und las: „Sehr geehrter Herr Spraggon" und so weiter.

„Der Humbug!" murmelte Lord Scamperdale und fügte hinzu: „Ich bin sicher, dass er nicht mehr Grippe hat als ich."

„Nun", bemerkte Jack und steckte ein rotes Baumwolltaschentuch, mit dem er seine Lederkleidung geschützt hatte, in die Tasche, „da ist ein Ende."

„Gehen Sie nicht so schnell", antwortete Seine Lordschaft und schöpfte den Brei hinein.

'Schnell!' erwiderte Jack; „Warum, was kannst du tun?"

' *Tun!* „Warum *gehen Sie* zur Sicherheit", antwortete Seine Lordschaft.

„Wie kann ich gehen", fragte Jack, „wenn der Sünder mir geschrieben hat, er solle mich abschrecken?"

„Schön", antwortete Seine Lordschaft, „schön." Ich schicke dir einfach durch den Diener die Nachricht zurück, dass du vor dem Eintreffen der Nachricht angefangen hast, dass du sie aber erhalten wirst, sobald du zurückkommst; und du hast einfach da oben gewirkt, als wäre nichts passiert.' Als er dies sagte, ergriff Seine Lordschaft die Peitschenschnur und ließ die Glocke läuten.

„Du kannst nicht geschlagen werden", bemerkte Jack.

Taschen tauchten nun wieder auf.

„Ist der Diener hier, der diese Nachricht gebracht hat?" fragte Seine Lordschaft und hielt es hoch.

„Ja, *Herr* ", antwortete Bags.

„Dann sagen Sie ihm, er solle seinem Herrn mit meinen Komplimenten sagen, dass Mr. Spraggon vor seiner Ankunft nach Jawleyford Court aufgebrochen war, dass er es aber haben wird, sobald er zurückkommt – verstehen Sie?"

„Ja, *Herr*", antwortete Bags, während er Jack ansah, wie er den fetten Brei austrank, und fragte sich, wie die Lüge bei Harry ankommen würde, der dann mit dem Jungen, der gerade dabei war, über die Verdienste seines Herrn und ein großes Glas Bier diskutierte Jack fahren.

Jawleyford Court war zwanzig Meilen Luftlinie von Woodmansterne entfernt, und zwar jede Entfernung, die man auf der Straße nennen wollte. Die Straße schien in der Tat mit der Absicht angelegt worden zu sein, möglichst viele Hügel und möglichst wenig ebenes Gelände zu schaffen, auf dem ein Reisender spielen konnte; und wo er nicht über die Gipfel der höchsten Hügel führte, schlängelte er sich in so kleinen, lästigen, auf und ab wellenförmigen Senken um deren Füße herum, dass jede Möglichkeit einer Expedition völlig ausgeschlossen war. Die Route verlief nicht entlang einer durchgehenden Weidestraße, sondern hier über ein Stück Schlagbaum und dort über ein Stück Schlagbaum, mit hin und wieder langen Interregnums von Township-Straßen, die im üblichen primitiven Stil mit Schlamm und weichen Feldsteinen repariert waren und sich drehten wie Speckstreifen aufgehen. Ein Mann würde mit der Bahn in genauso kurzer Zeit und weitaus einfacher mit der Bahn von London nach Exeter reisen, als wenn er von Lord Scamperdale's nach Jawleyford Court fahren würde. Da Seine Lordschaft sich dieser Tatsache bewusst war und darüber hinaus dachte, dass es keinen Sinn hätte, ein gutes Pferd über solche Straßen zu fahren, hatte er Frostgesicht gebeten, eine alte, spatrige graue Stute, die er für den Zwinger gekauft hatte, in den Hundekarren zu setzen. und wenn er davon, dachte Seine Lordschaft, ein oder zwei Arbeitstage bekommen könnte, würde sie umso billiger zum Kessel kommen.

„Das ist ein gut gebautes Biest", bemerkte Seine Lordschaft, als sie jetzt zur Tür taumelte; „Ich glaube wirklich, dass sie einen Tarntrick machen würde."

„Eher reiten Sie sie als ich", antwortete Jack, als er sah, dass seine Lordschaft über ihn herfiel – und lobte die Form, obwohl er nichts für die Aktion sagen konnte.

„Nun, aber sie wird Sie so schnell wie die Besten von ihnen nach Jawleyford Court bringen", erwiderte Seine Lordschaft und fügte hinzu, „die Straßen sind elend, und Jaws Ställe sind eine Schande für die Menschheit – man könnte genauso gut ein Pferd in die Enge treiben." Keller.'

„Nun", bemerkte Jack, während er sich vom Wohnzimmerfenster in sein kleines Versteck am Flur zurückzog, um seiner Toilette den letzten Schliff zu geben – die grüne Cutaway- und Buff-Weste, die er zusätzlich mit einem schwarzen Satinstreifen abrundete – „Nun, ' sagte er, 'Bedürfnisse müssen, wenn ein gewisser Herr fährt.'

Bald darauf tauchte er in voller Pracht wieder auf und rieb einen schönen neuen Hut mit flacher Krempe im Wert von acht und sechs Pennys rundherum mit einem kräftigen, pucefarbenen Kopftuch. „Jetzt zu den technischen Daten!" rief er mit der Fröhlichkeit eines Mannes in Sonntagskleidung, der sich auf eine Urlaubsreise begibt. „Jetzt zu den silbernen Brillen!" wiederholte er.

„Ah, stimmt", antwortete Seine Lordschaft; „Ich hatte die technischen Daten vergessen." (Das hatte er nicht, nur dachte er, dass seine silberbeschlagenen Exemplare bei ihm sicherer wären als bei Jack.) „Ich hatte die technischen Daten vergessen. Aber egal, die sollst du haben", sagte er, nahm seine Schildpatt-umrandeten von seiner Nase und reichte sie Jack.

**HERR. SPRAGGONS BOTSCHAFT AM GERICHT
JAWLEYFORD**

„Du hast mir die silbernen versprochen", bemerkte unser Freund Jack, der schlau sein wollte.

'Habe ich?' antwortete Seine Lordschaft; „Ich erkläre, ich hätte es vergessen. „Ah ja, das glaube ich", fügte er mit einer Miene plötzlicher Erleuchtung hinzu – „das Paar oben; Aber wie zum Teufel ich an sie herankomme, weiß ich nicht, denn der Schlüssel zum indischen Schrank ist in der alten Eichenpresse im Destillierraum verschlossen, und der Schlüssel zum Destillierraum ist in der Wäschepresse eingeschlossen in der grünen Abstellkammer oben im Haus, und der Schlüssel zur grünen Abstellkammer befindet sich in einer Schublade unten im Kleiderschrank in der Sternenkammer, und die …“

'Ah, gut; Egal“, grunzte Jack und unterbrach das Labyrinth der Lügen. „Ich wage zu behaupten, dass diese genügen – ich wage zu behaupten, dass diese genügen“, wenn man sie anzieht; und fügte hinzu: „Wenn Sie mir jetzt einen Schal für meinen Hals und einen Regenmantel leihen, soll mein Name *Walker* sein .“

„Machen Sie es besser zu *Trotter* “, antwortete Seine Lordschaft, „angesichts der Entfernung, die Sie zurücklegen müssen.“

„Gut“, sagte Jack, stieg auf und fuhr davon.

„Es wird ein Segen sein, wenn wir dort ankommen“, bemerkte Jack zu dem livrierten Stallburschen, während der alte Beutel mit den Knochen einer Stute trampelnd und humpelnd davonging.

„Oh, sie kann gehen, wenn ihr warm ist“, antwortete der Junge und schlug ihr mit der Peitschenspitze über die Ohren. Die Räder folgten fröhlich über die solide, harte Straße durch den Park, und das sanfte, wenn auch fast unmerkliche Fallen des Bodens, das dem Fahrzeug einen Schwung gab, rollte davon, als hätten sie vier der kräftigsten und frischesten Beine der Welt vor sich , statt nichts als ein Bauchband zwischen ihnen und der Ewigkeit.

Als sie jedoch das edle Anwesen hinter sich ließen und auf den ungekratzten Schlamm des Deepdebt Turnpike gelangten, verlangsamte sich das Tempo bald, und anstatt dass der Gig mit der alten Stute davonlief, wurde sie ziemlich an den Kragen gebracht. Da sie jedoch ein Wildfang war, kämpfte sie sich im Trab weiter, bis sie schließlich, als sie die tief gesäumte Kreuzung mit lehmigem Boden zwischen Rookgate und Clamley hinauffuhr, nur noch mit Mühe und Not den Gig durch den haltenden Sumpf ziehen konnte. Bump, Bump, Ruck, Ruck, Knarren, Knarren, das Fahrzeug ging. Jack tauchte nun seinen Ellbogen in die Rippen des Jungen, der Junge tauchte nun seinen Ellbogen in die von Jack; beide drohten nun, auf die gleiche Seite zu gehen, und wieder liefen beide beinahe in das Quartier der alten Stute. Ein scharfer, schneidender Schneeregen, der ihnen Nadeln und Nadeln direkt ins Gesicht trieb, verunsicherte unsere Reisenden zusätzlich. Jack hatte großes Verlangen nach seinem neuen Hut für acht und sechs Pennys, da er das einzige Kleidungsstück war, das er selbst trug.

So lang und beschwerlich der Weg auch war, schwach und abgestumpft wie die Stute, und solange Jack in Starfield anhielt, erreichte er Jawleyford Court vor dem Boten Harry.

Als unser Freund Jawleyford in seinem Arbeitszimmer herumstapfte und einen Brief, den er vom Anwalt an die Direktoren der Doembrown and Sinkall Railway erhalten hatte und in dem er ihm mitteilte, dass sie sich auf die Abwicklungsmaßnahme einlassen würden, mit dem Fluch belegte, blickte er zufällig aus seinem Zimmer Als er gerade das Fenster öffnete, als die engen Grenzen eines Wintertages die ersten Falten des nächtlichen Musselinvorhangs über die Landschaft zogen, erspähte er ein Pferd, das von einem weißen Pferd mit einer Art Punkt-und-Go-Eins-Bewegung gezogen wurde und auf ihn zuhüpfte die heruntergekommene Allee hinauf.

„Das ist Buggins, der Gerichtsvollzieher", rief er sich selbst aus, als ihm die Erinnerung an den unbeantworteten Brief eines Anwalts durch den Kopf schoss; und er huschte gerade zur Glocke, um Spigot zu warnen, niemanden hereinzulassen, als die Kokarde des Jungen, die sich wie ein Relief vor der Skyline abzeichnete, ihn dazu veranlasste, innezuhalten und die ungewöhnliche Erscheinung erneut zu betrachten.

„Wer zum Teufel kann das sein?" fragte er sich, während er auf die Uhr schaute und sah, dass es Viertel nach vier war. „Es kann doch nicht mein Herr sein oder dieser Jack Spraggon, der doch kommt?" fügte er hinzu, zog ein Teleskop heraus und öffnete ein Lanzettenfenster.

„Spraggon, so wie ich lebe!" rief er aus, als er Jacks raue, bebrillte Gesichtszüge erblickte und sah, wie er sein Haar streichelte und Kragen und Schaft zurechtrückte, als er näher kam.

„Nun, das übertrifft alles!" rief Jawleyford aus und brannte vor Wut, als er das Fenster wieder verschloss.

Er stand ein paar Sekunden wie gebannt da und wusste nicht, was er tun sollte. Endlich kam ihm der Entschluss zu Hilfe, und als er die Treppe hinauf in sein Ankleidezimmer eilte, entledigte er sich schnell seines Mantels und seiner Weste und schlüpfte in einen Morgenmantel und eine Nachtmütze. Dann stand er mit der Tür in der Hand da und lauschte auf die Ankunft. Er konnte gerade noch das Knirschen des Gigs unter dem Portikus hören und Jacks schroffe Stimme hören, die vom oberen Ende der Treppe zu dem Diener sagte: „Wir fangen *gleich* nach dem Frühstück an, wohlgemerkt." Sofort folgte ein gewaltiger Glockenschlag, der das ganze Haus erschütterte, denn niemand hatte das herannahende Fahrzeug gesehen, und das Lokal war in den üblichen Zustand entkleideter Erstarrung verfallen, der zwischen Anrufstunde und Abendessen herrscht.

Da die Klingel nicht so schnell beantwortet wurde, wie Jack erwartet hatte, öffnete er einfach selbst die Tür; und als Spigot mit so viel Kraft ankam, wie er gerade aufbringen konnte, war Jack gerade dabei, sich zu „schälen", wie er es nannte.

„Um wie viel Uhr essen wir?" fragte er mit der Miene eines Mannes mit der Vorspeise.

„Sieben Uhr, Mylord – das heißt, Sir – das heißt, Mylord", denn Spigot wusste wirklich nicht, ob es Jack oder sein Herr war.

'Sieben Uhr!' murmelte Jack. „Was zum Teufel hat es für einen Sinn, zu so einer Winterzeit zu essen?"

Jack und mein Herr aßen immer, sobald sie von der Jagd nach Hause kamen. Jack, der sich aus seinen Umhängen befreit hatte und sich mit einem Taschenkamm die Haare nach hinten strich, war bereit für die Präsentation.

„Welchen Namen soll ich *aussprechen*?" fragte Mr. Spigot, der Angst hatte, sich vor den Damen festzulegen.

„ MR. SPRAGGON , natürlich", rief Jack und dachte, dass es auch alle anderen wissen sollten, weil er wusste, wer er war.

Dann ging Spigot voran ins Musikzimmer.

Der Klingelton hatte in der Wohnung für unterdrückte Aufregung gesorgt. In den luxuriösen Tiefen eines gut gepolsterten niedrigen Sessels begraben, saß Mr. Sponge, *Mogg* in der Hand, die Zehe nach oben gereckt, mal vertiefte er sich gemächlich in seine Arbeit – mal flüsterte er Amelia, die mit ihrer Häkelarbeit dasaß, etwas Süßes ins Ohr an seiner Seite; während Emily Klavier spielte und Mrs. Jawleyford sich im Hintergrund hielt, auf die diskrete Art und Weise, wie Mütter es tun, wenn ein kleines Geschäft im Gange ist. Der Raum befand sich in jenem glücklichen Zustand nebligen Lichts, das normalerweise dem Eintreten von Kerzen vorausgeht – ein Licht, das niemand gerne Dunkelheit nennt, damit nicht der Eindruck entsteht, die Augen würden versagen. Für einen schüchternen Fremden ist es jedoch ein angenehmes Licht, besonders wenn nicht viele Fußschemel aufgestellt sind, die ihn zum Stolpern bringen könnten – eine Ausnahme, die leider nicht jedem gewährt wird.

Obwohl Mr. Spraggon ein so gelassener, frecher Kerl gegenüber Männern war, war er der unbeholfenste und ängstlichste Kerl unter den Damen, den man je gesehen hatte. Seine Unterhaltung bestand hauptsächlich aus Husten. „Hem!" – hust – „ja, Mama", – hem – hust, hust – „der Tag", – hem – hust – „Mama, ist" – hem – hust – „sehr", – hem – hust –" Mama, kalt.' Aber wir werden ihn unserem Familienkreis vorstellen.

„ HERR SPRAGGON! ' rief Spigot in einem Ton aus, der dem Ton ähnelte, in dem Jack sich am Eingang angekündigt hatte; und sofort herrschte in der dämmernden Wohnung eine solche Aufregung – solche unterdrückten Ausrufe:

'Herr. Spraggon! – Mr. Spraggon! Was kann ihn hierher bringen?'

Die knarrenden Stiefel und das strahlende Leder unseres Reisenden stellten die düstere Kleidung von Mr. Spigot in den Schatten. Mrs. Jawleyford erhob sich schnell von ihrem Pembroke-Schreibtisch und begann, ihn zu begrüßen.

„Meine Töchter, ich glaube, Sie wissen es, Herr Spraggon; auch Herr Schwamm? „Mr. Spraggon“, fuhr sie fort und winkte mit der Hand zu der Stelle, an der unser Held in seiner Gestalt ruhte, für den Fall, dass sie einander nicht beim Sprechen kennengelernt hätten.

Die jungen Damen standen auf und machten einen hübschen Knicks; während Mr. Sponge, während er auf seinem Stuhl saß, eine Art Kopfbewegung nach hinten machte, als wollte er sagen: „Ich weiß so viel über Mr. Spraggon, wie ich will.“

„Sagen Sie Ihrem Herrn, dass Mr. Spraggon hier ist“, fügte Mrs. Jawleyford zu Spigot hinzu, als dieser Würdige den Raum verließ. „Es ist ein kalter Tag, Mr. Spraggon; Willst du nicht in die Nähe des Feuers kommen?' fuhr Mrs. Jawleyford fort und wandte sich an unseren Freund, der direkt unter dem Kronleuchter in der Mitte des Raumes stehen geblieben war. „Hem – hust – hm – danke, Mama“, murmelte Jack. „Mir ist nicht – ähm – hust – kalt, danke, Mama.“ Sein Gesicht und seine Hände waren trotzdem lila.

„Wie geht es meinem Lord Scamperdale?“ fragte Amelia, die eine starke Neigung hatte, mit allen Parteien mitzuhalten.

„Hem – hust – hem – Mylord – das heißt, meine Dame – hem – hust – ich meine, Mylord geht es ziemlich gut, vielen Dank“, stotterte Jack.

'Kommt er?' fragte Amelia.

„Hem – hust – hem – meinem Herrn – hem – nicht gut – hust – nein – hem – ich meine – hem – hust – mein Herr ist weg – hem – zum Essen – hust – hem – mit seinem – hust – Freund, Herr „Bubbley Jock – hem – hust – ich meine Barker – hust.“

Jack und Lord Scamperdale waren es so gewohnt, seine Lordschaft bei diesem Spitznamen zu nennen, dass Jack ihn unbeabsichtigt verriet oder vielmehr aushustete.

Zu gegebener Zeit kehrte Spigot mit „dem Meister ein Kompliment zurück, und es tat ihm sehr leid, aber es ging ihm so schlecht, dass er überhaupt niemanden sehen konnte.“

'Oh je!' rief Frau Jawleyford aus.

„Armer Papa!" lispelte Amelia.

'Was für eine Schande!' bemerkte Herr Schwamm.

„Ich muss ihn besuchen", bemerkte Mrs. Jawleyford und eilte davon.

„Hem – hust – hm – ich hoffe, er ist nicht sehr – hm – beschädigt?" bemerkte Jack.

Auf diese Weise wurde die alte Dame los, und Jawleyford entsorgte – offenbar für die Nacht – Mr. Spraggon fühlte sich wohler und gab Amelias Bitten nach, in die Nähe des Feuers zu kommen und sich aufzutauen. Spigot brachte Kerzen mit, und Mr. Sponge saß launisch in seinem Stuhl und studierte abwechselnd *Moggs Cab Fares* – „Old Bailey, Newgate Street, to or from the Adelphi, the Terrace, 1 *s.* "6 *Tage* ; Admiralität, 2 *s.* '; und so weiter; und riskierte promiskuitive Nebenbeobachtungen, die Jack aufgreifen konnte oder nicht, ganz wie er wollte. Er schien entschlossen, Mr. Jack für seine Unverschämtheit im Freien zu entschädigen. Amelia hingegen schien die Unhöflichkeit ihres Verehrers wettmachen zu wollen und redete weiterhin mit einer Beharrlichkeit auf Jack ein, die ihre Schwester völlig in Erstaunen versetzte, die sie immer mit größtem Abscheu über ihn sprechen hörte.

Mrs. Jawleyford fand ihren Mann in einem verzweifelten Zustand der Aufregung vor. Seine Grippe wurde dadurch erheblich verschlimmert, dass Harry sehr betrunken zurückgekehrt war und die Knie der Stute verzweifelt gebrochen waren, „durch einen Sturz", als Harry einen Schluckauf bekam, oder weil er sie „zu Boden warf". ', wie Jawleyford erklärte. Pferde *fallen* mit ihren Herren, Diener *werfen* sie zu Boden. Was für ein Glück ist es, wenn Menschen ihre Diener mit Kutschen oder Eisenbahnen auf Besorgungen schicken können, anstatt den ganzen Tag herumzuzappeln, damit ein fünfzig Pfund schweres Pferd nicht den Preis eines Bodkin oder eines Korbs Fisch kostet!

Amelias Herablassung verdrehte Jack völlig den Kopf; und als er nach oben ging, um sich anzuziehen, blickte er mit zusammengekniffenen Augen auf die besten Kleider seiner Lordschaft, die alle ordentlich für ihn auf dem Bett ausgelegt waren, und war innerlich zufrieden, sie mitgebracht zu haben.

„Schlag mich!" sagte er: „Ich glaube wirklich, dass das Mädchen eine Schwäche für mich hat." Dann untersuchte er sich eingehend im Spiegel, strich sich den Schnurrbart zu einer Kurve auf die Wangen, die fast der Kurve seiner Brille darüber entsprach; Dann rieb er seinen borstigen, stachelschweinförmigen Kopf mit einer Art Scheuerbürste nach hinten.

„Wenn ich nur die silberne Brille gehabt hätte", dachte er, „hätte ich es tun sollen."

Dann begann er sich anzuziehen; Eine Operation, die immer wieder durch den Ausbruch von Rauchsalven unterbrochen wurde, die aus dem kleinen, zischenden, schwelenden Feuer in dem kleinen, schäbigen Zimmer stammten, in dem Jawleyford darauf bestand, ihn unterzubringen.

Jack versuchte alles – das Fenster zu öffnen und die Tür zu schließen, das Fenster zu schließen und die Tür zu öffnen; Doch als er feststellte, dass er es nicht heilte, sondern nur die unterschiedlichen Grade des Vergleichs hervorbrachte – schlecht, schlimmer, schlimmer –, schloss er schließlich beide und widmete sich energisch dem Ankleiden. Er zog bald seine Strümpfe und Pumps an, auch seine schwarzen Sachsenhosen; Dann kam eine feine schwarze Krawatte mit Spitzenfransen und die zwetschgenfarbene Samtweste mit den geschliffenen Stahlknöpfen.

„Verdammt, aber ich sehe darin ziemlich gut aus!" sagte er und beäugte zuerst die eine und dann die andere Seite, während er es zuknöpfte. Dann steckte er eine ziselierte und gemusterte feine Goldbrosche mit zwei hängenden, mit Türkisen und Achaten besetzten Quastentropfen, die er aus der Garderobe Seiner Lordschaft entnommen hatte, in seine bzw. vielmehr in die fein gearbeitete Hemdbrust seiner Lordschaft und krönte sie die Toilette mit dem besten neuen blauen Mantel seiner Lordschaft mit Samtkragen, Seidenbesätzen und dem Flachhut-Jagdknopf – „ein schreitender Fuchs" mit den Buchstaben „FHH" darunter.

„Wer soll sagen, dass Mr. Spraggon kein Gentleman ist?" sagte er, während er eines der feinen, mit Kronen verzierten Batisttaschentücher Seiner Lordschaft mit Lavendelwasser parfümierte. Der Geruch war nach Jacks Meinung eines der Kriterien eines Gentlemans.

Irgendwie empfand Jack das Haus Jawleyford ganz anders; und obwohl er nicht viel Freude an Mr. Sponges Gesellschaft erwartete, glaubte er dennoch, dass die Damen und er – zumindest Amelia und er – sehr gut miteinander auskommen würden. Er vergaß, dass er gekommen war, um Sponge wegen seiner Unzulänglichkeit auszuschließen, und begann wirklich zu glauben, dass er selbst ein sehr wünschenswerter Partner für einen von ihnen sein könnte.

„Die Spraggons sind eine äußerst angesehene Familie", sagte er und betrachtete sich selbst im Spiegel. „Wenn auch nicht sehr gutaussehend, so doch sehr vornehm", fügte er hinzu und sprach dabei insbesondere von sich selbst. Mit diesen Worten schmückte er sich mit seiner Brille und machte sich auf den Weg, um den Weg nach unten zu erkunden. Nach mehreren

Fehlern befand er sich schließlich im Salon, wo sich der Rest der Gesellschaft versammelte und sogleich zum Abendessen überging.

Jacks geändertes Kostüm änderte nichts an Mr. Sponges Verhalten, der ihn mit äußerster Gleichgültigkeit behandelte. In Wahrheit hatte Sponge Jack wegen seiner Unverschämtheit gegenüber ihm auf dem Feld eine ziemlich große Bilanz. Dennoch blieb die schöne Amelia aufmerksam und redete von der Jagd, wobei sie gelegentlich in Bemerkungen zu Lord Scamperdales gutem Reiten und seinem männlichen Charakter und Aussehen überging, auf die umständliche Art und Weise, wie Damen ihren Freunden ihre Nachrichten und Komplimente übermitteln.

Das Abendessen war flach. Jawleyford hatte den Champagnerzapfhahn zugedreht, doch die Nadeletuigläser standen da, um die Party zu verführen, bis Spigot sie ungefähr zu dem Zeitpunkt abnahm, zu dem das Getränk hätte fließen sollen. Die Ebenheit wurde dann flacher. Nichtsdestotrotz arbeitete Jack in seiner üblichen fleischfressenden Art weiter und erwies abschließend nacheinander allen Süßigkeiten, Gelees und anderen Dingen seinen Respekt. Er sagte, er habe nie etwas davon bei „zu Hause" bekommen, also bei Lord Scamperdale's – Amelia dachte, wenn sie „meine Dame" wäre, würde er dort auch kein Fleisch bekommen.

Treten Sie ein, Herr. JACK SPRAGGON, KOMPLETTES KLEID

Endlich war Jack fertig; und nachdem wir über Käse, Porter und rote Heringe gesprochen hatten, wurde das Tuch zugezogen, und es folgte ein herzhafter Nachtisch, der hauptsächlich aus Äpfeln bestand. Nachdem der Wein ein paar melancholische Runden gemacht hatte, kam die angespannte Unterhaltung völlig zum Stillstand, und nachdem Spigot den kleinen runden Tisch rücksichtsvoll aufgestellt hatte, als wolle er den Frieden zwischen ihnen wahren, überließen die Damen den männlichen Würdenträgern die Gelegenheit, über ihren Portwein zu sprechen Sherry zusammen. Jack knöpfte, ganz nach Woodmansternes Art, seine Weste auf und streckte die Beine vor sich aus – ein Beispiel, dem Mr. Sponge schnell folgte, und jeder nahm eine Haltung an, die so gut wie sagte: „Ich kümmere mich nicht um zwei Pence für Sie." Dann herrschte Totenstille, unterbrochen nur durch das Knacken, Knacken, Knacken von Jacks Zahnstocher gegen seine Stuhlkante, wenn er nicht gerade damit beschäftigt war, seinen Mund damit zu erkunden. Es schien ein Spiel zu sein, das am längsten schweigen sollte. Jack saß da und blickte Sponge mit zusammengekniffenen Augen an, während Sponge vorgab, mit dem Feuer beschäftigt zu sein. Da der Wein bei Sponge war und er schließlich etwas davon wollte, war er gezwungen, den ersten Schritt zu tun, indem er ihn Jack überreichte, der sich gleichzeitig Portwein und Sherry gönnte – ein Glas Sherry nach dem Abendessen (nach Jacks Meinung), was „a" bedeutete Gentleman. Nachdem er darüber geschmatzt hatte, wandte er sich schließlich dem Glas Portwein zu. Er hielt seine Hand zurück, als er es an seinen Mund führte, und hielt das Glas an seine Nase.

„Verkorkt, bei Gott!" rief er und stellte das Glas mit einem angewiderten Aufschlag auf den Tisch.

Es ist merkwürdig, welche unerwarteten Wendungen die Dinge manchmal in der Welt nehmen und wie oft ganze Ketten sorgfältig ausgearbeiteter Pläne durch bloße Zufälle wie diesen völlig zunichte gemacht werden. Ohne die verkorkte Flasche Portwein hätten diese beiden Würdenträger zweifellos ein Quäkertreffen abgehalten, ohne dass der „Geist" einen von ihnen bewegt hätte.

„Verkorkt, bei Gott!" rief Jack aus.

'Es ist!' antwortete Sponge und roch an seinem halb leeren Glas.

„Nimm lieber noch eine Flasche", bemerkte Jack.

„Sicherlich", antwortete Schwamm und klingelte. „Spigot, dieser Wein ist verkorkt", bemerkte Sponge, als der alte Pomposo den Raum betrat.

'Ist es?' sagte Spigot mit völliger Unschuld, obwohl er wusste, dass es aus der verkorkten Charge kam. „Ich bringe noch eine Flasche mit", fügte er hinzu und trug sie fort, als hätte er eine ganze Pfeife zur Hand, obwohl er in Wirklichkeit nur eine weitere herausgeholt hatte. Dieser war glücklicherweise weniger verkorkt als der erste; und nachdem Jack zustimmend auf seine großen, dicken Lippen geschmatzt hatte, fasste Mr. Sponge es auf sein Urteilsvermögen und nickte Spigot zu, der sich sofort verabschiedete.

„Das ist ein alter Trick", bemerkte Jack kopfschüttelnd, als Spigot die Tür schloss.

'Ist es?' bemerkte Mr. Sponge und griff die Bemerkung auf, obwohl sie in Wirklichkeit auf das Feuer gerichtet war.

„Bemerkenswert dafür", antwortete Jack und blickte mit zusammengekniffenen Augen auf die Anrichte, obwohl er Sponge eindringlich anstarrte, um zu sehen, wie er es aufnahm.

„Nun, ich dachte, wir hätten neulich Abend eine Flasche mit einem seltsamen Streit getrunken", bemerkte Sponge.

„Die alte Blütennase hat eines Nachts ein halbes Dutzend nacheinander verkorkt", antwortete Jack.

(Er hatte drei verkorkt, aber Jawleyford verkorkte sie erneut, und Spigot gab sie nun unseren Freunden wieder.)

Obwohl sie nun das Eis gebrochen hatten und so etwas wie ein Gespräch begannen, ging es dennoch sehr langsam voran und sie schienen jedes Wort abzuwägen, bevor es ausgesprochen wurde. Auch Jack hatte Zeit, sich seine eigenartige Situation durch den Kopf zu gehen und über seine Mission von Lord Scamperdale nachzudenken – über die Abneigung seiner Lordschaft gegenüber Mr. Sponge, seine Angst, ihn loszuwerden, seinen versprochenen Teil in seinem Testament und seinen Der Hinweis der Lordschaft, Sponges Pferde zu kaufen, wenn er ihn nicht auf andere Weise loswerden könnte.

Sponge seinerseits überlegte, ob es überhaupt eine Möglichkeit gäbe, Jack zur Rechenschaft zu ziehen.

Für den Uneingeweihten mag es seltsam erscheinen, dass ein Mittelsmann bei einem Pferdehandel Aussicht auf Gewinn haben sollte, außer im legitimen Gewerbe von Auktionatoren und Kommissionsstallhaltern; Aber leider müssen wir sagen, dass wir Männer kennengelernt haben, die sich Gentlemen nannten und es nicht als abwertend empfanden, eine „Kleinigkeit" für ihre guten Dienste in der Sache anzunehmen. „Ich kann billiger einkaufen als Sie", sagen sie, „und wir können die Kleinigkeit genauso gut unter uns aufteilen."

Das war Mr. Spraggons Grundsatz, nur dass das Wort „Kleinigkeit" seine Meinung zu diesem Punkt nur unzureichend zum Ausdruck bringt; Jacks Vorstellung war, dass ein Mann Anspruch auf 5 *l hatte*. Prozent. von Rechts wegen und so viel mehr, wie er kriegen konnte.

Es kam nicht oft vor, dass Jack einen „Bissen" von Mylord abbekam, was ihn vielleicht zu der Annahme verleitete, dass es seine Pflicht sei, keine Gelegenheit zu verpassen. Nachdem man ihm das gesagt hatte, kannte er natürlich genau den Typ Mann, mit dem er es in Mr. Sponge zu tun hatte – einen Typ Mann, bei dem es nie schwierig ist zu fragen, ob sie ihre Pferde verkaufen würden, wobei der Preis das einzige Kriterium war. Sie sind in der Tat eine Art Pferdehändler ohne Lizenz, von deren Anwesenheit nur wenige Jagden völlig frei sind. Mr. Spraggon dachte, wenn er Sponge dazu bringen könnte, dafür zu sorgen, dass es sich für ihn lohnte, Mylord dazu zu bringen, seine Pferde zu kaufen, würde er – was auch immer er bekommen würde – sehr bequem hereinkommen, um seine Weihnachtsrechnungen zu bezahlen.

Als die Flasche zu Ende ging, waren unsere Freunde schon bessere Freunde und schienen eher zur Verbrüderung geneigt zu sein. Jack war gegenüber Sponge im Vorteil, denn er konnte ihn anstarren, oder besser gesagt, blinzeln, ohne dass Sponge es merkte. Der Pint Wein pro Stück – zumindest so viel Pint pro Stück, wie Spigot sich leisten konnte – belastete Jacks Nerven und seine Augen etwas, und er begann, mehr von den Pupillen und weniger von den weißen Augen zu zeigen als er . Er ließ die Flasche mit so herzlichem Wohlwollen klingeln, dass das Schicksal eines anderen geklärt war, woraufhin Sponge wie selbstverständlich klingelte. Da war nur der abgelehnte, den Spigot jedoch in eine andere Karaffe gab und mit einer solchen Miene hereinbrachte, dass keiner von ihnen ein Wort in Verunglimpfung darüber sagen konnte.

„Wo sind die Hunde nächste Woche?" fragte Schwamm und nippte daran.

„Montag, Larkhall Hill; Dienstag, die Kreuzung bei Dallington Burn; Donnerstag, die Mautstelle in Whitburrow Green; „Samstag, die Zwinger", antwortete Jack.

„Gute Orte?" fragte Schwamm.

„Montag ist gut", antwortete Jack; „Zeichne Thorney Gorse – sicher finden; zweite Auslosung, Barnlow Woods, und Heimspiel gegen Loxley, Padmore und so weiter.'

„Was für ein Ort ist Dienstag?"

'Dienstag?' wiederholte Jack. 'Dienstag! Oh, das ist die Kreuzung. Ein toller Ort, es sei denn, der Fuchs macht sich auf den Weg zu Rumborrow Craigs oder kommt in den Seedywood Forest, dann hat es ein Ende – zumindest ein Ende von allem, außer seinem Pferd auf den steifen, lehmigen Ausritten die Beine abzureißen. „Von hier aus ist es allerdings noch ein weiter Weg", bemerkte Jack.

'Wie weit?' fragte Schwamm.

„Gut zwanzig Meilen", antwortete Jack. „Es ist sechzehn von uns; Von hier aus wird es noch viel mehr sein.'

„Seine Lordschaft wird sich also über Nacht ausruhen?" beobachtete Sponge.

„Er nicht", antwortete Jack. „Er kümmert sich besser um seine Sixpence." Oben im Dunkeln, beim Frühstück bei Kerzenschein, tappen wir zum Stall, stolpern durch die tiefen Gassen und durch alle Nebenstraßen des Landes – kommen irgendwie dorthin."

„Feine Hand!" beobachtete Sponge.

'Verrückt!' antwortete Jack.

Anschließend erwiesen sie dem Hafen ihre gegenseitige Aufwartung.

„Er jagt dort dienstags", bemerkte Jack und stellte sein Glas ab, „damit er den ganzen Mittwoch Zeit hat, nach Hause zu kommen und sicher zu sein, am Donnerstag zu erscheinen." „Es ist nicht abzusehen, wo er mit einem Scheideweg enden wird."

Als die Würdenträger die Flasche ausgetrunken hatten, hatten sie schon ein gewisses Maß an Vertrauen zueinander aufgebaut. Der Hinweis, den Lord Scamperdale über den Kauf von Sponges Pferden gegeben hatte, beschäftigte Jack immer noch; und je mehr er über das Thema und den Wert einer Ecke im Testament Seiner Lordschaft nachdachte, desto klarer wurde ihm die Wahrheit des alten Sprichworts, dass „ein Vogel in der Hand mehr wert ist als zwei im Busch." „Mylord", dachte Jack, „verspricht fair, aber es ist *nur* eine Chance, und zwar eine entfernte." Er kann viele Jahre leben — genauso lange, vielleicht sogar länger als ich. Tatsächlich setzt er mich auf Pferde, die alles andere als darauf ausgelegt sind, Langlebigkeit zu fördern. Dann heiratet er vielleicht eine Frau, die mich ausstößt, so wie manche Frauen die angenehmen Freunde ihres Mannes ausstoßen; oder er könnte seine Meinung ändern und mir doch nichts hinterlassen.'

Alles in allem kam Jack zu dem Schluss, dass er sich selbst nicht gerecht werden sollte, wenn er die fairen Gelegenheiten, die ihm der Zufall bot, nicht nutzte, und deshalb dachte er, dass er während seiner Lordschaft genauso gut einen Penny abheben könnte Leben, als auf einen Eventualfall zu warten, der vielleicht nie eintritt. Da Mr. Jawleyfords Unwohlsein Jack daran hinderte, die Ankündigung zu machen, zu der er gesandt wurde, oblag es ihm, wie er argumentierte, zu prüfen, was mit der Alternative, die seine Lordschaft vorgeschlagen hatte — nämlich dem Kauf von Sponges Pferden — geschehen könnte. Zumindest beruhigte Jack sein Gewissen mit dem alten Pflichtbekenntnis; und war zu diesem Schluss gekommen, als er sich erneut das letzte Glas in der Flasche schenkte.

„Möchten Sie etwas Rotwein?" fragte Schwamm mit der ganzen Gastfreundschaft eines Gastgebers.

„Nein, lass deinen Rotwein hängen!" antwortete Jack.

„Ein bisschen Brandy vielleicht?" schlug Schwamm vor.

„Ich hätte nichts gegen ein Glas Brandy", antwortete Jack, „als Schlummertrunk."

Spigot, der in diesem Moment hereinkam, um Tee und Kaffee anzukündigen, wurde in seiner Ansprache von Sponge unterbrochen, der etwas Brandy verlangte.

„Tut mir leid", antwortete Spigot und tat so, als wäre er völlig überrascht, „sehr leid, Herr — aber, Herr — Meister, Herr — Bett, Herr — stören Sie ihn, Herr."

„Ach, verdammt noch mal, egal!" rief Jack aus; „Sag ihm, Mr. Sprag – Sprag – Spraggon" (die Flasche Portwein fängt an, Jack ziemlich unartikulierbar zu machen) – „Sag ihm, dass Mr. Spraggon etwas will."

„Stören Sie ihn nicht, Sir", antwortete Spigot kopfschüttelnd; „Soviel mein Platz wert ist, Herr."

„Hast du nicht einen kleinen Tropfen in deiner Speisekammer, meinst du?" fragte Schwamm.

„Der *Koch* hat es vielleicht getan", antwortete Mr. Spigot, als wäre das völlig untypisch für ihn.

„Nun, geh und frag sie", sagte Schwamm; „Und bringen Sie heißes Wasser und andere Dinge mit, die gleichen wie letzte Nacht, wissen Sie."

Mr. Spigot zog sich zurück und kehrte bald darauf zurück, mit einem Tablett mit einer Dreiviertelflasche Brandy, von dem er ihnen eingeprägt hatte, dass es sich um den „ *eigenen* Brandy" des Kochs handelte.

„Das wage ich zu behaupten", huckte Jack und hielt die Flasche ins Licht.

„Ich hoffe, sie hat es nicht selbst benutzt", bemerkte Sponge.

„Sag ihr, dass wir ihre Gesundheit gefährden werden", sagte Jack und goss einen großzügigen Schluck in sein Glas.

„Das wird alles sein, was du tun *wirst* , wage ich zu behaupten", murmelte Spigot vor sich hin, als er zurück zu seiner Speisekammer schlenderte.

„Hält Jaw das Rauchen aus?" fragte Jack, als Spigot verschwand.

„Oh, das glaube ich", antwortete Schwamm; „Ich bin sicher, ein Freund wie du wäre willkommen" – Sponge überlegte, sich eine Zigarre zu gönnen und die Schuld auf Jack zu schieben.

„Nun, wenn Sie das glauben", sagte Jack, holte sein Zigarrenetui, oder besser gesagt das Seiner Lordschaft, heraus und taumelte zum Schornstein, um ein Streichholz zu holen, obwohl neben ihm eine Kerze stand, „dann nehme ich eine." Rohr.'

„Das werde ich auch tun", sagte Schwamm, „wenn du mir eine Zigarre gibst." „Eigentlich Ihnen wie mir", antwortete Jack und überreichte ihm das reich bestickte Etui Seiner Lordschaft mit Kränzen und Chiffren auf beiden Seiten, das Geschenk einer der vielen Möchtegern-Lady Scamperdales.

„Will ein Licht!" Schluckauf machte Jack, der jetzt ein Glühwürmchen-Ende hatte.

„Danke", sagte Schwamm und nutzte die freundliche Annäherung.

Unsere Freunde schnupperten und schnauften jetzt gemeinsam – schnauften und schnauften, wo Schnüffeln und Schnaufen noch nie zuvor gekannt worden war. Der Brandy begann ziemlich schnell zu verschwinden; es war besser als der Wein.

„Das ist ein – n – nettes – Pferd von dir“, stammelte Jack, während er sich einen zweiten Becher mixte.

'Welche?' fragte Schwamm.

„Das Bur-Bur-Braun“, stotterte Jack.

„ *Das ist er* “, antwortete Schwamm; „mit Abstand das beste Pferd in diesem Land.“

„Die che-che-Brust-Nuss ist kein ba-ba-böses Un. „Das wage ich zu behaupten“, bemerkte Jack.

„Nein, das ist er nicht“, antwortete Schwamm; 'ein verdammt gutes Un.'

„Ich kenne einen Mann, der auf dem b-b-br-braun ganz süß ist“, bemerkte Jack und blinzelte fürchterlich.

Sponge saß ein paar Sekunden lang still da und tat so, als wäre er in seinen „erhabenen Tabak“ gehüllt.

„Ist er ein Käufer oder nur ein Scherz?“ fragte er schließlich.

„Oh, ein *Käufer* “, antwortete Jack.

„Ich werde *verkaufen* “, sagte Sponge und legte großen Wert auf den Verkauf.

'Wie viel?' fragte Jack, ernüchternd vor Aufregung.

'Welche?' fragte Schwamm.

„Der Braune“, antwortete Jack.

„Dreihundert“, sagte Schwamm; und fügte hinzu: „Ich habe zwei für ihn gegeben.“

'In der Tat!' sagte Jack.

Dann folgte eine lange Pause. Jack überlegte, ob er mutig die Frage stellen sollte, was Sponge ihm für den Abschluss eines Verkaufs geben würde, oder ob er ein wenig um den heißen Brei herumreden sollte. Schließlich hielt er es für das Klügste, um den heißen Brei herumzureden und zu sehen, ob Schwamm ein Angebot machen würde.

„Nun“, sagte Jack, „ich werde sehen, was ich tun kann.“

„Das ist ein guter Kerl“, sagte Schwamm; und fügte hinzu: „Ich werde mich an dich erinnern, wenn du es tust.“

„Ich wage zu behaupten, dass ich sie beide verkaufen kann", bemerkte Jack, ermutigt durch das Versprechen.

„Nun", antwortete Schwamm, „dasselbe nehme ich für die Kastanie; Es gibt keinen halben Penny, um die Wahl zwischen ihnen zu haben.'

„Nun", sagte Jack, „wir werden sie nächste Woche sehen."

„Genau so", sagte Schwamm.

„Du r-r-reist gut bis zu den h-h-Hunden", fuhr Jack fort; „Und seine Lordschaft soll sehen, was sie tun können."

„Das werde ich", sagte Sponge und wünschte, er wäre bei der Arbeit.

„Kümmern Sie sich nicht um sein Rudern", bemerkte Jack; „Er kann nicht anders."

„Ich nicht", antwortete Schwamm und paffte an seiner Zigarre.

Wenn Männer einmal anfangen, Brandy-and-Water (nach dem Wein) zu trinken, ist die Zeit vorbei. Unsere Freunde – denn wir „können sie jetzt so nennen" – saßen schlürfend, schlürfend, schlürfend da – mixen, mixen, mixen; mal kräftigend, mal schwächer, mal wärmend, mal aromatisch, bis sie nicht nur das heiße Wasser ausgetrunken hatten, sondern auch einen großen Krug mit kaltem Wasser, der in der Mitte des Tisches zwischen zwei gefrosteten Bechern stand, und fast auch den Brandy ausgetrunken hatten.

„Könnte die Flasche auch austrinken, fi-fi-fin", bemerkte Jack und hielt sie an die Kerze. „Nur ein Thi-thi-thim-Bleable pro Stück", fügte er hinzu und nahm sich etwa drei Viertel von dem, was da war.

„Du hast deinen Anteil genommen", bemerkte Sponge, als die Flasche die Zahlung einstellte, bevor er die Hälfte der Menge bekam, die Jack hatte.

„Sque-ee-eze it", antwortete Jack, passte die Aktion dem Wort an und arbeitete an einer erschöpften Zitrone.

Endlich waren sie fertig.

„Nun, ich denke, wir können genauso gut etwas Tee trinken gehen", bemerkte Jack.

„Es ist noch nicht angekündigt", sagte Sponge, „aber ich zweifle nicht daran, dass es fertig sein wird."

Nachdem sie dies gesagt hatten, erhoben sich die Würdenträger, und natürlich gelang es ihnen, nach einigen Unebenheiten und einigen Unregelmäßigkeiten, die Tür zu erreichen. Die Lampe im Flur war erloschen und erfüllte den Korridor mit ihrem Duft. Schwamm jedoch kannte den Weg, und die Dunkelheit begünstigte das Zurechtrücken der Krawatten und das Befingern der Haare. Nachdem er wie betrunken aufgestanden war, öffnete Sponge die Tür zum Wohnzimmer, in der Erwartung, lächelnde Damen in einem grellen Licht vorzufinden. Bis auf die erlöschende Glut im Kamin war jedoch alles dunkel. Das Ticken, Ticken, Ticken, Ticken der Uhren klang wunderbar klar.

'Zu Bett gegangen!' rief Schwamm.

„ WOW !" schrie Jack mit lauter Stimme.

„Was ist los, meine Herren? – Was ist da los?" rief Spigot und stürmte herein, rieb sich mit einer Hand die Augen und hielt in der anderen einen Kerzenständer aus Blech.

„Nichts", antwortete Jack und kniff die Augen zusammen; und fügte hinzu: „Besorg mir einen Deviled-" (Schluckauf).

„Ich weiß nicht, wie man sie hier macht, Sir", schnappte Spigot.

„Teuflisches Truthahnbein, du Schlingel!" gesellte sich zu Jack, ballte seine Fäuste und nahm Haltung ein.

„Bitte verzeihen Sie, Sir", antwortete Spigot, „aber der Koch, Sir, ist zu Bett gegangen, Sir." Wissen Sie, Herr, wie spät es ist, Herr?

„Nein", antwortete Jack.

'Wie spät ist es?' fragte Schwamm.

„Zwanzig Minuten vor zwei", antwortete Spigot und hielt eine Art Taschenwärmepfanne hoch, die er Uhr nannte.

„Die Zwei!" rief Schwamm.

„Wer hätte das gedacht?" murmelte Jack.

„Na dann, ich denke, wir können genauso gut ins Bett gehen", bemerkte Schwamm.

„Schätze so", antwortete Jack; „Nichts mehr zu bekommen."

„Kennst du dein Zimmer?" fragte Schwamm.

„Natürlich tue ich das", antwortete Jack; „Glauben Sie nicht, dass ich betrunken bin, oder?"

„Nicht wahrscheinlich", entgegnete Sponge.

Dann begann Jack, die Treppe sehr krabbenartig hinaufzusteigen, was glücklicherweise leicht war, sonst wäre er nie aufgestanden. Mr. Sponge, der immer noch in den Staatsgemächern wohnte, verabschiedete sich an seiner eigenen Tür von Jack, und Jack ging holprig und stolpernd weiter auf der

Suche nach dem Nebengang, der zu seinem Schweinestall führte. Er fand die grüne Gazetür, die normalerweise den Eingang zu diesen Nebensuiten kennzeichnet, und schlurfte gerade durch den schmalen Gang. Wie es der Zufall wollte, gelangte er jedoch in die Garderobe seines Gastgebers, wo dieser Würdige schlief; Und als Jawleyford morgens wie gewohnt aufsprang, um zu sehen, was für ein Tag es war, trat er Jack aufs Gesicht, der in seinen Kleidern neben dem Bett hingefallen war, und Jawleyford zerbrach Jacks Brille auf der anderen Seite der Brücke seiner Nase.

„Verrotten!" brüllte Jack und sprang auf, „Reiten Sie auf diese Weise nicht über einen Kerl!" Als er sich schüttelte, um zu prüfen, ob Gliedmaßen gebrochen waren, stellte er fest, dass er seine Festkleidung trug und nicht die weite Kleidung der Flachhutjagd. 'Wer bist du? wo bin ich? Was zum Teufel meinst du damit, meine Spezifikationen zu brechen?' rief er und blinzelte seinen Gastgeber fürchterlich an.

„Mein lieber Herr", rief Mr. Jawleyford aus seinem Nachthemd, „es tut mir sehr leid, aber –"

„Lass deinen *Hintern* ! Du solltest einem Mann nicht so nahe kommen!' rief Jack aus und sammelte die Bruchstücke seiner Brille ein; Als er sich wieder besann, sagte er abschließend: „Vielleicht gehe ich besser in mein eigenes Zimmer."

„Vielleicht hatten Sie das", antwortete Mr. Jawleyford und ging auf die Tür zu, um ihm den Weg zu zeigen.

„Gib mir eine Kerze", sagte Jack und bereitete sich darauf vor, ihm zu folgen.

„Kerze, mein Lieber! „Warum, es ist heller Tag", antwortete sein Gastgeber.

'Ist es?' sagte Jack, offenbar ohne sich dessen bewusst zu sein. „Wie spät ist es?"

„Fünf Minuten vor acht", antwortete Jawleyford und blickte auf eine Uhr.

Als Jack in seine eigene Höhle kam, warf er sich in einen alten Invalidenstuhl und rieb die zerbrochenen Brillen aneinander, als glaubte er, sie würden sich durch Reibung verbinden, obwohl er in Wirklichkeit versuchte, den Verlauf der Nacht durch seinen Kopf zu gehen. Je mehr er über Amelias gewinnende Art nachdachte, desto zufriedener war er, dass er Eindruck gemacht hatte, und desto ärgerlicher war er darüber, dass seine Brille zerbrochen war. Denn obwohl er sich ohne sie sehr vorzeigbar fand, konnte er dennoch nicht umhin, zu empfinden dass sie eine wünschenswerte Ergänzung seien. Auch damals hatte er heftige Kopfschmerzen; und als er feststellte, dass das Frühstück erst um zehn Uhr anstand und es unter allen Umständen noch viel später sein könnte, beschloss er, aufzubrechen und seinen Erfolg unter günstigeren Vorzeichen fortzusetzen. In Anbetracht der Tatsache, dass alle

Kleidungsstücke, die er bei sich hatte, seiner Lordschaft gehörten, hielt er es für unerheblich, in welcher Kleidung er nach Hause ging. Um sich Ärger zu ersparen, hüllte er sich einfach in seinen Regenmantel und reiste in den eleganten Kleidungsstücken, die er trug.

Es war ein Glück für Mr. Sponge, dass er ging, denn als Jawleyford die Demütigung spürte, die seinem Esszimmer zugefügt worden war, brach er in einem solchen Schwall der Empörung aus, dass es äußerst unangenehm gewesen wäre, wenn niemand da gewesen wäre die Schuld in die Schuhe schieben. Tatsächlich war er Mr. Sponge gegenüber ohnehin nicht besonders gnädig; aber das ergab sich sowohl aus bestimmten dunklen Hinweisen, die sich aus dem Dienstbotensaal in das „Gemach meiner Dame" vorgearbeitet hatten, als auch aus den finanziellen Mitteln und Aussichten unseres Freundes. Jawleyford begann zu vermuten, dass Sponge möglicherweise nicht ganz der große „Fang" war, den er darstellte.

Abgesehen davon, dass Mr Gegenstand. Mr. Spraggon tröstete Lord Scamperdale mit der Versicherung, dass Amelia keine Ahnung von Sponge hatte, von dem er keinen Zweifel daran hatte, dass er sehr bald außer Landes sein würde – und Seine Lordschaft ging in die Kirche und betete inbrünstig dafür, dass er ging.

KAPITEL XXVI

HERR. UND FRAU. FRÜHLINGSWEIZEN

„Lord Scamperdales Foxhounds treffen sich am Montag in Larkhall Hill"
usw. &c. – *Kreiszeitung* .

Die Flachhutjagd war wieder in ihre gewohnte Stille verfallen, und „Larkhall
Hill" sah niemanden außer den regulären Besuchern, Männern ohne die
geringste Biegung in ihren Hüten – Hüten, die in der Tat aussahen, als ob die
Besitzer darauf saßen, als sie es getan hatten nicht sie auf den Kopf. Es gab
Fyle und Fossick und Blossomnose und Sparks und Joyce und Capon und
Dribble und ein paar andere, aber weder Washball noch Puffington, noch
einer der Feiertagsvögel.

SEINE LORDSCHAFT HAT ALLES FÜR SICH

Pünktlich um zehn Uhr trabten Mylord, seine Hunde, sein Jäger, seine
Peitschen und sein Jack um Farmer Springwheats weitläufiges Hintergelände
herum und erschienen in gebührender Form vor den grünen Gittern vorn.
„Stolz begleitet uns alle", wie der Dichter sagt; und wenn Seine Lordschaft
in den Hof geritten wäre und auf ein Glas selbst gebrauten Wein hinausgeeilt
wäre, hätte Springwheat jeden Fuchs auf seiner Farm gefangen, und die
blühende Mrs. Springwheat hätte einen endlosen Geflügelschnabel gegen die
Jagd gehabt; wohingegen Springwheat einfach dadurch, dass er „die Dinge
angenehm machte" – das heißt, zum Frühstück kam –, mit ansehen musste,
wie sein Mais zertrampelt wurde, ja, er selbst den Weg darüber ging, und Mrs.

Springwheat sah, wie ihre Dorkings ohne ein Murren verschwanden – es sei denn, tatsächlich , könnte eine Anfrage, wann seine Lordschaft kommen würde, in diesem Licht in Betracht gezogen werden.

Larkhall Hill stand in der Mitte eines Kreises auf einer sanften Anhöhe und beherrschte einen Blick über eine Farm, deren fruchtbare Felder und sorgfältig geschnittene Zäune ihre Grenzen hinreichend anzeigten und tatsächlich aussahen, als ob alles Gute des Landes auf sie zugekommen wäre . Selbst im Winter war es grün und üppig, während die kräftigen, zuckerrohrfarbenen Stoppeln zeigten, was für eine Ernte es gegeben hatte. Rüben, so groß wie Käse, ragten aus dem Boden. In einer kleinen engen Senke, deren Existenz vom Haus aus deutlicher durch mehrere gesunde, spindelförmige Lärchen zu erkennen war, die aus dem grünen Ginster hervorschossen, befand sich die Decke – ein fast sicherer Fund, mit der fast ebenso sicheren Sicherheit einer Flucht daraus. Es nahm beide Seiten des sandigen, von Kaninchen frequentierten Tals ein, durch das ein glitzernder Bach floss, und hatte für Fußgänger den großen Vorteil, dass sie den gefundenen Fuchs sehen konnten. Larkhall Hill war daher sowohl zu Pferd als auch zu Fuß ein Favorit. So viel Gutes – auf jeden Fall scheint so viel gut bewirtschaftetes Land ein besseres oder imposanter aussehendes Haus zu rechtfertigen, das gegenwärtige besteht, abgesehen von den vorspringenden Mansarden im holländischen Ziegeldach, aus den üblichen vier Fenstern und eine Tür, die so gut ihre eigene Geschichte erzählt; Durchgang in der Mitte, Treppe davor, Salon rechts, am besten dito links, mit entsprechenden Räumen oben. Sicherlich gab es auf der Rückseite eine große Tiefe des Hauses; Dies trug jedoch in keiner Weise zur Bedeutung der Front bei, und die Springwheats entschieden sich allein von diesem Punkt aus dafür, sie in Betracht zu ziehen. Hätten die hinteren Elemente geteilt und an den Seiten hinzugefügt werden können, hätten sie zwei sehr schöne Flügel des alten, mit Rosen umrankten roten Backsteinhauses geschaffen. Nachdem erwähnt wurde, dass die Farbe rot war, ist es fast überflüssig hinzuzufügen, dass die Tür und die Schienen grün waren.

Dies war ein arbeitsreicher Morgen in Larkhall Hill. Es war der erste Tag der Saison, an dem sich die Jagdhunde meines Herrn dort trafen, und die hübsche Mrs. Springwheat hatte beim Aufräumen des Porzellans und der Wäsche und beim Ankleiden der Kinder für das Frühstück genauso viel Mühe gehabt wie Springwheat beim Einsammeln von Messern und Gabeln sowie Weingläser und Becher für seine Unterhaltungsabteilung, ganz zu schweigen von der Pflege seiner neuen Oberteile und Kordeln. „The Hill“, wie die Landleute es nennen, war „full fig“; und ein heller, milder Wintertag milderte die Atmosphäre und es fühlte sich an, als ob ein Sommertag von seinem Platz in den Winter geschüttelt worden wäre. Es kommt nicht oft vor, dass das englische Klima angenehm genug ist, um einem Ort einen Vorteil zu verschaffen.

Wie dem auch sei, die Dinge sahen sowohl von außen als auch von innen lächelnd aus. Durch frühes Aufstehen und Aufsicht hatte Mrs. Springwheat die Dinge in einen solchen Zustand der Vorwärtsbewegung gebracht, dass sie sich mit einer kleinen, flotten Mütze schmücken konnte – seltsamerweise mit mikroskopisch kleinen Einstichen und kirschfarbenen Bandeinlagen –, die so weit hinten aufgesetzt war Ihr fein geformter Kopf verkündete ohne jede Widerrede, dass er zur Verzierung da war und nicht dazu diente, die Freiheiten der Zeit mit ihrem gepflegten, klar gescheitelten, rabenschwarzen Haar zu verbergen. Freiheiten der Zeit, wahrlich! Mrs. Springwheat befand sich in der Blüte ihrer Weiblichkeit; und obwohl sie Springwheat außer einem ältesten Sohn dreimal hintereinander Zwillinge geschenkt hatte, war sie so jung, frisch aussehend und fein gebaut wie am Tag ihrer Hochzeit. Sie trug jetzt ein sehr feines französisches graues Merinokleid mit einem sehr kleinen Häkelkragen und natürlich weiten Musselinärmeln. Die hohen Volants an ihrem Kleid bringen ihre elegante Taille besonders gut zur Geltung.

Mrs. Springwheat hatte alles vorbereitet, und sie selbst auch, als Lord Scamperdales zweiter Reiter auf den Hof ritt und einen Stall für sein Pferd verlangte. Da sie wusste, wie schnell der Ballon dem Piloten folgen würde, ordnete sie sofort die im Stunner-Tartan gekleideten Kinder im Frühstücksraum an; und als der erste Peitschenschlag ertönte, als er um die Ecke ritt, ließ sie sich in einen Sessel am Feuer sinken, mit einem spitzenbesetzten Kopftuch in der einen und dem *Mark Lane Express* in der anderen Hand.

„Hallo! Springey!' gefolgt von einem heftigen Peitschenknall, der die Ankunft Seiner Lordschaft vor den grünen Zäunen ankündigte; und ein lautes „Hallo" ertönte von Jack, als man sah, wie der Gegenstand der Frage durch den offenen Raum oben herumtanzte, mit ganz gerötetem Gesicht von der Anstrengung, einen sehr engen Stiefel anzuziehen.

„Kommen Sie herein, mein Herr! Bete, komm herein! Die Frau ist unten!' rief Springwheat vom Fenster aus; Und genau in diesem Moment kam der Stallknecht aus dem Haus und rannte zum Pferdekopf seiner Lordschaft.

Seine Lordschaft und Jack stiegen dann ab und übergaben ihre Kutsche dem Diener; während Wake, Fyle und Archer, die ebenfalls zu der Gruppe gehörten, die Gesichter der umstehenden Müßiggänger beobachteten, um zu sehen, wem sie ihre Nörgler am besten anvertrauen sollten.

Lord Scamperdale trat herein, gefolgt von seiner Schleppe, und Maria, die Magd, die ordnungsgemäß im Flur postiert war, öffnete die Salontür auf der linken Seite und entdeckte Mrs. Springwheat in Haltung sitzend.

„Nun, Mylady, und wie geht es Ihnen?" rief Seine Lordschaft, trat fröhlich vor und ergriff ihre beiden hübschen Hände, als sie aufstand, um ihn zu empfangen. „Ich erkläre, dass du jedes Mal jünger und hübscher aussiehst, wenn ich dich sehe."

'Oh! „Mein Herr", sagte Mrs. Springwheat lächelnd, „Ihr Herren seid immer so höflich."

„Kein bisschen davon!" rief Seine Lordschaft und musterte sie aufmerksam durch seine silberne Brille, denn er war gezwungen gewesen, Jack das andere Paar Schildpattbrillen zu überlassen. „Kein bisschen davon", wiederholte Seine Lordschaft. „Ich sage Jack immer, dass du die hübscheste Frau der Christenheit bist; nicht wahr, Jack?' fragte Seine Lordschaft und appellierte an sein Faktotum.

„Ja, Mylord", antwortete Jack, der immer auf alles schwor, was seine Lordschaft sagte.

'Von Jove!' fuhr Seine Lordschaft mit einem Fußstampfen fort: „Wenn ich eine solche Frau finden könnte, würde ich sie morgen heiraten." Nicht solche Frauen wie dich, die man jeden Tag anmachen kann. Und was für viele hübsche Welpen!' rief Seine Lordschaft, schreckte zurück und tat so, als wäre er von der Reihe starrender, schwarzhaariger, schwarzäugiger, halb verängstigter Kinder überrascht. „Das nenne ich einen guten Eintrag", fuhr Seine Lordschaft fort, indem er sie aufmerksam musterte und Jack darauf hinwies; „Alle Hunde – alle Jungen, meine ich!" fügte er hinzu.

„Nein, Mylord", antwortete Mrs. Springwheat lachend, „das sind Mädchen" und legte ihre Hand auf die Köpfe von zwei von ihnen, die jetzt bei dem Gedanken, für Jungen gehalten zu werden, kicherten.

„Nun, sie sehen jedenfalls verdammt gut aus", antwortete Seine Lordschaft und dachte, er könnte mit der Inspektion genauso gut fertig sein.

Jetzt erschien Springwheat selbst, ein ebenso vortreffliches Beispiel für einen Mann wie seine Frau für eine Frau. Sein Gesicht war gerötet von der Anstrengung, seine engen Stiefel anzuziehen, und Seine Lordschaft spürte die Falten, die die Haken hinterlassen hatten, als er ihm die Hand schüttelte.

„Nun, Springey", sagte er, „ich habe gerade deine Frau nach dem neuen Baby gefragt."

„Oh, danke, Mylord", antwortete Springey mit einem Schütteln seines lockigen Kopfes; 'Danke mein Gott; Keine neuen Babys, Mylord, mit Weizen unter vierzig, Mylord.'

„Nun, aber Sie haben auf jeden Fall ein Paar neue Stiefel", bemerkte Seine Lordschaft und beäugte Springwheats widerspenstige Waden, die darüber sackten.

„Das habe ich getan!" antwortete Springwheat; „Und sie sind ein Paar ungewöhnlich unbeholfener, engstirniger Kunden", fügte er hinzu und versuchte, seine Füße darin zu bewegen.

'Ah! „Sie sollten immer einen Kerl haben, der Ihre Stiefel ein paar Mal trägt, bevor Sie sie selbst anziehen", bemerkte Seine Lordschaft. „Ich habe nie ein Paar enge Hosen", fügte er hinzu; „Jack hier erledigt immer das Notwendige für mich."

„Das ist alles sehr gut für die Herren", antwortete Mr. Springwheat; „Aber wir Bauern verschleißen unsere Stiefel selbst schnell genug, ohne dass uns jemand hilft."

„Nun, aber ich denke, wir können uns genauso gut darauf einlassen", bemerkte Seine Lordschaft und warf einen Blick auf den gut gedeckten Tisch. „All diese guten Dinge sind wohl zum Essen bestimmt", fügte er hinzu: „Kuchen, Süßigkeiten und Gelees ohne Ende. Und was deine Anrichte betrifft", sagte er, drehte sich um und betrachtete sie, „es ist eine passt zu jedem Oberbürgermeister. Eine Runde Rindfleisch, ein Schinken, eine Zunge, und ist das eine Gans oder ein Truthahn?'

„Ein Truthahn, Mylord", antwortete Springwheat; „hausgemacht, Mylord."

„Ah, tatsächlich zu Hause gefüttert!" rief Seine Lordschaft mit einem Kopfschütteln: „Zuhause ernährt: Ich wünschte, ich könnte zu Hause ernähren." Der Mann, der das gesagt hat

Vom Bauern zum Herrn, Der Truthahn raucht auf jedem Brett,

Ich habe es einem großen Uno erzählt, denn ich bin mir sicher, dass bei mir nie jemand raucht.'

„Dann nimm dir heute etwas davon", bemerkte Mr. Springwheat und schnitt tief in die weiße Brust.

„Das werde ich", antwortete Seine Lordschaft, „Das werde ich: und auch ein Stück Zunge", fügte er hinzu.

„Es kommen ein paar heiße Würstchen", bemerkte Mr. Springwheat.

„Das sagen Sie *nicht* ", antwortete Seine Lordschaft, offenbar von der Ankündigung wie vom Donner gerührt. „Nun, ich muss alle drei haben." Bei Gott, Jack!' sagte er und appellierte an seinen Freund, „aber du bist auf den Beinen, als du hierherkommst." Hier ist ein Frühstück, das der Königin würdig ist: Muffins, Fladenbrot und Kuchen. Lassen Sie mich Ihnen raten, Ihre Zeit optimal zu nutzen, denn Sie haben nur zwanzig Minuten", fuhr Seine Lordschaft fort und blickte auf die Uhr, „und Muffins und Fladen kommen Ihnen nicht jeden Tag in die Quere."

„Tatsächlich nicht", antwortete Jack grinsend.

„Nehmen Eure Lordschaft Tee oder Kaffee?" fragte Mrs. Springwheat, die nun oben am Tisch Platz genommen hatte, hinter einer reich ziselierten Equipage zur Ausgabe dieser Getränke.

„Auf mein Wort", antwortete Seine Lordschaft offenbar verwirrt, „auf mein Wort, ich weiß nicht, was ich sagen soll." Tee oder Kaffee? „Um ehrlich zu sein, ich wollte gerade etwas von meinem schwarzen Freund da drüben nehmen", nickte er in Richtung einer französischen Flasche, die wie ein großer Tyrann ihren Kopf über einem umlaufenden Ständer mit Likörgläsern erhob.

„Angenommen, Sie haben etwas von dem, was wir Spitzentee nennen, Mylord – Tee mit einem Schuss Brandy darin?" schlug Mr. Springwheat vor.

„Geschnürter Tee", wiederholte Seine Lordschaft; „Geschnürter Tee: So werde ich es tun", sagte er. „Eine verdammt gute Idee – eine verdammt gute Idee", fuhr er fort, brachte die Flasche und setzte sich rechts von Mrs. Springwheat, während sein Gastgeber ihm einen äußerst reichlichen Teller mit Truthahn und Zunge servierte. Der Tisch war inzwischen fast voll, ebenso wie der Raum; Die Gäste kamen einfach herein wie in einer Gastwirtschaft und bedienten sich, was sie wollten. Toll war der Lärm beim Essen.

Als Seine Lordschaft seinen Teller Fleisch in vollen Zügen genoss, blickte er zufällig auf, und da der Raum zwischen ihm und dem Fenster frei war, sah er etwas, das ihn veranlasste, Messer und Gabel fallen zu lassen und in seinen Stuhl zurückzufallen als wäre er erschossen worden.

„Mein Herr ist krank!" rief Mr. Springwheat, der es als erster bemerkte, da er der einzige Mann mit erhobener Nase war.

„Klatschen Sie ihm auf die Schulter!" schrie Mrs. Springwheat, die das für ein unfehlbares Rezept für die Leiden von Kindern hielt.

„Oh, Herr Spraggon!" riefen beide, als sie ihm zu Hilfe eilten, „Was ist mit meinem Herrn los?"

„Oh, dieses Mister-Etwas!" keuchte Seine Lordschaft, beugte sich in seinem Stuhl nach vorne und wagte einen weiteren Blick durch das Fenster.

Tatsächlich war da Schwamm, der gerade vom Schecken abstieg und ihn mit angemessener Würde seinem treuen Stallknecht, Mr. Leather, übergab, der äußerst respektvoll mit dem Parvo in der Hand dastand und darauf wartete, ihn entgegenzunehmen.

Mr. Sponge, der der Meinung war, dass ein roter Mantel überall ein Ausweis sei, nachdem er an der Tür die Schlammfunken von seinen Stiefeln gestampft hatte, stolzierte mit größter Gelassenheit herein, während er mit dem Kopf zu der Dame hin und her nickte und sich nach ihr umsah Unternehmen:

„Was, Roden! Roden, nicht wahr?'

„Willst du nicht eine kleine Erfrischung?" fragte Mr. Springwheat, auf die herzliche Art, wie diese gastfreundlichen Kerle jeden willkommen heißen.

„Ja, das werde ich", antwortete Schwamm und drehte sich zur Anrichte um, als wäre es ein Gasthaus. „Das ist ein monströser, feiner Schinken", bemerkte er; „Warum schneidet es niemand?"

„Lassen Sie mich Ihnen etwas helfen, Sir", antwortete Mr. Springwheat, ergriff Messer und Gabel mit Bockgriff und tauchte mit dem Messer tief in das kräftige rote Fleisch.

Mr. Sponge hatte zwei großzügige Scheiben, ein Stück selbstgebackenes Schwarzbrot und etwas Senf auf seinem Teller, machte sich nun auf den Weg zum Tisch und setzte sich mit den Ellbogen auf einen Platz zwischen Mr. Fossick und Sparks, direkt gegenüber von Mr. Spraggon .

„Guten Morgen", sagte er zu diesem Würdigen, als er das Weiße seiner Augen durch seine Brille hindurchscheinen sah.

„Morgen", murmelte Jack, als ob sein Mund entweder zu voll wäre, um etwas zu artikulieren, oder als ob er Mr. Sponge nichts sagen wollte.

„Hier ist ein schöner Jagdmorgen, Mylord", bemerkte Sponge und wandte sich an Seine Lordschaft, die zu Jacks Linken saß.

„Das ist ein sehr schöner Jagdmorgen, Mylord", wiederholte Schwamm, ohne auf seine erste Behauptung eine Antwort zu bekommen.

'Ist es?' platzte seine Lordschaft heraus und tat so, als wäre er verzweifelt mit dem Inhalt seines Tellers beschäftigt, obwohl er in Wirklichkeit keinen Appetit mehr hatte.

Nun folgte eine tote Pause, die nur durch das Klappern von Messern und Gabeln und gelegentliche Ausrufe von Gruppen unterbrochen wurde, die etwas Besonderes zu essen brauchten. Eine Kälte hatte sich über die Szene gelegt – eine Kälte, deren Ursache für jedermann offensichtlich war, außer für den würdigen Gastgeber und die würdige Gastgeberin, die nichts von Mr. Sponges Einzug in das Land gehört hatten. Sie führten es auf das Unwohlsein

Seiner Lordschaft zurück, und Mr. Springwheat bemühte sich, ihn mit der Aussicht auf Sport aufzuheitern.

„Es gibt ein paar, wenn nicht sogar eine Leine, Füchse in Deckung, Mylord", bemerkte er, als er sah, dass seine Lordschaft nur mit dem Inhalt seines Tellers spielte.

'Ist da?' rief Seine Lordschaft und hellte sich auf: „Lasst uns bei ihnen sein!" fügte er hinzu, sprang auf und tauchte unter dem Beistelltisch nach seinem flachen Hut und der schweren eisernen Hammerpeitsche. „Guten Morgen, meine liebe Mrs. Springwheat", rief er, setzte seinen Hut auf, ergriff ihre beiden weichen, dickfingerigen Hände und drückte sie leidenschaftlich. „Guten Morgen, meine liebe Frau Springwheat", wiederholte er und fügte hinzu: „Bei Jupiter! Wenn es jemals einen Engel im Unterrock gab, dann bist du sie; Für eine Frau wie dich würde ich hundert Pfund geben! Für eine Frau wie dich würde ich tausend Pfund geben! Bei den Mächten! Für eine Frau wie dich würde ich fünftausend Pfund geben!' Mit welchen Beteuerungen stapfte Seine Lordschaft in seinen großen, unbeholfenen Stiefeln davon, unter dem schlecht unterdrückten Gelächter der Gesellschaft.

„Keine Eile, meine Herren – keine Eile", bemerkte Mr. Springwheat, als einige der Eifrigen sich darauf vorbereiteten, ihnen zu folgen, und begannen, ihre Hüte zu sortieren und die Fehler zu machen, die darauf zurückzuführen waren, dass sie alle die gleiche Form hatten. „Keine Eile, Sir – keine Eile, Sir", wiederholte Springwheat und wandte sich speziell an Mr. Sponge; „Seine Lordschaft wird noch mit seinen Hunden sprechen, und sein Pferd ist immer noch im Stall."

Mit dieser Zusicherung setzte sich Herr Schwamm wieder an den Tisch, wo einige der Hungrigen mit Messern und Gabeln herumspielten, als ob sie tatsächlich ihr Fasten brechen würden.

„Na, alter Junge, und wie geht es dir?" fragte Sponge, als sich das Weiße in Jacks Augen wieder auf ihn richtete, als dieser von seinem Teller voller Würstchen aufblickte.

'Schön. Wie geht es dir?' fragte Jack.

„Auch schön", antwortete Schwamm in der lakonischen Art, wie Männer sprechen, die sich mit einer gewöhnlichen Unternehmung beschäftigt haben – sich betrinken, Leute mit faulen Eiern bewerfen oder irgendetwas in der Art.

„Jaw und den Damen geht es gut?" fragte Jack im gleichen Tonfall.

„Oh, schön", sagte Schwamm.

„Nehmen Sie ein Glas Kirschschnaps", rief der gastfreundliche Mr. Springwheat: „Es gibt nichts Besseres als einen Tropfen von etwas, das die Nerven beruhigt."

„Derzeit", antwortete Schwamm, „derzeit; In der Zwischenzeit werde ich die Missis um eine Tasse Kaffee bitten. „Kaffee ohne Zucker", sagte Schwamm und wandte sich an die Dame.

„Gerne", antwortete Frau Springwheat, froh, eine kleine Sonderanfertigung für ihre Waren zu bekommen. Die meisten Herren waren an den Flaschen und der Anrichte gewesen.

Als Springwheat Mr. Sponge sah, den einzigen Menschen, um den er als Fremder in der Obhut seiner Frau kümmern konnte, schlüpfte er aus dem Zimmer und bestieg sein fünf Jahre altes Pferd. dessen Schwanz wie das lange Horn einer Kutsche hervorragte, wie sein Pflügerknecht sagte, ritt los, um sich der Jagd anzuschließen.

„Bei den Mächtigen, aber das sind echte Sarsänger!" bemerkte Jack, schmatzte mit den Lippen und verschlang das harte Leben. „Sehen Sie nur, ob Mylord schon auf seinem Pferd sitzt", fügte er zu einem der Kinder hinzu, die begonnen hatten, um den Tisch herumzuschweben und ihre Finger in die Süßigkeiten zu tauchen.

„Nein", antwortete das Kind; „Er ist immer noch zu Fuß und spielt mit den Hunden."

„Dann geht's", sagte Jack, „noch einen Teller", passte die Handlung dem Wort an und rannte mit seinem Teller zur Wurstschüssel.

„Nehmen Sie ein heißes", rief Mrs. Springwheat und fügte hinzu: „Es ist in einer Minute fertig."

„Nein, danke", antwortete Jack kopfschüttelnd und fügte hinzu: „Vielleicht bin ich auch in einer Minute fertig."

„Er wird auf dich warten, nehme ich an?" beobachtete Sponge und wandte sich an Jack.

„Darüber bin ich mir nicht so im Klaren", antwortete Jack und verschlang; „Die Zeit und mein Herr warten auf niemanden." „Aber es ist noch nicht einmal die halbe Stunde", fügte er hinzu und blickte auf die Uhr.

Dann verfiel er nach der Jagd mit der Gefräßigkeit eines Jagdhundes. Auch Sponge machte das Beste aus seiner Zeit, ebenso wie zwei oder drei andere, die noch blieben.

„Jetzt zum Sprungpulver!" rief schließlich Schwamm aus und sah sich nach der Flasche um. „Was soll es sein, Kirsche oder pur?" fuhr er fort und zeigte auf die beiden. „Eine Kirsche für mich“, antwortete Jack, blinzelte und aß, ohne aufzublicken.

„Ich sage *ordentlich* “, erwiderte Sponge und nahm sich aus der französischen Flasche.

„Danach wird es schwer sein, dich zu halten“, bemerkte Jack, während er Sponge beobachtete, wie er es wegwarf.

„Ich hoffe, mein Pferd wird das nicht tun“, antwortete Schwamm, als ihm einfiel, dass er den resoluten Fuchs reiten würde.

„Du wirst uns den Weg zeigen, das wage ich zu behaupten“, bemerkte Jack.

„Das sollte mich nicht wundern“, antwortete Schwamm und nahm sich ein zweites Glas.

'Was! schon wieder!' rief Jack und fügte hinzu: „Passen Sie auf, dass Sie meinen Herrn nicht überfahren.“

„Ich kümmere mich um die alte Akte“, sagte Schwamm; „Es würde nicht genügen, die Gans zu töten, die die goldenen Wie-nein-nennen-sie-sie-weißt-er, er, er legt!“

„Nein", kicherte Jack. „Tatsächlich würde es das nicht tun – ich muss das Beste aus ihm machen."

„Was für einen Humor hat er heute?" fragte Schwamm.

„Middlin", antwortete Jack, „Middlin"; Er wird dich höchstwahrscheinlich beschimpfen, aber das darf dir nichts ausmachen.'

„Ich nicht", antwortete Sponge, der an so etwas gewöhnt war.

„Du darfst auch nichts gegen mich haben", bemerkte Jack, fegte sich mit seinem Messer das letzte Stück Wurst in den Mund und sprang vom Tisch auf. „Wenn Seine Lordschaft rudert, rudere ich", fügte er hinzu und tauchte unter dem Beistelltisch nach seinem flachen Hut.

'Horchen! Da ist die Hupe!' rief Schwamm und stürzte zum Fenster.

„Das stimmt", antwortete Jack und blieb wie gebannt auf einem Bein stehen.

„Bei den Mächten, sie sind weg!" rief Schwamm, als man sah, wie Seine Lordschaft mit dem Hut in der Hand über die Wiese, jenseits der Deckung, raste, während die Jagdhunde sich bemühten, ihre fliegenden Kameraden zu überholen. Twang – twang – twang ging aus Frostyfaces Horn; Knack – knack – knack machten die schweren Riemen der Peitschen; Schreie und Schreie und Jaulen und Jubelrufe und Halloas verkündeten die übliche wilde Aufregung dieser privilegierten Zeit der Jagd. Bis auf die an der Tür versammelten Feinschmecker herrschte große Freude – sie sahen tatsächlich ausdruckslos aus.

„Was für ein Verkauf!" rief Sponge angewidert aus, der wie Jack die Hoffnungslosigkeit des Falles erkannte.

„Da drüben geht er!" rief ein Junge, der aus der Deckung gerannt war, um die Jagd vom ansteigenden Gelände aus zu beobachten.

'Wo?' rief Sponge und strengte seine Augäpfel an.

'Dort!' sagte der Junge und zeigte genau nach Süden. „Hast du Tommy Claychops Weide gesehen?" Jetzt ist er durch die Hecke und in Mrs. Starvelands Rübenfeld und biegt rechts ab in Richtung Bramblebrake Wood auf dem Hügel."

„Das ist er", sagte Schwamm, der nun den Fuchs erblickte, der aus den Rüben auf eine Grasfläche dahinter auftauchte.

Jack stand da und starrte durch seine große Brille, ohne ein Wort zu sagen.

'Was sollen wir tun?' fragte Schwamm.

'Tun?' antwortete Jack mit erhobenem Kinn; „Geh nach Hause, sollte ich denken."

„Da ist ein Mann am Boden!" rief ein Stallknecht, der einen der Gruppe bildete, als ein dunkel gekleideter Reiter und ein Pferd auf einer Weide ihre Länge maßen.

„Es ist Mr. Sparks", sagte ein anderer und fügte hinzu, „er rollt immer herum."

„Herr, sieh dir den Pfarrer an!" rief ein Dritter, als man sah, wie Blütennase sein Pferd sammelte und seine Schultern aufrichtete, um an einem Tor zu reiten.

„Gut gemacht, alter Junge!" brüllte ein vierter, als das Pferd scheinbar ohne Anstrengung darüber flog.

„Jetzt zu Tom!" riefen mehrere, als die zweite Peitsche auf die Torlinie zugaloppierte.

'Ah! er wird es nicht haben!' war der Schrei, als das Pferd plötzlich stehen blieb und Tom beinahe über den Kopf schoss. „Versuchen Sie es noch einmal – versuchen Sie es noch einmal – machen Sie einen guten Lauf – das ist er – da ist er vorbei!" war der Schrei, als Tom bei der Landung seinen Arm in die Luft streckte.

'Sehen! da ist der alte Tommy Baker, der Rattenfänger!' rief ein anderer, als ein Mann mit seinen Armen und Beinen an einem alten weißen Pony über eine Brachfläche arbeitete.

„Ah, Tommy! Tommy! „Du solltest besser die Klappe halten", bemerkte ein anderer: „Ein Schwein könnte so schnell gehen."

Und so kritisierten sie die Nachzügler.

„Wie hat mein Herr sein Pferd bekommen?" fragte Spraggon den Bräutigam, der sie hergebracht hatte, der sich nun der augenbelastenden Gruppe an der Tür anschloss.

„Es wurde ihm an der Decke abgenommen", antwortete der Mann. „Mein Herr ging zu Fuß hinein, und das Pferd ging durch den Hintereingang. Das Pferd war keine halbe Minute, bevor es gesucht wurde, da; Denn kaum waren die Hunde an einem Ende drin, sprang auch der Fuchs am anderen Ende hervor. „Sich ein Wahnsinn! – der größte Fuchs, der je gesehen wurde."

„Das sind allesamt die größten Füchse, die je gesehen wurden", schnappte Mr. Sponge. „Ich gehe davon aus, dass er kein bisschen größer war als gewöhnlich."

„Das werde ich auch nicht tun", knurrte Mr. Spraggon, blinzelte den Mann fürchterlich an und fügte hinzu: „Gehen Sie, holen Sie mir meinen Hack, und reden Sie dabei keinen Unsinn."

Dann bestiegen unsere Freunde ihre Kutschen wieder und verabschiedeten sich in sehr gemäßigter Laune, wobei sie völlig zufrieden waren, dass Seine Lordschaft es mit Absicht getan hatte.

KAPITEL XXVII

Der beste Lauf, den es je gab

Hurra, Jack! Hurra!' rief Lord Scamperdale und stürmte in sein Allerheiligstes, wo Mr. Spraggon in seinem Jagdmantel und seinen Pantoffeln saß und beim Licht einer melancholischen Schimmelkerze an einem gebrauchten Exemplar von *Bell's Life buchstabierte*. „Hurra, Jack! Hurra!' wiederholte er und schwenkte die stolze Trophäe, einen prächtigen Fuchspinsel, über seinem Grizzlykopf.

Seine Lordschaft war ein Bild der Freude. Er hatte einen großartigen Lauf gehabt – den besten Lauf, den es je gab! Seine Hunde hatten sich perfekt benommen; sein Pferd hatte ihn – obwohl er ihn dreimal niedergeschlagen hatte – gut getragen, und Seine Lordschaft stand mit seinem kronenlosen Flachhut in der Hand und einem Mantelschoß in der Tasche des anderen – ein grinsendes, jubelndes, selbstzufriedenes Exemplar von ein glücklicher Engländer.

„Herr! Was für ein Anblick du bist!' bemerkte Jack und richtete das Licht der Kerze auf die schmutzige Person Seiner Lordschaft. „Nun, ich erkläre, dass Sie einen Zentimeter dick mit Schlamm bedeckt sind", fügte er hinzu, „von Kopf bis Fuß Schlamm", fuhr er fort und bewegte das Licht auf und ab.

„Kümmere dich nicht um den Schlamm, du alter Dachs!" brüllte Seine Lordschaft und wedelte immer noch mit dem Pinsel über seinem Kopf: „Kümmere dich nicht um den Schlamm, du alter Dachs; der Schlamm löst sich oder bleibt bestehen; Aber so einen Lauf, wie wir ihn hatten, gelingt nicht jeden Tag.'

„Nun, ich bin froh, dass du einen Lauf hattest", antwortete Jack. „Ich bin froh, dass du einen Lauf hattest", und fügte hinzu: „Ich hatte einmal Angst, dass dir der Sporttag verdorben wäre."

„Nun, wissen Sie", antwortete Seine Lordschaft, „als ich diesen ungerechten Snob sah, wurde mir fast schlecht." Wenn es für einen Mann möglich wäre, in Ohnmacht zu fallen, hätte ich gedacht, dass ich es tun würde. Zuerst dachte ich daran, nach Hause zu gehen und auch die Hunde mitzunehmen; dann dachte ich daran, selbst zu gehen und die Hunde zu verlassen; Dann dachte ich, wenn ich die Hunde verlasse, würde das den sündigen Scaramouch nur noch empörender machen, und ich würde auf Nadeln und Nadeln sitzen, bis sie nach Hause kämen, und darüber nachdenken, wie er sich zwischen sie stürzte. Als nächstes dachte ich daran, alle unwahrscheinlichen Orte im Land zu zeichnen und einen leeren Tag daraus zu machen. Dann dachte ich, das wäre nur so, als würde ich mir die Nase abschneiden, um mein Gesicht zu ärgern. Dann wusste ich nicht, was ich tun sollte. Als ich schließlich den großen Schwanz des Tieres sah, der fest in seinem Teller steckte, dachte ich, ich würde versuchen, ihn zu überholen und mit meinem Fuchs davonzukommen, während er fütterte; und, oh! Wie dankbar war ich, als ich vom Bramblebrake Hill zurückblickte und in der Ferne keine Anzeichen von ihm sah.

„Es war unwahrscheinlich, dass du ihn sehen würdest", unterbrach Jack, „denn er kam nie von der Haustür weg." Ich habe herausgefunden, was Sie wollten, und habe ihn mit Gesprächen über seine Pferde und sein Reiten unterhalten, bis ich gesehen habe, dass Sie ziemlich weit weg waren.'

„Das hast du gut gemacht", rief Lord Scamperdale und klopfte Jack auf die Schulter; „Du hast es gut gemacht, mein alter Wachsbock; und, bei Jupiter! „Wir werden eine Flasche Portwein trinken – eine Flasche Portwein, wie ich lebe", wiederholte Seine Lordschaft, als hätte er sich vorgenommen, eine großartige Tat zu vollbringen.

„Aber was ist mit dir passiert? – Was ist mit dir passiert?" fragte Jack, als sich Seine Lordschaft dem Feuer zuwandte und seinen kupierten Schwanz zeigte.

„Oh, hängen Sie den Mantel auf! – er ist weder hier noch da", antwortete Seine Lordschaft; „Das hat es auch nicht", fügte er hinzu und zeigte seine zerdrückten Proportionen. „Die alte Blütennase hat den Mantel gemacht; und was den Hut betrifft, habe ich ihn selbst gemacht – zumindest haben ihn der alte Daddy Longlegs und ich gemeinsam gemacht. Wir kamen auf ein Grasfeld, von dem sie ein paar Zäune abgeschnitten hatten, gerade genug, um einen Mann aus einer sehr tiefen Gasse zu locken, und davon segelten wir mit dem Rest des Grases, in dem Genuss einer schönen, gesunden Grasnarbe Sie stürzten sich ins Feld und zappelten und hielten und grinsten und dachten darüber nach, was für Narren sie waren, weil sie meinem Beispiel nicht folgten – und siehe da! Ich erreichte den Grund des Feldes und stellte fest, dass es keinen Ausweg mehr gab – keine Chance auf einen Durchbruch durch die große, dichte, hohe Hecke, außer an einer verzweigten Weide, wo gerade genug Platz war, um ein Pferd durchzuzwängen, sofern es da war stieg nicht am Graben auf der anderen Seite auf. Zuerst war ich dafür, auszusteigen; Tatsächlich hatte ich meinen rechten Fuß aus dem Steigbügel gerissen, als die Hunde mit solcher Energie nach vorn stürmten – es sah aus, als würden sie rennen – und ich erinnerte mich an den enormen Aufstieg, den ich hätte machen müssen, um wieder auf den Rücken des alten Papas zu klettern, und sah einige der fiesen eifersüchtigen Kerle herein Die Gasse beäugte mich durch den Zaun und dachte darüber nach, wie ich am Boden lag. Ich beschloss, dort zu bleiben, wo ich war. und sammelte das Pferd und versuchte, sich durch das Loch zu zwängen. Nun, er schlurfte und rutschte darauf zu, als ob er sich der Schwierigkeit bewusst wäre, und steckte seinen Kopf leise am Baum vorbei, als er den Graben auf der anderen Seite erblickte, aufstand und meinen Kopf dagegen schlug Der Ast oben, zerdrückte meinen Hut direkt über meinen Augen, und in dieser Position trug er mich mit verbundenen Augen.'

'In der Tat!' rief Jack aus, richtete seine Brille ganz auf Seine Lordschaft und fügte hinzu: „Es ist ein Glück, dass er Ihre Krone nicht zerbrochen hat."

„Das ist es", stimmte Seine Lordschaft zu und tastete seinen Kopf ab, um sich zu vergewissern, dass er es nicht getan hatte.

„Und wie hast du deinen Schwanz verloren?" fragte Jack, nachdem er die Informationen über den Hut erhalten hatte.

'Der Schweif! Ach, der Schwanz!' antwortete Seine Lordschaft und fühlte sich zurückgeblieben, wo es nicht war;' Ich erzähle Ihnen, wie das war: Sie sehen, wir sind wie die Flammen von Springwheats Ginster weggegangen – ein schöner Ginster ist es, und eine nette Frau, die er zur Frau hat –, aber das ist jedoch weder hier noch dort; Was ich dir erzählen wollte, war der Lauf und wie ich meinen Schwanz verloren habe. Nun, wir sind wie ein Augenzwinkern davongekommen; Kaum waren die Hunde auf der einen Seite da, verschwand auch schon der Fuchs auf der anderen Seite. Keine Menschenseele schrie, bis er verschwunden war; Hüte in der Luft waren alles, was seinen Abschied verriet. So hatte der Fuchs Zeit, sich Gedanken zu machen – darüber nachzudenken, ob er nach Ravenscar Craigs gehen oder sich auf den Weg zu den wichtigsten Erden bei Painscastle Grove machen sollte. Er entschied sich für Letzteres, da er sich zweifellos stark und lauffreudig fühlte; und wenn wir seinen Boden für ihn ausgewählt hätten, hätte er uns keinen feineren Weg gehen können. Er ging pfeilgerade durch Bramblebrake Wood und dann den Hügel hinunter über diese riesigen Weiden zum Haselbury Park, den er umging, wobei er Evercreech Green auf der linken Seite ließ und auf Dormston Dean zeigte. Hier wurde er von einem Hund gejagt und die Hunde wurden zu einer vorübergehenden Kontrolle gebracht. Frosty war jedoch gut oben, und als ihm ein Hut auf dem Hothersell Hill hochgehalten wurde, klatschte er nach vorne und setzte die Hunde dahinter an. Dann sahen wir, wie der Fuchs über die Eddlethorp Downs davonsegelte und immer noch auf Painscastle Grove zeigte, während in der Ferne hier und da der Hamerton Brook aufleuchtete.

„Ich muss Ihnen sagen, dass das Feld ziemlich überrascht war." Es gab keinen Mann, der für den Anfang bereit war; Mein Pferd war gerade erst heruntergekommen. Fossick war zu Fuß und zog seinen Gurt an; Fyle zündete gerade Licht an, um auf seinem Hinterhof eine Zigarre zu rauchen; Die Stallknechte von Blossomnose und Capon spielten mit den Fäusten und wischten ihre Pferde; Dribbel war wie immer völlig im Rückstand; und insgesamt gab es eine Szene der Eile und Verwirrung, wie sie noch nie zuvor gesehen wurde.

„Als sie zum Bach kamen, stellten sie sich einigermaßen in eine Reihe, und man sah, wer da war. Fünf oder sechs von uns stürmten zusammen, und zwei gingen unter. Einer davon war Springwheat auf seinem Braunen, der etwas ausgepumpt war; der andere soll Hook gewesen sein. Der alte Papa Langbein flog darüber hinweg wie eine Schwalbe und schoss, nachdem er seine Hinterbeine gut unter sich hatte, über die Weiden dahinter, als würde er auf Rasen gehen. Die Hunde waren die ganze Zeit fast stumm gerannt, oder besser gesagt, gerast. Jetzt begannen sie jedoch, den Geruch zu spüren; und als sie das kalte, öde Gelände oberhalb von Somerton Quarries erreichten, waren sie völlig außer sich. Ich war außerordentlich froh, sie zu sehen; Weitere zehn Minuten hätten bei dem Tempo, mit dem sie gefahren waren, jeden Mann von uns abgeschüttelt. So wie es war, musste der Blasebalg repariert werden; und Calcotts Brüller brüllte wie nie zuvor. Man konnte ihn aus einer halben Meile Entfernung hören. Wir hatten jedoch kaum Zeit, unsere Pferde dem Wind zuzuwenden und sie für ein paar Augenblicke zu lockern, als sich das Tempo zu bessern begann und sie von einer Fangjagd zu einer Haltehaltung über die Weiden von Wallingburn und weiter nach Roughacres Court strömten . Zwischen diesen Stellen steckte mein Kopf in meinem Hut", fuhr Seine Lordschaft fort und schlug den kronenlosen Hut gegen sein schlammbeflecktes Knie. „Allerdings war es mir völlig egal, obwohl ich es nicht länger als zwei Jahre getragen hatte und es mir zu Hause vielleicht eine lange Zeit gehalten hätte; Aber ein Unglück kommt selten einzeln, und bald sollte ich ein weiteres Unglück erleben. Die wenigen von uns, die noch übrig waren, waren alle für die Gassen, und die zwischen Newton Bushell und der Forty-Foot Bank war sehr entgegenkommend, da die Hunde im Umkreis von hundert Yards auf der linken Seite fast eine Meile parallel liefen. Als wir jedoch bei der alten Wassermühle in den Feldern unten ankamen, bog der Fuchs nach links ab, als ob er es sich anders überlegte, und machte sich auf den Weg nach Newtonbroome Woods, und wir waren gezwungen, dort das Kriegsglück zu versuchen Felder. Der erste Zaun, den wir erreichten, sah aus wie nichts, und es gab eine schwache Stelle direkt in meiner Linie, an der ich ritt, in der Erwartung, dass das Pferd ein paar Zweige, die den oberen Teil des Zauns durchquerten, leicht durchbohren würde. Diese waren jedoch zufälligerweise verdreht, um die Lücke zu schließen, und da sie nicht genug Dampf gemacht hatten, hielten sie ihn fest, als er aufstand, und ließen ihn direkt auf dem Kopf in den breiten Graben auf der anderen Seite fallen. Der alte Blütennase, der dicht hinter mir folgte und keine Rücksicht auf Stürze nahm, war in der Luft, bevor ich ganz unten war, und sein Pferd kam mit dem Vorderhuf in meine Tasche und riss mir den Schoß am Rock ab. Seine Lordschaft zeigte den Schoß, während er sprach.

„Es ist auch dein neuer Mantel", bemerkte Jack und untersuchte ihn beim Sprechen besorgt.

„Tat, ja!" antwortete Seine Lordschaft mit einem Kopfschütteln. „Tat, ist es! Das ist die Konsequenz davon, dass man auswärts frühstücken gegangen ist. Wenn es zum Beispiel morgen gewesen wäre, hätte ich Nummer zwei oder vielleicht Nummer drei getragen." Seine Lordschaft trug Mäntel in allen Schattierungen und Qualitäten, von makellosem Scharlachrot bis hin zu zerschlissenem Maulbeerrot.

„Es wird sich jedoch bessern", bemerkte Seine Lordschaft und nahm es von Jack zurück; „Es wird sich aber schon bessern", sagte er und passte es beim Sprechen um den Rock.

„Oh, schön!" antwortete Jack; „Es ist am Rand sauber abgegangen." Aber was sagte Old Blossom?' fragte Jack.

„Oh, er war voller Entschuldigungen und konnte wie immer nicht anders", antwortete Seine Lordschaft; „Er war auch am Boden, das muss ich Ihnen sagen, mit seinem Pferd auf seinem linken Bein; Aber es blieb nicht viel Zeit für Entschuldigungen oder Erklärungen, denn die Hunde liefen ziemlich schnell, wenn man bedenkt, wie lange sie schon bei der Arbeit waren, und es bestand die Gefahr, dass andere uns ansprangen, wenn wir nicht aus dem Weg gingen. Also kletterten wir beide so schnell wir konnten hoch und kamen wieder auf unsere Plätze.'

„In welche Richtung bist du dann gegangen?" fragte Jack, der mit der Aufmerksamkeit eines Mannes zugehört hatte, der jeden Meter des Landes kennt.

„Nun", fuhr Seine Lordschaft fort und warf einen Blick zurück auf die Stelle, an der er gestürzt war, „der Fuchs durchquerte die Gemeinde Coatenburn und pflügte dabei den ganzen Pflug und den übel riechenden Boden auf, aber es nützte nichts, sein Schicksal war besiegelt; und obwohl er anfing zu rennen und auszuweichen und die Heckenreihen zu durchqueren, jagten sie ihn Schritt für Schritt, bis er sich erneut um sein Leben bemühte und Mossingburn Moor einnahm und auf den Penrose Tower auf dem Hügel zeigte. Hier lehnte Frostys Pferd, Little Jumper, ab, und wir ließen ihn mit steifem Hals mitten im Moor stehen, um sich schlagend und starrend und traurig auf seine Flanken schauend. Auch Daddy Longlegs hatte zu schluchzen begonnen, und vergebens blickte ich zurück in der Hoffnung, Jack-a-Dandy kommen zu sehen. „Nun", sagte ich zu mir selbst, „ich habe ein Paar gute, feste Stiefel an und werde den Lauf zu Fuß beenden, aber ich werde es sehen"; als sich das Rudel genau in diesem Moment von der Witterung abwandte und den Fuchs wie einen Igel zwischen ihnen zusammenrollte.

'Gut gemacht!' rief Jack und fügte hinzu: „Das war ein Run mit aller Macht!" „War es nicht?" antwortete Seine Lordschaft, rieb sich die Hände und stampfte auf; „Der schönste Lauf, den es je gab – der schönste Lauf, den es je gab!"

„Na ja, von Punkt zu Punkt dürfen es nicht weniger als zwölf Meilen sein", bemerkte Jack, während er darüber nachdachte.

„Kein Yard", antwortete Seine Lordschaft, „kein Yard, und von vierzehn bis fünfzehn, während die Hunde liefen."

„Das wäre alles", stimmte Jack zu. „Wie lange hast du das gemacht?" er hat gefragt.

„Eine Stunde und vierzig Minuten", antwortete Seine Lordschaft; „Eine Stunde und vierzig Minuten vom Fund bis zum Ziel"; und fügte hinzu: „Ich stecke den Pinsel hinein und präsentiere ihn Mrs. Springwheat."

„Hoffentlich ist Springy aus dem Bach", bemerkte Jack.

„Hoffentlich", antwortete Seine Lordschaft und überlegte, ob er Mrs. Springwheat heiraten sollte oder nicht, wenn das nicht der Fall wäre.

Nun, nach all dem glauben wir, unsere schönen Freunde ausrufen zu hören: „Gott sei Dank, Lord Scamperdale und seine Jagd haben ein Ende; er hatte einen guten Lauf und wird eine Zeit lang ruhig bleiben; „Wir werden jetzt etwas über Amelia und Emily und die Vorgänge am Jawleyford Court hören." Irre Dame! Wenn Sie das Glück haben, einen echten Fuchsjäger zu heiraten, werden Sie feststellen, dass ein guter Lauf nur Öl ins Feuer gießt und ihn nur nach mehr verlangen lässt. Lord Scamperdales Sportfeuer stand in voller Flamme. Seine Stöße und Schläge, seine Rollen und sein Kraxeln brachten nur die Schönheit und Perfektion des Dings zum Vorschein. Er kümmerte sich nicht um seine Hutkrone, nein; auch nicht für seinen Mantelschoß. Nein, es wäre ihm egal gewesen, wenn daraus ein Spencer gemacht worden wäre.

'Was ist heute? „Montag", sagte Seine Lordschaft und antwortete sich selbst. „Montag", wiederholte er; „Montag – Blasen und Quietschen, schätze ich – je früher es fertig ist, desto besser, denn ich bin halb am Verhungern – wurde diesem schönen Frühstück bei Springy's nicht halb gerecht." Dieser fiese braungestiefelte Puffer hat mich komplett aus der Fassung gebracht. Was ist übrigens aus dem kastanienbraunen Stiefeltier geworden?

„Ging nach Hause", antwortete Jack; „passendster Ort für ihn."

„Ich hoffe, er bleibt dort", erwiderte Seine Lordschaft. „Keine Angst, dass er morgen auf der Straße sein könnte, oder?" „Keine", antwortete Jack. „Ich habe ihm gesagt, dass die Entfernung von ihm ziemlich unmöglich ist, mindestens zwanzig Meilen."

„Das ist großartig!" rief Seine Lordschaft aus; „Das ist großartig!" Dann gibt es einen seltenen, klingelnden Hallo-Away-Pop. Es wird kein Ende dieser fiesen, eifersüchtigen Puffington-Hunde geben; Und wenn wir auch nur halb so viel Geruch haben wie heute, nähen wir ein paar davon zu und zeigen ihnen, was Jagd ist. „Jetzt", fügte er hinzu, „wenn du gehst und die Flasche Portwein holst, werde ich mich waschen, und dann werden wir so schnell wie möglich zu Abend essen."

KAPITEL XXVIII

DER TREUE BRÄUTIGAM

Wir ließen unseren Freund Mr. Sponge zurück, der sich trübsinnig auf den Heimweg machte, nachdem er seinen Tag in Larkhall Hill verloren hatte. Einige unserer Leser werden sich vielleicht fragen: „Warum hat er nicht mitgeklatscht und versucht, die Hunde bei einem Scheck einzuholen oder sich ihnen auf jeden Fall zu einem Nachmittagsfuchs zu gesellen?" Lieber Leser! Mr. Sponge jagte nicht zu diesen Bedingungen; Er gehörte zu den vordersten Rängen oder war ein „Nirgendwo"-Mann, und unabhängig davon, dass das Einholen von Hunden immer eine ermüdende und gefährliche Unternehmung war, besonders an einem duftenden Tag, hätte die Anstrengung seinem Pferd mehr abverlangt, als wünschenswert gewesen wäre für eine erfolgreiche Darstellung im zweiten Durchlauf. Daher beschloss Herr Sponge, nach Hause zu gehen.

Während er entlangschlenderte, über die Missgeschicke der Jagd nachdachte, sich fragte, wie Miss Jawleyford aussehen würde, und sich ab und zu mit dem Sporen am Steigbügel eine Melodie spielte, wer sollte hinter ihm hertrotten außer Mr. Leather auf dem gefürchteten Fuchs? Mr. Sponge winkte ihn herbei. Das Pferd sah blühender und strahlender aus; Sein Blick war klar und fröhlich, und er hatte eine Art federnde, anmutige Bewegung, die nach Unbekümmertheit aussah.

Am liebsten hat man immer ein Pferd mit einem anderen Mann auf dem Rücken. Wir sehen alle seine guten Seiten, ohne seine Unvollkommenheiten zu spüren – seine Stolpersteine, seine Anfänge, seine Ausreißer, seine Langeweile oder seine Rauheit in der Tat, und Mr. Sponge fuhr fort, eine stille Einschätzung von Multums Qualitäten in Parvos Qualitäten vorzunehmen, während er sanft auf der Straße dahintrottete grasbewachsene Seite der etwas breiten Straße.

'Von Jove! „Es ist schade, aber Seine Lordschaft hat ihn gesehen", dachte Schwamm, als die nachahmende Kameradschaft das Pferd allmählich dazu brachte, seinen Schritt zu steigern und mit der leichtesten und freisten Bewegung, die man sich vorstellen kann, vorwärts zu stehlen. „Wenn es ihm nur gut gehen würde", fuhr Sponge kopfschüttelnd fort, „wäre er jedes Geld wert, denn er hat die Kraft eines Wagenpferdes, mit der Symmetrie und Tatkraft eines Rennfahrers."

Dann dachte Sponge, dass er bis Donnerstag keine Gelegenheit haben sollte, das Pferd zu zeigen, denn Jack hatte ihn davon überzeugt, dass das Treffen am nächsten Tag weit außerhalb der Entfernung von Jawleyford Court lag.

„Es ist langweilig", sagte er, erhob sich in seinen Steigbügeln und kitzelte den Schecken mit seinen Sporen, als wollte er sich auf den Weg zu einem Rennen machen. Er dachte daran, mit der Kastanie einen Geschwindigkeitsversuch zu machen, auf dem sie sich nun einem Stück Rasen näherten; Doch plötzlich kam ihm ein Gedanke, und er gab auf. „Diese Pferde haben heute nichts getan", sagte er; „Warum sollte ich die Kastanie nicht für morgen weiterschicken?"

„Wissen Sie, wo die Kreuzung ist?" fragte er seinen Bräutigam.

„Kreuzungen, Kreuzungen – welche Kreuzungen?" antwortete Leder.

„Wo sich morgen die Hunde treffen."

„Oh, die Kreuzung bei Somethin' Burn", erwiderte Leather nachdenklich – „Nein, Tat, das weiß ich nicht", fügte er hinzu. „In jeder Hinsicht scheinen sie sich irgendwo am anderen Ende der Welt zu befinden."

Das war keine sehr ermutigende Antwort; und da er spürte, dass es einer großen Überredungskunst bedarf, Mr. Leather dazu zu bewegen, sich ohne Kleidung und ohne die nötigen Anforderungen an seine Pferde auf die Suche nach ihnen zu begeben, trottete Mr. Sponge weiter, in der Hoffnung, einen Ort zu sehen, an dem er etwas sehen könnte der Karte des Landkreises. So gingen sie schweigend weiter, bis eine plötzliche Biegung der Straße sie zum Turm und den Dächern der kleinen landwirtschaftlich genutzten Stadt Barleyboll führte. Es unterschied sich nicht von dem gewöhnlichen Verlauf kleiner Städte. An einem Ende gab es einen Teich, in der Mitte ein Gasthaus, an einer Seite eine Kirche, eine modische Hutmacherin aus London, einen Handelsschneider aus derselben Gegend und ein oder zwei Eisenwarengeschäfte, in denen auch Melassesirup, Dartford-Schießpulver und Taschengeld verkauft wurden -Taschentücher, Schafnetze, Patentarzneimittel, Käse, Schwärze, Murmeln, Maulwurfsfallen, Herrenhüte und andere verschiedene Artikel. Es war jedoch völlig ausreichend für eine Stadt, um die Vermutung aufkommen zu lassen, dass es im Gasthaus eine Karte des Kreises geben würde.

„Wir werden die Pferde einfach für ein paar Minuten unterbringen, denke ich", sagte Schwamm, bog in den Stallhof am Ende des Red Lion Hotel and Posting House ein und fügte hinzu: „Ich möchte einen Brief schreiben und." „vielleicht", sagte er und blickte auf die Uhr, „möchten Sie vielleicht zu Abend essen."

Nachdem er sein Pferd seinem Diener überlassen hatte, kam Mr. Sponge herein und erhielt die besondere Aufmerksamkeit, die normalerweise einem roten Mantel zuteil wird. Mein Wirt verließ seine Bar, wo er seiner üblichen Beschäftigung nachging und zum „Wohl des Hauses" mit Kunden trank. Eine Karte der Grafschaft mit solch großzügigen Ausmaßen wurde schnell erstellt, dass sie jeden in Angst und Schrecken versetzt hätte, der nicht an die Entfernungen und Maßstäbe gewöhnt war, in denen Karten erstellt werden. Beispielsweise war Jawleyford Court in der Luftlinie genauso weit von der Kreuzung in Dallington Burn entfernt wie York auf einer daneben hängenden Karte von England von London.

„Das ist eine gute Art", sagte Schwamm, nahm ein Feuerzeug vom Schornstein und maß die Entfernungen. „Von Jawleyford Court bis Billingsborough Rise, sagen wir sieben Meilen; von Billingsborough Rise bis Downington Wharf, weitere sieben; Von Downington Wharf bis Shapcot, dem nächstgelegenen Punkt, werden es vielleicht fünf oder sechs sein, also insgesamt neunzehn oder zwanzig. „Nun, das ist meine Arbeit", bemerkte er und kratzte sich am Kopf, „zumindest die meines Chefs; und von hier, nach Hause", fuhr er fort und maß dabei ab, „wird es zwölf oder dreizehn sein." „Nun, das ist nichts", sagte er. „Jetzt zum Pferd", fuhr er fort und richtete das Feuerzeug erneut in eine andere Richtung. „Von hier bis Hardington sind es, sagen wir, acht Meilen; von Hardington bis Bewley, weitere fünf; acht und fünf sind dreizehn; und dort, würde ich sagen, könnte er schlafen. Damit wären für den Morgen noch zehn oder zwölf Meilen übrig; nichts für einen Hackjäger; „Besonders so ein Pferd, und eines, das, ich weiß nicht wie lange, nichts gemacht hat."

Alles in allem beschloss Herr Sponge, es zu versuchen, vor allem angesichts der Tatsache, dass es bis Donnerstag nichts geben würde, wenn er nicht Dienstag hätte; und er war nicht der Mann, der einen Jäger untätig herumlaufen ließ.

Dementsprechend suchte er Mr. Leather auf, den er geschäftig beschäftigt in der Dienstbotenwohnung vorfand, mit einer kalten Runde Rindfleisch und einem schäumenden Krug Bier vor sich.

„Leder", sagte er in einem autoritärem Tonfall, „ich werde morgen jagen – das Pferd reiten, das ich heute hätte reiten sollen."

'Wo?' fragte Leather, tauchte seine Gabel in eine Flasche Gurken und fischte eine Zwiebel heraus.

„Die Kreuzung", antwortete Schwamm.

„Die Kreuzung ist fünfzig Meilen von hier entfernt!" rief Leder.

'Unsinn!' Schwamm kehrte zurück; „Ich habe gerade die Entfernung gemessen. Es ist nichts dergleichen.'

„Wie weit schaffst du es dann?" fragte Leather und steckte das Rindfleisch hinein.

„Aber von hier nach Hardington sind es ungefähr sechs, und von Hardington nach Bewley sind es vier – insgesamt zehn“, antwortete Sponge. „Sie können die ganze Nacht in Bewley bleiben, und dann sind es am Morgen nur noch ein paar Meilen.“

„Und was soll ich für Kleidung tun?“ fragte Leather und fügte hinzu: „Ich habe nichts bei mir – nichts, weder für Oss noch für Menschen.“

„Oh, der Stallknecht wird dir leihen, was du willst“, antwortete Sponge in einem entschlossenen Ton und fügte hinzu: „Du kannst doch doch für eine Nacht Schicht machen?“

„Eines Nachts sicher!“ erwiderte Leder. „Glaubst du, ein Oss kann nicht in einer Nacht ruiniert werden? – Hm!“

„Ich werde es riskieren“, sagte Schwamm.

„Aber das werde ich nicht“, antwortete Leather, blies den Schaum aus dem Krug und nahm einen großen Schluck vom Bier. „Ich glaube, ich kenne meine Pflicht gegenüber meinem Gouverneur nicht besser“, fuhr er fort und legte es nieder. „Ich werde seine wertvollen Untermänner nicht in Schweineställen verstaut sehen – ich jedenfalls nicht.“

Tatsache war, dass Leather an diesem Abend eine Einladung hatte, mit den Dienern am Jawleyford Court zu speisen, und dass er seine Verlobung nicht auflösen würde, zumal Mr. Sponge ihm nur zwei Schilling pro Tag für Spesen erlaubte, wo immer er auch war.

HERR. LEDER UND SCHWAMM HABEN unterschiedliche
Meinungen

„Na ja, du bist jedenfalls ein cooles Händchen", bemerkte Mr. Sponge ziemlich überrascht.

„Cool" und, oder nicht cool „und", antwortete Leather und kaute, „ich werde meine Pflicht gegenüber meinem Meister tun." Ich gehöre nicht zu den mantellosen, charakterlosen Halunken, die sich um Pferdeställe kümmern und bereit sind, alles zu tun, was man ihnen sagt. „Nein, Sir, nein", fuhr er fort und steckte eine weitere Zwiebel hinein; „ *Ich* habe eine gewisse Achtung vor dem Hintern meines Herrn." Ich werde meine Pflicht in der Lebenslage erfüllen, in der ich mich befinde, und werde keine Angst haben, „niemandem gegenüberzutreten". Mit diesen Worten schnitt sich Mr. Leather ein großes Stück Rindfleisch ab.

Herr Sponge war verblüfft, denn er hatte noch nie zuvor einen gewissenhaften Stallhelfer gesehen und glaubte nicht an die Existenz solcher Artikel. Hier jedoch nahm Mr. Leather eine Tugend an, ob er sie nun besaß oder nicht; Und da Mr. Sponge in der Macht des Mannes steht, darf er sich natürlich nicht mit ihm streiten. Es war klar, dass Leather nicht gehen würde; und die Frage war: Was sollte Herr Schwamm tun? „Warum sollte ich nicht selbst gehen?" dachte er und schloss die Augen, als wollte er seine Fähigkeiten vor äußerer Ablenkung schützen. Er ging die Sache schnell im Kopf durch. „Was Leather kann, das kann ich", sagte er und erinnerte sich daran, dass sich ein Pferdeknecht niemals erniedrigte, wenn er dort arbeitete, wo es einen Stallknecht gab. „Diese Dinger, die ich anhabe, werden morgen ganz gut funktionieren, zumindest bei so rauen Hunden wie den Flat-Hat-Männern, die aussehen, als hätte man ihnen mit einer Gabel die Kleidung übergestülpt."

Er hatte sich schnell entschieden, forderte Stift, Tinte und Papier und schrieb hastig eine Nachricht an Jawleyford, in der er erklärte, warum er erst morgen aufgeben würde; Dann holte er die Kastanie aus dem Stall und bat den Stallknecht, Leather die Nachricht zu geben und ihm zu sagen, er solle mit seinem Hirten nach Hause gehen. Er ritt einfach aus dem Hof, ohne Leather die Chance zu geben, „Nein" zu sagen. Anschließend joggte er in einem Tempo weiter, das der genauen Messung der Distanz entsprach.

Dem Pferd schien es besser zu gefallen, Sponges rotes Fell anzuziehen als Leathers braunes Fell, und es knabberte an seinem Gebiss und trat ganz fröhlich davon.

„Verdammt!" rief Schwamm aus, legte ihm die Zügel um den Hals und beugte sich vor, um ihn zu streicheln; „Es ist schade, aber du warst immer in dieser Stimmung – du wärst eine Münze wert, wenn du es wärst." Dann setzte er sich wieder in den Sattel und überlegte, wie er ihnen morgen den Weg zeigen würde. „Wenn er nicht jedes Pferd auf dem Feld schlägt, ist es nicht meine Schuld", dachte er; Daraufhin gab er ihm die geringste Berührung mit dem Sporen, und das Pferd schoss wie ein Pfeil einen Grasstreifen hinauf.

„Bei Gott, aber du *kannst* gehen!" sagte er und hielt an, als das Gras auf der harten Straße auslief.

So erreichte er das Dorf Hardington, das er schnell räumte, und nahm die gut ausgeschilderte Straße nach Bewley – eine Straße, die mit Meilensteinen geschmückt war und auf beiden Seiten eine großzügige Pferderennbahn aufwies.

Der Tag war schon zu Ende, als unser Freund Bewley erreichte, aber die Kinder, die von der Schule zurückkehrten, und die Landleute, die ihre Arbeit verließen, versicherten ihm immer wieder, dass er auf der richtigen Linie sei, bis die Lichter der Stadt auf ihn strahlten, als er den Hügel umrundete oben zeigte ihm das Ende seiner Reise.

Die besten Ställe im Hauptgasthof – dem Bull's Head – waren alle voll, und mehrere treue Stallknechte waren mit den üblichen Kopfställen und Kleiderrollen auf ihren Pferden eingetroffen, was den Zweck ihrer Mission verdeutlichte. Die meisten Pferde waren seit ein paar Stunden da und standen jetzt gut mit Stroh bedeckt da, während die Stallknechte am Hahn saßen und sich mit ihren Herren unterhielten, über die Vorzüge ihrer Pferde diskutierten oder sich darüber stritten, ob Lord Scamperdale verrückt war oder nicht. Sie waren gerade zu dem Schluss gekommen, dass Seine Lordschaft verrückt, aber nicht unfähig war, sich um seine Angelegenheiten zu kümmern, als das Trampeln von Schwamms Pferdefüßen sie hinauslockte, um zu sehen, wer als nächstes kam. Schwamms roter Mantel erzählte sofort seine Geschichte und verschaffte ihm die übliche Aufmerksamkeit.

Mr. Leathers Angst vor dem Mangel an Kleidung für den wertvollen Jäger erwies sich als völlig unbegründet, denn da jeder Stallknecht mit reichlich Vorräten für sein eigenes Pferd angereist war, stand der gesamte Bestand des Gasthauses dem Fremden zur Verfügung. Der Stall war zwar nicht ganz so gut, wie man es sich wünschen könnte, aber er war warm und wasserdicht, und der Mais war alles andere als schlecht. Im Großen und Ganzen glaubte Mr. Sponge, dass es ihm sehr gut gehen würde, und nachdem er sich um sein Pferd gekümmert hatte, wählte er zu seiner eigenen Unterhaltung zwischen Rindersteaks und Hammelkoteletts und mit Hilfe der alten Landzeitung und eines sehr fragwürdigen Portweins Er verbrachte den Abend in Erwartung der Sportarten des morgigen Tages.

KAPITEL XXIX

DIE KREUZUNG IN DALLINGTON BURN

Als Seine Lordschaft und Jack am Morgen ihre Kutschen bestiegen, um zur Kreuzung bei Dallington Burn zu gelangen, war es so dunkel, dass sie nicht erkennen konnten, ob sie sich auf Braunen oder Braunen befanden. Es war ein trüber, trüber Tag mit dicken, schwammigen Wolken über uns.

In der Nacht hatte es viel geregnet, und die Pferde wilderten und zerquetschten unterwegs. Unsere Sportler waren jedoch sowohl auf das, was gefallen war, als auch auf das, was kommen könnte, vorbereitet; denn sie waren in ungeheuer dicke Stiefel gehüllt, mit weiten Overalls und Mänteln und Westen der dicksten und üppigsten Art. Sie hatten jeweils einen Sack mit einem Regenmantel um den Sattel geschnallt. So gingen sie tapsend und tapsend weiter, wobei sie die Monotonie der Reise abwechselten, indem ihnen gelegentlich schlammiges Wasser ins Gesicht spritzte oder das nervenaufreibende Geräusch eines stolpernden Stolperns über einen Steinhaufen am Straßenrand. Die Landleute starrten erstaunt, als sie vorbeikamen, und die Räuber und Kesselflicker, die ihre Pferde von den Feldern der Bauern abzogen, standen zitternd da, aus Angst, sie könnten die „Pollis" sein, die hinter ihnen her waren.

„Ich denke, es wird ein schöner Tag werden", bemerkte Seine Lordschaft, nachdem sie eine Zeit lang schweigend aneinandergeraten waren, ohne dass es viel leichter wurde. „Ich denke, es wird ein schöner Tag", sagte er, nahm sein Kinn aus seinem großen, mit Puddingflecken gesprenkelten Halstuch und drehte sein bebrilltes Gesicht den Wolken entgegen.

„Der Mangel an Licht ist sein Hauptfehler", bemerkte Jack und fügte hinzu: „Es ist verdammt dunkel!"

„Ah, damit wird es besser", bemerkte Seine Lordschaft. „Es ist noch nicht viel nach acht", fügte er hinzu, starrte auf seine Uhr und konnte kaum erkennen, dass es halb vor war. „Zu dieser Jahreszeit vergehen die Tage furchtbar", bemerkte er; „Ich habe Weihnachten gesehen, als es den ganzen Tag über nie richtig hell war."

Dann zappelten sie wieder eine Weile weiter wie zuvor.

„Das sollte mich nicht wundern, wenn wir ein großes Feld haben", bemerkte Jack schließlich und brachte seinen Hack neben den seiner Lordschaft.

„Es würde mich nicht wundern, wenn Puff selbst käme – wie immer voller Broschen und Ringe", antwortete Seine Lordschaft.

„Und Charley Slapp, das muss ich sagen", bemerkte Jack. „Er ist ein regelmäßiger Mitläufer von Puff."

„Arsch, dieser Schlag", sagte Seine Lordschaft; „Ich hasse seinen Anblick!"

„Ich auch", antwortete Jack und fügte hinzu: „Ich hasse einen Mitläufer!"

„Da sind die Hunde", sagte Seine Lordschaft, als sie sich nun Culverton Dean näherten, und auf der gegenüberliegenden Seite war eine Linie von etwas Weißem zu erkennen, das die Zickzackstraße entlangzog.

„Ist das der Fall, meinen Sie?" antwortete Jack und starrte durch seine große Brille; „Sind sie das, meinen Sie?" Für mich sieht es eher aus wie eine Schafherde."

„Ich glaube, Sie haben Recht", sagte Seine Lordschaft und starrte ihn ebenfalls an; „In der Tat, ich höre den Hund." Die Hunde können jedoch nicht weit vorne sein.'

Dann zogen sie im Gänsemarsch zusammen, um die kaputte Pferderennbahn durch den steilen, bewaldeten Hügel zu nehmen.

„Das sind die längsten sechzehn Meilen, die ich kenne", bemerkte Jack, als sie herauskamen und die Schafe überholten.

„Das ist es", antwortete Seine Lordschaft und spornte seinen Kumpel an, der jetzt langsamer wurde. „Tatsache ist, es sind achtzehn", fuhr er fort; „Nur wenn ich Frosty sagen würde, dass es achtzehn ist, würde er über Nacht liegen wollen, und das würde nicht gehen." Abgesehen von den Schwierigkeiten und Unannehmlichkeiten würde es den besten Teil einer Fünf-Pfund-Note verderben; und Fünf-Pfund-Noten wachsen nicht auf Stachelbeersträuchern – zumindest nicht in meinem Garten.'

„Im Moment ist es in allen Gärten eher selten, glaube ich", bemerkte Jack; „Zumindest höre ich nie von jemandem, der noch einen übrig hat."

„Geld ist wie Schnee", sagte Seine Lordschaft, „ein sehr schmelzbarer Gegenstand; Und da wir gerade vom Schnee sprechen", sagte er und blickte zu den schweren Wolken auf, „ich wünschte, wir hätten keinen Schnee – mir gefällt der Anblick der Dinge über uns nicht."

„Schwer", antwortete Jack; 'schwer: aber es ist ungefähr jetzt fällig.'

„Fällig oder nicht fällig", sagte Seine Lordschaft, „es ist eine Sache, die man nie erreichen möchte; Jeder, der mag, kann meinen Anteil an Schnee haben – Frost auch.'

Die Straße, oder vielmehr der Weg, führte nun über Blobbington Moor, und unsere Freunde hatten genug zu tun, um ihre Pferde von Torflöchern und Mooren fernzuhalten, ohne sich auf ein Gespräch einzulassen. Schließlich räumten sie das Moor ab, schlossen eine Lücke an der Ecke der

Einzäunungen, überquerten ein paar Felder und gelangten auf die Stumpington-Autobahn.

„Die Hunde sind hier“, sagte Jack, nachdem er die schlammige Straße eine Weile beobachtet hatte.

„Sie werden nicht lange dort bleiben“, antwortete Seine Lordschaft, „denn das Grabtintoll-Tor liegt nicht weit vor uns, und wir verschwenden unsere Habe nicht für Hechte.“

Seine Lordschaft hatte recht. Die Abdrücke trennten sich bald auf einer schlammigen Gasse auf der rechten Seite, und unsere Sportler gerieten nun in eine Straße, die so tief und bodenlos war, dass die Vorstellung von Steinen völlig ausgeschlossen war.

„Hängt die Straße!“ rief Seine Lordschaft, als sein Hintern fast auf seiner Nase landete: „Hängt die Straße!“ wiederholte er und fügte hinzu: „Wenn Puff nicht so ein Idiot wäre, würde ich ihn meiner Meinung nach wirklich aufgeben.“

„Es ist schlecht, von uns wegzukommen“, bemerkte Jack, der solche verheerenden Entfernungen nicht mochte.

'Ah! „Aber es ist ein selten gutes Land, wenn man dort ankommt“, antwortete Seine Lordschaft, indem er seine Zügel kürzte und seinem Ross die Sporen gab.

Nachdem der Weg endlich geräumt war, wurde die Straße befahrbarer und führte über große Weiden, wo der Reiter sein eigenes Gelände wählen konnte, anstatt an die engen Grenzen des Gesetzes gebunden zu sein. Doch obwohl sich die Straße verbesserte, änderte sich der Tag nicht; Ein dichter Nebel, der von Südosten heraufzog, trug zur allgemeinen Unklarheit der Szene bei.

„Der Tag wird langsam langsam“ , bemerkte Jack, schnüffelte und starrte umher.

„Es wird umfallen“, antwortete Seine Lordschaft, die sich nicht so leicht entmutigen ließ. „Es wird vorbeigehen“, wiederholte er und fügte hinzu, „an solchen Tagen sind oft seltene Gerüche zu spüren.“ „Aber wir müssen weitermachen“, fuhr er fort und schaute auf die Uhr, „denn es ist halb vorn, und wir sind noch eine Meile oder mehr davon entfernt.“ Mit diesen Worten gab er sich die Sporen und galoppierte los, gefolgt von Jack in einem langgezogenen „Hammer- und Zangen“-Trab.

Eine Jagd ist so etwas wie ein Assize-Rundgang, bei dem überall bestimmte große Waffen zu sehen sind und kleinere Männer hier und da vorbeischauen, um sich je nach Fall einen Tag oder eine kurze Zeit zu schnappen. Sergeant

Bluff und Sergeant Huff toben und streiten sich in jedem Gericht, während Mr. Meeke und Mr. Sneeke ihren Schrecken auf den forensischen Arenen ihrer jeweiligen Städte genießen, im Namen einfacher Nachbarn, die sie als echte Salomonen betrachten. So auch bei Jagden. Bestimmte Männer, die scheinbar ausdrücklich zum Jagen in die Welt geschickt wurden, kommen zu jedem Treffen, nah und fern, mit einer Pünktlichkeit, die wirklich überraschend ist und selten mit Vergnügen in Verbindung gebracht wird.

Wenn man ihrem Gespräch zuhört, handelt es sich im Allgemeinen um eine Dissertation über die Sportart des Vortages mit der Frage, wie man am besten über die Sportart des nächsten Tages berichten kann. Manchmal ist es gewürzt mit Tadel gegenüber einem anderen Rudel, das sie gesehen haben. Diese Männer sind auf eine Weise beritten und ernannt, die zeigt, was für ein perfekter Beruf die Jagd für sie ist. Natürlich galoppieren sie, um sich zu verstecken, damit niemand auf die Idee kommt, dass sie auf ihren Pferden weiterreiten.

Die „Kreuzung" war wie zwei Jagden oder zwei sich verbindende Kreise, denn sie lockte im Allgemeinen jeweils die ausgewählten Männer an, ganz zu schweigen von Auslegern und zufälligen Kunden. Die regelmäßigen Begleiter beider Jagden waren sowohl an den flachen Hüten und weiten Kleidungsstücken der einen als auch an der eleganten Jemmy-Jessamy-Ausstrahlung der anderen deutlich zu erkennen. Wenn nicht ein Lord an der Spitze der Flat Hats gestanden hätte , hätten die Puffington-Männer sie für unerträgliche Snobs gehalten. Aber bis heute.

Wie üblich, wenn Hunde weite Strecken zurücklegen müssen, wurde das Feld vor ihrer Ankunft zusammengestellt. Fast alle galoppierenden Herren hatten den Wurf geschafft.

Da ein Cross-Road-Treffen dem anderen so sehr ähnelt, wird es sich nicht lohnen, das in Dallington Burn zu beschreiben. Der Leser wird die Freundlichkeit haben, sich ein paar Straßen vorzustellen, die eine offene Gemeinde kreuzen, mit einem armlosen Wegweiser auf der einen Seite und einer Bruchsteinbrücke, auf deren anderer Seite mehrere Decksteine im seichten Bach liegen andere.

Das umliegende Land hätte, wenn überhaupt ein Land zu sehen gewesen wäre, wild, offen und freudlos gewirkt. Hier ein Stück Wald, dort ein Stück Heide, aber im Großen und Ganzen kahl und unfruchtbar. Die beeindruckenden Umrisse des Beechwood Forest waren wegen des Wetters nicht zu erkennen. Nehmen wir an, es ist jetzt halb elf Uhr, mit einem vollen Reiteraufgebot und einem Nebel, der der Szene eine ungewohnte Tristesse verleiht – der alte Schildmast ist das auffälligste Objekt im Ganzen.

Horchen! Was für ein Lärm gibt es darüber. Es ist wie ein Wettposten in Newmarket. Wie laut reden die Leute! Was gibt es Neues? Königin Anne ist tot, oder gibt es eine weitere Französische Revolution oder einen festen Maiszoll? Leser, Mr. Puffingtons Hunde hatten einen Durchbruch, und die Flat-Hat-Männer bestreiten dies.

'Nichts der gleichen! nichts der gleichen!' ruft Fossick aus: „Ich kenne jeden Yard des Landes, und mehr als acht kann man sowieso nicht machen, wenn es acht sind."

„Nun, aber ich habe es auf der Karte gemessen", antwortete der Sprecher (Charley Slapp selbst), „und es sind dreizehn, wenn es ein Yard ist."

„Dann ist das Land seit meiner Zeit größer geworden", erwidert Fossick, „denn ich wurde in Stubgrove abgesetzt, das nur eine Meile von dem Ort entfernt ist, an dem Sie es gefunden haben, und ich bin zu Fuß gegangen, und ich bin geritten, und ich bin jedes Mal mit dem Auto gefahren." Yard der Distanz, und mehr als acht Yards sind nicht möglich, wenn es so viel ist. Kannst du, Capon?' rief Fossick und appellierte an einen anderen der „Flachkrempen", dessen leuchtendes Gesicht jetzt durch den Nebel leuchtete.

„Nein", antwortete Capon und fügte hinzu, „nicht so sehr, würde ich sagen."

In diesem Moment trottete Frostgesicht mit den Hunden herbei.

„Guten Morgen, Frosty! Guten Morgen!' rufen ein halbes Dutzend Stimmen, dass es schwierig sei, sich aus der Dichte des Nebels zu befreien. Frosty und die Peitschen grüßen allgemein mit ihren Mützen.

„Nun, Frosty, ich nehme an, du hast gehört, was für einen Lauf wir gestern hatten?" ruft Charley Slapp aus, sobald Frosty und die Hunde sich niedergelassen haben.

„Hatten sie, Sir – hatten sie?" antwortet Frosty mit einer leichten Berührung seiner Mütze und einem höhnischen Grinsen. „Freut mich, das zu hören, Sir – freue mich, das zu hören." Ich hoffe, sie haben getötet, Sir – ich hoffe, sie haben getötet!' mit einer noch leichteren Berührung der Kappe.

„Getötet, ja! – getötet im Freien, direkt unterhalb von Crabstone Green, in *Ihrem* Land", und fügte hinzu: „Ich glaube, es war einer Ihrer Füchse."

„Freut mich darüber, Sir – froh darüber, Sir", antwortet Frosty. „Sie wollten unbedingt Blut – sie wollten unbedingt Blut." Herzlich willkommen, einer unserer Füchse, Herr – *herzlich* willkommen. Das ist eine Klammer und ein „Alf, den sie getötet haben".

„Klammer und ha-rrf!" schleppt Slapp mit gespieltem Ekel; „Klammer und ein Ha-rrf! – nun, das macht sie zu zehn Klammern und sechs rennen zu Boden."

„Oh, erzähl es *mir nicht*", erwidert Frosty mit einem Schauder des Ekels; ‚Sag es mir nicht. Ich weiß es besser – ich weiß es besser. Sie hatten seit Beginn der Jagd bis gestern nur ein Paar erlegt. Der Rest waren alles Junge, die armen Dinger! – Alles Junge, die armen Dinger! Mr. Puffingtons Hunde sind nicht die Art von Tieren, die Füchse töten: gemeine, schleichende, auffällige, eifersüchtige Teufel; Ich starre immer nach Grüßen und Hilfe. Ich wäre verdammt, wenn ich achtzehn Pence für den „alten Haufen" geben würde.

Die Flat-Hat-Männer reagierten mit lautem Gelächter auf diese pauschale Verurteilung. Die Männer aus Puffington sahen unaussprechlich aus, und es lässt sich nicht sagen, welche unangenehmen Vergleiche sie hätten anstellen können (denn die Puffingtonianer waren stark), wenn nicht seine Lordschaft und Jack sich in diesem Moment gestürzt hätten. Hut ab und Höflichkeit war dann angesagt.

„Morgen", sagte Seine Lordschaft und schnappte als Antwort seinen Hut, als er anhielt und in die wolkenverhangene Menge starrte; „Morgen", Fyle; Guten Morgen, Fossick", fuhr er fort, während er diese Würdenträger nicht nur durch ihre Hüte, sondern auch durch alles andere unterschied. „Wo sind die Pferde?" sagte er zu Frostyface.

JACK FROSTY UND CHARLEY SCHLAGEN

„Gleich da drüben, Mylord", antwortete der Jäger und zeigte mit seiner Peitsche auf die Stelle, an der ein Diener mit einer Kokarde ein paar Jäger hin und her trieb – einen Braunen und einen Fuchs.

„Lasst es uns tun", sagte Seine Lordschaft, trabte auf sie zu und warf sich wie einen Sack von seinem Hinterhof. Nachdem er seinen schlammigen Overall ausgezogen hatte, bestieg er den Braunen, ein prächtiges Sechzehnspännerpferd in Topform, und machte sich erneut auf den Weg zum Feld mit dem ganzen Stolz meisterhafter Reitkunst. Ein kurzer Sonnenstrahl schoss über die Szene; Eine Kopfbewegung gab ihnen das Signal zum Abwerfen, und alle entfernten sich vom Wettkampf.

Thorneybush Ginster war eine große, acht Hektar große Fläche, die teils aus Ginster und teils aus verkümmertem Schlehenholz bestand, mit hier und da ein paar Waldtannen. Seine Lordschaft zahlte zwei Pfund im Jahr dafür, nachdem er vergeblich versucht hatte, es für dreißig Schilling zu bekommen, was in etwa dem tatsächlichen Wert des Landes entsprach, aber der Besitzer forderte eine kleine Entschädigung für das Trampeln von Pferden darauf;

außerdem hätten die Männer aus Puffington es mit zwei Pfund verkraftet. Es war ein sicherer Fund, und die Hunde stürmten mit der Witterung hinein.

Das Feld stellte sich an der gewohnten Ecke auf, beide Jagden waren voll mit dem Lauf vom Vortag. Frostyfaces „Yoicks, wind him!" „Yoicks, schieb ihn hoch!" ging in einem Stimmengewirr unter.

Ein lautes, klares, schrilles „TALLY-HO, AWAY!" von der anderen Seite der Decke herab, ließ alle Zungen innehalten und alle Hände fielen auf die Zügel. Großartig war die Aufregung! Jede Jagd war entschlossen, der anderen den Glanz zu nehmen.

„Twang, twang, twang!" „Tweeten, twittern, twittern!" Die Hörner seiner Lordschaft und Frostfaces erklangen, als sie über den Ginster zur Stelle sprangen, während das eifrige Rudel ihren Pferden auf den Fersen folgte. Als die Hunde dann die Fährtenlinie überquerten, ertönte in der Deckung ein solcher Melodieausbruch, und draußen wurden die Zügel gerafft und die Hüte aufgesetzt! Die Hunde rannten aus der Deckung, als würde sie jemand treten. Man sah einen Mann in Scharlachrot durch den Nebel fliegen und dabei die üblichen Anspannungen hervorrufen. „Halten Sie fest, Sir!" „Gott segne Sie, halten Sie fest, Sir!" mit Fragen, „wer der Kerl war, der den Fuchs fangen würde."

„Das ist Lumpleg!" rief einer der Flat-Hat-Männer.

'Nein, ist es nicht!' brüllte ein Puffingtonit; „Lumplleg ist hier."

„Dann ist es Charley Slapp; „Er macht es immer", erwiderte der erste Redner. „Der eifersüchtigste Mann der Welt."

'Ist er!' rief Slapp und galoppierte entspannt auf einem reinrassigen Schimmel vorbei, als könnte er es sich durchaus leisten, auf einen Anlauf zu verzichten.

Leser! Es war weder Lumpleg noch Slapp, noch einer der Puffington-Snobs oder Flat-Hat-Swells, noch Puffington-Swells oder Flat-Hat-Snobs. Es war unser alter Freund Sponge; Schon wieder Monsieur Tonson! Da er spät angekommen war, hatte er sich ungesehen an der Seite des Decks postiert, und der Fuchs war dicht neben ihm hergebrochen. Unglücklicherweise hatte er ihn zurückgedrängt, und das Ergebnis war ein hübscher Kessel voller Fische. Er hatte ihn nicht nur zurückgedrängt, sondern der entschlossene Kastanie, der es sich in den Kopf gesetzt hatte, wegzulaufen, hatte das Gebiss zwischen seinen Zähnen geschnappt; und trug ihn auf die andere Seite eines Feldes, bevor es Schwamm gelang, ihn in einem sehr großzügigen Halbkreis herumzumanövrieren und sich den jetzt fliegenden Jägern zu stellen, die durch den Nebel wie ein Angriff der Freibauern nach einem Salut herbeigeeilt kamen. Alles war voller Aufregung, Eile und Umarmen mit Pferden, mit den üblichen Sporen, Ellbogenstößen und der Anstrengung, an bestimmte Plätze zu gelangen, wobei Mr. Fossick der Meinung war, dass er genauso viel Recht hatte, vor Mr. Fyle zu stehen, wie Mr. Fyle zuvor alter Kapaun.

Offenbar war es dem Fuchs egal, in welche Richtung er ging, solange er nur rennen konnte, er trug Schwamm nun so schnell zurück, wie er ihn weggetragen hatte, und mit gähnendem Mund und in die Luft gerecktem Kopf stürzte er direkt auf ihn zu Die heranrückenden Reiter stürmten mit voller Kraft auf Lord Scamperdale zu, während dieser gerade dabei war, sein Horn wieder in den Behälter zu legen. Großartig war die Kollision! Seine Lordschaft flog in eine Richtung, sein Pferd in eine andere, sein Hut in eine dritte, seine Peitsche in eine vierte, seine Brille in eine fünfte; tatsächlich war er überall verstreut. Im Nu lag er in der Mitte eines Kreises und strampelte auf dem Rücken wie eine lebhafte Schildkröte.

'Oh! Ich bin tot!' Er brüllte und schlug aus, als würde er schwimmen oder besser gesagt schweben. „Ich bin tot!" er wiederholte. „Er hat mir den Rücken gebrochen – er hat meine Beine gebrochen – er hat meine Rippen gebrochen – er hat mein Schlüsselbein gebrochen – er hat mein rechtes Auge in den Absatz meines linken Stiefels geschlagen." Oh! Wird ihn niemand fangen und töten? Wird niemand für ihn tun? Werden Sie einen englischen Adligen sehen, der wie ein Kegel umhergeschleudert wird?' „Fügte Seine Lordschaft hinzu, eilte herbei, um Mr. Sponge selbst zu verfolgen, und rief, während er dastand und ihm mit der Faust drohte: „Verdammt, Sir!" Hangin ist zu gut für dich! Sie sollten dazu verdammt sein, den Rest Ihres Lebens in Berwickshire zu jagen!'

KAPITEL XXX

Den Dachs verriegeln

Wenn ein Mann und sein Pferd in der Öffentlichkeit ernsthaft unterschiedlicher Meinung sind und der Mann das Gefühl hat, dass das Pferd das Beste daraus hat, ist es für den Mann klug, den Anschein zu erwecken, dass er seine Ansichten denen des Pferdes anpasst, anstatt eine Niederlage zu riskieren. Es ist am besten, das Pferd seinen Weg gehen zu lassen und so zu tun, als wäre es deins. Es gibt kein so enges Geheimnis wie das zwischen einem Reiter und seinem Pferd.

Nachdem Mr. Sponge Lord Scamperdale auf die in unserem letzten Kapitel beschriebene zusammenfassende Weise zerstreut hatte, ließ er den Fuchs davongaloppieren und tröstete sich mit dem Gedanken, dass es ihm unmöglich sein würde, sein Pferd vorteilhaft zur Schau zu stellen, selbst wenn die Hunde jagten so dunkel und ungünstig ein Tag. Deshalb ließ er das Tier einfach galoppieren, bis es nachließ, und dann gab er ihm die Sporen und ließ es seinetwegen galoppieren. So nahm er sein Wechselgeld heraus und kam kurz nach der Mittagszeit am Jawleyford Court an.

So kurz seine Abwesenheit auch gewesen war, hatten sich die Dinge doch stark verändert. Bestimmte dunkle Hinweise auf seine Art und Weise hatten sich von der Dienstbotenhalle zum Gemach der Dame und allgemein in die oberen Regionen ausgebreitet. Diese wurden durch den nächtlichen Besuch von Leather, dem treuen Stallknecht, in Erfüllung seiner Verpflichtung, mit den Dienern zu speisen, ergänzt. Auch die unzeremonielle Art und Weise, wie Mr. Sponge mit dem Pferd davonritt, linderte Mr. Leathers Zorn nicht und überließ ihm die Nachricht, dass er den Stallknecht verlassen hatte. Nachdem er das Vertrauen zu ihm gebrochen hatte, hielt er es für seine Pflicht, ihm gegenüber „auf der Höhe" zu sein und den Dienern alles zu erzählen, was er über ihn wusste. Dementsprechend teilte er Spigot gegenüber, selbstverständlich streng vertraulich, mit, dass Mr. Sponge nicht nur ein Gentleman von „Fortin", wie er es nannte, mit einem oder zwei Dutzend Jägern hier und da sei, sondern nichts anderes als der Mieter von ein paar Arbeitern, mit sich selbst als Arbeitspfleger, wochenweise. Spigot, der mit der „Köchin und Haushälterin" in bestem Verhältnis stand und seine Wäsche heimlich in der Wäscherei waschen ließ, konnte nichts anderes tun, als ihr die Nachricht mitzuteilen, von der sie an die Zofe der Dame ging. und zirkulierte von dort in den oberen Regionen.

Juliana, das Dienstmädchen, stellte fest, dass Miss Amelia weniger unpässlich war, Mr. Sponge herunterlaufen zu hören, als sie erwartet hatte, und fügte ihre eigenen Beobachtungen zu den Informationen hinzu, die sie von Leather, dem Bräutigam, erhalten hatte. „Tatsächlich konnte sie nicht sagen, dass sie selbst viel von Mr. Sponge hielt; seine Hemden waren grob, ebenso seine Taschentücher; und sie hat noch nie einen echten Herrn ohne Kammerdiener gesehen.'

Amelia, die nicht die Absicht hatte, Mr. Sponge aufzugeben, zumindest nicht, bis sie weiter sah, hatte dennoch die Idee, dass sie für eine viel höhere Sphäre bestimmt war. Nachdem sie alle Umstände von Mr. Spraggons Besuch im Jawleyford Court sorgfältig geprüft hatte, nachdem er wegen mehrerer mysteriöser Hustenanfälle und halbfertiger Sätze betrogen worden war, war sie zu dem Schluss gekommen, dass das eigentliche Ziel seiner Mission darin bestand, ein Ehebündnis auszuhandeln im Namen von Lord Scamperdale. Die ständig zum Ausdruck gebrachte Absicht Seiner Lordschaft, zu heiraten, war gut geeignet, jemanden in die Irre zu führen, dessen Welterfahrung nicht groß genug war, um zu wissen, dass die Männer, die immer darüber reden, die geringste Wahrscheinlichkeit haben, zu heiraten, genau wie Männer, die immer darüber reden Pferde kaufen sind die Männer, die sie nie kaufen. Wie dem auch sei, Amelia war Mr. Sponge gegenüber einigermaßen locker. Wenn er Geld hätte, könnte sie ihn nehmen; wenn nicht, könnte sie ihn in Ruhe lassen.

Auch Jawleyford, der aus der Ferne und in seiner Vorstellung gastfreundlicher war als in der Realität, hatte genug von unserem Freund. Tatsächlich dürfte ein Mann, dessen Rede von der Jagd war und dessen Lektüre *Mogg* war, wahrscheinlich nicht viel mit einem Gentleman von Geschmack und Eleganz gemein haben, wie unser Freund es vorgab. Die heikle Frage, die Mrs. Jawleyford nun stellte, „ob er wusste, dass Mr. Sponge ein Glückspilz war“, brachte ihn auf eine schiefe Bahn.

„ ICH weiß, dass er ein Glückspilz ist!“ *Ich* weiß nichts über sein Vermögen. „Du hast ihn hierher gefragt, nicht MICH “, rief Jawleyford und stampfte wütend auf.

„Nein, meine Liebe“, antwortete Mrs. Jawleyford sanft; ', fragte er sich, wissen Sie; aber ich dachte, vielleicht hättest du etwas gesagt, das …“

„ ICH sage alles!“ unterbrach Jawleyford. „ *Ich* habe nie etwas gesagt — zumindest nichts, worüber irgendein Mensch mit einem Funken Verstand auch nur etwas gedacht hätte“, fuhr er fort und erinnerte sich an die Szene im Billardzimmer. „Es ist eine Sache, einem Mann zu sagen: Wenn er auf dich zukommt, wirst du dich freuen, ihn zu sehen, und eine andere, ihn zu bitten, mit ganzem Gepäck zu kommen, wie dieser freche Mr. Sponge es getan hat“, fügte er hinzu.

„Sicherlich“, antwortete Mrs. Jawleyford, die sah, wo der Schuh ihren Bären drückte.

„Ich wünschte, er wäre weg“, bemerkte Jawleyford nach einer Pause. „Er stört mich übermäßig — ich werde versuchen, ihn loszuwerden, indem ich sage, dass wir von zu Hause weggehen.“

„Wohin sollen wir gehen?“ fragte Frau Jawleyford.

„Oh, irgendwo“, antwortete Jawleyford; „Er kennt die Leute hier nicht: die Tewkesburys, die Woolertons, die Browns – überhaupt niemanden.“

Bevor sie einen konkreten Plan für das weitere Vorgehen hatten, kehrte Mr. Sponge von der Verfolgungsjagd zurück. „Ah, mein lieber Herr!“ rief Jawleyford halb fröhlich, halb launisch und streckte ein paar Finger aus, als Sponge sein Arbeitszimmer betrat: „Wir dachten, Sie hätten sich französisch von uns verabschiedet und wären gegangen.“

Mr. Sponge fragte, ob sein Bräutigam seine Nachricht nicht überbracht habe.

„Nein“, antwortete Jawleyford kühn, obwohl er es in der Tasche hatte; „Zumindest nicht, dass ich es gesehen habe.“ „Vielleicht hat Mrs. Jawleyford es bekommen“, fügte er hinzu.

'In der Tat!' rief Schwamm aus; „Es war sehr nutzlos von ihm." Dann erzählte er Jawleyford ausführlich, was der Leser bereits weiß, wie er seinen Tag in Larkhall Hill verloren hatte und versuchte, das wiedergutzumachen, indem er an die Kreuzung ging. 'Ah!' rief Jawleyford, als er fertig war; „Das ist schade – großes Mitleid – ungeheures Mitleid – ich habe noch nie in meinem Leben etwas so Unglückliches erlebt."

„Unglück wird passieren", antwortete Schwamm in einem Ton der Unbekümmertheit.

„Ah, es war nicht so sehr der Verlust der Jagd, an den ich dachte", antwortete Jawleyford, „sondern die Vorkehrungen, die wir getroffen haben, weil wir dachten, du wärst weg."

'Was sind Sie?' fragte Schwamm.

„Nun, mein Lord Barker, ein großartiger Freund von uns – ich kannte ihn von klein auf –, kurz gesagt, wie Brüder – hat uns heute Morgen vorbeigeschickt, um uns alle zu fragen – Schießerei, Scharaden, so etwas – und wir haben zugesagt. '

„Aber das muss keinen Unterschied machen", antwortete Schwamm; „Ich gehe auch."

Jawleyford war überrascht. Mit so viel Kühle hatte er nicht gerechnet.

„Nun", stammelte er, „das könnte sicherlich genügen; aber – falls – ich nicht ganz sicher bin, ob ich irgendjemanden mitnehmen könnte –'

„Aber wenn du so dick bist, wie du sagst, kannst du keine Schwierigkeiten haben", antwortete unser Freund.

„Stimmt", antwortete Jawleyford; „aber dann gehen wir selbst in einer großen Gruppe – zwei und zwei vier", sagte er, „ganz zu schweigen von den Dienern; Außerdem hat seine Lordschaft möglicherweise keinen Platz – das Haus wird höchstwahrscheinlich voll sein.'

„Oh, ein einzelner Mann kann immer untergebracht werden; „Abschütteln alles hilft ihm", antwortete Schwamm. „Aber Sie würden Ihre Jagd verlieren", antwortete Jawleyford. „Der Barkington Tower liegt weit außerhalb von Lord Scamperdales Land."

„Das spielt keine Rolle", antwortete Sponge und fügte hinzu: „Ich glaube nicht, dass ich seine Lordschaft noch mehr belästigen werde." Diese Flat-Hat-Herren sind meiner Meinung nach nicht besonders höflich.'

„Nun", antwortete Jawleyford, verärgert darüber, dass sein Versuch vereitelt wurde, „das ist Ihre Überlegung." Sobald Sie jedoch angekommen sind, werde ich mit Mrs. Jawleyford sprechen und sehen, ob wir die Barkington-Expedition verlassen können."

„Aber geh mir nicht in die Quere", antwortete Sponge. „Hier kann ich ganz gut bleiben." Ich wage zu behaupten, dass du nicht lange wegbleiben wirst.'

Das war noch schlimmer; es bot keine Hoffnung, ihn loszuwerden. Jawleyford beschloss daher, zu versuchen, ihn zu rauchen und auszuhungern. Als unser Freund sich anziehen wollte, fand er seine alte Wohnung, das Repräsentationszimmer, weggeräumt, die schweren Brokatvorhänge mit braunem Stoff, die Krüge auf den Kopf gestellt, das Bett ohne Kleidungsstücke und den Spiegel darauf gelegt davon.

Das grinsende Hausmädchen, das gerade die Feuereisen auf dem Kaminvorleger zusammengerollt hatte, begrüßte ihn mit einem „Bitte, Sir, wir haben Sie in das braune Zimmer im Osten verlegt" und zeigte ihm den Weg zu der verurteilten Zelle, die „ Jack hatte sich dort aufgehalten, wo ein frisch angezündetes Feuer dichte Wolken braunen Rauchs ausstieß und sogar die vergoldeten Buchstaben auf der Rückseite von *Mogg's Cab Fares verdeckte* , während das kleine Buch auf dem Toilettentisch lag.

„Was ist jetzt passiert?" fragte unser Freund des Dienstmädchens, legte seinen Arm um ihre Taille und drückte sie herzlich. „Was ist jetzt passiert, dass du mich in dieses Hundeloch gesteckt hast?" fragte er.

'Oh! „Ich weiß es nicht", antwortete sie lachend; „Ich nehme an, sie haben Angst, dass du durch das Rauchen die alten, morschen Vorhänge im Nebenzimmer herunterreißen könntest." „Der Meister ist eine traurige alte Frau", fügte sie hinzu.

Über allem war eine große Veränderung eingetreten. Das Fahrgeld, die Lichter, die Lakaien, alles andere erlitt einen gravierenden Rückgang. Die Lampen erloschen, und das durchsichtige Wachs wich Palmers Kompositionen, unter deren sanftem Einfluss die jungen Damen ungestraft ihre zerschlissenen Kleider trugen. Der Wettbewerb zwischen ihnen ging tatsächlich zu Ende. Amelia beanspruchte Mr. Sponge, falls es sich lohnte, ihn zu haben, und sollte der Scamperdale-Plan scheitern; während Emily, die von ihrer Mutter versichert hatte, dass er es für keinen von beiden tun würde, sich selbstzufrieden mit dem abfinden musste, was sie nicht ändern konnte.

HERR. SPONGE VERLANGT EINE ERKLÄRUNG

Mr. Sponge seinerseits sah, dass alles auf ein Ende hindeutete. Es kümmerte ihn nicht, dass das alte Weidenmuster-Set den Platz des mit Jawleyfords bewaffneten Porzellans einnahm; aber der Inhalt der Gerichte war schlecht und der Wein, wenn möglich, noch schlimmer. Am greifbarsten war Marsala als Sherry zu gebrauchen, und der verkorkte Portwein war erneut in Beschlag genommen. Jawleyford war nicht mehr der energische, fröhliche Jawleyford von Laverick Wells, sondern ein mürrischer, zappeliger, hitziger Kerl, der sich verzweifelt seiner „*Morning Post*" hingab.

Am schlimmsten war, dass Mr. Sponge, als er sich in sein Arbeitszimmer zurückzog, um eine Zigarre zu rauchen und seine teuren Taxifahrpreise zu studieren, so vom Rauch erstickt war, dass er gezwungen war, das Feuer zu löschen, obwohl das Wetter kalt war, ja sogar zu Frost neigte. Trotzdem zündete er seine Zigarre an; und während er sich dem hingab, gingen ihm alle Umstände seiner Situation durch den Kopf. Seine dringende Einladung – sein großartiger Empfang – die Aufmerksamkeit der Damen – und nun die plötzliche Veränderung, die alles genommen hatte. Er konnte es irgendwie nicht herausfinden; aber die Konsequenzen waren offensichtlich. „Der Kerl ist ein Humbug", sagte er schließlich, warf die Zigarrenspitze weg und drehte sich zu Bett, als ihm die Information, die Watson, der Wärter, ihm bei seiner Ankunft gab, wieder in den Sinn kam und er überzeugt war, dass Jawleyford ein Humbug war. Es war klar, dass Mr. Sponge einen Fehler gemacht hatte; Das Beste, was er jetzt tun konnte, war einen Rückzieher zu machen und zu sehen, ob die schöne Amelia es sich zu Herzen nehmen würde. Mitten in seinen Überlegungen kam ihm Mr. Puffingtons dringende Einladung in den Sinn, und sie schien genau das Richtige für ihn zu sein und ihm ein sofortiges Asyl in der Reichweite der schönen Dame zu gewähren, falls sie sterben sollte.

Am nächsten Tag schrieb er, dass er sich freiwillig für einen Besuch bereiterkläre.

Mr. Puffington, der den wahren Charakter unseres Freundes immer noch nicht kannte und immer noch glaubte, er sei ein zweiter „Nimrod" auf einer „Tournee", war überglücklich über seinen Brief; und seltsamerweise brachte derselbe Posten, der seine Antwort auf den Vorschlag auslöste, einen Brief von Lord Scamperdale an Jawleyford, in dem es hieß: „Sobald Jawleyford *ganz allein war* (unterschritten), würde er ihm gerne einen Besuch abstatten." .' Seine Lordschaft, das sollten wir dem Leser mitteilen, widersetzte sich trotz seines jüngsten Missgeschicks immer noch Jack Spraggons Empfehlung, Mr. Sponge durch den Kauf seiner Pferde loszuwerden, und beschloss, dieses Experiment zuerst zu versuchen. Seine Lordschaft dachte einmal darüber nach, eine Erklärung abzugeben und Herrn Jawleyford den Schaden zu erzählen, den Sponge ihm zugefügt hatte, und die Belästigung, die er ihm bereitete, indem er ihn beherbergte; Aber da er kein großer Gelehrter war und mehrere harte Wörter auftauchten, die Seine Lordschaft in der Schreibweise nicht gut klären konnte, beschränkte er sich einfach auf eine lakonische Sprache, was, wie sich herausstellte, ein äußerst glücklicher Weg war. Tatsächlich hatte er außer der Rechtschreibung noch eine weitere Schwierigkeit, denn die Hunde hatten wie immer einen tollen Lauf gehabt, nachdem Mr. Sponge ihn niedergeschlagen hatte – wobei er ihm, wie er sagte, sein rechtes Auge in den Absatz seines linken Stiefels gestoßen hatte –, im Verlauf des Laufs Das Pferd seiner Lordschaft war auf einer Straße über ihn hinweggerollt, er war wie die Eisenbahner – unfähig, zwischen Kapital und Einkommen zu unterscheiden – unfähig zu sagen, was Sponges Pony und welches sein eigenes waren; Also steckte er, wie ein harter Cricketball-Mann, einfach alles ein und schrieb, wie wir es beschrieben haben.

Die Briefe Seiner Lordschaft und Mr. Puffingtons verbreiteten Freude in einem Haus, das wahrscheinlich von Schwierigkeiten zerstreut zu sein schien.

Damit endet unser dreißigstes Kapitel, und es ist ein sehr angenehmes Ende, denn wir hinterlassen alle in perfekter guter Laune und guter Laune: Sponge freut sich, ein neues Quartier bekommen zu haben, Jawleyford ist erfreut über die Ankunft des Lords, und jede schöne Dame übt privat, wie man ihren Vornamen in Verbindung mit „Scamperdale" unterschreibt.

KAPITEL XXXI

HERR. PUFFINGTON; ODER DER JUNGE MANN IN DER STADT

Mr. Puffington nahm die Mangeysterne, jetzt die Hanby-Hunde, mit, weil er glaubte, sie würden ihm Konsequenzen verschaffen. Nicht, dass er in diesem Artikel besonders mangelhaft gewesen wäre; Aber da er ein neuer Mann in der Grafschaft war, glaubte er, dass die Übernahme ihn populär machen und ihm Ansehen verschaffen würde. Er hatte keine natürliche Neigung zur Jagd, aber als er sah, dass Freunde, die keine Vorliebe für das Revier hatten, die Verantwortung als Verwalter auf sich nahmen, sah er keinen Grund, warum er nicht ein ähnliches Opfer am Schrein der Diana bringen sollte. Tatsächlich wurde Puff nicht als Sportler gezüchtet. Sein Vater, ein höchst geschätzter Mann, mit dem wir viele gesellige Abende verbracht haben, war ein großer Stärkemacher in Stepney; und seine Mutter war die Tochter eines bedeutenden Steinporzellanherstellers aus Worcestershire. Abgesehen von so lächerlichen Jagden, wie sie sie vielleicht auf ihren braunen Krügen gesehen haben, glauben wir nicht, dass einer von ihnen überhaupt etwas mit der Jagd zu tun hatte. Der alte Puffington war jedoch das, was ein weiser Erbe viel mehr schätzt – ein ausgezeichneter Geschäftsmann und angehäufte Berge von Geld. Wenn man sein Etablissement in Stepney sieht, könnte man meinen, die ganze Welt würde gestärkt werden. Riesige Zugpferde mit Ampferschwänzen tauchten mit schwerfälligen, bis zum Himmel aufgetürmten Wagen auf, während andere heranpolterten, beladen mit Weizen, Kartoffeln und anderen Stärkezutaten. Die Blauschimmelpferde von Puffington waren in der Stadt bekannt und galten als die schönsten Pferde der damaligen Zeit. den Schecken von Barclay und Perkin durchaus ebenbürtig.

Der alte Puffington war kein Sportler. Er war ein kleiner, weicher, rosiger, rundlicher Mann mit steifen, entschlossenen Beinen, die nicht aussahen, als ob man sie zu einem Sattel beugen könnte. Bei einem Auftritt war er jedoch großartig und ließ sich wie ein Sack zurück.

Mrs. Puffington, *geborene* Smith, war eine große, hübsche Frau, die viel von sich hielt. Als sie und ihr Mann heirateten, lebten sie in der Nähe der Manufaktur in einer süßen kleinen Villa voller Eleganz und Bequemlichkeit – ein Teich, den sie See nannten – Goldregen ohne Ende; eine Eibe, eingesteckt in ein Kutschenpferd; stehen für drei Pferde und Gigs, mit anderthalb Hektar Land für eine Kuh.

Da der alte Puffington jedoch nicht in der Lage war, die wertvollsten Dokumente des britischen Kaufmanns, seine Bilanzen, für sich zu behalten, und Mrs. Puffington feststellte, dass jedes Jahr eine beträchtliche Summe dem „Guten" zugute kam, bestand er auf der Geburt ihres einzigen Kind, unsere Freundin, als sie in den „Westen" auswanderte, wie sie es nannte, und mit einem kühnen Schlag ließen sie sich in der Heathcote Street am Mecklenburgh Square nieder. Romanautoren hatten diesen Teil damals noch nicht als „Mesopotamien" niedergeschrieben, und er war genauso vornehm wie Harley oder Wimpole Street heute. Ihr Hauptziel bestand damals darin, ihren Reichtum zu vermehren und ihren einzigen Sohn zu einem „Gentleman" zu machen. Sie schickten ihn nach Eton und zu gegebener Zeit nach Christ Church, wo er natürlich einen roten Mantel einführte, um die Hunde von Sir Thomas Mostyn und dem Herzog von Beaufort zu verfolgen, sehr zum Ärger ihrer jeweiligen Jäger, Stephen Goodall und Philip Payne , und der Ärger des armen alten Griff. Lloyd.

Zwischen dem Feld und dem College machte der junge Puffington Bekanntschaft mit mehreren sehr schneidigen jungen Funken – Lord Firebrand, Lord Mudlark, Lord Deuceace, Sir Harry Blueun und anderen, die er immer als „Deuceace", „Blueun" usw. bezeichnete ., im lockeren Stil, der den perfekten Gentleman auszeichnet. [1] Wie stolz waren die alten Leute auf ihn! Wie sie da saßen und ihm zuhörten, blitzten und erzählten, wie Deuceace und er einen Charley niederschlugen, oder Blueun und er einen Snob aus den Kisten in die Grube warf. Das war in der alten Tom-und-Jerry-Zeit, als Handgreiflichkeiten angesagt waren. Eines Abends, nachdem er uns mit einer größeren Dosis als üblich verwöhnt hatte und den Raum verließ, um sich für ein Abendessen um acht Uhr bei Long's umzuziehen, „Buzzer!" rief der alte Mann und umklammerte unseren Arm, als ihm die Tränen in die Augen stiegen. „Summer!" Das ist ein *Beispiel* für einen Poplar-Mann!' Und wenn eine große Bekanntschaft ein Kriterium für Beliebtheit ist, hatte der junge Puffington, wie er damals genannt wurde, sicherlich seinen gerechten Anteil. Er erwies uns einmal die Ehre – eine Ehre, die wir nie vergessen werden –, mit uns die Bond Street entlangzugehen, in der Frühlingsflut eines herrlichen Sommertages, an dem man die Conduit Street nicht innerhalb einer Viertelstunde überqueren konnte eine Stunde, und die Kutschen schienen am Piccadilly-Ende der Straße an einer endlosen Sperre angelangt zu sein. In jenen Tagen fuhren große Menschen wie große Menschen umher, in hübschen, mit Hammerschlägen bekleideten, mit Wappen verzierten Kutschen, mit üppigen Kutschern mit Dreispitzhüten und riesigen, spitzenbesetzten, zitternden Waden, anstatt wie Apotheker dahinzurumpeln Pillendosen, innen mit einem Griff zum Herausnehmen. Auch junge Männer kleideten sich, als wären sie gekleidet – als wären sie mit einiger Sorgfalt und Aufmerksamkeit aufgestanden –, anstatt die weite, nachlässige, fließende, sackartige Kleidung zu tragen, die sie jetzt tragen.

Wir erinnern uns an den Tag, als wäre es erst gestern gewesen; Puffington überholte uns in der Oxford Street, wo wir wie üblich in die Schaufenster starrten, und anstatt sich zu drücken oder hinter unseren Rücken zu schlüpfen, streckte er tatsächlich seinen Arm bis zum Heft in unseren aus und drehte uns mitten in die Straße Fahnen, mit einem „Ah, Buzzer, alter Junge, was machst du in diesem heruntergekommenen Teil der Stadt?" Komm mit mir und ich zeige dir das Leben!'

Indem er die Arme untereinander verschränkte und unseren Kurs in einer angemessenen Tötungsgeschwindigkeit fortsetzte, kamen wir schließlich am Ende der Vere Street an, an der regelmäßig Kutschen entlang stürmten, die davonfuhren, als würden sie fahren zu einem Feuer statt zu einem Putzladen.

Viele waren das Lächeln, die Verbeugungen, das Nicken, die Fingerküsse, die strahlenden Augen und die süßen Blicke, die die schönen Flieger unserem Freund zuwarfen, als sie vorbeischossen. Wir waren angesichts des Anblicks völlig aus dem Staunen verschwunden. „Wahrlich", sagten wir, „aber der alte Mann hatte recht." Das *ist* ein *Beispiel* für einen Poplar-Mann.

Der junge Puffington war damals in der Blüte seiner Jugend, ungefähr einundzwanzig Jahre alt, blond, frischer Teint, schlank und mit Hilfe von hochhackigen Stiefeln knapp zwei Meter groß. Er war seiner Mutter nachempfunden, nicht dem alten Tom Trodgers, wie sie seinen Papa nannten. Schließlich überquerten wir die Oxford Street, und auf der Schattenseite der Bond Street befanden wir uns schnell inmitten der wirklichen Persönlichkeiten der Welt – Männer, die dahinkrochen, als wäre das Leben eine vollkommene Last für sie – Männer mit aufgesetzten Brillen und quastenbesetzten Gehstöcken in ihren Händen kaum weniger schwerfällig als die der Lakaien. Großer Himmel! aber sie waren eng und elegant und glänzend; und Puffington war genauso straff, klug und glänzend wie alle anderen. Hier war er ebenso in seinem Element wie in der Oxford Street. Vielleicht waren es Vorurteile oder ein Mangel an Scharfsinn unsererseits, aber wir fanden, dass er genauso vornehm aussah wie alle anderen. Sie schienen sich alle zu kennen, und das Nicken, Zwinkern und Zucken begann, sobald wir rüberkamen. Puff fungierte freundlicherweise als Cicerone, sonst wären wir uns der Konsequenzen, denen wir ausgesetzt waren, nicht bewusst gewesen.

„Na ja, Jemmy!" rief ein verdorben aussehender Jugendlicher unserem Freund zu: „Wie geht es dir? – schon gefrühstückt?"

„Ich gehe", antwortete Puffington, den sie Jemmy nannten, weil er Tommy hieß.

„Das", sagte er mit gedämpfter Stimme, „ist ein *großartiger* Kerl – Lord Legbail, ältester Sohn des Marquis von Loosefish – wird Lord Loosefish sein." Wir waren bis heute Morgen um sechs Uhr zusammen im Ziel – was für ein Spaß! – haben einem Charley die Haube aufgesetzt, seine Rassel gestohlen und den Stand eines Frühfrühstücksmannes kaputt gemacht, bis es zitterte.' In diesem Moment tauchte ein breitkrempiger Hut auf, über einem Wirrwarr von Mänteln und bunten Schals.

„Hallo, Jack!" rief Mr. Puffington und ergriff einen Perlmuttknopf, der fast so groß wie ein Tortenteller war. „Noch nicht weg?"

„Ich gehe gerade", antwortete Jack mit einer Berührung seines Huts, während er weiterrollte, und fügte hinzu: „Möchten Sie später etwas?"

„Welcher Kutscher ist das?" fragten wir.

„ *Kutscher!* ' antwortete Puff schnaubend. „Das ist Jack Linchpin – ehrenwerter Jack Linchpin – Sohn von Lord Splinterbars – bester Gentleman-Kutscher in England."

Also schlenderte Puffington weiter und wünschte „Sir Harrys" und „Sir Jameses" und „Lord Johns" und „Lord Toms" einen guten Morgen, bis er eine Schar tadelloser Dandys sah, die ihre Nasen an den Fenstern des Sailors' Old Club plattdrückten Er dachte vielleicht, dass unser Stadtmantel und unsere Landgamaschen in seinen Augen keinen großen Anklang finden würden. Er drückte uns hastig zum Abschied den Arm und stürzte in Longs Augen, gerade als eine bergige Mietkutsche zwischen uns und ihnen rumpelte.

Aber zum alten Mann. Die Zeit verging, und schließlich zahlte der alte Puffington die Schuld der Natur – übrigens die einzige Schuld, die er nur langsam begleichen konnte –, und unser Freund befand sich nicht nur im Besitz der Stärkemanufaktur, sondern auch eines sehr großen Anhäufung von Konsolen – so groß, dass, obwohl Stärke ein so harmloses Ding ist, mit dem ein Mann gut umgehen kann, ein Ding, das sich nie aufdrängt oder tatsächlich in einem Geschäft erscheint, es sei denn, man verlangt danach – trotz alledem und obwohl es so ist Da er viel Geld einbrachte, beschloss unser Freund, den Laden zu schließen und ganz mit dem Handel aufzuhören.

Dementsprechend verkaufte er die Räumlichkeiten und den Firmenwert samt dem gesamten Kartoffel- und Weizenvorrat an den Vorarbeiter, den alten Soapsuds, zu einem Preis, der unter dem tatsächlichen Wert lag, anstatt irgendwelchen Aufruhr in der Werbung zu machen; und der Name „Soapsuds, Brothers & Co." herrscht auf den blau-weiß-braunen Parzellenenden, wo früher die von Puffington herrschte.

Es ist eine traurige Tatsache, für die diejenigen, die die Londoner Gesellschaft am besten kennen, bürgen können, dass ihre „Schönheiten" eine sehr vergängliche Rasse sind. Nehmen Sie die letzten fünfundzwanzig Jahre – sagen wir, von den Tagen des Goldenen Balls und der erbsengrünen Hayne bis hin zu denen von Molly C-l und Mr. Dlf-ld – und sehen Sie, was für eine Abfolge von Freuden – nein, nein Wir hatten freudige, aber rasselnde, nachlässige, schneidige, sechzigprozentige Jugendliche.

Und wo sind sie jetzt alle? Einige sind tot, einige in Boulogne-sur-Mer, einige in Denman Lodge, einige haben vielleicht die höfliche Aufmerksamkeit von Mr. Commissioner Phillips erhalten oder sind in Mr. Hemps periodischer Veröffentlichung von Herren „gesucht" enthalten.

Wenn wir von „Schönheiten" sprechen, beziehen wir uns natürlich nicht nur auf Männer aufgrund ihrer Kleidung, sondern auf Männer, deren schneidiges und vielleicht exzentrisches Äußeres nur ein Hinweis auf ihr allgemeines System der Extravaganz ist. Der Mann, der seinen Anspruch auf Ansehen einzig und allein auf seine Kleidung stützt, wird sehr bald feststellen, dass es ihm an Gesellschaft mangelt. Viele Dinge tragen dazu bei, dass unsere Reihen dünner werden. Wie wir bereits sagten, sind viele schneller als der Polizist. Manche werden dick, manche heiraten, manche werden müde und wieder andere werden klüger. Es gibt jedoch immer eine schöne, schiebende Ernte. Ein Mann wie Puffington, der einen Dandy anfängt (im Gegensatz zu einem Superstar) und bis zum nüchternen Alter von vierzig Jahren beständig an seiner Kleidung festhält – indem er ewig von den Schnitten der Mäntel oder den Krawatten der Krawatten redet –, muss immer wieder auf sie zurückgreifen die aufstrebende Generation für die Gesellschaft.

Puffington war nicht das, was die alten Damen einen verschwenderischen jungen Mann nennen. Im Gegenteil, er war von Natur aus ein netter, standhafter junger Mann; und gaben sich den Launen, die wir beschrieben haben, nur hin, weil ihnen die Hochgeborenen und Fröhlichen frönten.

Tom und Jerry hatten viel zu verantworten, wenn es darum ging, weichköpfige junge Männer in die Irre zu führen; und da der alte Puffington das Unglück hatte, unseren Freund „Thomas" zu taufen, nannten ihn seine Gefährten natürlich „Corinthian Tom"; unter welchem Namen er seitdem bekannt ist.

Ein Mann von so unbestrittenem Reichtum konnte nicht anders als ein großer Favorit der Messe sein, und unzählige Einladungen strömten in seine Gemächer im Albany – Dinnerpartys, Abendpartys, Bälle, Konzerte, Logen für die Oper; und als sich jede folgende Saison dem Ende näherte, gab es Einladungen zu den letzten Anstrengungen der Verzweifelten, Bootsfahrten und Whitebait-Partys.

Corinthian Tom ging zu ihnen allen – zumindest zu so vielen, wie er konnte – und kleidete sich immer auf die vorbildlichste Weise, als hätte man ihn gebeten, seine schönen Kleider zu zeigen, anstatt mit den Damen Liebe zu machen. Vielfältig waren die Hoffnungen und Erwartungen, die er weckte. Puff konnte nicht verstehen, dass es bei den Männern zwar gut und schön ist, ein „am *aa* zin"-Exemplar eines Poplar-Mannes zu sein, dass dies bei den Damen jedoch nicht der Fall ist.

Wir haben gehört, dass es am Ende seiner zweiten Staffel sechs Mütter gab, die in ihren Kutschen Bowling machten und ihren Freunden Anspielungen machten, nickten und Andeutungen machten, „das usw.", während keine ihrer Töchter dabei war war in die Nashornhaut seiner eigenen Einbildung eingedrungen. Die Konsequenz war, dass alle diese Damen, alle ihre Töchter, alle Verwandten und Verbindungen dieses Lebens es für ihre Pflicht hielten, unseren Freund Puff zu „blasen" – zu verkünden, wie schändlich er sich verhalten hatte – und das alles nur, weil er drei Abendessenstänze mit ihm getanzt hatte Ein Mädchen brachte einem anderen einen schönen Blumenstrauß aus Covent Garden, ein drittes verließ ihre Gruppe bei einem Picknick in Erith, flehte die Mutter eines vierten an, sie zu einem Woolwich-Ball mitzunehmen, schickte einem fünften eine Eintrittskarte für ein Toxophilite-Treffen und baumelte bei einer Besichtigung im Scrubbs um den Wagen des Sechsten herum. Der arme Puff hätte nie daran gedacht, mehr als nur ein *Beispiel* für einen Poplar-Mann zu sein!

Nicht, dass die Denunziationen der Damen dem Korinther zunächst geschadet hätten – alte Damen kennen sich besser; und jede neue Mutter hatte keinen Zweifel daran, dass Mrs. Depecarde oder Mrs. Mainchance sich selbst getäuscht hatten – „das tat sie tatsächlich immer; Ihre hässlichen Mädchen würden wahrscheinlich niemanden anziehen – schon gar nicht einen so eleganten Mann wie Corinthian Tom."

Aber als eine Saison nach der anderen verging und der Corinthian immer noch das alte Spiel spielte – immer noch die alten Runden drehte –, wurden die Einladungen zum Abendessen und zum Ball nach und nach weniger, bis er zu einem bloßen Lückenbüßer und einem Anhängsel des Landeplatzes wurde am anderen.

HERR. PUFFINGTON, AUS DEM ORIGINALBILD

KAPITEL XXXII

DER MANN VON PROR-PERTY

Und nun sehen Sie Mr. Puffington, dick, blond und etwas über vierzig – Puffington, nicht mehr der leichte, geschmeidige Junge, der uns in der Bond Street besuchte, sondern Puffington, ein rundlicher, beleibter Typ, dessen schicke Kleidung ungewöhnlich voll ist. Männer grüßen ihn nicht mehr herzlich aus Erkerfenstern oder begrüßen ihn fröhlich mit kurzen, aber vertrauten Worten, sondern verbeugen sich feierlich, wenn sie mit ihren Frauen vorbeigehen, oder biegen vielleicht in die Straße oder in Geschäfte ein, um ihm auszuweichen. Was soll die letzte Rose des Sommers unter solchen Umständen tun? Was wäre eigentlich anders, als sich aufs Land zurückzuziehen? Ein Mann kann dort glänzen, lange nachdem er in der Stadt als langweilig eingestuft wurde, vorausgesetzt, dass keiner seiner alten Freunde da ist, um ihn zu verkünden. Die Menschen auf dem Land sind tolerant gegenüber Geschwätz und zögern, Dinge selbst herauszufinden. Puff richtete seine Aufmerksamkeit nun auf das Land, oder vielmehr auf die Anzeigen von zum Verkauf stehenden Anwesen, und der unsterbliche George Robins stattete ihn bald mit einem seiner irdischen Paradiese aus; ein Herrenhaus voller moderner Eleganz, Luxus und Bequemlichkeit, gelegen im Herzen der schönsten Landschaft der Welt, mit 800 Hektar Land von bester Qualität, auf dem neben Rüben auch 40 Scheffel Weizen angebaut werden können. Zusätzlich zum Anwesen gab es eine Herrschaft oder eine angebliche Herrschaft, über die man schießen konnte, einen Fluss, in dem man angeln konnte, ein Rudel Fuchshunde, mit denen man jagen konnte, und die Anzeigen gaben einen listigen Hinweis darauf, dass das Anwesen möglicherweise die Darstellung davon beeinflussen könnte der benachbarte Bezirk Swillingford, sofern nicht das Mitglied selbst zurückgegeben wird.

Dies war Hanby House, und obwohl die Beschreibung zweifellos an Georges üblichen hochtrabenden *Couleur-de-Rose-* Stil anknüpfte, war das Herrenhaus nur dann ein Herrenhaus, wenn der Besitzer sein Interesse an Swillingford opferte, indem er die Wilderer vertrieb, und der Fluss war nur ein Herrenhaus Als der winzige Swill zu einem einzigen Fluss anschwoll, war Hanby House immer noch ein sehr hübscher, attraktiver Ort, und angesichts des üppigen Laubwerks seines Sommerkleides mit all seinen Rosen und blühenden Sträuchern in voller Pracht war die Beschreibung nicht so weit gefasst von der Marke, wie Robins' Beschreibungen normalerweise waren. Puff kaufte es und wurde zu dem, was er „einen Mann mit Besitz" nannte. Nachdem er das Haus in Besitz genommen hatte, stellte er freilich fest, dass es nur hier und da ein Acker war, auf dem nach Rüben vierzig Scheffel Weizen wachsen würden, und dass es in dem Haus viel mehr zu tun gab, als er erwartet hatte, die Möbel des Die verstorbenen Bewohner hatten viele Mängel verheimlicht und waren außerdem mit fast allem, was sie abreißen konnten, unter dem Namen Einrichtungsgegenstände davongekommen; Tatsächlich gab es keinen Haken, an dem er seinen Hut aufhängen konnte, als er eintrat. Dies war jedoch nichts, und Puff schaffte es sehr bald zu einem der perfektesten Junggesellenresidenzen, die es je gab. Nicht, dass es sich um ein Familienhaus handelte, mit guten Kindergärten und Büros aller Art; aber Puff hatte immer eine Art böses Vergnügen daran, den Damen, die mit ihren Töchtern herbeiströmten und so taten, als käme er von zu Hause und wollte die eleganten Möbel sehen, zu erzählen, dass in den Kinderzimmern, in die er ging, nichts sei zum Umbau in Billard- und Raucherzimmer. Dies und einige ähnliche Ausfälle brachten unserem Freund im Land den Ruf eines Witzboldes ein.

Es gab einen großen Ansturm von Herren, die ihn aufsuchten; Viele der Mütter schienen zu glauben, dass „Wer zuerst kommt, mahlt zuerst" und schickten ihre Ehemänner herüber, bevor er einigermaßen besetzt war. Die Berichte, die sie mit nach Hause brachten, waren vielfältig und widersprüchlich. Männer sind so dumm darin, Dinge zu sehen und sich daran zu erinnern. Der alte Mr. Muddle kam verwirrt mit Sherry zurück und erklärte, dass er dachte, Mr. Puffington sei genauso alt wie er (zweiundsechzig), während Mrs. Mousetrap äußerlich dachte, er sei nicht älter als dreißig. Sie beschrieb ihn als „schmerzlich gutaussehend". Mr. Slowan konnte nicht sagen, ob die Salonmöbel aus Chintz oder Damast waren oder was es war; tatsächlich war er sich nicht sicher, ob er überhaupt im Wohnzimmer war; während Mr. Gapes darauf bestand, dass es sich bei dem Teppich um einen Truthahnteppich handelte, während es sich um einen königlichen Schnittflor handelte. Es könnte sein, dass die Klugheit und Frische von allem die bukolischen Gemüter verwirrte, die wenig an prunkvolle Erhabenheit gewöhnt waren.

Mr. Puffington stellte alle alten Landfamilien mit ihren „Firmenräumen" und weggeräumten Möbeln in den Schatten. Dann, als er anfing, in seinem hohen Post-Phaeton durch das Land zu schleifen, mit zwei strampelnden, hochschreitenden Burschen und ein paar mit verschränkten Armen lümmelnden Pferdeknechten, die als Gegenleistung für ihre Rufe seine Karten abwarfen, da war es So ein Gerede, so ein Aufruhr, wie man es noch nie zuvor erlebt hatte. Dann wurde er tatsächlich in seinem wahren Wert geschätzt.

EIN 'AMA-A-ZIN' POP'LAR'-MANN

'Herr. „Puffington war neulich hier", sagte Mrs. Smirk zu Mrs. Smooth im bekannten „Viel-mehr-gemeint-als-gesagt"-Stil. „Oh, so ein charmanter Mann! Was für eine Leichtigkeit! solche Manieren! solch ein Wissen über das gehobene Leben!' Puff war wieder bei seinen alten Tricks geblieben. Er hatte Lord Legbail, jetzt Earl of Loosefish, wiederbelebt; importierte Sir Harry Blueun aus der Nähe von Genf, wohin er sich nach der Heirat mit seiner Geliebten zurückgezogen hatte; und belebte Lord Mudlark wieder, der sich vor vielen Jahren bei seinem Tandem in Piccadilly das Genick gebrochen hatte. Was auch immer gesagt wurde, Puff hatte immer ein Duplikat oder eine Illustration, die einen Adligen betraf. Die großen Namen mögen zwar manchmal etwas weit hergeholt sein, aber wenn die Leute dazu neigen, sich zu freuen, fügen sie nicht ständig das und das zusammen, um zu sehen, wie sie zusammenpassen und ob sie von Natur aus kommen oder in den Nacken geschleppt werden und Absätze. Puffs Vortrag war sehr aufschlussreich.

Ein großer Mann für ein Haus ist das übliche Landgeld, und viele warten nicht lange, bis sie herausgeben, wer ihr Eigentum ist; aber Puffington schien über die gesamte Adels-, Baronetage- und Ritterschaft zu verfügen. Die alte Mrs. Slyboots glaubte tatsächlich, dass er irgendwie mit dem Adelsstand verbunden sein müsse; Seine Mutter war vielleicht die Tochter eines Adligen gewesen, und sie gab sich unendlich viel Mühe, die „Streichhölzer" zu durchstöbern – mit welchem Erfolg, muss ich nicht sagen. Die alten Damen waren sich einig, dass er ein äußerst angenehmer und interessanter junger Mann sei; Und obwohl die Jungen untereinander vorgaben, ihn herunterzumachen, ihn hässlich zu nennen und so weiter, geschah dies nur in der vergeblichen Hoffnung, sich gegenseitig davon abzubringen, an ihn zu denken.

Mr. Puffington hielt immer noch an der Figur „Bin *ein* Poplar-Mann" fest; Eine Figur, die man auf dem Land nicht so gut unterstützen kann wie in der Stadt. Der Bezirk Swillingford war, wie wir bereits angedeutet haben, nicht der am besten geführte Bezirk der Welt; In der Tat, wenn wir sagen, dass die Haupterwerbstätigkeit des Ortes die Wilderei war, können sich unsere Leser in diesem Land eine sehr genaue Meinung darüber bilden. Als Puff Hanby in Besitz nahm, gab es eine Menge Fasanen um das Haus herum und eine ganze Reihe von Hasen und Rebhühnern auf dem Anwesen und dem Herrenhaus im Allgemeinen; Doch die anderen weigerten sich, die ersten gefassten Wilderer strafrechtlich zu verfolgen, und verstanden den Hinweis, räumten innerhalb einer Woche alles ab und teilten die Beute unter ihnen auf. Sie verbrannten auch seinen Fluss und erlegten seine feinen Dorking-Hühner, und da all diese Taten ungestraft vollbracht wurden, richteten sie ihre Aufmerksamkeit auf seine fetten Schafe.

„Wilderer" ist nur eine milde Bezeichnung für „Dieb".

Puff war in Sachen Großzügigkeit eine perfekte Milchkuh. Er gab alles und jeden und schien keine kleinere Summe als eine Fünf-Pfund-Note zu kennen; ein Fünf-Pfund-Schein als Ersatz für Giles Jolters Kutschpferd (das früher sein eigenes Wild für die Wilderer zu den Geflügelhändlern in Plunderstone transportierte) – fünf Pfund, um Dame Doubletongue ein weiteres Schwein zu kaufen, obwohl sie gerade erst drei Pfund dafür gegeben hatte das starb – fünf Pfund für das Feuer bei Bauer Scratchley, obwohl es zwei Jahre vor Puffs Ankunft im Land stattgefunden hatte und Scratchley seitdem davon gelebt hatte – und verschiedene weitere fünf Pfund für andere ebenso verdiente und liebenswürdige Menschen. Ohne jemals gefragt zu werden, gab er seinen Namen für fünfzig bei den Mangeysterne-Hunden an; Das erinnert uns daran, dass wir unsere Aufmerksamkeit auf dieses edle Establishment richten sollten.

Es ist schwer, hinter die Kulissen einer schlecht unterstützten Jagd blicken zu müssen, und wir werden mit den Krüppeln so kurz und sanft umgehen, wie wir können. Die Mangeysterne-Hunde wollten diese große Zutat des Wohlstands, einen großen Notgroschen-Abonnenten, dem alle anderen Tribut zollen konnten – egal, ob sie zahlten oder nicht, wie es ihnen passte.

Die Folge war, dass sie immer oben am Auslauf waren. Es handelte sich weder um ein Rubbelpaket noch um ein normales Paket, sondern um etwas dazwischen. Sie wurden von einem Sattler gejagt, der seine eigenen Pferde fand, und manchmal hatte er eine Peitsche und manchmal nicht. Das Establishment starb so oft wie der alte Mantalini selbst. Jede Staffel, die zu Ende ging, wurde als ihre letzte verkündet, aber irgendwie schafften sie es immer, mit dem Herannahen einer neuen Staffel ins Leben zu kommen. Es ist in der Tat eine Möglichkeit, die empfindlichen Rudeln zur Verfügung steht, um ihre Finanzen zu rekrutieren. Dennoch sah es so aus, als würden die Mangeysternes ungefähr zu der Zeit, als Mr. Puffington Hanby House kaufte, zu Ende gehen. Der Sattlerjäger hatte versagt; John Doe hatte eine seiner Schrauben genommen und Richard Roe die andere, und jeder konnte die Jagdhunde haben, die ihm gefielen: Dann tauchte Puffington auf.

Die Freude, die sich im ganzen Mangeysterne-Land verbreitete, war groß, als sich durch Vermittlung seines Kammerdieners Louis Bergamotte herausstellte, dass „sein Herr" „ *Beaucoup Habit Rouge* " in seiner Garderobe hatte. Nicht nur Habit Rouge, sondern auch Habit Blue und Buff, die er bei „Old Beaufort" und der Badminton-Jagd trug – Mäntel, die er sicherlich nie wieder anziehen würde, die er aber dennoch als Andenken an die Vergangenheit behielt – Souvenirs aus der Zeit, als er jung und schlank war. Der Flaschenzauberer hätte genauso gut in seine Quart-Flasche einsteigen können wie Puff in den Beaufort-Mantel zu der Zeit, über die wir schreiben. Der Nachricht von ihrer Existenz folgte schnell der oben erwähnte Scheck über fünfzig Pfund. Eine Versammlung der Mangeysterne-Jagd wurde im Zeichen des Thirsty Freeman in Swillingford einberufen – Sir Charles Figgs, Knight – ein vielversprechender, aber schlecht zahlender Abonnent –, als vorgeschlagen und einstimmig angenommen wurde, dass Mr. Puffington hervorragend sei für die Beherrschung der Jagd qualifiziert ist und dass diese ihm entsprechend angeboten wird. Puff 'bisschen'. Er erinnerte sich an seine frühen Heldentaten mit „Mostyn und dem alten Beaufort" und kam zu dem Schluss, dass die Jagd seine Fähigkeiten richtig bewertet hatte. Bei dieser Entscheidung ließ er sich vielleicht nicht ganz unbeeindruckt von einer plausiblen Abonnementsliste, die in etwa den gewöhnlichen Ausgaben entsprach, vorausgesetzt, dass man sich auf die Zahlen und Berechnungen von Sir Charles verlassen konnte. Doch all diejenigen, die jemals etwas mit Abonnementlisten zu tun hatten – und wer hat das in der heutigen Zeit, in der allgemein Zeugnis abgelegt wird, nicht? –, wissen genau, dass Pfund auf dem Papier und Pfund in der Tasche sehr unterschiedliche Dinge sind. Puff hatte vor allem das Gefühl, dass er ein neuer Mann im Land war und dass die Übernahme der Hunde ihm Gewicht verleihen würde.

Die „Mangeysterne-Hunde" begannen dann „nach oben zu schauen"; Mr.
Puffington nahm sie ernst; kaufte einen „Beckford" und kürzte seine
militärischen Steigbügel zu einem Jagdsitz.

KAPITEL XXXIII

Ein toller Jäger

Eines Abends lockte das Rasseln von Puffs Stangenketten, zusätzlich zum üblichen Ansturm hemdsärmeliger Helfer, einen äußerst klugen, adretten kleinen Mann an, der entweder ein Jockey oder ein Gentleman oder beides oder keines von beidem sein konnte. Er war ein glattrasierter, kurz geschnittener, hübscher kleiner Kerl; bemerkenswert schick an den Beinen – tatsächlich am ganzen Körper. Sein dicht geschlungener Hut war sorgfältig gebürstet, und die wenigen Haare, die unter der leicht gebogenen Krempe zu sehen waren, stammten aus der Pfeffer-Salz-Mischung von – sagen wir mal – fünfzig Jahren. Sein Gesicht war zwar etwas faltig und wettergegerbt, aber strahlend und gesund; und in seinen kleinen grauen Augen lag ein Funkeln, das von Schnelligkeit und wachsamer Beobachtung zeugte. Im Großen und Ganzen war er ein sehr flink aussehender kleiner Mann – jemand, der wusste, was man sagen würde, bevor man den Grundstein gelegt hatte. Er trug keine Kiemen; und sein ordentlich zusammengebundener Stärkebehälter hatte einen weißen Grund mit kleinen schwarzen Flecken, etwa so groß wie Johannisbeeren. Der leichte Übergang zwischen ihm und seiner gestreiften Weste mit Stehkragen (blauer Streifen auf kanarienfarbenem Grund) zeigte drei goldene Fuchsköpfe, die als Nieten an seinem gut gewaschenen, ordentlich geflochtenen Hemd dienten; während eine Art unvorsichtiges Zurückschlagen der rechten Manschette ähnliche Verzierungen an seinen Handgelenken zeigte. Sein einreihiger Cutaway-Mantel bestand aus einer Oxford-Mischung mit einer dünnen Kordelbindung, und er trug eine sehr schicke, mit Perlmutt geknöpfte Hose aus hellem Kerseymere sowie ein Paar heller, wunderschön sitzender, rosafarbener Oberteile, die nach unten äußerst elegant knitterten bis zum mit Jersey gemusterten Sporn. Er war ein bemerkenswert wohlerzogener kleiner Mann und sah von Grund auf wie ein Reiter aus.

Als er aus dem Stall kam, wo er sich mit den Besonderheiten der Einrichtung vertraut gemacht hatte, lernte er, was erlaubt war und was nicht, was nicht beanstandet worden war und deshalb als verdächtig angesehen werden konnte und so weiter Er trug in der anderen Hand den eleganten Hundelederhandschuh, während unter seinem Arm der Fuchskopf einer massiven Jockeypeitsche mit Silberbeschlag hervorlugte. Auf einem Ring um den Hals des Fuchses befand sich die Inschrift: „VON JACK BRAGG AN SEINEN COUSIN DICK."

Mr. Puffington hatte sein Post-Phaeton hochgezogen und den aktiven Reitknechten in echter Kutschermanier die Bänder an den Köpfen der Pferde zugeworfen, stieg von seinem Thron herab und hatte den Boden erreicht, bevor er sich seiner Anwesenheit bewusst wurde ein Fremder. Als er ihn sah, zeigte er die Art halber Ehrerbietung eines Mannes, der nicht weiß, ob er sich an einen Herrn oder einen Diener wendet, oder vielleicht an einen Kerl, der mit einem Prospekt umhergeht. Puff war wegen einiger Karten in London gebissen worden und war, wie alle Menschen sein sollten, vor diesen Vögeln vorsichtig.

Der Fremde kam mit einer halben Verbeugung, einer halben Berührung des Hutes näher heran und sagte gedehnt:

„Sceuuse me, Sir – ‚sceuuse me, Sir' mit einer weiteren halben Verbeugung und einer weiteren halben Berührung des Hutes. „Ich bin Herr Bragg, Sir – Herr Richard Bragg, Sir; von wem Sie höchstwahrscheinlich gehört haben.'

„Bragg – Richard Bragg", wiederholte unser Freund nachdenklich, während er die Gesichtszüge des Mannes musterte und seine sportliche Bekanntschaft vor seinem geistigen Auge durchging.

„Bragg, Bragg", wiederholte er, ohne ihn zu verärgern.

„Ich war Jäger für meinen Lord Reynard, Sir", bemerkte der Fremde und berührte jedes „Sir" mit dem Hut. „Ich dachte, vielleicht hätten Sie vielleicht von seiner Güte gewusst, Sir." Vor ihm, Sir, bekleidete ich mein Amt, Sir, unter dem Herzog von Downeybird, Sir, von Downeybird Castle, Sir, in Downeybirdshire, Sir."

'In der Tat!' antwortete Mr. Puffington mit einer halben Verbeugung und einem höflichen Lächeln.

„Als ich hörte, Sir, dass Sie diese Mangeysterne- *Hunde mitgenommen hatten, Sir", fuhr der Fremde fort, wobei er das Wort „ Hunde "* deutlich betonte – „Als ich hörte, Sir, dass Sie diese Mangeysterne- *Hunde* mitgenommen hatten , Sir, kam mir das in den Sinn." möglicherweise könnte ich Ihnen, Herr, in Ihrer neuen Berufung nützlich sein, Herr; Und wenn Sie der gleichen Meinung wären, Sir, dann würde ich gerne eine Verbindung aushandeln, Sir.

„Hem! – hm! – hm!" hustete Mr. Puffington. „Auf die Art und Weise eines Jägers meinst du?" Ich habe Angst, einem so guten Herrn von Knechtschaft zu sprechen.

„Genau so", sagte Mr. Bragg mit einem Kopfnicken, „einfach so." Tatsache ist, dass ich, obwohl ich an die Grasländer gewöhnt bin, Sir, und morgen zum Marquis von Maneylies gehen könnte, Sir, mir ein ruhiger Ort in einem etwas minderwertigen Land, Sir, einer Fünf vorziehen würde -Tage pro Woche einer der Besten. Fünf und sechs Tage die Woche, mein Herr, ist eine schreckliche Belastung für die Verfassung, mein Herr; Und obwohl, Sir, ich bin dankbar, sagen zu können, Sir, ich bin ziemlich gesund, Sir, doch, Sir, wissen Sie, Sir, es geht nicht, Sir, sich allzu große Freiheiten zu nehmen, Sir

'; Während er sprach, sägte Mr. Bragg an seinem Hut herum und maß sozusagen eine Berührung für jedes „Sir" ab, wobei die Handlung gegen Ende immer schneller wurde.

„Um die Wahrheit zu sagen", sagte Puff und sah ziemlich verlegen aus, „um die Wahrheit zu sagen – ich hatte vor – ich dachte zumindest daran – sie selbst zu jagen."

'Ah! „Das ist insgesamt ein weiteres Paar Schuhe, wie wir in Frankreich sagen", antwortete Bragg mit einer tiefen Verbeugung und einer ausgiebigen Handbewegung zum Hut. „Das ist ganz und gar *ein weiteres* Paar Schuhe", wiederholte er und klopfte mit der Peitsche auf seinen Stiefel.

„Ja, ich habe darüber *nachgedacht* ", *entgegnete Puff, nicht ganz sicher, ob er es konnte oder nicht.*

„Nun", sagte Mr. Bragg und zog seinen Hundefellhandschuh an, als wollte er los.

„Mein Freund Swellcove macht es", bemerkte Puff.

„Stimmt", antwortete Bragg, „wahr; aber mein Lord Swellcove ist einer von Tausenden. Sehen Sie, wie viele gescheitert sind, während einer erfolgreich war. Sogar mein Lord Scamperdale musste es aufgeben, und kein Mann reitet härter als mein Lord Scamperdale – er tut immer so, als hätte er einen Ersatzhals in der Tasche. Aber er schaffte es nicht, ein paar Geräusche zu machen. Ihren Herren geht es allen gut, wenn es Tage gibt, an denen alles glatt und gut verläuft und die Ohren sozusagen an ihren Fuchs gebunden sind; Aber sehen Sie, wie sie in Schwierigkeiten geraten – eine fehlende Fährte, Geräusche, die vom Feld bedrängt werden, ein Fuchs, der von einem Hund gejagt wird, ein Sturm in der Luft, ein großer Bach, den man überqueren muss, um einen Wurf zu machen. „Oh, Herr, Herr, es lässt selbst mich trotz all meiner anerkannten Wissenschaft und Erfahrung erschaudern, wenn ich an die Tortur denke, die man durchmachen muss!"

„In der Tat", rief Mr. Puffington, starrte ihn an und begann zu glauben, dass es vielleicht nicht ganz so einfach sein würde, wie es aussah.

„Ich möchte Sie, Sir, nicht von dem Versuch abbringen, Sir", fuhr Herr Bragg fort; „weit gefehlt, mein Herr – denn wer, mein Herr, sich nie anstrengt, mein Herr, riskiert nie einen Misserfolg, mein Herr, und bei großen Versuchen, mein Herr, „ist es herrlich, zu scheitern, mein Herr"; Während er sprach, sägte Mr. Bragg an seinem Hut herum und steckte dann den fuchskopfförmigen Griff seiner Peitsche unter sein Kinn.

Puff stand einige Sekunden lang stumm da.

„Mylord Scamperdale", fuhr Mr. Bragg fort und musterte unseren Freund aufmerksam, „war ein Mann, Sir, wie ich es mir noch nie vorgestellt habe, der ein Untsman abgeben könnte, denn er hatte eine Menge Ret (Ratte)" Er war ziemlich schlau mit ihm und kümmerte sich, wie ich bereits sagte, nicht um seinen Hals, aber ein noch verheerenderer Misserfolg wurde nie erkannt. Es war ziemlich bedauerlich, seinem Vorgehen beizuwohnen.'

'Wie?' fragte Mr. Puffington.

„Wie, Herr?" wiederholte Herr Bragg; „Warum, Sir, in jeder Hinsicht." Er hatte von vornherein keine Hundesprache – er hatte wenig Ahnung davon, wie man einen Gips anfertigt – keine Wissenschaft, kein Urteil, keine Manieren – nichts – ich wäre fassungslos, wenn ich jemals ein Durcheinander sehen würde, wie er es angerichtet hat .'

Puff sah unaussprechliche Dinge aus.

„Er hat tatsächlich nie etwas Gutes getan, bis ich ihn mit Frostyface ausgestattet habe." „ *Ich* habe Frosty unterrichtet", fuhr Herr Bragg fort. „Er kam auf mich zu, als ich die Ohren des Herzogs von Downeybird hörte – ein netter, süßer, höflicher Kerl war er – von allen meinen Schülern – und ich habe ein paar erstklassige Kinder gemacht, ich weiß nicht wenn ich nicht glaube, dass mir Frostyface genauso viel Anerkennung einbringt wie allen anderen. „Ah, Sir", fuhr Mr. Bragg kopfschüttelnd fort, „Glauben Sie mir, Sir, es gibt nichts Besseres als einen Profi." „Verzeihen Sie mir, Sir", fügte er mit einer tiefen Verbeugung und einer Art militärischem Gruß seines Hutes hinzu; „Aber verdunkeln Sie alle Herren und Herren, sage ich."

Mr. Bragg hatte sich mehrere gute Orte überredet. Unter anderem Lord Reynard's und der Duke of Downeybird's. Über seine dritte Saison hinaus war es ihm nie gelungen, etwas zu behalten, da seine Souveränität oder seine Wissenschaft immer größer waren als der Sport, den er zeigte. Dennoch wahrte er den Schein und ließ sich nicht einschüchtern, denn es war eine seiner Maximen: „Wenn sich eine Tür schloss, öffnete sich eine andere."

Mr. Puffingtons Tür öffnete sich nun für ihn.

Welche größere Demütigung kann ein frei geborener Brite erleiden, als einem Mann achtzig oder hundert Pfund im Jahr zu zahlen und ihm ein Haus, Kohlen und Kerzen und vielleicht eine Kuh als seinen Herrn zu besorgen?

Das war bei dem armen Mr. Puffington der Fall, und das ist, wie wir leider sagen müssen, bei neun Zehnteln der Männer der Fall, die Hunde halten; mit allen, außer denen, die selbst jagen können oder mit einer aufstrebenden Peitsche gesegnet sind und bereit sind, in die Stiefel des Jägers zu schlüpfen, wenn er geneigt zu sein scheint, sie auf dem Feld abzuschrecken. Wie viele beleibte Butler werden unterworfen, weil ein Lakai bereit ist, sie zu ersetzen.

Von allen Karten im Knechtschaftspaket ist die des Jägers jedoch am schwierigsten zu spielen. Ein Mann könnte sagen: „Ich bin benommen, wenn ich nicht meine eigenen Stiefel oder mein eigenes Pferd putze, bevor ich die Unverschämtheit eines solchen Kerls ertrage"; aber wenn es darum geht, seine eigenen Hunde zu jagen, ist es ein ganz anderes Paar Schuhe, wie Herr Bragg sagen würde.

Mr. Bragg nahm regelmäßig Besitz von dem armen Puff; so regelmäßig, wie ein Polizist einen Gefangenen in Besitz nimmt. Der Leser kennt das Gefühl, das man hat, wenn ein Anwalt, ein Arzt, ein Architekt oder irgendjemand, den wir zu seiner Unterstützung hinzugezogen haben, die Initiative ergreift und einen wie ein Nichts behandelt und alle seine Lieblingsideen vermasselt alle wohlüberlegten Arrangements zunichte machen.

Bragg erkannte bald, dass er es mit einem Neuling zu tun hatte, und behandelte Puff entsprechend. Wenn nur ein „perfekter Diener" aus den Etablissements der Großen herausgeholt werden soll, könnte Herr Bragg als Inbegriff der Perfektion angesehen werden, der nun alle schlechten Praktiken aller Orte, an denen er gewesen ist, in seiner eigenen Person vereint in. Nachdem er „Mr. Puffingtons Situation akzeptiert hatte", wie die elegante Ausdrucksweise der Knechtschaft lautet, war er der Ansicht, dass Mr. Puffington nichts mehr mit den Hunden zu tun hatte und dass jede Einmischung in „seine Abteilung" ein Stück Unverschämtheit war. Puffington fühlte sich wie ein Mann, der ein gutes Pferd gekauft hat, aber beim Reiten feststellt, dass es viel mehr ein Pferd ist, als ihm lieb ist. Er hatte keinen Zweifel daran, dass Bragg ein guter Mann war, aber er war der Meinung, dass er eher ein Gentleman war, als er brauchte. Andererseits kann Herrn Braggs Meinung über seinen Herrn aus dem folgenden Brief entnommen werden, den er an seinen Nachfolger, Herrn Brick, bei Lord Reynard schrieb:

„HANBY HOUSE, SWILLINGFORD.

„LIEBER BRICK,

„Wenn Ihr alter Herr mit Ihrem Entwurf fertig ist, würde ich gerne die Wahl haben. Ich bin mit einem Mr. Puffington zusammen, einem Stadtherrn. Sein Vater war ein großartiger Konditor im Poultry, gleich neben dem Mansion House, und verdiente sein Geld mit Lord Mares. Ich werde nur so lange bei ihm bleiben, bis ich mich für den Rang des Lebens qualifizieren kann, in dem ich mich zu bewegen gewohnt bin; aber in der Zwischenzeit halte ich es für meine eigene Anerkennung für notwendig, die Dinge so zu machen, wie sie sein sollten. Du kennst meine Art von Hund; gute Schultern, tiefe Brust, kräftige Lenden, gerade Beine, runde Füße, überall reichlich Knochen. Ich hasse ein unkrautiges Tier; Ein kleiner Jagdhund mit leichtem Knochenbau ist nur dazu geeignet, eine Katze in einer Küche zu jagen.

„Ich werde auch ein paar Peitschenhiebe brauchen – keine Kerle wie die Kellner aus *Crawleys* Hotel, sondern leichte, aktive *Männer*, keine Jungs." Ich werde nichts mit Jungs zu tun haben; Jeder Junge braucht einen Mann, der ihn ansieht. NEIN; ein paar kleine, schlanke, aktive Männer – sagen wir im Alter von fünfundzwanzig bis dreißig, mit O-Beinen und guten, fröhlichen Stimmen, so ähnlich wie nur möglich. Ich werde ihnen keinen hohen Lohn geben, wissen Sie; Aber sie werden Gelegenheit haben, sich unter mir zu verbessern und sich für hohe Positionen zu qualifizieren. Aber denken Sie daran, sie *müssen standhaft sein* – ich werde keine unsicheren Diener behalten; Der erste Akt der Trunkenheit ist für mich der letzte.

„Ich werde auch einen zweiten Reiter brauchen; und hier hätte ich nichts gegen einen stummen Jungen, der seine Ellbogen unten halten und niemals den Bordstein berühren könnte; aber er muss in der Linie gezüchtet werden; Der zweite Reiter eines Jägers ist ein kritischer Artikel, und die Sportwelt darf nicht in Trauer um Dick Bragg versetzt werden. Der Junge muss meine Stiefel putzen und am Tisch warten, wenn ich Gesellschaft habe – Sie selbst zum Beispiel.

„Dies ist, soweit ich es gesehen habe, nur eine arme, raue und unfeine Art Auenland; Und wie sie auch mit den Dingen zurechtkamen, die sie Hunde nannten, kann ich mir beim besten Willen nicht vorstellen. Ich verstehe, dass sie wie ein Schwarm Wildgänse über das Land zogen. Allerdings habe ich das in gewisser Weise korrigiert, indem ich all die schnellen und langsamen Uns auf den Kopf geworfen habe; und ich brauche mindestens zwanzig Paare, bevor ich das Feld betreten kann. In Ihrem offiziellen Bericht darüber, was Ihre alte Akte zurückbringt, werden Sie die Freundlichkeit haben, uns gute lange Stammbäume zusammenzuschustern und mindestens die Hälfte davon zurück zum Beaufort Justice zu bringen. Mein Mann hat sich über diesen Hund Gedanken gemacht, und ich bin fassungslos, wenn er glaubt, dass nicht die Hälfte der Hunde in England vom Beaufort Justice abstammen. Diese Hunde werden derzeit „Mangeysternes" genannt, ein sehr passender Titel, wie ich sagen sollte, nach allem, was ich gesehen und gehört habe. Das muss jedoch geändert werden; und wir müssen einen Knopf schlagen lassen, statt der einfachen Zinnteller, mit denen die Männer zu jagen pflegten.

„Was die Pferde angeht, weiß ich sicher nicht, was wir in dieser Hinsicht tun sollen. Unser Konditor scheint zu glauben, dass ein Jäger wie eine Pastete seines Vaters an einem Tag zubereitet und gebacken werden kann. Er spricht davon, zum Rowdedow Fair zu gehen und selbst welche abzuholen; aber ich würde sagen, ein Gentleman erniedrigt sich traurig, wenn er in die gerechten Vorrechte des Bräutigams eingreift. An keinem Ort, an dem ich gelebt habe, wurde mir gestattet, es zu wissen; Ich glaube auch nicht, dass Bedienstete sich selbst oder ihrem Befehl gerecht werden, der sich ihm unterwirft. Wie auch immer, der Crittur hat das, was Mr. Cobden das „Rohmaterial" für den

Sport nennen würde – das heißt viel Geld – und ich muss es sehen und so anwenden, dass es daraus entsteht. Ich werde die Sache so machen, wie sie sein soll, oder gar nicht.

„Ich hoffe, deiner guten Frau geht es gut – auch allen kleinen Bricks." Ich beabsichtige, aus einigen der besten Zwinger einen kleinen Turm zu bauen, sobald die Entwürfe vorliegen, und werde ein oder zwei Tage mit Ihnen verbringen und sehen, wie Sie ohne mich zurechtkommen. Lieber Brick,

„Dein bis zum anderen Ende,

„RICHARD BRAGG.

„An BENJAMIN BRICK , Esq.,

„Huntsman to the Right Hon. der Graf von Reynard,

„Turkeypout Park.

„PS – ich hoffe, Ihr alter Herr behält eine sauberere Zunge als zu meiner Zeit als Ministerpräsident. Ich sage immer, dass ein guter Schiffer verwöhnt wurde, als man ihn zum Lord ernannte.

'RB'

KAPITEL XXXIV

DIE BEAUFORT-GERECHTIGKEIT

Es gibt nichts, was wirklich gute Menschen auszeichnet, als die lockere, gleichgültige Art, wie sie sich von ihren Freunden verabschieden. Sie scheinen sich überhaupt nicht um einen Abschied zu kümmern.

Unser Freund Jawleyford war in dieser Hinsicht ein echter Mann der Mode. Er beobachtete Sponges Vorbereitungen für die Abreise mit unbesorgter Miene, und ein „Tut mir leid, dass Sie gehen!" war alles, was ein simuliertes Schütteln, oder besser gesagt, eine Handberührung beim Verlassen begleitete. Es gab kein „Ich hoffe, wir sehen uns bald wieder" oder „Bitte schauen Sie vorbei, wenn Sie vorbeikommen" oder „Jetzt, wo Sie den Weg hierher gefunden haben, hoffen wir, dass Sie nicht mehr lange auf sich warten lassen. ' oder irgendeine dieser Schmähungen, die Narren für ernst halten und weise Männer für nichts. Jawleyford war einmal gebissen worden und er würde Mr. Sponge keine zweite Chance geben. Auch Amelia schien leider nicht besonders beunruhigt zu sein, obwohl sie ihm einen ebenso süßen Blick zuwarf, als er ihre Hand drückte und sagte: „Nun, wenn Sie ein Mann mit Geld sein *sollten , und mein Herr.* " „Scamperdale macht mich nicht zu meiner Dame, vielleicht" usw.

Es gibt ein altes Sprichwort, dass es gut ist, „mit der alten Liebe Schluss zu machen, bevor man sich mit der neuen beschäftigt", und Amelia meinte, es sei gut, mit der neuen Liebe weiterzumachen, bevor sie mit der alten Schluss macht. Daher sollte Sponge in der Schwebe bleiben.

Wir erwähnten die Freude, die Jawleyford Court durch den Erhalt von Lord Scamperdales Brief erfüllte, in dem er sich zu einem Besuch bereit erklärte, und seine Lordschaft war auch nicht weniger erfreut, als sie als Antwort hörte, dass Mr. Sponge am Vorabend seiner Abreise sei und die Küste für seinen Empfang frei gemacht habe. Seine Lordschaft freute sich nicht nur darüber, sein Grauen loszuwerden, sondern auch darüber, dass sein Urteilsvermögen dem von Jack überlegen war, der immer energisch behauptet hatte, dass der einzige Weg, Mr. Sponge loszuwerden, darin bestehe, seine Pferde zu kaufen.

„Nun, das ist *gut* ", sagte Seine Lordschaft, als er den Brief las; „Das ist *gut* ", wiederholte er mit einem kräftigen Klaps auf den Oberschenkel. „Jaw ist doch kein so schlechter Kerl; schlimmere Kerle auf der Welt als Jaw.' Und seine Lordschaft arbeitete so lange, bis er ihn beinahe zu einem guten Kerl gemacht hätte.

Man sagt, es regnet nie, aber es schüttet, und Briefe kommen selten einzeln; Zumindest wenn sie es tun, folgen ihnen schnell andere.

Während Jack und Seine Lordschaft nach einer Mahlzeit mit Kuhhackfleisch und Teigpudding über ihren Gin diskutierten, kam Baggs mit der alten braunen, wettergebleichten Brieftüte herein, die eine Kreiszeitung enthielt, das gebrauchte Exemplar von Bell *'s Life* Seine Lordschaft und Frostyface nahmen zwischen ihnen eine sehr schicke Notiz aus „dickem, cremefarbenem Papier" auf.

„Das muss von einer Frau sein", bemerkte Jack und blinzelte leidenschaftlich auf die Schrift, während Seine Lordschaft das feine Siegel inspizierte.

„Nicht ganz falsch", antwortete Seine Lordschaft. „Auf jeden Fall von einem verdammten Kerl", sagte er, als er die Worte „Hanby House" im Wachs las.

„Was will der alte Puffey jetzt?" fragte Jack.

„Einige kümmern sich höchstwahrscheinlich um Hunde", antwortete Seine Lordschaft, brach das Siegel und fügte hinzu: „Das Ding beschäftigt sich immer damit, Sport zu treiben." Hängen Sie seine Unverschämtheit!' rief Seine Lordschaft aus, als er die Notiz öffnete.

„Was ist jetzt passiert?" fragte Jack.

„Was glaubst du, wie er anfängt?" fragte Seine Lordschaft und sah seinen Freund an.

„Das kann ich sicher nicht sagen", sagte Jack und kniff die Augen zusammen.

„Lieber Scamp!" rief Seine Lordschaft und streckte die Arme aus.

„Lieber Scamp!" wiederholte Jack erstaunt. „Es muss ein Fehler sein." Es muss der liebe Frost sein, nicht der liebe Scamp."

„Lieber Scamp ist das richtige Wort", antwortete Seine Lordschaft und widmete sich wieder dem Brief. „Lieber Scamp", wiederholte er schnaubend und fügte hinzu: „der unverschämte Knopfmacher!" Ich werde ihn lieben, Scamp! „Lieber Scamp, unser Freund Schwamm!" Bo-oy, die Kräfte, das stellst du dir einfach vor! „rief Seine Lordschaft und warf sich in seinen Stuhl zurück, als wäre er völlig von Ekel überwältigt. „ *Unser Freund Schwamm!* der Mann, der mich mitten in der übernächsten Woche fast umgehauen hätte – der Mann, der als erster und letzter mir jeden Knochen in der Haut gebrochen hat – der Mann, dessen Anblick ich hasse und den ich jedes Mal aufs Neue verabscheue, wenn ich ihn sehe – der „ Bomination aller 'Bominationen; und ihn dann unseren Freund Schwamm zu nennen! „Unser Freund Schwamm", fuhr seine Lordschaft fort und las, „kommt zu einem Inspektionsbesuch bei meinen Hunden, und ich würde mich freuen, wenn Sie ihn treffen würden."

„Das sollte mich nicht wundern!" rief Jack aus.

' *Ihn treffen!* ' schnappte Seine Lordschaft; „Ich würde zehn Meilen gehen, um ihm auszuweichen."

„Freut mich, wenn Sie ihn treffen würden", wiederholte Seine Lordschaft, kehrte zu dem Brief zurück und las wie folgt: „Wenn Sie ein paar Nörgler oder so mitbringen, können wir sie aufhängen, und Sie bekommen vielleicht ein oder zwei Falten." von Bragg." Ein oder zwei Falten von Bragg! „‚ rief Seine Lordschaft, ließ den Brief fallen und rollte sich vor Lachen auf seinem Stuhl. „Ein oder zwei Runzeln von Bragg! – er – er – er – er! Die Idee von ein oder zwei Falten von Bragg! – haw – haw – haw – haw!

„Das ist besser als Hahnenkämpfe", bemerkte Jack und blinzelte fürchterlich.

„Nicht wahr?" antwortete Seine Lordschaft. „Der Mann, der so voller Wissenschaft ist, dass er nicht mehr als drei Paar Füchse pro Saison tötet."

„Was Puff dreißig nennt", bemerkte Jack.

'Dreißig!' rief Seine Lordschaft und fügte hinzu: „Ich wette, er wird in zehn Jahren nicht dreißig töten."

Dann hob Seine Lordschaft den Brief vom Boden auf und fuhr dort fort, wo er aufgehört hatte.

„Ich gehe davon aus, dass Sie Tom Washball, Lumpleg und Charley Slapp treffen werden."

„Eine sehr hübsche Party", bemerkte Jack und fügte hinzu: „Ich würde nicht sehen, wie man mit jemandem auf einen Bullbait geht."

„Ich auch nicht", antwortete Seine Lordschaft.

„Vogelgleich", bemerkte Jack.

„Genau so", sagte Seine Lordschaft und setzte seine Lektüre fort.

„Ich glaube, ich habe einen Hund, der dir nützlich sein könnte – „Den Teufel hast du!" rief Seine Lordschaft und knirschte vor Abscheu mit den Zähnen. „Nützlich für *mich* , du verdammter Kurzwarenhändler! – du hast keinen Hund in deinem Rudel, den ich mitnehmen würde." „Ich glaube, ich habe einen Hund, der für Sie nützlich sein könnte –", wiederholte Seine Lordschaft.

„Ein Beaufort-Justice-Stück für eine Guinea!" unterbrach Jack und fügte hinzu: „Er hat sich den Namen in Oxford in den Kopf gesetzt und spielt seitdem darauf herum."

„Ich glaube, ich habe einen Hund, der Ihnen nützlich sein könnte –", wiederholte Seine Lordschaft zum dritten Mal. „Es ist Old Merriman, ein bemerkenswert kräftiger, echter Linienjagdhund; aber wer wird langsam für mich –" Langsam für dich, du Bettler!" rief Seine Lordschaft aus; „Ich hätte gedacht, dass nichts anderes als ein Holzgerät zu langsam für dich wäre." „Er ist ein Sechs-Jahreszeiten-Jäger und stammt von Fitzwilliams Singwell aus seinem Darling. Singwell stammte von Rutland Rallywood aus Tavistocks Rhapsody. Rallywood war von Old Lonsdale's – „Old Lonsdale's! – der Snob!" höhnte Lord Scamperdale – „Old Lonsdales Palafox, aus Ansons –" Ansons! – verfluche den Kerl", murmelte erneut Seine Lordschaft – „aus Ansons Madrigal. Darling war bei Old Graftons Bolivar, aus Blowzy. Bolivar war bei …" Brocklesby; das ist Yarboroughs – „Das ist Yarboroughs!" höhnte Seine Lordschaft, „als ob jemand das nicht so gut wüsste wie er – „vom Brocklesby; das ist Yarboroughs Marmion aus Petre's Matchless; und Marmion war von diesem unbestreitbaren Hund, dem –" dem – was?" fragte Seine Lordschaft.

„Beaufort Justice, natürlich!" antwortete Jack.

„Der Beaufort-Richter!" las Seine Lordschaft mit gebührendem Nachdruck.

'Hurra!' rief Jack und wedelte mit dem schmutzigen, eierfleckigen, senffarbenen Exemplar von *Bell's Life* über seinem Kopf. 'Hurra! Ich habe es dir gesagt.'

„Aber horcht der Gerechtigkeit!" rief Seine Lordschaft und setzte seine Lektüre fort. „Ich war schon immer ein großer Bewunderer des Beaufort-Justice-Bluts –""

„Kein Zweifel", sagte Jack; „Es ist das einzige Blut, das du kennst."

„Es hatte zu Zeiten des alten Beaufort, mit dem ich vor vielen Jahren viel gejagt habe, großen Ruf im Badminton-Land, das muss ich leider sagen. Der verstorbene Mr. Warde, der natürlich zu Recht eine Vorliebe dafür hatte." Seine eigene Sorte hatte nie Einwände gegen die Zucht von diesem *Beaufort* Justice. Er stammte von Lord Egremonts Blut, vom New Forest Justice, und Jasper wurde von Egremont gezüchtet. rief Seine Lordschaft aus; „Er wird mein Tod sein."

'Ist das alles?' fragte Jack, als Seine Lordschaft in Meditation versunken zu sein schien.

„Alle? – nein!" antwortete er, fuhr auf und fügte hinzu: „Hier ist etwas über dich."

'Mich!' rief Jack aus.

„Wenn Mr. Spraggon bei Ihnen ist und Sie ihn gerne mitbringen, kann ich es auch schaffen, ihn unterzubringen", lautete seine Lordschaft. „Was halten

Sie davon?" fragte Seine Lordschaft und wandte sich an unseren Freund, der jetzt vor Wut die Augen zusammenkniff.

'Denk daran!' erwiderte Jack und streckte die Beine aus. „Denken Sie mal darüber nach! Ich glaube, er ist ein dämlicher, impetanter Kerl, wie Bragg sagen würde."

„Das ist er", antwortete Seine Lordschaft; „Ich behandle meinen Freund Jack so."

„Ich habe gute Laune zu gehen", bemerkte Jack nach einer Pause und dachte, er könnte Puff bestrafen und versuchen, ein kleines Geschäft mit Sponge zu machen. „Ich habe gute Laune zu gehen", wiederholte er; „nur um Master Puff auszuzahlen." „Er ist ein konsequenter Idiot und möchte ein, zwei Mal ausrasten."

„Ich denke, Sie können es genauso gut tun", antwortete Seine Lordschaft, nachdem er die Sache überlegt hatte; „Ich denke, du kannst es genauso gut tun." Nicht, dass man ihm die Einbildung nehmen kann, aber Sie könnten ihn ein wenig verärgern; und lerne auch etwas über die Bewegungen seines Freundes Schwamm. „Wenn er Puff so ausnutzt, wie er mir geholfen hat", fuhr Seine Lordschaft fort und rieb sich mit den Ellbogen die Rippen, „wird er sehr bald genug von ihm haben."

„Nun", sagte Jack, „ich denke wirklich, dass es sich lohnen wird, es zu tun." Ich war noch nie im Laden des Bettlers, und man sagt, dass es ihm gut geht.'

„ *Na* ja!" rief Seine Lordschaft aus; „Fett vom Land – man kann wohl sagen, dass der Mensch jeden Tag Fisch und Suppe hat."

„Und höchstwahrscheinlich Wachskerzen zum Lesen", bemerkte Jack und blinzelte auf die schwachen Hammelfette, die Baggs jetzt hereinbrachte.

„Nicht so großartig", bemerkte Seine Lordschaft und bezweifelte, ob irgendjemand einer solchen Extravaganz schuldig sein könnte; 'Zusammensetzungen, p'raps.'

Nachdem wir beschlossen hatten, dass Jack Mr. Puffingtons Einladung so gut und frech wie möglich antworten sollte, und schließlich ein Blatt sehr minderwertigen Papiers in der Schublade des Sideboards entdeckt wurde, machten sich unsere Freunde sofort daran, es zuzubereiten. Nachdem Jack endlich alles richtig gemacht und die schwarzen Tintenlinien unten eingezeichnet hatte, tauchte er seine Feder in das kleine steinerne Tintenfass und sagte mit zusammengekniffenen Augen zu Seiner Lordschaft:

„Wie soll ich anfangen?"

'Beginnen?' antwortete er. „Beginnen Sie – oh, mal sehen – beginnen – beginnen Sie, natürlich: „Lieber Puff."

„Das reicht", sagte Jack und schrieb weiter.

(„Lieber Puff!", höhnte unser Freund, als er es las; „die Vorstellung, dass so ein Kerl einem Mann aus meinem Besitz auf diese Weise schreibt.")

„Sagen Sie: „Scamp", fuhr Seine Lordschaft fort und diktierte erneut, „ist verlobt, aber ich werde zur Fütterungszeit bei Ihnen sein.""

(„Scamp ist verlobt", las Puffington mit einem verächtlichen Lippenkräuseln, „Scamp ist verlobt: Ich mag die Unverschämtheit eines Kerls wie dieser, der Adligen Spitznamen gibt.")

Der Brief endete mit der Empfehlung an Puffington, sich an das Blut der Beaufort-Richter zu halten, denn es gäbe nichts Vergleichbares auf der Welt. Und jetzt, da wir unsere beiden Freunde für Besuche angemeldet haben, müssen wir dem Adligen den Vortritt lassen und ihn nach Jawleyford Court begleiten.

LORD SCAMPERDALE, WIE ER IN SEINER „SWELL"-KLEIDUNG AUFTRITT

KAPITEL XXXV

LORD SCAMPERDALE AM GERICHT JAWLEYFORD

Obwohl wir Lord Scamperdale bisher entweder in seiner großen, ungehobelten Jagdkleidung oder im auffälligen roten und gelben Stunner-Tartan dargestellt haben, darf man nicht annehmen, dass er keine schöne Kleidung hatte, als er sie trug, er wollte nur sparen sie, wie er sagte, zum Heiraten. Dass er in der Tat schöne hatte, ging aus der Ausrüstung hervor, die er Jack lieh, als dieser Würdige nach Jawleyford Court ging, und zusätzlich zu denen, die von der Abendordnung waren, Er trug einen ungewöhnlich eleganten Stultz-Gehrock mit Samtkragen, Besätzen und Manschetten sowie einem Seidenfutter. Obwohl er unter den Männern so rau und bereitwillig war, war er unter den Damen ein echter Dandy und achtete genauso auf sein Aussehen wie ein sechzehnjähriges Mädchen. Er ließ sich mit größter Sorgfalt stutzen und rasieren, wobei er seinen Schnurrbart bis zu den Wangenknochen wölbte und darunter eine große Fläche kahler Brache hinterließ.

Baggs, der Butler, wurde rechtzeitig mit dem mit Kleidern beladenen Hundekarren nach Jawleyford Court geschickt und von einem Pferdeknecht gelenkt, der sich um die Pferde kümmerte, während Seine Lordschaft gegen Mittag seinen galoppierenden grauen Kutscher bestieg und wie ein Komet durch das Land raste. Die Leute, die ihn nur in seinen kurzen Jagdmänteln im Landhausstil, den ausgebeulten Hosen und den formlosen Stiefeln zu sehen gewohnt waren, konnten den gehrockten, elegant gekleideten Mann in Militärhosen kaum als Lord Scamperdale erkennen. Sogar Titus Grabbington, der Superintendent der Polizei, erklärte, dass er ihn ohne Hut und Brille nicht erkannt hätte. Letzteres waren, wie wir kaum erwähnen müssen, die silbernen – das Paar, das er Jack nicht überlassen wollte, als er nach Jawleyford Court ging. Also machte sich Seine Lordschaft auf den Weg und machte große Sprünge, wobei er natürlich alle Schlagbaumtore mied, gegen die er eine sterbliche Abneigung hegte.

Jawleyford Court war in voller Kleidung, um ihn zu empfangen – alles war schick. Spigot erschien in Shorts mit Schnallen und schwarzen Seidenstrümpfen; während Vasen mit immergrünen Pflanzen und Winterblumen auf Durchgangstischen und Landeplätzen Wache hielten. Alles spiegelte den eleganten Auftritt der Messe wider.

Zur Ehre von Dame Fortune können wir festhalten, dass alles reibungslos und gut verlief. Sogar das Küchenfeuer verhielt sich wie es sollte. Auch Lord Scamperdale traf nicht ein, bevor er gesucht wurde, ein weit verbreiteter Brauch bei Leuten, die es nicht gewohnt sind, in die Öffentlichkeit zu gehen. Er hat genau dann aufgegeben, als man ihn brauchte. Sein Klingeln an der

Tür wirkte wie das kleine Glöckchen in einem Theater und schickte alle Beteiligten auf ihre Plätze, damit sich der Vorhang öffnete.

Spigot und seine beiden Lakaien folgten dem Ruf, während der Stallknecht seiner Lordschaft aus einer Seitentür stürzte, den Mund voller kaltem Fleisch, um seinen Hack zu holen.

Nachdem er Spigot seinen flachen Hut, einem Lakaien seinen Peitschenstock und dem anderen seine Handschuhe gegeben hatte, begab er sich zum Familienbild im Salon.

Obwohl Seine Lordschaft so sehr allein lebte, war er weder *unbeholfen* noch dumm, als er in die Gesellschaft ging. Im Gegensatz zu Mr. Spraggon hatte er eine enorme Entschlossenheit, Worte auf den Mund zu bringen, und konnte sein Bestes mit der Zunge tun, anstatt zu husten und zu stottern und zu stottern und zu stottern – und wünschte sich „gut da raus", wie man so schön sagt. Seine Abgeschiedenheit schien seine Fähigkeiten nur zu schärfen und ihn dazu zu bringen, mehr Freude an der Gesellschaft zu haben. Er sprudelte hervor wie eine aufgestaute Fontäne. Er hatte kein bisschen Angst vor den Damen – eher im Gegenteil; tatsächlich würde er mit ihnen allen schlafen – zumindest mit allen, die gut aussahen, denn er sagte immer offenherzig, dass er „nichts mit den hässlichen „Uns" zu tun haben würde." Wenn überhaupt, war er etwas zu vehement und redete mit den Damen auf eine so ernsthafte und interessierte Art, dass sogar Umstehende denken ließen, da sei „etwas dran", obwohl es sich in Wirklichkeit nur um eine Art Manier handelte.

Er begann, sobald er in Jawleyford Court ankam – zumindest, sobald er allen seinen Respekt erwiesen hatte und sich am Feuer teilweise auftauen ließ; denn die Kälte hatte ihm zugesetzt, und seine feine Kleidung war ein schlechter Ersatz für seinen dicken, doppelt gewalkten roten Mantel, die kuschelige Weste und das Jersey-Hemd.

Es gibt einige gutmütige, wohlmeinende Menschen auf dieser Welt, die denken, dass Fuchsjäger nur über die Jagd reden können, und die sich große Unannehmlichkeiten auferlegen, wenn sie versuchen, ein kleines Gespräch für sie anzuregen. Wir kannten einen stämmigen alten Jungen dieser Art, der, nachdem das Tuch ausgezogen war und jedes Bein ausgetreten hatte, um zu sehen, ob sie an waren, ausnahmslos mit den Worten begann: „Nun, ich nehme an, Mr. Harkington hat eine Geldstrafe bekommen." Satz Hunde in dieser Saison?' „Eine tolle Gruppe Hunde in dieser Saison!" „Was für eine Beobachtung! Wie um alles in der Welt könnte man hoffen, mit einem solchen Anfang eine Diskussion über dieses Thema anzustoßen?

Einige Damen sind in dieser Hinsicht ebenso zuvorkommend. Sie können sich fast jedem Thema zuwenden, von dem sie glauben, dass es ihnen

Ehemänner verschafft. Musik! – Wenn ein Mann Musik liebt, wird er sich in kürzester Zeit in seine Gunst besingen. Malen! – Oh, sie lieben das Malen – obwohl sie im Allgemeinen nicht behaupten, dass sie selbst große Talente darin haben. Bälle, Bootfahren, Bogenschießen, Rennen – für all das können sie sich lebhaft interessieren; oder, wenn es die Gelegenheit erfordert, kann man ernsthaft vorgehen und einen Pfarrer mit Penny-Abonnements für einen Bekleidungsclub oder eine Suppenküche jagen.

Fuchsjagd! – Wir wissen nicht, dass die Fuchsjagd für junge Damen eine so ungefährliche Spekulation ist wie die oben genannten. Bei der Jagd gibt es viele Vor- und Nachteile. Ein Mann könnte denken – besonders in diesen schwierigen Zeiten, in denen „Weizen unter vierzig", wie Mr. Springwheat sagen würde –, dass es alles sein wird, was er tun kann, um aufzusteigen. Auch hier mag er nicht glauben, dass eine Dame besser aussieht, wenn sie schwitzt und mit Schlamm beschmiert ist. Vor allem aber, wenn er zur verehrungswürdigen Gesellschaft der Craners gehört, mag es ihm vielleicht nicht gefallen, wenn gesehen wird, wie seine Frau ihn quer durchs Land schlägt.

Dennoch gibt es viele Möglichkeiten für junge Damen, sich in die Gunst von Sportlern einzuschleichen, ohne ihnen auf das Jagdrevier zu folgen. Über ihre Pferde sprechen, sie vor allem bewundern, sich für ihren Sport interessieren, dafür sorgen, dass sie schöne Sandwiches zum Mitnehmen haben, oder ihnen empfehlen, sie ausbluten zu lassen, wenn sie nach Stürzen mit schmutzigen Gesichtern nach Hause kommen.

Miss Amelia Jawleyford, die äußerst elegant gekleidet war, ein meergrünes Seidenkleid mit großen Perlenimitationsknöpfen trug und das übliche Privileg des Geburtsalters in Anspruch nahm, führte sehr bald die Anklage gegen Lord Scamperdale an.

„Oh, was ist das für ein schönes Pferd, das Sie geritten haben", bemerkte sie, während Seine Lordschaft sich immer wieder mit seinen beiden kleinen roten Fäusten in die Gitterstäbe des Gitters beugte.

„Ist es nicht!" rief er und rieb herzlich seine Hände aneinander. „Ist es nicht!" wiederholte er und fügte hinzu: „Das nenne ich einen Klipper."

„Warum nennst du es so?" fragte sie.

„Oh, ich meine nicht, dass Klipper sein Name ist", antwortete er; „Tatsächlich nennen wir sie im Stall Cherry Bounce – aber sie ist das, was man einen Klipper nennt – ein guter Begleiter, wissen Sie", fuhr er fort und starrte den schönen Redner durch seine große, beeindruckende Brille an.

Wir glauben, dass es nichts gibt, was einer Frau so viel Angst macht, wie der Blick durch die Brille. Ein Anwalt mit Seepocken ist ein weitaus beeindruckenderer Verhörer als einer ohne. Aber im Rücken seiner Lordschaft.

„Wird er dir das Brot aus der Hand fressen?" fragte Amelia und fügte hinzu: „Ich *hätte* so gern ein Pferd, das mir das Brot aus der Hand fressen würde."

'Oh ja; „Oder auch Käse", antwortete Seine Lordschaft, die ein bisschen witzig war und sich mit dem einen ebenso gut an ein Pferd versuchen würde wie mit dem anderen.

„Oh, wie herrlich! Was für ein bezauberndes Pferd!' rief Amelia und blickte mit ihren schönen Augen zur Decke.

„Magst du Pferde?" fragte Seine Lordschaft, schlug mit einer Hand auf die andere und machte ein Geräusch wie das Knallen einer Pistole.

„Oh, so lieb!" rief Amelia erschrocken aus; denn sie hatte ihre bevorzugte und ihrer Meinung nach attraktivste Einstellung noch nicht überstanden.

„Nun, das ist schön", sagte Seine Lordschaft, schlug mit der anderen Hand ähnlich und fügte hinzu: „Ich mag eine Frau, die Pferde mag."

„Dann werden Melia und du gut miteinander auskommen", bemerkte Mrs. Jawleyford, die immer bereit war, zumindest ihren eigenen Töchtern zu helfen.

„Das bezweifle ich nicht!" antwortete Seine Lordschaft mit Nachdruck und einem dritten Handschlag, wenn möglich lauter als zuvor. „Und magst *du* Pferde?" fragte Seine Lordschaft und warf sich scharf auf Emily zu, die dem Vorrang ihrer Schwester nachgegeben, oder besser gesagt, sich diesem unterworfen hatte.

'Oh ja; und auch Hunde!' antwortete sie eifrig.

„Und Hunde auch!" rief Seine Lordschaft erschrocken und mit einem weiteren kräftigen Faustschlag und fügte hinzu: „Nun, ich mag eine Frau, die Hunde mag."

Amelia runzelte die Stirn über den unschönen Marsch, den ihre Schwester ihr gestohlen hatte. In diesem Moment kam Jawleyford herein, sehr zum Ärger aller Parteien. Ein Gastgeber sollte niemals erscheinen, bevor die Garderobenglocke läutet.

Als dieser frohe Ton endlich zu hören war, zogen sich die Damen wie gewöhnlich sofort zurück; Und als Amelia in ihrem Zimmer ankam, rannte sie natürlich als Erstes zur Glasscheibe, um zu sehen, wie sie ausgesehen hatte: Als sie, traurig zu erzählen, einen entzündeten Pickel auf ihrer Nase entdeckte, der gerade ausbrach.

Was für eine beunruhigende Situation für eine junge Dame, insbesondere mit einem bebrillten Verehrer. 'Oh je!' Sie dachte, als sie es im Glas betrachtete: „Es wird wie der Vesuv selbst aussehen, durch seine beeindruckenden Inquisitoren." Das Schlimmste war, dass sie es nebenbei beim Abendessen essen würde, wenn er sich dazu entschließen würde, mit dem Rücken zum Feuer zu sitzen. Es half jedoch nichts, und das Dienstmädchen versicherte ihr freundlicherweise, während sie an ihrem Haar arbeitete, dass es „nie gesehen werden würde", sie hörte auf, es zu beobachten, und wandte ihre Aufmerksamkeit ihrer Toilette zu. Das feine, neue, mit breiten Spitzen besetzte, hellblaue Satinkleid – ein Kleid, das so sehr einem Ballkleid ähnelte, dass es für weibliche Augen nur als Abendgarderobe wahrnehmbar war – war wieder in Beschlag genommen; während ihre schönen Arme mit Ketten und Armbändern unterschiedlicher Pracht und Art umschlossen waren. So gekleidet fegte sie nach einer abschließenden Inspektion des Ortes die Treppe hinunter, mit einem so prächtigen Blumenstrauß, wie es die Jahreszeit nur zuließ. Wie es der Zufall wollte, begegnete sie Seiner Lordschaft selbst, wie er auf der Suche nach dem Salon umherwanderte, dessen Tür er beim Verlassen nicht ausreichend bemerkt hatte. Auch er war ungewöhnlich elegant, mit dem gleichen Frack, den Mr. Spraggon trug, einer weißen Weste mit türkisfarbenen Knöpfen, einem Hemd mit Spitzenrüschen und einem äußerst weiten, einmal runden Joinville. Ihm war es hervorragend gelungen, ein Unentschieden zu schaffen, das fast mit den Stöcken mithalten konnte, mit denen Bauern schwänzende Gänse schlagen, um sie daran zu hindern, durch Lücken oder unter Tore hindurchzukommen.

Nun, nachdem Miss Amelia Seiner Lordschaft zu Hilfe gekommen war und ihm die Kerze abgenommen hatte, führte sie ihn nun in den Salon; und seine Hände waren gelöst, wie es ein echter Engländer tun musste, und so begann er einen Angriff auf ihren Blumenstrauß.

„Das ist ein schöner Blumenstrauß!" rief er, starrte und rieb seine Stupsnase in die Mitte.

„Lass mich dir ein Stück geben", antwortete Amelia und begann, einige der besten herauszutrennen.

„Tu es", antwortete Seine Lordschaft, indem er eine Hand gegen die andere schlug und hinzufügte: „Ich werde es als nächstes tragen, von ganzem Herzen."

Als seine Lordschaft gerade dabei war, ihn in seinem Knopfloch zurechtzurücken, schlich sich Fräulein Emily an sie heran, und der wankelmütige Mann sprang sofort auf sie zu.

„Nun, das *ist ja* ein wunderschöner Blumenstrauß!" rief er aus und drehte sich auf genau die gleiche Weise zu ihr um, indem er mit der Hand aufschlug und seine Nase in Emilys Nase tauchte.

Sie bot ihm nichts an, und Seine Lordschaft kümmerte sich weiterhin um sie, bis Mrs. Jawleyford eintrat.

Das Abendessen wurde sofort angekündigt; Aber Seine Lordschaft setzte sich nicht mit dem Rücken zum Feuer, sondern setzte sich auf den einzigen Stuhl gegenüber, der ihm einen beeindruckenden Blick auf die jungen Damen ermöglichte. Allerdings nutzte er seine Position während des Mahls nicht aus und redete auch nicht viel; seine Maxime bestand darin, sich von seinem Fleisch den Mund verstopfen zu lassen. Der überwiegende Teil seiner Beobachtungen war vielleicht an Amelia gerichtet, obwohl ein aufmerksamer Beobachter vielleicht bemerkt hätte, dass die Brille häufiger auf Emily gerichtet war. Bis zum Abzug des Tuches war jedoch auf beiden Seiten kein spürbarer Vorteil zu verzeichnen.

Während sich Seine Lordschaft mit den Süßigkeiten beschäftigte, bei denen er ein hervorragendes Händchen für den Nachtisch hatte, versuchte Amelia, ihren Einfluss mit dem beliebten Thema eines Balls zu versuchen. „Ich wünschte, die Mitglieder Ihrer Jagd würden uns einen Ball geben, Mylord", bemerkte sie.

„Ah, Heu, hm – Ball", antwortete er und schöpfte den Sirup einiger eingemachter Pfirsiche auf, die er gegessen hatte; „Ball, Ball, Ball." „Kein

Ort, wo man es geben kann – kein Ort, wo man es geben kann", wiederholte er.

„Oh, geben Sie es im Rathaus oder im langen Raum beim Engel ab", antwortete sie.

„Rathaus – langer Raum im Angel – Engel im langen Raum des Rathauses – oh, sicherlich, sicherlich, sicherlich", murmelte er und kratzte den Inhalt seines Tellers weg.

„Dann ist das wohl ein Schnäppchen", bemerkte Amelia bezeichnend.

„Verhandeln, verhandeln, verhandeln – sicherlich", antwortete er; „Und ich gehe mit dir los, oder du gehst mit mir los – wie auch immer es ist – in der Zwischenzeit werde ich dich um ein Stück von diesem Lebkuchen bitten."

Nachdem sie ihm ein äußerst großzügiges Stück gegeben hatte, wandte sie sich wieder dem Thema des Balls zu.

„Dann richten wir es so ein", bemerkte sie.

„Oh, richten Sie es so ein, ganz bestimmt – richten Sie es ganz bestimmt so ein", antwortete Seine Lordschaft und füllte seinen Mund mit Lebkuchen.

„Angenommen, wir haben es am Tag der Rennen?" fuhr Amelia fort.

„Könnte nicht besser sein", antwortete Seine Lordschaft; „Besser geht es nicht", wiederholte er und musterte sie aufmerksam durch seine beeindruckende Brille.

Seine Lordschaft war völlig zustimmend und hätte allem zugestimmt – allem anderen, als jemandem eine Fünf-Pfund-Note zu leihen.

Amelia war von ihrem Erfolg entzückt. Trotz des Flecks auf ihrer Nase hatte sie das Gefühl, sie würde gewinnen.

Seine Lordschaft saß wie eine Zielscheibe da, auf die alle schossen, aber er nutzte seine Zeit optimal, sowohl beim Essen als auch beim Starren zwischen den Fragen.

Schließlich zogen sich die Damen zurück, und nachdem Seine Lordschaft zur Tür watschelte, um ihnen beim Ausstieg behilflich zu sein, nutzte er nun Jawleyfords Einladung, sich während des Genusses seines „Wintle" in einen Sessel zu setzen.

Ob es an der Vorzüglichkeit des Getränks lag, oder daran, dass Seine Lordschaft nicht an Weintrinken gewöhnt war, oder daran, dass Jawleyfords Unterhaltung ungewöhnlich angenehm war, wissen wir nicht, aber die Aufforderung zum Tee und Kaffee wurde ignoriert, und schließlich kamen sie doch auf ihre Kosten Sein Aussehen war, wie die Damen es nennen, eher vornehm, und er redete ausführlicher, als es nötig war . Anfangs war er sehr gesprächig – er erzählte allen, wie Schwamm ihn umgestoßen hatte, wie er ihn verabscheute und ihm nicht erlaubte, zum Jagdball zu kommen usw.; aber er starb allmählich aus und schlief schließlich neben Mrs. Jawleyford auf dem Sofa ein, mit gekreuzten Beinen und einer halb leeren Kaffeetasse in der Hand, die Mr. Jawleyford und sie ängstlich beobachteten und auf den Inhalt warteten jeden Moment über den feinen Satinmöbeln zu sein.

In dieser angenehmen Position blieben sie, bis er mit einem herzhaften Schnarchen aufwachte und den Kaffee auf den Teppich stellte. Glücklicherweise wurde kaum Schaden angerichtet, und da es fast zwölf Uhr war, watschelte Seine Lordschaft zu Bett.

Als Amelia über die Abgeschiedenheit ihres eigenen Zimmers nachdachte, war sie mit den Fortschritten, die sie gemacht hatte, sehr zufrieden. Sie dachte, sie wollte nur die Gelegenheit haben, ihn gefangen zu nehmen. Obwohl sie am meisten auf eine gute Nacht bedacht war, um am nächsten Morgen gut zur Geltung zu kommen, verlor sie den Schlaf, und sie lag lange wach und dachte darüber nach, was sie tun würde, wenn sie meine Herrin wäre – wie sie Woodmansterne wärmen würde und was eine schneidige Equipage, die sie behalten würde. Schließlich stieg sie aus, gerade als sie glaubte, in ihren gut ausgestatteten Streitwagen zu steigen, und zeigte einen hübschen Teil ihrer elegant geschwungenen Knöchel.

Am Morgen kleidete sie sich in ihr neues hellblaues Satingewand, Korsage Albanaise, mit einer Art Dreiviertelärmeln und Musselin darunter – etwas, das, wie wir glauben, aus dem letzten Buch der Mode stammt. Außerdem hatte sie ihr Haar ungewöhnlich ordentlich frisiert und trug ein Paar saubere, primelfarbene Handschuhe. „Jetzt zum Sieg", sagte sie, während sie einen Abschiedsblick auf sich selbst im Allgemeinen und den Hotspot im Besonderen warf.

Urteil über ihren Ekel, als sie ihre Mutter auf der Treppe traf, als sie erfuhr, dass Seine Lordschaft um sechs Uhr aufgestanden war und sich auf den Weg gemacht hatte, um seine Hunde auf der anderen Seite des Landkrcises zu treffen. Dass Baggs seinen Haferbrei in seinem Schlafzimmer gekocht hatte und Seine Lordschaft ihn gegessen hatte, während er sich anzog.

Man könnte sich fragen, was das Dienstmädchen vorhatte, es ihr nicht zu sagen.

Tatsache ist, dass Damenmägde in allem, was mit der Jagd zu tun hat, nur taube Hände sind, und obwohl Juliana wusste, dass Seine Lordschaft am Ende war, dachte sie, er sei vor dem Frühstück auf die Jagd gegangen, genau wie die jungen Herren im letzten Der Ort, an dem sie wohnte, ging immer zum Baden.

Wir können hinzufügen, dass Baggs ein verheirateter Mann war und Juliana und er sich nicht viel unterhalten hatten.

KAPITEL XXXVI

HERR. BRAGG'S Zwingerverwaltung

Der Leser wird nun die Güte haben, zu bedenken, dass Mr. Puffington drei ganze Jahre lang unter seinem großartigen Jäger Dick Bragg gelitten hat, und dass es während dieser Zeit schwierig war zu sagen, ob sein Winterdienst oder die Unverschämtheit seines Sommers am bedrückendsten war. So oder so hatte Mr. Puffington genug von ihm und den Ehren der Jagdhundehaltung. Herr Bragg war kein vernünftiger Tyrann. Er war zu sehr Herr über Mr. Puffington; Er liebte es zu sehr, sich selbst zur Schau zu stellen und die Unwissenheit seines Herrn vor den Dienern und dem Feld bloßzustellen. Ein Fremder hätte gedacht, dass Mr. Bragg und nicht „Mr. „Puff", wie Bragg ihn nannte, hielt die Hunde. Mr. Puffington nahm es zunächst ziemlich gelassen hin, als Bragg ihn mit dem überhäufte, was sie beim Herzog von Downeybird, Lord Reynard und den anderen großartigen Orten, in denen er gelebt hatte, taten, bis er Puff fast glauben ließ, dass eine solche Behandlung eine notwendige Konsequenz sei der Jagdhundhaltung. Darüber hinaus waren die Kosten hoch und die versprochenen Abonnements waren fast völlig imaginär; selbst wenn sie bezahlt worden wären, hätten sie nicht ein Viertel der Kosten gedeckt, zu denen Mr. Bragg ihn geführt hatte; Und das Schlimmste war, dass die Ausgaben zunahmen statt zu sinken begannen. Vertrauen Sie einem Diener, der dafür sorgt, dass die Dinge auf dem neuesten Stand bleiben.

Alle Dinge haben jedoch ein Ende, und Mr. Bragg begann, mit Mr. Puffs Geduld am Ende zu sein. Als Puff älter wurde, liebte er seine Fünf-Pfund-Noten und begann, Scheine zu prüfen und Fragen zu stellen; um, wie Herr Bragg sagte, „sehr wenig vom Gentleman" zu sein; Da Bragg jedoch zu den Leuten gehört, die nur Heu machen, während die Sonne scheint, und den Stil des Menschen zu gut kennt, um mit einer längeren Amtszeit zu rechnen, hat er sich einfach auf den Dampf der Extravaganz gesetzt, und schien geneigt zu sein, zu versuchen, wie viel er für seinen Herrn ausgeben konnte. Seine Rechnungen für Zughunde waren enorm; er war ständig damit beschäftigt, seine Pferde zu hacken und zu wechseln, oft fast ohne Rücksprache mit seinem Herrn; er hatte ein perfektes Museum für Sättel und Zaumzeug, in dem jede Erfindung und jede Art von Gebiss ausgestellt war; und er hatte bis zu zwanzig Pfund an verschiedene „Diener" und Pferdepfleger für unschätzbar wertvolle Rezepte zum Reinigen von Lederhosen und Handschuhen gezahlt. Alles in allem hat Bragg es übertrieben; und als Herr Puffington in der Einsamkeit eines Wintertages Feder, Tinte und Papier nahm und eine „Bilanz" erstellte, stellte er fest, dass sie ihn im Durchschnitt sechs Paar Füchse pro Saison gekostet hatten etwa 300 Pfund pro Kopf. Es stimmte, dass Bragg immer fünf oder sechs und zwanzig Klammern zurückgab; aber das war wie zwischen Bragg und der Öffentlichkeit, denn zwischen Bragg und seinem Meister war der Betrag kleiner.

Mr. Puffington hatte genug davon und dachte nun, wenn er Mr. Sponge (den er immer noch für einen Sportautor auf seinen Reisen hielt) dazu bringen könnte, ihn zu verewigen, würde er sich vielleicht in die Privatsphäre zurückziehen und darüber reden, „wenn *ich* … “ „*Ich habe Hunde* gehalten “, „als *ich* das Land jagte“, „als *ich* Jagdhundemeister war , *habe ich* dies und das getan“, und viel Aufhebens machen und wichtig sein, da wir ehemalige Jagdhundemeister oft sehen, wenn sie mit anderen ausgehen Packungen. Es war dieser falsche Eindruck in Bezug auf Mr. Sponge, der unseren Freund zum Treffen von Lord Scamperdales Hunden in Scrambleford Green führte, als er Mr. Sponge eine allgemeine Einladung überreichte, ihn zu besuchen, bevor er das Land verließ, eine Einladung, die ebenso akzeptabel war an Mr. Sponge zu seinem Ausschluss aus Jawleyford Court, da es für Mr. Puffington akzeptabel war – indem er einen Weg eröffnete, auf dem er der Strafe der Jagdhundhaltung und der Verfolgung seines Jägers entgehen konnte.

Der Leser wird daher nun die Freundlichkeit haben, Herrn Puffington als Erhalt der Nachricht von Herrn Sponge zu berücksichtigen, der sich bereit erklärt, einen Besuch abzustatten.

Mit fröhlichen und fröhlichen Schritten eilte unser Freund zum Zwinger, um Mr. Bragg die Nachricht von einer beabsichtigten Ehre mitzuteilen, von der er insgeheim hoffte, dass sie die Auslöschung dieser großen sportlichen Koryphäe zur Folge haben würde.

Als er im Zwinger ankam, erfuhr er vom alten Futterspender Jack Horsehide, der die Flaggen wie üblich mit Wasser benetzte, obwohl das Wetter nass war, dass Mr. Bragg im Haus war (ein Haus, in dem früher der Verwalter gelebt hatte). die Tage des ehemaligen Besitzers von Hanby House). Dorthin begab sich Herr Puffington; Da die Vordertür offen stand, trat er ein und ging in das kleine Wohnzimmer auf der rechten Seite. Wenn er die Tür öffnete, ohne anzuklopfen, was sollte er finden außer dem vornehmen Jäger, Mr. Bragg, voller Feige, mit seiner Mütze, bestem Scharlachrot und Leder, rittlings auf einem Sattelständer, der für sein Porträt sitzt!

„ *Oh, dimm es!* «, rief Bragg, umklammerte die Vorderseite des Gestells, als wäre es ein Pferd, und warf sich ab, was zur Folge hatte, dass der neue Sattel, auf dem er saß, knallend auf den Boden fiel. „O, sc-ee-gebrauchen Sie mich, Sir“, als er sah, dass es sein Herr war, „dachte ich, es wäre mein Diener; „Das, Sir“, fuhr er fort, errötend und so dumm aussehend, wie Männer es tun, wenn sie dabei erwischt werden, wie sie sich die Haare kräuseln oder für ihre Porträts sitzen, „das, Sir, ist mein Freund, Mr. Ruddle, der Maler, Sir – ja, Sir …“ „Ein sehr talentierter junger Mann, Sir – hat mich gebeten, für mein

Porträt zu sitzen, Sir – wird eine Reihe von Porträts aller besten Jäger Englands veröffentlichen, Sir."

„Und Meister der Jagdhunde", warf Mr. Ruddle ein und warf Mr. Puffington einen Schafsblick zu.

„Und Hundeführer, Sir", wiederholte Mr. Bragg; „Ja, Herr, und Meister der Jagdhunde, Herr"; Mr. Bragg war immer noch etwas aufgeregt über das unerwartete Eindringen.

„Ah, nun ja", unterbrach Mr. Puffington, der immer noch gespannt auf seine Mission war, „darüber reden wir später." „Jetzt bin ich gekommen, um Ihnen zu sagen", fuhr er fort und hielt Mr. Sponges Notiz hoch, „dass wir uns ein wenig auffrischen müssen – wir werden einen Inspektionsbesuch vom großen Mr. Sponge bekommen."

„In der Tat, Herr!" antwortete Mr. Bragg mit der geringsten Berührung seiner Mütze, die er immer noch trug. 'Herr. Schwamm, Herr! – in der Tat, Herr – Herr. Schwamm, Herr – bitte, wer ist *er*, Herr?"

„Oh – warum – Heu – hm – haw – er ist Mr. Sponge, wissen Sie – war mit Lord Scamperdale auf der Jagd, wissen Sie – ein großartiger Sportler, in der Tat – große Autorität, wissen Sie." „In der Tat – große Autorität ist er – in der Tat – oh – ja – denkt so gut – sc-ee-gebrauchen Sie mich, Sir, aber sagen Sie mal, Sir, ich habe mehr vergessen, Sir, als Mr. Sponge jemals wusste , Herr.'

„Nun, aber Sie dürfen es ihm nicht sagen", bemerkte Mr. Puffington, fürchtend, dass Bragg den Spaß verderben könnte.

„Oh, sagen Sie ihm – nein", spottete Bragg mit einer Kopfbewegung; „Sag ihm – nein; Ich bin nicht gerade so ein Esel; im Gegenteil, ich werde es ihm angenehm machen, Herr – ihm seine Milch mit Zucker versüßen, Herr, kurz gesagt, Herr.'
„Bezuckere seine Milch!" rief Mr. Puffington, der nur ein sachlicher Mann war; „Zucker seine Milch!" Ich wage zu behaupten, dass er Tee trinkt.'
„Na dann, zuckern Sie seinen Tee", antwortete Bragg mit einem Lächeln und fügte hinzu: „Ich kann mich den Umständen anpassen, Sir", während er gleichzeitig seine Mütze abnahm und einen Stuhl für seinen Herrn hinstellte.
„Danke, aber ich werde nicht bleiben", antwortete Mr. Puffington; „Ich bin nur hergekommen, um Ihnen mitzuteilen, wen Sie zu erwarten haben, damit Sie sich vorbereiten können, wissen Sie – alles auf dem richtigen Weg haben, wissen Sie – die besten Pferde – die besten Hunde – das beste Erscheinungsbild im Allgemeinen, wissen Sie."
„Darum werde ich mich kümmern", antwortete Mr. Bragg mit einer Kopfbewegung – „darum *werde ich* mich kümmern", wiederholte er mit

Betonung auf „ *Ich werde* ", als wollte er sagen: „Don." „Mische dich nicht in
Dinge ein, die dich nichts angehen."

Mr. Puffington hätte ihn gern wegen seiner Unverschämtheit
zurechtgewiesen, wie er ihn tatsächlich oft gern zurechtgewiesen hätte; Aber
Mr. Bragg hatte ihn mit seiner Wissenschaft so überwältigt und ihn von der
Notwendigkeit überzeugt, ihn zu behalten – obwohl Mr. Puffington sich
darüber im Klaren war, dass er nur sehr wenige Füchse tötete –, dass er,
nachdem er sich so lange mit ihm abgefunden hatte, dachte, es würde niemals
genügen einen Streit zu riskieren, der ihm die Chance nehmen könnte, ihn
und seine Hunde ganz loszuwerden; Deshalb sagte Mr. Puffington mit einem
zufriedenen, vertraulichen Kopfnicken, anstatt zu sagen: „Sie eingebildeter
Humbug, kommen Sie da raus" oder sich irgendwelchen Bemerkungen
hinzugeben, die zu Kontroversen führen könnten:

„Ich bin sicher, dass Sie das tun werden – ich bin sicher, dass Sie das tun
werden", und verabschiedete sich, ließ Mr. Bragg zurück, um wieder auf den
Sattelständer zu steigen und den Rest seiner Sitzung zu verbringen.

KAPITEL XXXVII

HERR. PUFFINGTON'S INLÄNDISCHE VEREINBARUNGEN

Vielleicht war es ein Glücksfall, dass Mr. Bragg die Leitung des Zwingers auf sich genommen hat, oder es lässt sich nicht sagen, dass der Sponge-Besuch mit der Hausabteilung und der üblichen Aufregung eines Junggesellen vielleicht zu viel für unser Herrchen gewesen wäre . Die Ankündigung des beabsichtigten Besuchs erfolgte nur kurz; und es galt, Einladungen zu verschicken und Antworten zu bekommen, Schlafzimmer vorzubereiten und kulinarische Vorkehrungen zu treffen – Vorkehrungen, von denen die Menschen in der Stadt mit all ihren Handwerkern an ihrer Seite keine Ahnung haben können, wie schwierig es ist, sie auf dem Land umzusetzen. Herr Puffington war voll beschäftigt.

Zusätzlich zu den in seiner Notiz an Lord Scamperdale genannten Parteien, nämlich. Washball, Charley Slapp und Lumpleg waren Parson Blossomnose; Mr. Fossick von der Flat Hat Hunt, der ablehnte – Mr. Kran der Kranhalle; Kapitän Guano, verstorbener Angehöriger dieses edlen Korps der Spotted Horse Marines; und andere, die akzeptiert haben. Herr Spraggon war eine Art Freiwilliger, auf jeden Fall ein unerwünschter Gast, es sei denn, seine Lordschaft begleitete ihn. So kam es, dass an dem entscheidenden Tag der am wenigsten gewünschte Gast als erster eintraf.

Lord Scamperdale, der wusste, dass unser Freund Jack nicht übermäßig wohlhabend war, hatte keine Ahnung, ihn mit zu viel Luxus zu verwöhnen, und da die Eisenbahn eine gewisse Strecke in der Linie von Hanby House zurücklegen würde, schickte er Jack zum Over-Shoes-Over- Er fuhr mit dem Hundekarren zur Bootsstation und sagte ihm, er würde sicher einen Bus finden oder an der Squandercash-Station ein Transportmittel nehmen, das ihn zu Puffington's bringen würde; Auf jeden Fall fügte Seine Lordschaft hinzu: „Wenn er es nicht tut, wird es ihm nicht schaden, zu Fuß zu gehen, und er kann leicht einen Jungen dazu bringen, seine Tasche zu tragen.“

Letzteres war der Fall; Denn obwohl der Bahnhofsvorsteher Jack bei seiner Ankunft in Squandercash versicherte, dass es zu jedem anderen Zug einen Bus oder einen Postdienst oder etwas anderes gäbe, gab es nichts im Zusammenhang mit dem, der ihn brachte, und er würde es auch nicht tun verpflichten Sie sich, seine Reisetasche vor dem Frühstück am nächsten Morgen im Hanby House zurückzulassen.

JACK PROTESTIERT GEGEN ALLE EISENBAHN

Jack war äußerst wütend, kniff die Augen zusammen und beschimpfte alle Eisenbahnen, Vorsitzenden, Direktoren, Sekretäre, Angestellten und Gepäckträger, indem er schwor, dass Eisenbahnen das größte Ärgernis unter der Sonne seien – dass sie vollkommen seien Behinderung statt Erleichterung des Reisens – und erklärte, dass früher ein Gentleman nichts anderes zu tun hatte, als seine vier Pferde zu bestellen und sie bei jedem Schritt herausstellen zu lassen, wenn er heraufkam, anstatt auf die *lächerliche* Art und Weise angehalten zu werden, wie er damals war; und er stolzierte und stampfte im Bahnhof umher, als wollte er der ganzen Linie Einhalt gebieten. Seine Vehemenz und sein großes Gerede wirkten sich positiv auf den Bahnhofsvorsteher von Cockney aus, der dachte, er müsse ein Herzog oder irgendein großer Mann sein, und begann darüber nachzudenken, wie er ihn weiterbefördern könne. Da es sich nur um einen dünn besiedelten Bezirk handelte – obwohl es dort eine Station gab, die jeder wirtschaftlichen Notlage, ja sogar den Bedürfnissen des gesamten Kreises gewachsen war –, ging er sich die Ressourcen der unmittelbaren Nachbarschaft durch den Kopf und musste schließlich demütig und bescheiden zugeben respektvoll – dass er wirklich Angst hatte, dass der Esel von Martha Muggins der einzige verfügbare Artikel war.

Schon bei der bloßen Erwähnung einer solchen Sache kochte Jack vor Wut und schrie, dass es eine reine Beleidigung sei, so etwas vorzuschlagen; und er war so überheblich, dass der Bahnhofsvorsteher, der durch die Transaktion nichts zu gewinnen hatte, die Privatsphäre des elektrischen Telegraphenbüros suchte und es ihm überließ, den Rest seines Zorns an den Trägern auszulassen.

Natürlich konnten sie nicht mehr tun, als der König ihrer kleinen Kolonie vorgeschlagen hatte; Als Mr. Spraggon feststellte, dass es nichts dagegen tun konnte, ließ er sich schließlich der Demütigung hingeben und machte sich auf den Weg, dem jungen Muggins zu folgen, mit seiner Tasche auf dem Esel, in seinen besten Stiefeln, die er unter seinen Hosen trug – eine für jeden unangenehme Operation Eins, aber besonders für einen Mann wie Jack, der es vorzog, seine Oberteile an den Sätteln seiner Freunde zu tragen, anstatt seine Sohlen darauf zu laufen. Allerdings sagte die Notwendigkeit ja; und er setzte seinen flachen Hut keck auf den Kopf, steckte sich einen Stumpen in den Mund, rauchte und prahlte weiter und schaute – oder besser gesagt, blinzelte – alle, denen er begegnete, übermütig an, als wollte er sagen: „Das glaube ich nicht." Ich gehe aus der Not! Ich habe jede Menge Zinn.'

Der dritte Stumpen brachte Jack und seine Suite in Sichtweite von Hanby House.

Mr. Puffington hatte gerade die ganze Aufregung seiner Vorbereitungen hinter sich gebracht, die Unterkünfte für die Gäste und die kaum weniger wichtigen Persönlichkeiten – ihre Bediensteten – arrangiert, die Ställe zugewiesen und die Weine einstudiert, als ein zufälliger Blick durch die fröhlich möblierte Zeichnung … Am Zimmerfenster entdeckte Jack, wie er die gepflegte Allee hinauftrottete.

„Hier ist dieser fiese Spraggon", rief er aus, während er Jack beäugte, der seine Beine schleppte, und fügte hinzu: „Ich muss zugeben, dass er nie auf die Idee kommen wird, seine dreckigen Füße abzuwischen, wenn ich ihn nicht treffe."

Nachdem er dies gesagt hatte, eilte Puffington zum Eingang, krönte sich selbst mit einem hellwachen Weißen und ging fröhlich darauf zu.

Jack, der eher an „kalte Schulter" als an herzlichen Empfang gewöhnt war, kniff die Augen zusammen und starrte überrascht auf die ungewohnte Wärme, die sich so sehr von ihrem letzten Interview unterschied, als Jack gerade aus seinem Lehmloch in den Brick Fields kam; Aber er ließ sich nicht so leicht aus dem Weg räumen und nahm Puff einfach so, wie Puff ihn nahm. Sie sprachen über Scamperdale, und sie sprachen über Frostyface und die Zahl der Füchse, die er getötet hatte, den Preis für Mais und den Unterschied, den dieser Preis in der Haltung von Hunden und Pferden machte. Insgesamt waren sie sehr „dick".

„Und wie geht es unserem Freund Schwamm?" fragte Puffington, als das Gespräch schließlich ins Stocken geriet.

„Oh, er ist nett", antwortete Jack und fügte hinzu: „Ist er noch nicht gekommen?"

„Das habe ich nicht gesehen", antwortete Puffington und fügte hinzu: „Ich dachte, vielleicht würdet ihr zusammenkommen."

„Nein", grunzte Jack; „Er kommt von Jawleyford, wissen Sie; Ich komme aus Woodmansterne.'

„Wir gehen und sehen nach, ob er gekommen ist", bemerkte Puffington und öffnete eine Tür in der Gartenmauer, durch die er Jack manövriert hatte und die mit dem Hof des Stalls verbunden war.

„Hier sind seine Pferde", bemerkte Puffington, als Mr. Leather durch die großen Tore auf der gegenüberliegenden Seite ritt, während die berühmten Jäger in voller Marschordnung waren.

„Das sind monströse, schöne Tiere", sagte Jack und blinzelte sie aufmerksam an.

„Das sind sie", antwortete Puffington.

'Herr. „Sponge scheint ein sehr angenehmer, Gentleman-Mann zu sein", bemerkte Mr. Puffington.

„Oh, das ist er", antwortete Jack.

„Können Sie mir sagen – können Sie mich informieren – das heißt, können Sie mir eine Idee geben", zögerte Puffington, „was die übliche Praxis – der übliche Ablauf – das übliche Verständnis für die Behandlung dieser Art von Herren ist?" '

„Oh, für sie ist das Beste von allem gut genug", antwortete Jack und fügte hinzu: „Genau wie bei mir."

„Ah, ich meine nicht in Form von Essen und Trinken, sondern in Form von Ermutigung – in Form eines Geschenks, wissen Sie?" und fügte hinzu: „Was hat mein Herr getan?" Als ich Jack sah, begriff er nur langsam.

„Oh, mein Lord hat ihn schlecht ausgedrückt", antwortete Jack und fügte hinzu: „Er hat nicht viel Ermutigung von ihm bekommen."

„Ah, das ist das Schlimmste, Mylord", bemerkte Puffington; „Er ist ziemlich grob – der öffentlichen Meinung gegenüber zu gleichgültig." In einem Fall dieser Art, wissen Sie, passiert das nicht jeden Tag oder vielleicht mehr als einmal im Leben eines Mannes, es ist genauso gut, positiv darüber gesprochen zu werden, als nicht, wissen Sie?" Während er Jack aufmerksam ansah, fügte er hinzu: „Verstehst du mich?"

Jack, der einigermaßen schnell bei der Sache war, begann nun zu erkennen, wie die Dinge lagen, und Mr. Puffingtons Fehler zu begreifen. Seine lebhafte Fantasie erkannte sofort, dass daraus etwas gemacht sein könnte, also bereitete er sich darauf vor, die Täuschung aufrechtzuerhalten.

„Wh-ooy!" sagte er, spreizte seine Beine, faltete die Hände und blinzelte fest durch seine Brille, um anhand von Puffingtons Gesichtsausdruck zu sehen, wie gut er aushalten würde. „Juhu!" wiederholte er: „Ich sollte nicht glauben – obwohl es wohl nur eine Vermutung meinerseits ist –, dass Sie ihm nicht weniger als – zwanzig oder fünfundzwanzig Pfund anbieten könnten; oder, sagen wir, von da an bis dreißig", fuhr Jack fort, als er sah, dass Puffs Gesichtsausdruck unter der Erhebung selbstgefällig blieb.

„Und das würde Ihrer Meinung nach ausreichen?" fragte Puff und fügte hinzu: „Wenn man die Sache überhaupt macht, ist es gut, sie gut zu machen."

„Stimmt", antwortete Jack und streckte seine großen, dicken Lippen vor, „wahr." Ich bin ein großer Befürworter dafür, die Dinge gut zu machen. Ich habe oft Streit mit meinem Herrn, weil ich den Leuten gedankt habe und gesagt habe, er werde sich an sie *erinnern* , anstatt ihnen Sixpence oder einen Schilling zu geben; aber eigentlich würde ich sagen, wenn Sie ihm vierzig oder fünfzig Pfund – sagen wir mal einen Fünfzig-Pfund-Schein – geben würden, würde er …"

Der Rest des Satzes ging durch das Auftauchen von Mr. Sponge verloren, der auf dem auffälligen Schecken die Allee entlang galoppierte. Mr. Puffington und Mr. Spraggon begrüßten ihn, als er an der Tür ausstieg.

Auf Sponge folgte schnell Tom Washball; dann kamen Charley Slapp und Lumpleg, und Kapitän Guano kam in einem Auftritt. Unter gegenseitigen Verbeugungen und Handbewegungen und dem Angebot des Gastgebers, „alles vor dem Abendessen zu tun", wurden die Gäste schließlich zu ihren jeweiligen Gemächern geführt, aus denen sie nach einiger Zeit herauskamen und wie Bräutigame aussahen.

Zuerst kam der würdige Hundeführer selbst in seinem scharlachroten, mit weißem Satin gefütterten Frack; Tom Washball und Charley Slapp trugen ebenfalls Puffs Uniform; während Kapitän Guano, der stolz auf sein Bein war, die Uniform der Muffington-Jagd trug – einen erbsengrünen, gelb gefütterten Mantel und einen gelben Kragen, weiße Shorts mit goldenen Strumpfbändern und schwarze Seidenstrümpfe.

Spraggon hatte Lord Scamperdales zweitbesten Mantel ertragen müssen, nachdem seine Lordschaft selbst den besten Mantel genommen hatte; aber bei Kerzenlicht war es durchaus passierbar, und die schäbige Optik des blauen Stoffes wurde durch einen Samtkragen und einen neuen Satz Flat Hat Hunt-Knöpfe gemildert. Mr. Sponge trug ein schlichtes Scharlachrot mit einem karmesinroten Samtkragen und einem leuchtenden Fuchs auf dem mattierten Grund eines vergoldeten Knopfes, dazu Strumpfhosen wie zuvor; und als Mr. Crane ankam, stellte man fest, dass er ein Kleid trug, das teilweise aus Mr. Puffingtons und teilweise aus der Muggeridge-Hunt-Uniform bestand – der rote Mantel des ersteren über den weißen Shorts und schwarzen Strümpfen des anderen. Insgesamt waren sie jedoch ungewöhnlich klug, und es bleibt zu hoffen, dass sie einander wertschätzten.

Das Abendessen war üppig. Puff saß natürlich auf dem Stuhl; und als letzter den Raum betrat, war Kapitän Guano, der das Amt sehr liebte, ein Laster. Wenn Männer sich der „edlen Wissenschaft" der Gastronomie zuwenden, übertreffen sie im Allgemeinen die Damen in der Kunst des Abendessens, denn sie lassen keine Zusatzgerichte oder nur dekorative Gerichte zu, sondern konzentrieren die Kräfte des Kochs auf erstklassige und bewährte Gerichte. Alles, was Männer essen, ist zum Essen bestimmt. Vor allem Männer sind sich nicht zu schade, einen Tellerwärmer im Zimmer zu haben, denn der Mangel an Kochplatten erweist sich für manches feine Festmahl als fatal. Es war offensichtlich, dass Puff stolz auf seinen Tisch war. Sein Leinen war vom feinsten und weißesten, sein Glas vom elegantesten und transparentesten, sein Teller vom hellsten und seine Weine vom kostbarsten und *erlesensten* . Wie viele Menschen jedoch, die es nicht gewohnt sind, Abendessen zu geben, war er ängstlich und wählerisch, zu sehr darauf bedacht, es den Leuten bequem zu machen, als dass sie es zulassen würden, und zu sehr darauf bedacht, ihnen Proviant und Getränke in den Rachen zu bekommen, um es zu erlauben dass sie beides genießen.

Er produzierte nicht nur eine enorme Auswahl an Weinen – Hock, Sauterne, Champagner, Barsack, Burgunder, sondern auch unzählige Sorten Sherry und Madeira. Diese drängte er den Leuten auf und beharrte stets darauf, dass die letzte Probe die beste sei.

Bei diesen gastfreundlichen Unternehmungen wurde Puffington von Kapitän Guano geschickt unterstützt, der Wein liebte und sich eine beträchtliche Menge Wein holen ließ; Erstens, indem er alle aufforderte, Wein mitzunehmen, und dann im Gegenzug ihn alle aufforderte, dasselbe mit ihnen zu tun. Das gegenwärtige absurde Nicht-Fragen-System war damals nicht in Mode. Der große Kapitän, der stets laut und gesprächig war, begann schon, noch bevor das Tuch gezogen wurde, laut zu werden.

Puffington war mit seinen After-Dinner-Weinen ebenso promiskuitiv. Er hatte alle möglichen Rotweine und „merkwürdige alte Portweine". Die Gruppe schien keine Einwände dagegen zu haben, ihre Verdauung für den nächsten Tag zu verderben, und nahm alles, was er hervorbrachte, mit großer Bereitwilligkeit an. Die Kerzenprüfungen wurden verlängert, die Schlucke feierlich und die Schmatzer erklangen, die der Abgabe ihrer Campbell-ähnlichen Urteile vorausgingen.

Das Gespräch, das sich zunächst ausschließlich um Wein drehte, wandte sich allmählich dem Sport zu, und bald brachen sie in einen sehr lauten Schrei aus. An erster Stelle der Lautstarken stand Kapitän Guano. Er schien geneigt zu sein, allen den Glanz zu nehmen.

'Oh! Wenn sie nur einen guten Fuchs finden könnten, der ihnen einen Lauf von zehn Meilen – sagen wir, zehn Meilen – ermöglichen würde, würden ihm nur zehn Meilen genügen – sagen wir, von Barnesley Wold nach Chingforde Wood oder von Carleburg Clump nach Wetherden Head. Er wollte sein berühmtes Pferd Jack-a-Dandy reiten – das schönste Pferd, das jemals geboren wurde! Kein Tag war zu lang für ihn – kein Tempo zu groß für ihn – kein Zaun zu steif für ihn – kein Bach zu breit für ihn.

Auch Tom Washball redete, als wäre das Tragen eines roten Mantels nicht der einzige Zweck, zu dem er jagte; und insgesamt schienen sie ein erstaunliches, sportliches und anspruchsvolles Set zu sein.

Als sie schließlich aufstanden, um zu Bett zu gehen, fiel jedem, der seinem Nachbarn nach oben folgte, auf, dass derjenige vor ihm sehr schief ging.

KAPITEL XXXVIII

EIN TAG MIT PUFFINGTON'S HOUNDS

Der Tag brach fröhlich an. Auch wenn es etwas mehr Sonne gab, als die strengen Regeln von Beckford vorschreiben, ist Sonnenschein unter keinen Umständen etwas, mit dem man streiten kann – schon gar nicht für einen Gentleman, der möchte, dass sein Platz anlässlich eines Hundetreffens vorteilhaft gesehen wird . Im Hanby House war alles in bester Ordnung. All die verirrten Blätter, die die launischen Winterwinde immer noch von unbekannten Seiten aufwirbelten und über die gepflegten Rasenflächen wehten, wurden gejagt und eingefangen, während eine schwere Walze über den Kensington-Kies fuhr und die Huf- und Radspuren des Vortages herausdrückte. Die Bediensteten waren rechtzeitig auf den Beinen und bereiteten das Haus für diejenigen vor, die sich darin aufhielten, und veranstalteten ein *Déjeûner à la fourchette* für zufällige Gäste von außen.

Auch sie waren im Stall beschäftigt. Obwohl Mr. Bragg erklärte, er sei der Meinung von Mr. Sponge gegenüber so gleichgültig, dachte er dennoch, dass es vielleicht besser wäre, dem Fremden gegenüber herablassend zu sein. Dementsprechend befahl er seinen Peitschen, in Alarmbereitschaft zu sein, ihnen die Krawatten zu binden und ihre Stiefel anzuziehen, wie es sich gehörte, und ihre Mützen höflich zu hissen, wenn unser Freund auftauchte. Bragg hatte, wie viele Jäger, eine Art Höflichkeitsmaßstab, was er durch die Art und Weise, wie er das Feld begrüßte, zum Ausdruck brachte. Für einen Lord machte er eine Bewegung seiner Mütze wie die Kuppel von St. Pauls; ein Baronet verdiente etwa die Hälfte; ein Ritter, zu einem Viertel. Bragg hatte auch eine Art Stadt- oder Währungstarif der Höflichkeit – ein Tarif, der in Mr. Puffingtons Land häufiger bei Requisitionen aufgerufen wurde als der „Debrett". Als gutes „Trinkgeld" gewährte er so viel Obergrenze, wie er einem Lord gab; Auf ein mittelmäßiges „Spitzen" hin machte er eine Art Bewegung, die entweder als eine Berührung der Kappe oder als eine bequemere Anpassung an seinen Kopf angesehen werden konnte; eine sehr kleine „Spitze" hatte einen Zeigefinger zur Spitze; während derjenige, der überhaupt nichts gab, einen guten Blick oder einen guten Morgen bekam! oder so etwas in der Art. Ein Mann, der die Ankunft des Feldes beobachtete, konnte sehen, wer die Fünfen gab, wer die Vieren, wer die Dreien, wer die Zweien, wer die Einsen und wer die großen Nullen waren.

Aber bis heute mit Mr. Puffingtons Hunden.

Unsere Übernachtungsfreunde waren morgens nicht ganz so lebhaft wie die Bediensteten und Partys draußen. Puffingtons „Mischung" erzählte vielen von ihnen. Washball hatte Kopfschmerzen, Lumpleg auch; Crane war schäbig; und Kapitän Guano, meergrün. Sodawasser war sehr gefragt.

Es gab ein prächtiges Frühstück, einen Tisch und eine Anrichte, die aussahen, als hätten Fortnum und Mason oder Morel eine Filiale im Hanby House eröffnet. Obwohl die bleibenden Gäste nicht viel für die guten Dinge tun konnten, die ihnen dargelegt wurden, wurden sie nicht verschwendet, denn der Ort wurde kurz vor der angekündigten Stunde des Treffens regelrecht im Sturm erobert; und was zu einem Zeitpunkt wie eine äußerst extravagante Versorgung aussah, schien sich zu einem anderen Zeitpunkt als Mangel zu erweisen. Jeder Mann bediente sich nach Lust und Laune, ohne auf die Zeremonie einer Einladung zu warten, ganz im üblichen Stil der Fuchsjagd-Gastfreundschaft.

Ein paar Minuten vor elf lockte ein „sanftes, Rantaway", begleitet von einem leichten Peitschenknall, die zwielichtigen und zufriedenen Gruppen zum Erkerfenster, um Herrn Bragg mit seinen Hunden vorbeigehen zu sehen. Sie glitten einfach geräuschlos über die grüne Wiese, Mr. Bragg erhob sich in seinen Steigbügeln, so schön wie ein Jagdhahn, und sein reinrassiger Brauner tobte und scharrte voller Freude über das Toben der Hunde, von denen einige sich um ihn scharten, andere vorwärts schossen ein wenig, als ob sie zeigen wollten, wie gehorsam sie auf seinen Pfiff antworten würden. Mr. Bragg war als der pfeifende Jäger bekannt und ein hervorragender Mann im Telegrafieren und Signalisieren mit seinen Waffen. Er prahlte damit, dass er Jagdhunde so geschickt machen könne, dass sie alles tun könnten, außer das Bezahlen der Schlagbaumtore. Bei seinem Erscheinen begannen die Männer alle zum Flur und zur Eingangshalle zu schlurfen, um nach ihren Hüten und Peitschen zu suchen; und plötzlich ergoss sich ein großer Schwall roter Mäntel auf den Rasen, natürlich alle rittlings und watschelnd. Dann, als Mr. Bragg das Publikum sah, drehte er mit einem leichten Pfiff und einer Bewegung seines rechten Arms seine Streitkräfte herum und trottete fröhlich zu der Stelle, an der sich unsere Gäste versammelt hatten, innerhalb des leichten Eisengeländers, das den glatten Hang vom Feld trennte. Während er sein Pferd zügelte, schwenkte er seine Mütze in der Luft, hob sie senkrecht ab und endete an den Ohren seines Pferdes – ein Beispiel, dem sofort die Peitschen folgten, und auch Mr. Braggs zweiter Reiter, Tom Stot.

„Guten Morgen, Herr Bragg! Guten Morgen, Herr Bragg! – Guten Morgen, Herr Bragg!' platzte es aus den versammelten Zuschauern: Denn Mr. Bragg gehörte zu den Menschen, denen man gelegentlich begegnet und die jeder „Misters" nennt. Herr Bragg erhob sich mit einem anmutigen Lächeln in seinen Steigbügeln und verbeugte sich sehr höflich an der Reihe.

„Hier ist ein schöner Morgen, Mr. Bragg", bemerkte Tom Washball, der es für klug hielt, mit Dienern zu sprechen.

„*Ja* , Sir", antwortete Bragg, „Ja , " mit einer leichten Neigung zur Mütze; „ *Ray* – es gibt mehr *als* nur wünschenswert", fuhr er fort und hob sein Gesicht zum Himmel. „Aber immer noch keineswegs ein schlechter Tag, Sir – nein, Sir – keineswegs ein schlechter Tag, Sir."

„Hunde sehen gut aus", bemerkte Charley Slapp zwischen dem Hauch einer Zigarre.

„Ja , Sir", sagte Bragg, „Ja , " und sah sich mit einem selbstzufriedenen Lächeln um. und fügte hinzu: „So sollten sie, Herr – so sollten sie; „ Wenn *ich* eine Packung nicht so herausbringen kann, wie sie sein sollte, weiß ich nicht, wer das kann."

„Ja, hier ist unser alter Rummager, das erkläre ich!" rief Spraggon, der, nachdem er die eisernen Hürden gemeistert hatte, nun im Rudel war. „Ja, hier ist unser alter Rummager, das erkläre ich!" wiederholte er und legte seine Peitsche auf den Kopf eines ernst aussehenden schwarz-weißen Hundes, etwas an den Zehen hängend, und sah aus, als wäre er fast fertig.

„Sc-ee-gebrauchen Sie mich, Sir", antwortete Bragg, beugte sich über die Schulter seines Pferdes und flüsterte Jack ins Ohr. „Sc-ee-benutzen Sie mich, Sir, aber lassen Sie das bitte *fallen , Sir.* "

„Was fallen lassen?" fragte Jack und blickte durch seine große Schildpattbrille in Braggs Gesicht.

„Das wusste ich wohl, Sir", flüsterte Bragg. „Tatsache ist, Sir – wir nennen ihn Merryman, Sir; „Herr, ich weiß nicht, dass ich ihn von Ihnen habe, Sir."

„Ooo", antwortete Jack und blinzelte, wenn möglich, noch furchterregender als zuvor.

„Ah, das ist der Hund, den ich Scamperdale angeboten habe", bemerkte Puffington, als er die Bewegung sah und auf die Stelle zuging, an der Jack stand; „Das ist der Hund, den ich Scamperdale angeboten habe", wiederholte er und nahm den Kopf des alten Hundes zwischen seine Hände. „Es gibt keinen besseren Hund auf der Welt als diesen", fuhr er fort, tätschelte und streichelte ihn; „Und auch kein besser *gezüchteter* Hund", fügte er hinzu und rieb die Seiten des Hundes mit seiner Peitsche.

„Wie wird er gezüchtet?" fragte Jack, der den Stammbaum des Hundes besser kannte als seinen eigenen.

„Nun, ich habe ihn von Reynard – nein, ich meine von Downeybird – dem Herzog, wissen Sie; aber er wurde von Fitzwilliam gezüchtet – von seinem Singwell aus Darling. Singwell stammte aus dem Rutland Rallywood aus Tavistock Rhapsody; Aber um es kurz zu machen: Er stammt direkt vom Beaufort Justice ab.'

'In der Tat!' rief Jack aus und konnte sich kaum beherrschen; „Das ist unbestreitbar Blut."

„Nun, ich freue mich, das zu hören", antwortete Puffington. „Ich freue mich, das von Ihnen zu hören, denn Sie verstehen diese Dinge – niemand besser; und ich gestehe, dass ich eine warme Seite dieses Beaufort-Richter-Bluts habe.'

„Wundern Sie sich nicht", erwiderte Jack und lachte, als ihm die Westenschnüre abfielen.

„Der große Mr. Warde", fuhr Mr. Puffington fort, „der zu Recht eine Vorliebe für seinesgleichen hatte, hatte nie Einwände gegen die Zucht aus der Beaufort Justice."

„Nein, und niemand sonst wusste, was er vorhatte", antwortete Jack und wandte sich ab, um sein Lachen zu verbergen.

„Wir sollten umziehen, denke ich, Sir", bemerkte Bragg, der darauf bedacht war, das Gespräch zu beenden; „Wir sollten umziehen, denke ich, Sir", wiederholte er und klopfte mit dem Zeigefinger gegen den Schirm seiner Mütze. „Es ist nach elf", fügte er hinzu, blickte auf seine goldene Uhr und drückte sie an seine Wange.

„Was zeichnet man zuerst?" fragte Jack.

„Ziehen – zeichnen – zeichnen", antwortete Puffington. „Oh, wir werden Rabbitborough Ginster zeichnen – das ist ein neues Cover, das ich meinem Eigentum beigefügt habe."

„Sc-ee-benutzen Sie mich, Sir", antwortete Bragg mit einem Lächeln und klopfte erneut auf die Mütze: „Sc-ee-benutzen Sie mich, Sir, aber ich gehe zuerst nach Hollyburn Hanger."

„Na ja, Hollyburn Hanger", antwortete Puffington selbstgefällig; „Beides wird sehr gut funktionieren."

Wenn Puff Hollyburn Hanger vorgeschlagen hätte, hätte Bragg Rabbitborough Gorse gesagt.

Die Bewegung der Hunde löste einen Ansturm der Herren auf ihre Pferde aus, und es gab das übliche Gedränge, Gezappel und Gezwitscher, Heuern und Anziehen der Gurte, Anlegen der Zügel und Verlängern und Verkürzen der Pferde Steigbügel.

Kapitän Guano konnte seine Steigbügel sowieso nicht nach seinem Geschmack hinbekommen. „Ordnen Sie diese Leder aufhängen", brüllte er und umklammerte ein Steigbügeleisen. „Wer zum Teufel hätte jemals einen mit einem Paar neuer Steigbügelriemen auf die Jagd geschickt?"

„Häng dich und die Steigbügelriemen auf", knurrte der Stallknecht, als sein Herr davonritt; „Du willst immer Sumfin, an dem du etwas auszusetzen hast." „Ich bin verblüfft, wenn es für einen Oss nicht eine Schande ist, einen solchen Mann zu tragen", fügte er hinzu und beobachtete den Fuchs, der unruhig und zusammenzuckte, während der Kapitän an den Steigbügeln arbeitete.

Mr. Bragg trottete zügig mit den Hunden weiter, gefolgt von Joe Banks mit der ersten Peitsche, gefolgt von Jack Swipes mit der zweiten, und Tom Stot, die gemeinsam hinter ihm ritten, um die Menge auf Abstand zu halten.

So fegte die Kavallerie die Allee hinunter, überquerte den Swillingford-Turmpike und gelangte über eine gut gepflegte Feldstraße, die sie schnell in die Deckung brachte – auf beiden Seiten lagen raue, besenartige, mit Reisig bewachsene Böschungen von etwa drei Acres Ausmaß Seite des kleinen Hollyburn Brook, einem der winzigen Bäche, die in rauen Zeiten dazu beitrugen, den Swill zu einem Fluss anschwellen zu lassen.

„Verdunkelt all diese Fußmenschen!" rief Mr. Bragg mit gespieltem Ekel, als er in Sicht kam und all die Swillingford-Snobs, all die Kesselflicker und Schneider, und Schuster und Wilderer und Schafdiebe, all die finster dreinblickenden, verfaulten, ausgebeulten … Eingesackte Schurken des Landes standen um die Deckung herum, einige mit Hunden, einige mit Gewehren, einige mit Schlingen und alle mit Stöcken oder Stäben. „Nun, ich bin beunruhigt, wenn ich jemals einen …" Der Rest der Rede geht in den Ausrufen von „Ah!" unter. die Hundert! die Hundert! Band! Tally-o die Hundert!' und ein allgemeiner Ansturm der Raufbolde, ihnen entgegenzukommen.

KAPITÄN GUANO KANN SEINE STEIGBÜGEL NICHT AUF DIE RICHTIGE LÄNGE BEKOMMEN

Kapitän Guano, der inzwischen heraufgekommen war, beteiligte sich an der Anklage und beglückwünschte sich innerlich zu der Wahrscheinlichkeit, dass zumindest das erste Deckblatt leer sein würde. Auch Tom Washball, der einen sehr problematischen Grauschimmel ritt, tadelte das Vorgehen.

Und Mr. Puffington, immer noch ein *Paradebeispiel* für einen Poplar-Mann, rief, während er zwischen ihnen ritt: „Ah!" Meine lieben Leute, es wäre mir lieber, wenn ihr herkämet und etwas Bier trinkt, als dass ihr die Tarnung stört'; Ein Hinweis, den die Schlauen sofort verstanden, zum Haus stürmten und die Abwesenheit des Butlers, der den Hunden gefolgt war, nutzten, um ein paar Dutzend seiner besten Gabeln mit Geigengriff zu nehmen, während der Diener sie zog das Bier.

Als Bragg die Peitschen ordnungsgemäß zu ihren Spitzen schickte – Brick zur nördlichen Ecke, Swipes nach Süden – und das Feld endlich nach seinen Wünschen gestaltet war, schaute Mr. Bragg Mr. Puffington an, um sein Zeichen zu erhalten (das einzige Stück davon). Einmischung, die er ihm erlaubte); Mit einem Nicken schwenkte Mr. Bragg seine Mütze, und das Rudel rannte mit einem Schrei in die Deckung.

„Yo-o-icks – dreh ihn! Yo-o-icks – zerschmettere ihn!' jubelte Bragg, der aufrecht in seinen Steigbügeln stand und die Hunde beobachtete, die sich ausbreiteten und schnüffelten, bald hierhin, bald dorthin – bald durch ein Dickicht drängend, bald entlang einer Maas fädelnd und schnüffelnd. „Yo-o-icks – dreh ihn! Yo-o-icks – zerschmettere ihn!' wiederholte er, ließ seine Peitsche knallen und ging langsam weiter. Dann variierte er die Unterhaltung, indem er in einer scharfen, schrillen Tonart etwas pfiff, das dem Zwitschern eines Sperbers ähnelte.

So kramten und kämpften die Hunde einige Minuten lang.

„Hier gibt es keinen Fuchs", bemerkte Kapitän Guano und brachte sein Pferd neben Mr. Braggs Pferd.

„ *Da bin ich mir nicht so sicher* ", antwortete Mr. Bragg höhnisch, denn er hegte große Verachtung für den Kapitän. „Da bin ich mir nicht so sicher", antwortete er und beäugte Thunderer und Galloper, die den Bach hinaufjagten.

„Hängt diese Steigbügel auf!' rief der Kapitän aus und versuchte erneut, sie in Ordnung zu bringen; und fügte hinzu: „Ich erkläre, dass ich in diesem Sattel überhaupt keinen Sitz habe."

„In keinem anderen auch", murmelte Bragg. „Yo-icks, Galloper! Yo-icks, Donnerer! Herzlichst, Krieger!' fuhr er fort und ließ seine Peitsche knallen, während Warrior sich auf einen Hasen stürzte.

Die Hunde hatten offenbar eine Fährte aufgespürt, die kaum stark genug war, um sie zu erkennen, aber durch ihr Gefieder und das Anstürmen ihrer Kameraden hinreichend erkennbar.

„Ein Fuchs für tausend!" rief Mr. Bragg, beäugte sie und blickte auf seine Uhr.

„Oh, verdammt! Ich habe jetzt einen Steigbügel länger als den anderen!' brüllte Kapitän Guano und versuchte die neue Anpassung. „Ich habe einen Steigbügel, der länger ist als der andere!" fügte er mit schrecklicher Miene hinzu.

Jetzt ertönte ein leises Wimmern von Galloper, und Bragg jubelte ihm im Echo zu. In einer weiteren Sekunde brach ein großer, knallender brauner Fuchs aus dem Besen hervor und stürzte auf den kleinen Dekan zu. Welche Geräusche, welche Ausrufe zerrissen die Luft! „Talli-ho! Talliho! Talliho!' schrie eine Vielzahl von Stimmen in den unterschiedlichsten Tonlagen, vom halbhektischen Schrei einer Gruppe, die ihn sah, bis hin zum Schrei eines bloßen Teilnehmers der Epidemie. Schreien ist sehr ansteckend. Die Reiter sammelten ihre Zügel, drückten ihre Hüte herunter und warfen ihre Zigarrenstummel weg.

„Ordnen Sie es auf!" brüllte Kapitän Guano, der immer noch am Leder herumfummelte, „In diesem Zustand werde ich nie in der Lage sein, mit Steigbügeln zu reiten."

„Hängt eure Steigbügel auf!" rief Charley Slapp und schoss an ihm vorbei; und fügte hinzu: „ Letztes Mal war es dein *Sattel*."

Braggs seltsamer Hornschlag, denn er war voller seltsamer Schläge, ertönte jetzt am unteren Ende des Covers; und da er über eine Reihe von Lücken und anderen Annehmlichkeiten verfügte, die er im Handumdrehen zu nutzen wusste, schoss er bald so weit nach vorne, dass es (für die Langsamen) den Anschein erweckte, als sei er geflogen. Brick und Swipes hatten schnell alle Hunde hinter sich, und Stot ließ die Ellbogen sinken und machte sich auf den Weg zur Straße, um das zweite Pferd sanft auf der Linie zu reiten. Das Feld teilte sich wie üblich in zwei Teile, die Soft-Fahrer und die Hard-Fahrer – die Soft-Fahrer gingen an den Feldern vorbei, die Hard-Fahrer an der Straße. Die Herren Spraggon, Sponge, Slapp, Quilter, Rasper, Crasher, Smasher und noch ein halbes Dutzend mehr eilten hinter Bragg her; während der würdige Meister Mr. Puffington, Lumpleg, Washball, Crane, Guano, Shirker und viele andere die Gasse entlangstürmten. Es gab eine gute Witterung, und die Hunde schossen über die Fleecyhaughwater Meadows, über den Hügel, zum Dorf Berrington Roothings, wo die Hunde, nachdem der Fuchs von einem Hund gejagt worden war, wegen einer sehr schlechten Witterung zur Kontrolle gebracht wurden. Boden, auf dem Gemeindeplatz, etwas links vom Dorf, nach etwa einer Viertelstunde. Da die Straße gut befahrbar war, waren die harten Fahrer fast genauso schnell da wie die weichen; Und da es auf dem Gemeindegebiet keine Hindernisse gab, drängten sie alle kühn zwischen den nun gebeugten Hunden voran.

„Halten Sie fest, meine Herren!" rief Herr Bragg aus, erhob sich in seinen Steigbügeln und telegrafierte mit seinem rechten Arm. „Halten Sie fest! – bitte!" fügte er hinzu, mit kaum größerem Erfolg. „Dimmen Sie es, meine Herren, halten Sie es fest!" fügte er hinzu, während sie immer noch auf das Rudel drückten. „Haben Sie ein wenig Rücksicht auf die Verehrung eines Jägers", fuhr er fort. „Denken Sie daran, dass es mit der Sportart, die er zeigt, steigt und fällt" – Ermahnungen, die auf dem Feld ziemlich untergegangen zu sein schienen, als sie begannen, Notizen über ihre jeweiligen Erfolge zu vergleichen, die Sprünge zu vergrößern und die Distanz auf das Doppelte ihrer bisherigen zu vergrößern. Puffington und einige der Dicken saßen keuchend da und wischten sich die Stirn.

Da Mr. Bragg erkannte, dass die Jagdhunde kaum eine Chance hatten, die Fährte von selbst aufzuspüren, begann er mit dem Arm zu telegrafieren, um die Einpeitscher anzulocken, ganz in der Art, wie der Kapitän eines Themse-Dampfers den Burschen an der Maschine kontaktierte, und zwar sofort Sie trieben das Rudel voran, damit unser hervorragender Jäger seinen Wurf machen konnte. Wie es der Zufall wollte, überquerte Bragg die Linie des Fuchses, bevor er die Hälfte seines Kreises erreicht hatte, und die Hunde rannten davon, in einem Tempo und mit einem Schrei, der sehr nach Tötung aussah. Herr Bragg war in Ekstase und ritt auf eine Weise, die seiner Gewohnheit völlig widersprach. Alles war wieder Leben, Energie und Aktion; und sogar einige, die hofften, dass die Sache ein Ende hätte und dass sie nach Hause gehen und wie üblich sagen könnten, dass sie einen sehr guten Lauf hatten, aber nicht getötet wurden, wurden dazu bewegt, weiterzumachen.

Weg gingen sie alle wie zuvor.

Nach weiteren achtzehn Minuten trafen die Hunde in dem kleinen grünen Tal unterhalb von Mountnessing Wood auf ihren Fuchs, und Mr. Bragg ließ ihn auf dem Grün liegen, während das Rudel um ihn herum bellte und die Pferde der Feldreiter herumgeführt wurden von den Landleuten, während die Reiter dastanden und sich der Pracht des Dings erfreuten. Alle hatten ein direktes Interesse daran, es so gut wie möglich zu machen, und Mr. Bragg war durchaus bereit, so viel Lob wie möglich zu würdigen.

„Ordnen Sie ihn ab", sagte er und drehte den grimmigen Kopf des Fuchses mit dem Fuß nach oben, „aber Mr. Bragg ist ein unangenehmer Kunde für Herren Ihrer Art."

„Du hast ihn gut gejagt!" rief Charley Slapp aus, der Generaltrompeter des Establishments.

„Oh, Sir", antwortete Bragg mit einem Grinsen und einer herablassenden Verbeugung, „wenn Richard Bragg keine Füchse töten kann, weiß ich nicht, wer das kann."

Gerade dann 'Puffington und Co.' Sie schwebten in Sichtweite das Tal hinauf und ihre Gesichter strahlten vor Freude, als das Tableau vor ihnen die Geschichte erzählte. Sie eilten zur Stelle.

„Wie viele Klammern sind das?" fragte Puffington mit der selbstverständlichsten Miene, als er herantrottete und sein Pferd außerhalb des Kreises zügelte.

„Siebzehn Klammern, Euer Gnaden, ich meine, Mylord, das heißt *sur* ", antwortete Bragg mit einer starken Betonung des *sur* , als wollte er sagen: „Ich bin euch Snobs von einfachen Leuten nicht gewöhnt."

„Siebzehn Klammer!" höhnte Jack Spraggon zu Sponge und fügte flüsternd hinzu: „Eher wie *sieben* Füchse."

„Und wie viele laufen zu Boden?" fragte Puffington und stieg aus.

„Vier Klammern", antwortete Bragg und bückte sich, um das Unterholz abzuschneiden.

Wir haben zu Unrecht gesagt, dass Bragg Puff nur das Privileg eingeräumt hat, mit dem Kopf zu nicken, um zu sagen, wann er abwerfen darf. Er ließ ihn den „Lügengalopp" in der Tötungsabteilung anführen.

Dann überreichte Herr Puffington Herrn Sponge den Pinsel, und unter Einhaltung der üblichen Feierlichkeiten wurden die Sherryflaschen hervorgeholt und geleert, die Kekse gekaut und inmitten des Zigarrenrauchs löste sich der Ring voller Wohlwollen auf.

KAPITEL XXXIX

Einen Lauf schreiben

Die ersten Dämpfe der Aufregung sind verflogen, nach einem Lauf mit einem Kill beginnt das Feld, die Dinge gelassener und ehrlicher anzugehen, und schon bald beginnen einige von ihnen, Löcher in die Angelegenheit zu bohren. Die Männer der Jagd führen ihn nach oben, während die Männer der nächsten Jagd ihn nach unten steuern. Hinzu kommt, dass es in allen Bereichen gewöhnlich ein paar streitsüchtige, streitsüchtige Kerle gibt, die dem Meister einen Lauf ins Gesicht preisen und ihn hinter seinem Rücken missbrauchen. So war es auch bei diesem Anlass. Die Männer der Jagd – Charley Slapp, Lumpleg, Guano, Crane, Washball und andere – lobten es und machten es zu etwas Großartigem; während Fossick, Fyle, Wake, Blossomnose und andere von der „Flat Hat Hunt" es für eine nette Sache hielten – einen hübschen Ausbruch; und Mr. Vosper, der fünfundzwanzig Saisons lang gejagt hatte, ohne jemals einen Heller für Jagdhunde zu bezahlen, und immer erklärt hatte, dass jede Saison „seine letzte" sei oder dass er sich ganz auf ein anderes Rudel beschränken würde, sagte es Es gab nichts, worüber man sich streiten könnte, dass er bei den Tinglebury-Geländeläufern fünfzig bessere Dinge gesehen hatte, und nie wurde ein Wort gesagt.

„Nun", sagte Sponge zu Spraggon, während sie zusammen ritten, während sie den Hauch einer Zigarre wahrnahmen; „Es war doch nicht so schlimm, oder?"

„Schlecht! – nein", kniff Jack zusammen, „teuflisch gut – zumindest für Puff", und fügte hinzu: „Ich bezweifle, dass es ihm in dieser Staffel besser ging."

„Nun, wir haben Glück", bemerkte Tom Washball, der herbeiritt und sich ihnen anschloss; „Wir haben das Glück, eine zufriedenstellende Sache mit euch großen Kennern zu haben."

„Eine hübsche Sache", antwortete Jack, „eine hübsche Sache."

„Oh, ich will nicht sagen, dass es so viele sind, wie wir sie in dieser Saison hatten", antwortete Washball; „nichts wie der Boughton-Hill-Tag, noch nicht der Hembury-Forest-Tag; aber dennoch, wenn man das Treffen und die Lage des Landes bedenkt …"

„Hout! „Das Land ist gut genug", knurrte Jack, der Washball hasste; und fügte hinzu: „Ein guter Fuchs macht jedes Land gut"; Mit dieser Bemerkung schlich er sich an Sponge heran und ließ Washball mitten auf der Straße zurück.

„Das erinnert mich daran", sagte Jack *mit leiser Stimme* zu Sponge, „dass der Crittur seinen Lauf verbessern will und denkt, dass du das schaffst."

'Mich!' rief Sponge, „was hat ihm das in den Kopf gesetzt?"

„Sehen Sie", rief Jack, „das erste Mal, als Sie mit unseren Hunden am Dundleton Tower herauskamen, werden Sie sich an jemanden erinnern – oder vielmehr an das erste Mal, als wir Sie sahen, als Ihr Pferd mit Ihnen durchbrannte –, Fyle.", ich glaube es war, sagte, du wärst eine literarische Bucht; Und Puff, der die Idee gepackt hat, ist seitdem nicht mehr in der Lage gewesen, ihn loszuwerden: Und Tatsache ist, dass er gerne geschmeichelt werden würde – er würde sich ungemein freuen, wenn man ihn hübsch „sanft zersägen" würde. '

' *Mich!* ' rief Schwamm aus; „Gott sei Dank, Mann, ich kann nichts schreiben – zumindest nichts, was zum Drucken geeignet ist."

„Hout, Geige!" „Du kannst genauso gut schreiben wie jeder andere", entgegnete Spraggon. Sehen Sie, was viele Leute schreiben, und niemand findet jemals etwas auszusetzen.'

„Aber die Rechtschreibung stört einen", antwortete Schwamm und schüttelte seinen Ellbogen und seinen Körper, als käme das überhaupt nicht in Frage.

„Hör auf mit der Rechtschreibung", murmelte Jack, „man kann sich immer ein Wörterbuch ausleihen; oder lassen Sie den Mann der Zeitung – den Herausgeber, wie sie ihn nennen – die Rechtschreibung glätten. Am Ende Ihres Briefes sagen Sie, dass Ihre Hände kalt sind oder dass Ihre Hand schmerzt, wenn Sie ein Pferd halten, und Sie werden ihm dafür danken, dass er etwaige Unachtsamkeiten korrigiert – Sie brauchen sie nicht als Fehler zu bezeichnen, wissen Sie?

„Aber wo ist der Nutzen davon?" rief Schwamm aus; „Es wird uns nichts nützen, wissen Sie, Puffs Rudel oder sich selbst oder irgendetwas an ihm zu loben."

„Das ist genau der Punkt", sagte Jack, „das ist genau der Punkt." „Ich kann dafür sorgen, dass es unseren beiden Zielen entspricht", sagte er mit einem Stoß des Ellbogens und einem von innen nach außen gerichteten Blick.

„Oh, das ist eine andere Sache", antwortete unser Freund; „Wenn wir die Sache in die Tat umsetzen können, dann bin ich der richtige Mann für Sie."

„Wir *können* daraus Nutzen ziehen", entgegnete Jack; „Wir *können* daraus Nutzen ziehen – zumindest *ich* kann es; aber dann musst du es tun. Er würde es nicht als Kompliment von mir auffassen. Es ist der Fremde, der alle Dinge in ihrem wahren Licht sieht. Verstehst du?' fragte er eifrig.

„Ich zwicke", antwortete Schwamm.

„Sie schreiben den Bericht", fuhr Jack fort, „und ich kümmere mich um den Rest."

„Du musst mir helfen", bemerkte Schwamm.

„Sicherlich", antwortete Jack; „Wir machen es gemeinsam und gehen zur Hälfte in die Beute ein."

„Hm", überlegte Schwamm, „halbiert", sagte er zu sich selbst. „Und was gibst du mir für meine Hälfte?" fragte er.

'Gebe dir!' rief Jack aus und seine Stimmung hellte sich auf. 'Gebe dir! „Lass mal sehen", fuhr er fort und tat so, als würde er darüber nachdenken, „Puff ist reich – Puff ist ein liberaler Kerl – Puff ist ein eingebildeter Bettler – mische es stark", sagte Jack, „und ich gebe dir zehn Pfund."

„Mach es zwölf", antwortete Schwamm nach einer Pause.

Wenn Jack zwölf gesagt hätte. Sponge hätte vierzehn gefragt.

„Konnte nicht", sagte Jack kopfschüttelnd; „Es ist wirklich nicht das Geld wert."

Die beiden ritten dann schweigend ein kleines Stück weiter.

„Ich werde dir sagen, was ich tun werde", sagte Jack, gab seinem Pferd die Sporen und trottete den Raum hinauf, den der andere jetzt vorausgeschossen hatte. „Die Differenz teile ich mit dir!"

„Nun, gib mir den Sov.", sagte Schwamm und streckte ernst seine Hand aus.

„Warum, ich habe keinen Sov. „Auf mich", antwortete Jack; „Aber, Herrgott, ich werde tun, was ich sage."

„Gib mir elf goldene Sovereigns für meine Chance", wiederholte Sponge langsam, damit es keinen Fehler gab.

„Elf goldene Sovereigns für Ihre Chance", wiederholte Jack.

'Erledigt!' antwortete Schwamm.

'Erledigt!' wiederholte Jack.

„Lass uns weiter joggen und es sofort tun, solange wir die Sache noch frisch im Kopf haben", sagte Jack und brachte sein Pferd in Trab.

Sponge tat dasselbe; und die Rasenflächen des Orlantire Parkwall begünstigten ihren Entwurf, so steigerten sie den Trab zum Galopp. Sie passierten bald die Grenzen des Parks, und als sie auf eine dieser Raritäten gelangten – eine nicht umzäunte Gemeinde, neigten sie ihre Grenzen, um der Seitenbarre zu entgehen, und bogen in die Farningham Green Lane ein, kamen sie in Sichtweite von Hanby auf den Kingsworth und Swillingford Turnpike Haus.

„Wir halten besser an und führen die Pferde vorsichtig hinein, vielleicht", bemerkte Schwamm und zügelte sein Pferd.

'Ah! „Ich wollte nur vor den anderen nach Hause kommen", bemerkte Jack und hielt ebenfalls an.

Gemeinsam ging es dann gemächlicher weiter.

„Dafür gehen wir besser in eines unserer Schlafzimmer", bemerkte Jack, als sie an der Hütte vorbeikamen. „Nur so", antwortete Sponge und fügte hinzu: „Ich wage zu behaupten, dass wir so viel Ruhe wie möglich brauchen werden."

'Ach nein!' sagte Jack; „Die Sache ist ganz einfach – an einem solchen Ort getroffen – an einem anderen gefunden – an so und so getötet."

„Nun, das hoffe ich", sagte Schwamm, ritt in den Stallhof und überließ sein Ross der Obhut seines Stallknechts.

Jack tat das Gleiche bei Sponges anderem Pferd, auf dem er geritten war, und antwortete auf Leathers Frage (der mit der rechten Hand bereitstand, als wolle er ihm die Hand schütteln): „Wie hatte das Pferd ihn getragen?" antwortete:

„Verflucht, krank" und stampfte davon, ohne ihm etwas zu geben.

„Ah, *Sie sind* ein Gentleman, das sind Sie", murmelte Leather, als er das Pferd wegführte. 'Komm jetzt!' rief Jack zu Sponge, „komm!" Lasst uns einsteigen, bevor einer dieser lästigen Kerle kommt. Während er in einen Gang eintauchte, fügte er hinzu: „Ich zeige dir den Hinterweg."

Nachdem sie an einer Spülküche, einem Wurzelhaus und einer geräumigen Eingangshalle vorbeigekommen waren, gelangten sie auf einem Tisch, auf dem der ewige Bierkrug und der Brotkorb standen, durch eine Tür aus grünem Stoff in die Bereiche des oberen Dienstes und an den gestrichelten vorbei Teppiche im Zimmer der Haushälterin und in der Speisekammer des Butlers, eine rote Gazetür führte sie auf die andere Seite des Vordereingangs. Nachdem sie ihre Hüte und Peitschen abgelegt hatten, sprangen sie die reich mit Teppichen ausgelegte Treppe hinauf zu ihren Zimmern.

Hanby House war, wie wir bereits sagten, prächtig eingerichtet. Die ganze Erhabenheit erstreckte sich nicht auf die Aufenthaltsräume; Aber jede einzelne Wohnung, vom Prunkschlafzimmer bis zum kleinsten Junggesellenzimmer, war voller Eleganz und Komfort.

Wie viele Häuser verfügten die Schlafzimmer jedoch über jeden erdenklichen Luxus, außer Stiefelknöbern und Stiften, mit denen man schreiben konnte. In Sponges Zimmer zum Beispiel gab es Sitzbäder und Fußbäder, ein Duschbad und angrenzende heiße und kalte Bäder und unzählige Spiegel; eine Acht-Tage-Kaminuhr von Moline aus Genf, die die Stunden, halben Stunden und Viertelstunden schlug: Toilettenleuchter aus geschliffenem Glas mit silbernen Wandleuchten; ein eleganter Schrank aus Zebraholz; außerdem ein wunderschönes Sofa aus Zebraholz mit einer Rückseite aus Glas, das einen auf Silbergrund gearbeiteten Stiftvorleger enthält, eine Streichholzschachtel aus Ebenholz, einen blauen Kristall, der einen Stiftwischer aus Schwamm enthält, ein wunderschönes Umschlagetui, ein weiß- Karneolsiegel mit der Aufschrift „Hanby House", Wachs in allen Farben, Papiere in allen Beschaffenheiten, Umschläge ohne Ende — alle erdenklichen Anforderungen an die Korrespondenz außer einem Stift, der schreiben kann. Es *gab* zwar Stifte — das gibt es fast immer —, aber es waren elende Entschuldigungen für Dinge; Bei einigen handelte es sich lediglich um Krähenfedern — eine Art Federhülle, während es sich bei anderen um große, ungeschickte, hochhackige Geschöpfe im Stil eines Kutschpferdes handelte, die bis zu den Sprunggelenken mit Tinte verklebt oder ganz durchgeplatzt waren — ärgerliche Entschuldigungen , die einen Menschen gerade im kritischen Moment umwerfen, wenn er sein Blatt vorbereitet hat und seine Ideen bereit sind, sie auf Papier zu bringen; dann geht der Stift weg, und der Gedankengang verschwindet. Mutig ist der Mann, der es unternimmt, seine Briefe in seinem Schlafzimmer mit Landhausstiften zu schreiben. Aber an unsere Freunde. Jack und Sponge schliefen nebeneinander; Schwamm, wie wir bereits sagten, bewohnte den Prunkraum mit seinem Bettgestell mit Baldachin, den geschnitzten und getäfelten Seitenwänden und den eleganten, rosa gefütterten Chintzvorhängen und den massiven Quasten aus Seide und Goldbarren; während Jack das Ankleidezimmer bewohnte, das das Prunkschlafzimmer im Miniaturformat war, nur um einiges komfortabler. Die Zimmer waren durch Doppeltüren miteinander verbunden, und unsere Freunde verschafften uns sehr bald einen Durchgang.

„Haben Sie etwas ‚Baccy'?" fragte Jack, während er in seinen Pantoffeln hineinwatschelte, nachdem er sich ohne die Hilfe eines Stiefelknechts die Oberteile ausgezogen hatte.

„Da ist etwas in meiner Jackentasche", antwortete Schwamm und deutete mit dem Kopf darauf, wo es im Kleiderschrank hing. „Aber hier darf doch nicht geraucht werden, oder?" fragte er.

'Warum nicht?' fragte Jack.

„So ein schönes Zimmer", antwortete Schwamm und sah sich um.

„Oh, schön, gehängt zu werden!" antwortete Jack und fügte auf dem Weg zur Jacke hinzu: „Kein Ort ist zu schön, um darin zu rauchen."

Nachdem er sich eine der besten Zigarren genommen und sie angezündet hatte, setzte sich Jack im Schneidersitz auf einen bequemen, gefederten, gepolsterten Stuhl, während Schwamm zwischen den Schreibutensilien hin und her wühlte, die verklumpte Tinte wässerte und aufrührte und jeden Stift anprangerte nacheinander, als er ihm den ersten Versuch unterzog, das Wort „Schwamm" zu schreiben.

„Verfluche die Stifte!" rief er und warf angeekelt das letzte knallgelbe Ding von sich. „Da ist keiner unter ihnen, der gehen kann! – alle sind regelmäßig ratlos."

„Hast du kein Taschenmesser?" fragte Jack und nahm die Zigarre aus seinem Mund.

„Ich nicht", antwortete Schwamm.

„Dann nimm ein Rasiermesser", sagte Jack, der sich gut mit Hilfsmitteln auskannte.

„Ich nehme eins von dir", sagte Schwamm und ging in die Umkleidekabine, um eins zu holen. „Hör auf, aber du bist doch etwas zu scharfsinnig", rief Jack kopfschüttelnd aus.

„Das ist mehr, als dein Rasierer sein wird, wenn ich damit fertig bin", antwortete Sponge.

Nachdem es Mr. Sponge schließlich mit Hilfe von Jacks Rasiermesser gelungen war, einen Stift zu bekommen, mit dem er schreiben konnte, wählte er ein Blatt bestes cremefarbenes Satinpapier aus, nahm einen Stuhl mit Rohrgestell und setzte sich an den Tisch Einstellung zum Schreiben. Er tauchte den feinen gelben Stift in die Tinte und schaute Jack auf der Suche nach einer Idee ins Gesicht. Jack, der inzwischen mit der Zigarre weit fortgeschritten war, saß da und blinzelte durch seine Brille auf unseren Schreiber, obwohl er offenbar auf die Oberseite des Bettes blickte.

'Also?' sagte Schwamm mit fragendem Blick.

„Nun", antwortete Jack gleichgültig.

„Wie soll ich anfangen?" fragte Schwamm, drehte den Stift zwischen seinen Fingern und ließ die Tinte über das Papier spritzen.

'Beginnen!' antwortete Jack, „fang an, oh, fang an, so wie du normalerweise anfängst."

„Als Brief?" fragte Schwamm.

„Das nehme ich an", antwortete Jack; „Wie würdest du denken?"

„Oh, ich weiß nicht", antwortete Schwamm. „Wirst *du* es versuchen?" fügte er hinzu und hielt ihm den Stift hin.

„Wissen Sie, ich bin gerade beschäftigt", sagte er und zeigte auf seine Zigarre, „und dein Pferd" (Jack war auf dem furchteinflößenden Fuchs Multum in Parvo geritten, der sich in der Gesellschaft sehr gut geschlagen hatte „Herkules) zog so verwirrt, dass ich meine Finger fast nicht mehr gebrauchen konnte", fuhr er fort und arbeitete so, als ob er den Krampf in beiden Händen hätte; „Aber ich werde dich dazu auffordern", fügte er hinzu, „ich werde dich dazu auffordern."

„Warum fängst du dann nicht an?" fragte Schwamm.

'Beginnen!' rief Jack aus und nahm die Zigarre von seinen Lippen; 'beginnen!' wiederholte er: „Oh, ich fange gleich an – ich wusste nicht, dass du bereit bist."

Dann warf sich Jack in seinen Stuhl zurück, streckte seine kleinen O-Beine hervor und richtete das Weiße seiner Augen zur Decke, als wäre er in Meditation versunken.

„Fangen Sie an", sagte er nach einer Pause, „beginnen Sie, „dieses großartige Rudel hatte einen atemberaubenden Lauf.""

„Aber wir müssen zuerst *welche* Packung legen", bemerkte Sponge und schrieb die Worte „Mr. „Puffingtons Hunde" steht ganz oben auf der Zeitung. „Nun", schrieb er weiter, „dieses atemberaubende Rudel hatte einen großartigen Lauf."

„Nein, kein umwerfendes *Rudel* ", knurrte Jack, „ein *großartiges* Rudel – „dieses großartige Rudel hatte einen atemberaubenden Lauf.""

'Stoppen!' rief Schwamm und schrieb es auf; „Nun", sagte er und blickte auf, „ich habe es."

„Dieses atemberaubende Rudel hatte einen großartigen Lauf", wiederholte Jack und schielte zur Decke.

„Ich dachte, du hättest *großartiges* Rudel gesagt", bemerkte Schwamm.

„Das habe ich getan", antwortete Jack.

„Du hast gerade atemberaubend gesagt", entgegnete er.

„Ah, das war ein Versprecher", sagte Jack. „Dieses prächtige Rudel hatte einen atemberaubenden Lauf", wiederholte Jack und appellierte erneut an seine Zigarre, um sich inspirieren zu lassen. „Na dann", sagte er nach einer Pause, „mach einfach weiter wie immer, weißt du", fuhr er mit einer Bewegung seiner großen roten Hand fort.

'Wie gewöhnlich!' rief Sponge, „man glaubt nicht, dass die Feder von selbst verschwindet."

„Nein", antwortete Jack und warf die Asche seiner Zigarre auf den Gobelinteppich mit Arabeskenmuster – „nein, nicht ganz; Aber diese Dinge sind, wissen Sie, ziemlich selbstverständlich; Beschreiben Sie einfach, was Sie gesehen haben, wissen Sie, und Butter Puff, das ist der Hauptpunkt.

„Aber vergessen Sie", antwortete Sponge, „ich kenne das Land nicht, ich kenne die Leute nicht, ich weiß überhaupt nichts über den Lauf – ich habe die Hunde kein einziges Mal angeschaut."

„Das ist nichts", antwortete Jack, „in dieser Hinsicht gibt es viele wie dich." Allerdings", fuhr er fort und setzte sich wie zu einer Anstrengung auf seinen Stuhl, „Sie können sagen – lassen Sie mich sehen, was Sie sagen können – Sie können sagen: „Dieses großartige Rudel hatte einen atemberaubenden Lauf von Hollyburn Hanger, dem Eigentum von „Es ist sein wirklich beliebter Herr, Mr. Puffington", oder – hör auf", sagte Jack und hielt sich selbst zurück, „sagen wir, „das Eigentum seines wirklich beliebten und sportlichen Herrn, Mr. Puffington." „Das Cover gehört genauso mir wie ihm", bemerkte Jack; „Es gehört dem alten Sir Timothy Tensthemain, der in Boulogne-sur-Mer vor sich hin vegetiert, aber Puff sagt, er wird es kaufen, wenn es um den Hammer geht, also werden wir ihm schmeicheln, indem wir es bereits für sein Eigentum halten, genauso wie wir ihm schmeicheln." indem man ihn einen Sportler nennt – *Sportler* !' fügte Jack mit einem höhnischen Grinsen hinzu: „Er hat genauso viel Geschmack für das Ding wie eine Kuh."

„Nun", sagte Sponge und schaute auf, „ich habe einen „wirklich beliebten und sportlichen Meister, Mr. Puffington"" und fügte hinzu: „Es wäre besser, wenn wir hier etwas über das Treffen und die große Veranstaltung sagen, bevor wir beginnen." der Lauf?'

„Stimmt", antwortete Jack, nachdem er lange daran gerochen und das Ende seiner Zigarre noch einmal zurechtgerückt hatte; „Sagen Sie, dass „ein großartiges Feld gut ausgestatteter Sportler" …"

„Ein großartiges Feld gut ausgestatteter Sportler", schrieb Sponge.

„Unter ihnen erkannten wir mehrere angesehene Fremde und Mitglieder von Lord Scamperdales Jagdtruppe." „Das bedeutet du und ich", bemerkte Jack.

„Von Lord Scamperdales Jagd – das bedeutet Sie und ich" – las Sponge, wie er es schrieb.

„Aber das darfst du nicht hineinstecken; Du sollst nicht schreiben: „Das bedeutet du und ich", mein Mann", bemerkte Jack.

„Oh, ich dachte, das wäre Teil des Satzes", antwortete Schwamm.

„Nein, nein", sagte Jack; „Ich wollte damit sagen, dass Sie und ich die angesehenen Fremden und Mitglieder von Lord Scamperdales Jagd waren; aber das ist eine Sache unter uns, wissen Sie.'

„Gut", sagte Schwamm; „Dann streiche ich das" und fuhr mit der Feder durch die Worte „das bedeutet du und ich." „Jetzt machen Sie weiter", sagte er, appellierte an Jack und fügte hinzu: „Wir müssen noch einen Deal abschließen."

„Sagen Sie", sagte Jack, „nachdem sie die bekannte überschwängliche und großartige Gastfreundschaft von Hanby House genossen hatten, machten sie sich sofort auf den Weg nach Hollyburn Hanger, wo ein guter, erfahrener Fuchs – obwohl einige sagten, er sei ein echter Fuchs –"

'Haben sie?' rief Sponge und fügte hinzu: „Nun, ich fand, dass er ziemlich seltsam weggegangen ist."

„Oh, es war nur der alte Bung, der Brauer, der jede Abfahrt herunterrennt, die er nicht fährt."

„Na ja, egal“, antwortete Sponge, „wir machen das Beste daraus, was auch immer es war“; Während er sprach, schrieb er weg und wiederholte die Worte „Beutel eins“, während er sie niederschrieb.

„Bruch weg“, fuhr Jack fort:

„Im Hinblick auf das gesamte Feld“, fügte Sponge hinzu. „Genau so“, stimmte Jack zu.

„Jeder Hund schreit und macht das ‚-das-das-wie nennt ihr das Ding?‘“ fragte Jack.

„Land“, schlug Schwamm vor.

„Nein“, antwortete Jack kopfschüttelnd.

„Hügel und Tal?“ versuchte es erneut mit Sponge.

„Welkin!“ rief Jack aus und verstand es selbst – „ihre Melodie ertönt zum Klingeln!“ „Machen Sie den Welkin mit ihrer Melodie erklingen“, wiederholte er jubelnd.

'Hauptstadt!' beobachtete Sponge, als er es schrieb.

„Gleich wie Littlelegs“, sagte Jack und kniff die Augen zusammen.

„Wir werden eine großartige Sache daraus machen“, bemerkte Sponge.

„Das werden wir“, antwortete Jack und fügte hinzu, „wenn wir nur ein Gedichtbuch hätten, würden wir hier ein paar Zeilen einweben.“ „Hast du kein Buch bei dir, aus dem wir ein paar Gedichte herausholen könnten?“ fragte er.

„Nein“, antwortete Schwamm nachdenklich. 'Ich fürchte nein; Tatsächlich bin ich sicher nicht. „Ich habe nichts außer *Mogg's Cab Fares* .“

„Ah, das geht nicht“, bemerkte Jack kopfschüttelnd. „Aber bleiben Sie“, sagte er, „da drüben sind ein paar Bücher“, zeigte auf die Oberseite eines indischen Schranks und blinzelte in eine ganz andere Richtung. „Mal sehen, was sie sind“, fügte er hinzu, stand auf und stapfte dorthin, wo sie standen. *I Promessi Sposi* , lesen Sie ihn von der Rückseite eines. „Was kann das bedeuten!“ „Ah, das ist Latein“, sagte er und öffnete den Band. *Contes à ma Fille* , lesen Sie ihn von der Rückseite eines anderen. „Das klingt nach Racin“, bemerkte er und öffnete den Band, „es ist auch lateinisch“, sagte er und gab ihn zurück. „Aber egal, wir werden „Puffs Milch mit Zuckerguss machen“, wie Mr. Bragg sagen würde, ohne Gedichte.“ Mit diesen Worten stolperte Mr. Spraggon zurück zu seinem Sessel. „Nun“, sagte er und setzte sich bequem hinein, „mal sehen, wohin sind wir zuerst gegangen?“ „Er brach am unteren Ende der Abdeckung ab und überquerte den Bach und machte sich direkt auf den Weg zu den Fleecyhaugh Water Meadows, über denen, wie man sagen könnte, „immer ein hinreißender Duft liegt." „Haben Sie das?" fragte Jack, nachdem er seiner Meinung nach ausreichend Zeit zum Schreiben hatte.

„„Bezaubernder Duft", wiederholte Sponge, während er die Worte schrieb.

„Sehr gut", sagte Jack, rauchend und nachdenkend. „Von dort aus", fuhr er fort, „machte er eine kleine Biegung, als wollte er zu den Plantagen in Winstead tendieren, aber als er seine Meinung änderte, wandte er sich dem ansteigenden Gelände zu und überquerte fast den höchsten Teil von Shillington." Hill, direkt zum kleinen Dorf Berrington Roothings weiter unten.

'Stoppen!' rief Sponge, „Ich habe nicht die Hälfte davon; Ich muss nur noch zu den „Plantagen in Winstead" gelangen. Sponge spielte mit seinem Stift und hielt ihn zum Zeichen, dass er fertig war, hoch.

„Nun", überlegte Jack, „da war ein Scheck." „Sagen Sie", fuhr er fort und wandte sich an Schwamm: „Hier kamen die Hunde auf die Probe."

„Hier kamen die Hunde auf die Probe", schrieb Sponge. „Sollen wir etwas über die Entfernung sagen?" fragte er.

„Vielleicht können wir das auch", antwortete Jack. „Wir müssen es allerdings etwas strecken."

„Mal sehen", fuhr er fort; „Von der Deckung bis Berrington Roothings drüben bei Shillington Hill und Fleecyhaugh Water Meadows sind es – sagen wir mal zweieinhalb oder höchstens drei Meilen – nennen wir es vier, nun ja, vier Meilen – sagen wir vier Meilen in zwölf Minuten, also zwanzig Meilen." eine Stunde – zu schnell – vier Meilen in fünfzehn Minuten, sechzehn Meilen pro Stunde; Nein – ich denke, es ist vielleicht sicherer, die Entfernung am Ende zusammenzufassen und an ein oder zwei Orten zu platzieren, deren Namen niemand kennt, um es denjenigen zu erleichtern, die nicht draußen waren.'

„Aber diejenigen, die draußen *waren* , werden plappern, nicht wahr?" fragte Schwamm.

„Nur zueinander", antwortete Jack. „Sie werden alle gegenüber Fremden für die Wahrheit eintreten." „Sie brauchen nie Angst davor zu haben, den Pudding für diejenigen, die draußen waren, zu sehr mit Eiern zu übergießen."

„Na dann", bemerkte Sponge und schaute auf sein Papier, um über den Fortschritt zu berichten, „wir haben die Hunde auf dem Prüfstand." „Hier kamen die Hunde zur Kontrolle", las er. 'Ah! „Nun denn", sagte Jack in einem Ton des Abscheus, „müssen wir sagen, dass Bragg wirklich gut aussieht; und von allen eingebildeten Tieren unter der Sonne ist er sicherlich das eingebildetste. So einen Mann habe ich noch nie gesehen! Wie sein unglücklicher, verliebter Herr ihn festhält, kann ich mir beim besten Willen nicht vorstellen. *Meister*! „Glaube, Bragg ist der *Meister*", fuhr Jack fort, der nun anfing, Schaum vor dem Mund zu bekommen. „Er lacht den alten Puff ins Gesicht; Dennoch ist es wunderbar, welchen Einfluss Bragg auf ihn hat. Ich glaube wirklich, dass er Puff davon überzeugt hat, dass es keinen Jäger mehr unter der Sonne gibt, und tatsächlich ist er der beste Idiot, den es je gegeben hat. Er kann die Figur einfach kleiden, und das ist alles." Mit diesen Worten wischte sich Jack den Mund am Ärmel seines roten Mantels ab, um Mr. Bragg auf dem Papier zur Schau zu stellen.

„Nun, jetzt sind wir schuld", sagte Jack und bedeutete Schwamm, fortzufahren. „wir sind schuld; Sagen Sie jetzt: „Aber Mr. Bragg, der galant auf seiner Lieblingsbucht geritten war, war ein so schönes Tier wie nie zuvor, wenn auch etwas über den Mund hinaus – „Er *ist zumindest* ein gutes Pferd", bemerkte Jack und fügte hinzu: „Ich habe ihn an Puff verkauft, er war einer vom alten Sugarlip", was Lord Scamperdale bedeutet.

„Dann ist das sicher ein guter Kerl", antwortete Sponge mit einem Augenzwinkern und fügte hinzu: „Ich frage mich, ob er noch mehr kaufen möchte?"

„Darüber reden wir später", antwortete Jack, „jetzt lasst uns mit unserem Lauf weitermachen."

„Nun", sagte Sponge, „ich habe es verstanden: „Mr. Bragg, der galant auf seiner Lieblingsbucht geritten war, ein so schönes Tier wie nie zuvor, wenn auch etwas über die Grenzen des Mundes hinaus –"

„War gut bei seinen Hunden", fuhr Jack fort, „und machte mit einem sanften Rantipole! und einer einzigen Armbewegung einen dieser wissenschaftlichen Würfe, für die dieser hervorragende Jäger zu Recht gefeiert wird." Zurecht *gefeiert*!' wiederholte Jack und spuckte voller Abscheu auf den Teppich; „Der eingebildete, selbstgenügsame Zwerghahn machte nie einen Wurf, der eine Münze wert war, oder ritt einen Meter weit, außer wenn er glaubte, dass ihn jemand ansah."

„Ich habe es verstanden", sagte Schwamm, der seine Feder gut eingesetzt hatte.

„Zu Recht gefeiert", wiederholte Jack schnaubend. „Nun, dann sagen wir mal: „Die Fährte abschüttelnd wie ein Arbeiter" – großes H, wissen Sie, für einen neuen Satz – „sie gingen wieder weg, gingen an Moorlinch-Wirtschaftsgebäuden vorbei und zogen den Plantagenstreifen entlang Bexley Burn, er überquerte Silverbury Green, ließ Longford Hutch rechts liegen und ging geradeaus am Galgen bei Harpen vorbei. Das sind alles Teile von Orten, bemerkte Jack, „die niemand außer den Landleuten kennt; Tatsächlich hätte ich sie nicht kennen sollen, wenn ich nicht auf sie geschossen hätte, als der alte Bloss im Green lebte. Nun, hast du das alles? fragte er.

„Gibbet at Harpen", las Sponge, als er es schrieb.

„Hier also, das tapfere Rudel brach von der Witterung auf, um es zu sehen", fuhr Jack fort und sprach langsam, „stieß in freier Wildbahn am Mountnessing Wood auf ihren Fuchs, offensichtlich hatte er es von Anfang an im Sinn, und in den einige wenige hineingingen." Mehr Schritte hätten ihn getragen, so schön wie nie zuvor, und die Jagd der Hunde erregte Bewunderung bei allen, die ihn sahen ?' fragte Jack.

„Zehn, zwölf Meilen Luftlinie", schlug Schwamm vor.

„Nein", sagte Jack, „das wäre zu viel." Sag zehn'; und fügte hinzu: „Das werden vier Meilen mehr sein, als es war."

„Macht nichts", sagte Schwamm, während er es schrieb; „Leute mögen ein gutes Maß sowohl bei Läufen als auch bei Bändern."

„Jetzt müssen wir den alten Puff mit Butter bestreichen", bemerkte Spraggon.

„Was können wir für ihn sagen?" fragte Schwamm; „Dass er nie von der Straße abgekommen ist?"

„Nein, bei Jupiter!" sagte Jack; „Du wirst alles verderben, wenn du das tust: Es ist besser, es ganz in Ruhe zu lassen, als das zu tun." Sagen Sie: „Der zu Recht beliebte Besitzer dieses berühmtesten Rudels, obwohl er gute vierzehn Steine reitet" (er reitet viel mehr", bemerkte Jack; „mindestens sechzehn; aber es wird ihm Freude machen, herauszufinden, dass er vierzehn reiten *kann*), " „führte die Welters auf seinem berühmten kastanienbraunen Pferd Tappey Lappey an."

„Was sollen wir zum Rest sagen?" fragte Schwamm; „Lumpleg, Slapp, Guano und all das?"

JACK UND HERR. SPONGE SCHREIBEN SIE EINEN ARTIKEL FÜR DIE SWILLINGFORD-ZEITUNG

„Oh, sag nichts", antwortete Jack; „Wir haben mit niemandem außer Puff etwas zu tun, und wir könnten sie nicht erwähnen, ohne auch unsere Flat-Hat-Männer mit einzubeziehen – Bloomnose, Fyle, Fossick und so weiter." Außerdem würde es alles verderben, wenn man sagen würde, dass Guano oben war – die Leute würden direkt sagen, dass es kein großer Lauf gewesen wäre, wenn Guano dabei gewesen wäre. Sie könnten zum Schluss sagen", bemerkte Jack nach einer Pause, „dass Sie vielleicht sagen: „Nach dieser wirklich brillanten Angelegenheit, Mr. Puffington, wie ein gründlicher Sportler und einer, der seine Hunde nie unnötig verwüstet – im Gegensatz zu manchen Meistern", könnten Sie sagen , „die nie wissen, wann sie aufhören sollen" (das wird ein Hit bei Old Scamp sein", bemerkte Jack mit einem fürchterlichen Blick), „kehrte nach Hanby House zurück, wo eine angesehene Gruppe von Sportlern –" oder sagen wir: „ eine angesehene Gesellschaft von Adligen und Herren" – das wird dem Esel mehr gefallen – „eine große Gesellschaft von Adligen und Herren nahm an seinem" – seinem – wie sollen wir es nennen?" teil.

'Roden!' sagte Schwamm.

„Nein, nein – summum vornehm – seine – seine – seine – „großartige Gastfreundschaft!"'", schloss Jack und wedelte triumphierend mit dem Arm über seinem Kopf.

„Harte Arbeit, Autorenschaft!" rief Schwamm, als er mit dem Schreiben fertig war, und warf die Feder weg.

„Oh, ich weiß nicht", antwortete Jack und fügte hinzu: „Ich könnte noch eine Stunde weitermachen."

„Ah, *du* ! – das ist alles schön und gut", antwortete Schwamm, „für dich, wie du bequem in deinem Sessel hockst; aber bedenke mich, wie ich mich mit meiner Feder abmühte, mich mit dem Schreiben abmühte und mich nach der Rechtschreibung reckte."

„Macht nichts, wir haben es geschafft", antwortete Jack und fügte hinzu: „Puff wird genauso zufrieden sein wie Punch." Wir haben ihn ungewöhnlich aufpoliert. Das ist genau die Art von Konto, um den Bettler zu kitzeln. Er wird durch das Land reiten, es allen zeigen und sich fragen, wer es geschrieben hat.'

„Und wohin sollen wir es schicken? – das *Sporting Magazine* oder was?" fragte Schwamm.

' *Sportmagazin!* „Nein", antwortete Jack; „Würde erst nächstes Jahr erscheinen – schnell heißt es in Zeiten der Eisenbahn." Schicken Sie es an eine Zeitung – *Bell's Life* oder eine der Swillingford-Zeitungen. Jeder von ihnen würde es gerne einbringen.'

„Ich hoffe, sie werden es lesen können", bemerkte Sponge und betrachtete das fleckige und gekritzelte Manuskript.

„Vertrauen Sie ihnen", antwortete Jack und fügte hinzu: „Wenn es ein Wort gibt, das sie stört, bleibt ihnen nichts weiter, als im Wörterbuch nachzuschauen – diese Leute haben alle Wörterbücher, wunderbare Kerle für die Rechtschreibung."

In diesem Moment kam ein kleiner Knopfjunge in Grün und Gold herein und fragte, ob es Briefe für die Post gäbe; und unsere Freunde stellten hastig ihr Paket zusammen und schickten es an den Herausgeber des „ GUIDE TO GLORY AND FREEMAN'S FRIEND " von Swillingford; Worte, die im eiligen Stil von Mr. Sponges Schreibkunst sehr nach „ GUIDE TO GROG, AND FREEMAN'S FRIEND " aussahen.

KAPITEL XL

EIN LITERARISCHER BLOOMER

Zu dieser Zeit unterstützte der unabhängige Bezirk Swillingford zwei Zeitungen bzw. zwei Herausgeber, den Herausgeber des *Swillingford Patriot* und den Herausgeber des *Swillingford Guide to Glory* ; Aber es waren bewegte Tage, als die Politik hoch im Kurs stand und Stimmen und Mais gute Preise erzielten. Die Zeitungen waren nie sehr wohlhabende Unternehmen, wie man vermuten kann, wenn man davon ausgeht, dass die Auflage der ersteren zu ihrer besten Zeit kaum siebenhundert Exemplare betrug, während die der letzteren nie tausend Exemplare überstieg.

Sie wurden beide zur Zeit der Reformen ins Leben gerufen, als die Senkung der Stempelsteuer so viele aufstrebende Kandidaten für literarischen Ruhm ins Feld lockte, und eine Zeit lang wurden sie mit der erbitterten Feindseligkeit geführt, die eine eng besiedelte Nachbarschaft mit sich bringt, und mit ständigem Überqueren durch die Herausgeber des jeweils anderen Wegs, erzeugen könnte. Auch die Konkurrenz um Anzeigen war groß, und die Redakteure verspotteten sich ständig gegenseitig damit, sie nur für die Pflicht zu halten. Æneas M'Quirter war der Herausgeber des *Patriot* und Felix Grimes der des *Guide to Glory* .

M'Quirter war, das brauchen wir kaum zu erwähnen, ein Schotte – ein großer, breitschultriger Sawney – beeindruckend in „Hosen", wie er seine Hosen nannte, und großartig in Kilts; Während Grimes aus Swillingford stammte, ein ehemaliger Schulmeister und Gemeindeschreiber war und jetzt Auktionator, Hutmacher, Färber und Bleicher sowie Tapezierer war, fügte er, als er seine Zeitung zusammenstellte, den Beruf hinzu von 'Färber'.

Zunächst führten die rivalisierenden Herausgeber einen „Krieg bis zum Messer" miteinander, wobei jeder seinen Gegner mit der unermesslichsten Härte anprangerte. Dabei wurden sie von einer ausgewählten Gruppe von Bewunderern herzlich unterstützt, denen sie am Abend vor der Veröffentlichung ihre wöchentlichen Ergüsse in ihren jeweiligen „Zuhause" vorlasen. Allmählich begann das Feuer der Bitterkeit zu verblassen und die Aufregung der Freunde zu erlöschen; M'Quirter gab sofort ein Zeichen der Not von sich. Um „einer großen und einflussreichen Zahl seiner Abonnenten und Gönner" gerecht zu werden, beschloss er, an einem Dienstag statt wie bisher an einem Samstag zu veröffentlichen, woraufhin Herr Grimes, der noch nie in der Lage gewesen war, ein einziges Blatt richtig zu füllen, nun sein Angebot verdoppelte Zeitung, senkte seine Gebühren für Anzeigen und deutete an, dass er beabsichtige, gelegentlich eine Beilage zu veröffentlichen.

So aufregend es eine Zeit lang auch sein mag, die Parteien werden es bald leid, ein verlorenes Spiel weiterzuführen, nur um sich gegenseitig zu beschimpfen, und Æneas M'Quirter, der in Bezug auf „Schlauheit" und Klugheit des Intellekts nicht hinter der Allgemeinheit seiner Landsleute zurückbleibt, kam kam zu dem Schluss, dass es in diesem Fall keinen Sinn hatte, dies zu tun, zumal die wenigen verbliebenen Freunde, die noch applaudierten, sehr bedauern würden, etwas für seine Verluste zu spenden. Daher verhandelte er in aller Stille über den Verkauf seiner Zeitung an den konkurrierenden Herausgeber, und nachdem er einen zufriedenstellenden Handel abgeschlossen hatte, steckte er den Großteil seines Eigentums in den Sack seines Plaids und verließ Swillingford, als ob er unbedingt Luft schnappen wollte. Mr. Grimes blieb unbestritten im Besitz beider Papiere, und er begann sofort damit, sowohl Whig- als auch Tory-Geist zu leiten, den einen am Dienstag, den anderen am Samstag.

Die Topf- und Pfeifenkameraden sahen natürlich, wie die Dinge lagen, aber die Mehrheit der auf dem Land lebenden Leser vertraute weiterhin auf die gedruckten Erklärungen ihrer Orakel, während Grimes den Wahn der Aufrichtigkeit aufrechterhielt, indem er hin und wieder heftig ausbrach eine gewaltige Denunziation gegen seinen schlanken, schwankenden und inkonsistenten Gegner am Dienstag, um sich dann am Samstag mit gleicher Heftigkeit an sich selbst zu rächen. Er schrieb seine eigenen „Führer", sowohl Whigs als auch Torys, wobei die Argumente der einen Seite Antworten für die andere aufzeigten. Manchmal war er der Wegbereiter für eine triumphale Widerlegung, während der allgemeine Ton der Artikel eher im Stil der „Verärgerung eines Ministeriums" lag. Tatsächlich stolzierte und stolzierte Grimes, als läge das Schicksal der Nation in seiner Hand.

Die Zeitungen selbst sahen nicht sehr florierend aus; die weitläufigen Absätze, die starrende Schrift und die auffälligen Anzeigen bildeten einen merkwürdigen Kontrast zu der dichten Packung der *Times* . Die „Gutta Percha Company", „Locock's Female Pills", „Keating's Cough Lozenges" und „Triumphs of Medicine", alle mit auffälligen Holzschnitten und königlichen Wappen, nahmen prominente Plätze in jeder Zeitung ein. Eine neue Anzeige war ein Novum. Allerdings antworteten die beiden Zeitungen weitaus besser als jede einzelne, und fehlender Stoff konnte problemlos durch die Zeitschriften und neuen Bücher ausgeglichen werden. In diesem Bereich, in der Tat im Bereich der eleganten Unterhaltungsliteratur im Allgemeinen, wurde Mr. Grimes von seiner ältesten Tochter Lucy, einer jungen Dame in einem bestimmten Alter – sagen wir, liberalen Dreißigern – einer leidenschaftlichen Bloomer-Frau mit einer ausgeprägten Vorliebe für Sentimentalität, geschickt unterstützt Poesie, mit der sie meist die Dichterecke füllte. Diese Unterstützung ermöglichte es Grimes, sich um seine Angelegenheiten in den Bereichen Auktionierung, Bleichen und

Aufhängen von Papieren zu kümmern, und so kam es, dass er, als die vorangegangene Auflage im Büro eintraf, nachdem er die nächste Zeitung druckfertig gesehen hatte, zu Mr. Vosper gegangen war zehn Meilen entfernt, um sein Wohnzimmer zu tapezieren, weshalb die Verantwortung, über die Veröffentlichung zu entscheiden, dem Bloomer oblag. Jetzt war sie eine äußerst raffinierte, puritanische junge Frau, voller Gefühl und Eleganz, mit einer starken Abneigung gegen das, was sie als Unmenschlichkeit der Jagd ansah. Zuerst war sie dafür, den Artikel insgesamt abzulehnen, und wenn es sich um einen Wettlauf mit den Tinglebury Harriers oder sogar, wie wir glauben, mit Lord Scamperdales Hunden gehandelt hätte, hätte sie ihn in die „Balaam-Box" geworfen, aber als sie sah, dass er bei Mr . Puffingtons Hunde, deren Haus sie tapeziert hatten und die bei ihnen Werbung machten, sie ließ sich herab, es zu lesen; und obwohl ihre Feinfühligkeit schockiert war, als sie gleich zu Beginn auf das Wort „atemberaubend" und später auch auf den Begriff „begeisternder Duft" stieß, schickte sie das Manuskript dennoch an die Verfasser, nachdem sie die Änderungen und Korrekturen vorgenommen hatte, die ihrer Meinung nach dazu passen würden für höfliche Augen. Die Folge war, dass der Artikel in der folgenden Form erschien. Wir können jedoch nicht sagen, ob all die Absurditäten auf Miss Lucys Korrekturen oder auf die Nachlässigkeit des Autors oder der Drucker zurückzuführen waren. Die Fehler, von denen einige auf die bloße Änderung oder Ersetzung eines Buchstabens zurückzuführen sind, werden einem sportlichen Leser mehr auffallen als einem allgemeinen Leser. So stand es in der Mitte des dritten Blattes des *Swillingford Patriot* :

HERRLICHER LAUF MIT MR. PUFFINGTONS HUNDE.

Dieses prächtige Rudel hatte einen hervorragenden Lauf von Hollyburn Hanger, dem Besitz seines wirklich beliebten und sportlichen Besitzers, Mr. Puffington. Es war ein prächtiges Feld wohlerprobter Jäger anwesend, unter denen wir mehrere angesehene Fremde und Mitglieder von Lord Scamperdales Jagdgenossen erkannten. Nachdem sie die wohlbekannte großzügige und großartige Gastfreundschaft von Hanby House genossen hatten, machten sie sich sofort auf den Weg nach Hollyburn Hanger, wo ein schöner Saisonfuchs, obwohl einige sagten, er sei ein Brauner, sich angesichts der ganzen Meute losmachte, wobei jeder Hund verächtlich war zu weinen und das Welkin mit ihrer Melodie zum Klingeln zu bringen. Er durchbrach das untere Ende der Decke, überquerte den Bach und machte sich direkt auf den Weg zu den Fleecyhaugh Water Meadows, über denen immer ein köstlicher Duft liegt; Von dort machte er eine leichte Biegung, als wollte er zu den Plantagen in Winstead tendieren, überlegte es sich dann aber anders, wandte sich dem ansteigenden Gelände zu und überquerte fast den höchsten Punkt von Shillington Hill und steuerte direkt auf das darunter liegende kleine Dorf Berrington Roothings zu. Hier kam es zu einem Angriff der Hunde, aber Mr. Bragg, der galant auf seiner Lieblingsbucht geritten war, war ein so schönes Tier wie nie zuvor, wenn auch etwas überfordert mit seinem Mund, war gut mit seinen Hunden und mit einer „sanften Rantipole" unterwegs !' und mit einer einzigen Armbewegung machte er eine jener wissenschaftlichen Pausen, für die dieser hervorragende Jäger zu Recht gefeiert wird. Wie ein Kutscher nahm er die Fährte auf, ging dann wieder weg, passierte die Gebäude der Moorlinch Farm, folgte dem Plantagenstreifen bei Bexley Burn, überquerte Silverbury Green, ließ Longford Hutch auf der rechten Seite und ging geradeaus am Park vorbei Galgen in Harpen. Hier also rannte die tapfere Meute, nachdem sie die Witterung aufgegeben hatte, um sie zu sehen, in ihre Loge in der offenen Schlucht des Mountnessing Wood, offensichtlich von Anfang an, auf die er es abgesehen hatte, und in die er mit ein paar weiteren Schritten gelangt wäre. Es war ein schöner Lauf als je zuvor, und das Grunzen der Hunde löste bei allen, die es hörten, Bewunderung aus. Die Distanz konnte nicht weniger als zehn Meilen betragen, wie eine Kuh zurücklegt. Der zu Recht beliebte Besitzer dieses berühmtesten Rudels führte die Walters auf seinem berühmten kastanienbraunen Pferd Tappy Lappey an, obwohl er gut vierzehn Steine ritt. Nach dieser wirklich brillanten Angelegenheit kehrte Mr. Puffington, wie ein gründlicher Sportler und einer, der seine Hunde nie unnötig verprügelt – im Gegensatz zu manchen Herren, die nie wissen, wann sie aufhören sollen – nach Hanby House zurück, wo eine angesehene Gesellschaft von Adligen und Herren teilnahm seine großartige Gastfreundschaft.

Und die rücksichtsvolle Bloomer fügte aus eigenem Antrieb hinzu: „Wir hoffen, dass wir viele solcher Läufe in den unvergänglichen Spalten unserer Zeitung verzeichnen müssen."

MISS GRIMES ÜBERGIBT DEM DRUCKER DIE „KORRIGIERTE" KOPIE

KAPITEL XLI

EIN ABENDESSEN UND EIN ANGEBOT

Ein weiteres großes Abendessen, das umfangreicher als sein Vorgänger war, markierte den Tag dieses glorreichen Laufs.

„Es wird eine gewaltige Pleite geben", bemerkte Mr. Spraggon zu Mr. Sponge, als er die Hände verschränkte, sie auf den Scheitel seines Kopfes legte und sich in seinen Sessel zurückwarf, um hinterher zu rekrutieren die Anstrengung, die Beschreibung des Laufs zusammenzustellen.

„Woher weißt du das?" fragte Schwamm.

„Ich habe es am Esstisch gesehen, als wir vorbeikamen", antwortete Jack und fügte hinzu: „Es reicht fast bis zur Tür."

„In der Tat", sagte Schwamm, „ich frage mich, wer kommt?"

„Höchstwahrscheinlich wieder Guano; Tatsächlich weiß ich, dass er es ist, denn ich fragte seinen Bräutigam, ob er nach Hause gehen würde, und er sagte nein; und Lumpleg, da können Sie sicher sein, und möglicherweise der alte Blossomnose, Slapp und, sehr wahrscheinlich, der junge Pacey.'

„Sind das Kerle mit einem gewissen Schwung? – Ellenbogen schütteln oder irgendetwas in der Art?" fragte Schwamm und arbeitete, als hätte er die Würfelschachtel in der Hand.

„Ich weiß es kaum", antwortete Jack nachdenklich. 'Ich kenne es kaum. Ich denke, der junge Pacey könnte auf dem Höhepunkt sein; Aber sein Onkel, Major Screw, kümmert sich ungewöhnlich gut um ihn, und er ist minderjährig.'

„Würde er *zahlen*?" fragte Sponge, der, wie er sagte, „keine Bücher" führte und nicht geneigt war, Geschäfte auf „Tick" zu machen.

„Ich weiß es nicht", antwortete Jack und schielte auf Half-Cock; „Ich weiß es nicht – würde, würde ich sagen, sehr davon abhängen, wie es gemacht wurde." Das ist eine verdammt unschöne Welt. Wenn man beim Kartenspielen einen kleinen Jungen gewinnt, und sei es ganz offen, dann heißt das mit Sicherheit, dass man ihn betrogen hat, nur weil man zufällig etwas älter ist, als ob das Alter irgendetwas damit zu tun hätte, dass die Karten richtig werden .'

„Es ist eine ungroßzügige Welt", bemerkte Sponge, „und es hat keinen Sinn, umsonst missbraucht zu werden." Was für ein Genie ist Pacey? Ist er geneigt, das Tempo zu gehen?'

„Oh, durchaus", antwortete Jack; „Sein großer Wunsch ist es, als Sportler zu gelten."

„Ein Sportler oder ein sportlicher Mann?" fragte Schwamm.

„Hey! „Ich würde eher sagen, dass es einem sportlichen Mann besser geht als dem Sportler", antwortete Jack. „Er ist ein toller, schwerfälliger Junge, knöpft seinen großen Bauch in einen Newmarket-Schnitt und trägt ein Wettbuch in der Brusttasche."

„Oh, er ist ein Wettspieler, oder?" rief Sponge und seine Stimmung wurde heller.

„Er ist ein echter Kerl", antwortete Jack; „Einfach zu allem bereit — zumindest im Kleinen —, ein Kerl, der immer zwei zu eins in halben Kronen anbietet." Er wird jedoch Geld haben und kann nicht weit von seinem Alter entfernt sein. Sein Vater war ein großer Brillenmacher. Hast du von Paceys Brille gehört?'

„Kann ich nicht sagen, wie es mir geht", antwortete Sponge und fügte hinzu: „Sie stehen eher auf deine Art als auf meine."

Die weiteren Überlegungen des Jugendlichen wurden durch das Eintreten eines Dieners mit heißem Wasser unterbrochen, der verkündete, dass das Abendessen in einer halben Stunde fertig sein würde.

„Wer kommt da?" fragte Jack.

„Ich weiß es nicht genau, Sir", antwortete der Mann; „Ich glaube, es ist im Großen und Ganzen die gleiche Party wie gestern, mit der Hinzufügung von Mr. Pacey; Herr Miller, aus Newton; Herr Fogo aus Bellevue; Herr Brown vom Hügel; und einige andere, deren Namen ich vergessen habe.'

„Kommt Major Screw?" fragte Schwamm.

„Das glaube ich eher nicht, Sir. Ich glaube, ich habe Mr. Plummey, den Butler, sagen hören, er habe abgelehnt.'

„Umso besser", knurrte Jack und warf zu Beginn seiner Toilette seinen lilafarbenen Mantel ab. Als die beiden sich anzogen, diskutierten sie darüber, wie man Pacey machen könnte.

Als unsere Freunde unten ankamen, war klar, dass es eine große Verteilung gab. Zwei rotgepolsterte Lakaien standen im Eingang Wache und halfen den Ankommenden aus ihren Umhängen, während durch die teilweise geöffnete Salontür ein summendes Gespräch ertönte, während Mr. Plummey mit der Klinke in der Hand dastand, um die Namen von ihnen zu verkünden Die Gäste. Unsere Freunde, die den Vortritt hatten, kamen natürlich wie zu Hause vorbei und mischten sich unter die Ankömmlinge und Gäste. Ein

Gast nach dem anderen folgte schnell, und fast alle machten die gleiche Bemerkung, nämlich, dass es ein schöner Tag für die Jahreszeit sei, und dann schlenderte jeder, sich die Hände reibend, zum Feuer. Kapitän Guano beschlagnahmte etwa die Hälfte davon, wie ein Koloss von Rhodos, mit einem Mantelschoß unter jedem Arm. Er schien zu glauben, dass er als Steher mehr Anrecht auf das Feuer hatte als die bloßen Gäste.

Mr. Puffington bewegte sich zügig durch die bunte Menge, bald schwärmte er von der Pracht des Laufs, bald hoffte er, dass ein Freund hungrig sei, erkundigte sich bei einem dritten nach seiner Frau und entschuldigte sich bei einem vierten dafür, dass er seine Schwester nicht besucht hatte. Noch immer waren seine wahren Gedanken in der Küche, er zählte weiterhin die Nasen und blickte ängstlich auf die Uhr. Nachdem die Tür länger als sonst geruht hatte, sagte Blütennase schließlich: „Jetzt sind wir bestimmt alle hier!" dachte er und zählte ungefähr; „Eins, zwei, drei, vier, fünf, sechs, sieben, acht, neun, zehn, elf, zwölf, dreizehn, dreizehn, vierzehn, ich fünfzehn – fünfzehn, fünfzehn, muss ein anderer sein – sechzehn, acht, fragte ein paar." Oh, das fehlt Pacey; „Kommt immer zu spät, ich werde nicht warten" – mit diesen Worten, oder besser gesagt, dachte Mr. Puffington, klingelte und bestellte das Abendessen. Pacey warf dann einen Wurf.

Er war genau die Art prahlerischer Jugendlicher, die Jack beschrieben hatte; ein Jugendlicher, der dachte, Geld würde alles auf der Welt bewirken – kurz gesagt, ihn zu einem Gentleman machen. Er rollte ins Zimmer und grinste, als hätte es ihm etwas Gutes getan, zu spät zu kommen. Er hatte seine beiden großen roten Hände in den engen Hosentaschen und zog die rechte heraus, um seine Freunde damit zu beglücken, dass es „ganz heiß" sei.

„Ich bin spät dran, schätze ich", sagte er und grinste die versammelten Gäste an, die jetzt in die verschiedenen Haltungen erwartungsvoller Esser verstreut waren, einige standen bereit zum Start, andere saßen halb auf Tischen und Sofaenden, andere resignierten selbstgefällig auf ihren Stühlen sitzend, Mr. Pacey und alle Essensverzögerer beschimpfend.

„Ich bin zu spät, schätze ich", wiederholte er, als er nun zu seinem Gastgeber navigiert wurde und ihm die Hand entgegenstreckte.

„Oh, egal", antwortete Puffington und nahm so wenig von der angebotenen Pfote an, wie er konnte; „Macht nichts", wiederholte er und fügte hinzu, während er auf die französische Uhr auf dem Kaminsims blickte, die jetzt Viertel nach sechs schlug: „Ich wage zu behaupten, dass ich Ihnen gesagt habe, dass wir um halb fünf zu Abend gegessen haben."

„Ich wage zu behaupten, dass du das getan hast, alter Junge", antwortete Pacey, streckte die Beine aus und versetzte Puffington das, was er mit einem freundlichen Stoß in den Bauch meinte, der ihm aber in Wirklichkeit fast die

Luft ausging; „Ich wage zu behaupten, dass du es getan hast, alter Junge, aber das letzte Mal hast du es auch getan, wenn du dich erinnerst, und einen Bissen habe ich vor sechs bekommen; Also dachte ich, ich wäre mit dir Schluss – *er – er – er – haw – haw – haw* “, grinsend und starrend, als hätte er etwas sehr Schlaues getan.

HERR. PACEY

Pacey war eines dieser bedauernswerten Wesen – ein Country-Typ. Tomkins und Hopkins, die Kurzwarenhändler von Swillingford, stellten nie ein hässliches, abgelegenes Halstuch oder eine Weste mit der Aufschrift „vom Prinzen bevormundet“, „sehr modisch“ oder „ziemlich schick“ zur Schau, außer ihm schmückte sich sofort damit. Bei dieser Gelegenheit war er in einen weiten, spitzenbesetzten, schwarzen Joinville-Mantel mit liegenden Kiemen gekleidet, der die gewaltige Weite seines riesigen Kiefers zeigte, während die extreme Aushöhlung seines kragenlosen, auffällig geknöpften, mit Ketten beschmierten, Die schwarze Seidenweste mit breiten blauen Streifen bot einen ungehinderten Blick auf ein kostbar besticktes Hemd, und zwar sogar bis zu einem Teil seiner weißen Satin-Hosenträger mit „Vergissmeinnicht“-Stickerei. Sein Mantel war von einem breiten, blauen Mantel mit Messingknöpfen und Außentaschen, und natürlich trug er ein Paar knarrende, stark lackierte Stiefel. Er war offenbar etwa zwanzig; ungefähr in dem Alter, in dem ein Jugendlicher es für in Ordnung hält, mit Männern umzugehen, und in einem Alter, in dem manche Männer nicht davor zurückschrecken, einen Jugendlichen auszunutzen. Vielleicht sah er etwas älter aus, als er war, denn er war steif und stark gebaut und hatte einen üppigen Schnurrbart, der sich von seinen großen roten Ohren bis zu seinem mondhellen Gesicht erstreckte. Er war pummelig und ungeschickt und am ganzen Körper schwer. Nachdem er nun aufgenommen worden war, begann er, sich in der Gesellschaft umzusehen, und wandte sich zunächst an unseren würdigen Freund, Herrn Spraggon.

„Na, Sprag, wie geht es dir?" fragte er.

„Na, Specs" (in Anspielung auf den Beruf seines Vaters), „wie geht es dir?" antwortete Jack mit einem Knurren, zur offensichtlichen Zufriedenheit der Gruppe, die Pacey als ihren gemeinsamen Feind zu betrachten schien.

Glücklicherweise stellte Mr. Plummey gerade in diesem Moment die Harmonie wieder her, indem er das Abendessen ankündigte; und nach dem üblichen Zurückweichen und Rückzug aus gespielter Bescheidenheit sagte Mr. Puffington, er werde ihnen „den Weg zeigen", wenn die Eile, hineinzukommen, so groß sei, um dem Schreckgespenst zu entgehen, mit dem Rücken zum Feuer zu sitzen wie dort hatte offensichtlich die Absicht gehabt, überhaupt nicht zu gehen. Trotz der ungünstigen Lage der Dinge platzierte sich Mr. Spraggon neben Mr. Pacey, der ein gutes Stück weiter unten am Tisch saß, während Mr. Sponge den Ehrenplatz unseres Gastgebers einnahm.

In Übereinstimmung mit der üblichen Taktik dieser Art von Herren versuchten Spraggon und Sponge, zwei zu sein – wenn nicht gerade Fremde, so doch auf jeden Fall Herren mit sehr wenig Bekanntschaft. Spraggon nutzte die Totenstille, um *Herrn* Schwamm an den Tisch zu rufen, damit er Wein holen könne; Ein Kompliment, das Sponge mit einer sehr tiefen Verbeugung vor seinem Teller quittierte, und nach und nach forderte Mister Sponge Mr. Spraggon auf, das Kompliment zu erwidern.

„Weißt du viel von diesem – diesem – diesem – *Kerl*?" (er hätte Snob gesagt, wenn er gedacht hätte, dass es sicher wäre), fragte Pacey, als Sponge nach der ersten Weinzeremonie zum Stillleben zurückkehrte.

„Nein", antwortete Spraggon, „das wünsche ich mir auch nicht."

„Großartiger Snob", bemerkte Pacey.

„Schockierend", stimmte Spraggon zu.

„Aber er hat ein oder zwei gute Pferde", bemerkte Pacey; „Ich habe sie neulich auf der Straße hierherkommen sehen." Pacey gab, wie viele Jugendliche, vor, ein Pferdekenner zu sein, und hielt sich für ziemlich geschickt im Handeln.

„Das sind *gute* Pferde", antwortete Jack mit Betonung auf das Gute und fügte hinzu: „Ich würde mich sehr freuen, eines davon zu haben."

Herr Spraggon bat dann Herrn Pacey, Champagner zu trinken, als Beginn einer besseren Verständigung.

Der Wein floss in Strömen und die Gäste, insbesondere der frische Aufguss, wurden ihm voll und ganz gerecht. Die Gäste vom Vortag, die sich einigermaßen reichlich gegönnt hatten, waren zunächst gemäßigter, schienen jedoch bereit zu sein, ihr Bestes zu geben, nachdem sich ihr Magen etwas erholt hatte. Spraggon konnte jederzeit jede beliebige Menge trinken.

Das Gespräch wurde lebhafter und lebhafter, und bevor das Tuch zugezogen wurde, gab es einen sehr allgemeinen Lärm, in dem sich alle möglichen Themen zu vermischen schienen – jeder Mann wandte sich an seinen unmittelbaren Nachbarn; einer redete von Steuern – ein anderer von Unkraut – ein dritter von der Jagd und dem Zwingersystem – ein vierter von den Getreidegesetzen – der alte Blossomnose vom Zehnten – Slapp von Holz und Wasserspringen – Miller von Collisons Pillen; und Guano, über alles, worüber er zu Wort kommen konnte. Der Trubel war wirklich großartig. Allmählich jedoch, als der Abend voranschritt, überboten Pacey und Guano den Rest, und schließlich bekam Pacey den Lärm ziemlich gut für sich. Wenn aus der Masse des Durcheinanders irgendetwas Bestimmtes herausgefunden werden konnte, beschäftigte er sich mit Hindernisrennen, Hürdenrennen, Gewichten für das Alter, klugen An- und Auszügen – einer Art Mischung aus Jagen, Rennen und „Alken".

Sponge spitzte sein Ohr und saß auf der Wache, wobei er gelegentlich eine Beobachtung wagte, während Jack, der neben Pacey auf der linken Seite stand, vorgab, Sponges Urteil anzuprangern, indem er *sotto voce* mit einem Hauch durch die Nase fragte, was so ein Cockney sei Das könnte etwas über Pferde wissen? Zwischen Jacks Ermutigung und dem inspirierenden Einfluss der Flasche, unterstützt durch seine eigene Selbstgenügsamkeit, begann Pacey, Sponge mit alles andere als Bewunderung zu betrachten; Und schließlich kam ihm der Gedanke, dass er ein sehr geeignetes Thema für das sein würde, was er „den Glanz aus dem Gesicht nehmen" nannte.

„Das ist kein schlechter Nörgler, dieser Fuchs von Ihnen, für den Kutscher, Mr. Sponge", rief er auf Spraggons Betreiben unserem Freund zu, was natürlich ein lautes Gelächter auslöste die Party.

„Nein, das ist er nicht", erwiderte Sponge kühl und fügte hinzu, „sehr ähnlich, würde ich sagen."

„Teufellich *gutes* Pferd", knurrte Jack in Paceys Ohr.

„Oh, das wage ich zu sagen", flüsterte Pacey und tat so, als würde er den Orangensirup von seinem Teller aufkratzen, und fügte hinzu: „Ich ärgere nur den Bettler."

„Er sieht einsam aus, ohne dass der Trainer hinter ihm her ist", fuhr Pacey fort, blickte auf und wandte sich erneut an Sponge am Tisch.

„Das tut er", bestätigte Sponge unter dem Gelächter der Party.

Pacey wusste nicht, wie er damit umgehen sollte; sei es als „Verkauf" oder als Kompliment an seinen eigenen Witz. Er saß ein paar Sekunden grinsend da und starrte wie ein Idiot; Nachdem er endlich einen Schluck Rotwein hinuntergetrunken hatte, richtete er seine bedeutungslosen grünen Augen wieder auf Schwamm und rief:

„Ich werde Ihr Pferd herausfordern, Herr Schwamm."

Der Ankündigung folgte ein heftiger Applaus; denn es war offensichtlich, dass Vergnügen auf uns wartete.

„Du wirst was sagen?" antwortete Schwamm, starrte und tat so, als wüsste er es nicht.

„Ich werde Ihr Pferd herausfordern", wiederholte Pacey selbstbewusst und in einem Ton, der das anhaltende Gemurmel der Unterhaltung unterbrach und die Aufmerksamkeit der Gesellschaft auf sich selbst lenkte.

„Ich verstehe dich nicht", antwortete Schwamm und tat so, als wäre er erstaunt.

„Herr segne uns! Warum, wo hast du dein ganzes Leben lang gelebt? fragte Pacey.

„Oh, teils an einem Ort, teils an einem anderen", war die Antwort.

„Das glaube ich", erwiderte Pacey mitfühlend und fügte leise hinzu: „Ein gutes Geschäft mit deiner Mutter, glaube ich."

„Wenn du dieses Pferd zu einem moderaten Preis bekommen könntest", flüsterte Jack seinem Nachbarn zu und kniff beim Sprechen die Augen zusammen, „dann wäre es die Anschaffung wert."

„Der Bettler wird ihn nicht verkaufen", murmelte Pacey, der lieber über den Kauf von Pferden als über den Kauf von Pferden sprach.

„Oh ja, das wird er", antwortete Jack; „Er hat nicht verstanden, was du meinst." Mr. Sponge", sagte er und wandte sich langsam und deutlich an den Tisch hinauf an unseren Helden – „Mr. „Schwamm, mein Freund Mr. Pacey hier fordert deine Kastanie heraus."

Sponge starrte immer noch mit gespielter Verwunderung.

„Das ist ein Brauch, den wir in diesem Land haben", fuhr Jack fort und sah, wie er dachte, Sponge an, schielte aber in Wirklichkeit schrecklich auf die Anrichte.

„Heißt das, er will ihn kaufen?" fragte Schwamm.

„Ja", antwortete Jack selbstbewusst.

„Nein, das tue ich nicht", flüsterte Pacey und gab Jack unter dem Tisch einen Tritt. Pacey hatte noch nicht genug Wein getrunken, um unbesonnen zu sein.

„Ja, ja", antwortete Jack säuerlich, „das tust du" und fügte mit leiser Stimme hinzu: „Überlass es mir, Mann, und ich lasse dich für eine gute Sache herein." „Ja, Mr. Sponge", fuhr er fort und wandte sich an unseren Helden, „Mr. Pacey steht auf die Kastanie und fordert ihn heraus.'

„Warum fragt er nicht nach dem Preis?" antwortete Sponge, der immer zu einem Deal bereit war.

„Ah, der Preis muss einem Dritten überlassen werden", sagte Jack. „Das Prinzip der Sache ist folgendes", fuhr er fort und nutzte die Hilfe seiner Finger, um seine Position zu verdeutlichen: „Mr. Pacey, hier", sagte er, indem er den Zeigefinger seiner rechten Hand auf den Daumen der linken legte und Sponge ernst ansah, in Wirklichkeit aber zum Kronleuchter hinaufblinzelte – „Mr. Hier fordert Pacey dein Pferd „Multum-in-irgendwas" heraus – ich weiß nicht mehr, wie du ihn nennst –, aber den Nörgler, den ich heute geritten habe. Nun denn", fuhr Jack fort, „du" (womit er Sponge demonstrierte, indem er seine beiden Zeigefinger zusammendrückte und aufrecht hielt), „nimmst die Herausforderung an, kannst aber alles herausfordern, was Mr. Pacey hat – ein Pferd, einen Hund, eine Waffe – alles; und nachdem man sich auf etwas anderes als einen Dritten festgelegt hat (den Jack mit erhobenem Daumen vertrat), „macht jeder, den man nennen möchte, den Preis." Nun, nachdem er dieser Partei zugestimmt hat' (Jack hebt immer noch den Daumen, um den Schiedsrichter zu vertreten), ,sagt er: ,Gib mir Geld.' Die beiden legen ihm dann beispielsweise jeweils eine halbe Krone oder fünf Schilling auf die Hand, worauf der Schiedsrichter den gleichen Betrag für sich selbst hinzufügt. Nachdem dies erledigt ist, sagt der Schiedsrichter: „Hände in den Taschen, meine Herren."' (Jack taucht seine rechte Hand bis zum Griff in seine eigene.) „Wenn es sich um einen Preis handelt, gibt Mr. Paceys Pferd Mr. Sponges Pferd so viel – zeichnen.' (Jack passt die Handlung dem Wort an und legt seine Faust auf den Tisch.) „Wenn die Hand jeder Person Geld enthält, ist das eine Auszeichnung – es ist ein Geschäft; und der Schiedsrichter erhält die halben Kronen oder was auch immer es ist, für seine Mühe; so dass er natürlich ein direktes Interesse daran hat, eine solche Auszeichnung zu erhalten, die zu einem Deal führt. Verstehst du das *jetzt*?' fuhr Jack fort und wandte sich ernsthaft an Sponge.

„Das glaube ich", antwortete Sponge, der schon oft beim Spiel dabei war.

„Na dann", fuhr Jack fort und kehrte zu seiner ursprünglichen Position zurück, „mein Freund, Mr. Pacey hier, fordert Ihre Kastanie heraus."

„Nein, egal", murmelte Pacey verdrießlich, mit gerunzelter Stirn und versetzte Jack einen Stoß in die Rippen mit dem Ellbogen. „Macht nichts", wiederholte er; „ Es ist *mir* egal – *ich* will das Pferd nicht."

„Aber das tue *ich* ", knurrte Jack und fügte mit leiser Stimme hinzu, während er sich nach seiner Serviette bückte: „Mach mir den Spaß nicht kaputt, Mann; er ist ein so gutes Pferd wie nie zuvor; und wenn du ihn herausforderst, werde ich zwischen dir und der Gefahr stehen.'

„Aber er könnte etwas herausfordern, von dem ich mich nicht trennen möchte", bemerkte Pacey.

„Dann bleibt dir nichts weiter zu tun", antwortete Jack, „als deine Hand hochzuheben, ohne dass sich darin Geld befindet."

'Ah! „Das habe ich vergessen", antwortete Pacey, der es nicht mochte, nicht zu erscheinen, was er „Fliege" nannte. „Na dann fordere ich deine Kastanie heraus!" rief er, wurde munter und rief Schwamm den Tisch hinauf.

'Gut!' antwortete unser Freund. „Dann fordere ich deine Uhr und deine Kette heraus" und blickte auf Paceys mit Ketten übersäte Weste.

„Nennen Sie *mich* zum Schiedsrichter", murmelte Jack, während er sich erneut nach seiner Serviette bückte.

„Wer soll uns behindern? Kapitän Guano, Herr Lumpleg, oder wer?' fragte Schwamm.

„Angenommen, wir sagen Spraggon? – Er sagt, er sei heute auf dem Pferd geritten", antwortete Pacey.

„Ganz angenehm", sagte Schwamm.

„Jetzt, Jack!" „Jetzt, Spraggon!" „Jetzt, alter Salomo!" „Jetzt, Doktor Wiseman", ertönte es von verschiedenen Stellen des Tisches.

Jack sah ernst aus; Er steckte beide Hände in die Hosentaschen und streckte die Beine weit vor sich aus.

„Gib mir Geld", sagte er pompös. Sie gaben ihm jeder eine halbe Krone; und Jack fügte ein Drittel für sich selbst hinzu. 'Herr. „Pacey fordert Mr. Sponges kastanienbraunes Pferd heraus, und Mr. Sponge fordert Mr. Paceys goldene Uhr heraus", bemerkte Jack sentimental.

„Komm, alter Slowman, geh weiter!" rief Guano aus und fügte hinzu: „Bist du nicht weiter gekommen?"

„Beeilt euch mit dem Niemandsvieh", antwortete Jack schroff und fügte hinzu: „Vielleicht haltet ihr eines Tages selbst einen Esel."

'Herr. „Pacey fordert Mr. Sponges kastanienbraunes Pferd heraus“, wiederholte Jack. „Wie alt ist die Kastanie, Herr Schwamm?“ fügte er hinzu und wandte sich an unseren Freund.

„Bei meinem Wort, ich weiß es kaum“, antwortete Schwamm, „er hat kein Mundzeichen mehr; Aber ich denke, das Alter eines Jägers hat sehr wenig mit seinem Wert zu tun.'

„Hey, das kommt darauf an“, entgegnete Jack, blies seine Wangen auf und sah so pompös wie möglich aus – „das hängt zum großen Teil davon ab, wie er in seiner Jugend behandelt wurde.“

„Er ist ungefähr neun, würde ich sagen“, bemerkte Schwamm und tat so, als ob er berechnen würde, obwohl er in Wirklichkeit überhaupt nichts über das Alter des Pferdes wusste. „Sagen wir neun oder zehn, und er hat nie einen Tag gearbeitet, bis er sechs war.“

'In der Tat!' sagte Jack mit einer wichtigen Verbeugung und fügte hinzu: „Wenn man am Anfang locker mit ihnen umgeht, ist man am Ende ein Geschäft.“ „Perfekter Jäger, nehme ich an?“

„Das können Sie selbst beurteilen“, antwortete Schwamm.

„Perfekter Jäger, würde *ich* sagen“, entgegnete Jack, „und standsicher an seinen Zäunen – ich weiß nicht, ob ich jemals einen besseren Fechter geritten habe.“ „Nun“, fuhr er fort, nachdem er offenbar darüber nachgedacht hatte, „ich muss Sie bitten, mir Ihren Ticker anzusehen“, sagte er und drehte sich kurz zu seinem Nachbarn um.

„Da“, sagte Mr. Pacey, holte eine schöne Blitzuhr aus seiner Westentasche und hielt sie Jack hin.

„Die Kette ist in der Herausforderung enthalten, Verstand“, bemerkte Sponge.

„Natürlich“, sagte Jack; „Das ist das, was die Pfandleiher eine Uhr mit ihren Zubehörteilen nennen.“ (Jack hatte seine Uhr bei seinem Onkel und kannte die Bedingungen genau.)

„Es ist ein Repeater, wohlgemerkt“, bemerkte Pacey und nahm die Kette ab.

„Die Kette ist schwer“, sagte Jack und ließ sie in seiner Hand nach oben gleiten; „Und hier ist ein Pistolenschlüssel und ein wunderschönes Federmäppchen mit dem Pacey-Wappen und dem Motto“, bemerkte Jack und versuchte, Letzteres zu entziffern. „Wenn es ohne die Worte gewesen wäre, was auch immer sie sein mögen“, sagte er und gab den Versuch auf, „wäre es mehr wert gewesen, aber das Gold ist in Ordnung, und ein neuer Stein kann leicht eingesetzt werden.“

Dann zog er eine alte Jagdkarte aus der Tasche und machte mit Bleistift auf der Rückseite verschiedene Berechnungen und Schätzungen.

„Nun", sagte er schließlich und schaute auf, „ich würde sagen, so eine Uhr und Appurts", hielt er sie hoch, „konnte in einem Geschäft nicht für weniger als achtundzwanzig Pfund gekauft werden." '

„Es hat fünfunddreißig gekostet", bemerkte Mr. Pacey.

'Erledigt!' antwortete Jack und fügte hinzu: „Dann warst du fertig."

Jack begann dann noch etwas mehr zu rechnen, während Mr. Puffington ihm den Wein reichte und anstieß: „Erfolg für das Handicap."

„Nun", sagte Jack schließlich, nachdem er offenbar eine Balance gefunden hatte, „Hände in den Taschen, meine Herren." Wenn es sich um eine Auszeichnung handelt, bescheren Mr. Paceys goldene Uhr und Zubehör Mr. Sponges kastanienbraunem Pferd siebzig goldene Sovereigns. Zeig Geld", flüsterte Jack Pacey zu und fügte hinzu: „Ich halte das aus."

'Stoppen!' brüllte Guano, „hat einer von euch seine Hand zur Schau gestellt?"

„Ja, das tue ich", antwortete Mr. Pacey kühl.

„Und ich", sagte Herr Schwamm.

„Dann halten Sie fest, meine Herren!" brüllte Jack, wurde aufgeregt und begann zu schäumen. „Halten Sie fest, meine Herren!" wiederholte er, gerade als er die lästigen Kunden auf Lord Scamperdales Feld anzubrüllen pflegte; 'Herr. Pacey und Mr. Sponge haben beide Hände zur Schau."

„Ich werde eine Guinee hinlegen, Pacey hat kein Geld", rief Guano aus.

'Erledigt!' rief Pfarrer Blütennose aus.

„Ich wette, das ist der Fall", bemerkte Charley Slapp.

„Ich nehme Sie mit", antwortete Herr Miller.

Dann begann das Wettgetümmel, das für kurze Zeit vor Wut tobte; Einige setzten Souveräne, andere Halb-Souveräne, andere Halb-Kronen und Schilling darauf, ob die Hände eines oder beider Geld hielten.

Geber und Nehmer kamen endlich zusammen, es herrschte vollkommene Stille und alle Augen richteten sich auf die doppelten Fäuste der jeweiligen Champions.

Nachdem Jack seine große Brille mit Schildpattrand zurechtgerückt hatte und eine höchst bedeutungsvolle Miene aufgesetzt hatte, erkundigte er sich wie ein Spielwirt, ob sie „Alles geschafft" hätten – hatten alle „ihr Spiel gemacht?" Und ja! Ja! Ja!' hallte es von allen Seiten.

„Dann, meine Herren", sagte Jack und wandte sich an Pacey und Sponge, die immer noch ihre geschlossenen Hände auf dem Tisch hielten, „ *zeigen Sie* !"

Bei diesem Wort öffneten sich ihre Hände und jeder hielt Geld in der Hand.

„Ein Deal! ein Deal! ein Deal!' hallte durch den Raum, begleitet von Händeklatschen, Klopfen auf den Tisch und tanzenden Gläsern. „Du schuldest mir eine Guinea", rief einer. „Ich will einen halben Sovereign von dir", brüllte ein anderer. „Hier ist meine halbe Krone", sagte ein Dritter und reichte dem glücklichen Gewinner eine über den Tisch. Es kam zu einer allgemeinen Einigung, in deren Verlauf die „Wache und Appurts" an Herrn Sponge übergeben wurden.

„Wir werden auf Mr. Paceys Gesundheit trinken", sagte Mr. Puffington, nahm sich einen Becher und reichte die kürzlich aufgefüllten Dekanter weiter. „Er hat die Sache wie ein Sportler gemacht und verdient Glück mit seinem Geschäft." Ich wünsche Ihnen gute Gesundheit, Mr. Pacey!' fuhr er fort und wandte sich speziell an unseren Freund: „Und Glück für Ihr Pferd."

„Ihre gute Gesundheit, Mr. Pacey – Ihre gute Gesundheit, Mr. Pacey – Ihre gute Gesundheit, Mr. Pacey", folgte dann in den verschiedenen Betonungen, die die Gefühle des Sprechers gegenüber dem Toastgast zum Ausdruck bringen, während die Flaschen über den Tisch herumgereicht wurden .

Die Aufregung schien dem Wein neuen Schwung verliehen zu haben, und diejenigen, die sich gedrängt hatten oder auf Fersenklopfen nachfüllten, begannen nun, die Stoßstangen zu füllen, während diejenigen, die immer die Stoßstangen füllten, nun die Hände zurücknahmen.

Es gibt etwas am Pferdehandel, das jeden zu interessieren scheint. Das Gespräch nahm eine lebhafte Wendung, und nichts als die Dunkelheit der Nacht hinderte sie daran, das Pferd herauszuholen und es auf die Probe zu stellen. Pacey wollte, dass er *à la Briggs* ins Esszimmer gebracht wurde , aber Puff ließ das nicht zu. Die Versetzung schien das Tier mit übernatürlichen Reizen ausgestattet zu haben, und diejenigen, denen Pferde im Allgemeinen egal waren, wollten ihn sehen.

Nachdem wie üblich mit dem Toasten begonnen wurde, ging es weiter. Sponges Gesundheitszustand folgte dem von Herrn Pacey, und Herr Puffington nutzte die Gelegenheit, die sich durch seinen Vorschlag bot, um die Befriedigung zum Ausdruck zu bringen, die es ihm und allen wahren Sportlern bereitete, einen so herausragenden Charakter im Land zu sehen; und er schloss mit der Hoffnung, dass die Verringerung seines Gestüts die Dauer seines Besuchs nicht beeinträchtigen würde – ein Trinkspruch, der mit großem Applaus getrunken wurde.

Herr Sponge antwortete mit den Worten: „Dass er sicherlich nicht vorgehabt hatte, sich von seinem Pferd zu trennen, obwohl eines mehr oder weniger weder hier noch da war, besonders in diesen Eisenbahnzeiten, als ein Mann nichts anderes zu tun hatte, als den Wert einer halben Guinea zu nehmen." von Elektrokabeln und haben in kürzester Zeit ein anderes Pferd; Aber da Mr. Pacey Gefallen an dem Pferd gefunden hatte, war er ihm gegenüber entgegenkommender gewesen als seinem Freund, Mr. Spraggon, wenn er ihm erlauben würde, ihn so zu nennen (Jack kniff die Augen zusammen und verneigte sich zustimmend), der … fuhr Mr. Sponge fort, „hatte an diesem Morgen vergeblich versucht, ihn dazu zu bringen, einen Preis von ihm zu verlangen."

„Sehr wahr", flüsterte Jack Pacey zu, während er den Ellenbogen in seinen Rippen spürte, und fügte mit leiser Stimme hinzu: „Der Bettler glaubt jedoch nicht, dass ich ihn trotzdem habe."

„Das Pferd", fuhr Mr. Sponge fort, „war ein unbestreitbares Gut, und er wünschte Mr. Pacey viel Freude bei seinem Geschäft."

Da dieses Unterfangen so erfolgreich war, versuchten andere ähnliche Mittel und ernannten Herrn Spraggon zum Schiedsrichter. Kapitän Guano forderte Herrn Fogos Phaeton heraus, während Herr Fogo sich am kastanienbraunen Pferd des Kapitäns revanchierte. aber der Kapitän hielt kein Geld für die Auszeichnung bereit. Blütennase forderte Mr. Millers Schwein heraus; aber dieser konnte nicht dazu bewegt werden, etwas von dem würdigen Rektor zu beanspruchen, damit Herr Spraggon sein Talent als Gutachter ausüben könnte. Nach einem Abend voller Lärm und Verwirrung löste sich die vom Wein angeheizte Party endlich auf – die verbliebenen Gäste zogen sich auf ihre Sofas zurück und die Außenstehenden suchten sich so gut sie konnten den Weg nach Hause.

KAPITEL XLII

DIE REFLEXIONEN DES MORGENS

Als der junge Pacey morgens aufwachte, hatte er sehr starke Kopfschmerzen und seine Schläfen pochten, als würden seine Adern ihre Grenzen sprengen. Das erste, was ihn an den tatsächlichen Stand der Dinge erinnerte, war, unter dem Kissen nach seiner Uhr zu tasten: eine erfolglose Suche, die damit endete, dass er sich an etwas von den Vorgängen der Nacht erinnerte.

Pacey mochte einen billigen Blitz, und wenn er sich in Hochstimmung mit Wein befand, verfiel er möglicherweise in Indiskretionen, gegen die seine nüchterneren Momente sicher waren. Tatsächlich galt er unter Jugendlichen seines Alters als eher scharfsinniger Mann; und es war die Eitelkeit, mit Männern Umgang zu haben und ihnen ebenbürtig erscheinen zu wollen, die ihn gelegentlich in Schwierigkeiten brachte. Im Allgemeinen war er ein sehr vorsichtiger Mensch.

Jetzt lag er wälzend und wälzend im Bett, und nach und nach fasste er den Ablauf des Abends zusammen, angefangen mit der herausfordernden Kastanie von Mr. Sponge bis hin zum Ablegen seiner Uhr und Kette. Er hielt es für falsch, so etwas zu tun. Er wollte das Pferd nicht, er nicht. Was soll er mit ihm machen? Er hatte ohnehin eins mehr, als er wollte. Dann zahlte er für ihn siebzig Souveräne! Verdammt, es wäre sehr unbequem – *höchst* unbequem –, tatsächlich konnte er es nicht, also war Schluss damit. Die Möglichkeit, nach dem Abendessen Geschäfte zu machen, verschwindet häufig mit der Morgensonne. So war es auch bei Mr. Pacey. Dann begann er darüber nachzudenken, wie er da rauskommen könnte. Sollte er Mr. Sponge offen seine Finanzen mitteilen und auf seine Großzügigkeit vertrauen, dass er ihn entlassen hat? War Mr. Sponge wahrscheinlich der Mann, der das tun würde? Er dachte, er wäre es. Aber würde er dann plappern? Er glaubte, dass er es tun würde, und das würde ihn unter denen, die er als wissend gelten lassen wollte, als einen Mann bezeichnen, der nicht zu verachten war. Insgesamt war er sehr verwirrt: Siebzig Pfund waren eine Menge Geld; und dann war da auch noch seine Uhr weg! Insgesamt hundert und mehr. Er muss dafür betrunken gewesen sein – *sehr* betrunken, sollte er sagen; und dann begann er darüber nachzudenken, ob er es nicht besser als einen Spaß nach dem Abendessen betrachten und so tun sollte, als hätte er alles vergessen. Das schien machbar.

Plötzlich wurde Pacey klar, dass Mr. Spraggon der Käufer und nur ein Mittelsmann war. Seine Kopfschmerzen ließen für einen Moment nach, und er fühlte sich wie ein neuer Mensch. Es war eindeutig der Fall, und nach und nach erinnerte er sich daran. Wie Jack ihm gesagt hatte, er solle das Pferd herausfordern, und er würde sich an den Handel halten; wie er ihm (Pacey) zugeflüstert hatte, ihn (Jack) zum Schiedsrichter zu ernennen; und wie er das geschafft hatte und wie Jack den Preis gewonnen hatte. Dann begann er zu denken, dass das Pferd gut sein musste, da Jack keinen zu hohen Preis für ihn verlangen würde, da er der Käufer war. Dann fragte er sich , ob er genug aufgetragen hatte, um Sponge dazu zu bringen, ihn zu verkaufen: Das verwirrte ihn ziemlich. Er verbrachte eine lange Zeit damit, herumzuwerfen, zu prüfen und zu kontern, ohne zu einer zufriedenstellenden Lösung der Angelegenheit gelangen zu können. Schließlich klingelte er, und als er feststellte, dass es acht Uhr war, stand er auf und machte sich daran, sich anzuziehen. Nachdem dieser Vorgang abgeschlossen war, suchte er Jacks Zimmer auf, um mit ihm ein kleines vertrauliches Gespräch über das Thema zu führen und die Bezahlung von Sponge für das Pferd zu vereinbaren, ohne zu verraten, wer der Käufer war.

Jack schnarchte, sein großer Mund war weit geöffnet und sein Grizzlykopf in eine weiße Baumwoll-Nachtmütze gehüllt. Der Lärm, als Pacey eintrat, weckte ihn.

„Na, alter Junge“, knurrte er und drehte sich um, als er sah, wer es war. „Was hast du vor?“

„Oh, nichts Besonderes“, antwortete Mr. Pacey in einem nachlässigen Tonfall.

„Dann mach dich rar, oder ich taufe dich auf eine Weise, die dir nicht gefällt“, knurrte Jack und tauchte unter die Bettwäsche.

„Oh, warum wollte ich nur – ein halbes Dutzend Worte mit dir über unsere letzte Nacht“ (ha – hem – haw!) „Behinderung, weißt du – über das Pferd, weißt du?“ sprechen.

„Über das was?“ „, sagte Jack gedehnt, als wüsste er überhaupt nicht, wovon Pacey sprach.

„Über das Pferd, wissen Sie – über Mr. Sponges Pferd, wissen Sie –, dass Sie mich dazu gebracht haben, für Sie herauszufordern, wissen Sie“, stammelte Pacey.

„Oh, verdammt noch mal, der Kerl ist betrunken“, knurrte Jack laut vor sich hin und fügte zu Pacey hinzu: „Du solltest nicht so schnell aufstehen, Mann – schlaf den Alkohol aus.“

Pacey stand verblüfft da.

„Erinnern Sie sich nicht, Mr. Spraggon“, fragte er schließlich, nachdem er die Quaste von Jacks Mütze über dem Bettzeug gesehen hatte, „was letzte Nacht passiert ist, wissen Sie?“ Sie haben mich gebeten, Ihnen Mr. Sponges Kastanie zu besorgen, und Sie wissen, dass ich es getan habe, wissen Sie.‘

„Hout, Junge, zerstreue dich! – verschwinde hier!" rief Jack aus, hob sein großes rotes Gesicht über die Bettwäsche und blinzelte furchterregend zu Pacey.

„Nun, mein lieber Freund, aber das hast du", bemerkte Pacey beruhigend.

'Unsinn!' brüllte Jack und duckte sich erneut.

Pacey stand mit offenem Mund da.

'Kommen!' rief Jack und sprang wieder auf, „Schneiden Sie Ihren Stock! – machen Sie sich auf! – machen Sie sich rar! – galoppieren Sie mit Ihren Lumpen, kurz! – seien Sie nicht darauf aus, die Ruhe eines Gentleman von Fortin auf diese Weise zu stören. '

„Aber, mein lieber Mr. Spraggon", fuhr Pacey im gleichen sanften Ton fort, „Sie vergessen sicherlich, was Sie von mir verlangt haben."

„ *Das tue ich* ", antwortete Jack bestimmt.

„Nun, aber, mein lieber Mr. Spraggon, wenn Sie die Freundlichkeit haben, sich zu erinnern – darüber nachzudenken – darüber nachzudenken, was passiert ist, werden Sie sich sicher daran erinnern, dass Sie mich beauftragt haben, Mr. Sponges Pferd für Sie herauszufordern?"

' *Mich!* «, rief Jack, sprang im Bett auf und saß da und blinzelte wütend. ' *Mich!* ' wiederholte er; ' *unmöglich* . Wie könnte *ich* so etwas tun? Warum habe ich ihn, Mann, für dich behindert, Mann?'

„Trotzdem haben Sie es mir gesagt", antwortete Mr. Pacey mit einer Kopfbewegung.

„Oh, bei Gott!" rief Jack aus, packte seine Mütze an der Quaste und drehte sie ihm vom Kopf, „das geht nicht! – geradezu eine Anfechtung der eigenen Integrität." Oh, bei Jingo! das geht nicht!' er machte eine Geste, als würde er gleich aus dem Bett springen; „Ich kann das nicht ertragen – jemandes Integrität anfechten, wissen Sie, besser ist es, sich das Leben zu nehmen, wissen Sie." Ein Leben ohne Ehre ist nichts, wissen Sie. Hahnfasan in Weybridge, sechs Uhr morgens!'

„Oh, ich versichere Ihnen, so etwas habe ich nicht gemeint", rief Mr. Pacey, erschrocken über Jacks Heftigkeit und die Art, wie er jetzt Schaum vor dem Mund hatte und seine Nachtmütze herumschwenkte. „Oh, ich versichere Ihnen, so etwas habe ich nicht gemeint", wiederholte er, „nur ich dachte, vielleicht erinnern Sie sich vielleicht nicht an alles, was passiert ist, vielleicht; und wenn wir die Dinge ruhig besprechen würden, indem wir das und das zusammenfügen, könnten wir uns gegenseitig unterstützen und –"

„Oh, bei Gott!" unterbrach Jack und schleuderte seine Nachtmütze gegen den Bettpfosten, „für so etwas ist es zu spät, Sir – *absolut* richtige Anfechtung der eigenen Integrität, Sir – muss anders geregelt werden, Sir."

„Aber ich versichere Ihnen, Sie irren sich!" rief Pacey aus.

„Verrotte deine Fehler!" unterbrach Jack; „Da liegt kein Fehler vor." Du hast meine Integrität *regelmäßig* angezweifelt – das Blut der Spraggons hält das nicht aus. „Tod vor Schande!" schrie er mit lauter Stimme, schwenkte seine Nachtmütze über den Kopf und warf sie dann mitten auf den Boden.

„Was ist los? – Was ist los? – Was ist los?" rief Herr Schwamm und stürmte durch die Verbindungstür. 'Was ist los?' wiederholte er und stellte sich zwischen das Bett, in dem Jack immer noch aufrecht saß und seine Augen von innen nach außen zusammenkniff, und die Stelle, an der Mr. Pacey stand.

„Oh, Herr Schwamm!" rief Jack aus und faltete dankbar seine erhobenen Hände. „Ich bin so froh, dass du hier bist! – Ich bin so dankbar, dass du gekommen bist!' Ich wurde beleidigt! – Oh mein Gott, wie wurde ich beleidigt!' fügte er hinzu und warf sich zurück ins Bett, als wäre er völlig von seinen Gefühlen überwältigt.

„Nun, aber was ist los? – worum geht es?" fragte Sponge kühl, da er ziemlich genau erraten hatte, was es war.

„Ich wurde noch nie in meinem Leben so beleidigt!" rief Jack unter der Bettwäsche hervor.

„Na ja, aber was *ist* das?" wiederholte Sponge und appellierte an Pacey, der bleich wie Asche dastand.

'Oh! „nichts", antwortete er; „ein ziemlicher Fehler; Mr. Spraggon hat mich völlig missverstanden.'

'Fehler! Da liegt kein Fehler vor!' rief Jack aus und erschien wieder an der Oberfläche wie ein Otter; „Du hast mich so deutlich belogen wie ein Pikenstab."

'In der Tat!' „Beobachtete Mr. Sponge, holte tief Luft und zog die Augenbrauen bis in die Höhe seines Kopfes hoch. 'In der Tat!' wiederholte er.

'NEIN; „Nichts dergleichen, das versichere ich Ihnen", versicherte Mr. Pacey.

„Muss Zufriedenheit haben!" rief Jack aus und tauchte erneut unter die Bettwäsche.

„Nun, aber lassen Sie uns hören, wie die Dinge stehen", sagte Mr. Sponge kühl, als Jacks Grizzlykopf verschwand.

„Du wirst mein Stellvertreter sein", knurrte Jack unter der Bettwäsche.

'Oh! „Zweitens wird gehängt", erwiderte Sponge. „Es gibt nichts, worüber du streiten könntest; Mr. Pacey sagt, er meinte nichts, Sie hätten ihn missverstanden, und was will ein Mann mehr?

„Genau so", antwortete Mr. Pacey, „einfach so." Ich versichere Ihnen, dass ich Mr. Spraggon niemals auch nur die geringste Unterstellung zumuten wollte.'

„Das bin ich sicher nicht", antwortete Herr Sponge.

„Humph", grunzte Jack unter der Bettwäsche hervor wie ein Schwein im Stroh. Da Mr. Sponge keine Lust zeigte, wieder an die Oberfläche zu kommen, gab er, nachdem er ein oder zwei Sekunden gestanden hatte, Mr. Pacey eine Kopfbewegung zu, führte ihn sofort in sein eigenes Zimmer und schloss die Tür zwischen Mr. Spraggon und ihm ihn.

Mr. Sponge erkundigte sich dann nach der Angelegenheit und hatte freundliches Mitgefühl mit Mr. Pacey, von dem er sicher war, dass er Mr. Spraggon gegenüber nie etwas Respektloses meinte, der, wie Mr. Sponge fand, ziemlich schnell Anstoß zu nehmen schien; obwohl zweifellos, wie Mr. Sponge bemerkte, „ein Mann vollkommen Recht hatte, wenn er auf seiner Integrität beharrte", eine Position, die er durch eine bekannte Passage aus Shakespeare veranschaulichte, in der es um den Diebstahl einer Handtasche und das Stehlen von Müll usw. ging.

Ermutigt durch seine Freundlichkeit brachte Mr. Pacey Mr. Sponge dann dazu, über das Pferd zu sprechen, dessen unfreiwilliger Besitzer er geworden war – den berühmten Fuchs Multum in Parvo.

Herr Sponge sprach wie ein sehr umsichtiger, gewissenhafter Mann; sagte, dass es wirklich schwierig sei, eine Meinung über ein Pferd abzugeben; dass das, was einem Mann passte, einem anderen möglicherweise nicht passte – dass *er* Multum in Parvo für ein sehr gutes Pferd hielt; in der Tat, dass er sich nicht von ihm getrennt hätte, wenn er nicht mehr gehabt hätte, als er wollte, und dass die beste Saison vergangen war, ohne dass er einen dieser Verluste erlitten hatte, die den Verbleib eines oder zweier zusätzlicher Pferde wünschenswert machten. Insgesamt gab er Herrn Pacey zu verstehen, dass er ihn an seine Abmachung hielt. Nachdem er Sponge für seine große Freundlichkeit gedankt hatte und dem Pferdeknecht (Mr. Leather) den Befehl gegeben hatte, das Pferd rauszuholen, machte sich Mr. Pacey auf den Weg zum Stall, und Sponge rief seinen Nachbarn Mr. Spraggon aus seinem Bett zwei gingen zu einem Durchgangsfenster, das einen Blick auf den Stallhof bot.

Mr. Pacey stolzierte sofort darüber und ließ seine Jockeypeitsche gegen sein Bein knallen, gefolgt von Mr. Leather, mit einem Sattel auf der Schulter und einem Zaumzeug in der Hand.

„Er sollte seine Peitsche besser ruhig halten", bemerkte Mr. Sponge kopfschüttelnd, während er Paceys Bewegungen beobachtete.

„Der Bettler glaubt, er könne alles reiten", bemerkte Jack.

„Er wird seinen Fehler gleich herausfinden", antwortete Schwamm.

Plötzlich öffnete sich die Stalltür und das Pferd trat langsam und leise heraus und sah nach dem Galopp vom Vortag blühender und strahlender aus. Pacey ließ seinen Blick über seine sauberen, muskulösen Beine und seine wohlgeformte Gestalt gleiten und dachte, dass er bisher doch nichts Unrechtes getan hatte. Leather stand am Kopf des Pferdes, pfiff und beruhigte ihn und spürte alles andere als das unbekümmerte Selbstvertrauen, das Mr. Pacey an den Tag legte. Pacey steckte seine Peitsche unter den Arm, ging einfach auf das Pferd zu, legte die Fußspitze in den Steigbügel und zog sich an der Mähne hoch, ohne sich herabzulassen, die Zügel zu ergreifen. Nachdem er sich in den Sattel eingetaucht hatte, begann er, die Steigbügel zu betasten.

„Wie sind sie in der Länge, Sir?" fragte Leather und hob seine Hand an die Stirn.

„Das reicht schon", antwortete Pacey gleichgültig, ergriff die Zügel und legte seine linke Ferse an die Seite des Pferdes, während er ihm auf der anderen Seite eine Berührung mit der Peitsche gab. Das Pferd zuckte zusammen und zuckte hinterher; so viel wie zu sagen: „Wenn du das noch einmal machst, trete ich ganz ernst", und ging dann leise aus dem Hof.

„Ich glaube, ich habe ihm gestern die feurige Schärfe genommen", bemerkte Jack, während er die gemächlichen Bewegungen des Pferdes beobachtete.

„Da bin ich mir nicht so sicher", antwortete Sponge und fügte hinzu, als er das Durchgangsfenster verließ: „Er wird ihn im Park vor Gericht stellen; Lass uns gehen und ihn von meinem Fenster aus sehen.'

Dementsprechend stellten sich unsere Freunde an Sponges Schlafzimmerfenster und alsbald verkündete das Klirren eines Tors, dass Sponge mit seiner Vermutung recht hatte. Eine weitere Sekunde später erschienen Pferd und Reiter in Sicht — das Pferd bewegte sich ganz entspannt, aber Mr. Pacey bereitete sich auf den Einsatz vor. Er fing an, das Zaumzeug zu bedienen und mit den Seiten zu treten, um ihn in einen Galopp zu bringen; eine Anstrengung, die eine ganz gegenteilige Wirkung hatte, denn das Tier verlangsamte sein Tempo, als Paceys Anstrengungen zunahmen. Als er jedoch seine Peitsche unter dem Arm nahm, schoss das Pferd direkt in die

Luft, stürzte wieder zu Boden und schoss Mr. Pacey mit einer krampfhaften
Anstrengung mehrere Meter über seinen Kopf hinweg, wobei ihm der Kopf
durch den Hut gerissen wurde. Dann begann das Tier zu grasen, als ob nichts
Besonderes passiert wäre. Diese leichte Gleichgültigkeit erstreckte sich
jedoch nicht auf die Nachbarschaft; Denn kaum war Mr. Pacey am Boden,
strömte ein solcher Ansturm von Pferdeknechten, Helfern, Dienern und
Gärtnern – ganz zu schweigen von den Frauen – aus allen Teilen des
Geländes herbei, was es für ihn sehr angenehm gemacht haben muss, das zu
wissen wie er beobachtet worden war. Einer hob ihn hoch – ein anderer seine
Hutkrone – ein dritter seine Peitsche – ein vierter seine Handschuhe –,
während Margaret, das Hausmädchen, mit ihrer privaten Flasche *Salvatore zur
Rettung eilte* – und John, der Unterbutler, begann, ihn zu befreien Er zog ihn
aus dem neumodischen Halstuch, das er aus seinem Hut gemacht hatte.

HERR. PACEY VERSUCHT MULTUM-IN-PARVO

Obwohl unser Freund durch den Sturz ziemlich erschüttert war, war die
Verletzung seines Körpers im Vergleich zu der Verletzung seines Geistes
unbedeutend. Vom Pferd gestoßen zu werden war eine Demütigung, mit der
er nie gerechnet hatte. Darüber hinaus war es so meisterhaft gemacht, dass
deutlich zu erkennen war, dass es nach Belieben wiederholt werden konnte.
Außerdem lacht jeder über einen Mann, der rausgeschmissen wird. All diese
Überlegungen schossen ihm in den Sinn und veranlassten ihn zu dem
Entschluss, sowohl die Fröhlichkeit der Gäste als auch die der Diener nicht
zu dulden.

Deshalb lieh er sich einen Hut und machte sich auf den Heimweg. Als er
seinen Vormund, Major Screw, aufsuchte, vertraute er ihm den Stand der
Dinge an. Der Major, der ein Mann von Welt war, begann sofort eine
Verhandlung mit Mr. Sponge, der nach langem Feilschen und erst, als das

Pferd den Major schließlich als Großen über den Kopf geschossen hatte, auch ihn über den Kopf geschossen hatte Aus Gefälligkeit stimmte er zu, fünfzig Pfund zu nehmen, um den Handel rückgängig zu machen, und fügte seiner Freundlichkeit hinzu, dass er dem Major sagte, er solle seinem Mündel raten, sich nach dem Abendessen nie mehr mit Pferdefleisch zu beschäftigen; Ein Ratschlag, den wir auch unseren jugendlichen Lesern mit großem Respekt entgegenbringen.

Und Sponge schickte Spraggon kurz darauf eine Fünf-Pfund-Note als seinen Anteil an der Transaktion.

KAPITEL XLIII

EIN ANDERER KRANKER GASTGEBER

Als Mr. Puffington in der Swillingford-Zeitung den Bericht der Herren Sponge und Spraggon über den Lauf mit seinen Hunden las, war er vollkommen entsetzt; Worte können den Ekel, den er empfand, nicht beschreiben. Es kam für ihn völlig überraschend, denn er erwartete, in einer Zeitung oder einem allgemein verbreiteten Werk verewigt zu werden, in dem die Lords Loosefish, Sir Toms und Sir Harrys früherer Tage die temperamentvollen Taten ihres frühen Freundes erkennen könnten. Er wollte die Überlegenheit seines Establishments, die Vortrefflichkeit seiner Pferde, die Stärke seiner Hunde und die Eleganz seines Feldes verkünden, vielleicht mit einem leisen Seitenhieb auf den Flat-Hat-Adel; Stattdessen hatte er ein gemischtes Medley, eine Art Durcheinander, dessen eintönige Monotonie nur durch die Absurditäten und Fehler, mit denen es vollgestopft war, aufgelockert wurde. Zunächst konnte Mr. Puffington nicht erkennen, was es bedeutete, ob es sich um eine Fälschung handelte, um das Schreiben lächerlich zu machen, oder ob es durch den Drucker verstümmelt worden war. Einen guten Duft als ein exquisites Parfüm zu bezeichnen, wirkte verdächtig wie ein Schwindel, aber dann gab es einen saisonalen Fuchs für einen erfahrenen Fuchs, ein Verachten, um zu weinen, um zu punkten, um zu weinen, ein brauner Fuchs für einen Sackfuchs, ein Grunzen für die Jagd, ein Prügeln für das Verwüsten, eine Pause für die Gipsverbände und andere Absurditäten , sah eher nach Unfall als nach Design aus.

Dies sind die Fehler, die nichtsportlichen Autoren leicht unterlaufen können, da ein Begriff für sie dem Englischen genauso ähnlich ist wie der andere, für das Auge oder das Ohr eines Sportlers jedoch erstaunlich anders ist. Mr. Puffington war zutiefst angewidert. Er hatte genug von Hunden und Pferden und Bragg und Heu und Mais und Zwingern und Mehl und Sätteln und Zaumzeug; und nun schien diese Absurdität der ganzen Sache die Krone aufzusetzen. Er war auf einen solchen Schock schlecht vorbereitet. Die Anstrengung des aufeinanderfolgenden Abendessens – vor allem des Junggesellenessens – und das auch auf dem Land, wo Männer sitzen, reden, reden, reden, nippen, nippen, nippen und „nur noch ein Flaschentrinken"; Wir glauben, dass es mehr aus dem Mangel an etwas anderem zu tun ist als aus einer natürlichen Neigung zum Überschreiten; Wir sagen, die Strapazen solcher Partys hätten unseren dicken Freund völlig außer Gefecht gesetzt und seine Nerven schlecht auf einen solchen Schock vorbereitet. Da er ein großer Mann für seine kleinen Annehmlichkeiten war, frühstückte er immer in seinem Ankleidezimmer, das er im luxuriösesten Stil eingerichtet hatte und wo er seine Zeitungen (sorgfältig ausgebügelt) mit seinen Briefen ausgelegt hatte, als er hereinkam. Es war spät am Morgen nach unserem letzten

Kapitel, als er glaubte, er hätte so viel von seinen weinigen Kopfschmerzen losgeworden, wie unruhiger Schlaf nur vertreiben konnte, und hüllte sich in einen blau-gelb geblümten Seidenmorgenmantel und türkische Hausschuhe. Er schaute sich seine Briefe an, und als er ihr Äußeres kannte, ließ er sie zur späteren Durchsicht zurück, ließ sich in den Tiefen eines gepolsterten Sessels nieder und begann, seine *Morning Post* – Tattersalls Anzeigen – „Grosjeans Blasse Knirpse" zu buchstabieren –" Herr. „Albert Smith" – „Coals, best Stewart Hetton or Lambton's" – „Police Intelligence" und andere leichte Lektüre, die keine großen Anstrengungen erfordert, um sie zu verstehen oder zu verstehen.

Dann kam sein Frühstück, auf das er kaum Appetit hatte, obwohl er seinen Kaffee und auch eine Sardelle genoss. Während er darüber trödelte, hörte er verschiedene Räder unter dem Fenster knirschen und das Klopfen und Klopfen von Kisten, ein Zeichen für ein „Weggehen", für das er nicht sagen konnte, dass es ihm leid tat. Er konnte sich nicht einmal die Mühe machen, aufzustehen und ans Fenster zu gehen, um zu sehen, wer da los war, so müde und voller Kopfschmerzen war er. Er rollte und räkelte sich auf seinem Stuhl, mal trank er einen Schluck Kaffee, mal einen Bissen Sardellentoast, mal überlegte er, ob er es wagen sollte, ein Ei zu essen, und wieder griff er auf die *Post zurück* . Schließlich, nachdem er die ganze Lektüre darin erschöpft hatte und die Liste der Jagdtermine durchgegangen war, nahm er die Swillingford-Zeitung zur Hand, um sich zu vergewissern, dass seine „Treffen" für die nächste Woche richtig waren. Wie erstaunt war er, als ihm der Lauf vom Vortag ins Gesicht starrte, mit der Überschrift „HERVORRAGENDER LAUF MIT MR." PUFFINGTON'S HOUNDS' in der hier gezeigten imposanten Ausführung. „Nun, das ist aber eine schnelle Arbeit", sagte er, blickte erstaunt zur Decke und dachte darüber nach, wie anders es mit den Swillingford-Zeitungen war, die immer eine Woche, aber im Allgemeinen zwei Wochen mit Informationen im Rückstand waren. „Großartiger Lauf mit Mr. Puffingtons Hunden", las er noch einmal und fragte sich, wer es getan hatte: Bardolph, der Wirt; Allsop, der Tischler; Tuggins, der Arzt, waren alle draußen; So auch Weatherhog, der Metzger. Welcher von ihnen könnte es sein? Grimes, der Herausgeber, war nicht da; tatsächlich konnte er nicht reiten, und das Land war für einen Auftritt nicht geeignet.

Dann begann er es zu lesen, und je weiter er kam, desto mehr empörte er sich. Als er schließlich zu dem „Saisonfuchs" kam, von dem manche dachten, er sei ein Brauner, kannte seine Empörung keine Grenzen, und er zerknüllte das Papier zu einem Haufen und warf es angewidert von sich. In diesem Moment kam Plummey, der Butler, herein. Plummey sah auf einen Blick, was passiert war; denn Mr. Bragg, die Peitschen, die Pferdeknechte, die Helfer und der Futterspender – die ganze Jagdanstalt – waren bei der Burleske in

Aufruhr und schworen dem Urheber Rache. Als Mr. Spraggon sah, was für ein Durcheinander seine Arbeit angerichtet hatte, nutzte er das Angebot, in Kapitän Guanos Hundekarren Platz zu nehmen, und verließ das Gelände; während Mr. Sponge beschloss, Spraggons Abwesenheit auszunutzen und ihm die Schuld in die Schuhe zu schieben.

„Oh, Plummey!" rief Mr. Puffington, als sein Diener eintrat, „Mir geht es verdammt schlecht – kurz gesagt, ich bin ziemlich benommen", schlug sich mit der Hand auf die Stirn und fügte hinzu: „Ich werde heute nicht in der Lage sein, unten zu speisen."

„Tat, Sir", antwortete Mr. Plummey in einem Ton des Mitleids – „Tat, Sir; „Tut mir leid, das zu hören, Sir."

„Sind sie alle weg?" fragte Mr. Puffington und ließ seine Augen, die wie gekochte Stachelbeeren aussahen, auf den fein geblümten Teppich fallen.

„Alles weg, Sir – alles weg", antwortete Mr. Plummey; „Alle außer Herrn Schwamm."

„Oh, er ist immer noch hier!" antwortete Mr. Puffington und schauderte vor Abscheu bei der Erinnerung an die Zeitungsausgabe. „Kommt er heute?" fragte er.

„Nein, Sir – ich wage es nicht zu sagen, Sir", antwortete Mr. Plummey. „Sein Mann – sein Bräutigam – sein – wie auch immer er ihn nennt, geht davon aus, dass sie einige Zeit bleiben werden."

„Die Zwei!" rief Mr. Puffington, dessen Gastfreundschaft, wie die von Jawleyford, größer in der Einbildung als in der Realität war.

„Soll ich diese Dinge mitnehmen?" fragte Plummey nach einer Pause.

„Konnten Sie es nicht schaffen, ihn zum Gehen zu bewegen?" fragte Mr. Puffington, der immer noch auf seinen verbliebenen Gast einredete.

„Ich weiß es nicht, Sir. „Ich könnte es versuchen, Sir – ich glaube, er ist schwer zu bewegen, Sir", antwortete Plummey grinsend.

„Ist er das wirklich?" antwortete Mr. Puffington, besorgt, dass Sponge sich für immer an ihn klammern könnte.

„Man sagt es", antwortete Mr. Plummey, „aber ich spreche nicht aus persönlicher Kenntnis, denn ich weiß nichts über den Mann."

„Nun", sagte Mr. Puffington, amüsiert über die Exklusivität seines Dieners, „ich wünschte, Sie würden versuchen, ihn loszuwerden, ihn höflich zu verabschieden, Sie wissen schon – sagen Sie, es geht mir schlecht – sehr schlecht – verführt, schlecht – und befohlen, ihn zu behalten." ruhig – sag es, als käme es von dir selbst, weißt du – es darf nicht so aussehen, als ob es von mir käme, weißt du."

„Natürlich nicht", antwortete Mr. Plummey, „natürlich nicht", und fügte hinzu: „Ich werde mein Bestes geben, Sir – ich werde mein Bestes geben." Mit diesen Worten nahm er das Frühstücksgeschirr und ging.

Mr. Sponge gönnte sich in den Ställen und Sträuchern eine Zigarre und es dauerte einige Zeit, bis Mr. Plummey die Gelegenheit hatte, seine Diplomatie an ihm auszuprobieren, da es Mr. Plummeys Gewohnheit widersprach, nach draußen zu gehen, um jemandem hinterherzulaufen. Endlich sah er Schwamm den Terrassenweg entlangschlendern, der aussah wie ein Mann, der völlig außer Gefecht gesetzt war, und begegnete ihm, nachdem er sich richtig abgestimmt hatte, am Eingang.

„Bitte um Verzeihung, Sir", sagte Mr. Plummey, „aber Koch, Sir, möchte wissen, Sir, ob Sie heute hier essen, Sir?"

„Natürlich", antwortete Herr Schwamm, „wo soll ich essen gehen?"

„Oh, ich weiß nicht, Sir – nur Mr. Puffington, Sir, geht es sehr schlecht, Sir, und ich dachte, Sie würden vielleicht auswärts essen.

„Geht es ihm schlecht?" antwortete Herr Schwamm; „Tut mir leid, das zu hören – was ist mit ihm los?"

„Schwerer Gallenanfall, glaube ich", antwortete Plummey – „sehr anfällig für sie, besonders zu dieser Jahreszeit; wurde letztes Jahr wegen eines ähnlichen Angriffs drei Wochen lang eingesperrt, zumindest in seinem Zimmer eingesperrt.'

'In der Tat!' antwortete Mr. Sponge, dem die Information nicht gefiel.

„Dann muss ich sagen, dass Sie hier essen werden?" sagte der Butler.

'Ja; „Ich muss natürlich zu Abend essen", antwortete Herr Schwamm. „Ich bin nicht krank, wissen Sie. Kein Anlass, eine tolle Strecke für mich zu machen, wissen Sie; Aber ich muss trotzdem etwas zu essen haben, wissen Sie?

„Sicher, Sir, sicherlich", antwortete Mr. Plummey.

„Ich könnte nicht daran denken, Mr. Puffington zu verlassen, wenn es ihm schlecht geht", bemerkte Mr. Sponge, halb für sich und halb für den Butler.

„Oh, Meister – das heißt, Mr. Puffington – kommt immer am besten zurecht, wenn man ihn in Ruhe lässt", bemerkte Mr. Plummey und verstand den Satz: „In der Tat empfehlen die Mediziner ein völlig ruhiges und gemäßigtes Leben als das Beste."

'Tun sie?' antwortete Sponge und holte eine weitere Zigarre heraus. Herr Plummey zog sich dann zurück und ging sofort nach oben, um dem Herrn, den er manchmal „Meister" nannte, Fortschritte oder vielmehr mangelnde Fortschritte zu melden.

Mr. Puffington verbrachte eine weitere Zeit mit der Zeitung, und wir brauchen kaum zu sagen, dass es ihm umso weniger gefiel, je mehr er über die Zeitung las.

„Ah, das ist Mr. Sponges Werk", bemerkte Plummey, als Mr. Puffington mit einem spöttischen Grinsen des Ekels die Zeitung von sich warf, als Plummey den Raum betrat.

'Woher weißt du das?' fragte Mr. Puffington.

„Habe es gesehen, Sir – habe es in der Brieftüte gesehen, die zur Post ging."

'In der Tat!' antwortete Herr Puffington.

'Herr. Spraggon und er haben es getan, nachdem sie von der Jagd zurückgekommen waren.'

„Das habe ich mir gedacht", antwortete Mr. Puffington angewidert.

Herr Plummey erzählte dann, wie erfolglos seine Versuche gewesen seien, den nunmehr unwillkommensten Gast loszuwerden. Mr. Puffington hörte aufmerksam zu und war entschlossen, ihn auf die eine oder andere Weise loszuwerden. Plummey wurde angewiesen, Sponge geschickt mit Andeutungen zu überhäufen, die Mr. Sponge jedoch alle geschickt abwehrte. Also kritzelte Mr. Puffington schließlich einen elend aussehenden Zettel, in dem er erklärte, wie sehr es ihm schlecht gehe, und wie sehr er es bereue, von Mr. Sponges angenehmer Gesellschaft ausgeschlossen zu sein, aber in der Hoffnung, dass es Mr. Sponge passen würde, so bald wie möglich zurückzukehren besser und würde ihm den Rest seines Besuchs abstatten – eine ziemlich verständliche Aufforderung, aufzuhören, und eine, die selbst der kühle Mr. Sponge kaum abwehren konnte.

Ihm gefiel der Aspekt der Angelegenheiten nicht. Der Koch musste den Abend nicht nur alleine verbringen, sondern schickte ihm auch ein sehr bescheidenes Abendessen, geräucherte Suppe, durchnässten Fisch, dürre Koteletts und sauren Pudding. Auch Mr. Plummey schien alle Flaschenenden der Firma für ihn zusammengestellt zu haben. Das würde nicht reichen. Wenn Sponge sich davon überzeugt hätte, dass es seinem Gastgeber in ein oder zwei Tagen nicht besser gehen würde, hätte er ernsthaft darüber nachgedacht, zu gehen; aber da er sich nicht dazu durchringen konnte zu glauben, dass er das nicht tun würde, und außerdem keinen Ort hatte, an den er gehen konnte, hätte er sich Mühe gegeben, zu bleiben, wenn nicht der letzte Teil von Mr. Puffingtons Notiz gewesen wäre. Das lag jedoch, zumal es so höflich geschah, ziemlich außerhalb seiner Macht und deutete auf eine Erneuerung des Besuchs hin. Mr. Sponge verbrachte den Abend damit, darüber nachzudenken, was er tun sollte – er dachte darüber nach, welche Sportler ihm die Hand der guten Kameradschaft ausgestreckt hatten, und deutete an, dass er hoffte, das Vergnügen zu haben, ihn zu sehen. Fyle, Fossick, Blossomnose, Capon, Dribble, Hook und andere gingen ihm alle durch den Kopf, ohne dass er es für klug hielt, den Versuch zu unternehmen, einen freiwilligen Besuch bei einem von ihnen zu vereinbaren. Viele Menschen, die er kannte, konnten höfliche Ausreden formulieren, konnten sich aber im Moment nicht damit verstehen, besonders in der großen Arena der Gastfreundschaft – dem Jagdrevier. Er ging sehr ratlos zu Bett.

KAPITEL XLIV

GESUCHT – EIN REICHER GOTT-PAPA!

„Wenn sich eine Tür schließt, öffnet sich eine andere", sagen die frechen Diener; und unser Freund, Mr. Sponge, hatte ebenfalls Glück. Allerdings fiel ihm niemand ein, dem er freiwillig einen Besuch abstatten könnte. Dame Fortune bot ihm eine Ouvertüre von einer Gruppe an, die ihn haben wollte! Aber wir werden seinen neuen Gastgeber bzw. sein neues Opfer vorstellen.

Menschen jagen aus verschiedenen Beweggründen – manche aus Liebe zur Sache, manche aus Showgründen, manche aus Modegründen, manche aus gesundheitlichen Gründen, manche aus Appetit, manche aus Gründen des Kaffeetrinkens, manche, um zu sagen, dass sie gejagt haben, manche, weil sie jagen.

Mr. Jogglebury Crowdey ging aus keinem dieser Beweggründe auf die Jagd, und es wäre für einen Zauberer ein Rätsel, herauszufinden, warum er jagte; Tatsächlich brauchten die Mitglieder der verschiedenen Jagden, die er unterstützte – denn er gehörte zu den umherstreifenden Menschen, die sich nicht anmeldeten – lange, bis sie es herausfanden. Es wurde beobachtet, dass er im Allgemeinen Länder betraf, die reich an großen Wäldern waren, wie Stretchaway Forest, Hazelbury Chase und Oakington Banks, in die er mit größter Gier eintauchte. Anfangs dachten die Leute, er sei ein sehr scharfsinniger Mensch, der darauf bedacht sei, einen Fuchs schön gefunden zu sehen, wenn er ihn nicht schön fertig sehen könnte, wogegen letzterer Luxus seine Figur und seine Aktivität oder der Mangel an Aktivität einigermaßen im Widerspruch standen. Wenn wir sagen, dass er den Namen „Woolpack" trug, können sich unsere Leser tatsächlich vorstellen, was für ein Mann er war: ein langköpfiger, kurzhalsiger, breitgürtiger, knödelbeiniger kleiner Kerl, der so etwas wie … Die meisten dicken Männer machten sich gefährlich, indem er einen äußerst unvernünftigen Magen in einen engen Mantel drückte, dessen einzelner Knopf aussah, als ob er kurz davor stand, abzuplatzen und jedem das Auge auszuschlagen, der die Kühnheit hatte, neben ihm zu reiten ihn. Er war ein aufgedunsener, keuchender, sentimentaler kleiner Kerl, der seine Gleichnisse mit einem Schnauben in einer großen, fein geflochtenen Hemdrüsche begleitete, die fast bis zu seiner Nase reichte. Sein Jagdkostüm bestand aus einem schwarzen Mantel und einer schwarzen Weste sowie weißen Moleskin-Hosen, die an den Knien und an anderen Stellen stark rissig und geflickt waren, wie es bei Unterbekleidung aus diesem tückischen Stoff oft der Fall ist. Seine formlosen Oberteile, die unabhängig von den Feinheiten von „rechts und links" hergestellt wurden, baumelten an den Seiten seines Pferdes wie ein paar Stalleimer; und er trug seine schwere Eisenpeitsche mit Hammerkopf wie einen Dreschflegel über seiner Schulter. Aber wir zeichnen sein Porträt, anstatt zu sagen, warum er jagte. Nun, nachdem sie Mrs. Springwheats Schwester geheiratet hatte, die gegenüber Mrs. Crowdey immer damit prahlte, was für ein liebevoller, liebevoller Ehemann Springey nach der Jagd sei, hatte Mrs. Crowdey Crowdey dazu überredet, es mit ihm zu versuchen, und obwohl sie sich bald davon überzeugt hatte, dass er es nicht getan hatte Er hatte die geringste Vorliebe für den Sport, aber da er ein großer Mann für das war, was er Gibbey-Sticks nannte, ging er auf die Jagd, um sie zu finden. Wie wir bereits sagten, tauchte er im Allgemeinen in großen Wäldern auf, in die er mit den Hunden ritt, sich durch den härtesten Lehm stürzte und sich seinen Weg durch das dichteste Dickicht bahnte, wobei er die ganze Zeit über Beobachtungen von Haselnüssen, Stechpalmen und anderen machte die Schlehen und, leider, manchmal auch die jungen Eichen und Eschen, von denen er glaubte, sie würden sich zu Spazierstöcken mit merkwürdigen Griffen verarbeiten; und diese würde er eines Tages zurückholen und sie mit möglichst großen Knüppeln besorgen, die er in die Köpfe von Tieren, Vögeln, Fischen oder Menschen schneiden würde. Zu der Zeit, über die wir schreiben, hatte er eine riesige Menge angesammelt – Tausende; Die Mansarde oben in seinem Haus war ziemlich voll, ebenso die meisten Schränke, während die Dachsparren in der Küche, im Keller und in den Nebengebäuden mit anderen in einem Zustand der *Déshabille überfüllt waren* . Er schätzte seinen Bestand auf einen immensen Wert, wir wissen nicht, wie viele tausend Pfund; und während er mit einem Band Buffon oder dem Bild eines bedeutenden Mannes vor sich schnitt, schnaufte, keuchte und modellierte, kicherte er und dachte darüber nach, wie gut er für seine Familie sorgte. Er beschäftigte sich schon so lange damit und argumentierte so energisch, dass Mrs. Jogglebury Crowdey, wenn auch nicht ganz von der Richtigkeit seiner Berechnungen überzeugt, es dennoch für gut hielt, seine Jagdvorlieben zu fördern, da es ihn in Kontakt mit Menschen brachte, die er hatte die sie sonst nicht treffen würden und die ihrer Meinung nach möglicherweise für ihre Kinder nützlich sein könnten. Dementsprechend besorgte sie ihm an Jagdmorgen rechtzeitig sein Frühstück, füllte seine Taschen mit Johannisbeerbrötchen und sorgte dafür, dass seine Moleskins geflickt wurden, wenn er nach Hause kam, nach all den Verlusten, die sowohl bei der Jagd als auch bei Gibbey passieren. Stockjagd.

Als Fremder und gezeichneter Mann in einem ländlichen Land erregte Mr. Sponge bei Mr. Jogglebury Crowdey mehr Neugier als Mr. Jogglebury Crowdey bei Mr. Sponge. In Wahrheit war Jogglebury eines dieser unsportlichen Wesen, bei denen es für einen gewöhnlichen Fuchsjäger eine Wortverschwendung wäre, sich danach zu erkundigen, und wenn Mr. Sponge ihn sah, erinnerte er sich nicht an ihn; während andererseits Mr. Jogglebury Crowdey sehr voll von unserem Freund nach Hause ging. Nun war Mrs. Jogglebury Crowdey eine feine, geschäftige, geschäftsführende Frau mit einer großen Familie, für die sie alle ihre Energien einsetzte, um begehrenswerte Paten und Mütter zu finden; Und kaum hörte sie von diesem Neuankömmling, sehnte sie sich schon danach, ihn zum Paten ihres jüngsten Sohnes zu machen.

„Joggen, meine Liebe", sagte sie zu ihrem Gatten, als sie beim Tee saßen; „Es wäre gut, sich um ihn zu kümmern."

„Wozu, mein Lieber?" fragte Jog, der einen Stock mit einem halbfertigen Kopf von Lord Brougham als Griff anstarrte, aus Miene.

„Wozu, Jog? Warum, können Sie es nicht erraten?'

„Nein", antwortete Jog verbissen.

'NEIN!' rief seine Ehefrau aus. „Na, Jog, du bist sicherlich der dümmste Mann, den es gibt."

'Nicht unbedingt!' antwortete Jog mit einer Kopfbewegung und einem Hauch in seiner Hemdrüsche, der alles in Aufruhr versetzte.

'Nicht unbedingt!' antwortete Mrs. Jogglebury, die eine „geistvolle Frau" war, wie man sie nennt, im gleichen ansteigenden Ton wie zuvor. 'Nicht unbedingt! aber ich sage notwendigerweise – ja, unbedingt. Hören Sie mich, Mr. Jogglebury?'

„Ich verstehe dich", antwortete Jogglebury verächtlich, mit einem weiteren Ruck und einem weiteren Zug in die Halskrause.

Die beiden saßen dann einige Minuten schweigend da, während Jogglebury immer noch über den fortschreitenden Kopf von Lord Brougham nachdachte und sich an das Auge und die Gesichtszüge erinnerte, die ihn vor etwa fünfundzwanzig Jahren in einer Klage wegen Versprechensbruchs „Smiler *v*. „Jogglebury" [3] war der Name unseres Freundes, bevor sein Onkel Crowdey ihm sein Eigentum hinterließ.

Mrs. Jogglebury hatte ein Ziel vor Augen und wusste, dass Jogglebury zwar führen würde, er aber nicht fahren würde, und nutzte die Pause, um ihr Segel zu trimmen und zu versuchen, ihn auf der anderen Seite einzuholen.

„Nun, Mr. Jogglebury Crowdey", sagte sie in einem passiven Tonfall des Bedauerns, „ich dachte sicherlich, wie gleichgültig Sie mir gegenüber auch sein mögen" (und hier hielt sie ihr Taschentuch – ein ziemlich grobes – an ihre Augen), „das." Dennoch hatten Sie Rücksicht auf die Interessen Ihrer (schluchzenden) Kinder. und hier ergossen sich die Wasserfälle ihrer schwarzen Knopfaugen in einem Schwall.

„Nun, meine Liebe", antwortete Jogglebury sanfter, „ich bin (puff) sicher, dass ich (pfeifend) besorgt um meine (puff) Kinder bin." Glaubst du nicht, wenn ich nicht (puff) wäre, würde ich (keuchend) arbeiten, wie ich (puff-keuchend) tue, um ihnen Fortins zu hinterlassen?' – eine Anspielung auf seine Anstrengungen in der Gibbey-Stick-Linie.

„Oh, Jog, ich wage zu behaupten, dass du sehr gut und sehr fleißig bist", schluchzte Mrs. Jogglebury, „aber ich (schluchz) denke manchmal, dass du deine (schluchzende) Energie für einen besseren (schluchzenden) Zweck einsetzen könntest."

„In der Tat, meine Liebe (puff), das sehe ich nicht (keuchend)", antwortete Jogglebury sanft.

„Nun, wenn Sie versuchen würden, diesen reichen Mr. Sponge als Patenpapa für Gustav James zu gewinnen“, fuhr sie fort und trocknete ihre Augen, als sie zur Sache kam, „ *das wäre* , würde ich sagen, würdig.“ von dir.'

„Aber mein (puff) Schatz“, antwortete Jogglebury, „ich kenne Mr. (keuchend) Sponge überhaupt nicht.“

„Das ist nichts“, antwortete Frau Jogglebury; „Er ist ein Fremder, und Sie sollten ihn aufsuchen.“

Mr. Jogglebury saß schweigend da, starrte immer noch Lord Brougham an und dachte darüber nach, wie er ihm in die Quere gekommen war und wie krank er war, als die Jury, ohne sich von der Loge zurückzuziehen, fünfhundert Pfund Schadenersatz gegen ihn festlegte.

„Er ist auch ein Fuchsjäger“, fuhr seine Frau fort; „Und du solltest höflich zu ihm sein.“

„Na ja, aber mein Schatz, die Wahrscheinlichkeit, dass er in diesen fünfzig Jahren keucht, ist genauso hoch wie bei jedem anderen Mann, den ich jemals gesehen habe“, antwortete Jogglebury.

„Oh, Unsinn“, antwortete Mrs. Jogglebury; „Man kann nicht sagen, wann ein Fuchsjäger sich das Genick brechen kann.“ Mein Wort! Aber Mrs. Slooman erzählt mir hübsche Geschichten über Sloos Machenschaften mit den Weihen – er sprang über Hürden und alles, was ihm in den Weg kam, und galoppierte über die steinigen Wege, als wäre der Wind im Vergleich zu seinem Pferd eine Schnecke. Ich sage Ihnen. Jog, Sie sollten diesen Herrn besuchen …“

„Nun“, antwortete Mr. Jogglebury.

„Und bitten Sie ihn, hierherzukommen und zu bleiben“, fuhr Mrs. Jogglebury fort.

„Vielleicht gefällt es ihm nicht (puff)“, antwortete Jogglebury. „Ich weiß nicht, ob wir ihn so unterhalten könnten, wie er es gewohnt ist“, fügte er hinzu.

„Oh, Unsinn“, antwortete Mrs. Jogglebury; „Wir können ihn gut genug unterhalten.“ Sie sagen immer, Fuchsjäger seien nicht feierlich. Ich sage dir was, Jog, du denkst nicht halb genug von dir. Du lässt dich viel zu leicht beiseite legen. Mein Wort! Aber ich kenne einige Leute, die sich hübsch aufspielen würden, wenn ihr Mann Vorsitzender eines Vormundschaftsausschusses und Verwalter von, ich weiß nicht, wie vielen Autobahnstraßen Ihrer Majestät wäre“, dachte Mrs. Jog hier an ihre Schwester Mrs. Springwheat , die, wie sie zu sagen pflegte, einen einfachen

Bauern geheiratet hatte. „Ich sage dir, Jog, du bist viel zu bescheiden, du hältst nicht halb genug von dir."

„Na ja, aber, mein (Puff) Schatz, du bedenkst nicht (Puff), dass nicht alle Menschen (Puff) Kinder mögen (pfeifend)," bemerkte Jogglebury nach einer Pause. „Tatsächlich habe ich (puff) beobachtet, dass manche (keuchen) sie nicht mögen."

„Oh, aber das werden böse kleine Gören sein, wie die von Mrs. James Wakenshaw oder die von Mrs. Tom Cheek. Aber solche Kinder wie unseres! solche Charmeure! solche Freuden! Es gibt keinen Mann in der Grafschaft, vom Lord-Lieutenant abwärts, der nicht stolz wäre – der es nicht als Kompliment empfinden würde, wenn man ihn darum bitten würde, Pate für solche Kinder zu sein. Ich sage Ihnen was, Mr. Jogglebury Crowdey, es wäre weitaus besser, ihnen reiche Patenpapas und Patenmütter zu besorgen, als ihnen ein ganzes Haus voller Stöcke zu hinterlassen.'

„Na ja, aber, mein Schatz, die (pfeifenden) Stöcke werden sich später als sehr (pfeifende) Stöcke erweisen", antwortete Jogglebury und zügelte die Unterstellung seines Hobbys.

„ Das *hoffe ich* ", antwortete Mrs. Jogglebury ungläubig.

„Nun, aber, mein (puff) Schatz, ich (keuche) dir, dass sie es sein werden – tatsächlich (puff), ich kann (keuche) sagen, dass sie (puff) es sind." Erst neulich (pfeifend) bot mir (pfeifend) Patrick O'Fogo fünfundzwanzig (pfeifend) Schilling für meinen (pfeifenden) Schwarzdorn Daniel O'Connell an, der keineswegs so (pfeif) gut ist wie die (keuchende) Wildkirsche, oder tatsächlich (puff), wie die Eibe, die ich (keuchend) aus Spankerley Park komme.'

„An Ihrer Stelle hätte ich es genommen", bemerkte Mrs. Jogglebury.

„Aber er ist (puff) viel mehr wert", erwiderte Jogglebury wütend; „warum (keuch) Lumpleg hat mir so viel für Disraeli angeboten."

„Nun, ich hätte es auch genommen", entgegnete Mrs. Jogglebury.

„Aber ich hätte (keuchen) mein (Puff-)Set verderben sollen", antwortete der Gibbey-Stick-Mann. „Angenommen, irgendein (pfeifender) Körper würde mir fünf Guineen pro (puffiges) Stück für die (puffige) Auswahl meiner (puffigen) Sammlung anbieten – meine (puffigen) Gummistiefel, meine (pfeifenden) Napoleons, meine ('Puff) Byrons, mein (pfeifender) Walter Scotts, mein (Puff) Lord Johns, meinst du, ich würde es nehmen?'

„Das hoffe ich", antwortete Frau Jogglebury.

„Ich sollte (puff) so etwas nicht tun", schnaubte ihr Mann in seine Halskrause. „Ich sollte hoffen", fuhr er fort und sprach langsam und feierlich, „dass ein (puff) kluges Ministerium die gesamte (puff) Sammlung für eine (pfeif) dankbare Nation kaufen wird, wenn das (pfeif) „Etwas" nicht mehr ist (keuchen).' Die abschließenden Worte gehen in der Emotion des Redners unter (wie die Reporter sagen).

„Nun, aber wirst du Mr. Sponge besuchen gehen, mein Lieber?" fragte Mrs. Jogglebury Crowdey, die ebenso darauf bedacht war, das Thema umzudrehen, als ihren ursprünglichen Standpunkt zu verdeutlichen.

„Nun, meine Liebe, ich habe nichts dagegen", antwortete Joggle und wischte sich mit der Mantelmanschette eine Träne aus dem Augenwinkel.

„Das ist eine gute Seele!" rief Mrs. Jogglebury beruhigend aus. „Gehen Sie morgen wie ein netter, vernünftiger Mann."

„Sehr gut", antwortete ihr jetzt selbstgefälliger Ehemann.

„Und bitte ihn, hierher zu kommen", fuhr sie fort.

„Ich kann ihn nicht (puff) bitten, zu kommen, mein Lieber (keuchend), bis er (puff – keuchend) meinen (puff) Anruf erwidert."

„Oh, Geige", antwortete seine Frau, „du sagst immer, Fuchsjäger legen nie Wert auf Zeremonien; Warum solltest du mit ihm auf jemanden stoßen?'

Mr. Jogglebury war gestellt und saß schweigend da.

KAPITEL XLV

DER UNBEFÜHLTE DIPLOMATIST

Nun, wie wir bereits sagten: Wenn sich eine Tür schließt, öffnet sich eine andere. und gerade als Mr. Puffingtons Tür sich vor dem armen Mr. Sponge schloss, der hätte aufgeben sollen, außer unserem neu vorgestellten Freund, Mr. Jogglebury Crowdey. Mr. Sponge saß einsam im schönen Salon, musterte seinen alten Freund *Mogg* und überlegte, was er wann von der Spur Street, dem Leicester Square, an Shorts Gardens und über die Waterloo Bridge zum Elephant and Castle reiten könnte Das Knirschen eines Fahrzeugs auf dem Kiesring erregte seine Aufmerksamkeit. Als er aus dem Fenster schaute, sah er einen Pferdekopf in einem verblassten roten Zaumzeug mit Seidenbesatz und den Buchstaben „JC" auf den Augenzwinkern; nicht „JC", der sich in den eleganten Verrenkungen der modernen Wissenschaft windet, sondern „JC" in den guten, schlichten, sachlichen Charakteren, die wir oben dargestellt haben.

„Das wird der Arzt sein", sagte sich Herr Schwamm, während er seine Lektüre und seine Berechnungen fortsetzte, während die Türklingel läutete, die gut geeignet war, das ganze Haus aufzuwecken. „Man kann ihn gut anrufen!" fügte er hinzu, blickte auf und fragte sich, wann das letzte anhaltende Klingeln aufhören würde.

Bevor die Tatsache geklärt war, ertönte ein eiliges Trampeln von Füßen an der Tür des Wohnzimmers vorbei, und dann öffnete sich die Eingangstür und ließ herein – ein Windstoß.

„Ist Herr Schwamm zu Hause?" verlangte eine langsame, pompös sprechende, tiefe Stimme, offensichtlich aus dem Fahrzeug.

„Yez-ur", war die unmittelbare Antwort.

„Wer kann das sein?" rief Sponge und steckte seinen *Mogg ein* .

Dann hörte man Federn knarren und auf eisernen Stufen klirren, und bald darauf hörte man einen laut blasenden, mit schweren Schritten schreitenden Körper durch die Eingangshalle, während ein voreiliger Lakai Mr. Jogglebury Crowdey ankündigte und es dem Besitzer überließ, ihm zu folgen seinen Namen nach Belieben.

Mrs. Jogglebury hatte darauf bestanden, dass Jog sein neues schwarzes Kleid anzog – einen sehr langen Mantel, der wie ein Sack passte und dessen gut gefüllte Taschen wie die Abendbörse eines armen Mannes aussahen. Anstelle der geschrumpften und verflixten weißen Moleskins, die sich offensichtlich angewidert von den schmuddeligen Oberteilen zurückzogen, hatte er seinen

Untermann in ein Paar feinen zimtfarbenen Tweeds gehüllt, mit breiten blauen Streifen an den Seiten, und über den plumpen Formen geformt Fuß.

HERR. JOGGLEBURY stellt sich Herrn vor. SCHWAMM

Puff, pfeifen, puff, er kam nun watschelnd und mühsam daher, den Hut in der Hand, und eilte dem Diener nach; schnaufend, keuchend, schnaufend, und schon befand er sich im Zimmer. „Ihr Diener, Sir", sagte er, indem er sich von hinten herausstreckte, Herrn Schwamm ansprach und mit seiner Wollmütze eine Bodenbewegung machte.

„ *Mit freundlichen Grüßen* ", sagte Mr. Sponge mit einer ähnlichen Verbeugung.

„Schöner Tag (Puff – Keuchen)", bemerkte Mr. Jogglebury und blies in seine große Halskrause.

„Das ist es", antwortete Mr. Sponge und fügte hinzu: „Wollen Sie nicht Platz nehmen?"

„Wie geht es Puffington?" keuchte unser Besucher und saugte sich auf eine Art und Weise auf einen der Palisanderstühle, dass der schlanke Stoff zu zerstören drohte.

„Oh, er ist ziemlich mittelmäßig, würde *ich* sagen", antwortete Schwamm und kam nun zu dem Schluss, dass er sich an den Arzt wandte.

„Pretty middlin' (puff),“ wiederholte Jogglebury und blies in seine Halskrause; 'pretty middlin' (keuchen); Ich nehme an, das bedeutet, dass er einen Kaugummi hat. „Mein drittes (keuchendes) Mädchen, Margaret Henrietta, hat eins.“

'Willst du ihn sehen?' fragte Sponge nach einer Pause, die anzudeuten schien, dass das Gespräch seines Freundes an einem Punkt oder einem Ende angelangt war.

„Nein“, antwortete Jogglebury unbekümmert. 'NEIN; „Ich lasse ihm eine (puff) Karte (keuchend)“, fügte er hinzu und kramte in seiner Brieftasche nach seinem Kartenetui. „Mein Ziel ist es, Ihnen meinen (pfeifenden) Respekt zu erweisen“, bemerkte er, während er ein großes geschnitztes indisches Etui aus seiner Tasche zog und den Deckel mit einem Geräusch abzog, das dem Ziehen eines Korkens ähnelte.

„Vielen Dank für das Kompliment“, bemerkte Mr. Sponge, als Jogglebury herumfummelte und sich die Nägel brach, als er versuchte, eine Karte herauszuholen.

„Bleiben Sie lange in diesem Teil der Welt?“ fragte er, als es ihm endlich gelang, und begann, mit den Ecken der Karte auf den Tisch zu klopfen.

„Ich weiß es wirklich nicht“, antwortete Mr. Sponge, als ihm die Einzelheiten seiner Situation durch den Kopf gingen. Könnte dieser puddingköpfige Mann ein Kerl sein, den Puffington hatte, um ihn anzuhören, dachte er.

Jogglebury saß eine Zeit lang schweigend da, untersuchte aufmerksam seine Füße, als ob es sich um Paare handelte, und untersuchte die Taschen seiner zimtfarbenen Hose.

„Ich wollte gerade (hem – hust – hem) sagen“, bemerkte er schließlich und schaute auf, „das heißt, ich dachte (hem – keuch – hust – hem), oder besser gesagt: Mrs. Jogglebury.“ „Crowdey hat mich geschickt, um zu sagen – ich meine“, fuhr er fort und stampfte mit einem seiner massigen Füße auf den Boden, als wollte er seine Worte herauspressen: „Mrs. Jogglebury Crowdey und ich würden uns freuen – das heißt glücklich, (hem) – wenn Sie (hem) arrangieren würden, (keuchend) uns einen Besuch abzustatten (hem).‘

„Sehr glücklich, da bin ich mir sicher!“ rief Mr. Sponge und sprang auf das Angebot ein.

„Bevor du gehst (hem),“ fuhr unser Besucher fort und knüpfte an den Satz an, den Sponge ihn unterbrochen hatte; „Ich (hem) wohne etwa neun Meilen (hem) von hier (hem) entfernt.“

„Gibt es Hunde in Ihrer Nähe?“ fragte Herr Schwamm.

„Oh ja", antwortete Mr. Jogglebury langsam; 'Herr. Puffington erreicht hier Greatacre Gorse innerhalb weniger (puff-keuch) Meilen – sagen wir, drei (puff) – von meinem (pfeif) Haus; und Sir Harry Scattercash (puff) jagt das ganze (puff – wheeze) Land unten, direkt hinunter zum (puff – wheeze) Meer."

„Na ja, du bist ein verdammt guter Kerl!" rief Schwamm aus; „Und ich werde dir was sagen, da ich sicher bin, dass du meinst, was du sagst, ich werde dich beim Wort nehmen und sofort gehen; und das wird unserem Freund hier Zeit geben, vorbeizukommen.'

„Oh, aber (keuchen – keuchen – keuchen)", begann Mr. Jogglebury, während das Blut in seine großen gelben, bartlosen Wangen strömte, „ich bin nicht ganz (keuchen) sicher, dass Mrs. (keuchen) Jogglebury (keuchen) Crowdey wäre (puff – keuchen – keuchen) vorbereitet.'

„Oh, *hängt* die Vorbereitung ab!" unterbrach Mr. Sponge. „Ich nehme dich so, wie du bist." Kümmere dich nicht um mich. Ich hasse es, Gesellschaft zu leisten. Behandle mich einfach wie einen von euch; Kröte im Loch, Hund in der Decke, Rindersteaks und Austernsauce, Kaninchen und Zwiebeln – alles; Mir geht nichts schief.'

Während Jogglebury lila da saß und nicht in der Lage war, sich zu artikulieren, legte Mr. Sponge seine Hand auf den elfenbeinernen Klingelknopf und ließ einen imposanten Glockenschlag ertönen. Mr. Jogglebury saß da und fragte sich, was passieren würde, und dachte darüber nach, was für eine Perücke er von Mrs. J. bekommen würde, wenn es ihm nicht gelänge, seinen Freund abzuschütteln. Vor allem erinnerte er sich, dass es zum Abendessen nur Schellfisch und gehacktes Hammelfleisch gab.

„Sagen Sie Leather, dass ich ihn will", sagte Mr. Sponge in einem autoritärem Ton, als der Diener auf die Vorladung antwortete; Dann wandte er sich an seinen Gast, als dieser den Raum verließ, und sagte: „Möchten Sie nach der Fahrt nicht etwas zu sich nehmen – kaltes Fleisch, ein Glas Sherry, Sodawasser, Flaschenporter – irgendetwas in dieser Reihe?"

Normalerweise hätte Jogglebury beim Klang der Worte „kaltes Fleisch" gesagt: „Bitte", denn beim Mittagessen war er ein toter Mann; Aber der Fix, in dem er steckte, nahm ihm völlig den Appetit, und er saß keuchend da und überlegte, ob er sich noch einmal anstrengen oder auf die Ankunft von Leather warten sollte.

Plötzlich erschien Leather in Jeansjacke und Gamaschen und strich sich nach Art der Bruderschaft das Haar über die Stirn.

„Leder", sagte Mr. Sponge im gleichen wichtigen Ton, „ich gehe zu diesem Herrn"; denn bisher hatte er den Namen noch nicht ausreichend gemeistert, um sich in Gegenwart des Besitzers darauf wagen zu können. „Leather, ich gehe zu diesem Herrn und möchte, dass du mir morgen früh ein Pferd vorbeibringst; oder bleiben", sagte er, unterbrach sich selbst, und als er sich an Jogglebury wandte, rief er: „Ich wage zu behaupten, dass Sie es schaffen könnten, mir ein paar Pferde unterzubringen, nicht wahr?" und dann sollten wir alle gemütlich und fröhlich zusammen sein, wissen Sie?

„Mein Wort", keuchte Jogglebury, fast erstickt von dem Vorschlag; „Mein Wort, ich kann es kaum sagen (keuchend), ich weiß es kaum (keuchend), aber wenn Sie mir erlauben (keuchend – keuchend), sage ich Ihnen, was ich tun werde: Ich werde (keuchend) sagen – wheeze) nach Hause und sehen Sie, was ich (puff – wheeze) an Unterhaltung sowohl für (puff – wheeze) Mann als auch für (puff – wheeze) Pferd tun kann.'

„Oh, *danke* , mein Lieber!" rief Schwamm aus, als er das beabsichtigte Ausweichen sah; „ *Danke* , mein Lieber!" wiederholte er; „Aber das macht dir zu viel Ärger – *viel* zu viel Ärger! – an so etwas konnte ich nicht denken – nein, das konnte ich tatsächlich nicht. *Ich sage* Ihnen, was wir tun werden – *ich* sage Ihnen, was wir tun werden. „Du sollst mich in deinem Shandrydan-Rasselfallen-Ding rüberfahren" – Sponge blickte, während er sprach, aus dem Fenster auf das seltsam geformte, zusammengewürfelte, glanzlos aussehende Fahrzeug mit einem Wendesitz dahinter , jetzt verantwortlich für einen in Pfeffer und Salz gekleideten Jugendlichen mit einem schäbigen Hut, der von einer dünnen silbernen Kordel zu einer Eichel auf der Krone geschlungen ist, und ausgebeulten Berliner Handschuhen – „und ich werde einfach sehen, was da drin ist." Art der Unterbringung; und wenn ich denke, dass es reicht, dann gebe ich einem Jungen Sixpence oder einen Schilling, damit er hierher nach Leather kommt", deutete er mit dem Kopf auf sein Faktotum; „Wenn es nicht geht, warum dann –"

„Wir werden *drei* Stände brauchen, Sir – erinnern Sie sich, Sir", unterbrach Leather, der sein Quartier nicht verlegen wollte.

„Stimmt, ich habe es vergessen", antwortete Schwamm und runzelte die Stirn über die Fleißigkeit seines Dieners. „Wenn wir jedoch zwei gute Ställe für die Jäger besorgen können", sagte er, „werden wir den Hack irgendwie hinbekommen."

„Nun", antwortete Mr. Leather resigniert, da er wusste, wie aussichtslos es war, mit seinem Herrn zu streiten.

„Ich glaube wirklich", keuchte Mr. Jogglebury Crowdey, ermutigt durch das offensichtliche Mitgefühl des Dieners, einen letzten Versuch zu unternehmen (puff – wheeze) Plan ist der (puff) beste; Lass mich (puff – wheeze) nach Hause und sehen, wie alles (puff – wheeze) ist, und dann schreibe ich dir eine (puff – wheeze) Zeile oder schicke einen (puff – wheeze) Diener vorbei.'

„Oh nein", antwortete Herr Schwamm, „oh nein – das ist viel zu viel Mühe." Ich gehe jetzt einfach mit dir rüber und erkunde es.'

„Ich fürchte, Mrs. (puff – keuchend) Crowdey wird kaum auf (puff – keuchende) Besucher vorbereitet sein", rief unsere Freundin und erinnerte sich daran, dass heute Waschtag war und dass Mary Ann in der Wäscherei gebraucht werden würde.

„Erwähne es nicht!" rief Herr Schwamm aus; „Erwähne es nicht." Ich hasse es, Gesellschaft zu leisten. Gebt mir einfach, was ihr selbst habt – gebt mir einfach, was ihr selbst habt. Wo zwei speisen können, können auch drei speisen, wissen Sie?

Mr. Jogglebury Crowdey war verblüfft.

„Nun ja", sagte Mr. Sponge und wandte sich wieder an Leather; „Geh einfach nach oben und hilf mir, meine Sachen einzupacken; und", sich an unseren Besucher wendend, sagte er: „Vielleicht amüsieren Sie sich mit der Zeitung – der *Post* – oder ich leihe Ihnen meinen *Mogg* ", fuhr er fort und bot den kleinen Band mit goldenen Buchstaben und violettem Rücken an als er sprach.

„Danke", antwortete Mr. Jogglebury, der immer noch auf die Karte tippte, die er jetzt ganz sanft bearbeitet hatte.

Mr. Sponge verließ ihn dann mit dem Band in der Hand und ging nach oben in sein Schlafzimmer.

In weniger als zwanzig Minuten wurde das Fahrzeug in Bewegung gesetzt. Mr. Jogglebury Crowdey und Mr. Sponge nahmen die geräumigen Sitze vorn ein, und Bartholomew Badger, der bereits erwähnte Tiger, und Mr. Sponges Handkoffer und Reisetasche befanden sich darin der sehr kleine Sitzplatz dahinter. Der Kutsche folgten die angespannten Blicke verschiedener Johns und Janes, die sich einhellig darüber einig waren, dass Mr. Sponge der gemeinste und schäbigste Herr war, den sie je in *ihrem* Haus hatten. Mr. Leather wurde daher in der Dienerhalle geröstet, wo die Sünden der Herren oft auf den Dienern lasten.

Sondern an unsere Reisenden.

Auf den ersten paar Meilen gab es zwischen unseren Freunden wenig Unterhaltung, denn die Straße war nicht nur holprig, sondern auch der Fahrersitz war so hoch und der andere so niedrig, dass Mr. Jogglebury Crowdeys Gleichnisse an Mr. Sponges Hutkrone zerbrachen , anstatt in sein Ohr zu fallen; außerdem war der Geist des unwilligen Gastgebers ziemlich damit beschäftigt, sich zu wünschen, dass es drei statt zwei Schellfische gegeben hätte, und darüber zu spekulieren, ob Mrs. Crowdey sich mehr über den Erfolg seiner Mission freuen oder von Mr. Crowdey aus dem Weg geräumt werden würde. Sponge kommt unerwartet. Vor allem hatte er sich einige sehr vielversprechend aussehende Stöcke markiert – zwei Schlehen und eine Stechpalme –, die er auf dem Heimweg abschneiden wollte, und er wollte sie unbedingt nicht verpassen. Der Ruck, der sein Kommen beim ersten Mal ankündigte, war so plötzlich, dass er beinahe das alte Familienpferd auf die Knie geschleudert hätte und Mr. Sponge beinahe die Nase an der Messingkante des hochgezogenen Spritzschutzbretts gebrochen hätte. Bevor Mr. Sponge sein Gleichgewicht wiedererlangte, war die Peitsche in der Tasche, die Zügel baumelten um die Fersen des alten Mistkerls, und Mr. Crowdey kletterte eine steile Böschung hinauf, bis zu einer Stelle, an der eine sehr dicke Grenzhecke den Blick auf das angrenzende Land versperrte. Plötzlich war ein Hacken, Hacken, Hacken von Mr. Crowdeys Taschenaxt zu hören, dazu ein Ziehen – Keuchen – Schnaufen von sich selbst; als nächstes ein Absturz der Trennung; und dann kam der lilagesichtige Mr. Crowdey das Ufer hinuntergestürmt und zog einen großen Schwarzdornbusch hinter sich her.

'Was hast du da?' fragte Mr. Sponge überrascht.

'Bekommen! (keuchen – keuchen – keuchen)“, antwortete Mr. Crowdey, zog sich kurz hoch und wischte sich mit einem großen bordeauxroten Kopftuch die schwitzende Stirn ab. 'Bekommen! Ich habe (pfeif – keuchend) das, was ich (keuchend) denke, in einen äußerst aufwändigen und (keuchend) wertvollen Spazierstock verwandelt. „Das (puff) denke ich“, fuhr er fort und beäugte den großen Ball, mit dem er es geschafft hatte, „wird (pfeif) für mein großes (puff – keuch – keuch) nationales Unterfangen – das (Puff) Könige und (keuchende) Königinnen von Großbritannien (keuch).'

'Was sind *Sie* ?' fragte Mr. Sponge, erstaunt über seine Heftigkeit.

'Oh! (Puff – Keuchen – Keuchen) Hast du es nicht gehört?' rief Mr. Jogglebury, nahm seine große Wollmütze ab und strich mit dem Kopftuch über sein glattes, dunkles Haar, das von grauen Strähnen durchzogen war. 'Oh! (Puff – Keuchen) Hast du es nicht gehört?' wiederholte er und holte etwas mehr Luft. „Ich (keuchend) mache eine Reihe von (keuchenden) Stöcken, die – (keuchend) – alle (keuchend) gekrönten Häupter Englands (puff) verewigen, ich könnte sagen (puff).“

'In der Tat!' antwortete Herr Schwamm.

„Das wird eine äußerst wertvolle Sammlung sein (pfeif – pfui)“, fuhr Mr. Jogglebury fort und beäugte immer noch den Türknauf. „Das“, fügte er hinzu, „soll Wilhelm der Vierte sein.“ Dann fing er an, die Seiten zu beschneiden und anzudocken, und ließ Bartholomew Badger sie in einer Sandgrube in der Nähe begraben, wobei er in einem vertraulichen Keuchen gegenüber Mr. Sponge bemerkte, „dass er schon einmal wegen eines ähnlichen Vergehens vor Gericht gestellt worden war." Nachdem der Schlägerkopf und der Oberkopf endlich weg waren, ergriff Mr. Crowdey das andere Schlägerende, schlug den anderen mit Gewalt auf den Boden und rief: „Da! – da ist ein (Puff-)Stock!" Wer weiß, was dieser (puff – keuchende) Stock eines Tages wert sein könnte?'

Dann stieg er in seine Kutsche und fuhr weiter.

Zwei weitere Unterbrechungen markierten ihr Eintreffen bei den anderen Stöcken, die ordnungsgemäß gefangen und in den Gurten der Kutschenschürze befestigt wurden, und Mr. Crowdey fuhr etwas beruhigter weiter, auf jeden Fall etwas getröstet von dem Gedanken, dass er zugenommen hatte sein Reichtum. Er wurde nicht gesprächig – das war in der Tat nicht seine Stärke –, aber er schlüpfte in seine Hemdrüsche und machte ein paar Bemerkungen, die, wenn sie auch nicht besonders originell waren, auf jeden Fall zeigten, dass er nicht schlief.

„Das sind Abflussfliesen", sagte er, nachdem er einen herzlichen Blick auf eine Karrenladung geworfen hatte. Dann, etwa fünf Minuten später, blies er erneut und sagte: „Ich glaube nicht (puff), dass (keuchendes) Ablassen ohne (keuchen) Düngen eine hohe Landwirtschaft darstellt (puff)."

So zuckte und keuchte er, zuckte und stieß mit dem Maul des alten Vierbeiners herum, zischte gelegentlich zwischen seinen Zähnen und stampfte auf den Boden der Kutsche, wenn es anderen Überredungsversuchen nicht gelang, ihn dazu zu bewegen, den Anschein eines Trabes beizubehalten. Schließlich erstarb das schlecht unterstützte Humpeln im Gehen, und Mr. Crowdey, der selbstgefällig seine dicke Hand auf seine dicken Knie fallen ließ, schien sich mit seinem Schicksal abzufinden.

Also krochen sie das bergauf und bergab verlaufende Stück Straße unterhalb der Poplarton-Plantagen entlang, während Mr. Jogglebury scharf im Unterholz nach Stöcken Ausschau hielt. Nachdem sie diese passiert hatten, begannen sie mit dem allmählichen Aufstieg zum Roundington Hill, als eine plötzliche Kurve der Straße ihnen das Panorama des reichen Vale of Butterflower eröffnete.

„Da ist eine gemütlich aussehende Kiste", bemerkte Schwamm, als er schließlich ein wirres Durcheinander von Giebeln und Schornsteinen erspähte, die sich inmitten einer Gruppe Waldtannen und anderer Bäume erhob und weniger wie ein Bauernhaus aussah als alles, was er bisher gesehen hatte .

„Das ist mein Haus (Puff); „Das ist Puddingpote Bower (keuchend)",
antwortete Crowdey langsam und pompös und fügte der Silbe ein „e" hinzu,
um es besser klingen zu lassen, während ihm die Schellfische, das gehackte
Hammelfleisch und all die Schrecken spontaner Gastfreundschaft in den
Sinn kamen.

Je näher er nach Hause kam, desto schlimmer wurde es. Es lag ihm nicht
daran, das alte Tier zum Traben zu bringen. Er fragte sich erneut, ob Frau J.
sich über den Erfolg seiner Mission freuen oder über das Unerwartete
verärgert sein würde.

„Wo sind die Ställe?" fragte Sponge, während er die Unregelmäßigkeiten des
Gebäudes innen und außen musterte.

„Ställe (keuchen), Ställe (puff)," wiederholte Crowdey und dachte an seine
Sorgen – daran, dass Waschtag war und Mary Ann, oder Murry Ann, wie er
sie nannte, die Unterbutlerin, verlobt war; von Bartholomew Badger, der das
Pferd und die Fe- *a* -Tonne putzen muss usw. – „Ställe", wiederholte er zum
dritten Mal; „Die Ställe sind hinten, genau genommen hinten; Oben sehen
Sie eine (Puff-)Flügel – einen (keuchenden) Fuchs."

„Ah, tatsächlich!" antwortete Herr Schwamm und wurde heller, weil er
dachte, es gäbe altes Heu und Mais.

Sie kamen nun zu einem halb schweizerischen, halb gotischen kleinen
Häuschen, und das alte Pferd bog instinktiv in das offene weiße Tor mit
erbsengrünen Bändern ein.

„Hier ist Mrs. Crow – Crow – Crowdey!" keuchte Jogglebury krampfhaft, als
plötzlich eine große Frau in auffälligem rot-gelbem Schottenkaro mit einer
Schar kleiner Kinder, ähnlich gekleidet, an einer Ecke der Straße auftauchte
und die Dame einen großen Sonnenschirm in der Hand hielt, der wie ein
Alpakaschirm aussah der Stand-and-Deliver-Stil.

„Was hat dich gehalten?" rief sie, als das Fahrzeug in Hörweite kam. „Was
hat dich gehalten?" wiederholte sie in schärferem Ton, während sie ihren
Sonnenschirm über die Straße hielt, ohne auf unseren Freund Sponge zu
achten, den sie in Wahrheit für Edgebone, den Metzger, hielt. 'Oh! Du warst
doch hinter deinen Stöcken her, oder?' fügte sie hinzu, als ihr Gatte das
Fahrzeug neben sich herzog und sie den Inhalt der Schürzengurte auffing.

„Mein lieber (Puff)", keuchte ihr Mann, „ich habe Mr. (keuchend) Schwamm
mitgebracht", sagte er, zwinkerte mit dem rechten Auge und warf den Kopf
über die linke Schulter, wobei er die ganze Zeit sehr verängstigt aussah. 'Herr.
(puff) Sponge, Mrs. (keuchen) Jogglebury (keuchen) Crowdey", fuhr er fort
und deutete mit der Hand.

Als er sich in der Gegenwart seiner hübschen Gastgeberin wiederfand, machte Sponge eine seiner besten Verbeugungen vor ihr und bot ihr an, seinen Sitz in der Kutsche zu überlassen. Sie lehnte dies mit der Begründung ab, dass sie die Kinder bei sich hatte — und blickte sich in der grinsenden, klaffenden Gruppe um, von denen die meisten mit Lutscher-Mündern verschmiert waren. Crowdey, der gar nicht so dumm war, wie er aussah, ärgerte sich darüber, dass Sponge in einem so kritischen Moment versuchte, seine Frau auf ihn einzuschwören, und revanchierte sich sofort mit: „P'raps (Puff), du würdest (Puff) gerne raus (Puff) und." (keuchend) gehen.'

Es gab keine Hilfe, und nachdem Sponge ausgestiegen war, sagte Mr. Crowdey, halb zu Mr. Sponge und halb zu seiner schönen Frau: „Dann (puff — keuchend) werde ich einfach (puffend) weitermachen und Mr. (keuchend) holen) Sponges Zimmer ist fertig.' Als er das sagte, versetzte er dem alten Nörgler einen kräftigen Hieb mit dem Gebiss und zwei oder drei Längshiebe mit der knorrigen Peitsche und klimperte mit einer Schar von Kindern, die schrien, sich festhielten und hinterherzogen, unter den Ausrufen von Mrs. Crowdey, von „O Anna Maria! Juliana Jane! O Frederick James, du ungezogener Junge! Du wirst deine neuen Schuhe verwöhnen! Archibald John, du wirst getötet! Sie werden zu einer Gewissheit überrannt. O Jogglebury, du unmenschlicher Mann!' fuhr sie fort, während sie rannte und ihren Alpaka-Sonnenschirm schwang: „Du wirst deine Kinder überfahren!" Du wirst deine Kinder überfahren!'

„Mein (puff) Schatz", antwortete Jogglebury und blickte kühl über seine Schulter, „wie können sie (keuchend) von hinten überfahren werden?"

Das sagte Jogglebury nach Belieben.

KAPITEL XLVI

PUDDINGPOTE BOWER, DER SITZ VON JOGGLEBURY CROWDEY, ESQ.

„Ihr guter Ehemann", bemerkte Mr. Sponge, als er nun seine Gastgeberin einholte und mit ihr zum Haus ging, „hat darauf bestanden, mich für ein paar Tage hierherzubringen, bis sich mein Freund Puffington erholt hat." Er hat gerade Gicht. Ich sagte, ich fürchte, es könnte für Sie nicht ganz bequem sein, aber Mr. Crowdey versicherte mir, dass Sie die Angewohnheit hätten, Fuchsjäger kurzfristig zu empfangen; und so habe ich ihn beim Wort genommen und bin gekommen.'

Mrs. Jogglebury, die von ihrem Lauf hinter der Kutsche immer noch keinen Wind hatte, versicherte ihm, dass sie sich außerordentlich freute, ihn zu sehen, obwohl sie unwillkürlich darüber nachdachte, was für ein Nudellauf es sei, einem Fremden an einem Waschtag etwas mitzubringen. Das war jedoch ein Punkt, den sie Jog vorbehalten würde.

In diesem Moment kündigte ein lauter Ausbruch der Kinder das Herannahen des achten Weltwunders an, in der Person von Gustavus James in den Armen der Krankenschwester, mit einer lockigen blauen Feder, die über seiner Nase nickte. Mrs. Joggleb/urys schwarze Augen leuchteten vor Freude, als sie auf ihn zulief; und vor ihrem geistigen Auge sah sie, wie er ein prächtiges Herrenhaus erbte, mit einem Gefolge gepuderter Lakaien in erbsengrüner Livree und breiten goldbesetzten Hüten. Großartig – zumindest für die Zukunft –, genau wie ihre Erfolge in der Patenschaft mit ihren anderen Kindern, dachte sie wirklich. Mr. Sponge als Patenpapa für Gustavus James zu gewinnen, stellte all ihre anderen Aktivitäten in den Schatten.

Da Mr. Sponge in seiner Bewunderung für die anderen Kinder großzügig war, konnte er dem offensichtlichen Objekt der Grüße einer Mutter natürlich nicht grenzenlosen Applaus verweigern; und indem er den jungen Herrn unter sein Doppelkinn drückte, fragte er ihn, wie es ihm gehe, und sagte etwas über etwas, das er in seiner „Schachtel" hatte, und spielte damit auf eine Zeitung mit billigen Süßigkeiten an, die er bei Sugarchalk, dem Konditor, in der Oxford Street gekauft hatte , und die er für Eventualitäten wie die Gegenwart mit sich herumtrug. Das gefiel Mrs. Crowdey – sie sah, wie sie dachte, so aus, als sei er von vornherein dazu bestimmt, das zu tun, was sie wollte. Unter Lobpreisungen und Geschichten über das Wunderkind erreichten sie das Haus.

Wenn „Halle" ein Haus mit einer Eingangshalle bedeutet, strebte Puddingpote Bower nicht danach, eine solche zu sein. Ein Besucher tauchte *in medias res* sofort in den Gang ein. Darin standen eine Familienuhr mit

Eichenholzgehäuse und eine große Glasvitrine mit einer alarmierend aussehenden, ausgestopften Tigerkatze auf einer Platte aus Marmorimitat. Unter der Platte, ja überall im Durchgang, lagen verstreut Kinderhüte und Mützen, Reifen, Kreisel, Spaten und verstümmeltes Spielzeug – gefleckte Pferde ohne Köpfe, Soldaten ohne Waffen, Windmühlen ohne Segel und Schubkarren ohne Räder. In einer Ecke standen ein paar „Gibbeys" im Rough, und neben dem Wetterglas hing Jogs beeindruckender Dreschflegel, eine Jagdpeitsche.

Mr. Sponge fand seinen Koffer kerzengerade im Gang stehend, mit der Tasche daneben, gerade als sie von Bartholomew Badger aus dem Phaeton geworfen worden waren, der den Befehl erhalten hatte, das Pferd wieder in Ordnung zu bringen und sich dann selbst in Bewegung zu setzen Nachdem Mr. Jogglebury das Recht hatte, beim Abendessen zu warten, begann er zu schreien:

„Murry Ann! – Murry Ann!" So dass Mary Ann dachte, entweder hätte die Katze den jungen Crowdey erwischt, oder das Haus stünde in Flammen. 'Oh! Murry Ann!' rief Mr. Jogglebury, als sie aus den hinteren Siedlungen bis zu den Ellenbogen in Seifenlauge in den Gang stürmte; „Ich möchte, dass du mit mir nach oben gehst und hilfst, meine (keuchenden) Gibbey-Stöcke aus dem besten Zimmer zu holen; „Da kommt ein Herr (keuchend) hierher."

„Oh, in der Tat, Sir", antwortete Mary Ann lächelnd und ließ ihre Ärmel herunter – froh, dass es nicht schlimmer war.

Anschließend gingen sie gemeinsam nach oben.

Alle Gibbey-Sticks wurden gebündelt, sowohl die fertigen, die lackiert und sorgfältig in den Kleiderschrank gelegt wurden, als auch diejenigen, die einer chirurgischen Behandlung unterzogen wurden, in Form von Drehungen, Biegungen und Bindungen in den Schränken. Während sie sie aus allen Ecken und Enden vertrieben, hielt Jogglebury eine Art fortlaufende Empfehlung zur Gnade aufrecht, vermischt mit einer Erkundigung über den Stand der Haushaltsangelegenheiten.

„Jetzt (puff), Murry Ann!" rief er aus; „Pass auf, dass du diesen (Puff) Franky Burdett nicht zerkratzt", und reichte ihr einen hochlackierten Eichenstock mit dem Kopf von Sir Francis als Griff; „Und wie viele (keuch) Schellfische gibt es wohl im Haus?"

„Drei, Sir", antwortete Mary Ann.

'Drei!' wiederholte er mit Nachdruck. „Ich dachte, deine (keuchende) Frau hätte mir gesagt, dass es nur (puff) zwei wären; und, Murry Ann, du musst die neue (puff) Steppdecke auf das (keuchende) Bett legen, und (puff) schaue einfach darunter (keuch) und du wirst den (puff) alten Truro finden, der in einem schmutzigen (puff) zusammengerollt ist) Taschenhankercher; Und, Murry Ann, denkst du, dass die neuen (pfeifenden) Purtatoren kamen, die ich von (puff) Billy Bloxom gekauft habe? Wenn ja, sollten Sie besser etwas davon zum Abendessen (puffen) und die besten (pfeifenden) Dekanter herausholen; Und, Murry Ann, es gibt zwei Gibbeys auf der (Puff-)Unterlage an der Rückseite des Bettes, die du genauso gut (Puff) wegnehmen kannst. Ah! „Hier ist er", fügte Mr. Jogglebury hinzu, als Mr. Sponges Stimme nun vom Flur in das darüber liegende Zimmer erklang.

Die Dinge sahen jetzt ziemlich vielversprechend aus. Mr. Sponges Aufmerksamkeit gegenüber den Kindern im Allgemeinen und gegenüber Gustavus James im Besonderen, gepaart mit seiner lockeren und lockeren Art, sich vorzustellen, gaben Mrs. Crowdey das Gefühl, ihn viel entspannter zu unterhalten, als sie es sonst getan hätte Ihr Nachbar, Mr. Makepeace, oder der Rev. Mr. Facey selbst, waren vorbeigekommen, um „Pot Luck" zu nehmen, wie sie es nannten. Bei beiden hätte sie gerne den Eindruck erweckt, dass ihre Alltagsform eher zu ihrem Firmenstil passte, während Jog und sie etwas aus Mr. Sponge herausholen wollten, anstatt ihn mit ihrer Erhabenheit zu elektrisieren. Sie hatte nicht den geringsten Zweifel daran, dass Gustavus James zu Großem bestimmt war. Sie begann darüber nachzudenken, ob es nicht ratsam wäre, ihn Gustavus James Sponge zu nennen. Auch Jog war beruhigt, als er hörte, dass es drei Schellfische gab, denn obwohl er gastfreundlich eingestellt war, gefiel ihm die Vorstellung, selbst auf kurzen Weiden zu sein, überhaupt nicht. Er hatte genügend Vertrauen in Mrs. Joggleburys Management – vor allem, da es sich bei dem Gast um sie selbst handelte –, um zu wissen, dass sie ein erträgliches Abendessen zubereiten würde.

Er war aber auch nicht aus dem Konzept geraten, denn um halb sechs kündigte Bartholomew das Abendessen an, als Mrs. Crowdey hereinsegelte, frisch von der Zusammenstellung des Essens und von der angemessenen Überarbeitung ihres eigenen Kleides. Anstelle des lockeren, fließenden, zigeunerartigen, umwerfenden Schottenmusters des Morgens trug sie eine enganliegende französische graue Seide, die sowohl die Fülle und Weiße ihrer exquisiten Brust als auch die schöne Form ihrer Arme zur Geltung brachte. Ihr rabenschwarzes Haar war geschickt gescheitelt und auf beiden Seiten ihres wohlgeformten Kopfes abgeflacht. Sponge war stolz auf die Ehre, ein so schönes Geschöpf auf seinem Arm zu haben, und strampelte in seinen Strumpfhosen mehr als sonst.

Das Abendessen zeigte zwar Anzeichen von Eile, war aber in seiner Art reichlich und gut; und wenn Bartholomew Murry Ann nicht immer im Weg gewesen wäre, wäre er gut bedient und bedient worden. Jog trank währenddessen Unmengen schäumender Porterflaschen und warf sich am Ende in seinen Stuhl zurück, als wäre er von den Anstrengungen völlig überwältigt. Kaum waren Wein und Nachtisch angerichtet, als ein heftiger Ausbruch im Kinderzimmer Mrs. Crowdey dazu veranlasste, sich zu beeilen und Mr. Sponge zurückzulassen, um die Gesellschaft ihres Mannes zu genießen.

„Du wirst (Puff) auf Fuchsjagd trinken, nehme ich an", bemerkte Jog nach einer Pause, nahm sich eine Portion Portwein und reichte die Flasche an Sponge.

„Von ganzem Herzen", antwortete unser Held und füllte sich.

„Feine (Puff, Keuchen) Belustigung", bemerkte Mr. Crowdey, gähnte nach einer weiteren Pause und schlug das Teufelstattoo auf den Tisch, um sich wach zu halten.

„Sehr", antwortete Mr. Sponge und fragte sich, wie ein so dickbäuchiger Kerl wie Jog es schaffen konnte, daran teilzunehmen.

„Feine (Puff, Keuch-)Vorspeise", bemerkte Jogglebury nach einer weiteren Pause.

„Das ist es", antwortete Herr Sponge.

Plötzlich begann Jog zu schnarchen, und da die zunehmende Melodie seiner Nase wenig Hoffnung auf Wiederbelebung machte, nahm Mr. Sponge Zuflucht zu seinem alten Freund *Mogg* und schaffte es unter Spekulationen über Zeit und Entfernungen, den Portwein zu Ende zu bringen. Wir gehen nun zum nächsten Morgen über.

Welcher Mangel beim Abendessen auch vorhanden sein mochte, wurde durch das Frühstück, das sowohl gut als auch reichlich war, reichlich ausgeglichen; Brot und Kuchen aller Art, Eier, Muffins, Toast, Honig, Gelees und Konfitüren ohne Ende. Auf dem Beistelltisch stand eine Schüssel mit heißen Nieren und einem herrlichen roten hausgemachten Schinken.

Aber weitaus größer, wie Mrs. Jogglebury meinte, waren die Gäste, die um sie herum saßen. Alle ihre Tulpen waren nacheinander arrangiert, angefangen bei Gustavus James, dem größten aller Wunder, über Anna Maria, Frederick John, Juliana Jane, Margaret Henrietta und Sarah Amelia bis hin zu Peter William, dem Erben, der als nächstes saß sein Vater. Diese bildeten eine enge Reihe auf der dem Feuer gegenüberliegenden Seite des Tisches, die für Herrn Schwamm übrig blieb. Alle Kinder hatten saubere Schürzen an und ihre Haare waren nach den Kindergartenvorschriften gepflastert. Mr. Sponges Erscheinen war ein Signal zum Schweigen, und alle saßen da und starrten ihn in stummer Verwunderung an. Baby, Gustavus James, hat mehr getan; denn nachdem er ihn durch eine Art Gitterfenster, das aus seinen Fingern geformt war, erkundet hatte, jammerte er: „Wer ist dieser verdammte Mann, Ma?" inmitten des Kicherns des Rests der Zeile.

'Stille! „Mein Lieber", rief Mrs. Crowdey und hoffte, dass Mr. Sponge es nicht gehört hatte. Aber Gustavus James ließ sich nicht unterkriegen, und er erneuerte den Vorwurf, als seine Mutter anfing, den Tee einzuschenken.

„Schick diesen verdammten Mann weg, Ma!" jammerte er lauter, woraufhin alle Kinder in schallendes Gelächter ausbrachen.

„Baby (Puff), Gustavus! (keuchend)", rief Jog aus, klopfte mit dem Griff seines Messers auf den Tisch und blickte das Wunderkind stirnrunzelnd an.

„Nun, Papa, er *ist* ein toller Mann", antwortete das Kind inmitten des schlecht unterdrückten Gelächters der anderen.

„Ah, aber was habe *ich*!" rief Mr. Sponge, holte ein bunt zusammengeknülltes Papier voller Comfits aus seiner Tasche, öffnete und verteilte den ungesunden Inhalt entlang der Leine und hielt dem Redner zuerst den Mund mit einem großen, rotgeschmierten Mandel-Comfit zu.

Das Frühstück konnte dann ohne weitere Schwierigkeiten fortgesetzt werden. Als es zu Ende ging und Mr. Sponge anfing, an den Süßigkeiten zu knabbern, anstatt seinen Angriff auf die Feststoffe fortzusetzen, begann Mrs. Jogglebury, ihren Mann zu beäugen und ihm zu telegrafieren.

„Joggen, meine Liebe", sagte sie und blickte ihn bedeutungsvoll an, dann auf den Eierständer, der noch drei Eier enthielt.

„Nun, mein Lieber", antwortete Jog mit leerem Blick und tat so, als würde er es nicht verstehen.

„Du solltest sie besser essen", sagte sie und blickte noch einmal auf die Eier.

„Ich habe gefrühstückt, mein Schatz", antwortete Jog pompös und wischte sich den Mund an seinem weinroten Kopftuch ab.

„Wenn Sie es nicht tun, werden sie verschwendet", antwortete Frau Jog.

„Na ja, aber sie werden verschwendet, wenn ich sie esse, ohne sie zu wollen", entgegnete er.

„Unsinn, Jog, das sagst du immer", entgegnete seine Frau. „Unsinn (Puff), Unsinn (Keuchen), ich sage, das *werden sie* ."

„Ich sage, das *werden sie nicht* !" antwortete Frau Jog; „Werden sie das jetzt tun, Herr Schwamm?" fuhr sie fort und appellierte an unseren Freund.

„Nein, nicht so sehr, als ob sie ausgegangen wären", antwortete unsere Freundin, da sie dachte, Frau Jog sei diejenige, auf deren Seite man sich stellen sollte.

„Dann solltest du sie besser (puff, keuchend, keuchend) untereinander essen", antwortete Jog, stand auf und stolzierte aus dem Zimmer.

Plötzlich erschien er vor dem Haus, gekrönt in einem hellwachen Erbsengrün, mit einem halbfertigen Gibbey in der Hand; und da Mr. Sponge ihn nicht beleidigen wollte und außerdem seine Pferde bei ihm einquartieren lassen wollte, erfand er sogleich einen Vorwand, sich ihm anzuschließen.

Obwohl seine Pferde, wie er es nannte, „kostenlos umsonst" bei Mr. Puffington standen und er sich nichts dabei gedacht hätte, Mr. Leather jeden Jagdmorgen mit einem vorbeikommen zu lassen, hatte er dennoch das Gefühl, dass die Hunde viel los waren Auf der anderen Seite von Puddingpote Bower wäre es nicht so praktisch, sie dort zu haben. Trotz der Kontroverse um die Eier glaubte er, dass ein vernünftiger Einsatz von Soft Sawder das erreichen könnte, was er wollte. Auf jeden Fall würde er es versuchen.

Jog hatte sich zusammengerafft und stand finster da, die Hände in den Manteltaschen, als hätte er den Ort noch nie zuvor gesehen.

„Sie haben hier ganz schön Ausschau gehalten, Mr. Jogglebury", bemerkte Mr. Sponge und gesellte sich zu ihm.

„Sehr", antwortete Jog, der immer noch über die Eierfrage nachdachte und dachte, dass er am nächsten Tag nicht so viele gekocht hätte.

„Alles deins?" fragte Schwamm und wedelte beim Sprechen mit der Hand.

„Mein (puffiges) Territorium reicht bis zu diesen (keuchenden) Tannen auf der Wiese auf dem Hügel", antwortete Jogglebury pompös.

„In der Tat", sagte Herr Schwamm, „das sind schöne Bäume"; Ich dachte darüber nach, was für ein Finish sie für ein Hindernisrennen abgeben würden.

„Mein (puffiger) Onkel Crowdey hat diese (pfeifenden) Bäume gepflanzt", bemerkte Jog. „Ich beobachte", fügte er hinzu, „dass es einfacher ist, einen Baum zu fällen, als ihn wieder zum Keuchen zu bringen." „Ich glaube, Sie haben Recht", antwortete Herr Sponge; „Dieser Gedanke ist mir schon sehr oft aufgefallen."

'Hat es?' antwortete Jog und pustete voluminös in seine Halskrause.

Dann rückten sie ein paar Schritte vor und begannen, auf die Eisenhürden gestützt, die Kühe anzustarren.

„Wo sind die Ställe?" fragte schließlich Schwamm, da er bei seinem Gastgeber keine Neigung sah, sich zu bewegen.

„Ställe (pfeifend) – Ställe (pfeifend)", antwortete Jogglebury und erinnerte sich an Sponges Vorschlag vom Vortag – „Ställe (pfeifend) sind hinten", sagte er, „da hinten (puff); Bei ihnen gibt es nichts zu sehen (keuchen).'

„Da wird das Pferd sein, das du gestern gefahren hast; Willst du nicht nachsehen, wie es ihm geht?' fragte Herr Schwamm.

„Oh, sicher geht es dir gut (Puff); „Ihm ist nie etwas passiert (pfeifend)“, antwortete Jogglebury.

„Vielleicht sehen wir mal nach“, entgegnete Mr. Sponge und bog einen schmalen Weg hinauf, der nach hinten zu führen schien.

Jog folgte ihm beharrlich. Er hatte viel von John Bull in sich und hatte keine Lust, auf diese Art und Weise in Besitz genommen zu werden; und meinte außerdem, dass Mr. Sponge sich in der Eier-Kontroverse nicht sehr gut verhalten hatte.

Die Ställe waren sicherlich nichts Besonderes. Sie befanden sich in einem alten Gebäude aus Bruchsteinen mit roten Ziegeln und nicht einmal einer filigranen Decke. Dennoch gab es noch genügend Platz, selbst nachdem Jogglebury ein Ende für einen Kuhstall abgeschnitten hatte.

„Mit all diesen Ställen könnte man das Land jagen“, bemerkte Mr. Sponge, als er die niedrige Tür betrat. „Eins, zwei, drei, vier, fünf, sechs, sieben, acht, neun.“ „Neun Stände, erkläre ich“, fügte er hinzu, nachdem er sie gezählt hatte.

„Mein (Puff-)Onkel pflegte einen großen Teil seines eigenen (Puff-)Landes zu (pfeifen)“, antwortete Jogglebury.

„Ah, nun, ich sage Ihnen was: Diese Ställe lassen sich viel besser bewohnen“, bemerkte Mr. Sponge. „Und ich sage dir, was ich für dich tun werde.“

„Aber sie *sind* besetzt!“ keuchte Jogglebury krampfhaft.

„Nur die Hälfte“, antwortete Herr Schwamm; „oder ein Viertel, könnte ich sagen – nicht einmal das, in der Tat.“ Ich sage dir, was ich tun werde. Ich werde meine Pferde hier haben, und Sie werden sie als Gegenleistung für den Mist im Stroh vorfinden und mir einfach Heu und Mais zum Marktpreis in Rechnung stellen, wissen Sie? Das macht alles fair und fair, und es entsteht keine Verpflichtung, wissen Sie. „Ich hasse Verpflichtungen“, fügte er hinzu und betrachtete Jogs verwirrtes Gesicht.

„Oh, aber (keuchen, keuchen, keuchen) –“ rief Jogglebury aus und errötete – „ich (keuchen) weiß nicht, ob ich das (keuchen) kann.“ Ich meine (puff), dass dieser (keuchende) Stall die ganze (keuchende) Annehmlichkeit ist, die ich habe; und wenn wir (puff) Gesellschaft oder (keuchen) irgendetwas in der Art hätten, weiß ich nicht, wo wir ihre Pferde (keuchen) sollten“, fuhr er fort. „Außerdem weiß ich (puff, keuchend) nichts über den Marktpreis von (keuch) Mais.“ Mein (pfeifender) Mieter, Tom Hayrick, auf der (pfeifenden) Farm auf dem (pfeifenden) Hügel dort drüben versorgt mich mit der (pfeifenden) Menge, die ich (keuchend) möchte, und wir (puffend, pfeifend, keuchend) lassen uns einmal pro Woche nieder (Puff) ein halbes Jahr oder so.'

„Ah, ich verstehe", antwortete Herr Sponge; „Du willst damit sagen, dass du nicht wüsstest, wie man den Durchschnitt ermittelt, um zu sagen, was ich zahlen soll."

„Genau so", erwiderte Mr. Jogglebury und war von der Idee begeistert.

„Ah, nun ja", sagte Mr. Sponge in einem gleichgültigen Ton; „Es ist keine große Chance – es ist keine große Chance – mehr der Name der Sache als alles andere; man ist gerne unabhängig, wissen Sie – man ist gerne unabhängig; aber da ich nicht lange bei dir sein werde, werde ich es einfach einmal ertragen – ich werde es einfach einmal ertragen – und lass dich mich finden – und lass dich mich finden.' Mit diesen Worten ging er weg und ließ Jogglebury, versteinert über seine Unverschämtheit, zurück.

„Ihr Mann ist ein ungeheuer guter Kerl", bemerkte Mr. Sponge zu Mrs. Jogglebury, die er jetzt mit ihrem Schwanz herauskommen traf: „Er *wird* darauf bestehen, dass ich meine Pferde hierher habe – das großzügigste, hübscheste Ding von ihm." , Ich bin sicher; Und da fällt mir ein, ob du es schaffst, meinen Diener unterzubringen?'

„Ich wage zu behaupten, dass wir das können", antwortete Mrs. Jogglebury nachdenklich. „Er ist kein sehr guter Herr, oder?" fragte sie, wohl wissend, dass Bedienstete oft schwieriger zufriedenzustellen waren als ihre Herren. „Oh, überhaupt nicht", antwortete Schwamm; „Überhaupt nicht – würde mir nicht passen, wenn er es wäre – würde mir nicht passen, wenn er es wäre."

In diesem Moment watschelte Jogglebury heran, schnaufend und keuchend wie ein gestrandeter Opa; Ihm war gerade der Gedanke gekommen, dass er mit dem Vorwand, keinen Platz für den Diener zu haben, davonkommen könnte.

„Es ist sehr bedauerlich (keuchend) – das heißt, es ist mir nie in den Sinn gekommen (puff), aber ich habe ganz vergessen (keuchend), dass wir keinen (keuchenden) Platz für Ihren (puff) Diener haben."

„Ah, Sie sind ein guter Kerl", antwortete Herr Schwamm – „ein teuflisch guter Kerl." Ich habe Mrs. Jogglebury gerade erzählt – nicht wahr, Mrs. Jogglebury? –, was für ein ausgezeichneter Kerl Sie sind und wie freundlich Sie mit den Pferden und dem Mais und all diesen Dingen umgegangen sind, als es mir einfiel dass es vielleicht nicht bequem wäre, einen Diener unterzubringen; aber Ihre Frau versichert mir, dass es so sein wird; Damit ist die Sache geklärt, wissen Sie – damit ist die Sache geklärt, und ich werde jetzt sofort nach den Pferden schicken.'

Jog war völlig verwirrt und wusste nicht, wohin er sich mit einer Ausrede wenden sollte. Obwohl Mrs. Jogglebury lieber ohne das Establishment gewesen wäre, wollte sie die Aussichten von Gustavus James nicht dadurch gefährden, dass sie unzufrieden wirkte; Also sagte sie lächelnd, sie würde sehen und tun, was sie könnten.

Mr. Sponge besorgte dann einen Boten, der eine Nachricht für Mr. Leather nach Hanby House bringen sollte, und nachdem er sie geschrieben hatte, vergnügte er sich eine Zeit lang mit seinen Zigarren und seinem *Mogg* in seinem Schlafzimmer und ging dann hinaus, um zu sehen, wie der Stall fertig gemacht wurde , und alle Informationen über die Hunde oder irgendetwas anderes von jedem einzuholen, den er erreichen konnte. Glücklicherweise traf er auf einen Pferdeknecht, der mit Sir Harry Scattercashs Jagdhunden auf die Jagd ging. Diese trafen sich, wie er sagte, am nächsten Tag in Snobston Green, etwa acht oder neun Meilen entfernt, und wohin Mr. Sponge sich entschied geht weiter.

Mr. Joggleburys Gelassenheit kehrte zur Zeit des Abendessens zurück, Mr. Sponge war überzeugend genug, ihn zu überreden, ihn zu begleiten, und es wurde schließlich vereinbart, dass Leather mit den Pferden weitergehen sollte und Jog Sponge treiben sollte, um den Pha- *a* -ton einzudecken .

KAPITEL XLVII

EIN FAMILIENFRÜHSTÜCK AN EINEM JAGDMORGEN

Mrs. Jogglebury Crowdey war ziemlich bestürzt über die Respektlosigkeit von Gustavus James gegenüber seinem künftigen Gottpapa und tat ihr Bestes, um ihn durch Versprechungen und Bitten in einen gefälligeren Geisteszustand zu versetzen. Sie versprach ihm eine Fülle von guten Dingen, wenn er Mr. Sponge mit einigen seiner wundervollen Geschichten in Erstaunen versetzen würde, und schwärmte von Mr. Sponges Güte, ihm die schönen Annehmlichkeiten gebracht zu haben, obwohl Mrs. Jogglebury ihnen in ihrem Herzen einiges vorwerfen konnte innere Unannehmlichkeiten, die das Wunder in der Nacht erlebt hatte. Sie brachte ihn jedoch in ziemlich guter Verfassung zum Frühstück, wo er zusammen mit seiner Mutter in seinem Hochstuhl saß, während der Rest der Infanterie die Position vom Vortag einnahm, alles auf Befehl zum guten Benehmen.

Unglücklicherweise kam Mr. Sponge, da er nicht in der Lage war, zu seiner Zufriedenheit aufzustehen, zu spät herunter; und als er dann doch erschien, brachte der ungewöhnliche Anblick eines Mannes in einem roten Mantel, einer grünen Krawatte, einer blauen Weste, braunen Stiefeln usw. ihre Anstandskraft völlig durcheinander und brachte die Reihenfolge des Auftritts des jungen Herrn durcheinander. Auch Mr. Sponge, der sich seiner Verspätung bewusst war, war mehr auf sein Frühstück bedacht als darauf bedacht, überrascht zu werden; Mrs. Crowdey hatte also alle Hände voll zu tun, indem sie die Forderungen des Jugendlichen unterdrückte, darauf achtete, dass die anderen nicht ausbrachen und Jog und Mr. Sponge das beschaffte, was sie wollten. Als sie endlich damit angefangen hatte, nahm sie ein Stück Zucker aus der Schüssel, zeigte es dem Wunder, legte es neben ihren Teller und flüsterte: „Jetzt, meine Schönheit!" in sein Ohr, als sie ihn auf seinem Stuhl zurechtrückte. Das Kind, das wie eine Schnupftabakdose mit Spieluhr aufgezogen worden war, ging dann wie folgt los:

„Bah, bah, zurück Schaf, hast du irgendwas? Ess, heiraten, habe ich, drei Säcke voll; Un für deinen Meister, un für deine Dame, un für deinen kleinen Jungen oder für uns um dich herum.

Aber leider war Herr Schwamm mit seinem Frühstück beschäftigt und das Wunderkind verschwendete seine Süße an der Wüstenluft.

ist ein kluger Kerl!" auszugleichen ! Das *ist* ein Wunder!' und zeigte ihm gleichzeitig den Zucker.

„Noch ein bisschen (Puff-)Tee, mein (pfeifender) Schatz", sagte Jogglebury und stellte seine große Tasse auf den Tisch.

'Stille! Joggen, still!' rief Mrs. Crowdey, hielt ihren Zeigefinger hoch und blickte bedeutsam zuerst ihn und dann den Bengel an.

„Nun, „Obin und Ichard", mein Liebling", fuhr sie fort und wandte sich schmeichelnd an Gustavus James.

„Nein, *nicht* „Obin und Ichard"," antwortete das Kind verdrießlich.

„Ja, mein Schatz , das ist ein Schatz."

„Nun, *mein* (puff) Liebling, gib mir etwas (pfeifenden) Tee", warf Jogglebury ein und klopfte mit den Fingerknöcheln auf den Tisch.

'Oh je. „Joggen Sie, Sie und Ihr Tee! – Sie wollen immer Tee", antwortete Mrs. Jogglebury schnippisch.

„Na ja, aber, mein (pfeif) Schatz, du vergisst, dass Mr. (keuch) Schwamm und ich um (keuch) Viertel vor elf bei (keuch) Snobston Green sein müssen, und es sind gut zwölf (keuch) Meilen entfernt." '

„Nun, aber es wird nicht lange dauern, bis Sie dort ankommen", antwortete Frau Jogglebury. „Wird es, Herr Schwamm?" fuhr sie fort und appellierte erneut an unseren Freund.

„Natürlich weiß ich es nicht", antwortete Schwamm und verspeiste; 'Herr. Crowdey findet eine Beförderung – ich finde nur Gesellschaft.'

Mrs. Jogglebury Crowdey bereitete sich dann darauf vor, ihrem Mann eine weitere Tasse Tee einzuschenken, und die musikalische Schnupftabakdose, die nun sich selbst überlassen war, ertönte von selbst mit:

„Tiddle, Tiddle, Zweifel, meine Kerze ist aus." Meine „kleine Dame" ist nicht daheim – also sattel mein Schwein und zügel meinen Hund und bring meine „kleine Dame" nach Hause.

Ein Gedicht, das im ursprünglichen Programm nach „Obin und Ichard" erscheinen sollte, das das *Hauptwerk werden sollte* .

Frau Jog war entzückt und schüttete den Tee in die Zuckerdose statt in Jogs Tasse.

Auch Herr Sponge applaudierte. „Nun, das *war* sehr klug", sagte er und füllte seinen Mund mit kaltem Schinken.

„Sattel meinen Hund und zügel mein Schwein" – ich werde Sie um eine weitere Tasse Tee bitten", wandte er sich an Mrs. Crowdey.

„Nein, nicht „Sattel meinen Hund", dummer Mann!" sagte das Kind gedehnt und verzog die Lippen: „Sattel mein *Schwein* ."

'Oh! „Sattel mein Schwein", oder?' antwortete Mr. Sponge offensichtlich überrascht; „Ich dachte, es wäre „Sattel meinen Hund". Ich werde Sie wegen des Zuckers belästigen, Mrs. Jogglebury. und fügte hinzu: „Hier haben Sie teuflisch gute Sahne; Wie viele Kühe hast du?

„Kühe (puff), Kühe (keuchen)?" antwortete Jogglebury; „Wie viele Kühe?" wiederholte er.

„Oh, *zwei* ", antwortete Mrs. Jogglebury scharf und verärgert über die Unterbrechung.

„Verzeihung (Puff)" antwortete Jogglebury langsam und feierlich, mit einem kräftigen Schlag in seine Halskrause; „Entschuldigen Sie, Mrs. (puff) Jogglebury (keuchend) Crowdey, aber es sind *drei* (keuchend)."

„Nicht in Milch. „Joggen – nicht in Milch", erwiderte Mrs. Crowdey.

„Drei Kühe, Mrs. (puff) Jogglebury (keuchend) Crowdey, trotz allem", antwortete unser Gastgeber.

'Also; Aber wenn die Leute von Sahne reden und fragen, wie viele Kühe Sie haben, meinen sie in Milch, *Mister* Jogglebury Crowdey.'

'Nicht unbedingt. „Herrin Jogglebury Crowdey", antwortete der hartnäckige Jog mit einem weiteren schweren Schnauben. „Ah, jetzt kommen Sie zu

Ihrem guten Wissen als armer Vormund", entgegnete seine Frau. Jog war Vorsitzender der Stir-it-stiff Union.

Während dies geschah, saß der junge Hoffnungsträger zusammengesunken in seinem Hochstuhl und war offensichtlich beschämt über den Mangel an Aufmerksamkeit.

Mrs. Crowdey sah, wie die Dinge liefen, wandte sich von der Kuhfrage ab und versuchte, ihn wieder in seine Rezitationen einzubeziehen.

„Jetzt, mein Engel!" rief sie aus und zeigte ihm erneut den Zucker; „Erzählen Sie uns von „Obin und Ichard."

„Nein – nicht „Obin und Ichard"," schmollte das Kind.

„Oh ja, meine Süße, *das* ist ein gutes Kind; „Der Herr im hübschen Mantel, der dem Baby die schönen Dinge schenkt, will es hören."

„Komm raus damit, junger Mann!" rief Herr Schwamm und steckte sich nun ein großes Stück kaltes Rindfleisch in den Mund.

„Kein ‚Unmensch'", murmelte das Kind, brach in Weinen aus und streckte seiner Mutter seine kleinen dicken Ärmchen entgegen.

„Nein, mein Engel, noch kein Unmensch", antwortete Mrs. Jogglebury, nahm ihn aus dem Stuhl und drückte ihn an ihre Brust.

„Trotzdem wird er ein Mann vor seiner Mutter sein", bemerkte Mr. Sponge, der sich durch den Lärm nicht aus der Fassung bringen ließ.

Jog hatte nun sein Frühstück beendet, und nachdem er drei Brötchen und zwei Toastscheiben mit einer dicken Schicht kaltem Schinken dazwischen eingesteckt hatte, blickte er auf seine große Warmhaltepfanne von einer Uhr und sagte zu seinem Gast: „Wenn du fertig bist." (keuchend), ich (puff).' Mit diesen Worten stand er auf und schüttelte ein oder zwei Mal krampfhaft seine großen Beine, als wolle er sehen, ob sie angezogen seien.

Mrs. Jogglebury sah ihn vorwurfsvoll an, als wollte sie sagen: „Wie *können* Sie sich so benehmen?"

Während Mr. Sponge Jogs schlecht gemachte, seltsam angezogene Kleidungsstücke betrachtete, wünschte er, er hätte nicht gewollt, dass Leather zu dem Treffen ging. Es wäre besser gewesen, die Pferde etwas weiter entfernt zu haben und sich vor Jog zu drücken, der nicht wie ein wünschenswerter Einsteiger in ein Jagdrevier aussah.

„Ich bin gleich bei Ihnen", antwortete Herr Schwamm und stürzte die Reste seines Tees hinunter; und fügte hinzu: „Ich muss einfach nach oben rennen und eine Zigarre holen." Als er das sagte, sprang er auf und verschwand.

Murry Ann, der es nicht gefiel, dass Sponge in seinem Schlafzimmer rauchte, hatte das Zigarrenetui unter dem Toilettendeckel hinter dem Glas versteckt, und es dauerte einige Zeit, bis er es fand.

Mrs. Jogglebury nutzte die Zeit und seine Abwesenheit, um ihren jungen Türken zu beruhigen und ihn dazu zu überreden, das wunderbare „Obin und Ichard" zu rezitieren.

Als Mr. Sponge mit dem Zigarrenetui in der Hand klirrend die Treppe hinunterkam, traf sie ihn (natürlich zufällig) unten mit dem Jungen auf dem Arm und rief: „O Mr. Sponge, hier möchte Gustavus James." „Erzähl dir eine kleine Geschichte."

Mr. Sponge hielt inne – in der Hoffnung, dass es nicht lange dauern würde.

„Jetzt, mein Liebling", sagte sie und richtete den Jungen auf, damit er anfangen konnte.

'Nun dann!' rief Mr. Crowdey im wahren Jehu-Stil aus dem Fahrzeug an der Tür, in dem er sich niedergelassen hatte.

„Kommt, Jog! Kommen!' antwortete Mrs. Crowdey mit einem Stirnrunzeln auf der Stirn über die vorzeitige Unterbrechung; Dann appellierte sie noch einmal an das Kind, das sich an die Brust seiner Mutter schmiegte, als wäre es nicht geneigt, anzugeben, und sagte: „Nun, mein Liebling, lass den Herrn hören, wie nett du es sagen wirst."

Das Kind schlich immer noch.

„Das ist ein feiner Kerl, raus damit!" sagte Mr. Sponge und nahm seinen Hut, um abzunehmen.

'Nun dann!' rief sein Gastgeber erneut aus.

'Kommen!' antwortete Herr Schwamm.

Wie um ihm einen Strich durch die Rechnung zu machen, begann das Kind dann, wobei Mrs. Jogglebury ihren Zeigefinger sowohl bewundernd als auch schweigend hochhielt:

„Obin und Ichard, zwei hübsche Männer, lagen im Bett, bis die Uhr zehn schlug; Obin fährt auf und blickt in den Himmel …"

Und dann hörte die Göre auf.

'Sehr hübsch!' rief Herr Schwamm aus; 'Wunderschön! Einer von Moores, nicht wahr? „Danke, mein kleiner Schatz, danke", fügte er hinzu, drückte ihn unters Kinn und setzte zum Abschied seinen Hut auf.

„Oh, aber hör auf, Herr Schwamm!" rief Mrs. Jogglebury, „Sie haben noch nicht alles gehört – es gibt noch mehr."

Dann wandte sie sich dem Kind zu und versuchte, ihm das Stichwort zu geben.

'Oho! sich kümmern-'

'Nun dann! Die Zeit läuft!' wieder schrie Jogglebury in den Gang.

„Oh mein Gott, Mr. Jogglebury, würden Sie bitte Ihre dumme Zunge im Zaum halten!" rief sie und fügte hinzu: „Sie sind sicherlich der ermüdendste Mann unter der Sonne." Dann wandte sie sich an das Kind mit:

'Oho! Ichard wieder stören.

Aber das Kind war stumm, und Herr Schwamm, der aufgrund eines undeutlichen Knurrens aus dem Wagen befürchtete, dass sich ein Sturm zusammenbraute, versuchte, die Unterhaltung abzubrechen, indem er ausrief:

„Wunderbarer Zweijähriger! Schade, dass er nicht im Darby ist. Ich wage zu behaupten, dass er mir den Rest erzählen wird, wenn ich zurückkomme.'

Aber das schürte nur das Feuer von Mrs. Joggleburys Begeisterung und machte sie noch besorgter, dass Sponge kein Wort davon verlieren würde. Daraufhin riss sie den fetten Knödel noch einmal auf ihren Arm und wiederholte:

'Oho! Stören Sie Ichard, das – Was ist sehr hoch?' fragte Mrs. Jogglebury überredend.

„Die Sonne steht sehr hoch"

antwortete das Kind.

'Ja mein Schatz!' rief die entzückte Mama. Frau Jogglebury fuhr dann fort:

„Du gehst vor –" KIND . – „Mit Flasche und Beutel", MAMA . – „Und ich folge nach –" KIND . – „Mit dem kleinen Jack Nag."

„Nun, das *ist* wunderbar!" rief Mr. Sponge, eilte über seine Hundefellhandschuhe und wünschte sowohl Obin als auch Ichard weiter.

„Ist es nicht!" rief Frau Jogglebury in Ekstase aus; Dann wandte sie sich an das Kind und sagte: „Das *ist* ein guter Junge – das *ist* ein toller Kerl." Könnte er das doch nicht ganz alleine sagen, meint er nicht?' Mrs. Jogglebury blickte Sponge an, als würde sie über die reichhaltigste Leckerei für ihn nachdenken.

„Oh", antwortete Mr. Sponge, der das Nachsitzen ziemlich satt hatte, „er wird es mir sagen, wenn ich zurückkomme – er wird es mir sagen, wenn ich zurückkomme", und gab dem Kind gleichzeitig einen weiteren Abschiedskuss unters Kinn . Aber das Kind ließ sich auf diese Weise nicht abschrecken, und anstatt sich zu ducken, sich zu schmiegen und sein Gesicht zu verbergen, blickte es ganz kühn auf und ging nach kurzem Zögern zu „Obin und Ichard", zur Freude von Mrs . Jogglebury, die Demütigung von Sponge und die knurrenden Denunziationen des alten Jog, der immer noch seinen Platz im Fahrzeug behielt. Mr. Sponge konnte nicht anders, als das Gedicht wegzulassen.

Endlich fingen sie an, zu joggen. Sponge sitzt auf dem niedrigen Sitz, Jogs Dreschflegel und Sponges Stockpeitsche stecken in den Riemen der Schürze. Jog war anfangs sehr mürrisch und hat nichts anderes getan, als das alte Pferd auszupeitschen und auszupeitschen, zu schnaufen und zu knurren, weil es zu spät kommt, die Leute warten lässt, das Pferd übertreibt und so weiter.

'Nimm eine Zigarre?' fragte schließlich Schwamm, öffnete die gut gefüllte Kiste und reichte seinem Begleiter den Olivenzweig.

„Zigarre (pfeifend), Zigarre (zug)?" antwortete Jog und beäugte den Koffer; „Warum, nein, vielleicht nicht, denke ich (keucht), danke."

„Rauchen Sie nie?" fragte Schwamm.

„(Puff – keuchend) Nicht oft", antwortete Jogglebury und blickte sich mit einer Miene der Gleichgültigkeit um. Er sagte nicht gern „nein", weil Springwheat rauchte, obwohl Mrs. Springey das äußerst missbilligte.

„Sie werden sie als sehr mild empfinden", bemerkte Sponge, indem er sich selbst eins herausholte und den Fall erneut seinem Freund überreichte.

„Leicht (Keuchen), mild (Puff), oder?" sagte Jog und dachte, er würde es einmal versuchen.

Mr. Sponge zündete dann ein Licht an, zündete, nachdem er seine eigene Zigarre in Gang gebracht hatte, eine für seinen Freund an und überreichte sie ihm. Dann schnauften und peitschten sie und rauchten schweigend. Jog sprach als Erster. „Mir wird schlecht", stellte er langsam und feierlich fest.

„Hoffentlich nicht", antwortete Mr. Sponge mit einem kräftigen Hauch in die Luft.

„Mir *wird* schlecht", bemerkte Jog nach einer weiteren Pause.

„Dann sei dir selbst schlecht", antwortete Schwamm mit einem weiteren herzhaften Atemzug.

„Bei den (Puff-)Mächten! Ich *bin* krank!' rief Jogglebury nach einer weiteren
Pause aus und warf die Zigarre weg. 'Oh je!' rief er aus, „du hättest mir dieses
eklige (Puff-)Ding nicht geben sollen.“

„Mein lieber Freund, ich wusste nicht, dass es dich krank machen würde“,
antwortete Mr. Sponge.

„Na ja, aber wenn sie (keuchen) andere Menschen krank machen, werden sie
mich aller Wahrscheinlichkeit nach (keuchen). Dort!' rief er und hielt wieder
an.

Die durch diese Katastrophen verursachten Verzögerungen sowie der
Zeitverlust von „Obin und Ichard“ haben unsere Sportler erheblich aus dem
Rennen geworfen. Als sie Chalkerley Gate erreichten, war es zehn Minuten
vor elf, und sie hatten noch drei Meilen vor sich.

„Wir werden zu spät kommen“, bemerkte Sponge und prangerte innerlich
„Obin und Ichard“ an.

„Das sollte mich nicht wundern“, antwortete Jog und fügte mit einem Hauch
in seiner Halskrause hinzu: „Wissen Sie, dass es Konsequenzen hat, wenn
mir schlecht wird.“

„Mein lieber Freund, wenn Sie Ihren eigenen Magen zu diesem Zeitpunkt
noch nicht kennen, sollten Sie es tun“, antwortete Mr. Sponge.

„Ich schmeichele mir selbst, ich *schmeichele* meinem eigenen Magen“,
antwortete Jogglebury scharf.

Dann polterten sie eine Zeit lang schweigend weiter.

Als sie in Sichtweite von Snobston Green kamen, war die Küste klar. Es war
weder ein roter Mantel noch ein Jagdzeichen irgendeiner Art zu sehen.

„Ich habe es dir doch gesagt (puff)!“ knurrte Jog, blies voll in seine
Halskrause und zog sich zurück.

„Sie sind nach Hackberry Dean gegangen“, sagte ein alter Mann und
zerschmetterte Steine am Straßenrand.

„Hackberry Dean (puff) – Hackberry Dean (keuchend)!“ antwortete Jog
nachdenklich; „Dann müssen wir an Tollarton Mill vorbei und durch das
(pfeifende) Dorf nach Stewley?“ „Ja“, sagte der Mann gedehnt.

Jog fuhr dann ein paar Schritte weiter und bog in eine Spur nach links ein,
deren Wegweiser die Straße „nach Tollarton“ wies. Er schien weniger
beunruhigt zu sein als Sponge, der innerlich nicht nur „Obin und Ichard“,
sondern auch „Diddle, diddle,zweifel“ – „Bah, bah, schwarzes Schaf“ – den
ganzen Stamm der Kinderballaden, kurz gesagt, verfluchte.

Tatsache war, dass Jog in Hackberry Dean sein wollte, wo es viele schöne, gerade Stechpalmen gab, die entweder für Gibbeys oder Peitschenstöcke geeignet waren, und die Hunde, die dort waren, gaben ihm den Einstieg. Weil er sich dort ohne diese Entschuldigung bedient hatte, wurde er vor Gericht gestellt, und er hatte keine Lust, seine Bekanntschaft mit dem Richter zu erneuern. Jetzt peitschte und hieb er auf den alten Gaul ein, als wollte er die Hunde fangen. Mr. Sponge befreite seine Peitsche von den Schürzenriemen und half mit, als Jog nachließ. Also ratterten und klirrten sie in einem veränderten Tempo. Dennoch kam es Herrn Schwamm so vor, als würden sie nie dort ankommen. Nachdem er Tollarton durchquert und das Dorf Stewley hinter sich gelassen hatte, richtete Mr. Sponge seinen Blick in alle Richtungen, wo es ein Stück Wald gab, in der Hoffnung, etwas von den Hunden zu sehen. Währenddessen schob Jog seine kleine Axt unter dem Polster des Fahrersitzes hervor und in die Tasche seines Mantels. Plötzlich hielt er an, als sie an einem Waldstück vorbeikamen (Hackberry Dean), übergab seinem Begleiter die Zügel und sagte:

„Halten Sie einfach eine Minute in der Hand, während ich auspuffe."

'Was ist passiert?' fragte Schwamm. „Bist du nicht schon wieder krank, oder?"

„Nein (puff), nicht gerade krank (keuchend), aber ich möchte trotzdem draußen sein."

Mit diesen Worten packte er seine Bündel, brach durch den mit Farnen bewachsenen Waldzaun und stürmte auf eine Weise in den Wald, die unseren Helden in Erstaunen versetzte. Plötzlich enthüllte das Hieb, Hieb, Hieb der Axt das Geheimnis.

„Bei den Mächten, der Narr ist am Spieß!" rief Sponge, angewidert von der Kontroverse. „Herr Jogglebury!" brüllte er: „Herr Jogglebury, so schnell werden wir die Hunde nie einholen!"

Aber Jog war taub – hacken, hacken, hacken war die einzige Antwort, die Mr. Sponge bekam.

„Nun, hängen Sie mich auf, wenn ich jemals so einen Kerl sehe!" fuhr Sponge fort und dachte, er würde weiterfahren, wenn er nur den Weg wüsste.

„Hacken, hacken, hacken", fuhr die Axt fort.

„Herr Jogglebury! Mister Jogglebury Crowdey *a-hooi* !' brüllte Schwamm aus vollem Halse.

HERR. JOGGLEBURY CROWDEY ÜBER SEIN HOBBY

Die Axt blieb stehen. „Kommt jemand?" hallte aus dem Wald.

„ *Kommen Sie* ", antwortete Herr Schwamm.

„Derzeit", war die Antwort; und das Hacken, Hacken, Hacken wurde wieder aufgenommen.

„Der Mann ist verrückt", murmelte Mr. Sponge und warf sich zurück in den Sitz. Endlich erschien Jog, der sich mit zwei schönen Stechpalmen unter dem Arm aus dem Wald bahnte. Er lief schweißgebadet herunter und schaute besorgt die Straße auf und ab, während er durch den Zaun stapfte, um zu sehen, ob jemand käme.

„Ich glaube wirklich (puff), das ergibt einen Vierspänner (keuchend)", rief er aus, als er auf die Kutsche zuging und eine Stechpalme in der Hand hielt, um ihre volle Länge zu zeigen – „nicht, dass ich (puff, keuchend)." , keuchend) machen in diesem (puff, keuchenden) Satz viel aus, aber in Wirklichkeit ist es so eine (puff, keuchende) Schönheit, dass ich ihm nicht (keuchen, keuchen) widerstehen konnte."

„Nun, aber ich dachte, wir gehen auf die Jagd", bemerkte Mr. Sponge trocken.

„Jagd (Puff)! so sind wir (keuchend); aber es gibt keine Hunde (keuch). „Mein guter (Puff-)Mann", fuhr er fort und wandte sich an einen Landsmann im

Kittel, der jetzt herbeikam, „haben Sie etwas von den (pfeifenden) Hunden gesehen?“

„Ees“, antwortete der Mann. „Sie sind nach Brookdale Plantin gegangen.“

„Dann sollten wir ihnen besser nachjagen“, sagte Jog, ließ den Stock durch die Schürzenriemen gleiten und schob sich mit dem langen Stock in der Hand in den Phaeton.

Weiter rasselten und klingelten sie wie zuvor.

'Wie weit ist es?' fragte Mr. Sponge, verärgert über die Inhaftierung.

„Oh (puff), in der Nähe (keuchend)“, antwortete Jog.

„In der Nähe“, wie die meisten unserer Sportleser nur allzu gut wissen, ist im Allgemeinen alles andere als in der Nähe. Jog's war dieses Mal auch nicht in der Nähe.

„Da“, sagte Jog, nachdem sie den Trampington Hill hinaufgekrochen waren; „das ist es (puff) rechts, beim (pfeifenden) Wasser dort“ und deutete auf eine etwa eine Meile entfernte Plantage, an deren Ende ein Teich glänzte.

Gerade als Mr. Sponge das Wasser erblickte, hörte man den Klang eines Horns, und die Hunde strömten mit lautem Geschrei aus der Deckung, gefolgt von etwa zwanzig unterschiedlich gekleideten Reitern, und unser Freund hatte die Genugtuung, sie rennen zu sehen sauber außer Sichtweite, über einem so schönen Land, wie es noch nie zuvor durchquert wurde. Am schlimmsten war, dass er glaubte zu sehen, wie Leather auf die Kastanie einhämmerte.

KAPITEL XLVIII

JAGD AUF DIE HUNDE

Der Tramptinton Hill, dessen Gipfel sie gerade erreicht hatten, als die Hunde ihre Deckung verließen, bot einen weiten Blick über das angrenzende Tal, und als Mr. Sponge dasaß und seine Augen mit den Händen vor der hellen Wintersonne schützte, glaubte er, sie kommen zu sehen einen Scheck, und dann nach links biegen.

„Ich glaube wirklich", sagte er zu seinem immer noch schwitzenden Begleiter, „dass wir ihn vielleicht erwischen würden, wenn Sie sich auf die Straße auf der linken Seite begeben würden" (wobei er auf eine Straße zeigte, die zwischen den niedrigen Heckenreihen in der Ferne zu sehen ist). sie sind noch nicht fertig.'

„Links (Puff), links (Keuchen)?" antwortete Mr. Jogglebury Crowdey und starrte alles andere als mit der Schnelligkeit um sich, die seine Bewegungen kennzeichnete, als er sich in Hackberry Dean stürzte.

„Siehst du denn nicht", fragte Schwamm säuerlich, „da ist eine Straße bei den Maishaufen da drüben?" Auf sie aufmerksam machen.

„Ich verstehe", antwortete Jogglebury und blies frei in seine Hemdrüsche. „Ich verstehe", wiederholte er und starrte in diese Richtung; „Aber ich denke (puff), das ist nur eine (keuchende) Besatzungsstraße, die (keuchend) nirgendwohin führt."

„Macht nichts, lass es uns versuchen!" rief Herr Schwamm und gab dem Zügel einen Ruck, um das Pferd wieder in Bewegung zu setzen; und fügte hinzu: „Es hat keinen Sinn, hier herumzusitzen, wissen Sie, wie ein paar Idioten, wenn die Hunde rennen."

„Ein paar (Puff)!" knurrte Jog, der die Bezeichnung nicht mochte und sich wünschte, zu Hause bei der langen Stechpalme zu sein. „Ich sehe nichts (keuchendes) Dummes im (Puff-)Geschäft."

'Da sind sie!' rief Mr. Sponge, der sein Auge auf die Stelle gerichtet hatte, an der er sie das letzte Mal gesehen hatte, und nun sah, wie die Reiter über ein Grasfeld galoppierten, und zwar auf die entspannte Art und Weise, die aus der Entfernung beim Reiten einen sehr unangenehmen Eindruck macht. „Schneiden Sie mit!" rief er und schlug dem Pferd mit seiner Jagdpeitsche ins Hinterteil.

'Nicht! „Das Pferd ist müde", erwiderte Jog wütend und hielt das Pferd fest, anstatt es zu Sponges Gruß gehen zu lassen.

„Kein bisschen drauf!" rief Schwamm aus; „Frisch wie Farbe!" Spring ihn ein bisschen, das ist ein guter Kerl!' fügte er hinzu.

Jog hatte keine Lust, sich auf diese Weise etwas vorschreiben zu lassen, und kroch einfach in seinem eigenen Tempo voran, etwa sechs Meilen pro Stunde, wobei sein stumpfes, phlegmatisches Gesicht einen Kontrast zu der eifrigen Erregung in Mr. Sponges Gesichtsausdruck bildete. Wenn Jog nicht dafür gesorgt hätte, dass Leather seinem Pferd keine Streiche spielt, wäre er keinen Meter gegangen, um Mr. Sponge zu gefallen. Das Joggen wäre in dieser Hinsicht jedoch möglicherweise einfacher gewesen, denn Leather hatte gerade den Zügel des Pferdezaums um einen Baum in den Plantagen geschnallt, wo sie es gefunden hatten, und das Tier, das an diese Art von Arbeit gewöhnt war, war gefallen – ganz zufrieden auf dem Gras in Reichweite.

Jetzt erschien Bilkington Pike in Sichtweite, und Jog näherte sich, als er ihn erspähte. Er kannte den Schaden: Sixpence für Kutschen, und er bezweifelte, dass Sponge ihn bezahlen würde.

„Es nützt nichts, noch weiter zu gehen", bemerkte er und begab sich in einen Spaziergang, während er die Giebelseite aus rotem Backstein des Zollhauses und das beeindruckende weiße Tor auf der anderen Straßenseite betrachtete.

Tom Coppers hatte die Hunde gehört und, da er wusste, wie eilig Sportler oft sind, die Vorsichtsmaßnahme getroffen und das Tor verschlossen.

„Nur noch ein *bisschen* weiter!" rief Mr. Sponge beschwichtigend, dessen Sorge, sich um die Hunde zu kümmern, ihn daran gehindert hatte, dieses gewaltige Hindernis zu erkennen. „Wenn Sie einfach zu dem Bauernhaus auf dem Hügel fahren würden", deutete er auf eines etwa eine halbe Meile entfernt, „würden wir meiner Meinung nach entscheiden können, ob es sich lohnt, weiterzufahren oder nicht."

„Na ja (puff), na ja (keuchend), na ja (keuchend)", überlegte Jogglebury und starrte immer noch auf das Tor, „wenn du (puff) denkst, dass es sich lohnt (keuchend), durch das (keuchende) Tor zu gehen", nickte er zu es, während er sprach.

„Oh, egal, das Tor", antwortete Mr. Sponge und tauchte demonstrativ in die Tasche seiner Hose, als wollte er dafür bezahlen.

Er behielt seine Hand in der Tasche, bis er sich dem Tor näherte, als er sie plötzlich herauszog und sagte:

„Oh, hör auf! Ich habe meine Handtasche zu Hause gelassen! „Macht nichts, fahren Sie weiter", sagte er zu seinem Gastgeber; rief dem Mann zu: „Es ist Mr. Crowdeys Kutsche – Mr. Jogglebury Crowdeys Kutsche! Mr. Crowdey, der Vorsitzende der Stir-it-stiff Poor-Law Union!'

„Sixpence!" schrie der Mann und folgte dem Phaeton mit ausgestreckter Hand.

"Ord, lass es (Puff)! „Das hätte ich tun können (keuchen)", knurrte Jogglebury und hielt an.

„Sie haben kein Ticket", sagte Coppers, als sie heraufkamen, „und Sie werden auch nicht zu einem Treuhändertreffen gehen, oder?" fragte er, da er die Wichtigkeit der Person erkannte, mit der er es zu tun hatte; – ein Verwalter dieser und anderer Wege und einer, der immer von seinem Privileg Gebrauch machte, gebührenfrei zu den Versammlungen zu gehen.

„Nein", antwortete Jog und überreichte Sponge pompös die Peitsche und die Zügel.

Dann erhob er sich absichtlich von seinem Sitz und knöpfte langsam jeden einzelnen Knopf des braunen Mantels auf, den er über dem engen schwarzen Jagdmantel trug. Dann knöpfte er die schwarze und dann die rechte Tasche des weißen Moleskins auf, in der er sein Geld trug. Dann fischte er absichtlich seine grün-goldene Handtasche heraus, ein Andenken an Miss Smiler (die Klägerin in der Klage wegen Versprechensbruchs, Smiler *v.* Jogglebury), und hielt sie mit beiden Händen vor die Augen, um zu sehen, mit welchem Ende Da er das Silber enthielt, zog er langsam den Schieber heraus und nahm einen Schilling heraus, obwohl noch jede Menge Sixpence drin waren.

Dies gab dem Mann den Auftrag, zur Mautstelle zu gehen, um eins zu holen, und um seine Aufmerksamkeit zu bekunden, sagte er bei seiner Rückkehr in der negativen Art und Weise, wie Landleute eine Frage stellten:

„Sie brauchen doch kein Ticket, oder?"

„Ticket (Puff), Ticket (Keuchen)?" wiederholte Jog nachdenklich. „Ja, ich nehme ein Ticket", sagte er.

'Oh! „Häng es auf, nein", antwortete Schwamm; 'Lass uns weitermachen!' Stampfen gegen den Boden des Phaetons, um das Pferd in Gang zu setzen. „Kostet nichts", bemerkte Jog trocken und zog die Zügel, als der Mann wieder zum Torhaus zurückkehrte.

Es kam dann zu einer erheblichen Verzögerung; Zuerst musste Pikey seine Brille, wie er seine Brille nannte, finden, um nach einem Ein-Pferd-Chaise-Ticket Ausschau zu halten. Dann musste er nach den Fahrkarten suchen, als er feststellte, dass er alles Mögliche bis auf einen Einspänner bereit hatte – Wagen, Leichenwagen, Trauerkutschen, Reitpferde, Kutschen und Gespanne, Maultiere, Esel, alles außer dem einer, der gesucht wurde. Nun, dann musste er einen auffüllen, und dazu musste er zuerst das Tintenfass finden und dann einen Stift, der „markieren" konnte, sodass es insgesamt zu einer Verzögerung kam, die eigenartig gewesen wäre Erbaulich für einen Torwächter von Kennington Common oder Lambeth als Zeuge.

Aber es war noch nicht alles vorbei. Nachdem er das Ticket erhalten hatte, untersuchte Jog es genau, um sicherzustellen, dass alles in Ordnung war, dann hielt er es an die Nase, um daran zu riechen, und schließlich zog er den Geldscheinschieber heraus und legte ihn unter die Münzen. Dann steckte er die teure Trophäe wieder in seine Tasche, schüttelte sein Bein, um sie nach unten zu schicken, knöpfte dann die Tasche zu, nahm den engen schwarzen Mantel mit beiden Händen und zog ihn über seine Brust, um seinen Bauch hineinzubekommen. Dann keuchte und hielt den Atem an, machte sich so klein wie möglich, während er die Knöpfe in die Löcher steckte; Nachdem dieser schwierige Prozess endlich abgeschlossen war, blieb er eine Weile stehen, um nach der Anstrengung Luft zu holen. Dann fing er an, den einfachen, braunen Mantel neu zuzuknöpfen, wobei er bewusst die ganze Reihe nach oben ging, vom kleinen Knopf unten, um die Schöße zusammenzuhalten, bis zu dem Knopf am Hals oder dort, wo der Hals gewesen wäre, wenn Jog es getan hätte Es reichte nicht alles vom Bauch bis zum Kinn. Dann ließ er sich auf seinem Sitz nieder, schnaubte heftig durch die Nase, nahm Herrn Schwamm die Zügel, die Peitsche und die lange Stechpalme ab und fuhr gemächlich weiter. Sponge saß da und verfluchte seine Langsamkeit.

Als sie das Bauernhaus auf dem Hügel erreichten, waren die Hunde bereits in Sichtweite. Der Jäger warf sie aus, und die Reiter waren wie immer gruppiert, während die Lagger leise die Gassen und Nebenstraßen hinaufschlichen, weil sie dachten, niemand würde sie sehen. Abgesehen von den Weißen und Grauen waren unsere Freunde im „Chay" nicht nah genug dran, um die Farben der Pferde zu erkennen; aber Mr. Sponge kam nicht umhin zu denken, dass er die Umrisse der bösen Kastanie Multum in Parvo erkannte.

„Bei den Mächten, aber wenn er es ist", murmelte er vor sich hin, ballte beim Sprechen die Faust und knirschte mit den Zähnen, „aber ich werde – ich werde – ich werde ein Exempel an dir statuieren", das *heißt* aus Leder.

Mr. Sponge konnte nicht genau sagen, was er tun würde, denn es war keineswegs geklärt, ob Leather oder er der Herr war. Aber zu den Hunden. Wäre Mr. Sponge nicht an der Schlagbaumschranke schäbig gewesen, glauben wir wirklich, dass er sie jetzt vielleicht eingeholt hätte, denn die Straße zu ihnen verlief die ganze Zeit bergab, und der Schwung des Fahrzeugs hätte die alte Schraube losgeschickt entlang. Diese Verzögerung war jedoch fatal. Noch bevor sie ein Viertel der Strecke zurückgelegt hatten, bemerkten die Hunde plötzlich die Fährte an einer Heckenreihe und rannten mit erhobenen Köpfen und gesenktem Heck sofort in einem Tempo davon, das jede Hoffnung zunichte machte. Sie waren innerhalb einer Minute außer Sichtweite. Es handelte sich eindeutig um Tötung.

„Na ja, es geht!" rief Herr Schwamm aus, verschränkte die Arme und warf sich angewidert zurück in den Phaeton. „Ich glaube, ich habe noch nie so ein Durcheinander gesehen wie heute Morgen."

Und er betrachtete den Stock in der Schürze und die lange Stechpalme zwischen Jogs Beinen und sehnte sich danach, sie um seinen großen Rücken zu legen.

„Nun (puff), ich schätze (keuchend), können wir jetzt genauso gut (puff) nach Hause gehen?" bemerkte Jog und sah sich ganz unbekümmert um.

„Ich denke schon", schnappte Sponge und fügte hinzu, „auf jeden Fall haben wir es einmal getan."

Die Beobachtung entging jedoch Jog, der mit dem Gedanken beschäftigt war, wie er den Phaeton ohne Umkippen bewegen könnte. Die Straße war bestenfalls schmal, und die neu aufgelegten Steinhaufen waren bis an ihre Grenzen vorgedrungen. Er versuchte zunächst, rückwärts zwischen zwei Steinhaufen hindurchzufahren, aber es gelang ihm nur, ein Rad in einen zu rammen; Dann versuchte er es mit dem Vorwärtsschlag, hatte jedoch keinen besseren Erfolg, bis Mr. Sponge, als er sah, dass die Lage immer schlimmer wurde, einfach heraussprang, das alte Pferd am Kopf packte und das Manöver ausführte, das Mr. Jogglebury Crowdey zuerst versuchte. Dann machten sie sich daran, ihre Schritte zurückzuverfolgen, ein ziemlich langer Weg, selbst für Menschen in freundlicher Stimmung, aber ein furchtbar langer Weg für diejenigen, die anderer Meinung waren.

Joggen war zwar ziemlich angenehm. Er hatte alles bekommen, was er wollte – alles, wonach er auf die Jagd ging; und während er zischte und das alte Pferd vorwärts trieb, warf er immer wieder einen Blick auf den Inhalt der Schürze und überlegte, was der gekrönte oder große Männerkopf darstellen sollte, den die jetzt rauen, keulenköpfigen Knöpfe darstellen sollten; und gab sich Spekulationen über ihren voraussichtlichen Wert und ihre mögliche Bestimmung hin. Er hatte nicht den geringsten Zweifel daran, dass tausend Stöcke für jedes seiner Kinder so gut sein würden wie ein paar tausend Pfund pro Stück; manchmal dachte er mehr, aber nie weniger. Mr. Sponge hingegen grübelte über den verlorenen Lauf; gab sich allerlei Spekulationen über den Glanz der Angelegenheit hin; stellte sich die Figur vor, die er auf der Kastanie abgeschnitten hätte, und den Preis, den er dafür auf dem Feld erhalten hätte. Dann dachte er an die Eimer, die Leather ihm geben würde; die Art, wie er ihn auf alles rammen würde; wie er ihn mit schlaffen Zügeln in die Tiefe gehen lassen würde – was ihn höchstwahrscheinlich dazu bringen würde, zu weit zu gehen – nein, es war nicht zu sagen, dass er ihn vielleicht pfählen würde.

Dann dachte er über all das Unglück und die Missgeschicke des Tages nach. Die ungünstige Toilette; die Verschärfung von „Obin und Ichard"; die Verzögerung, die dadurch verursacht wurde, dass Jog von seiner Zigarre krank wurde; die Divergenz zu Hackberry Dean; und das lange Warten an der Mautstelle. Nachdem Herr Sponge alle Umstände fair und leidenschaftslos geprüft hatte, kam er zu dem Entschluss, nichts mehr mit Herrn Jogglebury Crowdey in jagdlicher Hinsicht zu tun zu haben. Diese oder ähnliche Überlegungen und Vorsätze wurden schließlich durch ihre Ankunft zu Hause unterbrochen, was durch einen Ausbruch von Kindern angezeigt wurde, die aus der Hütte stürmten, um sie zu empfangen – Gustavus James bildete in den Armen seiner Amme die Nachhut, zu dem unsere Mein Freund konnte kaum den Anschein eines Lächelns aufbringen.

Es war alles diese kleine Göre! dachte er.

KAPITEL XLIX

LANDVIERTEL

LADY SCATTERTCASH

Sir Harry Scattercashs Hundemeute war nur ein schlecht versorgtes Rudel; Sie orientierten sich nicht an festen Grundsätzen. Wir wollen damit nicht sagen, dass sie nicht genug zu essen hatten, aber ihr Management war nur auf dem richtigen Weg. Sir Harry war das, was man in der Fachsprache „durchstarten" nennt. Wie unser edler Freund, Lord Hard-up, jetzt Earl of Scamperdale, hatte er den Morgen des Lebens durchgearbeitet, ohne zu wissen, was es bedeutet, mit Geld zu kämpfen; Aber im Gegensatz zu seiner Lordschaft schien er nun, da er unerwartet in eine davon geraten war, entschlossen zu sein, zu versuchen, wie schnell er da durchkommen könnte. Bei diesem lobenswerten Unterfangen wurde er von Lady Scattercash, der verstorbenen schönen und eleganten Miss Spangles vom „Theatre Royal, Sadler's Wells", geschickt unterstützt. Sir Harry hatte sie geheiratet, bevor er durch seinen Glücksfall zum Baronet ernannt wurde, und hatte damals die Absicht gehabt, sein Glück auf der Bühne zu versuchen, aber er erklärte immer, dass er seine Wahl nie bereut habe; im Gegenteil, sagte er, wenn er zu den „Herzoginnen" gegangen wäre, hätte er nicht besser passen können. Lady Scattercash konnte reiten – tatsächlich führte sie Szenen im Kreis auf (zwei Pferde und eine Fahne) – und sie konnte fahren, rauchen und singen und verfügte über viele andere Fähigkeiten. Sir Harry trank manchmal eine Woche lang ununterbrochen und probierte dann einen Monat lang keinen Wein mehr; manchmal jagten die Hunde, manchmal nicht; manchmal wurden sie beworben, manchmal nicht; manchmal gingen sie an einem Tag aus, manchmal an einem anderen; manchmal waren sie fest entschlossen, an einem solchen Ort zu sein, und gingen zu einem ganz anderen. Wenn Sir Harry auf einer Trinkrunde war, hielten sie den Mund; und der Jäger Tom

Watchorn, ehemaliger Angehöriger der „Camberwell and Balham Hill Union Harriers", ein früher Bekannter von Miss Spangles – einige sagten tatsächlich, er sei ihr Onkel – unternahm ebenfalls einen Trinkausflug. Alles in allem waren sie das, was die Landbevölkerung eine sehr „promiskuitive Gruppe" nannte. Die Hunde waren von allen Arten und Größen; die Pferde ohne besondere Prägung; und die Schurken und Vagabunden der ersten Klasse.

Bei einem solchen Herrn und einer solchen Einrichtung brauchen wir kaum zu sagen, dass noch nie ein Fremder zum Zwecke der Jagd ins Land kam. Sir Harrys Felder bestanden ausschließlich aus seiner eigenen Wahl, einigen Bauern und Leuten, die er missbrauchen und mit denen er machen konnte, was er wollte. Mr. Jogglebury Crowdey hatte allerdings Sir Harry zustimmend erwähnt, als er zu Mr. Puffington ging, um Mr. Sponge zu überreden, nach Puddingpote Bower zu gehen; Aber was Mr. Jogglebury gefallen könnte, der loszog, um Gibbey-Stöcke zu holen, passte möglicherweise nicht zu einer Person, die auszog, um einen Fuchs zu jagen, um damit anzugeben und seine Pferde zu verkaufen. Tatsächlich war Puddingpote Bower, wie sich herausstellte, ein äußerst schlechtes Jagdviertel. Sir Harry Scattercash, der die in unseren beiden vorangegangenen Kapiteln beschriebene Reise hinter sich hatte und gerade ein paar von der Sorte „Sock-and-Buskin" aus der Stadt importiert hatte, würde wahrscheinlich eine Zeit lang nicht wieder ausgehen; während Mr. Puffington, als er herausfand, wo Mr. Sponge Zuflucht gesucht hatte, beschloss, sich nicht in der Nähe von Puddingpote Bower zu treffen, wenn er es überhaupt verhindern könnte; und Lord Scamperdale war fast immer außer Reichweite, es sei denn, Pferd und Reiter lagen über Nacht – ein Vorgehen, das von umsichtigen Jägern stets missbilligt wurde. Mr. Sponge bekam daher mehr von Mr. Jogglebury Crowdeys Gesellschaft, als ihm lieb war, und Mr. Crowdey bekam mehr von Mr. Sponges Gesellschaft, als ihm lieb war. Vergebens führte Jog ihn in seine Dachböden und seine Schränke und in seine verschiedenen Löcher und Ecken und zeigte ihm seinen riesigen Vorrat an Stöcken – einige waren in Garben gebunden, wie Mais; manche gehen sparsamer vor; und wieder andere, in Silberpapier eingewickelt, ihre wertvollen Köpfe in alte Handschuhe gehüllt. Jog löste die Schnüre davon und platzierte die Köpfe in der günstigsten Position vor unserem Freund, so wie ein Künstler ein Porträt machen würde, und fragte ihn, für wen er sie hielt.

„So, jetzt (puff)", sagte er und hielt eines hoch, von dem er glaubte, dass es keinen Fehler geben könne; „Wer bist du (keuchend)?"

„Der gehörlose Burke", antwortete Mr. Sponge nach einem starren Blick.

„ *Tauber Burke!* (Puff)", antwortete Jog empört.

„Wer ist es dann?" fragte Herr Schwamm.

„Kannst du nicht sehen? (keuchend)", antwortete Jog scharf.

„Nein", antwortete Schwamm nach einer weiteren Untersuchung. „Es ist nicht Scroggins, oder?"

„Napoleon (Puff) Bonaparte", antwortete Jog mit großer Würde und legte den Kopf wieder auf den Handschuh.

Er zeigte mehrere andere, mit kaum größerem Erfolg, wobei Mr. Sponge offenbar eher Freude daran hatte, lächerliche Ähnlichkeiten zu finden, als seinem Gastgeber bei seinen Einbildungen zu helfen. Für Mr. Sponge war die Strichmännchen-Manie ein Fehlschlag. Auch die Wanderungen über die Farmen oder ter-ri-to-ry, wie Jog sein Anwesen nannte, waren nicht erfolgreicher; Der Nachlass eines Mannes ist wie der seiner Kinder selten für jemand anderen als ihn selbst von großem Interesse.

Jog und Sponge hatten bald die Nase voll voneinander. Weder Mrs. Jogs Charme noch die wortreiche Aussprache von „Obin und Ichard", gefolgt von „Bah, bah, schwarzes Schaf" usw. von diesem wunderbaren Jungen, Gustavus James, änderten die Sache; denn der junge Schurke war in Mr. Sponges Zimmer gewesen, während Murry Ann es ausgemacht hatte, hatte Sponges *Mogg den Rücken abgerissen* und seine Zahnbürste so schmutzig gemacht, dass er seine Schuhe damit geputzt hatte, wie man es noch nie zuvor gesehen hatte.

Mr. Sponge kam bald zu dem Schluss, dass es sich nicht lohnte, allein wegen seines Unterhalts in Puddingpote Bower zu bleiben, da dort keine Jagdmöglichkeiten bestanden und es nicht ausreichte, die Jäger untätig zu halten, insbesondere bei offenem Wetter . Leather und er waren ausnahmsweise derselben Meinung, und dieser würdige schüttelte den Kopf und sagte, Mr. Crowdey sei „furchtbar gemein", während er gleichzeitig eine Probe schlechten Schiffshafers herausholte, die er von einem bekommen hatte benachbarter Stallknecht, um zu zeigen, von welchem „Zeug" ihre „Osse" aßen. Tatsache war, dass Jogs Bier bei weitem nicht so stark war wie das von Mr. Puffington; Hinzu kam, dass Mr. Crowdey die Prinzipien der Armenrechtsunion in sein eigenes Etablissement übertrug und seine Bediensteten nach bestimmten Regeln ernährte. Sonntag, Roastbeef, Kartoffeln und Pudding unter dem Fleisch; Montag, gebratenes Rindfleisch und Stockkiefer (wie sie einen bestimmten Pudding profan nannten); Mittwoch, Hammelkeule und so weiter. Die Bierzulage betrug für Bartholomew anderthalb Pint pro Tag und für jede Frau ein Pint; und Mr. Crowdey pflegte vom Kopfende des Dienstboten-Esstischs aus bei der Ankunft jeder Ladung zu beobachten: „Dieses (Puff-)Bier ist für (keuchende) Monate gedacht, und wenn Sie es in einem ((keuchen) Tag, du wirst für den Rest der (keuchenden) Zeit ohne auskommen'; eine Andeutung, die sich sehr positiv auf den Hahn auswirkte. Mr. Leather gefiel es jedoch nicht. „Puffingtons Bedienstete", sagte er, „tranken Bier, wann immer sie wollten", und er fand es „furchtbar gemein", die Menge zu begrenzen. Herr Jog ließ sich jedoch nicht bewegen. So verging die Zeit wie im Flug.

Herr und Frau Jog hatten eines Abends eine lange Konversation darüber, ob es sinnvoll sei, Herrn Schwamm loszuwerden. Frau Jog wollte ihn bis nach der Taufe behalten; während Jog ihre Gründe bekämpfte, indem er die Unwahrscheinlichkeit darlegte, dass es Gustav James etwas nützen würde, ihn als Paten zu haben, angesichts des Alters von Sponge und der Wahrscheinlichkeit, dass er sich selbst heiraten würde. Frau Jog war jedoch sehr entschlossen; In der Tat eher zu sehr, denn sie weckte Jogs Eifersucht, der die ganze Nacht herumwälzte und wälzte.

Er war sehr früh wach, und als Frau Jog gerade ein gemütliches Nickerchen machte, wurde sie von seiner wohlbekannten Stimme geweckt, die mitten im Eingangsbereich so laut er konnte hallte.

„ BARTHOLO – *miau!* ' Die letzte Silbe wird wie das Miauen einer Katze ausgesprochen oder verlängert. „ BARTHOLO – *miau!* «, wiederholte er, ohne auf den ersten Ruf eine Antwort zu bekommen.

„ MURRY ANN !" schrie er nach einer weiteren Pause.

„ MURRY ANN !" rief er noch lauter.

In diesem Moment öffnete sich der eiserne Riegel einer Tür oben im Haus, und eine Frauenstimme rief hastig über das Geländer:

'Jawohl! hier, Herr! Kommt, Sir! kommen'!'

„Oh, Murry Ann (puff), das bist (keuch) du, oder?" fragte Jog, der immer noch mit voller Stimme sprach.

„Ja, Sir", antwortete Mary Ann.

'Oh! Dann, Murry Ann, wollte ich (Puff) – dass du das (Puff-)Frühstück besser früh fertig machst. Ich denke, Mr. (keuchend) – Sponge wird heute (keuchend) weg sein."

„Ja, Sir", antwortete Mary Ann.

All dies wurde in einem Ton gesagt, der im ganzen Haus zu hören war; auf jeden Fall in Mr. Sponges Zimmer, das in der Mitte zwischen den Lautsprechern lag.

Was Mr. Sponge davon abgehalten hat, zu keuchen, erfahren Sie im nächsten Kapitel.

KAPITEL L

SIR HARRY SCATTERCASH'S HOUNDS

Der Grund, warum Mr. Sponge nach dem ziemlich verständlichen Hinweis seines Gastgebers nicht ging, war, dass er, als er sein Shilling-Rasiermesser über sein seifiges Kinn fuhr, einen jungen Jungen ohne Strümpfe in einem violetten Mantel und ausgebleichtem Jagdkostüm sah -cap, der in einem Tempo zum Haus hinaufging, das mehr als gewöhnliches Landstreichen verriet. Es handelte sich um den Zwinger, den Stall und die Dienstbotenhalle des Nonsuch House, der gekommen war, um zu sagen, dass Sir Harry an diesem Tag auf der Jagd war.

Plötzlich klopfte Mr. Leather an Mr. Sponges Schlafzimmertür und verkündete dies, nachdem er hereingerufen wurde.

„Sir Arry hört sich nicht an", sagte er und drehte dabei die Türklinke.

'Wie viel Uhr?' fragte Mr. Sponge, während ihm sein halbrasiertes Gesicht zugewandt war.

„Treffen um elf", antwortete Leather.

'Wo?' fragte Herr Schwamm.

„Nonsuch House, etwa neun Meilen entfernt."

Es war dreizehn, aber Mr. Leather hörte, dass der Malzlikör gut sei und wollte ihn probieren.

„Dann nehmen Sie den Braunen an", sagte Mr. Sponge ziemlich pompös; und sagen Sie Bartholomew, er solle um zehn – oder sagen wir um Viertel vor – den Diener an der Tür haben. Sag ihm, ich werde ihn für jede Minute lecken, in der er zu spät kommt; Und denken Sie daran, lassen Sie es den alten Rory O'More hier nicht wissen", womit unser Freund Jog gemeint ist, „sonst hat er Lust zu gehen, und wir werden nie dort ankommen", womit sie auf ihren früheren Ausflug anspielt.

„Nein, nein", antwortete Mr. Leather und verließ den Raum.

Dann zog Herr Schwamm sein Jagdkostüm an – scharlachroter Mantel, grüne Krawatte, blaue Weste, gänschenfarbene Kordeln und braune Oberteile; und wurde von den kleinen Jogs mit Applaus begrüßt, als er den Frühstücksraum betrat. Gustavus James würde sich um ihn kümmern; und wenn man bedenkt, dass seine Pfoten voller Himbeermarmelade waren, hätte unser Freund am liebsten auf seine Aufmerksamkeiten verzichtet. Mrs. Jog lächelte nur, und Jog schaute nur finster drein.

Kurz nach zehn saß unser Freund mit der Zigarre im Mund im Sattel. Mrs. Jog stand mit Gustavus James im Arm und allen Kindern, die sich drängten, im Flur, um zu sehen, wie er aufsprang, und beobachtete die Kapriolen und Kapriolen des Schecken, während er die Allee entlangschlenderte.

„Neun Meilen – neun Meilen", murmelte Mr. Sponge vor sich hin, als er durch die Lodge ging und in die Quarryburn Road einbog; „Mach es in einer Stunde gut genug", sagte er, steckte die Sporen in den Hinterhof und galoppierte davon.

Nachdem er dieses Tempo etwa fünf Meilen lang beibehalten hatte, bis er aufgrund des Blicks, den er auf die Karte geworfen hatte, dachte, es sei an der Zeit, umzukehren, begrüßte er einen Schmied in seiner Werkstatt, der neben Sattlern im Allgemeinen die intelligentesten Leute sind über Hunde und fragte, wie weit es bis zu Sir Harrys sei?

„Acht Meilen", antwortete der Mann nach einer Minute. 'Unmöglich!' rief Herr Schwamm aus. „Zu Beginn waren es erst neun, und ich weiß nicht, wie viele."

Die nächste Person, die Mr. Sponge traf, sagte ihm, es seien zehn Meilen; der Dritte fragte ihn, woher er käme, und sagte, er sei ein Fremder im Land und habe noch nie von dem Ort gehört; und angesichts der ursprünglichen Falschaussage von Mr. Leather, der Irreführungen anderer Leute und seiner eigenen Fehler war es eher Glück als gutes Management, dass Mr. Sponge rechtzeitig nach Nonsuch House kam.

HERR. Schwamm ausgehend von der Laube

Tatsache war, dass die ganze Jagd in großer Eile zu Ende war. Sir Harry und die erlesenen Geister, von denen er umgeben war, hatten die Triumphe des Snobston-Green-Tages noch nicht zu Ende gefeiert, und da es nicht wahrscheinlich war, dass die Hunde bald wieder draußen sein würden, ließen es die Leute im Jagdlokal ruhig angehen . Watchorn war zu einem öffentlichen Abendessen gegangen, das von den Wilderern und Fuchsdieben des Dorfes Bark-shot veranstaltet wurde, als „Zeichen des Respekts für seine Fähigkeiten als Sportler und seine Integrität als Mann", also seine Gleichgültigkeit im Interesse seines Herrn; während der Erstpeitscher seine Tante besucht hatte und der Stallknecht unterwegs war, um über den Tausch einer Kuh zu verhandeln. In diesem Zustand war Wily Tom von Tinklerhatch, ein bekannter Fuchsdieb im Land von Lord Scamperdale, mit einem großen donnernden Hundefuchs angekommen, der aus der Deckung seiner Lordschaft in der Nähe der Kreuzung bei Dallington Burn gestohlen worden war, was unseren Freunden mitgeteilt wurde Als er sich um Mitternacht im Raucherzimmer des Nonsuch House aufhielt, wurde beschlossen, ihn sofort zu jagen, zumal einer der Gäste, Mr. Orlando Bugles vom Surrey Theatre, gezwungen war, sofort in die Stadt zurückzukehren, und wie er es manchmal vorsah Als Teil von Squire Tallyho dachte man, dass ein wenig von der Realität den Tom-und-Jerry-Stil, in dem er es tat, korrigieren könnte. Dementsprechend wurde eine Jagd angeordnet, obwohl die Hunde gefüttert und die Pferde getränkt wurden. Sir Harry war das egal; lasst sie so schnell gehen, wie sie konnten.'

All diese Umstände trugen dazu bei, dass sie zu spät kamen; Hinzu kam, dass Watchorn, der Jäger, als er auf dem Pferd eines Higglers warf, feststellte, dass der einzig Vernünftige in seinem Gestüt in die Nachbarstadt gegangen war, um ein paar Fiedler zu holen – Ihre Ladyschaft hatte beschlossen, Mr. Bugles ein Kompliment zu machen ' Besuch von einer Quadrille-Party. Bugles und sie waren alte Freunde. Als Mr. Sponge um halb elf anlegte, lagen die Dinge noch im Rückstand.

Sir Harry und seine Gruppe hatten eine durchnässte Nacht hinter sich und waren alle mehr oder weniger betrunken. Sie hatten die Spannung mit einem Champagnerfrühstück und verschiedenen Likören aufrechterhalten, ganz zu schweigen von Zigarren. Es handelte sich um eine traurige, ausschweifende Gruppe, einige von ihnen waren kaum Teenager, mit blassen Wangen, zitternden Händen, eingefallenen Augen und allen Symptomen vorzeitigen Verfalls. Andere – die Socken-und-Buskin-Modelle – waren geschminkt, mit Perücken versehen und gepolstert. Bugles war prächtig. Er trug einen eleganten scharlachroten Mantel, der mit gelbem Satin gefüttert und besetzt war (eines der Merkmale, wie wir glauben, der Victoria), eine wunderschön gearbeitete rosa Hemdbrust, eine pechgipsfarbene Weste, weiße Enten und Stiefeletten , mit Fersensporn aus Messing. Er trug seine Peitsche auf Armlänge wie ein Zirkusdirektor, der einem Pferd folgt. Einige Dutzend dieser Kuriositäten torkelten und stolzierten und rauchten vor dem Nonsuch House, zur Erbauung vieler gaffender Pferdeknechte und Chawbacons, als Mr. Sponge höflich auf den Schecken galoppierte. Lady Scattercash und mehrere elegant gekleidete Frauen, alle mit Zigarren im Mund, unterhielten sich von den offenen Wohnzimmerfenstern oben mit ihnen, während verschiedene gutaussehende Mädchen sie von den Dachböden oben aus anstarrten. Das war das Bild, das sich Mr. Sponge bot, als er um die Kurve galoppierte, die ihn vor das elisabethanische Herrenhaus Nonsuch House führte.

Sir Harry, der immer noch ziemlich betrunken war und dachte, dass jeder dort entweder einer aus seiner Gruppe oder ein Freund von einem aus seiner Gruppe oder ein Nachbar oder jemand sein musste, den er schon einmal gesehen hatte, taumelte auf unseren Freund zu Er blieb stehen, schüttelte ihm herzlich die Hand und bat ihn, hereinzukommen und etwas zu essen. Dies war ein Geschenk des Himmels für Mr. Sponge, der die ihm angebotene Hand bereitwillig annahm und sie auf eine Weise schüttelte, die Sir Harry vollkommen davon überzeugte, dass er mit der einen oder anderen seiner Vermutungen recht hatte. Bugles und all die schwankenden, prahlerischen Böcke blickten den gut ausgestatteten Mann respektvoll an, und Bugles beschloss, sich ein Paar nussbraune Oberteile zuzulegen, sobald er wieder in der Stadt war.

Sir Harry war ein großer, blasser, blasser junger Mann mit einer starken Neigung zum Delirium tremens; das und die Schwindsucht schienen ihm zu schaden. Er war ein Harum-Scarum-Typ, voller Saiten, Tonbänder, Enden und Flöten. Er sah aus, als würde er in seinen Kleidern schlafen. Sein Hut war mit einem Band befestigt, oder vielmehr mit einem Band, das in der Nähe des Bandes herumgeführt wurde, um ihn zu befestigen, denn er wurde selten oder nie für diesen Zweck verwendet, und die Enden flogen im Allgemeinen nach hinten heraus wie der Schwanz eines Chinesen. Dann starrten und wehten seine auffälligen, vielfarbigen Krawatten in alle Richtungen, während die Schnüre seiner offenen Weste zwischen den Schoßen seines alten scharlachroten Schwalbenschwanzes mit kurzer Taille hervorstanden und sich in herrlicher Verwirrung mit denen seiner Hosen dahinter vermischten. Auch die Kniesehnen waren im Allgemeinen locker; die Netzriemen seiner Stiefel waren selten angezogen; und mit einem Satz Saiten und einem anderen hatte er sich den Namen „Sechzehnsaitiger Jack" erworben. Nachdem Mr. Sponge abgestiegen war und dem inzwischen halb betrunkenen Leather seinen Hieb gegeben hatte, folgte er Sir Harry durch einen mit Florett- und Vierspännern behangenen Saal in den verlassenen Frühstücksraum, wo Stühle in alle Richtungen standen und zerknittert waren Servietten lagen auf dem Boden verstreut. Der Müll aus Eiern, Reste von Muffins, verkleinerte Toasthaufen, zerbrochenes Brot, leere Toastständer, Tassen und Untertassen, halb geleerte Gläser und ganz geleerte Champagnerflaschen lagen auf einem unordentlichen Tisch auf und ab. weiter übersät mit Zeitungen, Rückbriefen, Vorladungen des Bezirksgerichts, Senftöpfen, Sardellen, Gurken — all dem Kleinkram einer äußerst ungewöhnlichen Mahlzeit. Auf dem Beistelltisch standen kalte Braten, Wild, Geflügel, lauwarmes Wildbret und verschiedene, von Lampen beleuchtete, herzhafte Grillgerichte.

'Hier sind Sie ja!' rief Sir Harry, nahm seine Jagdpeitsche und fegte den Inhalt von einem Ende des Tisches mit einem Krachen auf den Boden, was den Butler und einige theatralisch aussehende Diener hereinbrachte.

„Nehmt diese dreckigen Dinger weg!" (Schluckauf)", rief Sir Harry und zerdrückte das zerbrochene Porzellan unter seinen Fersen kleiner; 'und (Schluckauf) bringen Sie ein paar rote Heringe und Sodawasser. Was zum Teufel meint der (Schluckauf-)Koch damit, dass er Dinge nicht so (Schluckauf) macht, wie er sollte? „Jetzt", sagte er, wandte sich an Herrn Schwamm und schüttelte ihm mit dem Griff seiner Peitsche die Teller und Schüsseln zu, so wie ein Spieltischhüter die Einsätze zusammenharkt, „jetzt", sagte er, „machen Sie Ihr (Schluckauf) Spiel. Es wird sofort etwas heißes (Schluckauf) geben.' Er wollte „Tee" sagen, aber das Wort fehlte ihm.

Mr. Sponge fiel eifrig darauf. Er war immer zum Essen bereit und griff erst das eine und dann das andere an, als hätte er in Puddingpote Bower nicht gefrühstückt.

Sir Harry blieb einige Minuten lang stumm, saß mit gekreuzten Beinen und rückwärts in seinem Stuhl, die pochenden Schläfen auf der Rückenlehne, und fragte sich, wo er Mr. Sponge getroffen hatte. Ohne Hut sah er anders aus; und obwohl er sah, dass es niemand war, den er besonders kannte, kam er nicht umhin zu glauben, dass er ihn schon einmal gesehen hatte.

Tatsächlich glaubte er, aus Mr. Sponges Verhalten sei klar hervorgegangen, dass sie sich getroffen hatten, und er wollte ihn gerade fragen, ob es bei Offley's oder im Coal Hole gewesen sei, als eine plötzliche Bewegung draußen seine Aufmerksamkeit erregte. Es waren die Hunde.

Nachdem das Pferd des Jägers endlich von der Fiedlerjagd zurückgekehrt war, man ihm zugeflüstert und es einigermaßen anständig gemacht hatte, war Mr. Watchorn, nachdem er den Postillonsattel, in dem es geritten worden war, gegen einen mit einem Horn umwickelten Jagdsattel ausgetauscht hatte, aufgestiegen, und Als er die Zwingertür öffnete, hatte er das aufgestaute Rudel befreit, das mit lautem Geschrei heranstürmte und sich über das Land verteilte, ungeachtet des klingelnden, klingelnden, klingelnden Horns und des wütenden Ansturms einiger Stallburschen Scarlet und Caps, die, getreu dem Titel „Whippers-in", alles fahren ließen, was sie in Reichweite bekamen. Die Hunde waren seit dem Snobston-Green-Tag nicht einmal mehr draußen gewesen, um zu trainieren, und waren so wild wie Falken. Sie waren zu allem bereit. Furious und Furrier attackierten eine Kuh. Bountiful führte ein schwarzes Hengstfohlen und ließ ihn den Haw-Haw springen. Sempstress, Singwell und Saladin (Welpen) machten sich auf die Suche nach ein paar Krähen. Merkur verfolgte die Stallkatze, während der alte Donnerer und Come-by-Chance (angeblich einer von Lord Scamperdale) sich der Verfolgung eines Köters anschlossen. Watchorn mochte diese kleinen Aufwallungen jedoch nicht, und da er es nie gewohnt war, die Camberwell und Balham Hill Union Harriers zu trainieren, sah er keinen Anlass, die Fuchshunde zu belästigen. „Sie würden sich bald niederlassen", sagte er, „sobald sie einen Geruch wahrnehmen würden."

Es war dieser wilde Start, der die Aufmerksamkeit des 16-saitigen Jack von unserem Freund ablenkte, und als Mr. Sponge aus dem Fenster blickte, sah er, wie sich die ganze Gesellschaft auf den Abschied vorbereitete. Da waren die eleganten Trompeten, die den weißen Araber Ihrer Ladyschaft bestiegen; die Brüder Spangles klettern auf ihre Cremefarben; Mr. This steigt auf das Pony des Postboten und Mr. That auf das Pony des Wildhüters. Mr. Sponge eilte hinaus, um zu dem Braunen zu gelangen, bevor seine Wut darüber, zurückgelassen zu werden, in ihm aufstieg und eine Szene provozierte. Er kam gerade noch rechtzeitig an; denn der Klang des Horns, das Knallen der Peitschen, die lärmenden Schritte der Diener, das Jaulen der Hunde und die allgemeine Aufregung hatten seinen Mut gestärkt, und er stürmte auf diese Weise los, als Mr. Sponge montiert, als hätte er einen losen Reiter in die Luft geschossen. So wie es war, kämpfte Mr. Sponge mannhaft mit ihm, ließ die Latchfords in seine Seiten und schob ihn vor die Menge, als wäre nichts passiert. Dann schlich sich Mr. Leather zurück zu den Ställen, um aus dem Stall zu holen und in der Ferne auf die Jagd zu gehen.

Die Hunde waren, wie wir bereits sagten, völlig wild; Doch schließlich gelang es ihnen, durch Überreden, Knallen, Jubeln und Halloulen aus den fünfundzwanzig versammelten Paaren etwa zehn Paare zu ergattern, und Mr. Watchorn, der sich an ihre Spitze stellte, trottete zügig weiter und blies dabei kräftig , in der Hoffnung, dass der Rest folgen würde. Also ratterte er die Allee entlang, die sich zwischen Reihen düsterer Tannen und ausladender Fichten bildete, aus der Wolken von Fasanen schwirrten, und huschende Kaninchen und dumme Hasen immer wieder überquerten, was Mr. Watchorns Gemüt verwirrte, und das zum Nachteil der instabilen Packung. Quiek, Quiek, Quiek ertönte rechts und links, manchmal folgte die schwere, vergeltende Hand der Gerechtigkeit auf den Häuten der Täter, und manchmal das Knurren, Schnappen und die Sorge einiger Hunde, die um die Beute kämpften. Twang, twang, twang, immer noch ertönte die Hupe; und als der Jäger die Tore mit den Einhornkronen erreichte, zwischen Teedosen aussehenden Hütten, befand er sich im Besitz eines klaren Großteils seines übergroßen Rudels. Einige waren zwar ziemlich blutig, und einige trugen Wildreste, ohne die sie anspruchsvolle Meister am liebsten gesehen hätten; aber weder Sir Harry noch sein Jäger scherten sich um den Schein.

Nachdem wir die Hütten geräumt und etwa eine Viertelmeile auf der Hardington Road zurückgelegt hatten, hörten die Heckenreihen auf, und sie kamen auf Farleyfair Downs, über die Mr. Watchorn nun marschierte und auf eine quadratische Plantage in der Nähe der ersten Hügelkuppe zusteuerte , wo es angeordnet war, sollte der Sackfuchs geschüttelt werden. Es war ein schöner Tag, vielleicht etwas heller, als es Sportlern lieb ist, und in der Luft lag eine Frische, die auf Frost hindeutete, doch kurz vor Einbruch der Dunkelheit herrschte meist ein brennender Geruch. Das dachte Mr. Watchorn, als er sein fieberhaftes Gesicht dem strahlend blauen Himmel zuwandte und die feine frische Luft der weiten Hügel einatmete, statt den abgestandenen Tabakrauch des stinkenden Bierladens. Während er über die federnde Grasnarbe und das sanft ansteigende Gelände trottete, erhob er sich in seinen Steigbügeln; und indem er die Mähne seines Pferdes ergriff, drehte er sich um, um das langgestreckte, zurückbleibende Feld hinter sich zu überblicken.

„Ihr müsst genau hinsehen, meine Lieben", sagte er zu sich selbst, während er ihnen in die Augen fuhr und dachte, es könnten zwanzig oder fünfundzwanzig Reiter sein; „Ihr müsst scharf aufpassen, meine Lieben", sagte er, „wenn ihr entkommen wollt, denn Wily Tom hat seinen Hut auf dem Boden, was zeigt, dass er ihn niedergeschlagen hat, und wenn er ein Juwel ist." „Mann, ich gehe davon aus, dass er nicht lange in Deckung bleiben wird."

Mit diesen Worten setzte er sich wieder in den Sattel und beruhigte sein Pferd, bemüht durch verschiedene Hundegeräusche – wie zum Beispiel: „Yooi doit, Ravager!" „Sanft, Paragon!" 'Wieder hier. „Mercury!" – um die Begeisterung der führenden Hunde zu zügeln, um den rebellischen Schwanzjägern die Möglichkeit zu geben, mit so etwas wie einem Körper in Deckung zu gehen. Dies war eine ziemlich schwierige Aufgabe, denn diejenigen, die bei ihm waren, waren leichtgewichtig und daher bestrebt, etwas zu tun und zum Aufruhr bereit, und konnten nur schwer davon abgehalten werden, vorwärts zu stürmen. während diejenigen, die ihre Abwechslung und Erfrischung während des Spiels genommen hatten, es leicht hatten, ob sie mehr taten oder nicht.

Während Watchorn seine Truppen so manövrierte, winkte ihm Wily Tom zu, weiterzumachen, und der alte Cruiser und Marmion, die schon oft beim Spiel dabei gewesen waren und wussten, was Wily Toms Hut auf dem Boden bedeutete, flogen voller Schrei auf ihn zu und zogen alle ihre Gefährten hinter sich her ihnen.

„Ich glaube, er ist weiter im Westen", sagte Tom leise und legte seine Hand auf die Schulter von Watchorns Pferd. „Zurück nach Hause", fügte er hinzu und schüttelte mit einem wissenden Blick seines schelmischen Blicks den Kopf. „Sie haben es auf ihn abgesehen!" rief er nach einer Pause, als der Ausbruch der Melodie verkündete, dass die Hunde seine Grenze überschritten hatten. Dann gab es auf dem Feld ein solches Rennen und Ringen, aufzustehen, ein solches Gedränge und Gedränge und „Achtung, mein Pferd tritt!" an der kleinen weißen Jagdpforte, die in die Deckung führt. „Reißt die Mauer nieder!" rief einer aus. 'Ausweichen; Ich werde darüber fahren!' brüllte ein anderer. „Wir werden den ganzen Tag hier sein!" schrie ein Drittel. „Das ist ein Header!" rief ein anderer, als auf das Klappern von Steinen ein Paar weiße Hosen folgte, die im Sommer in der Luft untergingen, mit einem Pferd darunter. „Hier ist Tom Sawbones, der Arzt!" rief einer aus, „und er kann sich selbst heilen." 'Von Jove! aber er ist getötet!' schrie ein anderer. „Nicht ein bisschen davon", fügte ein Dritter hinzu, als der Tote aufstand und seinem Pferd nachlief. „Lassen Sie Mr. Bugles durch", rief Sir Harry, als er sah, dass sein Freund, oder vielmehr der Freund seiner Frau, den Araber verärgerte.

In der Zwischenzeit wurde die Melodie der Hunde lauter, und als jeder Mann durch das kleine Tor gelangte, erhob er sich in seinen Steigbügeln und trieb sein Pferd über die grüne Bahn, um die vorherigen einzuholen. Die Plantage war etwa zwanzig Acres groß, ziemlich dicht und am Boden mit Dornen bewachsen; und Meister Reynard, der feststellte, dass es ziemlich sicher war, und außerdem, nachdem er versucht hatte, direkt an der Stelle auszubrechen, an der einige Chawbacons pflügten, war kurz zurückgekehrt, so dass das aufgeregte Feld durch das parallele Tor auf der anderen Seite der Plantage stürmte Als sie erwarteten, das Rudel über die Hügel davonströmen zu sehen, fanden sie die meisten Hunde mit erhobenen Köpfen vor, einige suchten nach Hallous, andere beobachteten ihre Gefährten, die versuchten, die Fährte über die Brache zu tragen.

Watchorn galoppierte in der hektischen Verfassung herbei, die schwachsinnige Jäger normalerweise haben, und einer der spontanen Peitschenhiebe, der anwesend war, umging schnell die Hunde und begann eine Reihe von Angriffen auf sie, die sie sehr bald dazu veranlassten, zu Mr. Watchorn zu huschen, um sich in Sicherheit zu bringen . Wären sie noch einmal bei den Hasen gewesen oder hätten Schafe beunruhigt, hätte er sie nicht härter auspeitschen können.

' SCHÜTZE! SCHÜTZE! *Aber, alter Divil, geh zu ihm!* « brüllte die Peitsche und zielte mit ihrer schweren, knorrigen Peitsche mit einem stechenden Hieb auf einen ehrwürdigen Weisen, der immer noch eine Furche hinabschnüffelte, um sich zu vergewissern, dass der Fuchs nicht da war, bevor er wieder in Deckung ging – eine Anstrengung, die die Peitsche aus dem Gleichgewicht brachte und würde hätte ihn zu Boden fallen lassen, wenn er nicht von den Sporen in der Flanke der alten Stute erfasst worden wäre. Dann rannte er weiter und wertete hinter Marksman her, während das Feld, wie es die Edmontoner taten, von Johnny Gilpin rief:

Er ist auf! Nein, er ist weg, er hängt an der Mähne!

„LASSEN SIE MR. Hört sich durch'

Schließlich wurde er wieder in den Sattel geschlurft, und der Schrei der Hunde in Deckung lockte die Fremden zurück, die Szene änderte sich schnell, und die Reiter befanden sich wieder über ihm im Wald. Sie fegten nun den Graspfad hinauf zum freiliegenden Teil des höher gelegenen Geländes, wobei die Bäume allmählich kleiner wurden, bis sie, als sie oben ankamen, kaum über die Schulter eines Pferdes hinausreichten. Von diesem Punkt aus hatte man einen schönen Ausblick über das angrenzende Land. Dahinter lag das fruchtbare Tal von Dairylow mit seinen Dörfern und Türmen sowie Bäumen und Gehegen, während vorn nichts als die welligen, weiten Hügel zu sehen waren, die bis zu den sanften grauen Hügeln in der Ferne reichten. Es blieb jedoch nicht viel Zeit, die Landschaft zu betrachten; denn Wily Tom, der bis zu diesem Punkt gestohlen hatte, sobald die Hunde die Fährte aufgenommen hatten, sah nun, wie sich der Fuchs über eine Lücke in der Mauer schlich, und als das Feld ihn erblickte, gab es ein solches Getöse, das einen gelasseneren Eindruck gemacht hätte Der geordnete Fuchs hält es für besser, die Mauer zu durchbrechen, anstatt über die Außenseite zu rennen, wie dieser es vorhatte. Welcher Wind wehte über die Hügel; Er richtete sich auf, um es zu fangen, und wedelte mit der Bürste durch die Luft, als käme er frisch aus seinem Zwinger und nicht aus einem Sack. Was für ein Aufruhr herrschte dann! Solche Sprünge, um nach unten zu führen, solche Umarmungen und Umarmungen und Flehen derer, die darauf saßen, solche

Rutschen und Kraxeln und das Lösen und Rollen von Steinen. Dann begannen die wilden Pferde zu springen und die verängstigten Reiter riefen:

„Gehen Sie mir aus dem Weg, Sir.“

„Vorsicht, Herr! Ich bin oben auf dir!'

„Gib ihm seinen Kopf und lass ihn gehen!“ rief der immer noch betrunkene Bruder Bob Spangles und ließ sein Pferd mit schlaffen Zügeln hinuntergleiten.

„Das ist deine Sorte!“ brüllte Sir Harry, und gerade als er es sagte, ließ sich sein Pferd wie ein Kaninchen auf die Hinterhand fallen und landete Sir Harry bequem auf seinen Füßen, inmitten des Gebrülls der Fußleute und der Heiterkeit der Reiter nicht zu viel Angst zum Lachen.

„Ich denke, ich bleibe, wo ich bin“, bemerkte Mr. Bugles und bereitete sich darauf vor, den Ort, an dem er sich befand, aus der Vogelperspektive zu betrachten. „Diese Jagd“, sagte er und stieg von dem unruhigen Araber ab, „scheint gefährlich.“

Die Gruppen, die den Abstieg geschafft hatten, hatten nun eine gute Lösung für ihre Mühe. Die Linie verlief über das offene Gelände, das aus festem, federndem, rennähnlichem Rasen bestand und sich hervorragend dazu eignete, das Tempo von Pferden oder Jagdhunden zu testen. Und sehr bald stellte es das Tempo der beiden auf die Probe, denn sie hatten noch nicht mehr als eine Meile zurückgelegt, als sie von beiden sehr stark verfolgt wurden. Zwar waren sie noch nie besonders gut miteinander ausgekommen, aber trotzdem wurde die Linie immer länger, anstatt sich zu verkürzen. Pferde, die sich bergab kaum halten ließen und die sich bei der Landung auf den Rasen drängten, als könnten sie nie genug davon haben, begannen nun, sich auf die Zügel zu stützen und sich an die Hintermänner zu halten; während die Hunde wie ein Schwarm Wildgänse dahinschlenderten, mit einer vollen halben Meile Abstand zwischen dem Anführer und dem letzten. Doch alle schimpften, und jeder schmeichelte sich, dass der Hund, mit dem er zusammen war, der Erste war. Vergebens blickte der galoppierende Watchorn zurück und betätigte sein Horn; vergebens arbeitete er mit seiner Mütze; Vergebens ritten die Peitschenhunde auf die Schwanzhunde los, fluchten und fluchten und schworen, sie würden sie in zwei Teile zerschneiden.

Es war nicht möglich, sie zusammenzubringen. Hin und wieder konnte man den Fuchs sehen, der ungefähr so groß wie eine Murmel aussah, als er einen fernen Hügel umrundete, wobei jeder weitere Blick ihn kleiner machte, bis er schließlich nicht größer als eine Erbse schien.

Das beste Tempo von fünfundzwanzig Minuten über Downs ist darauf ausgelegt, den Mut von allem auf die Probe zu stellen; und lange bevor die führenden Hunde Cockthropple Dean erreichten, wurde das Feld durch das Tempo erstickt. Sir Harry hatte sich schon lange zurückgehalten; Beide Spangles-Brüder waren nach hinten gefallen; das Pferd von einem war ebenfalls gestürzt; Sawbones, der Arzt, hatte einen steifen Nacken; Willing, der Straßenvermesser, und Mr. Lavender, der Lebensmittelhändler, hielten gemeinsam an. Muddyman, der vierjährige Sohn des Farmers, hatte nach zehn Minuten genug; beide Peitschen ermüdeten in einer Viertelstunde; und in weniger als zwanzig Minuten waren Watchorn und Sponge allein in ihrer Herrlichkeit, oder besser gesagt, Sponge war in seiner Herrlichkeit, denn Watchorns Pferd war geschlagen.

„Leih mir dein Horn!" rief Schwamm aus, als er am Hämmern und Kneifen von Watchorns Pferd hörte, dass ihm alles klar war.

Das Pferd blieb wie angeschossen stehen; und als Herr Schwamm die Hupe betätigte, ging er weiter, während der Braune sich hinlegte, als ob er noch immer rennen würde. Cockthropple Dean war nun in unmittelbarer Nähe, und aller Wahrscheinlichkeit nach würde der Fuchs ihn nicht verlassen. Das dachte Mr. Sponge, als er sich hineinstürzte, erstaunt über den Chor und das Echo der Hunde.

„ER IST WEG! – REET ‚CROSS TORNOPS'

„Tally ho!" schrie ein Landsmann auf der gegenüberliegenden Seite; Da der Weg, den Schwamm eingeschlagen hatte, für den Punkt günstig war, machte er sich im Handgalopp auf den Weg dorthin, das Horn in der Hand, um dort zu blasen, sobald er ankam.

'Er ist weg!' rief der Mann, sobald unser Freund erschien; 'reet 'cross tornops!' fügte er hinzu und zeigte mit seiner Hacke.

Dann hielt Mr. Sponge den Kopf seines Pferdes in diese Richtung und blies einen langen, schrillen, hallenden Ton. Als er innehielt, um Luft zu holen und zu lauschen, hörte er das Geräusch von Pferdehufen, und plötzlich rief von hinten eine dröhnende Stimme, halb hektisch vor Wut:

„ WER ZUM TEUFEL BIST DU ?"

„Wer zum Dickens bist du?" erwiderte Herr Schwamm, ohne sich umzusehen.

„Sie nennen mich gewöhnlich den EARL OF SCAMPERDALE ", brüllte dieselbe süße Stimme, „und das sind meine Hunde."

„Das sind nicht deine Hunde!" schnappte Mr. Sponge und blickte sich nun zu seiner Lordschaft mit der großen Brille und dem flachen Hut um, der dicht gefolgt von seinem Doppelgänger, Mr. Spraggon, folgte.

„Nicht meine Hunde!" schrie Seine Lordschaft. „Oh, du Friseurlehrling! Oh, du Tuchmachergehilfe! Oh ihr unnachgiebiger Mohammed! Sing aus, Jack! singt laut! Um Himmels willen, singt laut!' fügte er hinzu und streckte in völliger Verzweiflung die Arme aus.

„Nicht die Hunde seiner Lordschaft!" brüllte Jack, der sich jetzt in seinen Steigbügeln erhob und seine große Peitsche schwang. „Nicht die Hunde seiner Lordschaft! Sagen Sie mir *das* , wenn sie ihn fünfundzwanzig Pfund – zweitausendfünf Pfund pro Jahr gekostet haben! Oh, bei Jingo, aber das ist ein toller Versuch! Wenn es nicht die Hunde seiner Lordschaft sind, würde ich gerne wissen, wem sie gehören?' und daraufhin wischte sich Jack mit dem Ärmel den Schaum vom Mund.

„Sir Harrys!" rief Herr Schwamm, setzte das Horn wieder an seine Lippen und blies einen weiteren schrillen Ton.

„Sir Harrys!" schrie Seine Lordschaft angewidert, denn er hasste den bloßen Klang seines Namens – „Sir Harrys!" Oh, du Grobian mit den rostigen Stiefeln! Sag mir das direkt ins Gesicht!'

„Sir Harrys!" wiederholte Jack und stand wieder aufrecht in seinen Steigbügeln. 'Was! die Integrität Seiner Lordschaft anklagen – oh, bei Jupiter, mit allem ist ein Ende! Lieber tot als entehrt! Schnecken in einer Sägegrube! Pistolen und Kaffee für zwei! Hahnfasan in Weybridge, sechs Uhr morgens!'

Und Jack, der erschöpft auf seinem Sattel sank, wischte sich erneut den Schaum vom Mund.

Seine Lordschaft ging dann erneut gegen Sponge vor.

„Oh, du geheiligter, verfaulter, pestilenzialer, senkrechter, mit Lebkuchenstiefeln bestückter, konterhüpfender Snob, denkst du, weil ich ein Lord bin und nicht schwören oder unhöfliche Ausdrücke verwenden kann, dass du tun kannst, was du willst; „Aber ich zeige Ihnen das Gegenteil", sagte er und schwenkte seinen Bruder an Jacks Peitsche. „Markieren Sie sich, Sir, ich werde gegen Sie kämpfen, Sir, an jedem beliebigen jagdfreien Tag, Sir, außer am Sonntag."

In diesem Moment war das Klappern und Pfeifen von Pferden zu hören, und Frostgesicht tauchte aus dem Wald auf, gefolgt von den Hunden, die sich nach vorn über die Rüben schwangen, die Fährte vergaßen und mit lautem Schrei davonzogen, gefolgt von Seiner Lordschaft und Jack. Mr. Sponge war vor Erstaunen gebannt.

„Veränderte Füchse", sagte Schwamm schließlich kopfschüttelnd; Und gerade in diesem Moment bestätigte der Schrei der Hunde am gegenüberliegenden Ufer seine Vermutung, und er kam rechtzeitig bei Sir Harry an, um den Fuchs seiner Lordschaft aufzunehmen.

Etwa zwei Meilen weiter stießen die Hunde Seiner Lordschaft auf Sir Harrys Fuchs, aber die Hunde ließen ihn nicht auseinanderbrechen; und als man ihn untersuchte, stellte man fest, dass er von Anis befallen war; Und das Schlimmste von allem ist, dass es sich bei dem Mal an seinem Ohr um eines handelte, das sie in der Saison zuvor selbst abgelehnt hatten, da es zu einem Wurf gehörte, den Sly aus Sir Harrys Deckung in Seedeygorse gestohlen hatte – ein schönes Beispiel für vergeltende Gerechtigkeit.

KAPITEL LI

FARMER PEASTRAW'S DÎNÉ-MATINEE

Es gibt angenehmere Situationen, als mit zwanzig Paaren selbst der besterzogenen Fuchshunde allein gelassen zu werden; Weitaus angenehmere Situationen, als mit einer so reißenden, hektischen Truppe wie Sir Harry Scattercashs Rudel allein gelassen zu werden. Sportler sind (zumindest bei manchen Jagdhunden) so daran gewöhnt, Füchse „in der Hand" zu sehen, dass sie gar nicht glauben, es sei schwierig, sie dorthin zu bringen; und erst der Einhandkampf mit dem Rudel zeigt ihnen, dass der Hund den Fuchs nicht wie ein Retriever in seinem Maul hochzieht. Das erste *Tête-à-Tête* eines Tyros mit einem halb getöteten Fuchs, während das bellende Rudel seine Runden dreht, muss eine ebenso erfreuliche Erinnerung in der Erinnerung hinterlassen, wie Mr. Gordon Cumming es von seinem ersten Interview mit einem Löwen herleiten würde.

Unser Freund Mr. Sponge war nun mit dem Spiel „Pull Devil, Pull Baker" mit den Hunden für den Fuchs beschäftigt, wobei seine Situation noch schwieriger wurde, weil er mit dem ungestümen Temperament eines übermütigen, gefährlichen Pferdes zu kämpfen hatte. Sicherlich ließ sich der tapfere Herkules durch die Distanz und das strenge Tempo ziemlich bremsen, aber es gibt nur wenige Pferde, die am Ende eines Laufs nicht mehr genug Kraft haben, um den Hunden Schaden zuzufügen, vor allem wenn durch den Geruch von Blut aufgeschreckt oder verängstigt; trotzdem gab es keine Hilfe dafür. Mr. Sponge wusste, dass man nie glauben würde, dass er den Fuchs getötet hatte, es sei denn, er hätte eine Trophäe mitgenommen. Angesichts all dessen und auch der Tatsache, dass es niemanden gab, der sagen konnte, welchen Schaden er anrichtete, ritt er einfach mitten in das Rudel, während Marksman, Furious, Thunderer und Bountiful gerade dabei waren, den Fuchs zu erledigen. Singwell und Saladin (Welpen) wurden heulend weggeschickt, der eine biss ins Kinn, der andere in den Fuß.

'Ah! verlass ihn – verlass ihn – verlass ihn!' kreischte Mr. Sponge und trampelte über Warrior und Tempest, während das braune Pferd wütend auf Melody und Kiebitz einschlug. „Ah, lass ihn! verlasse ihn!' wiederholte er, indem er sich neben dem Fuchs vom Pferd warf und mit der Peitsche, unterstützt von den Hufen des Tieres, einen Kreis frei machte. Da lag der Fuchs vor ihm, getötet, aber vom Rudel noch kaum gebrochen. Er war ein edler Kerl; hell und braun, in voller Lebenskraft und Verfassung, mit einer Wildheit, selbst im Tod, die kein anderes Tier zeigt. Mr. Sponge setzte seinen Fuß auf den Körper und riss schnell seine Bürste ab. Bevor er es einstecken konnte, drang das zurückgeschlagene Rudel über ihn ein und trug den Kadaver weg.

'Ah! „Lasst euch, *das könnt ihr haben*", sagte er und schlug mit seiner Peitsche auf sie ein, während sie sich wie ein Bienenschwarm darauf drängten. Sie hatten seit fünf Wochen keinen wilden Fuchs mehr gehabt.

„Wow!" rief Mr. Sponge, in der Hoffnung, einen Teil des Feldes anzulocken. „ WOW !" wiederholte er, so laut er konnte. „Wo können sie alle sein, frage ich mich?" sagte er und sah sich um; und Echo antwortete: Wo?

Die Hunde hatten nun ihren Fuchs zermalmt, oder so viel von ihm, wie sie wollten. Der alte Schütze rannte mit dem Kopf umher, der Krieger mit der Keule.

„Lass es sein, du alter Bettler!" rief Mr. Sponge und schlug mit der Peitsche auf Marksman ein, und da Mr. Sponge zu nahe war, um einen Geschwindigkeitsversuch vernünftigerweise zu machen, tat der alte Hund, was ihm geheißen wurde, und schlich davon.

Dann befestigte unser Freund diese stolze Trophäe mit einem Stück Peitschenschnur an seinem Sattelblatt, bestieg den nun fügsamen Herkules und begann, sich auf der Suche nach einem Orientierungspunkt umzusehen. Wie die meisten unteren Länder war auch dieses etwas trügerisch; Es gab viele Orientierungspunkte, aber sie waren alle von der gleichen Art – Baumgruppen auf Hügelkuppen und Plantagen an Berghängen, aber nichts Besonderes, nichts, was ein Fremder sagen könnte: „Ich erinnere mich, das gesehen zu haben, als ich." kam'; oder: „Ich erinnere mich, dass ich das im Rennen überstanden habe." Die Landschaft schien sich alle zu ähneln: Norden, Süden, Osten und Westen, gleichermaßen gleichgültig.

„Verfluche das Ding", sagte Herr Schwamm, richtete sich in seinem Sattel ein und sah sich um; „Ich habe nicht die *geringste* Ahnung, wo ich bin. Ich werde in die Hupe blasen und sehen, ob das jemanden bringt.'

Als er dies sagte, setzte er das Horn an seine Lippen und blies einen scharfen, schrillen Ton, der sich über das umliegende Land ausbreitete und von den fernen Hügeln widerhallte. Ein paar verlorene Hunde werden von verschiedenen Seiten heraufgeworfen, auf die unerwartete Art und Weise, wie Hunde zu einem Horn kommen. Unter ihnen waren einige mit dem Brandzeichen „S", [4] die die Schönheit der anderen überhaupt nicht in den Vordergrund stellten.

„Verdammt, du gehörst zu diesem alten Raufbold, oder?" sagte Mr. Sponge, ritt und schlug mit der Peitsche nach einem und rief: „Geh weg zu ihm, du Bettler, oder ich stecke dich zu kurz."

Jetzt sah er sie zum ersten Mal in annähernd gleicher Zahl zusammen und war beeindruckt von der Eigenartigkeit und Ungleichheit des Ganzen. Es gab sie in allen Arten und Größen, vom feierlichen, hoch aufragenden, kalbsähnlichen Fuchshund bis hin zum kleinen, sich windenden Weihenhund. Auch sie schienen unter verschiedenen Beschwerden und Gebrechen zu leiden. Einige hatten die Räude; einige hatten trübe Augen; einige hatten nur einen; viele waren an den Ellbogen ausgestreckt; und nicht wenige bis zu den Zehen. Sie hatten jedoch einen Fuchs getötet, und „Das ist hübsch, das ist hübsch", sagte Herr Schwamm, als er, sein Pferd von ihnen umgeben, auf der Suche nach seinem Heimweg weiterzog.

Zuerst dachte er daran, seine Schritte anhand der Hufspuren seines Pferdes zurückzuverfolgen, und es gelang ihm, zum Dekan zurückzukehren, wo Sir Harrys Hunde die Füchse mit denen von Lord Scamperdale wechselten; Doch er verwechselte sich mit den Abdrücken der anderen Pferde und musste sich bald ganz auf den Zufall verlassen. Leider hat sich Chance nicht mit ihm angefreundet; denn nachdem er über die weiten Hügel gewandert war, stieß er auf das kleine Dörfchen Tinkler Hatch und erfuhr, dass er im Halbkreis geritten sei.

Dort bekam er Brei für sein Pferd, und als der Tag nahte, machte er sich wie befohlen auf den Weg auf die Straße nach Ribchester, mit der Gewissheit, dass er „sich nicht verirren durfte". Einige der Hunde hier lehnten es ab, ihm weiter zu folgen, und schlichen sich im Vorbeigehen in Hütten und Nebengebäude ein. Mr. Sponge war jedoch nicht an ihrer Gesellschaft interessiert.

Nachdem er gedankenverloren zwei oder drei Meilen der Straße entlanggereist war, dachte er nun über den glorreichen Lauf nach – bald über die galante Art, wie Herkules ihn getragen hatte – bald über das Mitleid, dass es niemanden gab, der ihn sehen konnte – und bald über die Begegnung mit dem Herrn Scamperdale, gerade als er an einem gut gefüllten Stapelplatz vorbeikam, der den Blick auf ein flammend rotes Backsteinhaus mit erbsengrünen Türen und Fenstern versperrt hatte, ertönte ein Ausbruch von „Hurra!" gefolgt von einem weiteren Jubelruf – „Hurra!" ließ die verbliebenen Wildhunde die Ohren spitzen und unser Freund zügelte sein Pferd, um zu hören, was los war. Ein helles Feuer in einem Raum rechts von der Tür übertönte die Tabakrauchwolken, die den Raum umhüllten, und enthüllte verschiedene scharlachrote Mäntel im vollen Glanz freudiger Heiterkeit. Es waren Sir Harry und seine Freunde, die nach ihren Anstrengungen bei Fanner Peastraw rekrutierten; denn obwohl sie mit der Jagd nicht viel anfangen konnten, waren sie immer bereit zu trinken. Sie aßen eine seltene Mahlzeit – Speckscheiben, Käsestücke und Unmengen von Malzlikör. Es war das Erscheinen einer herrlichen kalten Runde selbstgefüttertem Rindfleisch, rot von Salpeter und schuppig von weißem Fett, die von ihrem Gastgeber in die Höhe getragen wurde, das den Applaus und den einen Jubel mehr hervorrief, der Mr. Sponge ins Ohr drang, so wie er war Vorübergehen – erneuter Applaus, als sie einen Blick auf seinen roten

Mantel erhaschten, nicht wegen seiner Sicherheit oder der der Hunde, sondern einfach, weil sie in Jubelstimmung waren und bereit waren, alles zu bejubeln.

„Hil-loo! Da ist Herr Wie heißt er? rief Bruder Bob Spangles, als er Sponge und die Hunde am Fenster vorbeigehen sah.

'Also da ist!' brüllte ein anderer; 'Hurra!'

'Hurra!' schrie noch zwei oder drei.

'Stopp ihn!' rief ein anderer.

„Rufen Sie ihn herein", brüllte Sir Harry, „und lassen Sie uns ihn betrinken."

„Hallo! Herr Wie heißt du? riefen die anderen Spangles und warfen das Fenster hoch. „Hilloo, willst du nicht reinkommen und etwas Erfrischung trinken?"

'Wer ist da?' fragte Mr. Sponge und zügelte den Braunen.

„Oh, wir sind alle hier", rief Bruder Bob Spangles und hielt ein Glas mit heißem Brandy und Wasser hoch; „Wir sind alle hier – Sir Harry und alle", fügte er hinzu.

„Aber was soll ich mit den Hunden machen?" fragte Mr. Sponge und blickte auf das verwirrte Rudel herab, das sich nun um den Kopf seines Pferdes drängte.

„Oh, lasst die Rindfleischfresser – die Szenenwechsler – ich wollte sagen die Diener – diese Kerle mit den scharlachroten und schwarzen Mützen, ihr wisst schon, auf sie aufpassen", antwortete Bruder Bob Spangles.

„Aber es gibt keine von ihnen hier", rief Herr Schwamm und blickte auf die verlassene Straße zurück.

„Keiner von ihnen hier!" Schluckauf Sir Harry, der jetzt ans Fenster geschleudert worden war. „Keiner von ihnen hier", wiederholte er und starrte ausdruckslos auf das ungleiche Rudel. „Oh (Schluckauf), ich sage dir, was du tun sollst – (Schluckauf) sie in eine Scheune oder einen Stall oder in einen (Schluckauf) irgendeiner Art, und wir werden sie holen, wenn wir wieder (Schluckauf) wollen." „Dann rufst du sie einfach zu dir", antwortete Schwamm und dachte, sie würden zu ihrem Meister gehen. „Du rufst sie einfach an", wiederholte er, „und ich stelle sie dir."

„(Schluckauf) ihnen zurufen?" antwortete Harry. „Ich kann nicht (Schluckauf)."

'Oh ja!' schloss sich Mr. Sponge wieder an; „Nennen Sie ein oder zwei beim Namen, und der Rest wird folgen."

„Namen! (Schluckauf) Ich kenne keinen ihrer bösen Namen", antwortete Sir Harry und starrte wild.

„Towler! Towler! Towler! Hier, guter Hund – schwupps! – hier ist dein Schnaps!' rief Bruder Bob Spangles und hielt das rauchende Glas Brandy und Wasser aus dem Fenster, als wollte er jeden Hund in Versuchung führen, der auf den Namen Towler antworten möchte.

Es schien kein Towler im Rudel zu geben; Zumindest war keiner von ihnen für den Schnaps und das Wasser geeignet.

„Oh, ich werde Ihnen (Schluckauf) sagen, was wir tun werden", rief Sir Harry aus: „Ich werde Ihnen (Schluckauf) sagen, was wir tun werden." „Wir geben ihnen einfach jeweils einen (Schluckauf) Tritt und schicken sie (Schluckauf) nach Hause", taumelte Sir Harry zurück ins Zimmer zum schwarzen Rosshaarsofa, wo seine Peitsche lag.

Bald darauf erschien er an der Tür, trat mitten unter die Hunde und fing an, sich um ihn zu legen, zu schlagen, zu schlagen, zu treten und zu schreien.

SIR HARRY VON NONSUCH HAUS

„Geet mit euch nach Hause, ihr Unmenschen; Worüber habt ihr hier Schluckauf? Ah! schneide ihm den Schwanz ab!' schrie er und taumelte einem ehrwürdigen Weisen mit trüben Augen hinterher, der sein Heck fallen ließ und abhob.

'Aus sein! Weiß deine Mutter, dass du draußen bist?' rief Bob Spangles aus dem Fenster zum alten Marksman, der dastand und sich fragte, was er tun sollte.

Auch der alte Hund verstand den Hinweis.

„Nun denn, alter Kerl", rief Sir Harry und stolperte auf Mr. Sponge zu, der immer noch auf seinem Pferd saß, in stummer Verwunderung über Sir Harrys Art, mit seinen Hunden umzugehen. „Nun denn, alter Kerl", sagte er und ergriff Mr. Sponges Hand, „wirf deinen Vierbeiner los und (Schluckauf) rein und mache dich „über alle (Schluckaufe) des Lebens siegreich." wie Bob Spangles sagt, wenn er (Schluckauf) es ordentlich macht. Das ist der alte (Schluckauf) Peastraw, ein (Schluckauf) Mieter von mir, und er wird sich sehr (Schluckauf) freuen, Sie zu sehen."

„Aber was soll ich mit meinem Pferd machen?" fragte Herr Schwamm und rieb dem Braunen beim Sprechen etwas getrockneten Schweiß von der Schulter; und fügte hinzu: „Ich würde ihm gerne Maisfutter geben."

„Geben Sie ihm etwas Bier und einen Schluckauf Sherry", antwortete Sir Harry. „Es wird ihm viel mehr nützen – seine Mähne wachsen zu lassen", indem er die dünne, seidige Mähne des Pferdes glättete, während er sprach.

„Nun, ich werde ihn unterbringen", antwortete Mr. Sponge, „und dann zu Ihnen kommen", wobei er sich in Jockey-Manier vom Pferd sprang, während er sprach.

„Das ist ein (Schluckauf-)Typ", sagte Sir Harry; und fügte hinzu: „Hier ist der alte Pea höchstpersönlich, um nach dir zu sehen."

Mit diesen Worten taumelte Sir Harry zu seinen Kameraden im Haus zurück und überließ Mr. Sponge der Obhut des Bauern.

„Hier entlang, Herr; „Hier entlang", sagte der stämmige Mr. Peastraw und ging voran in seinen Hof, wo eine Reihe von Jägern zitternd unter einem langen Karrenschuppen stand.

„Aber ich kann mein Pferd hier nicht unterbringen", bemerkte Herr Schwamm und blickte die unglücklichen Tiere an.

„Nein, Sir, nein", antwortete Herr Peastraw; „Stellen Sie Ihres in einen Stall, Herr; stell deins in einen Stall'; und fügte hinzu: „Diese jungen Herren kümmern sich nicht sonderlich um ihre Pferde."

„Kennt jemand den Namen des Kerls?" fragte Sir Harry und taumelte zurück ins Zimmer.

„Kennen Sie seinen Namen!" rief Bob Spangles aus; „Warum, nicht wahr?"

„Nein", antwortete Sir Harry mit leerem Blick.

„Na, du bist hinaufgegangen und hast ihm die Hand geschüttelt, als wärst du dick wie Diebe", antwortete Bob.

'Habe ich?' Schluckauf, Sir Harry. „Nun, ich dachte, ich kenne ihn. Zumindest dachte ich, dass es jemand war, den ich schon einmal hatte (Schluckauf); und im eigenen (Schluckauf-)Haus ist man verpflichtet, mit jedem, der kommt, gut (Schluckauf) zu sein. Aber sicherlich kennen einige von Ihnen seinen (Schluckauf-)Namen", fügte er hinzu und blickte sich in der Firma um.

„Ich glaube, ich kenne sein (Schluckauf-)Gesicht", antwortete Bob Spangles und ahmte seinen Schwager nach.

„Ich habe ihn irgendwo gesehen", bemerkten die anderen Spangles mit einem Bissen Rindfleisch.

„Das habe ich auch", rief jemand anders, „aber wo kann ich nicht sagen."

„Höchstwahrscheinlich in der Kirche", bemerkte Bruder Bob Spangles.

„Nun, ich glaube nicht, dass er mich verderben wird", bemerkte Kapitän Quod und sprach zwischen dem Rauch einer Zigarre.

„Er wird sich nicht viel von mir leihen", bemerkte Kapitän Seedeybuck, indem er einen stark angelaufenen grünen Geldbeutel hervorzog und an einem Ende zwei Vier-Penny-Stücke und am anderen drei Halbpence-Stücke zeigte.

„Oh, ich wage zu behaupten, dass er ein guter Kerl ist", bemerkte Sir Harry; „Ich zweifle nicht daran, dass er einer von der richtigen Sorte ist."

In diesem Moment kam der Mann selbst herein, mit Hut und Peitsche in der Hand, und schwenkte stolz die Bürste über seinem Kopf.

„Ah, das ist (Schluckauf) richtig, alter Kerl", rief Sir Harry, ging erneut mit ausgestreckter Hand auf ihn zu und fügte hinzu: „Sie würden (Schluckauf) alles bekommen, was Sie für Ihr (Schluckauf) Pferd wollten: Hammelbrühe – meine ich." Gerstenwasser, Fußbad, alles richtig. Darf ich meinen (Schluckauf) Schwager Bob Spangles, meinen (Schluckauf) Freund Captain Ladofwax, Kapitän Quod, Kapitän (Schluckauf) Bouncey, Kapitän (Schluckauf) Seedeybuck und meinen (Schluckauf) Schwager vorstellen? Mr. Spangles, die üppigste Bucht, die man je gesehen hat; nicht wahr, alter Junge?' fügte er hinzu und ergriff diesen am Arm.

Alle diese Herren nickten einzeln mit dem Kopf, als Sir Harry sie herbeirief, und nahmen dann ihre jeweiligen Beschäftigungen wieder auf – Essen, Trinken und Rauchen.

Dies waren einige der ausschweifenden Herren, die Mr. Sponge am Morgen vor Nonsuch House gesehen hatte. Sie waren alle Kapitäne oder Kapitäne aus Höflichkeit. Ladofwax war Maler und Glaser im Bezirk gewesen, wo er Kapitän Quod kennengelernt hatte, während dieser Herr ein Bewohner von Kapitän Hudsons starkem Haus war. Kapitän Bouncey war der allzu bekannte Wettbüro-Keeper; und Seedeybuck war ein so regelmäßiger Kunde am Gericht von Herrn Kommissar Fonblanque, dass dieser würdige juristische Koryphäe, als er ihn zum fünften Mal entließ, mit einem sehr bedeutungsvollen Kopfschütteln zu ihm sagte: „Kommen Sie besser nicht noch einmal hierher.", Herr.' Seedeybuck, der derselben Meinung war, hatte sich seitdem Sir Harry Scattercash angeschlossen, der ihn mit Essen, Trinken, Waschen und Logieren antraf. Sie waren alle in rote Mäntel der einen oder anderen Art gekleidet, von denen einige jedoch einen sehr vorsintflutlichen, andere einen sehr mordenfarbenen Schnitt hatten. Bouncey hatte einen Hasen am Knopf, und Seedeybucks Mantel saß auf ihm wie ein Sack. Dennoch ist ein scharlachroter Mantel in den Augen einiger ein scharlachroter Mantel, und die Mäntel waren kein bisschen unsportlicher als die der Männer. Zu Mr. Sponges Erstaunen fingen sie an, sich nicht mehr darüber zu erkundigen, wohin sie gelaufen waren, wie spät es war, wie weit sie zurückgelegt hatten, wer oben war, wer unten war usw., sondern sie begannen, die Lebensmittel und Getränke zu empfehlen; und trotzdem ließ Herr Schwamm weiterhin den Pinsel kreisen.

„Wir hatten einen seltenen Lauf", sagte er und wandte sich an Sir Harry.

„Haben Sie (Schluckauf)? Ich bin froh darüber (Schluckauf). Beten Sie, dass Sie danach etwas zu (Schluckauf) haben; Du *musst* (Schluckauf) sein.'

„Lass mich dir etwas von dieser kalten Runde Rindfleisch servieren?" rief Kapitän Bouncey und schwang das große Tranchiermesser mit der breiten Klinge.

„Nehmen Sie ein Stück Brot", schlug Kapitän Quod vor.

„Der schönste Lauf, den ich je gefahren bin!" bemerkte Mr. Sponge, der sich immer noch bemühte, gehört zu werden.

„Ich wage es zu behaupten", antwortete Sir Harry. „Diese (Schluckauf-)Hunde von mir sind ungewöhnlich (Schluckauf).' Er wusste nicht, was sie waren, und der Schluckauf kam sehr günstig.

„Das Tempo war grandios!" rief Schwamm.

„Ich wage es zu behaupten", antwortete Sir Harry; „Und das ist es, was mich (Schluckauf) dazu bringt, dass du so bist (Schluckauf). Erbse hier hat einige seltene alte Oktober-(Schluckauf-)Scheffel für den (Schluckauf-)Hogshead."

'Dessen Hauptstadt!' rief Kapitän Seedeybuck und schäumte sich ein Glas voll aus dem hohen braunen Krug.

„Das ist es auch", erwiderte Kapitän Quod und schenkte sich eine großzügige Portion Gin ein.

„Mein Pferd hat mich großartig getragen *!* " bemerkte Mr. Sponge mit gebieterischem Schwerpunkt auf dem MAG.

„Ich wage zu behaupten, dass er es tun würde", antwortete Sir Harry; „Er sah aus wie ein Schluckauf – ein Weißer, nicht wahr?"

'NEIN; „ Ein *Brauner* ", antwortete Herr Schwamm, angewidert über den Fehler.

'Ah, gut; „Aber da *war* jemand in Weiß", antwortete Sir Harry. „Oh – ah – ja – es war der alte Bugles auf dem Pferd meiner Dame. Übrigens (Schluckauf), meine Herren, was hat Mr. Orlando (Schluckauf) Bugles?' fragte Sir Harry und blickte wild in die Runde.

'Oh! alte Bugles! alter Pad-the-Hoof! alter Herr Funker! „Das Pferd erschreckte ihn so sehr, dass er weinend nach Hause ging", antwortete Bob Spangles.

„Hoffentlich hat er ihn nicht verloren?" fragte Sir Harry.

„Oh nein", antwortete Bob; „Er gab einem Jungen einen Schilling, um ihn zu führen, und sie stapften ganz leise zusammen davon."

„Der Alte (Schluckauf)!" rief Sir Harry aus; „Er hat mir erzählt, dass er ein Mitglied der Surrey ist."

„Die Sorry Union", antwortete Kapitän Quod. „Er *war* einmal mit ihnen unterwegs, fiel auf den Kopf und schlug sich die Hutkrone aus."

„Nun, aber ich habe Ihnen von dem Lauf erzählt", warf Mr. Sponge ein und versuchte erneut, eine Audienz zu gewinnen. „Ich habe dir von dem Lauf erzählt", wiederholte er.

„Machen Sie sich keine Sorgen, mein lieber Herr", unterbrach Kapitän Bouncey; „Wir wissen alles darüber – gefunden – überprüft – getötet, getötet – gefunden – überprüft."

„Man *kann nicht* alles darüber wissen!" schnappte Mr. Sponge; „Denn es war keine Menschenseele da außer mir selbst, sehr zu meinem Entsetzen, denn ich hatte einen regelmäßigen Streit mit dem alten Scamperdale und nie eine Menschenseele, die mich unterstützte."

'Was! Sie haben sich mit diesem schmuddeligen Gentleman eingelassen, der nicht (Schluckauf) schwören kann, weil er ein (Schluckauf) Lord ist, nicht wahr?' fragte Sir Harry, dessen Aufmerksamkeit nun auf unseren Freund gelenkt wurde.

„ *Das habe ich* ", antwortete Herr Sponge; „Und wir hatten eine ziemliche Höflichkeit."

'In der Tat! (Schluckauf)", rief Sir Harry aus. „Erzähl uns (Schluckauf) alles darüber."

„Nun", sagte Herr Schwamm und legte den Pinsel der Länge nach vor sich auf den Tisch, als wollte er ihn damit demonstrieren. „Nun, sehen Sie, wir hatten einen teuflischen Lauf – ich weiß nicht, wie viele Meilen wir mit so viel Kraft wie je zuvor auf den Boden bringen konnten; Einer nach dem anderen sank das Feld nach hinten, bis auf den Jäger und mich. Schließlich gab er nach, oder vielmehr sein Pferd, und ich blieb allein in meiner Herrlichkeit zurück. Nun ja, wir sind in einem Tempo über die Hügel gefahren, mit dem nichts außer Blut auskommen konnte, und obwohl mein Pferd noch nie geschlagen wurde und so reinrassig wie Eclipse ist – ein Pferd, dem ich immer wieder dreihundert Guineen verweigert habe Wieder begann ich wirklich zu glauben, ich könnte ihm auf den Grund gehen, als wir plötzlich zu einem Dekan kamen.

'Ah! „Das wäre Cockthropple", bemerkte Sir Harry.

„Ich wage es zu sagen", antwortete Herr Sponge; „Schwanz, wie auch immer du es für mich nennen willst." Nun, als wir dort ankamen, dachte ich, wir sollten etwas Zeit zum Verschnaufen haben, denn der Fuchs würde ihn bestimmt umarmen. Aber nein; Kaum war ich dort angekommen, begrüßte ihn ein Landsmann auf der anderen Seite. Ich kam so schnell ich konnte zum Hallou, und gerade als ich in die Hupe blies, holte ich Watchorns aus seiner Tasche hervor, während er sprach; „Denn ich muss Ihnen sagen", sagte er, „dass ich, als ich sah, dass das Pferd des Jägers geschlagen wurde, ihm dieses wegnahm – ein Horn für einen Fußjäger, das nicht mehr nützt, wissen Sie, als eine Seitentasche für einen." Kuh oder ein Rüschenhemd für ein Schwein. Nun, als ich das Horn für ein hartes Leben betätigte, wer hätte sich sonst aus dem Holz hauen können, wenn nicht der alte, schmuddelige Mann, wie du ihn nennst, und eine hübsche Salve von Beschimpfungen auf mich losgelassen hat?'

„Kein Zweifel", hickste Sir Harry; „Aber was hat *er* dort gemacht?"

'Oh! „Ich sollte Ihnen sagen", antwortete Mr. Sponge, „seine Hunde hatten einen Fuchs hineingerannt und waren voller Geschrei auf ihn los, als ich dort ankam."

„Ich bin ehrlich", schrie Sir Harry, „es war alles vorgetäuscht – dass er nur (Schluckauf) und eine Entschuldigung dafür war, dass er sich in diese

Deckung begeben hat." Der alte (Schluckauf-)Bettler ist immer auf irgendeinen Trick aus, um (Schluckauf) meine Füchse zu belästigen oder meine Decke zu stören oder so etwas, wobei Sir Harry gerade genug Hundemeister ist, um auf die Nachbarn neidisch zu sein.

„Nun, da war er doch", fuhr Mr. Sponge fort; „Und die erste Andeutung, die ich davon bekam, war eine große, schroffe Stimme, die ausrief: „Wer zum Dickens sind Sie?"

„Wer zum Dickens bist du?" antwortete ich.'

'Bravo!' schrie Sir Harry.

'Hauptstadt!' rief Seedeybuck.

„Los, ihr Krüppel! Newgate brennt!' schrie Kapitän Quod.

„Nun, was hat er gesagt?" fragte Sir Harry.

„Sie nennen mich gewöhnlich den Earl of Scamperdale", brüllte er, „und das sind MEINE HUNDE ."

„Das sind *nicht* deine Hunde", antwortete ich.

„Wem gehören sie dann?" fragte er.

„Sir Harry Scattercash ist ein verdammt besserer Kerl", antwortete ich.

„Oh, bei Jupiter!" brüllte er, „mit allem ist ein Ende, Jack", rief er dem alten Spraggon zu, „dieser Herr sagt, das sind nicht meine Hunde!"

„Ich werde Ihnen sagen, was es ist, mein Herr", sagte ich, nahm meine Peitsche und ritt dicht an ihn heran, als wollte ich ihn angreifen, „Ich werde Ihnen sagen, was es ist; denken Sie, weil Du bist ein Lord, du kannst die Leute beschimpfen, wie du willst, aber bei Jingo, du hast deinen Mann verwechselt. Die Sponges sind eine so alte Familie wie die Scamperdales, und ich. Ich werde dich an jedem jagdfreien Tag mit Pistolen, Breitschwertern, Fäusten oder Donnerbüchsen bekämpfen.

'Das hast du gut gemacht! Bravo! Das ist deine Art!' von allen Seiten ertönte lautes Klopfen der Tische und Händeklatschen.

„Bei Gott, füll ihn voll!" Danach hat er einen guten Drink verdient!' rief Sir Harry und schenkte Mr. Sponge zu gleichen Teilen Brandy und Wasser aus einem Becher ein.

Mr. Sponge wurde sofort zum Helden und wurde freiwillig in ihren Kreis aufgenommen. Er war eindeutig ein auserwählter Geist – ein Trumpf erster Güte – und sie wollten nur, dass sein Name ungewöhnlich stark in seinen Bann gezogen wurde. So wie es war, überhäuften sie ihn mit Proviant und Getränken und schienen alle bestrebt zu sein, ihn in den gleichen glücklichen

Zustand der Trunkenheit zu versetzen wie sie selbst. Sie redeten und schwatzten, sie beschimpften Old Scamperdale und Jack Spraggon und lobten Mr. Sponge in höchsten Tönen.

So brach der Tag herbei, und das helle Feuer von Farmer Peastraw ergoss seinen jubelnden Schein über die nun umringende Gruppe. Man hätte meinen können, dass sie sich mit sanftem Herzen und entspanntem Körper dem Sport zuwenden würden, zu dessen Ehren sie das Scharlachrot trugen; aber nein, die Jagd wurde nie erwähnt. Sie waren genauso vornehm wie Nimrods gute Freunde in Melton, die es ganz und gar schafften. Sie schwafelten von Thema zu Thema, hauptsächlich über Innen- und London-Themen; Billard, Wettbüros, Coal Holes, Cremorne, Cider Cellars, Richter- und Geschworenengerichte, da in ihren Köpfen offensichtlich eine Verwirrung zwischen den Charakteren von Sportlern und Sportlern oder Herren, wie sie genannt werden, herrscht. Mr. Sponge gab sich alle Mühe, sie auf den richtigen Weg zu bringen, und sei es auch nur, um das Pferd zu lobpreisen, für das er so oft dreihundert Guineen abgelehnt hatte, aber es gelang ihm nie, sich Gehör zu verschaffen. Es gab viel mehr Redner als Zuhörer.

Endlich begannen sie zu singen, und wenn Männer zu singen beginnen, ist das ein Zeichen dafür, dass sie entweder betrunken sind oder genug von der Gesellschaft des anderen haben. Sir Harrys Schluckauf, von dem er nie ganz befreit wurde, verstärkte sich um das Zehnfache, und er bekam bei fast jedem Wort einen Schluckauf und stotterte. Seine Hand, die beim Aufschrecken so zitterte, dass es unwahrscheinlich war, ob er sein Glas an den Mund oder ans Ohr bekam, war jetzt ruhig, aber sein glasiges Auge und sein grünes, hageres Gesicht zeigten, mit welch schrecklichem Opfer die vorübergehende Stabilität erlangt worden war. Schließlich senkte sich sein Kiefer auf die Brust, sein linker Arm hing schlaff über die Stuhllehne und er schlief ein. Auch Kapitän Quod war überwältigt und warf sich in voller Länge auf das Sofa. Kapitän Seedeybuck fing an, heftig zu reden.

Gerade als sie fast zum Stillstand gekommen waren, rissen sie das Trampeln der Pferde, das Rumpeln der Räder und das schrille Klingeln, Klingeln, Klingeln des inzwischen fast vergessenen Posthorns aus ihren Träumereien. Es war Sir Harrys Begleiter, der das Land auf der Suche nach unserer Gruppe durchstreifte. Es hatte alle Wirtshäuser und Bierläden in einem Umkreis von einigen Meilen um Nonsuch House erreicht und erlitt nun einen spekulativen Schlag in der Mitte des Kreises.

Es war eine klare, frostige Nacht, und die Hufe der Pferde klangen laut, und die Räder rollten lautstark über die harte Straße und ließen das dünne Eis knacken, das jedoch kaum ausreichend gefroren war, um einen leichten Aufprall der Räder zu verhindern.

HERR. BUGLES tanzt lieber als jagen

Twang, twang, twang, ertönte mit voller Wucht auf das Haus von Farmer Peastraw, was dazu führte, dass die Schläfer aufschreckten und die Wachen sich auf den Weg zum Fenster machten.

„ COACH-A-HOY !" rief Bob Spangles und zerschmetterte eine Scheibe in dem vergeblichen Versuch, das Fenster hochzubekommen. Der Kutscher hielt an, als er das Geräusch hörte.

„Hier sind wir, Sir Harry!" rief Bob Spangles seinem Schwager ins Ohr, aber Sir Harry war zu weit weg; er konnte nicht „zur Zeit kommen". Plötzlich trat ein Lakai mit Pelzmänteln, Schals und karierten Teppichen ein, in die sich diejenigen, die ausreichend nüchtern waren, einhüllten und diejenigen, die zu weit weg waren, von Peastraw und dem Mann zusammengedrängt wurden; und unter großer Eile und Verwirrung und unter dem Gedränge um Innensitze belud die Gruppe die Kutsche und machte sich schnell auf den Weg, bevor Mr. Sponge wusste, wo er war.

Als sie im Nonsuch House ankamen, trafen sie Mr. Bugles, der die Geiger trainierte, indem er abwechselnd die Damen tanzte.

KAPITEL LII

EINE FAHRT IM MONDLICHT

Die Position von Herrn Sponge war also diese. Er wurde in einer frostigen, mondhellen Nacht an der Tür eines seltsamen Bauernhauses zurückgelassen und starrte einer zurückweichenden Kutsche nach, in der sich alle seine letzten Begleiter befanden.

„Du wirst also nicht mit ihnen gehen?" bemerkte Mr. Peastraw, der neben ihm stand und den schrillen Tönen des Horns lauschte, die in der Ferne erklangen.

„Nein", antwortete Herr Schwamm.

„Rommé-Volk", bemerkte Mr. Peastraw kopfschüttelnd.

'Sind sie?' fragte Herr Schwamm.

'Sehr!' antwortete Herr Pearaw. „Sei der Tod von Sir Harry unter ihnen."

„Wer sind sie alle?" fragte Herr Schwamm.

'Müll!' antwortete Peastraw höhnisch und tauchte seine Hände in die Tiefen seiner Taschen. „Nun, wir gehen besser hinein", fügte er hinzu, zog seine Hände heraus und rieb sie, um zu zeigen, dass ihm kalt war.

Mr. Sponge, der kein großer Trinker war, war von dem, was er getrunken hatte, überwältigter, als es ein gereiftes Fass gewesen wäre; Hinzu kam, dass die scharfe Nachtluft, die auf seinen erhitzten Körper traf, bald den Alkohol in seinen Kopf schickte. Er begann sich seltsam zu fühlen.

„Nun", sagte er zu seinem Gastgeber, „ich denke, ich gehe besser."

„Wohin geht es?" fragte Herr Pearaw.

„Nach Puddingpote Bower", antwortete Mr. Sponge.

„Soo", bemerkte Mr. Peastraw nachdenklich; 'Herr. Crowdey's – Mr. Das war Jogglebury?'

„Ja", antwortete Herr Schwamm.

„Er ist ein toller Mann, weil er die Hecken der Leute zerbricht", bemerkte Mr. Peastraw; nach einer Pause: „Er kann keinen geraden Stock sehen, aber er ist bestimmt dabei."

„Er ist ein großartiger Mann für Spazierstöcke", antwortete Mr. Sponge und taumelte in Richtung des Stalls, in dem er sein Pferd unterbrachte.

Dann schlug die Hausuhr zehn.

„Sie ist schnell", bemerkte Mr. Peastraw, der befürchtete, sein Gast könnte die ganze Nacht bleiben wollen.

„Wie weit wird Puddingpote Bower von hier entfernt sein?" fragte Herr Schwamm.

„Oh, keine Distanz, Sir, keine Distanz", antwortete Mr. Peastraw, der nun das Pferd hinausführte. „Sie können sich nicht verfehlen, Sir – Sie können sich nicht verfehlen. Die erste Abzweigung rechts führt Sie zu Collins' Green. dann bleiben Sie an der Seite der Kirche, neben dem Teich; Fahren Sie dann etwa anderthalb oder zwei Meilen geradeaus, bis Sie zu einem kleinen Dorf namens Lea Green kommen. Biegen Sie beim Betreten kurz am Wegweiser ab und gehen Sie rechts am Hügel entlang, bis Sie zu den Winslow Woods kommen. Lassen Sie sie links und gehen Sie an Mr. Robys Farm in Runton vorbei – kennen Sie Mr. Roby?"

„Ich nicht", antwortete Herr Schwamm, erhob sich in den Sattel und streckte die Hand aus, um sich von seinem Gastgeber zu verabschieden.

„Gute Nacht, Herr; Gute Nacht!' rief Mr. Peastraw und schüttelte es; „Und haben Sie die Güte, Mr. Crowdey von mir zu sagen, dass ich ihm danken werde, wenn er das nächste Mal hierher kommt, um durchs Buschland zu gehen, dass er die Tore hinter sich schließt." Als er das letzte Mal hier war, hat er meinen gesamten Nachwuchs falsch behandelt.'

„Das werde ich", antwortete Herr Schwamm und ritt davon.

Mr. Peastraws Anweisungen waren wohl darauf ausgelegt, einen klareren Kopf als Mr. Sponge damals zu verwirren; und der Leser wird nicht überrascht sein zu erfahren, dass er lange bevor er die Winslow Woods erreichte, regelmäßig verwirrt war. Tatsächlich gibt es keinen sichereren Weg, sich zu verlieren, als zu versuchen, einer langen Reihe von Anweisungen in einem fremden Land zu folgen. Es ist weitaus besser, eigene Wahrzeichen zu errichten und sie entsprechend dem natürlichen Verlauf des Landes anzusteuern. Unsere Vorfahren hatten die wunderbare Gabe, mit möglichst wenig Umschweifen auf den Punkt zu kommen. Herr Sponge wusste jedoch nichts von Punkten und war ganz auf See; Selbst wenn er es getan hätte, wären sie von geringem Nutzen gewesen, denn ein unruhiger und oft verdeckter Mond warf so verwirrende Lichter und Schatten umher, dass ein Eingeborener Schwierigkeiten gehabt hätte, das Land zu erkennen. Der Frost wurde stärker, die Sterne leuchteten klar und hell, und die Kälte packte unseren Freund im Nacken und schoss über seine Schulterblätter und direkt seinen Rücken hinunter. Mr. Sponge wünschte und wünschte, er wäre irgendwo anders als dort, wo er war – er drückte seine Nase gegen das Kaffeezimmerfenster des Bantam, schraubte so hart er konnte an einem Hansom herum, raste die Oxford Street entlang und kritisierte Pferde – nein, er würde es nicht tun. Es liegt ihm nicht daran, Gustav Jakob selbst zu erleben – nichts, als in einer kalten Winternacht durch ein fremdes Land zu streifen und nichts als das Geschrei von Eulen und das gelegentliche Bellen von Hirtenhunden zu hören, um seine Einsamkeit zu beleben. Es gab nur wenige Häuser. Die Lichter in den Hütten waren schon lange erloschen, und die Bewohner der Bauernhäuser, die zu ihm kamen, waren in ihren Antworten schroff und in ihren Anweisungen kurz. Endlich, nachdem er geritten war, und geritten war, und geritten war, mehr um sich wach zu halten als in der Erwartung, seinen Weg zu finden, gerade als er gerade dabei war, die Bewohner eines Häuschens am Straßenrand aufzuwecken, ein plötzlicher Schimmer von Mondlicht fiel auf das Gebäude und enthüllte die halb schweizerische, halb gotische Lodge von Puddingpote Bower.

KAPITEL LIII

PUDDINGPOTE BOWER

Jetzt müssen wir den Zug etwas zurückfahren und einen Blick auf Jog und Co werfen.

Herr und Frau Jog hatten sich nach Mr. Sponges Weggang am Morgen erneut gestritten, wobei Mr. Jog Mrs. Jog das Interesse tadelte, das sie offenbar für Mr. Sponge hatte, was sich daran zeigte, dass sie zur Tür ging, um ihn schlendern zu sehen weg auf dem gescheckten Hack. Mrs. Jog rechtfertigte sich mit Gustavus James, von dem sie ganz sicher war, dass Mr. Sponge sehr beeindruckt war und dem er, daran zweifelte sie nicht, sein großes Vermögen hinterlassen würde. Jog hingegen keuchte und paffte in seine Halskrause und bekräftigte, dass Mr. Sponge ebenso wahrscheinlich wie Gustavus James leben und heiraten und selbst einen Scheffel Kinder haben würde; während Frau Jog entgegnete, dass er ihm „mit Sicherheit das Genick brechen würde" – ihnen das Genick zu brechen, war ihrer Meinung nach das unvermeidliche Ende der Fuchsjäger. Jog, der den Jagdsport noch nicht lange genug betrieben hatte, um ihrer Behauptung widersprechen zu können, obwohl er besonders darauf achtete, die Operation, sich das Genick zu brechen, so lange wie möglich hinauszuzögern, musste sich auf die Kosten und Unannehmlichkeiten verlassen, die es mit sich brachte, Mr . Sponge und seine drei Pferde und sein frecher Diener, der ihren Dienern beigebracht hatte, an seinem Diättisch die Nase zu rümpfen; vor allem an seinem steifen Mund und seinem unbestreitbaren Kleinbier. So stritten und stritten sie weiter, bis die Szene schließlich wie üblich damit endete, dass Mrs. Jogglebury in Tränen ausbrach und erklärte, Jog kümmere sich weder um sie noch um ihre Kinder. Dann machte sich Jog auf den Weg, um zu versuchen, aus einer höchst unverbesserlich aussehenden knorrigen Schlehe den Kopf von Lordkanzler Lyndhurst zu formen. Anschließend probierte er eine Haselnuss aus, von der er glaubte, dass sie einen Joe Hume abgeben würde. Nachdem er sich bis zum Abendessen der Kinder damit beschäftigt hatte, nahm er eine wandernde, ergatternde Mahlzeit zu sich, setzte dann seinen Paletot auf, steckte ein kleines Beil in der Tasche und machte sich auf die Suche nach dem Rohmaterial in seinem eigenen Haus die benachbarten Hecken.

Der Abend kam, und mit ihm kam Jog, beladen wie immer mit einem Arm voll Gibbeys, aber auf den Abend folgten die Schatten der Nacht, bevor es eine Nachricht von den sportlichen Bewohnern seines Hauses gab. Schließlich, als Jog gerade seinen letzten Spaziergang machte, bevor er endgültig hineinging, erspähte er ein Paar schwankender weißer Hosen, die mit einem offensichtlich betrunkenen Mann darin die Allee heraufkamen.

Jog stand da und beobachtete angestrengt ihre Bewegungen, während er sich fragte, ob sie den Sattel behalten oder abziehen würden – wann immer die Hosen unwiderruflich verschwunden zu sein schienen, erholten sie sich unweigerlich mit einem Ruck oder einem Ruck – Jog sah jetzt, dass es sich um Leder auf dem Schecken handelte, und doch Er hatte keine Lust auf den Mann, er stand auf, um ihn heraufkommen zu lassen, und dachte, er würde etwas von Sponge hören. Als Leather rechtzeitig die großen, sich abzeichnenden Umrisse unseres Freundes sah, kam er starrend und kopfschüttelnd herbei und versuchte, ihn zu identifizieren. Zuerst dachte er, es sei der Squire – dann dachte er, das sei nicht der Fall –, dann war er sicher, dass es das nicht war.

'Oh! Du bist es doch, alter Junge, oder?' rief er schließlich und hielt neben der großen Stechpalme, an die sich unser Freund gestellt hatte. „Du bist es, alter Junge, nicht wahr?" wiederholte er, streckte seine rechte Hand aus und verlor fast das Gleichgewicht. Als er sein Gleichgewicht wiedererlangte, fügte er hinzu: „Zuerst dachte ich, es wäre der alte Woolpack", und deutete mit dem Kopf in Richtung Haus. „Nun", stotterte er, hielt an und saß, wie er dachte, ganz aufrecht im Sattel, „wir hatten den schönsten Tagessport und das gerechteste Getränk, das ich seit vielen langen Tagen genossen habe." „Gott segne uns, was für ein Herr dieser Sir 'Arry ist!" Er ist der Typ Mann, der Geld haben sollte. Ich bin hin und weg, wenn ich Königin wäre, aber ich würde all diese großen, blubbernden Kerle wie diesen zum Schmelzen bringen, bevor Crowdey niederschlägt, und aus dem alten Mann einen Mann wie Sir Arry machen. Bier! Sie wissen nicht, welches Bier es gibt! Nichts als der verdammt stärkste Hale, statt des Rätsels, das man an diesem schrecklichen, gemeinen Ort bekommt, der wie nichts anderes aussieht als das Bier der Bierbrauer. Oh! „Ich bitte demütig um Verzeihung", rief er und ließ sich von seinem Pferd auf die Knie fallen, als er entdeckte, dass er Mr. Crowdey ansprach – „Ich dachte, es wäre Robins, der Maulwurfsketcher."

„Ich dachte, es wäre Robins, der Maulwurfsfänger", knurrte Jog. „Was hast du mit (puff) Robins zu tun, dem (keuchenden) Maulwurfsfänger?"

Jog kochte vor Empörung. Zuerst dachte er daran, Leather zu treten, eine Tat, die ihm seine Stellung als Bittsteller äußerst bequem, wenn nicht sogar verlockend machte. Prudence schlug jedoch vor, dass Leather ihn für den Angriff zur Verfügung stellen könnte. So stand er schnaufend und keuchend da und beäugte den alten Trunkenbold mit den trüben Augen und der Schnapsnase mit einem, wie er glaubte, vernichtenden Blick der Verachtung; Und dann, obwohl der Mann betrunken und die Nacht dunkel war, watschelte er davon und ließ Mr. Leather auf den Knien seiner einstmals weißen Hosen zurück. Wenn Jog angemessen Zeit gehabt hätte, sagen wir eine Stunde oder eine Stunde und zwanzig Minuten, um es zu improvisieren, hätte er etwas ungewöhnlich Scharfes gesagt; So wie es war, hinterließ er ihm die relevante Frage, die wir aufgezeichnet haben: „Was haben Sie mit Robins, dem Maulwurfsfänger, zu tun?“ Wir brauchen kaum zu sagen, dass dieser kleine Vorfall Mr. Sponge überhaupt nicht bei seinem Gastgeber einschmeichelte, der sein Haus in schlechterer Stimmung als je zuvor betrat. Es war eine Beleidigung eines Herrn auf seinem eigenen Territorium – einen Engländer in seinem eigenen Schloss zu beleidigen. „Nicht zu ertragen (Puff)“, sagte Jog.

Es war jetzt fast fünf Uhr, Jogs Abendessenszeit, und immer noch kein Mr. Sponge. Frau Jog schlug vor, eine halbe Stunde zu warten, tatsächlich hatte sie Susan, der Köchin, gesagt, sie solle das Abendessen etwas zurückhalten, um Herrn Schwamm eine Chance zu geben, der unmöglich seine engen Jagdsachen gegen seine Abendstrumpfhosen eintauschen konnte In kurzer Zeit konnte Jog seine weit fließenden Kleidungsstücke ausziehen, seine Hände waschen und mit dem Kamm durch sein strähniges, kerzenartiges Haar fahren.

Es schlug fünf Uhr, und Jog legte gerade seine Hand auf den dicken rot-schwarzen Kammgarn-Klingelzug, als Frau Jog verkündete, was sie getan hatte.

„Schieb das Abendessen auf (keuch)! Verschiebe das Abendessen (Puff)!' wiederholte er und blies wütend in seine saubere Hemdrüsche, die wie eine Handsäge unter seiner Nase hervorstand; „Schiebt das Abendessen auf (keuch)!“ Verschieben Sie das Abendessen (Puff), ich wünschte, Sie würden solche (keuchenden) Dinge nicht tun, ohne mich zu konsultieren (keuchen).'

„Na ja, aber, meine Liebe, du könntest unmöglich ohne ihn sitzen“, bemerkte Frau Jog milde.

'Möglicherweise! (Puff), möglicherweise! (keuchend),' wiederholte Jog. „Die Sache ist unmöglich“, erwiderte er und blies noch wütender in die Halskrause.

Frau Jog schwieg.

„Ein Mann sollte sich an die (puffigen) Stunden des (pfeifenden) Hauses anpassen“, bemerkte Jog nach einer Pause.

„Na ja, aber, meine Liebe, Sie wissen ja, dass Jägern immer ein wenig Gesetz zusteht“, bemerkte Frau Jog.

'Gesetz! (Puff), Gesetz! (pfeifend)“, erwiderte Jog. „Ich will nie ein Gesetz“, wenn ich an Smiler *gegen* Jogglebury denke.

Es war halb sechs Uhr, und noch immer war kein Schwamm da; und Mrs. Jog, die dachte, es sei besser, etwas Heißes für ihn zu arrangieren, wenn er kam, als sich weiter mit ihrem Mann zu streiten, ließ die Glocke doppelt klingeln, um „Essen mitbringen" anzuzeigen.

„Nein (Puff), nein (Keuchen); „Wenn du so lange nach Luft geschnappt hast", knurrte Jog und schlug den anderen Weg ein, „hättest du genauso gut noch ein bisschen länger (keuchen) können" – er schnaubte in seine Halskrause, während er sprach.

Mrs. Jogglebury sagte nichts, sondern schlüpfte leise heraus, als wollte sie ihren Schlüssel holen, um Susan zu sagen, sie solle den einen oder anderen im Fleischsieb behalten und ein paar Kartoffeln zum Kochen bereithalten, bevor Mr. Sponge angekommen war. Dann schlich sie sich leise zurück ins Zimmer. Joggen und sie machte sich sofort an die überaus wichtige Mahlzeit. Jog bläst im Vorbeigehen die Firmenkerzen auf dem Beistelltisch aus.

Jog kaute mit großem Appetit; aber Frau Jog, die den Großteil ihrer Ladung beim Kinderessen einnahm, saß da und beschäftigte sich mit dem Inhalt ihres Tellers und lauschte abwechselnd auf das Geräusch von Pferdehufen draußen und auf die Böen der Kinderstube drinnen.

Das Abendessen ging vorbei, und der fruchtige Portwein und der zuckerhaltige Sherry verdrängten bald den Platz, den Stockmaulpudding und Käse eingenommen hatten.

'Herr. (puff) Schwamm muss (keuchen) sein, glaube ich", bemerkte Jog und zog seine große silberne Uhr wie einen Eimer aus seinem Anhänger, als er sah, dass es nur noch zehn Minuten vor sieben war.

„Oh, Joggen!" rief Frau Jog aus, faltete ihre schönen Hände und blickte mit ihren strahlenden Knopfaugen zur niedrigen Decke.

„Oh, Joggen! Was ist jetzt das Problem? (Puff – Keuchen – Keuchen)", rief unser Freund, errötete und richtete seine dummen Augen aufmerksam auf seine Frau.

„Oh, nichts", antwortete Frau Jog, löste ihre Hände und senkte den Blick.

„Oh, nichts!" erwiderte Jog. 'Nichts'!' wiederholte er. „Damen geraten nicht umsonst in solche Wutanfälle."

„Nun, Jog, ich habe mir gedacht, wenn irgendetwas passiert wäre, ha-ha-, Mr. Sponge, wie hätte Gustavus Ja-Ja-James seine Chance verspielt." Und darauf hechtete sie nach ihrem spitzenbesetzten Taschentuch und eilte aus dem Zimmer.

Aber Mrs. Jog hatte genug gesagt, um den Kessel von Jogs Eifersucht zum Kochen zu bringen, und er saß da und starrte ins Feuer, stellte sich alle möglichen schrecklichen Vorrichtungen in den Kohlen und der Asche vor und beschwor alle möglichen Übel herauf, bis er sich selbst spürte besessen von hundertzwanzigtausend Teufeln.

„Diesen Kerl werde ich endlich erschießen", sagte er mit einer wissenden Bewegung seines Kopfes und einem Hauch in seiner Halskrause, während er seine dicken Beine unter seinen Stuhl zog und einen Halbkreis machte, um an den heranzukommen Flasche. „Diesen Kerl werde ich erschießen", wiederholte er, schenkte sich einen Becher aus dem sirupartigen Portwein ein und blickte auf die zusammengesetzte Kerze. Er leerte das Glas und füllte sofort ein neues. Auch das ging unter; dann nahm er noch einen und noch einen und noch einen; Und als er sah, dass die Flasche zur Neige ging, dachte er, er könnte sie genauso gut austrinken. Danach ging es ihm besser. Nicht, dass er sich mit unserem Freund Mr. Sponge ein bisschen mehr versöhnt hätte, aber er fühlte sich gewachsener, mit ihm fertig zu werden – er hatte sogar das Gefühl, als könnte er mit ihm kämpfen. Es schien jedoch nicht sehr wahrscheinlich, dass er diese Zeremonie durchführen musste, denn es schlug neun Uhr und Mr. Sponge war nicht da, und um halb drei stapfte Mr. Crowdey ins Bett.

Nachdem Mrs. Crowdey Bartholomew und Susan ein schmutziges Kartenspiel zum Spielen gegeben hatte, um sie wach zu halten, bis Mr. Sponge eintraf, ging sie ebenfalls zu Bett, und im Haus herrschte bald Ruhe.

Es kam jedoch vor, dass dieses erstaunliche Wunderkind, Gustavus James, auf einer Art elektrisierendem Ausflug unter die benachbarten Bauern und Leute war und dabei sowohl seinen schönen blaugefiederten Hut als auch seine erstaunliche Beherrschung von „Bah!" zur Schau stellte. Bah! „Schwarzes Schaf" und „Obin und Ichard", die von einem Samenkuchen, von einem anderen Biskuitkuchen und von einem dritten Toffee bekamen, litten nachts unter sehr starken Bauchschmerzen, die er dem Haus bald klar machte durch seine Schreie und seine Schreie. Jog und seine Frau waren sofort bei ihm; und als Jog in seiner weißen Baumwoll-Nachtmütze und dem fließenden Flanell-Morgenmantel in einem Sessel im Kinderzimmer saß, hörte er das Knallen der Peitsche und das lange *Ja-Juhu* von Mr. Sponges Ankunft. Plötzlich hörte man das Trampeln eines Pferdes, das zum Stall ging. Dann schlug die Uhr eins.

GUSTAVUS JAMES IN SCHWIERIGKEITEN

„Eine schöne Stunde für einen Mann, nach Hause in ein fremdes Haus zu kommen!" bemerkte Mr. Jog, damit die Krankenschwester, oder Murry Ann, oder Mrs. Jog, oder irgendjemand, der wollte, sich darum kümmern konnte.

Frau Jog war mit Rhabarber und Magnesia beschäftigt, und die anderen sagten nichts. Nach ein paar Minuten hörte man das Klirren, Klirren, Klirren von Mr. Sponges Sporen, als er nach vorne ging, und Mr. Jog schlich sich auf den Treppenabsatz hinaus, um zu hören, wie er hineinkommen würde.

Schlag! Schlag! Schlag! ging Herr Schwamm an die Tür; rap – tap – tap, er ging mit der Peitsche darauf los.

Kommt, Sir! kommen'!' rief Bartholomäus von innen.

Plötzlich hörte man das Schießen von Riegeln, das Zurückziehen von Bändern und das Öffnen von Türen.

„Noch nicht zu Bett gegangen, alter Junge?" sagte Herr Schwamm, als er eintrat.

„Nein, du!" schnüffelte der Junge, der eine schlimme Erkältung hatte, „war für dich geschminkt."

„Der alte Puff-and-Blow ist weg?" fragte Mr. Sponge und legte seinen Hut und seine Peitsche auf einen Stuhl.

Der Junge gab keine Antwort.

„Ist der alte Blasebalg zum Ausbessern schon zu Bett gegangen?" fragte Mr. Sponge mit lauterer Stimme.

„Der Charman ist weg", antwortete der Junge, der seinen Meister – den Vorsitzenden der Stir-it-stiff Union – als Verkörperung aller irdischen Größe ansah.

„Mach Schluss mit deiner Nachlässigkeit", knurrte Jog und schlich zurück ins Kinderzimmer. „Ich werde dich auszahlen!" (Puff)," fügte er mit einer Bewegung seines weißen, mit einer Nachtmütze bedeckten Kopfes hinzu, „Ich werde brüllen, um dich zu heilen!" (keuchen).'

KAPITEL LIV

FAMILIENGLAS

Nachdem die inneren Bedenken von Gustavus James endlich besänftigt waren, kehrte Mr. Jogglebury Crowdey zu Bett zurück, konnte aber nicht schlafen – Schlaf gab es für ihn nicht. Er war voller Empörung und Eifersucht und empfand Misstrauen gegenüber dem Polster selbst. Er war beleidigt worden – grob beleidigt. Drei solcher Namen – „Woolpack", „Old Puff-and-Blow" und „Bellows-to-flick" – hat sicherlich noch nie ein Gentleman in seinem eigenen Haus von einem Gast gerufen. Auch vor seinem eigenen Diener gerufen. Welche Verehrung, welchen Respekt konnte ein Diener für einen Herrn empfinden, den er „Alter Blasebalg zum Ausbessern" nannte? Es beschädigte den Respekt, den der Vorsitz der Stir-it-stiff Union hervorrief, ganz zu schweigen von der Treuhandschaft der Sloppyhocks, Tolpuddle und anderer Turnpike-Roads. Es hat alles vernichtet. Also kochte er, ärgerte sich, schnaubte und schnarchte. Das Schlimmste war, dass er niemanden hatte, dem er seine Trauer mitteilen konnte. Er konnte den Partner seines Herzens nicht zum Partner seiner Leiden machen, weil – und er hüpfte herum, so dass er bei dem Gedanken an das „Warum" fast die Kleider vom Bett schleuderte.

So lag er hin und her, wälzte sich hin und her, rauchte, keuchte und schnaufte, schwor bald Rache an Leather, von dem er sich erinnerte, dass er ihn den „Wollsack" genannt hatte, und beschloss, ihn am nächsten Morgen wegen seiner Unverschämtheit abweisen zu lassen – und schmiedete bald Pläne, wie er es schaffen könnte gemeinsam Mr. Sponge und ihn loswerden. Oh, könnte er sie doch verabschieden! Hätte er den Handkoffer und die Reisetasche nur wieder im Flur stehen sehen können, hätte er gern seinen Phaeton geliehen, um sie überallhin zu tragen. Er würde es selbst fahren, aus dem Vergnügen heraus, zu wissen und das Gefühl zu haben, dass er sich von ihnen fernhielt. Er würde nicht um die Hechte feilschen; nein, er würde Sponge sogar ein Gibbey geben, was auch immer er wollte – die Wahl des Ganzen – Wellington, Napoleon Bonaparte, sogar ein gekröntes Haupt, obwohl es dem Ensemble schaden würde. So lag er rollend und unruhig da und hörte jeden Uhrschlag; Jetzt versuchte er, seine Gedanken abzulenken, indem er eine grobe Berechnung anstellte, was alle seine Gibbeys zusammengenommen wert waren; Er überlegte nun, ob er vergessen hatte, sich an etwas zu wenden, das er im Laufe seiner Wanderungen markiert hatte. Jetzt wünschte er, er hätte einen über das alte Leder gelegt, als er auf die Knie fiel, nachdem er ihn den „Wollsack" genannt hatte; Dann fragte er sich, ob Leather ihn wegen Schadensersatz vor das Bezirksgericht gebracht oder ihn wegen der Körperverletzung vor Richter Slowcoach gebracht hätte. Als der Morgen vorrückte, dachte er wieder darüber nach, wie er seine unwillkommensten Gäste am besten loswerden könnte, und er stand auf und zog sich an, mit der vollen Entschlossenheit, zu versuchen, was er tun konnte.

Nachdem er am Morgen zuvor die Wirkung eines Rufs nach oben ausprobiert hatte, beschloss er, zu sehen, was ein Ruf nach unten bewirken würde; Dementsprechend stieg er die Treppe hinauf und kletterte eine Art Verbindungsleiter hinauf, die zu den Dachböden der Bediensteten führte, wo er in den Dachsparren einen Vorrat an Gibbeys aufbewahrte. Als er hier angelangt war, räusperte er sich, legte seinen Kopf über das Geländer, legte eine offene Hand auf beide Seiten seines Mundes, um den Ton zu lenken, und rief mit lauter und hörbarer Stimme:

„ BARTHOLO – *m-e-w* !“

' BAR-THO-LO - *m-e-e-w* !' wiederholte er nach einer Pause mit einer vollständigen Trennung der Silben und einer verlängerten Intonation des *m-e-w* .

Kein Bartholomäus antwortete.

„ MURRAY ANN !“ Dann grüßte Jog in einer schärferen, schnelleren Tonart. „ MURRAY ANN !“ wiederholte er nach einer Pause noch lauter.

'Jawohl! hier, Herr!' rief diese unschätzbare Dienerin und ordnete ihre rosafarbene Mütze zurecht, während sie in den Gang darunter eilte. Als sie aufsah, erblickte sie die großen, gelblichen Kerle ihres Herrn, die wie ein Stück Speck über dem Treppengeländer der Mansarde hingen.

„Oh, Murry Ann“, brüllte Mr. Jog so laut, dass er immer noch die Hände vor den Mund hielt, als er sie sah, „Oh, Murry Ann, du holst dir besser das (Blätterteig-)Frühstück.“ bereit; Ich denke, der (keuchende) Herr Schwamm wird heute (keuchend) weg sein.‘

„Ja, Sir“, antwortete Mary Ann.

„Und sagen Sie Bartholomew, er soll seine Wäschescheine reinbringen.“

„Er hat sich nicht waschen lassen“, antwortete Mary Ann und hob ihre Stimme, um der ihres Herrn zu entsprechen.

„Dann seine Portorechnung“, antwortete Herr Jog im gleichen Ton.

„Er hatte auch keine Briefe“, antwortete Mary Ann.

„Oh, dann bereiten Sie einfach das Frühstück vor“, antwortete Jog und fügte hinzu, „er wird (keuchend) weg sein, sobald er es bekommen hat, nehme ich an.“

'Wird er?' sagte Mr. Sponge zu sich selbst, während er mit pochendem Kopf im Bett herumstolperte und die Erinnerungen an die Ausschweifungen des Vortages durch einen gelegentlichen Sprung in seinen alten Freund *Mogg* milderte . Körperlich lag er im Puddingpote Bower im Bett, aber geistig befand er sich an der Tür des Goose and Gridiron auf dem St. Paul's Churchyard und wartete auf den Drei-Uhr-Bus, der von der Bank kam und ihn zum Isleworth Gate bringen sollte.

Jogs Ruf „Bartholo – *m-e-w* " unterbrach die Fahrt, gerade als Mr. Sponge in seiner Fantasie seinen Fuß auf das Lenkrad setzte und dem Fahrer zurief, er solle ihm den Gurt reichen, um ihm auf die Kiste zu helfen.

'Wird er?' sagte Mr. Sponge zu sich selbst, als er Jogs wiederholte Behauptung hörte, dass er an diesem Tag vor sich hin keuchen würde. „Ich wünschte, du könntest es bekommen, alter Junge", fügte er hinzu, steckte den jetzt rückenfreien *Mogg* unter sein Kissen und drehte sich für ein Nickerchen um.

Als er unten ankam, fand er die Gruppe beim Frühstück versammelt, ohne das interessante Wunderkind Gustavus James, nach dem sich Sponge erkundigte, sobald er seinen Gastgebern seine Ehrerbietung erwiesen hatte, und dem er eine Runde beschmierte Konfitüren verteilte Rest der Jugendgruppe.

„Aber wo ist mein kleiner Freund, Augustus James?" fragte er, als er neben Mama am Hochstuhl des Wunders ankam. „Wo ist mein kleiner Freund Augustus James?" fragte er besorgt.

„Oh, *Gustavus* James", antwortete Frau Jog, wobei der Schwerpunkt auf Gustavus lag; „ *Gustavus* James geht es heute Morgen nicht sehr gut; „Ich hatte in der Nacht eine leichte Verdauungsstörung."

„Armer kleiner Hund", bemerkte Herr Schwamm und füllte sein Maul mit heißer Niere, froh, das Wunderkind für eine Weile los zu sein. „Ich dachte, ich hätte einen Streit gehört, als ich nach Hause kam, was für einen frühen Mann wie mich ziemlich spät war, aber Tatsache war, dass Sir Harry nichts nützen würde, außer ich sollte mit ihm gehen, um bei einem seiner Mieter etwas Erfrischung zu holen; und wir redeten weiter, erst über eine Sache, dann über etwas anderes, und die Zeit verging so schnell, dass dieser Tag vorbei war, bevor ich wusste, wo ich war; und obwohl Sir Harry sehr darauf bedacht war, dass ich mit ihm nach Hause ginge – und eine Weigerung kaum ertragen würde –, hatte ich das Gefühl, dass ich das als Gast hier nicht tun konnte – zumindest damals nicht; Also holte ich mir mein Pferd und versuchte, mich anhand der Anweisungen, die mir der Bauer gegeben hatte, zurechtzufinden, aber bald verirrte ich mich, denn der Mond war unsicher und das Land sowohl für mich als auch für mein Pferd völlig fremd.'

„Welcher Bauer war das?“ fragte Jog, während die Butter von einem Bissen dicken Toasts über die Rinne seines Kinns lief. „Bauer – Bauer – Bauer – mal sehen, welcher Bauer das war“, antwortete Herr Schwamm nachdenklich und attackierte erneut die Nieren. „Oh, Bauer Beanstraw, sollte ich sagen.“

„ *Erbsenstroh* , vielleicht?“ schlug Jog vor, errötete und starrte Mr. Sponge aufmerksam an.

„Erbse – Peastraw war der Name“, antwortete Mr. Sponge.

„Ich kenne ihn“, sagte Jog; „Peastraw of Stoke.“

„Ah, er sagte, er kenne dich.“ antwortete Herr Schwamm.

'Hat er?' fragte Jog eifrig. 'Was hat er gesagt?'

„Sagen Sie – lassen Sie mich sehen, was er gesagt hat“, antwortete er und tat so, als würde er sich erinnern. Er sagte: „Du bist ein verdammt guter Kerl“, und ich möchte dir sein Kompliment machen und sagen, dass es auf seiner Farm ein paar schöne junge Eschensetzlinge gibt, die du gerne fällen dürfst.‘

'Hat er?' rief Jog aus; „Ich bin mir sicher, dass das sehr höflich von ihm ist.“ Ich werde (keuchend) bei der ersten Gelegenheit da drüben sein.‘

„Und was hielten Sie von Sir Harry?“ fragte Frau Jog.

„Hast du (puff) gesagt, dass du zu ihm (keuchend) rübergehen würdest?“ fragte Jog eifrig.

„Ich habe ihm gesagt, dass ich zu ihm gehen würde, bevor ich das Land verlasse“, antwortete Mr. Sponge nachlässig; und fügte hinzu: „Sir Harry ist für mich ein ziemlich zu schneller Mann.“

„Zu schnell für sich selbst, denke ich“, bemerkte Frau Jog.

„Gut (Puff – Keuch) junger Mann“, knurrte Jog in den Boden seiner Tasse.

„Kennen Sie ihn schon lange?“ fragte Frau Jogglebury.

„Oh, wir Fuchsjäger kennen uns alle“, antwortete Mr. Sponge ausweichend.

„Nun, das ist es, was ich Mr. Jogglebury erzähle“, rief sie. 'Herr. „Jog ist so schüchtern, dass man ihn nicht dazu bringen kann, das zu tun, was er sollte“, fügte die Dame hinzu. „Niemand würde, wenn man ihn hört, denken, dass er der große Mann ist, der er ist.“

„Sollte (puff) – sollte (keuchen)“, erwiderte Jog und paffte wütend in seine weiten Hemdrüschen. „Es ist eine (puffige) Sache, Leute zu kennen (puff), die mit den (keuchenden) Hunden unterwegs sind, und eine andere, sie in ihren (keuchenden) Häusern zu besuchen.“ „Na ja, aber, meine Liebe, so macht man doch Bekanntschaften“, antwortete seine Frau. „Nicht wahr, Herr Schwamm?“ fuhr sie fort und appellierte an unseren Freund.

„Oh, sicherlich“, antwortete Mr. Sponge, „sicherlich; Auf der Jagd sind alle Menschen gleich.'

„Das sage ich“, rief Mrs. Jogglebury; „Und doch kann ich Jog nicht dazu bringen, Sir George Stiff aufzusuchen, obwohl er ihn häufig auf der Jagd trifft.“

„Na ja, aber dann kann ich ihn ja nicht auf der Jagd anstoßen (keuchen), und dann sind wir nicht alle gleich (keuchen), wenn wir nach Hause gehen.“

Mit diesen Worten erhob sich unser Freund von seinem Stuhl, schüttelte wie üblich jedes Bein und knallte seine Taschen auf den Hintern, um sicherzustellen, dass er seine Schlüssel sicher hatte, und stolzierte folgerichtig zum Fenster, um zu sehen, wie der Tag aussah.

Mr. Sponge, der keine Lust hatte, die „Berufungs“-Kontroverse fortzusetzen, zumal dies zu Nachforschungen über seine Bekanntschaft mit Sir Harry führen könnte, trank schnell den Inhalt seines Tellers aus, trank seinen Tee aus und stand nun neben seinem Gastgeber und fragte ihn, ob er „für eine Fahrt, einen Spaziergang oder was?“ geeignet sei.

„Eine (schnaufende) Fahrt, ein (keuchender) Spaziergang oder ein (keuchendes) Was?“ wiederholte Jog nachdenklich. „Nein, ich glaube, ich bleibe zu Hause“, weil ich dachte, das wäre der sicherste Plan.

„Herr, hör auf, du wirst an einem solchen Tag nie auf der Erde liegen!“ rief Schwamm und blickte auf die helle, sonnige Landschaft.

„Ich habe viel zu tun“, entgegnete Jog, der wie alle durch und durch untätigen Männer immer furchtbar beschäftigt war. Dann tauchte er in ein Bündel grober Stöcke und wählte eines aus, um es in den Kopf von Mr. Hume zu verwandeln. Da Sponge nichts aus ihm machen konnte, war er gezwungen, den Tag im Stall und beim Streifzug durch das Land zu verbringen. Es war klar, dass Jog entschlossen war, ihn loszuwerden, und er wusste nicht, was er tun sollte. Beim Abendessen war sein Gastgeber nicht besser gelaunt, und nach einer Art Quäkertreffen an einem Abend trennten sie sich herzlich voneinander.

KAPITEL LV

DER AUSLÖSER

Jog schlief wieder schlecht und stand am nächsten Morgen voller Pläne auf, seinen unverschämten, unzeremoniellen, leichtfertigen Gast loszuwerden.

Nachdem er versucht hatte, sowohl nach oben als auch nach unten zu schreien, ging er nun hinaus, stellte sich sofort unter Mr. Sponges Schlafzimmerfenster und begann mit klarerer Stimme sein übliches Geschrei.

„Bartholo – *m-e-w*!" jammerte er. „ *Bartholo – m – e – w*!" wiederholte er etwas lauter. „ BAR – THOLO – *m – e – w* !" brüllte er mit Donnerstimme.

Bartholomäus antwortete nicht.

„Murry Ann!" rief Jog nach einer Pause aus. „ *Murry Ann!* « wiederholte er noch lauter. „ MURRAY ANN !" brüllte er aus vollem Halse.

Kommt, Sir! kommen'!' rief Mary Ann und blickte aus dem Dachfenster auf ihn herab.

„Oh, Murry Ann", rief Mr. Jog, blickte auf und bemerkte die Enden ihrer blauen Bänder, die am Fensterrahmen vorbeiströmten, während sie ihren Schlaftrunk gegen den ersten Tag eintauschte, „oh, Murry Ann, das wäre besser." mit dem (nach Luft schnappenden) Frühstück fertig sein; „Mr. Sponge wird heute höchstwahrscheinlich (keuchend) weg sein."

„Ja, Sir", antwortete Mary Ann und rückte die Mütze höflich zurecht.

„Der verwirrte, schnaufende, keuchende, keuchende alte Dummkopf mit gebrochenem Atem ist das!" knurrte Mr. Sponge und wünschte, er könnte bei Puffington's oder anderswo zu seiner früheren Erde zurückkehren. Als er herunterkam, fand er Jog in einer sehr geräumigen, hellen Schießjacke aus grünem Plüsch vor, mit unzähligen Taschen und einer Pfeife, die an einem Knopfloch hing. Sein Untermann war in ein Paar äußerst heruntergekommener weißer Moleskins gehüllt, die vom Jagen zum Schießen degradiert worden waren und deren Risse und Flicken die Gefahren zeigten, denen ihr Träger ausgesetzt gewesen war. Darunter befanden sich eintönige Gamaschen mit Hornknöpfen und Schuhe mit Nagelnägeln.

„Du schießt in die Luft, oder?" fragte Mr. Sponge nach dem Morgengruß, den Jog äußerst schroff erwiderte.

„Ich werde mit dir gehen", sagte Mr. Sponge und zerstreute sofort die Illusion, dass er keuchen würde.

„Ich werde nur die (Puff-)Krähe vom (Keuch-)Weizen abschrecken“, antwortete Jog nachlässig, da er Schwamm nicht sehen lassen wollte, was für eine gefühllose Hand er im Umgang mit einer Waffe war.

„Ich dachte, du hättest mir gesagt, dass du mir einen Hasen besorgen würdest“, bemerkte Frau Jog; Sie fügte hinzu: „Ich bin mir sicher, dass Schießen ein viel vernünftigeres Vergnügen ist, als sich bei der Jagd auf die Hunde die Kleider zu zerreißen“, und beäugte dabei die stark heruntergekommenen Maulwurfsfelle.

Frau Jog fand das Schießen nützlicher als das Jagen.

„Oh, wenn mir ein (keuchender) Hase in den Weg kommt, werde ich ihn umdrehen“, antwortete Jog nachlässig, als ob es für ihn ganz selbstverständlich wäre, sie umzudrehen; und fügte hinzu: „Aber ich bin nicht (keuchend) mit der ausdrücklichen Absicht unterwegs, einen zu erschießen.“

„Na ja“, bemerkte Schwamm, „ich werde trotzdem mit dir gehen.“

„Aber ich habe nur eine Waffe“, keuchte Jog und dachte, es wäre schlimmer, wenn Sponge über seine Schießerei lachen würde, als ihn überhaupt zu Hause zu lassen.

„Dann schießen wir immer wieder“, antwortete der hartnäckige Gast.

Jog tat sein Bestes, um ihn davon abzubringen, indem er bemerkte, dass die Vögel (puff) selten und (keuchend) wild waren und die (keuchenden) Hasen große Probleme mit Wilderern hatten; aber Mr. Sponge wollte einen Spaziergang machen und hatte außerdem Lust, Jog dabei zuzusehen, wie er seine Waffe handhabte.

Nachdem er sich ein paar äußerst deftige Sandwiches geschnitten und seinen „Affen“ mit Sherry gefüllt hatte, schlüpfte unser Freund Jog durch den Hintereingang, um den alten Ponto zu befreien, der für Gustavus James die dreifache Rolle des Vorstehhundes, des Haushundes und des Pferdes spielte. Er war ein großes, fettes, schwarz-weißes Tier mit einem Kopf wie eine Hutschachtel, einem Schwanz wie einer Wäscheklammer und einem Rücken so breit wie der eines wohlgenährten Schafes. Der alte Kerl geriet beim Anblick seines Herrn in seinem grünen Mantel so außer sich, dass er hellwach war, dass er aufsprang und hüpfte und bellte und mit der Kette rasselte und solche Schreie ausstieß, dass sein Lärm überall widerhallte das Haus und brachte Mr. Sponge bald zum Tatort, wo unser Freund stand, seine Waffe lud und so konsequent wie möglich dreinschaute.

„Ich werde nur einen (puffigen) Spaziergang über moy (keuchendes) ter-ri-to-ry machen“, bemerkte Jog, als Mr. Sponge durch die Hintertür herauskam.

HENKIGE FREUDE VON PONTO

Jogs Tempo betrug etwa zweieinhalb Stunden, Unterbrechungen eingeschlossen, und er hielt es für ratsam, Mr. Sponge auf die Prüfung vorzubereiten. Dann schulterte er seine Waffe und watschelte davon, zuerst über den Zauntritt in die Stoppeln von Farmer Stiffland, um die herum Ponto auf wildeste und selbständigste Weise herumlief, ungeachtet von Jogs Pfeifen und Takten und dem Knall seiner kleinen knorrigen Peitsche. Jog überquerte dann die alte Weide in die Rüben von Mr. Lowland, in die Ponto auf die gleiche energische Weise stürzte, aber diese Reisehindernisse machten sich bald an seinem großen Buttermilchkadaver bemerkbar und brachten ihn zu einem gedämpfteren Tempo; Dennoch hatte der Hund viel mehr Energie als sein Herrchen. Er ging herum, schnüffelte und jagte, dann rannte er mitten durch das Feld, als wäre er allein unterwegs und hätte nichts mit einem Herrn zu tun.

„Ihr Hund wird alle Vögel aus dem Schuss werfen", bemerkte Mr. Sponge; und gerade als er sprach, surr! Ein Schwarm Rebhühner, elf an der Zahl, erhob sich in unmöglicher Entfernung, aber Jog feuerte trotzdem davon.

„Verdammt, Mann! „Wenn du nur deinen Mund gehalten hättest", knurrte Jog, während er die Sonne vor seinen Augen beschattete, um sie zu markieren, „hätte ich (keuchend) die Hälfte davon."

„Unsinn, Mann!" antwortete Herr Schwamm. „Sie waren eine Meile außer Schuss."

„Ich denke, ich sollte meine (Puff-)Waffe besser kennen als (keuchen) Sie", antwortete Jog und senkte sie zum Laden.

„Sie sind am Boden!" rief Herr Schwamm, der sie beobachtete, bis sie in ihrem Flug zu gleiten begannen, und sah, wie sie anhielten, mit den Flügeln schlugen und sich zwischen einigen vereinzelten Ginstersträuchern auf dem Hügel vor ihnen niederließen. „Lasst uns den Bund brechen; wir werden sie einzeln besser erlegen.'

„Nehmen Sie sich Zeit (Puff), antwortete Jog, schnaubte in seine Halskrause und dosierte sein Pulver ganz gemächlich ab. „Lassen Sie sich Zeit (keuchen)", wiederholte er; „Sie sind gerade an der Grenze von Moy Terri-to-Ry."

Jog hatte so manches Spiel mit diesen Vögeln gespielt und kannte ihre Aufenthaltsorte und Gewohnheiten genau. Der Schwarm bestand zunächst aus dreizehn, aber durch wiederholtes Anfeuern in deren „Braun" gelang es ihm, zwei niederzuschlagen. Jog gehörte nicht zu Ihren eingebildeten Schützen, die nie schossen, außer wenn sie sicher waren, zu töten; im Gegenteil, er ließ immer weit oder nah fahren; und selbst wenn er mit dem ersten Lauf einen Hasen erschoss, was er manchmal tat, schoss er immer den zweiten in sie hinein, um sicherzugehen. Die Schießerei des Vorsitzenden sorgte für Belustigung in der Nachbarschaft. Bei einer Gelegenheit jubelte ihm eine Gruppe Schnitter dreimal zu, als er zum dreizehnten kam, nachdem er zugesehen hatte, wie er zwölf Schüsse hintereinander verfehlte – aber bis heute. Jog hatte nun seine Waffe mit viel Aufregung nachgeladen, die Kappe aufgesetzt und alles war bereit für einen Neuanfang. Ponto hatte sich unterdessen auf den Weg gemacht, und Jog hielt es für besser, ihm die Schärfe seines Eifers nehmen zu lassen, als sich an die strengen Regeln des Hinlegens oder Gefügsammachens zu halten. „Jetzt lasst uns weitermachen", rief Herr Schwamm und stieg schnell aus.

„Nimm dir Zeit (Puff), nimm dir Zeit (Keuchen)", keuchte Jog und watschelte weiter; „Lass sie besser ein wenig zur Ruhe kommen (Puff). „Lass sie besser ein wenig zur Ruhe kommen (nach Luft schnappen)", fügte er hinzu und mühte sich ab.

„Oh nein, halten Sie sie in Bewegung", antwortete Mr. Spongc, „halten Sie sie in Bewegung." Greift sie nur auf dem Hügel an und treibt sie in die Felder darunter, dann werden wir seltenen Spaß haben."

„Aber die (Puff-)Felder unten gehören nicht mir", keuchte Jog.

'Wem gehören sie?' fragte Herr Schwamm.

„Oh (puff), Mrs. Moses", keuchte Jog. „Mein dummer alter Onkel", fuhr er fort, blieb stehen und ergriff Mr. Sponges Arm, als wollte er seine Position veranschaulichen, in Wirklichkeit aber, um Luft zu holen, „mein dummer alter Onkel (Puff) hat es versäumt, dieses (pfeifende) Land zu kaufen." als der alte Harry Griperton starb. „Das wollte ich nur, damit sich Moy (keuchend) ter-ri-to-ry bis zum dortigen Cockwhistle Park (keuchend) ausdehnt", fuhr er fort, kletterte auf einen Zaunübertritt, dem sie sich nun näherten, und legte den obersten Stein beiseite. „Das ist Cockwhistle Park, dort oben – genau dort, wo Sie die (puff) Windmühle sehen – dann kommt (puff) moy (keuchend) ter-ri-to-ry auf die (keuchende) Brachfläche zu, da sehen Sie alles gelb mit Runch; Und wenn mein alter Onkel (keuchend) Crowdey das Gespür einer (keuchenden) Gans gehabt hätte, hätte er das beim Verkauf getan. „Moy (puff) Name war (keuchend) Jogglebury", fügte er hinzu, „bevor mein (keuch) Onkel starb."

„Nun, das ist egal", antwortete Mr. Sponge; „Lasst uns diesen Vögeln nachjagen."

„Oh, wir werden gleich zu ihnen aufsteigen", bemerkte Jog, der sich mit einer halben Tonne Lehm an jedem Fuß abmühte, nachdem die Sonne den Frost dort vertrieben hatte, wo er auftraf, und das Land tragen ließ.

„ *Jetzt!*' erwiderte Herr Schwamm. „Aber du solltest dich beeilen, Mann."

„Na ja, aber lass mich mein eigenes (Puff-)Tempo gehen", blaffte Jog, während er sich abmühte.

'Tempo!' rief Mr. Sponge, „Ihr eigener Crawl, sollte man sagen."

'In der Tat!' knurrte Jog mit einem wütenden Schnauben.

Sie gelangten nun durch eine gut angelegte Viehlücke auf eine sehr grasbewachsene, matschige, mit Ginster bewachsene Weide am Fuße des ansteigenden Geländes, auf dem Herr Schwamm die Vögel markiert hatte. Ponto, dessen energische Anstrengungen allmählich nachgelassen hatten, bis er sich zu einem gemächlichen Jagdhund entwickelt hatte, stand plötzlich wie gebannt da, den rechten Fuß erhoben, und sein Blick blieb auf einem Binsenbüschel hängen.

„Poon-to!" rief Jog und erwartete jede Minute, dass er darauf losrennen würde. „Poon-to!" wiederholte er und hob die Hand.

Mr. Sponge stand voller Erwartung da; Jog hob seinen hellwachen Hut von den Augen und näherte sich vorsichtig mit gespannter Maschine der Zerstörung. Ein großer Hase erhob sich; Knall! ging die Waffe, mit dem Hasen nichts Schlimmeres. Knall! Das andere Fass ging los, was der Hase mit zwei oder drei stolpernden Sprüngen und einer Beschleunigung des Tempos quittierte.

„Gut vermisst!" rief Herr Schwamm aus.

Ponto nahm die Verfolgung auf.

„Poon-to!" schrie Jog und stampfte vor Wut auf.

„Ich hätte dir die Nase abwischen können", rief Herr Schwamm und deckte den Hasen mit einem Heckenpfahl ab, der wie eine Waffe an seiner Schulter befestigt war.

'Könnten Sie?' knurrte Jog; „Angenommen, Sie wischen Ihr eigenes ab", fügte er hinzu, ohne die Bedeutung des Begriffs zu verstehen.

Mittlerweile rollte der alte Ponto energisch davon, je weiter er ging, desto weiter wurde er zurückgelassen, bis der Hase, nachdem er außer Sichtweite gehuscht war, herumwirbelte und gemächlich zurückkam, als ginge es ihm gut.

Jog war sehr wütend und ließ seinen Zorn an dem Hund aus, der, wie er erklärte, ihn verfehlen ließ, und schwor, während er den Angriff abwehrte, dass er noch nie zuvor einen solchen Schuss verfehlt hatte. Mr. Sponge blickte ihn ungläubig an und dachte, dass ein Mann, der einen solchen Schuss verfehlen könnte, alles verfehlen könnte. Sie waren nun alle bereit für einen Neuanfang, und Ponto, nachdem er seine Objurgation eingesteckt hatte, stürmte wieder vorwärts das ansteigende Gelände hinauf, über das das Covey gefallen war.

Der starke Wind von Jog war ein ernsthaftes Hindernis für die schnelle Besteigung des Hügels, und der Hund schien sich seiner Gebrechlichkeit bewusst zu sein und Freude daran zu haben, ihn zu ärgern.

„Poon-to!" keuchte Jog, als er ausrutschte, stolperte und schuftete, schmerzlich behindert durch die Belastung durch seine Waffe.

Aber Poon-to beachtete ihn nicht. Er wusste, dass sein Meister ihn nicht fangen konnte, und wenn doch, durfte er ihn nicht auspeitschen.

„Poon-to!" keuchte Jog noch einmal, noch lauter, und griff nach einem Busch, um ihn daran zu hindern, zurückzurutschen. „Toohoo! Poon-to!' keuchte er; aber der Hund drehte einfach sein großes Heck und lief lebhafter als je zuvor umher.

„Halt! aber ich würde dich in zwei Teile schneiden, wenn ich dich hätte!' rief Mr. Sponge und beobachtete sein unabhängiges Vorgehen.

„Er ist kein schlechter Hund", bemerkte Jog und wischte sich den Schweiß von der Stirn.

„Er ist kein guter Mensch", entgegnete Mr. Sponge.

„Glaubst du nicht (keuchend)?" fragte Jog.

„Sicher", antwortete Schwamm.

„Das dient mir", knurrte Jog, während er sich den Hügel hinaufmühte.

„Einfach zu bedienen", antwortete Herr Schwamm, pfiff und beäugte das unabhängige Tier.

„Toohoo! Poonto!' keuchte Jog, als er eifriger denn je vorwärts stürmte, als er ebenes Gelände erreichte.

„Poon-to! Tuuuu!' wiederholte er mit noch lauterem Ton und demselben Erfolg.

„Du gehst besser zu ihm", bemerkte Mr. Sponge, „sonst lässt er alle Vögel hochspringen."

Jog jedoch tappte in seinem eigenen Tempo weiter und knurrte:

„Die meiste (Puff-)Eile, die geringste (Keuch-)Geschwindigkeit."

Der Hund näherte sich jetzt schnell der Stelle, an der die Vögel leuchteten; Als Mr. Sponge und Jog die Spitze des Hügels erreicht hatten, blieb Mr. Sponge stehen und beobachtete das Ergebnis.

Hinter dem Hund schwirrten vier Vögel aus einem Ginsterbeet und boten alle wunderschöne Aufnahmen. Jog feuerte einen Lauf auf sie ab, ohne auch nur eine Feder zu berühren, und der Knall der Waffe ließ sofort drei weitere Ladungen hochschleudern, in deren Mitte er mit ähnlichem Erfolg feuerte. Sie kamen alle unverletzt davon.

„Gut vermisst!" rief Herr Schwamm erneut aus. „Du bist ein guter Schütze, aber ein schlechter Schlagmann."

„Du bist das, was man einen (pfeifenden) Kerl nennt", knurrte Jog.

Er wollte „frech" sagen, aber das Wort kam nicht auf. Dann begann er, seine Waffe nachzuladen, Poon-to zu belehren, der seine Anstrengungen immer noch fortsetzte, und Mr. Sponge innerlich zu verfluchen. Er wünschte, er hätte ihn zu Hause gelassen. Als er sich dann an Mrs. Jog erinnerte, dachte er, dass er vielleicht auch dort war, wo er war. Dennoch ließ seine Anwesenheit ihn schlimmer schießen als sonst, und dafür gab es keinen Anlass.

„Geben Sie *mir* jetzt eine Chance", sagte Mr. Sponge.

„Schuss (Puff) – Schuss (Keuchen); „Nun, probieren Sie es aus, wenn Sie möchten", antwortete er.

Gerade als Mr. Sponge die Waffe bekam, erhob sich der elfte Vogel und warf ihn um.

HERR. SPONGE ERTEILT PONTO EINE LEKTION

' *So* macht man das!' rief Herr Schwamm, als der Vogel tot vor Ponto umfiel.

Der aufgeregte Hund, der solche Abfahrten nicht gewohnt war, schnappte es sich und rannte davon. Gerade als er außer Schussweite war, feuerte Mr. Sponge den anderen Lauf auf ihn ab, was dazu führte, dass er den Vogel fallen ließ und schreiend und heulend davonlief. Jog war wütend. Er stampfte auf und keuchte, rauchte und keuchte und schien vor Wut und Empörung zu platzen. Obwohl der Hund davonlief, so schnell er nur lecken konnte, beharrte Jog darauf, dass er tödlich verwundet sei und sterben würde. „Er hat noch nie so etwas gesehen." Er hätte keine zwanzig Pfund für den Hund genommen. Nein, er hätte keine dreißig genommen. Vierzig hätten ihn nicht gekauft. „Er war fünfzig von jedem Geld wert", und so fuhr er wütend fort und betonte seinen Wert, während er sprach.

Mr. Sponge schlich sich dorthin, wo der Hund den Vogel abgesetzt hatte; und Mr. Jog nutzte seine Abwesenheit, ging wieder den Hügel hinunter und machte sich viel schneller auf den Heimweg, als er gekommen war. Als er dort ankam, fand er den Hund in der Küche, etwas wund von dem Besuch des Schusses, aber nicht so verletzt, dass er ihn nicht daran hindern konnte, einen äußerst großzügigen Teller Stockmaulpudding zu genießen, den er durch eine allgemeine Spende der Bediensteten erhalten hatte. Dann wendete sich Jogs Zorn in eine andere Richtung, und er empörte sich über die Verschwendung und Extravaganz der Tat, wobei er ziemlich deutlich andeutete, dass er wisse, wer es war, der sie dagegen verstoßen hatte. Insgesamt war er voller Sorgen, Ärger und Ärger; und nachdem wir einen weiteren äußerst unangenehmen Abend mit unserem Freund Sponge verbracht hatten, gingen wir entschlossener denn je zu Bett, ihn loszuwerden.

KAPITEL LVI

WIEDER NICHT SO EIN HAUS

Am nächsten Morgen variierte der arme Jog erneut seine Hinweise. Nach diversen einleitenden Worten: „Murry Anns!" und „Bar-tho-lo- *mews* !" Endlich brachte er Letzteren dazu, zu antworten, als er mit so lauter Stimme, dass sie das ganze Haus erfüllte, ihn aufforderte, in den Stall zu gehen und Mr. Sponges Diener wissen zu lassen, dass sein Herr (keuchend) weg sein würde.

„Da liegst du falsch, alter Bock", knurrte Leather, als er das Vorstehende hörte; „Er ist inzwischen schon auf halbem Weg zu Sir Arry."

Und tatsächlich war Mr. Sponge, wie niemand besser wusste als Leather, der ihm sein Pferd besorgt hatte, da der Reiter unpässlich war – das heißt, er war die ganze Nacht mit Mr. Leather auf einem Trinkausflug unterwegs gewesen, und Leather hatte gerade … kam rechtzeitig nach Hause, um den purpurrot gekleideten, barfüßigen Läufer von Nonsuch House zu empfangen, der *en passant vorbeikam* , um zu sehen, ob er etwas in seinen geräumigen Hosentaschen verstauen konnte, und um die Nachricht zu hinterlassen, dass Sir Harry gehen würde um zu jagen, und würden sich vor dem Haus treffen.

Obwohl Leather etwas benommen war, war er nüchtern genug, um diese Nachricht zu überbringen und Mr. Sponge darüber zu informieren, dass es unmöglich war, das „Ack" zu „reiten". In der Tat sagte er wahrhaftig, dass er „die ganze Nacht mit ihm rumgehangen habe und einmal geglaubt habe, es sei alles mit ihm in der Luft", und die Alloverhaftigkeit, die darin bestand, dass Mr. Leather fast überall auf dem Kopf des Hacks war, war die Folge davon Ein Tier scheut einen anderen betrunkenen Mann, der auf der anderen Straßenseite liegt.

Mr. Sponge hörte dem Vortrag mit der Gleichgültigkeit eines Mannes zu, der auf Kutschenpferden reitet, und bemerkte kühl, dass Leather es mit dem Kastanienbraun aufnehmen müsse und er das Braune reiten würde, um sich zu verstecken.

„Könnte nicht, Sir, konnte nicht", antwortete Leather mit einem Kopfschütteln und einem Funkeln seiner schelmischen, wässrigen grauen Augen.

'Warum nicht?' fragte Mr. Sponge, der nie irgendwelche Schwierigkeiten sah.

„Oh, sur", antwortete Leather in einem Tonfall der Verzweiflung, „es wäre völlig unmöglich." Überlegen Sie, was für ein Tag der letzte war; Warum kam er erst um drei Uhr morgens zur Ruhe?

„Es wird nur eine Gehübung sein", bemerkte Mr. Sponge; „Tu ihm Gutes."

„Valk lieber die Kastanie“, antwortete Mr. Leather; „Multum in Parvo hatte heute, ich weiß nicht wann, keinen guten Tag und wird umso besser abschneiden.“

„Aber ich hasse es, auf meinem Pferd zu kriechen, um in Deckung zu gehen“, antwortete Mr. Sponge, der gerne schwungvoll galoppierte.

„Du musst kriechen, wenn du auf Ercles reitest“, bemerkte Leather, „wenn nicht gehen.“ Gesundheit! Ich war die ganze alte Nacht total vernarrt in ihn und ihn.

'In der Tat!' antwortete Mr. Sponge, der befürchtete, seine Jagd könnte abrupt beendet werden.

„So wahr ich auch bin“, erwiderte Leather. „Er hat genauso wenig zu essen, wie er war, als er hereinkam; Ich habe noch nie ein „Oss“ gesehen, das regelmäßiger serviert wurde – mehr –“

„Gut, gut“, sagte Mr. Sponge und unterbrach den Katalog der Beschwerden; „Ich glaube, ich muss tun, was Sie sagen – ich muss wohl tun, was Sie sagen: Was ist das für ein Tag?“

„Vy, der Tag ist kein schlechter Tag; Zumindest ist es kein besonders hemmungsloser Tag. Natürlich habe ich einen besseren Tag gesehen; Aber ich habe auch viele viel schlimmere Tage gesehen, und die Tage zu dieser Jahreszeit neigen dazu, sich zu ändern – manchmal natürlich zum Besseren, manchmal natürlich auch zum Schlechteren.“

„Ist es Frost?“ schnappte Mr. Sponge, der seiner Geschwätzigkeit überdrüssig war.

„Ist es Frost?“ wiederholte Mr. Leather nachdenklich; „Ist es Frost? Vy, nein; Ich würde sagen, es *ist kein* Frost – zumindest kein Frost für mich; Es mag eine kleine Rinde auf dem Boden und ein wenig Rauheit im Haar sein, aber die allgemeine Verkettung …“

„Hout, tout!“ rief Herr Schwamm, „lassen Sie uns keines Ihrer Wörterbuchwörter haben.“

Mr. Leather stand schweigend da und drehte seinen Hut herum.

Die Folge all dessen war, dass Mr. Sponge beschloss, zum Frühstück nach Nonsuch House zu reiten, was seinem Pferd eine halbe Stunde im Stall geben würde, um etwas Mais zu fressen. Dementsprechend bat er Leather, ihm sein Rasierwasser zu bringen und das Pferd in einer halben Stunde im Stall bereitzuhalten, wo Mr. Sponge zu gegebener Zeit durch die Hintertür herauskam, ohne jemandem aus der Familie zu begegnen. Der schlendernde Schecken sah in all den Windeln, in die Leather ihn eingehüllt hatte, so niedergeschlagen und traurig aus, dass Mr. Sponge keinen Blick auf den galanten Herkules werfen wollte, der sich vorübergehend in einer Box am anderen Ende der Dunkelheit aufhielt stabil, damit er nicht schlechter aussieht. Deshalb bestieg er Multum gerade in Parvo, als Leather ihn zur Tür hinausführte, und machte sich wortlos auf den Weg.

„Nun, hängen Sie mich auf, aber Sie können das Wetter gut beurteilen", rief Schwamm zu sich selbst, als er das Feld hinter dem Haus betrat und feststellte, dass das Pferd auf dem Gras kaum Eindruck machte. ' *Keinen Frost!* ' wiederholte er und atmete in die Luft; „Warum es jetzt eiskalt ist, ohne die Sonne."

Als wir in die Marygold Lane kamen, zog unser Freund die Zügel und wollte umkehren, aber der entschlossene Fuchs nahm das Gebiss zwischen die Zähne und schüttelte den Kopf, als sei er entschlossen, weiterzugehen.

„Oh, du Unmensch!" knurrte Herr Schwamm und ließ die Sporen mit herzlichem Wohlwollen in seine Seiten gleiten, was das Tier dazu veranlasste, zu treten, als wollte es sich auf den Kopf stellen. „Ah, das *wirst du* , ja?" rief Herr Schwamm und ließ die Sporen wieder einsetzen, als das Tier seine Beine wieder auf den Boden setzte. Es ging wieder hinauf, wenn möglich höher als zuvor.

Das Tier war ganz offensichtlich voller Unfug, und selbst wenn die Hunde nicht vorgingen, wozu sie angesichts des Wetters kaum in der Lage waren, war Mr. Sponge der Meinung, dass es gut wäre, etwas von dem Unsinn zu beseitigen von ihm; und darüber hinaus würde ihm die Reise nach Nonsuch House die Chance geben, dort ein Quartier einzurichten – eine Chance, die ihm durch Sir Harrys plötzlichen Weggang von Farmer Peastraw genommen worden war. Mit diesen Worten versammelte unser Freund sein Pferd, setzte sich in seinen Sattel und ließ seine gesunden Hufe auf der harten Straße klingeln.

„ *Vielleicht* jagt er", dachte Mr. Sponge, während er weiter ratterte; „So ein Rum-Bettler wie Sir Harry findet es vielleicht lustig, bei Frost auszugehen." „Es ist auch schwer", sagte er, als er die armen Rübenzüchter sah, die in ihre dicken Schals gehüllt waren, und beobachtete, wie sie mit den Armen gegen die Seiten schlugen, um die Kälte aus ihren Fingerspitzen zu vertreiben.

Multum in Parvo war ein gutes, kräftiges Pferd, hart und fest wie ein Cricketball, ein Pferd, das selbst an einem Jagdmorgen kein Haar um eine Kleinigkeit zucken ließ, geschweige denn bei einem so gründlichen Chiller wie diesem; und nachdem Mr. Sponge in einem guten, runden Tempo vorangekommen war und den Boden viel schneller überwunden hatte, als er es tat, als die Straße für ihn völlig neu war und er sich nach dem Weg erkundigen musste, fuhr er endlich an, um zu sehen, was los sei. Uhr war es.

Es war erst halb zehn, und schon in der Ferne sah er die Wälder, die Nonsuch House umgaben.

„Wird früh sein", sagte Mr. Sponge, steckte seine Uhr wieder in die Westentasche und griff in seine schicke Manteltasche, um das Zigarrenetui zu holen. Nachdem er ein Licht angezündet hatte, legte er nun die Zügel um den Hals des Pferdes und ging gemächlich weiter. Das Tier schritt fröhlich und warf den Kopf hin und her, als wäre es der ruhigste und vertrauenswürdigste Nörgler der Welt. Wenn er um halb elf dort ankam, rechnete Mr. Sponge, hätte er genügend Zeit, sich um sein Pferd zu kümmern, sein eigenes Frühstück zu besorgen und zu sehen, wie das Land für eine Unterbringung ausfiel.

Es wäre unmöglich, vor zwölf zu jagen; Also ging er rauchend und schlendernd weiter, fragte sich bald, ob er in der Lage sein würde, ein Quartier einzurichten, bald überlegte er, wie er Sir Harry am liebsten ein Pferd verkaufen würde, dann überlegte er, ob er wahrscheinlich dafür bezahlen würde, und belebte die allgemeinen Überlegungen indem er seine Sporen gegen seine Steigbügel klingeln ließ.

Nachdem er an den Herbergen am Ende der Allee vorbeigekommen war, zog er seinen Hut, drehte sein Haar, tastete seine Krawatte ab und sorgte für einen würdevollen Auftritt. Die plötzliche Biegung der Straße brachte ihn direkt zum Haus. Wie verändert sich die Szene! Anstelle der scharlachrot gekleideten Jugendlichen, die sich mit ihren duftenden Tüchern und Jagdpeitschen um den Kiesring drängten – anstelle der drallen Abigails und hübschen Mätressen, die aus den Fenstern hingen, flirteten, plauderten und gafften – war die Tür geschlossen, die Jalousien heruntergelassen, Die Fensterläden schlossen sich, und das ganze Haus sah aus wie Trauer.

Mr. Sponge zügelte unwillkürlich die Zügel, erschrocken über den Szenenwechsel. Was könnte passiert sein! Könnte Sir Harry tot sein? Könnte meine Dame durchgebrannt sein? „Oh, diese schrecklichen Signalhörner!" dachte er; „Er sah aus wie ein schwuler Betrüger." Und Mr. Sponge fühlte sich, als hätte er eine persönliche Verletzung erlitten.

Gerade als ihm diese Gedanken durch den Kopf gingen, öffnete eine schläfrige, schlampige Putzfrau in einer alten schwarzen Strohhaube und einem grauen Bettkleid einen der Fensterläden und öffnete den Fensterrahmen, an dem Mr. Sponge saß der Inhalt der Wohnung. Das letzte Wachslicht erlosch gerade in der Mitte eines prächtigen Kandelabers in der Mitte eines Tisches, auf dem Weinkrüge, Gläser, Dekanter, Ananasspitzen, Weintraubengerichte, Kuchen, Sardellen-Toastplatten, teuflische Kekse … Regale – alle Begleiter einer üppigen Unterhaltung.

„Sir Harry zu Hause?" fragte Herr Schwamm und machte die Frau auf seine Anwesenheit aufmerksam, indem er seine Peitsche nahe an ihrem Ohr knallen ließ. „Nein", antwortete die Dame schroff und begann mit einem Staubwedel einen Angriff auf den nächsten Stuhl.

'Wo ist er?' fragte unser Freund.

„Natürlich ins Bett", antwortete die Frau im gleichen Ton.

HERR. Sponges roter Mantel verlangt keinen Respekt

„Natürlich ins Bett", wiederholte Mr. Sponge. „Ich glaube nicht, dass es in dem Fall irgendein ‚sicheres' gibt." Wissen Sie, wie spät es ist?' fragte er.

„Nein", antwortete die Frau, ließ sich auf einen anderen Stuhl fallen und ordnete die purpurroten Samtvorhänge auf den Halterungen.

Mr. Sponge war ziemlich verblüfft. Sein roter Mantel erweckte nicht den Respekt, den ein roter Mantel normalerweise genießt. Tatsache war, dass es im Nonsuch House so seltsame Leute in roten Mänteln gab, dass ein roter Mantel eher ein Objekt des Misstrauens war als alles andere.

„Nun, meine gute Frau", fuhr Mr. Sponge fort und milderte seinen Tonfall, „können Sie mir sagen, wo ich jemanden finden kann, der mir etwas über die Hunde sagen kann?"

„Nein", knurrte die Frau, während sie sich immer noch hin und her wälzte und die Möbel umschleuderte.

„Ich werde dich für deine Mühe in Erinnerung behalten", bemerkte Mr. Sponge und tauchte seine rechte Hand in die Tasche seiner Hose.

'Herr. Flaschenenden gehen ins Bett", bemerkte die Frau, die nun ihre Entwicklung einstellte und ihre grausigen, ungeordneten Locken teilte, während sie näher kam und mit in die Seite gestemmten Armen aus dem Fenster starrte. Sie war die Stellvertreterin des Unterhausmädchens; Alle Bediensteten im Nonsuch House erledigen als Stellvertreter die grobe Arbeit. Lady Scattercash war eine *echte* Dame und wollte, dass der Ruf des Hauses gewahrt blieb, was natürlich nur dadurch erreicht werden konnte, dass man die oberen Bediensteten nichts tun ließ. 'Herr. „Flaschenenden gehen ins Bett", bemerkte die Frau.

'Herr. Flaschenenden?' wiederholte Herr Schwamm; 'Wer ist er?'

„Natürlich der Butler", antwortete sie und war erstaunt darüber, dass irgendjemand fragen musste, wer eine so wichtige Persönlichkeit sei.

„Kannst du ihn nicht anrufen?" fragte Mr. Sponge, der immer noch in seiner Tasche herumfummelte.

„Könnte nicht, wenn es überhaupt so wäre", antwortete die Dame und strich mit ihrer noch schmutzigeren Hand ihre schmutzige blaukarierte Schürze glatt.

'Warum nicht?' fragte Herr Schwamm.

'Warum nicht?' wiederholte die Frau; Denn Mr. Bottleends lässt sich von niemandem stören. Als er zu Bett ging, sagte er, er müsse erst morgen angerufen werden.

„Erst morgen angerufen!" rief Herr Schwamm aus; „Ist Sir Harry dann von zu Hause?"

„Von zu Hause, nein; Was soll das in deinen Kopf bringen?' spottete die Frau.

„Wenn der Butler im Bett ist, könnte man annehmen, dass der Meister weg ist."

„Hout!" schnappte die Frau; „Sir Harrys Bett – Captin Seedeybucks Bett – Captin Quods Bett – Captin Spangles Bett – Captin Bounceys Bett – Captin Cutitfats Bett – sie sind alle außer mir und mir." „Ich muss das Haus reinigen und in Ordnung bringen, und es ist höchste Zeit, dass es gereinigt und in Ordnung gebracht wird, denn sie haben in diesen drei Nächten nichts mit ihnen zu tun gehabt." Als sie das sagte, wedelte sie mit ihrem Staubwedel, als wollte sie sich wieder an die Arbeit machen.

„Nun, aber sagen Sie mir", rief Herr Schwamm, „kann ich den Lakaien oder den Jäger oder den Stallknecht oder einen Helfer oder irgendjemanden sehen?"

„Deary weiß es", antwortete die Frau nachdenklich und stützte ihr Kinn auf ihre Hand. „Ich wage zu behaupten, dass sie auch alles sein werden, was ich im Bett habe."

„Aber sie werden jagen, nicht wahr?" fragte unser Freund.

„ *Jagd!* ' rief die Frau aus; 'Was soll das in deinen Kopf bringen?'

„Na ja, sie haben mir Bescheid gegeben, dass sie es waren."

„Dann werde ich dann ins Bett gehen", bemerkte sie und zeigte erneut den Wunsch, sich wieder dem Staubwischen zu widmen.

Mr. Sponge, der immer noch die Hand in der Tasche hatte, saß in einem Zustand dummer Verwirrung auf seinem Pferd. Er hatte noch nie zuvor einen solchen Fall gesehen – ein verschlossenes Haus und ein Hundeführer im Bett, als sich die Hunde vor der Tür trafen. Das konnte nicht der Fall sein: Die Frau musste träumen oder betrunken sein oder beides.

„Na ja, aber, meine gute Frau", rief er aus, als sie dem Stuhl einen strafenden Schlag versetzte, als wollte sie die verlorene Zeit wieder gutmachen; „Nun, aber, meine gute Frau, ich wünschte, Sie würden versuchen, jemanden zu finden, der mir etwas über die Hunde erzählen kann." Ich bin sicher, dass sie auf die Jagd gehen müssen. „Wenn du so willst, werde ich mich für deine Mühen an dich erinnern", fügte er hinzu und tauchte seine Hand erneut bis zum Handgelenk in die Tasche.

„Ich sage dir", antwortete die Frau langsam und bedächtig, „heute wird es keine Jagd geben." Jagen!' rief sie aus; „Wie können sie jagen, wenn sie alle ins Bett getragen werden mussten?"

„Ins Bett getragen! hatten sie?' rief Herr Schwamm aus; „Was, waren sie betrunken?"

'Betrunken! Ja, natürlich. Wie würden Sie sie haben?' antwortete die alte Frau, die zu glauben schien, dass Trinken eine notwendige Begleiterscheinung der Jagd sei.

-me-ws !" des alten Jog. und „Murry Anns!" und Hinweise, damit er anfangen kann.

„Das kannst du nicht", antwortete die Dame. „Du kannst niemanden außer mir sehen", fügte sie hinzu und richtete ihre funkelnden Augen aufmerksam auf ihn, während sie sprach.

„Nun, das ist ein hübscher Versuch", bemerkte Mr. Sponge laut vor sich hin und ließ seine Sporen gegen seine Steigbügel klingeln.

„Hübsch oder hässlich", blaffte die Frau, weil sie dachte, es sei ein Spiegelbild ihrer selbst, „das ist alles, was du bekommen wirst"; und daraufhin gab sie der Stuhllehne eine kräftige Bastonade, als ob sie damit verdeutlichen wollte, wie sie Mr. Sponge die Beobachtung überlassen möchte.

„Ich kam hierher, um etwas Frühstück zu holen", bemerkte Mr. Sponge, warf einen Blick auf den ungeordneten Tisch und erkundete die Flaschen und die Reste des Nachtischs.

'Hast du?' sagte die Frau; „Ich wünschte, du könntest es bekommen."

„Ich wünschte, ich könnte", antwortete er. „Wenn du das für mich schaffen würdest, nur etwas Kaffee und ein oder zwei Hammelkoteletts, würde ich mich an dich erinnern", sagte er und verlockte sie immer noch mit dem Geräusch des Silbers in seiner Tasche.

„Ich schaffe es!" rief die Frau aus, ihre Hoffnungen wuchsen bei dem Klang erneut; Ich mach es fertig! Wie denkst du, dass ich solche Dinge manipulieren soll? fragte sie.

„Gehen Sie zum Koch, zur Haushälterin oder zu irgendjemandem", antwortete Mr. Sponge.

„Koch oder Haushälterin!" rief sie aus. „In diesen vielen Stunden wird es hier noch keine Köchin oder Haushälterin geben; „Ich frage mich", fügte sie hinzu, „sie stehen heute auf."

'Was! Sie wurden doch auch zu Bett gebracht, nicht wahr?' fragte er.

„Warum nein – nicht wirklich", sagte die Frau gedehnt; „Aber wenn Sarvants drei von vier Nächten wach gehalten werden, müssen sie die verlorene Zeit nachholen, wenn sie können."

„Nun", überlegte Mr. Sponge, „das ist auf jeden Fall lästig; Ich bekomme kein Frühstück, verliere meine Jagd und vielleicht noch eine Unterkunft obendrein. „Nun, es gibt Sixpence für dich, meine gute Frau", sagte er schließlich, zog seine Hand aus der Tasche und reichte ihr den Inhalt durch das Fenster; und fügte hinzu: „Machen Sie sich damit nicht zum Biest."

„Es ist Nabbut *Fourpence* ", bemerkte die Frau und hielt es auf ihrer Handfläche hin.

„Na ja, du bist herzlich willkommen, was auch immer es ist", antwortete unser Freund und drehte sein Pferd um, um wegzugehen. Dann kam ihm ein Gedanke. „Könnten Sie mir einen Stift und Tinte besorgen, meinen Sie?" fragte er; „Ich möchte eine Zeile an Sir Harry schreiben."

'Stift und Tinte!' antwortete die Frau, die die Grütze eingesteckt hatte und
wieder mit dem Staubwischen fortfuhr; „Ich weiß nicht, wo sie solche Dinge
wie Kugelschreiber und Tinten aufbewahren."

„Höchstwahrscheinlich im Salon oder im Wohnzimmer oder vielleicht in der
Speisekammer des Butlers", bemerkte Mr. Sponge.

„Nun, Sie können reinkommen und nachsehen", antwortete die Frau, da sie
dachte, dass es keinen Anlass mehr gäbe, sich noch mehr Sorgen um das
Viergroschenstück zu machen.

Unser würdiger Freund saß ein paar Sekunden auf seinem Pferd und starrte
aufmerksam in das Esszimmerfenster. Er dachte, dass das Viergroschenstück
im Laufe der Zeit genügend Respekt erfahren könnte, um ihm so etwas wie
Anweisungen zu verschaffen, wie er vorgehen müsse, um seines loszuwerden
Pferd, um sich Zugang zum Haus zu verschaffen, dessen Tür stirnrunzelnd
geschlossen stand. Darin täuschte er sich jedoch, denn kaum hatte die Frau
die Worte „Nun, Sie können reinkommen und sehen" ausgesprochen,
stolzierte sie auch schon ins Innere des Zimmers und begann eine
regelmäßige Reihe von Angriffen auf die Möbel , den Kaminvorleger über
die Rückenlehne eines Stuhls werfen, die Feuereisen in einen anderen legen,
die Stahlfassade gegen den Kaminsims aus Carrara-Marmor stellen und
Dinge auf die selbständige Art und Weise herumwerfen, wie Bedienstete
harmlose Möbel behandeln, wenn Herr und Herrin liegen bequem im Bett.
„Flop" war erneut der Knaller; „Knall" machten die Möbel; „An diesen Stuhl
klopfen" widersprach dem, und sie schien entschlossen, alle Dinge in den
glücklichen Zustand von Sechsern und Siebenern zu versetzen, der den
Verkauf von Haushaltsmöbeln kennzeichnet, wenn Stühle auf Tische
montiert werden und das gesamte System der häuslichen Wirtschaft
revolutioniert wird. Als unser Freund sah, dass er für sein Geld nichts mehr
bekommen würde, wendete er endlich sein Pferd und gelangte mit dem
unfehlbaren Ziehen der Kutschenräder zum Stall. Da alles im Haus so war,
wie es war, stellte er den furchteinflößenden Klepper in einen Stall und half
ihm, eine großzügige Portion Hafer aus dem gut gelagerten,
unverschlossenen Maisbehälter zu holen. Dann suchte er die Rückseite des
Hauses über den abgenutzten gepflasterten Weg auf, der es mit den Ställen
verband. Im Hinterhof herrschte die bewunderte Verwirrung, die man aus
dem Bericht der Frau erwarten konnte. Leere Fässer und Körbe wurden in
alle Richtungen gestapelt und verstaut, während Regale mit Champagner und
anderen Flaschen zwischen Schwarzflaschen, Selterswasserflaschen,
Stiefelspannern, Badeziegeln, alten Bürsten und verkümmerten Besen
standen und lagen. Mehrere Paar schmutziger Stulpenstiefel, die meisten
davon mit Sporen, wurden gerade, nachdem sie ausgezogen worden waren,
in das Schuhhaus geworfen. Die Küche, die unser Freund nun betrat, befand
sich in demselben unordentlichen Zustand. Zahlreiche Kupferpfannen

brodelten auf den Holzkohleöfen, und der gelenklose Wagenheber drehte sich noch immer am Spieß. Ein schmutziges, beschuhtes Mädchen saß schlafend da, die Schürze über den Kopf geworfen, die auf dem Ende eines Tisches ruhte. Die offene Tür des Dienstbotensaals gleich daneben enthüllte einen Stapel Kleider und andere Kleidungsstücke, die nach dem Aufwischen des Bieres und anderer Abfälle sorgfältig gefaltet und in die Zimmer ihrer jeweiligen Besitzer zurückgebracht wurden.

INLÄNDISCHE WIRTSCHAFT VON NICHTSOLCHEM HAUS

'Hallo!' rief Herr Schwamm und schüttelte das schlafende Mädchen an der Schulter, was dazu führte, dass sie auffuhr, starrte und sich in wilder Angst die Augen rieb. 'Hallo!' wiederholte er: „Was ist mit dir passiert?"

„Oh, bitte um Verzeihung, Sir!" rief sie aus; „Bitte um Verzeihung", fuhr sie fort und faltete die Hände. „Das werde ich nie wieder tun, Sir; Nein, Sir, das werde ich nie wieder tun, das werde ich in der Tat nicht tun.'

Sie hatte gerade eine Form von Pudding gestohlen und dachte, sie sei erwischt worden.

„Dann zeig mir, wo ich Stift, Tinte und Papier finde", antwortete unser Freund.

„Oh, Sir, ich weiß nichts über sie", antwortete das Mädchen; „In der Tat, Sir, das tue ich nicht"; Er dachte, dass es sich um einen anderen Bagatelldiebstahl handelte, nach dem er sich erkundigte.

„Na ja, aber Sie können mir doch sagen, wo ich ein Blatt Papier finde?" schloss er sich wieder an.

„Oh, in der Tat, Sir, das kann ich nicht", antwortete sie; „Ich weiß nichts über nichts dergleichen." Bedienstete tun das nie.

'Welche Art?' fragte Mr. Sponge und wunderte sich über ihre Heftigkeit.

„Nun, Sir, was Sie gesagt haben", schluchzte das Mädchen und legte den Zipfel ihrer schmutzigen Schürze an ihre Augen.

„Hör auf, das Mädchen ist verrückt", erwiderte unsere Freundin, ging vorbei und machte sich auf den Weg dahinter. Dies führte ihn an der Stillkammer, dem Zimmer des Verwalters, dem Zimmer der Haushälterin und der Speisekammer des Butlers vorbei. Alle waren in höchster Verwirrung; in letzterem ruhten Kapitän Cutitfats lavendelfarbene Frackstiefel mit Lackkappen in der silbernen Suppenterrine, und Kapitän Bounceys lackierte Pumps lagen in einem Weinkühler. Die letzten leeren Flaschen standen oder lagen auf dem Boden, vermischt mit Stiefelknöbern, Messertabletts, Badesteinen, Garderobenbürsten, Kerzenständern, Tellern, Laternen, Lampengläsern, Ölflaschen, Korkenziehern und Wein -Siebe – die üblichen Zubehörteile der Speisekammer eines Butlers. Alles war still und still; kein Laut, außer dem lauten Ticken einer Uhr oder dem gelegentlichen Knarren einer rüttelnden Tür, störte die feierliche Stille des Hauses. Ein flinker Räuber oder Landstreicher hätte mitnehmen können, was er wollte.

Als Herr Schwamm weiterging, gelangte er zu einer rotbeschlagenen Tür mit Messingnägeln, die sich durch eine Patentfeder frei öffnen ließ und die feinen Proportionen einer hellen Bildergalerie offenbarte, mit der die hellen Mahagonitüren der Aufenthaltsräume kommunizierten. Unser Freund öffnete die erste Tür, zu der er kam, und befand sich im eleganten Salon, auf dessen rundem Tisch aus Vogelaugenahorn in der Mitte alle ungleich langen Kerzen der Beleuchtung der vergangenen Nacht standen. Es war eine hübsche Wohnung, im teuersten Stil eingerichtet; mit rosafarbenem broschiertem Satindamast, die Vorhänge mit seidenen Quastenfransen besetzt und mit massiven Goldquasten an den Gesimsen verziert, Amoretten, die Kränze unter einem Bogen tragen, mit offener Schnitzarbeit und Verzierungen aus brüniertem Gold. Der Raum war, abgesehen von der Anordnung der Kerzen, genau so, wie er zurückgelassen worden war; und auf dem reich vergoldeten Sofa waren noch immer die Einkerbungen der Sitzenden zu sehen, und die luxuriösen Daunenkissen waren so belassen, wie sie ihren Rücken gestützt hatten.

Der Raum stank nach Tabak, und die Enden und die Asche von Zigarren waren auf den Tischen und dem Kaminsims aus weißem Marmor, den vergoldeten Platten und dem fein geblümten Tournay-Teppich verstreut, so wie die Feuer der Zigeuner das schöne Gesicht eines Landes verzieren und verunstalten. Kostbares Porzellan und Nippes aller Art waren in Hülle und Fülle verstreut. Alles in allem war es ein wunderschönes Zimmer.

„An Geld mangelt es hier nicht", sagte Mr. Sponge zu sich selbst, als er es betrachtete und darüber nachdachte, welch ein Chaos Gustavus James unter den Ornamenten anrichten würde, wenn er eine Chance dazu hätte.

Dann suchte er nach Stift, Tinte und Papier. Diese waren so weit auseinander verteilt, dass deutlich wurde, um welche kleine Bitte es sich handelte. Nachdem es Mr. Sponge endlich gelungen war, zusammenzubekommen, was er wollte, setzte er sich auf das luxuriöse Sofa und überlegte, wie er seinen Gastgeber ansprechen sollte, wie er hoffte. Mr. Sponge war kein schüchterner Mann, aber angesichts der Umstände, unter denen er Sir Harry Scattercash kennengelernt hatte, und seiner Absicht, ihn gastfreundlich zu empfangen – vor allem angesichts der Mannschaft, von der Sir Harry umgeben war –, erforderte es ein wenig Fingerspitzengefühl den Weg ebnen, ohne die gegenwärtigen Bewohner des Hauses gegen ihn aufzuhetzen. Es gibt keine Menschen, die so sehr darauf bedacht sind, andere vor Raub zu schützen, wie diejenigen, die sie selbst ausrauben. Mr. Sponge dachte und dachte und dachte. Schließlich beschloss er, über das Thema der Hunde zu schreiben. Nach mehreren Versuchen auf rosa, blauem und grün getöntem Papier gelang es ihm schließlich, auf Gelb Folgendes hinzubekommen:

„NICHT SO HAUS.

„ SEHR GEEHRTER HERR HARRY , ich bin heute Morgen herübergeritten, als ich hörte, dass Sie auf die Jagd gehen sollten, und es tut mir leid, Sie unpässlich vorzufinden. Ich wünschte, Sie würden mir eine Nachricht an Mr. Crowdey's, Puddingpote Bower, schreiben und sagen, wann Sie das nächste Mal ausgehen, da ich mir Ihren prächtigen Rucksack gern noch einmal ansehen würde, bevor ich dieses Land verlasse, was, wie ich befürchte, bald sein muss .-Mit freundlichen Grüßen,

'H. SCHWAMM.

„PS – ich hoffe, Sie sind alle letzte Nacht sicher von Mr. Peastraw nach Hause gekommen."

Nachdem wir dies in einen reich vergoldeten und geprägten Umschlag gesteckt hatten, richtete unser Freund ihn auffällig an Sir Harry Scattercash, Bart., und steckte ihn in die Mitte des Kaminsimses. Dann ging er zurück durch die hinteren Regionen und informierte die schlafende Schönheit, die er zuvor gestört hatte und die jetzt damit beschäftigt war, eine Pfanne zu reinigen, dass er im Wohnzimmer einen Brief für Sir Harry hinterlassen hatte und ob sie ihn sehen würde Verstanden, er (Mr. Sponge) würde sich an sie erinnern, wenn er das nächste Mal kam, und er hoffte innerlich, dass es bald geschehen würde. Dann machte er sich auf den Weg zum Stall und holte sein Pferd, um nach Hause zu schlendern, wobei er gemächlicher dahinschlenderte, als man es von einem Mann erwarten würde, der sein

Frühstück nicht bekommen hatte, insbesondere von einem, der auf einem Jagdhund reitet.

Die Wahrheit war, dass Mr. Sponge dieser Aspekt der Affären nicht besonders gefiel. Sir Harrys Haus war offensichtlich ein äußerst „schnelles" Haus; Hinzu kam, dass die Gäste, von denen er umgeben war, eindeutig hellwach waren und für einen Fremden nichts übrig hatten. Tatsächlich hatte Mr. Sponge das Gefühl, dass man ihm bei Farmer Peastraw eher die kalte Schulter zeigte und dass er es eiliger hatte, wegzukommen, als der bloße Unterschied zwischen Innen- und Außenplätzen es erforderte. Er fragte sich sehr, ob er überhaupt zu Sir Harry gekommen war. Wenn es zu einer Abstimmung käme, sollte er das seiner Meinung nach nicht tun. Was sollte er dann tun? Der alte Jog war seiner offensichtlich überdrüssig; und er konnte nirgendwo anders hingehen. Der Gedanke veranlasste ihn, Sporen in die Kastanie zu stecken und nach Hause zur Puddingpote Bower zu eilen, wo er versuchte, seinen Gastgeber zu beruhigen, indem er mehr als nur andeutete, dass er Nonsuch House einen Besuch abstatten würde. Jog betete innerlich darum.

KAPITEL LVII

DIE DEBATTE

Es war genau so, wie Mr. Sponge es im Hinblick auf seine Aufnahme in Nonsuch House vorhergesagt hatte. Die erste Person, die seinen Brief an Sir Harry Scattercash entdeckte, war Kapitän Seedeybuck, der am Tag nach Mr. Sponges Besuch ins Wohnzimmer ging, um nach dem Deckel seines Zigarrenetuis zu suchen, und sah, dass dieser die Mitte des Briefes einnahm Kaminsims. Nachdem er den Inhalt gemeistert hatte, faltete der Kapitän es wieder zusammen und platzierte es dort, wo er es gefunden hatte, mit der einfachen Bemerkung: „Dieser Hahn kämpft nicht."

Kapitän Quod sah es als nächstes, dann Kapitän Bouncey, der Kapitän Cutitfat erzählte, was darin war, der Bouncey zustimmte, dass es nicht genügen würde, Mr. Sponge dabei zu haben.

Tatsächlich waren sich alle einig darüber, dass ihre Partei lieber eine Säuberung als eine Steigerung anstrebte.

So wusste zu gegebener Zeit jeder im Haus außer Sir Harry den Inhalt der Notiz, obwohl keiner von ihnen es für lohnenswert hielt, ihm davon zu erzählen. Am dritten Morgen jedoch, als sich die Gruppe zum Frühstück versammelte, kam er ins Zimmer und las es.

„Diese (Schluckauf-)Notiz hätte schon früher abgegeben werden sollen", bemerkte er und hielt sie hoch.

„In der Tat, mein Lieber", antwortete Lady Scattercash, die herrlich fein und sehr schön am Kopfende des Tisches saß, „ich weiß nichts darüber."

„Von wem ist es?" fragte Bruder Bob Spangles.

'Herr. (Schluckauf) Schwamm", antwortete Sir Harry.

„Was für ein Name!" rief Kapitän Seedeybuck aus.

'Wer ist er?' fragte Kapitän Quod.

„Ich weiß es nicht", antwortete Sir Harry; „Er schreibt (Schluckauf) über die Hunde." „Oh, es wird dieser braungestiefelte Puffer sein", bemerkte Kapitän Bouncey, „den wir beim alten Peastraw zurückgelassen haben."

„Kein Zweifel", stimmte Kapitän Cutitfat zu und fügte hinzu: „Was hat er mit den Hunden zu tun?"

„Er möchte wissen, wann wir wieder Schluckauf haben", bemerkte Sir Harry.

'Tut er?' antwortete Kapitän Seedeybuck. „Das wird vermutlich von Watchorn abhängen."

Die Gesellschaft bereitete sich nun auf das Frühstück vor, und sobald der erste Appetitanfall gestillt war, drehte sich das Gespräch wieder um unseren Freund Mr. Sponge.

„Wer *ist* dieser Herr Schwamm?" fragte Kapitän Bouncey, der Billardspieler, mit der Miene eines gründlichen Exklusivisten.

Niemand antwortete.

'Wer ist dein Freund?' fragte er direkt von Sir Harry.

„Ich weiß es nicht", antwortete Sir Harry zwischen den Bissen eines sehr Cayenne-Grills.

„Verdammt, ein durchgeknallter Wettbüro-Keeper", meinte Kapitän Ladofwax, der Kapitän Bouncey hasste.

„Er sieht eher wie ein Glaser aus, glaube ich", erwiderte Kapitän Bouncey mit einem trotzigen Blick auf den Sprecher.

„Glück gehabt, wenn er einer ist", erwiderte Kapitän Ladofwax und wurde bis zu den Augen gerötet; „Vielleicht hat er eine Chance, jemandes Tageslicht zu reparieren." Der Kapitän hebt seine Untertasse, um sie auf den Kopf seines Gegners abzufeuern.

„Vorsichtig mit dem Cheney!" rief Lady Scattercash, die an solche Szenen zu sehr gewöhnt war, um sich um die Kriegführenden zu kümmern. Bob Spangles packte Ladofwax gerade noch rechtzeitig am Arm und rettete die Untertasse.

„Hout! „Ihr (Schluckauf-)Leute habt immer (Schluckauf)", rief Sir Harry aus. „Ich erkläre, dass ich euch beide zum Schluckauf bringen werde, um den Frieden zu wahren."

Dann brachen sie in wortreiche Beschuldigungen und Beschimpfungen aus, wobei jeder erklärte, dass er keinen Tag länger im Haus bleiben würde, wenn der andere bliebe; Aber da sie es schon oft gesagt hatten und immer noch keine Anzeichen einer Abreise zeigten, hatte ihre Behauptung bei niemandem eine geringe Wirkung. Sir Harry hätte sich nicht darum gekümmert, wenn alle seine Gäste zusammen gegangen wären. Nachdem Frieden und Ordnung endlich wiederhergestellt waren, drehte sich das Gespräch wieder um Herrn Sponge.

„Ich nehme an, wir müssen bald wieder eine (Schluckauf-)Jagd machen", bemerkte Sir Harry.

„Natürlich", antwortete Bob Spangles; „Es hat keinen Sinn, die hungrigen Bestien zu behalten, es sei denn, man arbeitet mit ihnen."

„Sie werden einen Sackmann haben, nehme ich an", bemerkte Kapitän Seedeybuck, dem die Mühe, durch das Land zu reisen, um einen Fuchs zu holen, nicht gefiel.

„Oh ja", antwortete Sir Harry; „Watchorn wird das alles schaffen." Er ist immer (Schluckauf) in dieser Zeile. Wir machen besser bald eine Jagd, und dann, Mr. (Schluckauf) Bugles, können Sie es sehen." Sir Harry wandte sich an einen Herrn, den er genauso gern loswerden wollte wie Mr. Jogglebury Crowdey, der Mr. Sponge loswerden wollte.

'NEIN; „Mr. Bugles wird nicht mehr ausgehen", antwortete Lady Scattercash energisch. „Letztes Mal wurde er fast getötet"; Ihre gnädige Frau warf einen wütenden Blick auf ihren Mann und einen sehr liebevollen Blick auf den Gegenstand ihrer Fürsorge.

„Oh, nichts ist nie in Gefahr!" beobachtete Bob Spangles.

„Dann kannst *du* gehen, Bob", fauchte seine Schwester.

„Das habe ich vor", antwortete Bob.

„Dann (Schluckauf), meine Herren, ich denke, ich schreibe einfach diesem Herrn (Schluckauf) Wie heißt er hier drüben (Schluckauf)," bemerkte Sir Harry, „und dann ist er bereit für den (Schluckauf).) jagen, wann immer wir einen Schluckauf machen wollen.'

Der Vorschlag scheiterte in der Partei.

„Glauben Sie nicht, dass wir ohne ihn auskommen können?" schlug schließlich Kapitän Seedeybuck vor.

„ *Ich* denke schon", bemerkte der ältere Spangles, ohne von seinem Teller aufzublicken.

'Wer ist es?' fragte Lady Scattercash.

„Der Mann, der neulich Morgen hier war – der Mann in den seltsamen kastanienbraunen Stiefeln", antwortete Mr. Orlando Bugles.

„Oh, ich finde, er sieht ziemlich gut aus; „Ich bin dafür, dass wir ihn haben", antwortete Ihre Ladyschaft.

Das war eher ein Dämpfer für Sir Harry; Aber als er darüber nachdachte, kam er zu dem Schluss, dass es ihm mit Mr. Sponge und Mr. Bugles nicht schlechter gehen könnte als mit Mr. Bugles allein; Nachdem er ein dürftiges, appetitloses Frühstück beendet hatte, begab er sich in sein „Arbeitszimmer", wie er es nannte, und kritzelte mit schwacher, zitternder Hand eine Einladung an Herrn Sponge, ins Nonsuch House zu kommen und seine Chance auf einen Lauf zu nutzen seine Hunde. Anschließend versiegelte er den Brief und schickte ihn ohne weiteres zur Post.

KAPITEL LVIII

FACEY ROMFORD

HERR. FACEY ROMFORD

Vier Tage waren nun vergangen, seit Mr. Sponge seine Ouvertüre an Sir Harry niedergeschrieben hatte, und mit jedem weiteren Tag wurde ihm klarer, dass es völlig unmöglich war, noch länger in seinem damaligen Quartier in Puddingpote Bower durchzuhalten. Jog war nicht nur unhöflich und unaufhörlich in seinen Andeutungen, er solle gehen, er hatte auch wie Jawleyford den Standard der Unterhaltung so stark herabgesetzt, dass, wenn Mr. Sponge nicht auch seinen Diener und seine Pferde behalten hätte, er hätte genauso gut auf eigene Kosten leben können. Die Firmenlichter waren alle gelöscht; Große, stark riechende, blumenkohlköpfige Formen, die immer schnupfend waren, rissen den Platz von Belmont-Wachs an sich; Servietten wurden zurückgezogen; Einführung gebrauchter Tischdecken; Marsala diente als Ersatz für Sherry; und der Stickjaw-Pudding nahm eine Konsistenz an, die mit der Artikulation nahezu unvereinbar war.

Im Laufe dieser Zeit schrieb Sponge an Puffington und sagte, wenn es ihm besser gehe, würde er zurückkehren und seinen Besuch beenden; Doch der vorsichtige Puff schickte per Express einen Boten mit einer Nachricht, in der er sich darüber beklagte, dass er aus gesundheitlichen Gründen nach Handley Cross geschickt worden sei, aber wie ein „Poplar-Mann", in der Hoffnung, dass die Freude an Sponges Gesellschaft nur auf eine weitere Saison verschoben werde. Selbst Sponge hielt Jawleyford für hoffnungslos; und insgesamt war er sehr verwirrt. Mit seinen Pferden hatte er sicherlich ein wenig Geld verdient; Aber eine dauerhafte Investition seiner eleganten Persönlichkeit, nach der er schon lange gesucht hatte, schien so weit entfernt wie eh und je. Am Nachmittag des fünften Tages, als er gerade einen einsamen Spaziergang durch das Land machte und sich gerade dazu entschlossen hatte, in die Stadt zu fahren, ertönte ein heftiger Knall! Knall! ließ ihn zusammenzucken, und als er über die Hecke blickte, sah er einen stämmigen Sportler in Braun, der seine Waffe nachlud, während ein paar hellbraune Setter wie Statuen in den Stoppeln hockten.

„Suche tot!" sagte plötzlich der Schütze mit einer leichten Handbewegung; und in einem Augenblick hob jeder Hund seinen Vogel auf.

„Ich werde mit dir reden", sagte Schwamm, „auf und ab" über die Hecke, sein Takt veranlasste den Schützen, zusammenzufahren und auszusehen, als ob er zum Laufen geneigt wäre; Zweite Überlegungen sagten, Sponge sei zu nahe und er sollte es besser wagen.

'Welcher Sport?' fragte Schwamm und schritt auf ihn zu.

„Oh, ziemlich mittelmäßig", antwortete der Schütze, ein großer rothaariger Kerl mit sommersprossigem Gesicht und rückwärts gerichtetem Schnurrbart, gekrönt von einem tristen Rustikalen. „Oh, ziemlich mittelmäßig", wiederholte er, ohne zu wissen, ob er freundlich oder defensiv agieren sollte.

'Guter Tag!' sagte Sponge und beäugte seinen fuchsmaskierten Schnurrbart und seinen kräftigen, muskulösen Körper.

„Das ist es", antwortete der Schütze; und fügte hinzu: „Ich bin gerade meinen Vögeln über die Grenze gefolgt." Kein „Zaun", nehme ich an – kein „Zaun".

„Oh nein", sagte Herr Schwamm. „Jog, denke ich, ich freue mich sehr, dich zu sehen."

„Oh, Sie werden Herr Schwamm sein?" beobachtete den Fremden und kam zu einer Schlussfolgerung.

„Das bin ich", antwortete unser Held; und fügte hinzu: „Darf ich fragen, an wen ich mich wenden darf?"

„Mein Name ist Romford – Charley Romford; jeder kennt mich. Ich freue mich sehr, Ihrem „bekannten" Schwamm eine große, raue, schwere Hand zu geben. „Ich wollte dich besuchen", bemerkte der Fremde, als er aufhörte, Schwamms Arm wie einen Pumpengriff hin und her zu schwingen; „Ich wollte dich besuchen, um zu sehen, ob du nach Washingforde rüberkommst und auf mich Onkel – Onkel Gilroy in Queercove Hill schießen würdest."

'Am glücklichsten!' rief Sponge aus und dachte, es sei genau das, was er wollte.

„Wenn Sie möchten, verbringen Sie auch einen Tag mit den Geländeläufern", fuhr der Schütze fort und steigerte damit die Versuchung.

„Besser noch!“ dachte Schwamm.

„Ich kann Ihnen nur Junggesellenunterkünfte anbieten; Aber vielleicht macht es dir nichts aus, es ein bisschen aufzupeppen?' bemerkte Romford.

„Oh mein Gott, nicht ich!“ antwortete Sponge und dachte an den Luxus von Puffingtons Junggesellenwohnung. „Was hast du denn für Ställe?“ fragte unser Freund.

„Kapitalställe – ausgezeichnete Ställe!“ antwortete der Schütze; „Ställe sechs Fuß im Freien, zwölf Fuß tief, Eisengestelle, mit Zink bedeckte Eichenstallpfosten, wunderschöner Hafer, kräftige Bohnen, herrliches Heu – ohne Dusche gewonnen!“

'Bravo!' rief Sponge, weil er dachte, er sei auf die Beine gekommen und würde vielleicht mit den Fingern schnippen, als er Jog und seine Andeutungen machte. Er würde die Oberhand gewinnen und Jog aufgeben.

'Ich bin dein Mann!' sagte Schwamm voller Freude.

'Wann kommst du?' fragte Romford.

'Morgen!' antwortete Sponge bestimmt.

„So sei es“, erwiderte sein angebotener Gastgeber; und mit einem weiteren herzlichen Armschwung trennten sich die neu gewonnenen Freunde.

Charley Romford oder Facey, wie er gemeinhin genannt wurde, da er als der unverschämteste Mann des Landes bekannt war, war ein großer, rundgesichtiger, grobschlächtiger und preiskämpferischer Bursche, der hauptsächlich von seinem Verstand lebte. die er in allen legitimen Wirtschaftszweigen ausübte – Wilderei, Wetten, Boxen, Pferdehandel, Kartenhandel, Quoits – alles, was an oberster Stelle stand. Dass er ein unternehmungslustiger Mann war, müssen wir kaum hinzufügen, als er einen Plan für die Herstellung unseres Schwamms ausarbeitete – ein Mann, von dem wir nicht glauben, dass sich einer unserer Leser die Mühe machen würde, eine „Pflanze“ auszuprobieren.

Dieser freche Facey war, wie im Widerspruch zu den Begriffen, ursprünglich für einen Bauingenieur gedacht; aber nachdem er sich schon früh zum Erben seines Onkels, Mr. Gilroy aus Queercove Hill, gewählt hatte, einem großen Viehzüchter mit einer „kleinen eigenen Unabhängigkeit“ – vielleicht dreihundert pro Jahr, was eine freundliche Welt sechs nannte – Facey dachte, er würde einfach bleiben, bis sein Onkel mit seinen Schuhen fertig war, und dann Herr von Queercove Hill sein.

Nun hatte „ich Onkel Gilroy“, von dem Facey ständig sprach, eine linkshändige Frau und eine vielversprechende Familie im abgeschiedenen Waldgebiet von St. John's Wood, wohin er sich nach seinem Geschäft in

„Smi'fiel" zurückzog über; so dass Facey ausnahmsweise mit seinen Berechnungen nicht weiterkam. Da Gilroy jedoch so wissend war wie „sein Nevvey", wie er ihn nannte, ermutigte er Facey lediglich zu seinen Jagd- und Angelaktivitäten und seinen müßigen Neigungen im Allgemeinen, da er es zweifellos bequemer fand, seine Fische und sein Wild umsonst zu haben, als dafür zu bezahlen .

Facey, der über die scheinbar unerschöpfliche Summe von tausend Pfund verfügte, begann sein Leben als Fuchsjäger – freilich in sehr kleinem Umfang – mehr zum Zweck des Pferdeverkaufs als zu irgendetwas anderem; aber nachdem er es geschafft hatte, alle möglichen Gentlemen zu „erledigen", sowohl mit den „Tip and Go"- als auch mit den Cranerfield-Hunden, war sein Beruf vorbei, und es war ein ausgedehntes Feld erforderlich – wie unser Freund Sponge es durchstreifte –, um weiter zu schummeln Pferde für einen beliebigen Zeitraum. Facey war bald verblüfft, sein Name in Verbindung mit einem Pferd reichte aus, um zu verhindern, dass ihn jemand ansah. Tatsächlich bezweifeln wir, dass es eine weniger wünschenswerte Art und Weise gibt, Geld zu verdienen oder zu verdienen, als durch Betrug oder gar den Handel mit Pferden. Viele Leute denken, sie würden betrogen, was auch immer sie bekommen; während der Mann, der wirklich betrogen wird, es nie vergisst und es bis ans Ende der Zeit verkündet. Darüber hinaus kann niemand längere Zeit mit Pferden schummeln, ohne sich in die Gewalt seines Stallknechtes zu begeben; Und diejenigen, die gesehen haben, wie Diener sich gegenseitig überheblich dominieren, mögen sagen, wie gern sie sich einer ähnlichen Behandlung unterziehen würden. – Aber zu unserer Geschichte.

Facey Romford hatte jetzt ein prächtiges milchweißes Pferd, das bei Mr. Nobbingtons und Lord Leaders Jagden als Mr. Hobler bekannt war, das Facey jedoch freundlicherweise „Nonpareil" taufte, was auf den nun steigenden Haferpreis und den sinkenden Zustand zurückzuführen war Die Finanzen machten ihn besonders darauf bedacht, ihn loszuwerden, bevor das Pferd das reiterliche Kunststück vollbrachte, ihm „den Kopf abzufressen". Er war ein sehr jägerartiges Pferd, aber sein Unglück bestand darin, dass er so schrecklich schäbige Zehen hatte, dass er seine Hufeisen nicht anbehalten konnte. Wenn er mit ihnen durch das erste Feld kam, waren sie mit Sicherheit am Zaun. Dieses Pferd stimmte Facey dafür, genau das Richtige für Mr. Sponge zu sein, und als er hörte, dass er zum Jagen aufs Land gekommen war, kam ihm der Gedanke, dass es eine große Sache wäre, wenn er ihn dazu bringen könnte, Mutter Overends Ersatzbett und Unterkunft zu übernehmen Bei ihm waren zwölf Schilling pro Woche mehr, als Facey gerne für seine Zimmer bezahlte. Nicht, dass er allein für die Zimmer zwölf Schilling bezahlt hätte; im Gegenteil, er hatte einen Zweistall, eine Art Zwinger für seine Vorstehhunde und obendrein einen Stall für sein Schwein. Dieses Schwein, das viele Male voller Vorfreude gegessen wurde, war schließlich dem Metzger zum Opfer gefallen, und Faceys Speisekammer war ungewöhnlich häufig in Blutwurst, Würstchen, Spareribs und den anderen Bestandteilen eines Schweins zu finden: so dass er befand sich in einer sehr gastfreundlichen Umgebung – zumindest in seiner groben und klaren Vorstellung davon, was Gastfreundschaft sein sollte. Tatsächlich hätte er es riskiert, ob er es getan hätte oder nicht, da er genauso gut darin war, Dinge mit hoher Hand zu erledigen wie Mr. Sponge selbst.

Die Einladung kam zur rechten Zeit; Denn erschöpft von Eifersucht und Zuschauen hatte Jog beschlossen, nach Australien zu fahren, und als Sponge nach einem Treffen mit Facey zurückkehrte, war Jog gerade dabei, eine Anzeige auszuarbeiten, in der alle die begehrenswerte Sportresidenz namens Puddingpote Bower angeboten wurden das Kutschenhaus, die Ställe und die dazugehörigen Büros sind zu vermieten, und es wird angekündigt, dass die gesamten wertvollen Haushaltsmöbel, bestehend aus Mahagoni-, Ess-, Toiletten-, Karten- und Pembroke-Tischen; Sofa, Couch und Stühle mit Haarsesseln; Cheffonier, mit Glasplatte; Bücherregal; Blumenständer; Klavier von Collard und Collard; Musikhocker und Canterbury; Schornstein- und Piergläser; Spiegel; Ormolu-Uhr; Alabaster- und Wachsfiguren und -schirme; China; Brüsseler Teppiche und Vorleger; Kotflügel und Feuerbestecke; Vorhänge und Gesimse; Jalousie; Mahagoni-Vierpfosten-, Französisch- und Feldbettgestelle; Federbetten; Haarmatratzen; Kommoden aus Mahagoni; Ankleidebrillen; Wasch- und Schminktische; Patent-Duschbad; Bett- und Tischwäsche; Tafel- und Teegeschirr; Warmhaltepfannen usw. wären dem sofortigen und vorbehaltlosen Verkauf ausgesetzt.

Wie dankbar fiel Sponges Frage, ob er Mr. Romford kenne, auf sein Ohr, als sie nach dem Abendessen launisch bei einem sehr günstigen Portwein saßen.

„Oh ja (puff) – oh ja (keuchen) – oh ja (keuchen)! Kennen Sie Charley Romford – Facey, wie sie ihn nennen. Er ist (keuchend, keuchend, keuchend) der Erbe des alten Mr. Gilroy aus Queercove Hill.'

„Genau so", entgegnete Sponge, „einfach so; Das ist der Mann – ein kräftiger, stämmiger Kerl mit nach hinten wachsenden Schnurrhaaren. Ich werde bei ihm bleiben und auf den alten Gil schießen. Wo wohnt Charley?'

'Live!' rief Jog aus, fast erstickt vor Freude über die Information; 'live! live!' wiederholte er zum dritten Mal; „wohnt in (Puff, Keuchen, Keuchen, Husten) Washingtonforde – ja, in Washingforde; Etwa zehn Meilen von hier entfernt (Puff, Keuchen). Wann gehst du?

„Morgen", antwortete Schwamm mit einer Miene gekränkter Würde.

Jog freute sich so sehr, dass er kaum auf seinem Stuhl sitzen konnte.

Als Mrs. Jog das hörte, hatte sie das Gefühl, dass die Chance auf Unabhängigkeit von Gustavus James dahin war; Denn sie wusste genau, dass Jog Sponge niemals in die Laube zurückkommen lassen würde.

Wir brauchen wohl kaum zu erwähnen, dass Jog morgens pünktlich aufstand und sehr darauf bedacht war, Mr. Sponges Abreise mitzuteilen. Er bot Bartholomew an, sich und seine „Fallen" im Phaeton transportieren zu lassen – ein Angebot, das Mr. Sponge in Bezug auf seine „Fallen" nutzte, obwohl er es vorzog, auf seinem Schecken herüber zu galoppieren, anstatt Jogs Gebimmel hinterherzulaufen chay. So wurden die Dinge geklärt, und Mr. Sponge machte sich sofort daran, seine braunen Stiefel, seine kräftigen Schnürsenkel, seine superfeinen Strumpfhosen, sein niedliches Scharlachrot, sein sachsenblaues Kleid, sein sauberes Leinen, seine schweren Sporen und, wenn auch nicht zuletzt, seine wichtigen Sporen anzuziehen , seinen jetzt rückenfreien *Mogg* , in seine feste Ledertasche stecken und den Überschuss seiner Garderobe in eine geräumige Reisetasche kehren. Während der Gast so oben beschäftigt war, wanderte der Wirt ruhelos umher, mal reizte er diese Person, mal beeilte er jenes, in voller Freude über den so ersehnten Abschied. Seine Freude wurde vielleicht etwas gedämpft durch einen laufenden Kommentar, den er durch das Gitterfenster des Stalls von Leather hörte, als er seine Pferde auszog und versuchte, ihre Kleidung in mäßiger Bewegung aufzurollen.

„Oder verrotte deinen tollen Kadaver!" rief er und versetzte dem Brötchen einen kräftigen Tritt in den hervortretenden Bauch, als er feststellte, dass er es nicht so klein gemacht hatte, wie er wollte. „Wird deinen großen Kadaver verrotten lassen", wiederholte er, kratzte sich am Kopf und beäugte ihn, während er dalag; „Das ist alles die Konsequenz der Hapron-Weshins eurer fiesen Brauer – das Ausblasen eines davon, wie eine Blase!" und daraufhin legte er seine Hand auf seinen Bauch, um zu fühlen, wie es seinem eigenen ging. „Habe noch nie ein Haus oder einen furchtbar gemeinen Mann gesehen!" fuhr er fort, bückte sich und schlug mit den Fäusten auf das Paket ein. Es nützte nichts, er konnte es nicht so klein machen, wie er wollte – „Ich glaube, ich muss meine Jacke an dir tragen", fügte er hinzu, als er sah, wo das Hindernis lag; „Klebt dir im Muskelmagen fest wie ein Klumpen vom alten Puff-and-Blow-Puddin"; und dann steckte er seine Hand in die Falten des Gewandes und zog das fettige Gewand heraus. „Nun", sagte er und bückte sich wieder, „ich denke, wir können euch manipulieren." Und er nahm die Rolle in seine Arme und hob sie zu Herkules, den er zum geführten Pferd machen wollte, und beobachtete laut, wie er sie auf dem Sattel zurechtrückte und mit den Händen kräftig darauf schlug, damit sie richtig lag. „Ich." Ich wünschte, es wäre der alte Jog – würde ich ihn nicht rauslassen!' Dann drehte er seine Pferde in ihren Boxen um, steckte seine fettige Jacke unter die Klappe der Satteltaschen, nahm seinen Eschenstock vom Kumpel und führte sie aus der geräumigen Tür. Jog sah ihn mit einer Mischung aus Ekel und Freude an. Als er mit den Pferden vorbeikam, klopfte Leather nur mit dem Zeigefinger auf seinen alten Hut – ein Gruß, den Jog nicht erwidern wollte.

Nachdem Jog mit großer Befriedigung die sich zurückziehenden Pferde beobachtet hatte, betrat er das Haus durch die Küche zurück, um das Vergnügen zu haben, Mr. Sponge zu verabschieden. Er fand den Handkoffer und die Reisetasche im Flur stehen, und gerade in dem Moment drang das Geräusch der Phaeton-Räder an sein Ohr, als Bartholomew vom Kutschenhaus zur Tür fuhr. Mr. Sponge war bereits im Wohnzimmer und verabschiedete sich von Mrs. Jog und den Kindern, die alle zu diesem Zweck versammelt waren.

„Was, gehst du?" (puff) fragte Jog überrascht.

„Ja", antwortete Herr Schwamm; Als er ihm die Hand reichte, fügte er hinzu: „Die besten Freunde müssen sich trennen, wissen Sie."

„Na ja (puff), aber du solltest besser dein (keuchendes) Pferd in der Nähe haben", bemerkte Jog, der darauf bedacht war, jegliche Annäherungsversuche zu vermeiden.

„Danke", antwortete Mr. Sponge und machte eine Abschiedsverbeugung; „Ich hole ihn im Stall."

„Ich komme mit", sagte Jog und ging voran.

Leather hatte gesattelt und gezäumt und ihn im Stall umgedreht, mit einer von Mr. Jogs Decken, die Mr. Sponge einfach über seinen Schwanz in die Futterkrippe fegte und das Pferd hinausführte.

'Adieu!' sagte er und reichte seinem Gastgeber die Hand.

„Auf Wiedersehen! – Guten (Puff-)Sport für dich", sagte Jog und schüttelte es herzlich.

Dann bestieg Mr. Sponge seinen Hintern, streckte die Zehen aus und ritt im Galopp davon.

Im selben Moment fuhr Bartholomäus von der Haustür weg; und Jog, der den Phaeton über der Anhöhe des Pennypound Hill beobachtet hatte, scharrte mit den Füßen, betrat wieder sein Haus und rieb sie kräftig auf der Matte, während er die Schiebetür schloss, was er laut vor sich hin mit einem Ruck beobachtete Kopf:

„Nun, das ist der (aufgeblasenste) unfreulichste Kerl, den ich je in meinem Leben gesehen habe!" Erwisch mich (keuch) wieder auf der Godpapa-Jagd.'

KAPITEL LIX

DIE VERTAGTE DEBATTE

Nachdem die verhängnisvolle Einladung an Mr. Sponge verschickt worden war, beschäftigte sich nun die Frage, die die versammelten Scharfschützen im Nonsuch House beschäftigte, ob er eine Taube oder einer von ihnen sei. Dieser Punkt beschäftigte sie sehr intensiv und ernsthaft. Wenn er eine „Taube" war, konnten sie ihn eindeutig aufnehmen, aber wenn er andererseits einer von ihnen war, war es schmerzlich offensichtlich, dass es dort bereits viel zu viele von ihnen gab. Natürlich wurde das Thema nicht im vollen und offenen Konklave besprochen – sie waren alle im Großen und Ganzen sehr ehrenwerte Männer – und nur in den kleinen und geheimen Gruppen derjenigen, die es gewohnt waren, gemeinsam zu jagen und ihren Geist zu entlasten, kam die wahre Wahrheit zum Vorschein hervorgerufen.

„Was für ein Arsch Sir Harry ist, diesen Mr. Sponge zu fragen", bemerkte Kapitän Quod zu Kapitän Seedeybuck, als sie (Zigarre im Mund) an jenem Morgen unter der gefliesten Veranda auf der Westseite des Hauses auf und ab gingen Sir Harry hatte seine Absicht angekündigt, ihn zu fragen.

„Verdammter Arsch", stimmte Seedeybuck zwischen dem Hauch seiner Zigarre zu.

„Lass es! „Man könnte meinen, er hätte mehr Geld, als er damit anzufangen wüsste", bemerkte der erste Redner, „anstatt nicht zu wissen, wo er einen halben Penny bekommen sollte."

„Bald sei Who-Hoop", bemerkte Quod kopfschüttelnd.

„Fürchte dich", antwortete Seedeybuck. „Haben Sie etwas Neues gehört?"

'Nichts Spezielles. Der Gerichtsvollzieher des Bezirksgerichts war mit einigen Vorladungen hier, die er natürlich ins Feuer legte.'

'Ah! das ist es, was er immer tut. „Er hatte es satt, das Raucherzimmer damit zu tapezieren", antwortete Seedeybuck.

„Nun, es ist schade", bemerkte Quod und spuckte, während er sprach; „Aber was kann man erwarten, so aufgefressen wie er ist von so einem Haufen Blödsinn."

„Schockig", antwortete Seedeybuck und dachte darüber nach, wie lange er und sein Freund dort vielleicht zusammen gemästet hatten.

„Wissen Sie etwas über diesen Herrn Schwamm?" fragte Kapitän Quod nach einer Pause.

„Nichts", antwortete Seedeybuck, „außer dem, was wir hier von ihm gesehen haben; aber ich bin mir sicher, dass er das nicht tun wird.'

„Nun, ich glaube auch nicht", antwortete Quod; „Mir gefiel sein Aussehen nicht – er scheint einer von der lockeren Sorte zu sein."

„Ganz recht", bemerkte Seedeybuck, entschlossen, sich gegen ihn zu wehren, anstatt seine Bekanntschaft zu pflegen.

„Dieser Mr. Sponge wird meiner Gruppe keine große Bereicherung sein, glaube ich", murmelte Kapitän Bouncey Kapitän Cutitfat zu, als sie im Erker des Bibliotheksfensters standen und scheinbar die Kühe betrachteten, in Wirklichkeit aber die Kühe betrogen Schwammstoff geht ihnen durch den Kopf.

„Ich glaube nicht", antwortete Kapitän Cutitfat mit Nachdruck.

„Ich frage mich, was Sir Harry dazu gebracht hat, ihn zu fragen!" flüsterte Bouncey und fügte laut hinzu, damit die Umstehenden es hören konnten: „Das ist eine schöne Kuh, nicht wahr?"

„Sehr", antwortete Cutitfat in der gleichen Tonart und fügte flüsternd und mit einem Schulterzucken hinzu: „Ich frage mich, was ihn dazu gebracht hat, die Hälfte der Leute, die hier sind, zu fragen!"

„Der Schwarz-Weiße ist kein schlechter Kerl", bemerkte Bouncey, nickte mit dem Kopf in Richtung der Kühe und fügte mit leiser Stimme hinzu: „Die meisten von ihnen haben sich das gefragt, denke ich."

„Die Kühe bewundern." Kapitän Bouncey?' fragte die schöne und einigermaßen tugendhafte Miss Glitters vom Astley's Royal Amphitheatre, die hergekommen war, um ein paar Tage mit ihrer alten Freundin, Lady Scattercash, zu verbringen. „Bewundern Sie die Kühe, Captain Bouncey?" fragte sie und schob ihre elegante Gestalt zwischen unseren Freunden in der Bucht entlang.

„Wir haben gerade gesagt, wie schön es wäre, zwei oder drei hübsche Mädchen und einen Sillabub unter diesen Zedern zu haben", antwortete Kapitän Bouncey.

„Oh, bezaubernd!" rief Miss Glitters, ihre dunklen Augen funkelten, während sie sprach. „Harriet!" rief sie und wandte sich an eine junge Dame, die sich Howard nannte, deren richtiger Name aber Brown war – Jane Brown – „Harriet!" rief sie aus, „Kapitän Bouncey wird unter diesen schönen *Zedern ein Fête Champêtre geben.*"

'Oh wie schön!' rief Harriet aus und klatschte vor Ekstase in die Hände – zumindest in theatralischer Ekstase.

„Es muss Sir Harry sein“, antwortete der Billardtischmann, der sich nicht vorstellen konnte, für irgendetwas „eingelassen“ zu werden.

'Oh! „Sir Harry wird uns alles geben, was wir wollen, da bin ich mir sicher“, entgegnete Miss Glitters.

„Was ist das (Schluckauf)?“ fragte Sir Harry, der sich nun, als er seinen Namen hörte, der Party anschloss.

„Oh, wir möchten, dass du uns unter diesen bezaubernden Zedern tanzt“, antwortete die Dame und sah ihn liebevoll an.

„Zedern!“ „Wo siehst du Zedern?“ schnauzte Sir Harry.

„Warum?“, antwortete Miss Glitters und nickte in Richtung eines Büschels immergrüner Pflanzen.

„Das sind (Schluckauf-)Stechpalmen“, antwortete Sir Harry.

„Nun, unter den Stechpalmen“, entgegnete Miss Glitters; und fügte hinzu: „Es war Kapitän Bouncey, der sagte, es handele sich um Zedern.“

„Ah, ich meinte die dahinter“, bemerkte der Kapitän und nickte in eine andere Richtung.

„Das sind (Schluckauf) Waldtannen“, entgegnete Sir Harry.

„Nun, egal, was sie sind“, fuhr die Dame fort; „Lass uns unter ihnen tanzen.“

„Sicherlich", antwortete Sir Harry, der immer zu allem bereit war. „Wir werden viele Partner haben", bemerkte Miss Howard, als sie sich daran erinnerte, wie viele Männer im Haus waren.

„Und noch einer kommt", bemerkte Kapitän Cutitfat, der sich immer noch über den Gedanken ärgerte.

'In der Tat!' rief Miss Howard und hob entzückt ihre Hände und Augenbrauen; 'und wer ist er?' fragte sie mit ungeheuchelter Freude.

„Oh, was für ein Schluckauf", antwortete Sir Harry. „normaler Mann aus Leicestershire." Tatsächlich ein (Schluckauf) Quornite.'

„Dann wird der Tanz erst stattfinden, wenn er kommt", bemerkte Miss Glitters.

„Das werden wir nicht mehr tun", sagte Miss Howard und zog sich aus der Gruppe zurück.

KAPITEL LX

FACEY ROMFORD ZU HAUSE

Wir wollen nun annehmen, dass unser angesehener Sponge gegen Ende eines kurzen Dezembertages das Dorf betritt, oder wie die Eingeborenen die Stadt Washingforde nennen, nachdem er von Mr. Jog's angekommen ist.

„Was gibt es denn für Ställe?" fragte er und zügelte sein Pferd, als er auf den Brandynasigen Leather traf, der sich auf der Hauptstraße ausruhte.

„Die Ställe sind gut genug – auch das Futter", antwortete der Deckhengst, „ *vorausgesetzt* , Ihnen gefällt die Sittivation."

„Oh, die Sittivation wird schon reichen", erwiderte Sponge und dachte, dass Leather wie ein Pferdeknecht murrte, weil er nicht die besten Ställe hatte.

„Nun, Sir, wie Sie möchten", antwortete der Mann.

„Warum, wo sind sie?" fragte Schwamm und sah, dass in Leathers Verhalten mehr steckte, als man auf den ersten Blick sah.

„ *Rose und Krone!* ' antwortete Leather mit Nachdruck.

„Rose und Krone!" rief Schwamm und fuhr im Sattel auf; „Rose und Krone! Ich werde bei Mr. Romford bleiben!'

„Das hat er gesagt." antwortete Leder; 'so sagte er. Ich traf ihn, als ich bei den Ossen ankam, und sagte zu mir, sagte er: „Bei der Krone findest du Geiselunterkünfte!" „Die Zwei!" rief Herr Schwamm und ließ die Zügel auf den Hals seines Pferdes fallen; 'die Zwei!' wiederholte er mit einem angewiderten Blick. „Warum, wo wohnt er?"

„Beim Sattler, Donner", erwiderte Leather und deutete auf ein kleines weißes Haus mit Erkerfenstern etwas weiter unten, mit den goldenen Worten:

Overend, Sattler und Geschirrmacher der Königin,

darüber ein sehr spärlich sortierter Laden.

'Der Teufel!' antwortete Mr. Sponge und kochte vor Wut, als er die hüttenähnlichen Ausmaße des Ortes betrachtete.

Der Dialog wurde durch einen Vorschlaghammer-ähnlichen Schlag auf Sponges Rücken unterbrochen, gefolgt von einer so ausgestreckten Hand, dass sie nur von seinem Gastgeber ausgehen konnte.

„Freut mich, Sie zu sehen!" rief Facey und schwang Sponges Arm hin und her. 'Aussteigen!' fuhr er fort und zog ihn halb herunter, „und lasst uns hineingehen; denn es ist scheußlich kalt und das Abendessen ist im Handumdrehen fertig!'

Mit diesen Worten führte er den gefangenen Schwamm wie einen Gefangenen am Arm die Straße entlang, öffnete die dünne Haustür und schob ihn eine sehr gerade Treppe hinauf in einen kleinen, niedrigen, hüttenartigen Raum, der mit Boxhandschuhen behängt war. Folien und Bilder von Kämpfern und Ballettmädchen.

„Freut mich, Sie zu sehen!" sagte Facey erneut und schürte das winzige Feuer. „Ich habe Nosy Nickel und Gutty Weazel gebeten, Sie kennenzulernen", fuhr er fort und blickte auf den kleinen „Dinner-for-Two"-Tisch. „Aber Nosey hat einen Zahn verloren, und Gutty ist weg, Schätzchen." Wir werden jedoch sehr gemütlich und fröhlich zusammen sein; Und wenn du dir vor dem Abendessen die Hände waschen willst oder sonst etwas, zeige ich dir dein Schlafzimmer", fuhr er fort und begleitete Schwamm über den Treppenabsatz, wo ein paar kleine schwarze Türen in Räume führten, die durch die Trennung dessen entstanden waren, was zuvor gewesen war das Duplikat des Wohnzimmers in zwei Teile.

'Dort!' rief Facey und zeigte auf Sponges Portmanteau und Tasche, die auf halbem Weg zwischen Fenster und Tür standen: „Da!" Da sind deine Fallen. Da drüben ist der Waschtisch. Sie können Ihre Rasierutensilien auf den Stuhl unter dem Spiegel „gegen die Wand" legen und auf ein an die Schablonenwand genageltes Glasfragment zeigen, das Sponge mit einer Mischung aus Resignation und Verachtung betrachtete; aber als Facey darauf hinwies:

„Die Truhe hat es geschafft, eine doppelte Schuld zu begleichen – ein Bett bei Nacht, eine Kommode bei Tag"

Als er meinte, dort müsse sich Schwamm zusammenrollen, schüttelte unser Freund den Kopf und erklärte, das könne er nicht.

„Oh, Geige!" antwortete Facey: „Jack Weatherley hat monatelang darin geschlafen, und er ist eine halbe Hand größer als du – sechzehn Hände, wenn er einen Zoll groß ist." Und Sponge schüttelte den Kopf und biss sich auf die Lippen, weil er dachte, er sei endlich „fertig".

„Hey, ich dachte, du wärst ein Fuchsjäger", bemerkte Facey, als er den verwirrten Blick seines Gastes sah.

„Nun, aber wenn man ein Fuchsjäger ist, kann man nicht in einer Bandschachtel schlafen oder sich wie ein Teleskop verschließen", erwiderte der empörte Schwamm.

„Hör auf, Mann! „Du bist so ein fieser Kerl", entgegnete Facey; „Du bist so ein böser Partickler." Du wirst es nie gebrauchen, in deinem Hemd Enten zu schießen. Scheiß drauf, Mann! Onkel Gilroy würde mich enterben, wenn er so ein Kerl wäre. „Seien Sie jedoch aufmerksam", fuhr er fort, „wenn Sie sich reinigen wollen; „Das Abendessen ist im Handumdrehen fertig, ich höre, wie Mrs. End es auftischt." Mit diesen Worten rollte Facey aus dem Zimmer, und plötzlich hörte Sponge, wie er im Nebenzimmer seine Holzschuhe auszog. Das Abendessen sprach für sich, denn im Haus roch es nach Röstzwiebeln und Schweinebraten.

Nun, Sponge mochte kein Schweinefleisch; und es gab nichts als Schweinefleisch oder Schweine in der einen oder anderen Form. Spareribs, Leber und Speck, Würstchen, Blutwurst usw. – alle auf ihre Art sehr gut, aber nach dem Komfort von Jog's, der Eleganz von Puffington's und der frühen Pracht von Jawleyford's mit einem schlechten Geschmack verbunden. Unser Held war ziemlich verärgert und hatte das Gefühl, ihm aufgedrängt zu werden. Was hatte ein Mann wie dieser zu bieten, ihn zu bitten, bei ihm zu bleiben – ein Mann, der bei Tageslicht speiste und sein Fleisch mit einer großen zweizinkigen Gabel schöpfte?

Facey, obwohl er sah, dass Mr. Sponge nicht erfreut war, lobte und drückte alles nacheinander auf einen sehr starken Käse herunter; Und während das beschuhte Mädchen die Krümel und alles andere von der groben Tischdecke wegwischte, rief er ganz offenherzig: „Nun, was sollen wir jetzt trinken?" und fügte hinzu: „Du rauchst natürlich – soll es Gin, Rum oder Hollands sein – Hollands, Rum oder Gin?"

Sponge war halb geneigt, Wein vorzuschlagen, aber als er sich daran erinnerte, was für ein Schlehensaft es sein würde und dass Facey ihn aller Wahrscheinlichkeit nach dazu bringen würde, ihn auszutrinken, antwortete er nur: „Oh, das ist mir egal; „Angenommen, wir sagen Gin?"

„Gin sei es", sagte Facey, erhob sich von seinem Sitz, ging zu einem kleinen Schrank in der Wand und holte eine Flasche mit der Aufschrift „Fine London Spirit" hervor; und indem er dem Mädchen zurief, es solle ein paar „Captins" aus der Kiste unter seinem Bett holen, verteilte er eine Menge Gläser auf dem Tisch und stellte eine grüne Dessertschale für die Kekse davor.

Mittlerweile war es Nacht geworden – eine strenge, stürmische Winternacht, die die Tasche voller Kohlen, die den Kamin schmückte, besonders angenehm machte.

„Junge Jupiter, was für eine Nacht!" rief Facey, als ein Schneeregen über das Fenster prasselte, als hätte jemand eine Handvoll Kieselsteine dagegen geworfen. „Junge Jupiter, was für eine Nacht!" wiederholte er, erhob sich, schloss die Fensterläden und ließ den kleinen, spärlichen roten Vorhang herab. „Lasst uns einziehen und ein heißes Gebräu trinken", fuhr er fort, rührte das Feuer unter dem Kessel an und reichte eine Menge Zigarren aus der Tischschublade. Dann saßen sie da, rauchten und nippten, und rauchten und nippten, wobei jeder eine mentale Einschätzung des anderen machte.

„Sollen wir ein Kartenspiel spielen? Oder was sollen wir tun, um den Abend zu überstehen? fragte endlich unseren Gastgeber. „Vielleicht solltest du lieber Karten spielen", fuhr er fort.

„Danke, nein; Danke, nein. „Ich habe ein Buch in meiner Tasche", antwortete Schwamm und griff in seine Jackentasche. Während er seinen *Mogg* herausfischte , fügte er hinzu: „Nehmen Sie immer ein Buch mit leichtem Lesestoff bei mir."

„Was, Sie sind doch eine literarische Bucht, oder?" fragte Facey überrascht.

„Nicht genau das", antwortete Schwamm; „Aber ich möchte meinen Geist verbessern." Dann schlug er das wertvolle Werk auf, warf einen Blick in den Omnibus-Führer – „Brentford, 7 from Hyde Park Corner – European Coffee House, near the Bank, daily" und arbeitete sich so durch den „Brighton Railway Station, Brixton, Bromley sowohl in Kent als auch in Middlesex, Bushey Heath, Camberwell, Camden Town und Carshalton, bis nach Cheam, als Facey, der ihn aufmerksam beäugt hatte, ihm überhaupt nicht gefiel, wie er vorging und was er tun wollte, plötzlich ausrief: als er hochschoss:

FACEY ROMFORD UNTERSTÜTZT SPONGE EIN WENIG MUSIK

„Junge Jupiter! Du hast mich noch nicht Flöte spielen gehört! Mehr hast du nicht. Verdammt, wie nachlässig!' fuhr er fort und ging zu dem kleinen Bücherregal, auf dem es lag; Während er hineinblies und an den Joints lutschte, fügte er hinzu: „Du bist natürlich musikalisch?"

„Oh, ich kann Musik ertragen", murmelte Schwamm mit einer Kopfbewegung, als gäbe es bei ihm keine Melodie.

„Bei Jingo! Du solltest mich sehen, Onkel Gilroy, wenn du spielst! Der alte Mann vergießt tatsächlich Freudentränen – er ist so erfreut."

„In der Tat", antwortete Sponge und ging nun zu *Mogg's Cab Fares über* : „Aldersgate Street, Hare Court, nach oder von Bagnigge Wells" und so weiter, als Facey das quiekendste, unharmonischste, gebrochenste Lied anstimmte

„Springe Jim Crow"

Das, was jemals gehört wurde, ließ den sensiblen Schwamm erschaudern und alle Zähne zusammenbeißen.

„Häng mich, aber deine Flöte braucht Salpeter oder eine Dosis Medizin oder etwas ganz Schreckliches!" Endlich rief er und verzog sein Gesicht wie in größter Qual, wie der Geplagte:

„Springen und drehen"

Sponge hat Sponge bei seiner Berechnung, wofür er von Aldgate Pump zum Pied Bull in Islington fahren könnte, völlig über den Haufen geworfen.

'Ach nein!' antwortete Facey mit einer Miene der Gleichgültigkeit, als er das Ende abnahm und den Dampf abzog. „Oh nein – will nur Arbeit – will nur Arbeit", fügte er hinzu, fügte es wieder zusammen und rief aus, während er den jetzt mürrischen Schwamm ansah: „Nun, was soll es sein?"

„Was immer Sie wollen", antwortete unser Freund und tauchte hektisch in seinen *Mogg* .

„Na dann spiele ich dir das Lieblingslied meines Onkels vor, „The Merry Swiss Boy", woraufhin Facey mit aller Kraft mit dieser einst beliebtesten Melodie loslegte. Es wirkte jedoch genauso einrostend wie „Jim Crow", für dessen Leistungen Facey offensichtlich eine Vorliebe hatte; Denn kaum war er durch die Melodie von „meinem Onkel" gequiekt worden, kehrte er mit verdoppeltem Eifer zur Niggermelodie zurück und sprengte und sprengte

Sponges Berechnungen darüber, was er von „Mutter Rotkäppchen" in Camden Town die Liquorpond Street hinunter bis zum Snow Hill hinauffahren könnte , und so weiter, zum „Angel" in Ratcliff Highway, um ihn aus seinem Kopf zu kriegen. Es schien auch keine Aussicht auf Erleichterung zu geben, denn kaum hatte Facey ein Lied durchgespielt, begann er schon wieder mit dem anderen.

„Verrotten!" rief schließlich Sponge und warf verzweifelt seinen *Mogg von sich*, „*du wirst mich mit diesem abscheulichen Lärm taub machen.*" „Segne mein Herz!" rief Facey in gespielter Überraschung aus, „Gott segne mein Herz!" Ich dachte, du magst Musik, mein lieber Kerl!' und fügte hinzu: „Ich habe gespielt, um dir zu gefallen."

„Was für ein Miststück du warst!" schnappte Mr. Sponge. „Ich wünschte, ich hätte es früher gewusst: Ich hätte dir viel Wind erspart."

„Nun, mein lieber Kerl", antwortete Facey, „ich wollte dich so gut wie möglich unterhalten." „Man muss etwas tun, wissen Sie."

„Ich würde lieber alles tun, als diesen schrecklichen Lärm zu ertragen", antwortete Schwamm und klingelte mit dem Zeigefinger an seinem linken Ohr.

„Dann lass uns doch mal Karten spielen", erwiderte Facey beruhigend, da er sah, dass er Sponge ausreichend gequält hatte.

„Karten", antwortete Herr Schwamm. „Karten", wiederholte er nachdenklich und streichelte sein behaartes Kinn. „Karten", fügte er zum dritten Mal hinzu, während er Faceys rundes Gesicht täuschte und sich fragte, ob er ein schärferer Mann war. Wenn die Karten fair waren, war es Sponge egal, sein Glück zu versuchen. Davon hing alles ab. „Nun", sagte er in einem gleichgültigen Ton , als er seinen *Mogg* aufhob , weil er dachte, er würde nicht zahlen, wenn er verlor, „ich gebe dir die Chance." Was soll es sein?'

„Oh – warum – sagen wir mal *écarté* ?" antwortete Facey auf eine beiläufige Art und Weise.

„Nun", sagte Sponge gedehnt und steckte seinen *Mogg ein* , um sich auf die Aktion vorzubereiten.

„Du hast doch keinen sauberen Rucksack, oder?" fragte Sponge, als Facey in eine Schublade tauchte und ein sehr schmutziges, mit dem Daumen markiertes Set hervorholte.

„Hey, nein, das habe ich nicht", antwortete Facey. „Hey, nein, das habe ich nicht. Aber, meine Ehre, das ist in Ordnung und fair. Ich würde keinen Mann betrügen, wenn es jemals so wäre.'

„Das würdest du sicher nicht tun", antwortete Sponge, die Behauptung tröstete ihn nicht.

Dann nahmen sie wieder einander gegenüber am kleinen Tisch Platz, wobei heißes Wasser, Zucker und eine Flasche „Fine London Spirit" gleichmäßig zwischen ihnen platziert waren.

Zuerst war Mr. Sponge der Sieger, und um neun Uhr hatte er achtundzwanzig Schilling gegen seinen Gastgeber geschossen, als er geneigt war, damit aufzuhören und behauptete, er sei ein früher Mann und würde zu Bett gehen – und Facey schien eine Vereinbarung zu treffen, indem er Sponge nur dazu drängte, den Gin, den er sich jetzt selbst nahm, mit einer weiteren Zigarre zu begleiten. Das schien alles fair und vernünftig; und als Sponge die Sache durch den gütigen Einfluss des „Baccy" vertuschte, dachte er tatsächlich, dass Facey vielleicht doch kein so schlechter Bettler sei.

„Na dann", sagte er, als er gleichzeitig Zigarre und Glas ausgetrunken hatte, „wenn du mir achtundzwanzig Pfund gibst, fahre ich nach Bedfordshire."

„Du wirst mich bestimmt rächen!" rief Facey in gespieltem Erstaunen aus.

„Morgen Abend", antwortete Sponge bestimmt, da er dachte, dass es ihm schwerfallen würde, wenn er dort bliebe, um es zu geben.

„Nein, *jetzt*!" antwortete Facey und fügte hinzu: „Es ist noch ziemlich früh." „Ich, Onkel Gilroy und ich, spielen immer viel später im Queercove Hill."

Schwamm zögerte. Hätte er das Geld bekommen, hätte er sich entschieden geweigert; so wie es war, dachte er, bestand die einzige Chance, es zu bekommen, vielleicht darin, weiterzumachen. Ohne geringe Zurückhaltung und Bedenken mischte er sich ein weiteres Glas Gin und Wasser, wechselte die Plätze und nahm das Spiel wieder auf. Unser diskreter Freund hatte mit seinen Berechnungen auch nicht viel falsch gemacht, denn das Glück hatte sich nun geändert, und Facey schien den König ganz im Griff zu haben. In weniger als einer Stunde hatte er nicht nur die achtundzwanzig Schilling abbekommen, sondern auch drei Pfund fünfzehn gegen seinen Gast erzielt. Facey würde jetzt aufhören. Sponge hingegen wollte weitermachen. Facey blieb jedoch standhaft. „Dann zahle ich dir das Doppelte, oder ich gebe auf", schrie Schwamm in vorschneller Verzweiflung. Facey kam ihm entgegen und verdoppelte die Schulden.

'Wieder!' rief Schwamm mit verzweifelter Energie.

'NEIN! Nicht mehr, vielen Dank", antwortete Facey kühl. „Fairplay ist ein Juwel."

„So ist es", stimmte Mr. Sponge zu und dachte, er hätte es nicht gehabt.

„Nun", fuhr Facey fort, stocherte in der Tischschublade herum und holte ein schmutziges Stück Papier mit einem kleinen Tintenetui hervor, „wenn du mir einen „Schuldschein" gibst, machen wir den Laden zu."

„Ein „Schuldschein!"" erwiderte Sponge und blickte tugendhaft empört drein. „Ein „Schuldschein!" „Ich gebe dir morgen früh dein Geld."

„Das weiß ich", erwiderte Facey kühl, brachte sich in Boxhaltung und rief aus, während er eine Distanz abmaß, „spüre einfach den Bizepsmuskel meines Arms – ich glaube wirklich, ich könnte einen Ochsen fällen." Aber egal", fuhr er fort, als er sah, dass Sponge das Gefühl ablehnte. „Das Leben ist ungewiss: Geben Sie mir also einen „Schuldschein" und alles wird in Ordnung sein. „Eine kurze Abrechnung macht lange Freunde, wissen Sie", fügte er hinzu und deutete energisch auf das Papier.

„Ich stelle dir am besten sofort einen Scheck aus", erwiderte Sponge und schien dabei den wahren Kern von Ritterlichkeit zu erkennen.

„ *Geld* , bitte", antwortete Facey; murmelte mit einer Kopfbewegung: „Ich mag kein Papier."

Ausnahmsweise wurde der berühmte Schwamm posiert. Er hatte das Geld, wollte es aber nicht abgeben. Also gab er den „Schuldschein", zündete eine Zwölf-Pfund-Kerze an, schmollte, zog sich aus und kroch in die kleine Unmöglichkeit eines Bettes.

Die Nacht jedoch brachte unserem verehrten Freund keine Erleichterung; Denn so klein das Bett auch war, es war doch groß genug, um Gäste aufzunehmen, und der arme Schwamm machte sich fast Sorgen wegen des halb verhungerten Ungeziefers, das offenbar darauf bedacht war, das lange Fasten nachzuholen, das sie ertragen mussten, seit der Sechzehnhänder gegangen war . Das Schlimmste von allem war, dass der ewige „Jim Crow" mit Anbruch des Tages wieder mit dem Salzen begann, nur mit folgendem Unterschied:

„Komm, erwecke dich, erwecke dich, mein fröhlicher Schweizer Junge"

von „meinem Onkel Gilroy."

„Nun, zerschmettere meine Knöpfe!" stöhnte Schwamm, als das misstönende Geräusch durch seinen schmerzenden Kopf schoss, „aber das ist die schlechteste Spezifikation, die ich je in meinem Leben gemacht habe." Mit Schweinefleisch gefüttert, taub geschlagen, mit Käfern gebissen und beim Kartenspielen beraubt – ziemlich, geradezu beraubt. Niemals wurde einem Mann eine regelrechtere Pflanze angelegt. Gott sei Dank habe ich ihn jedoch nicht bezahlt – und werde es auch nie tun. Solch ein verdammter, verrufener Schurke verdient es, bestraft zu werden – ein großer, böser, schlecht aussehender Kerl! Wie zum Teufel konnte ich jemals von so einem Kerl hereingelegt werden! Ich glaube, er ist nichts anderes als ein großer Wilderer. Hat nicht die leisesten Umrisse eines Gentlemans an sich – nicht das kleinste Teilchen – nicht den geringsten Schimmer."

Diese und ähnliche Überlegungen wurden durch einen lauten Schlag gegen die dünne Latten- und Gipswand, die ihre Räume bzw. Schränke trennte, unterbrochen, begleitet von einem Ausruf:

„ HALLO, ALTER JUNGE! WIE GEHT ES? „– eine Frage, auf die unser Freund keine Antwort geduldete.

„Ordnung, ihr! „Du bist wach", murmelte Facey vor sich hin, wohl wissend, dass niemand nach solch einem „Jim-Crow-ing" und „Swiss-boy-ing", wie er ihm gegeben hatte, schlafen konnte. Deshalb nahm er seine Batterie wieder auf und hämmerte, als wollte er die Trennwand einschlagen.

„ HALLO !" rief schließlich Herr Schwamm, „Wer ist da?"

„Na, alter Sivin-Pund-Ten, wie geht's?" fragte Facey in einem Tonfall der schärfsten Ironie.

„Du bist ——!" knurrte Herr Schwamm angewidert.

„Frühstück in einer halben Stunde!" fuhr Facey fort. 'Pigs'-Puddins und Sarsänger – alle 'ot-pipin' 'ot!' fuhr unser Gastgeber fort.

„Ich wünschte, du würdest pfeifen", knurrte Mr. Sponge, als er sich aus seinem kleinen Bett erhob.

Obwohl Facey ihn während dieser zweiten Schweinemahlzeit ziemlich stark anstrengte, konnte er Sponge hinsichtlich seiner Bewegungen nicht entlocken – unser Freund parierte alle seine Fragen mit seinem *Mogg* und versicherte, dass er sich amüsieren könne. Vergebens stellte Facey dar, dass sein Onkel Gilroy sie erwarten würde; dass Mr. Hobler bereit war, ihn zu überreiten; Sponge hatte keine Lust zu schießen, flehte Facey jedoch an, seinetwegen nicht zu Hause zu bleiben. Tatsache war, dass Sponge über einen Blitz nachdachte und in den Rose- und Crown-Ställen in engem Gespräch mit Leather war, um die Dinge zu regeln, als der Klang seines Namens im Hof ihn dazu veranlasste, hinauszuschauen, als – oh, willkommener Anblick! – Ein Bote von Puddingpote Bower drückte ihm Sir Harrys Brief in die Hand, der schließlich auf dem ganz anderen Weg, dem sogenannten Postweg, bei Jog angekommen war. In der Freude seines Herzens gab Sponge dem Jungen tatsächlich einen Schilling! Er fühlte sich jetzt wie ein neuer Mann. Ihm war Facey völlig egal, und nachdem er Leather befohlen hatte, ihn auszutricksen und mit den Jägern zu folgen, galoppierte er augenblicklich so gekonnt aus der Stadt, als wäre alles auf dem richtigen Weg.

Als Facey jedoch herausfand, wie die Dinge standen, beschloss er, Sponges Sachen anzuhalten, was Leather ablehnte; Und als Facey sich wehrte, stieß Leather ihn mit dem Kopf an, schickte ihn rückwärts die Treppe hinunter und streckte ihm die Schulter entgegen. Leder marschierte dann mit der Ausrüstung davon, inmitten der Ehren des Krieges.

KAPITEL LXI

WIEDER NICHT SO EIN HAUS

'HERR. SCHWAMM, MY LADY'

Die tapferen Bewohner des Nonsuch-Hauses hatten sich zu einem Spekulationskomitee zusammengeschlossen, um darüber zu spekulieren, ob Mr. Sponge kommen würde oder nicht; tatsächlich hatten sie darauf gewettet, und die Wahrscheinlichkeit, dass er kam, war anfangs hundert zu eins, obwohl sie um ein oder zwei Punkte verloren hatten, als die Post ohne Antwort eintraf.

„Nun, ich sage, Mr. Wie nennt man ihn – Sponge – kommt nicht!" rief Kapitän Seedeybuck, als er in voller Länge mit seinem zottigen, fettigen Kopf auf dem feinen rosafarbenen Satinsofa lag und die Beine über das Kissen gelegt hatte.

'Warum nicht?' fragte Fräulein Glitters, die eine halbe Stunde vor Kerzenschein die Dämmerung mit Stricken verzauberte.

„Ich weiß es nicht", antwortete Seedeybuck und zwirbelte seinen Schnurrbart, „ich weiß es nicht – habe eine Ahnung, dass er es nicht tun wird."

„Kommt bestimmt!" rief Kapitän Bouncey und warf die Asche seiner Zigarre auf den feinen Tournay-Teppich.

„Ich setze zehn zu eins – zehn zu fünfzig zu eins – das tut er, – tausend zu zehn, wenn Sie so wollen." Wenn alle Geldbörsen im Haus zusammengelegt worden wären, hätten sie unserer Meinung nach nicht fünfzig Pfund zusammengebracht.

„Was ist das denn für ein Mann?" fragte Miss Glitters und zählte jetzt ihre Schleifen.

„Oh – whoy – ha – hem – haw – er sieht einfach ganz normal aus – überhaupt kein Kitzler", sagte Captain Seedeybuck gedehnt, während er jetzt nass wurde und seinen Schnurrbart zwirbelte.

„Zwei Beine, ein Kopf, ein Rücken und so weiter, nehme ich an", bemerkte die Dame.

„Genau so", stimmte Kapitän Seedeybuck zu.

„Er sieht wie ein Pferd aus, würde ich sagen", bemerkte Kapitän Bouncey, „geht, als ob er reiten sollte – trägt Essigoberteile."

„Ich hasse Essiggurken", knurrte Seedeybuck.

In diesem Moment kam Lady Scattercash herein, begleitet von Mr. Orlando Bugles, da die Anziehungskraft der Damen dazu geführt hatte, dass dieser angesehene Künstler sein Engagement im Surrey Theatre aufgab. Kapitän Cutitfat, Bob Spangles und Sir Harry folgten schnell, und die Schwammfrage wurde bald erneut gestellt.

„Wer sagt, dass alte braune Stiefel kommen?" rief Seedeybuck vom Sofa aus.

„Wer ist das mit seinem fiesen Noppen auf meinem feinen Satinsofa?" fragte die Dame.

„Bob Spangles", antwortete Seedeybuck.

„Nichts dergleichen", entgegnete die Dame; „Und ich werde dich belästigen, auszusteigen."

„Das geht nicht – ich habe einen Knochen im Bein", entgegnete der Kapitän.

„Ich werde Sie bald fertig machen", antwortete Ihre Ladyschaft, ergriff das Pferd und zog es auf den Boden.

Als der Kapitän hinaufkletterte, kam Peter – einer der entlohnten Lakaien – mit Kerzen herein, die er gleichmäßig im Raum verteilt hatte. Er ging auf Lady Scattercash zu und fragte auf eine unabhängige Art und Weise, in welches Zimmer Mr. Soapsuds wollte haben.

„Seifenlauge! – Seifenlauge! – das ist nicht sein Name", rief Ihre Ladyschaft.

„ *Schwamm* , du Narr!" Soapey Sponge", rief Cutitfat, der Sponges *Nomme de Londres* aufgespürt hatte .

„Er ist nicht gekommen, oder?" fragte Miss Glitters eifrig.

„Ja, meine Dame – das heißt, Fräulein", antwortete Peter.

„Komm, hat er!" drei- oder vierstimmiger Chor.

„Nun, er muss ein (Schluckauf-)Zimmer haben", bemerkte Sir Harry. „Das Grün – das über dem Billardzimmer reicht aus", fügte er hinzu.

„Aber das habe *ich* , Sir Harry", rief Miss Howard.

„Oh, es reicht für zwei", bemerkte Miss Glitters.

„Dann können *Sie* die Zweite sein", antwortete Miss Howard und warf den Kopf zurück.

'In der Tat!' höhnte Miss Glitters und zügelte sich. 'Ich mag es.'

„Na ja, aber wo soll der (Schluckauf-)Mann hin?" fragte Sir Harry.

„Da ist Ladofwax' Zimmer", schlug Ihre Ladyschaft vor.

„Der Kapitän hat die Tür verschlossen und den Schlüssel mitgenommen", antwortete der Lakai; „Er sagte, er würde in ein oder zwei Tagen zurück sein."

„In ein oder zwei (Schluckauf) wieder zurück!" bemerkte Sir Harry. „Wo ist er hin?"

Der Mann lächelte.

„ *Ausgeliehen* ", bemerkte Kapitän Quod mit Nachdruck.

'In der Tat!' rief Sir Harry und fügte hinzu: „Nun, ich dachte, das wäre Nabbums Auftritt mit dem alten Grauen."

„Er wird nicht so schnell zurückkommen", bemerkte Bouncey. „Er wird wie die Herren von Boulogne sein, die immer nach England gehen, es aber nie tun."

„Armes Wachs!" beobachtete Quod; „Er ist ein großer Dummkopf, ihm das zu geben, was ihm zusteht."

„Wenn man ihm das gibt, was ihm zusteht, ist das anscheinend mehr, als er anderen Leuten gibt." bemerkte Miss Howard.

„Oh, Pfui, Fräulein H.!" rief Kapitän Seedeybuck aus.

„Na ja, aber der (Schluckauf-)Mann muss irgendwo ein (Schluckauf-)Bett haben", bemerkte Sir Harry; Er fügte dem Lakaien hinzu: „Du solltest besser (Schluckauf) die Tür öffnen, weißt du."

„Vielleicht sollten Sie besser versuchen, was einer von Ihnen tun wird", bemerkte Bob Spangles zur Erschütterung der Gesellschaft.

Inmitten ihrer Heiterkeit wurde Mr. Bottleends gesehen, wie er Mr. Sponge zu Ihrer Ladyschaft steuerte.

'Herr. „Schwamm, meine Dame", sagte er in einem so leisen und respektvollen Ton, als würde er jeden Vierteltag pünktlich seinen Lohn erhalten.

'Wie geht es dir. Herr Schwamm?' sagte Ihre Ladyschaft und reichte ihm mit einem eleganten Knicks ihre Hand.

„Wie geht es Ihnen, Herr (Schluckauf) Schwamm?" fragte Sir Harry und bot seins an; „Ich glaube, Sie kennen die (Schluckauf-)Firma?" fuhr er fort und wedelte mit der Hand herum; „Miss (Schluckauf) Glitters, Kapitän (Schluckauf) Quod, Kapitän Bouncey, Mr. (Schluckauf) Bugles, Kapitän (Schluckauf) Seedeybuck und so weiter"; woraufhin Miss Glitters einen Knicks machte, die Herren nickten mit den Köpfen und näherten sich unserem Helden, der sich nun vor dem Feuer aufgestellt hatte.

„Heute Nacht ist es kalt", sagte er, indem er sich bückte und beide Hände an die Gitterstäbe legte. „Kalt", wiederholte er, rieb sich die Hände und sah sich um.

„Im Allgemeinen ist es ungefähr um diese Jahreszeit, glaube ich", bemerkte Miss Glitters, die bereit war, für unsere Freundin einzutreten.

„Ich hoffe, es hört nicht auf zu jagen", sagte Mr. Sponge.

„Hoffentlich nicht", antwortete Sir Harry; „Es wäre langweilig, wenn es so wäre."

„Ich wundere mich, dass Sie, meine Herren, es nicht vorziehen, bei Frost zu jagen", bemerkte Miss Howard; „Man könnte meinen, es wäre genau der richtige Zeitpunkt, um sich richtig aufzuwärmen."

„Da stimme ich Ihnen nicht zu", antwortete Mr. Sponge, während er sie ansah und dachte, sie sei bei weitem nicht so hübsch wie Miss Glitters.

„Gehen Sie morgen auf die Jagd?" fragte er Sir Harry, der im Stall keine Informationen erhalten konnte.

„(Schluckauf) morgen? „Oh, ich wage zu behaupten, dass wir das tun werden", antwortete Sir Harry, der seine Hunde wie seine Kutschen behielt, damit sie sie bei Bedarf benutzen konnten. „Ich wage zu behaupten, dass wir das schaffen werden", wiederholte er.

Aber obwohl Sir Harry so ermutigend von ihren Aussichten sprach, unternahm er, soweit Mr. Sponge erfahren konnte, keine Schritte, um den

Plan auszuführen. Tatsächlich wurde das Thema Jagd nie erwähnt, das Gespräch nach dem Abendessen drehte sich stattdessen um den Quorn oder den Pytchley oder Jack Thompson mit dem Atherstone und drehte sich um die Eleganz und Beleuchtung der Casinos in der Adelaide Gallery und der Windmill Street und die relativen Vorzüge dieser Einrichtungen gegenüber dem Casino de Venise in High Holborn. Der Morgen brachte auch keine Veränderung zum Besseren, denn Sir Harry und alle Kapitäne kamen in ihrer üblichen auffälligen, heruntergekommenen Spielerkleidung herbei und waren mit ihren ganzen Gedanken damit beschäftigt, einen Billardtisch zu organisieren, an dem auch die Damen teilnahmen . Mit Billard, Brandy und „Baccy" – „Baccy", Brandy und Billard, abgewechselt mit einem gelegentlichen Spaziergang über das Gelände, verführten die nicht sportlichen Bewohner von Nonsuch House die Zeit, sehr zu Mr. Sponges Ekel , dessen Seele brannte und sich auf den Kampf freute. Dem Leser geht es vielleicht genauso: Wir überspringen Weihnachten und gehen zum Neujahrstag über.

KAPITEL LXII

EIN FAMILIENFRÜHSTÜCK

„Es wäre fast überflüssig zu sagen, dass NEUJAHR immer ein toller Feiertag ist." Es ist ein Tag, an dem der Brauch den Menschen befiehlt, glücklich und untätig zu sein, unabhängig davon, ob sie die Mittel haben, glücklich und untätig zu sein oder nicht. Es ist ein Tag, für den Glück und Müßiggang „gebucht" sind und Partys lange im Voraus geplant und arrangiert werden. Manche gehen in die Stadt, manche aufs Land; manche nehmen die Bahn; manche nehmen Dampf; manche nehmen Windhunde; manche nehmen Auftritte an; während andere Waffen nehmen und auf all die kleinen Vögel losgehen, die ihnen in den Weg kommen. Die Landbevölkerung neigt grundsätzlich zur Jagd. Sie sind nicht sehr wählerisch, was den Stil angeht, solange es eine gewisse Anzahl von Hunden und einige Männer in Scharlachrot gibt, die in ihre Hörner blasen, Hallorufen und ihre Peitschen knallen lassen.

Die Bevölkerung, insbesondere die wachsende Bevölkerung rund um Nonsuch House, neigte alle in diese Richtung. Auf eine Neujahrsjagd mit Sir Harry hatten sich die kleinen Raws, die kleinen Spooneys, die großen und kleinen Cheeks und wir wissen nicht wie viele andere schon lange gefreut. Nein, die älteren Jungen an ihren jeweiligen Schulen – wir bitten um Verzeihung, Akademien – hatten darüber gesprochen, Dr. Switchingtons, Mr. Latheringtons, Mrs. Skelpers und eine großzügige Gelegenheit zum Prahlen, wie sie einander den Weg über Hecken und Gräben weisen würden. Die Sache war schon lange im Gespräch. Der alte Johnny Raw hatte Sir Harry schon vor so langer Zeit gebeten, den Tag zu vereinbaren, dass Sir Harry alles vergessen hatte. Sir Harry war einer dieser gutmütigen Menschen, die zu niemandem „Nein" sagen können. Wenn jemand gefragt hätte, ob man sein Haus anzünden dürfe, hätte er gesagt:

„Oh (Schluckauf) sicherlich, mein lieber (Schluckauf) Kerl, wenn es dir (Schluckauf) Freude bereiten wird."

Nun zum Schluckauf-Tag.

Am Neujahrstag herrscht in der Regel Frost. So nass und wechselhaft das Wetter bis zum Jahresende auch sein mag, an diesem Tag dreht sich in der Regel ein neues Blatt um. Der Neujahrstag ist im Allgemeinen ein heller, bitterer, sonniger Tag mit sternenklarem Eis und einer ausgesprochenen Anti-Jagd-Stimmung – hell, luftig, klingelnd, alles andere als heiter für die Jagd.

So war es in der Grafschaft von Sir Harry Scattercash. Nachdem sie das vergangene Jahr geraucht und getrunken hatten, zogen sich die Kapitäne und ihre Kompanie auf ihre Sofas zurück, ohne an die Jagd zu denken. Mr. Sponge war es in der Tat fast leid zu fragen, wann die Hunde ausgehen würden. Anders verhielt es sich jedoch mit der heranwachsenden Generation, die rechtzeitig aufstand und begann, in allen Gewändern, auf allen Arten von Pferden, auf allen Wegen und Wegen zum Haus Nonsuch zu strömen.

'Hallo! was läuft jetzt?' rief Lady Scattercash, als sie die erste Gruppe erblickte, die um die Ecke zur Vorderseite des Hauses bog.

„Wen haben wir hier?" fragte Miss Glitters, als ein schwerfälliger, zweifarbiger Clown auf einem großen, lockigen Karrenpferd die Nachhut bildete.

„Early Caller", bemerkte Kapitän Seedeybuck und aß selbstzufrieden.

„Höchstwahrscheinlich Freunde von Mr. Sponge", schlug Kapitän Quod vor.

„Einige der kleinen Schwämme kommen, um ihren Vater zu sehen, p'raps", lispelte Miss Howard und tat so, als wäre sie schockiert, nachdem sie es gesagt hatte.

„Bravo, Miss Howard!" rief Kapitän Cutitfat aus und klatschte in die Hände.

„ *Ich* habe nichts gesagt, Kapitän", bemerkte die junge Dame mit zunehmender Prüderie.

'Hier sind wir wieder!' rief Kapitän Quod, als sich eine Truppe verschieden großer Bengel in Erbsjacken, mit blauen Nasen und roten Decken auf sehr struppigen Ponys, die beiden jüngsten in Packtaschen über einem Esel schwingend, neben den ersten Ankömmlingen aufhielten.

„Wessen Skala der Unschuld das ist, frage ich mich!" rief Miss Howard und betrachtete die unterschiedlich großen pummeligen Gesichter durch das Fenster.

„Er, er, er! ho, ho, ho!' kicherten die Gäste.

Eine weitere Ladung Unschuld ist nun in Sicht.

„Oh, das sind die kleinen (Schluckauf-)Raws", bemerkte Sir Harry, als er den himmelblauen Kragen des langen, tristen Mantels des Dieners erblickte. „Guter Kerl, alter Johnny Raw; Bitten Sie sie, hereinzukommen", fuhr er fort, „und ihnen etwas (Schluckauf) Kirschschnaps zu geben"; und daraufhin begann Sir Harry zu nicken und zu lächeln und ihnen Zeichen zu geben, hereinzukommen. Die Jugendlichen behielten jedoch ihre Position bei.

„Die kleinen Stupexe!" rief Miss Howard, ging zum Fenster und warf die Schärpe hoch. „Kommen Sie herein, junge Herren!" rief sie mit befehlendem

Ton und wandte sich an die letzten Ankömmlinge. „Kommen Sie herein und essen Sie etwas Toffee und Lutscher!" Hörst du? fuhr sie mit noch lauterer Stimme fort und zeigte mit dem Kopf zur Tür.

Die Jungen saßen stumm da.

„Ihr kleinen dummen Affen", murmelte sie leise, als die kalte Luft ihren Kopf traf. „Kommt rein, wie gute Jungs", fügte sie lauter hinzu und zeigte mit dem Finger auf die Tür.

„Dann auch nicht!" Endlich sagte der ältere der Jungen gedehnt.

„Dann auch nicht!" wiederholte Miss Howard und ahmte den gedehnten Ton nach. 'Warum nicht?' fragte sie scharf.

Der Junge starrte dumm.

„Warum kommst du nicht rein?" fragte sie und wandte sich erneut an ihn.

„Weiß nicht!" antwortete der Junge und starrte seinen jüngeren Bruder ausdruckslos an, während er sich mit dem Handrücken eine Perle von der Nase rieb.

„Weiß nicht!" rief Miss Howard und stampfte mit ihrem kleinen Fuß auf den türkischen Teppich.

„Mar hat gesagt, wir hätten es nicht getan", jammerte der jüngere Junge und kam seinem Bruder zu Hilfe.

„Mar sagte, wir hätten es nicht getan!" erwiderte der faire Vernehmer. 'Warum nicht?'

„Weiß nicht", antwortete der Ältere.

„Weiß nicht! „Du kleines dummes Tier", fauchte Miss Howard, und die kalte Luft verstärkte die Wärme ihres Temperaments. „Ich frage mich, was Sie *wissen* ." Warum hat deine Mutter gesagt, dass du nicht reinkommen sollst?' fuhr sie fort und wandte sich an den Jüngeren.

„Weil   weil", zögerte er, „sie sagte, das Haus sei voller Trompeten."

„Trompeten, du kleiner Schlingel!" rief die Dame und errötete; „Ich hole eine Peitsche und schneide deine Jacke auf deinem Rücken in Streifen." Und daraufhin schlug sie das Fenster herunter und beendete das Gespräch.

KAPITEL LXIII

DIE AUFSTEIGENDE GENERATION

Die Ruhe, die im Frühstücksraum herrschte, als Miss Howard vom Fenster zurückkam, wurde schnell durch Neuankömmlinge vor der Tür unterbrochen. Die drei Master Baskets in Mänteln und Umlegekragen, Master Shutter in Jacke und Hose, die beiden Master Bulgeys in Wolloveralls mit sehr großen Jagdpeitschen, Master Brick in einer samtenen Schießjacke und die beiden Cheeks mit ihren Tweedhosen In Geigenkofferstiefel gedrängt, auf allerlei Ponys und Familienpferden, begannen sie, den Kies vor dem Nonsuch House zu scharren und durcheinander zu bringen.

George Cheek war der Schulleiter an Mr. Latheringtons klassischer und kommerzieller Akademie in Flagellation Hall (später Crown and Scepter Hotel and Posting House an der Bankstone Road), wo für vierzig Pfund pro Jahr achtzig junge Herren für die Schule ausgebildet wurden auf der Kanzel, im Senat, in der Bar, im Kontor oder sonst wo ihre liebevollen Eltern sie für geeignet hielten.

George war ein großer Junge, an den Ellenbogen und an den Knien nach innen gestreckt, und seine roten Knöchelhände ragten weit durch seinen engen Mantel. Er war einfach in dem schwierigen Alter, in dem sich Jungen als Männer bezeichnen und Männer nicht bereit sind, sich auf ihr Niveau herabzulassen. Damen kommen mit ihnen besser zurecht als Männer: Entweder sind die Damen toleranter gegenüber Geschwätz, oder ihr scharfsinniger Blick sieht in dem schlaksigen Jüngling den Keim zukünftiger Nützlichkeit. George war mit sich selbst bestens im Reinen. Er war das Orakel von Mr. Latheringtons Schule, wo er nicht nur Schulsprecher und Schulleiter war, sondern auch eine beträchtliche Autorität in sportlichen Angelegenheiten. Er las *Bells Leben* von Anfang bis Ende und „notierte seinen Inhalt", wie es in der Stadt heißt.

„Ich sage Ihnen, was all diese kleinen (Schluckauf-)Tiere wollen werden", bemerkte Sir Harry, während er das Bein eines Truthahns mit Cayennepfeffer pfefferte; „Sie werden für eine (Schluckauf-)Jagd kommen."

„Ich wünschte, sie könnten es bekommen", bemerkte Kapitän Seedeybuck; und fügte hinzu: „Na, der Boden ist so hart wie Eisen."

„Da ist ein großer Junge", bemerkte Miss Howard und beäugte George Cheek durch das Fenster.

„Lassen Sie uns ihn hereinlassen und sehen, was er zu sagen hat", sagte Miss Glitters.

„ Dann fragen *Sie* ihn", entgegnete Miss Howard, die keine Lust hatte, eine weitere Berührung zu riskieren.

„Peter", sagte Lady Scattercash zu dem Lakaien, der herumlungerte und dem Gespräch zuhörte, „Peter, geh und bitte den großen Jungen mit dem blauen Halstuch und dem Band um seinen Hut, hereinzukommen."

„Ja, meine Dame", antwortete Peter.

„Und die (Schluckauf) Spooneys und die (Schluckauf) Bulgeys und die (Schluckauf) Raws und all die kleinen (Schluckauf) Schlingel", fügte Sir Harry hinzu.

„Die Raws werden nicht kommen." „Sir H.", bemerkte Miss Howard nüchtern.

„Das sind größere Narren", antwortete Sir Harry.

Plötzlich kehrte Peter mit einem Schwanz zurück, angeführt von George Cheek, der mit großen Schritten und gebeugt durch den Raum kam und sich rechts von Lady Scattercash niederließ. Die kleinen Jungen drängten sich hinein, so gut sie konnten, einer von Captain Seedeybuck, ein anderer von Captain Bouncey, einer von Miss Glitters, ein vierter von Miss Howard und so weiter. Sie alle stürzten sich gierig auf die Vorräte.

Verschlingen, verschlingen, verschlingen war an der Tagesordnung.

„Na ja, und wie oft wurdest du schon in dieser Hälfte ausgepeitscht?" fragte Lady Scattercash von George Cheek, als sie ihm eine Tasse Kaffee reichte.

Ihre Ladyschaft hatte keine große Sympathie für Jugendliche in seinem Alter und würde sie genauso schnell verärgern, als wenn sie es nicht tun würden.

„Na ja, und wie oft wurdest du schon in dieser Hälfte ausgepeitscht?" fragte sie noch einmal und bekam auf ihre erste Frage keine Antwort.

„Überhaupt nicht", knurrte Cheek und wurde rot.

„Oh, ausgepeitscht!" rief Miss Glitters aus. „Man würde nicht zulassen, dass ein junger Mann wie er ausgepeitscht wird; Das verstehen nur die kleinen Jungs – nicht wahr, Mister Cheek?'

„Auf keinen Fall", stimmte der junge Mann zu.

„Mister Cheek ist ein Mann", bemerkte Miss Glitters und beäugte ihn schelmisch, während er dasaß und sich mit reichlich Himbeermarmelade bestrichenem Johannisbeerbrot in den Mund stopfte. „Er wird sich bald eine Frau wünschen", fügte sie hinzu und lächelte Kapitän Seedeybuck über den Tisch hinweg an.

„Ich frage mich, aber er hat einen", bemerkte der Kapitän.

„Nein, das habe ich nicht", antwortete Cheek, erfreut über die Unterstellung.

„Dann gibt es eine Chance für dich." „Miss G.", erwiderte der Kapitän. 'Frau. „George Cheek würde auf einer glasierten Karte mit vergoldeten Rändern gut aussehen."

„Was für ein Junges!" rief Miss Howard angewidert.

„Du bist ein anderer", antwortete Master Cheek unter lautem Gelächter der Party.

„Nun, aber Sie fragen Ihren Herrn, ob Sie in der nächsten Hälfte keine Frau haben dürfen, und wir werden sehen, ob wir die Sache nicht regeln können", bemerkte Miss Glitters.

„Nein, nicht wahr", antwortete George und stopfte sich den Mund mit eingelegter Aprikose voll.

'Warum nicht?' fragte Miss Howard: „Weil – weil – wir etwas Jüngeres haben werden", antwortete George.

„Bravo, junger Chesterfield!" rief Miss Howard aus; und fügte hinzu: „Was es heißt, mit Lord John Manners auf Tuchfühlung zu gehen!"

„Bin ich nicht", knurrte der Junge inmitten der Heiterkeit der Gesellschaft.

„Nun, aber was sollen wir mit diesen kleinen (Schluckauf) machen?" fragte Sir Harry, als er sich endlich vom Frühstückstisch erhob und sich lustlos in der Gesellschaft umsah, nach einer Antwort.

'Oh! Trinken Sie sie gut und schicken Sie sie nach Hause zu ihren Müttern“, schlug Kapitän Bouncey vor, der ganz für den Drink war.

„Aber sie nehmen ihren (Schluckauf) nicht“, antwortete Sir Harry und hielt eine Curaçao-Flasche hoch, um zu zeigen, wie wenig verschwunden war.

„Probieren Sie sie mit Kirschbrandy“, schlug Kapitän Seedeybuck vor; und fügte hinzu: „Es ist süßer.“ „Nun, junger Mann“, fuhr er fort und wandte sich an George Cheek, während er ihm ein Weinglas einschenkte, „das ist das echte Daffy-Elixier, von dem Sie in den Zeitungen gelesen haben.“ Es ist die feinste Verbindung, die je bekannt war. Es wird deine Haare kräuseln, deinen Schnurrbart wachsen lassen und dich zu einem Mann vor deiner Mutter machen.‘

„Noa, no-ar, ich will nichts mehr“, knurrte der junge Herr und wandte sich angewidert ab. „Ar wird nicht mehr trinken.“

„Na ja, aber seien Sie gesellig“, bemerkte Miss Howard und nahm sich ein Glas.

„Noa, nein, wir wollen nicht gesellig sein“, knurrte er, griff in seine Hosentaschen und zappelte auf seinem Stuhl herum.

„Nun, was *wirst* du dann tun?“ fragte Miss Howard.

„Jagd“, antwortete der Junge.

'Jagd!' rief Bob Spangles aus; „Warum, der Boden ist so hart wie Ziegel."

„Nein, das ist es nicht", antwortete der Junge.

„Was für ein Welpe!" rief Miss Howard und erhob sich angewidert vom Tisch.

„Mein Onkel Jellyboy würde sich von so einem Frost nicht aufhalten lassen, das weiß ich", bemerkte der Junge.

„Wer ist dein Onkel Jellyboy?" fragte Miss Glitters.

„Er ist Bauer und hält ein paar Weihen in Scutley", bemerkte Bob Spangles *mit leiser Stimme* .

„Und ist das Ihr außergewöhnliches Pferd mit den ganzen Beinen?" fragte Miss Howard, hielt ihr Glas ans Auge und untersuchte ein dürres, wollbedecktes Unkraut, während sie sich von einem Gärtner mit blauer Schürze herumführen ließ. „Ist das Ihr außergewöhnliches Pferd mit all den Beinen?" wiederholte sie und folgte dem Tier mit ihrem Glas.

„Hoots, es hat nicht mehr Beine als die anderen Leute", knurrte George.

„Auf jeden Fall sind es zehn", antwortete Miss Howard zum Erstaunen der Jugendlichen.

„Das hat es auch nicht", antwortete George.

„Ja, das ist es", erwiderte die Dame.

„Das hat es auch nicht", wiederholte George.

„Kommen Sie und sehen Sie", sagte die Dame; und fügte hinzu: „Vielleicht hat es etwas gelitten, seit du ausgestiegen bist."

George beugte sich zu ihr vor das Fenster.

„Nun", sagte er, als der Gärtner das Pferd umdrehte und sah, dass es nur vier hatte, „wie viele hat es?"

'Zehn!' antwortete Miss Howard.

„Juhu", antwortete George, „du denkst wohl, es ist Aprilscherz."

„Nein, das tue ich nicht", antwortete Miss Howard; „Aber ich behaupte, Ihr Pferd hat zehn Beine. Siehe jetzt!' fuhr sie fort: „Wie nennt man die, die hierher kommen?"

„Seine beiden Vorderbeine", antwortete George.

„Na ja, zwei Vierer – zweimal vier mal acht, was? und seine zwei Hintern machen zehn.'

„Juhu", knurrte George inmitten der Heiterkeit seiner Kameraden, „du machst einen zum Narren."

„Nun, aber was soll ich mit all diesen kleinen (Schluckauf-)Geschöpfen machen?" fragte Sir Harry noch einmal, als er sah, dass sich die Verschwörung draußen immer noch verdichtete.

„Sie als Bagman ausweisen?" schlug Mr. Sponge mit leiser Stimme vor; und fügte hinzu: „Watchorn hat ein dreibeiniges Tier, ich weiß, auf dem Heuboden."

„Oh, Watchorn würde an so einem Tag keinen Schluckauf machen", antwortete Sir Harry. „Auch Neujahr – höchstwahrscheinlich in der Ferne, da ich seine jungen Hunde beim Gassigehen sehen werde."

„Wir könnten es auf jeden Fall sehen", bemerkte Mr. Sponge.

„Nun", stimmte Sir Harry zu und klingelte. „Peter", sagte er, als der Diener die Vorladung beantwortete, „ich wünschte, du würdest (Schluckauf) zu Mr. Watchorn gehen und fragen, ob er die Freundlichkeit hätte, hier unten (Schluckauf) zu machen." Sir Harry musste höflich sein, denn auch Watchorn stand auf der „Freien"-Liste, wie Miss Glitters es nannte.

„Ja, Sir Harry", antwortete Peter und verließ den Raum.

Plötzlich sah man Peters weiße Beine zwischen Lorbeer- und Immergrünsträuchern in Richtung Mr. Watchorns Haus wandern; Er hatte ein Haus und Gras für sechs Kühe, deren gesamte Milch, wie er erklärte, an die Welpen und jungen Hunde ging. Glücklicherweise, oder vielleicht auch unglücklich, war Mr. Watchorn zu Hause und war gerade dabei, sich zu rasieren, als Peter eintrat. Er war ein stämmiger, gutaussehender, mal schlecht aussehender Kerl mit dunklem Gesicht und dunklem Haar, der sein Gesicht nach dem Vier-Gänge-System der Haltung kultivierte. Erstens hatte er eine nackte Brache – wir meinen eine glatte Rasur; Darauf folgte natürlich überall eine dichte Haarpartie, außer auf der Oberlippe; dann ließ er sich die Haare eines Soldaten rasieren, bis zu den Ohren; worauf wiederum eine Newgate-Rüsche folgte. Letzteres war sein gegenwärtiger Stil. Er hatte jetzt keinen Schnurrbart mehr, sondern einen riesigen Wuchs borstiger schwarzer Haare, der sich wie eine Welle über sein Kopftuch erhob. Obwohl er sich nicht mehr für die Jagd interessierte als sein Herr, gefiel ihm sein roter Mantel sehr, den er zu allen Gelegenheiten trug und der in der „Freizeit", wie er es nannte, die Mütze durch einen Hut ersetzte. Nachdem er sich in sein bestes Scharlachrot gekleidet hatte, von dem er jedes Jahr drei beanspruchte – eines für nasse Tage, eines für trockene Tage und eines für heiße Tage –, trug er sehr schicke Kerseymere- Shorts und Gamaschen sowie eine schmal gestreifte Toilettenweste mit Stehkragen , er folgte der Aufforderung.

„Watchorn", sagte Sir Harry, als der wichtige Herr an der Tür des Frühstücksraums erschien – „Watchorn, diese jungen (Schluckauf-)Herren wollen eine (Schluckauf-)Jagd."

'Oh! Ihr Herr muss es sein, Sir „Arry", antwortete Watchorn mit einem breiten Grinsen auf seinem geröteten Gesicht, denn er hatte die ganze Nacht getrunken und war damals halb betrunken.

„Schaffst du das nicht?" fragte Sir Harry sanft.

„Au ist nicht möglich. Sir „Arry", fragte der Jäger, „wie ist das nicht möglich?" Niemand liebt „Untin" mehr als ich, aber sich selbst eines Tages so zu verraten, wäre eine Kühnheit – ein verzweifelter Verstoß gegen alle Gesetze des eingetragenen Anstands. Die Bulle des Papstes wäre nichts dagegen!'

'Wie so?' fragte Sir Harry, verwirrt über das Durcheinander.

'Wie so?' wiederholte Watchorn; 'wie so? Warum ist es in erster Linie ein tödlicher 'ard frost, 'arder nor hiron; Zweitens habe ich keine Vorkehrungen getroffen – man kann ein Rudel hocherzogener Fuchshunde nicht so herausbringen, wie man es mit vielen „Stolpern" oder „Räubern" tun würde; und drittens wirst du alle deine Nörgler in Stücke hauen, und sie sind viel besser im Wind als auf den Beinen, so wie es ist. Nein, Sir „Arry – nein", fuhr er langsam und nachdenklich fort. „Nein, Sir Arry, nein." Seien Sie einmal Kardinal Weiser. Sir 'Arry; Seien Sie einmal Kardinal Wiseman und *denken Sie nicht* daran.'

„Nun", antwortete Sir Harry und sah George Cheek an, „ich nehme an, es hilft nichts."

„Wo ich herkam, war es ziemlich taub", bemerkte Cheek, halb zu Sir Harry und halb zu dem Jäger.

„Tat, Sir, Tat", erwiderte Mr. Watchorn und hob sein fransiges Kinn, „normalerweise herrscht überall Tauwetter, außer dort, wo sich Hunde treffen."

„Mein Onkel Jollyboy würde sich von so einem Frost nicht aufhalten lassen", bemerkte Cheek.

„Tat, Sir, ,Tat'", antwortete Watchorn, „Ihr Onkel Jellyboy ist ein sehr guter Kerl, das wage ich zu behaupten – ein sehr guter Kerl; Es gibt in dieser Gegend keine solchen Zauberer wie er. Was für ein Mann es wagt, das wage ich; „Wer mehr wagt, ist kein Mensch", fügte Watchorn hinzu und gab seinem fetten Oberschenkel eine herzhafte Ohrfeige.

„Gut gemacht, alter Talliho!" rief Miss Glitters aus. „Als nächstes werden Sie auf der Bühne stehen."

„Womit werden Sie nach Ihrer schönen Rede Ihre Pfeife befeuchten?" fragte Lady Scattercash.

„Nehmen Sie ein Glas Chumpine mit, wenn es welche gibt", antwortete Watchorn und sah sich nach einer Flasche mit langem Hals um.

„Ich fürchte, Sie werden schlecht abschneiden", bemerkte Kapitän Seedeybuck und hielt einen leeren Brief hoch, „denn Bouncey und ich haben gerade den letzten fertig gemacht"; Der Kapitän warf die Flasche seitlich auf den Boden und rollte sie zu seinem Begleiter in der Ecke.

„Nehmen Sie eine frische Flasche", schlug Lady Scattercash vor und zog die Klingelschnur an ihrem Stuhl.

„Champagner", sagte Ihre Ladyschaft, als der Lakai dem Ruf folgte.

„Zwei drauf!" rief Kapitän Bouncey aus.

'Drei!' schrie Sir Harry.

„Wir werden uns regelmäßig verabreden", bemerkte Miss Howard, die eine Vorliebe für Champagner hatte.

„Neujahr", antwortete Bouncey, „und sollte ordnungsgemäß begangen werden."

Jetzt, Fiz-z,-pop,-bang! Fiz-z,-pop,-bang! gingen die Flaschen; und während das zischende Getränk über die Flaschenhälse schäumte, wurden Gläser gesucht und hingehalten, um den cremigen Inhalt aufzufangen.

„Wir wünschen uns allen ein frohes neues Jahr!" rief Sir Harry aus und trank seinen Wein. 'Hurra!' rief die Gesellschaft in unregelmäßiger Reihenfolge aus, während sie ihr Getränk austrank.

„Wir trinken Mr. Watchorn und die Nonsuch-Hunde!" rief Bob Spangles, als Watchorn, nachdem er sein Glas geleert hatte, es auf die Anrichte zurückstellte.

„Mit allen Ehren!" rief Kapitän Cutitfat, füllte sein Glas und erhob sich, um die Zeit anzugeben; „Watchorn, ich wünsche Ihnen gute Gesundheit!" „Watchorn, ich wünsche Ihnen gute Gesundheit!" ertönte von allen Seiten, was Watchorn immer wieder zur Kenntnis nahm, und suchte nach einer Möglichkeit, das Kompliment zu erwidern, da seine Freunde mehr daran interessiert waren, auf seine Gesundheit zu trinken, als ihn mit Wein zu versorgen. Schließlich ergriff er die dritte Flasche Chumpine, leerte sie in sein Glas und hielt sie hoch, während er sie folgendermaßen ansprach:

„Meine Herren alle!" sagte er: „Ich danke Ihnen ganz herzlich für dieses Zeichen Ihrer Aufmerksamkeit (Applaus); Es ist für mich eine große Genugtuung, so in Erinnerung zu bleiben (Applaus). Ich könnte noch viel mehr sagen, aber der Schnaps wartet nicht." Mit diesen Worten leerte er sein Glas, während der Wein sprudelte.

„Na ja, und wie sieht es jetzt mit dem Wetter aus?" fragte Sir Harry, als sein Jäger sein Glas wieder auf der Anrichte abstellte.

„Pon meine Seele! Sir „Arry", antwortete Watchorn ganz forsch, „ich glaube wirklich , wir *könnten* es auf jeden Fall versuchen." „Der Tag scheint sich irgendwie verändert zu haben", fügte er hinzu und starrte ausdruckslos aus dem Fenster auf die helle, sonnige Landschaft, während die blattlosen Bäume vor seinen Augen tanzten.

„ *Ich* denke schon", sagte Sir Harry. „Was denken Sie, Herr Schwamm?" fügte er hinzu und appellierte an unseren Helden.

„Eine halbe Stunde kann einen großen Unterschied machen", bemerkte Herr Sponge. „Die Sonne wird dann von ihrer schönsten Seite sein."

„Wir werden es auf jeden Fall versuchen", bemerkte Sir Harry.

„Das stimmt", rief George Cheek und wedelte mit einem scharlachroten Kopftuch über seinem Kopf.

„Ich erwarte von Ihnen, dass Sie zu den Ounds reiten, junger Herr", bemerkte Watchorn und warf dem Sprecher einen wütenden Blick zu.

„Werde ich nicht, alter Junge!" rief George aus; „Reite über dich hinweg, wenn du nicht aus dem Weg gehst."

„Tat", spottete der Jäger und machte sich auf den Weg, um den Raum zu verlassen. Als er hinter dem großen indianischen Fliegengitter an der Tür vorbeiging, murmelte er etwas von „maulden Jackanapes, auch Cheek genannt."

„Bis in einer halben Stunde!" rief Watchorn von den Stufen der Vordertür aus; Eine Ankündigung, die von den kleinen Raws, den kleinen Spooneys, den kleinen Baskets, den kleinen Bulgeys, den kleinen Bricks und den kleinen anderen mit stürmischem Applaus aufgenommen wurde.

Alles herrschte jetzt innerlich und äußerlich Aufregung und Eile; Die Gläser wurden geleert, die Lippen abgewischt und die Servietten hastig weggeworfen, während Damen und Herren begannen, sich zu gruppieren und über Hüte und Gewohnheiten zu reden und darüber, was sie reiten sollten.

„Du gehst mit mir, Orlando", sagte Lady Scattercash zu unserem Freund Bugles und erinnerte sich an die Menge Diachylongips, die nötig war, um den Schaden seiner früheren reiterlichen Leistung zu reparieren. „Du gehst mit mir, Orlando", sagte sie, „im Phaeton; und ich leihe Lucy", sie nickte in Richtung Miss Glitters, „meinen Habit und mein Pferd."

„Wer kann mir einen Mantel leihen?" fragte Kapitän Seedeybuck und untersuchte die Röcke eines stark ausgefransten unsichtbaren grünen Überrocks.

'Ein Mantel!' antwortete Kapitän Quod; „Ich kann Ihnen eine Joinville leihen, wenn das auch reicht", spürte der Kapitän beim Sprechen sein eigenes ausgedehntes.

„Kaum", sagte Seedeybuck und drehte sich um, um Sir Harry zu fragen.

„Was! – du wirst Watchorn einen Kampf liefern, oder?" fragte Kapitän Cutitfat von George Cheek, als dieser begann, das fuchszahnige Band um seinen Hut zurechtzurücken.

„Ich glaube dir", antwortete George mit einer wissenden Kopfbewegung; und fügte hinzu: „Es wird nicht viel brauchen, um ihn zu besiegen."

'Was! Er ist ein langsamer „Un, oder?" fragte Cutitfat leise.

„Der langsamste Trainer, den ich je gesehen habe", knurrte George.

„Wird doch nicht reiten, oder?" fragte der Kapitän.

„Nicht, wenn er es verhindern kann", antwortete George und fügte hinzu, „aber er ist so ein schockierender Jäger – ich habe in meinem ganzen Leben noch nie einen solchen Jäger gesehen."

Georges Erfahrung lag zwischen seinem Onkel Jellyboy, der achtzehneinhalb Steine ritt, Tom Scramble, dem Fußgängerjäger der Slowfoot Hounds, in der Nähe von Mr. Latherington's, und Mr. Watchorn. Aber die Kritiker, insbesondere die Jagdkritiker, sind alle bereit, wie Lord Byron sagte.

„Nun, wir sollten uns besser auflösen und uns fertig machen", bemerkte Bob Spangles und ging zur Tür; Daraufhin strömte der Bevölkerungsstrom in diese Richtung und der Raum wurde sofort geräumt.

George Cheek und die Jugendlichen kehrten dann zu ihren Freunden an der Front zurück; und George veranstaltete Ponyrennen zwischen den Johnny Raws, den Baskets, den Bulgeys und den Spooneys, dreimal um den Kutschring und eine Distanz, zum Nachteil des Kieses und der Unbequemlichkeit des Blumenbeets in der Mitte.

KAPITEL LXIV

Der Zwinger und das Gestüt

Wir werden Mr. Watchorn nun zum Stall begleiten, wohin ihn seine entschlossenen Beine trugen, sobald der Champagner seine Meinung über das Wetter jedoch wunderbar veränderte, als er hin und wieder ein mit Glitzersteinen übersätes Stück Land überquerte, auf dem die … Als die Sonne nicht zuschlug oder anhielt, um mit der Zehe ein Stück Eis zu knacken, schüttelte er seinen erhitzten Kopf und bezweifelte, dass *er* Kardinal Wiseman war, der diesen Versuch unternommen hatte. Nichts als die Tatsache, dass er es für völlig gleichgültig hielt, ob er bei seinen Hunden war oder nicht, bestärkte ihn in diesem Unterfangen. „Zerschmettere sie!" sagte er: „Sie müssen einfach auf sich selbst aufpassen." Mit dieser lobenswerten Entschlossenheit und einem inneren Gräuel gegen George Cheek hörte er auf, den Boden zu testen und auf das Eis zu klopfen.

Watchorns eiliges, aufgeregtes Erscheinen löste bei den Stallknechten und Helfern in den Ställen, die sich zum günstigen Eintreffen des Frosts gratulierten und die Vorbereitungen für den Neujahrstag überlegten, wenig Befriedigung aus.

„Seht gut aus, Jungs! Schau scharf aus!' rief er und klatschte in die Hände, während er den Hof hinauflief. „Seht gut aus, Jungs! Schau scharf aus!' wiederholte er, als die erstaunten Helfer auf das Geräusch hin ihre nackten Arme und schmutzigen Hemden an den teilweise geöffneten Türen zeigten. „Schicken Sie Snaffle hierher, schicken Sie Brown hierher, schicken Sie Green hierher, schicken Sie Snooks hierher", rief er mit der Miene eines Mannes mit Autorität.

Nun war Snaffle der Zuchthengst, eine vom Jäger völlig unabhängige Persönlichkeit, und im normalen Lauf der Natur hatte Snaffle genauso viel Recht, nach Watchorn zu schicken, wie Watchorn nach ihm schicken musste; Aber da Watchorn, wie wir bereits sagten, in irgendeiner Weise mit Lady Scattercash verbunden war, tat er unter ihnen allen einfach, was er wollte, und sie waren zu gute Richter, um zu rebellieren.

„Trense", sagte er, als die beleibte, gut gekleidete Gestalt auf ihn zuwatschelte; „Trense", sagte er, „wie viele gesunde Knochen hast du?"

„*Keine* , Sir", antwortete Snaffle selbstbewusst.

„Wie viele Dreibeiner hast du denn, die gehen können?"

'Oh! „Eine ganze Menge", antwortete Snaffle und hob die Hände, um sie an seinen Fingern abzuzählen. „Da sind Hop-the-twig und Hannah Bell (Hannibal) und Ugly Jade und Sir-danapalis – der Baronet, wie wir ihn nennen – und Harkaway und Hit-me-hard und Single-peeper und Jack's-alive." , und Groggytoes, und Greedyboy, und Puff-and-Blow; „Das heißt , zumindest *zwei-* und dreibeinige Tiere", bemerkte Snaffle und relativierte damit seine ursprüngliche Behauptung.

'Ah, gut!' sagte Watchorn, „das reicht – zwei Beine sind zu viel für einige der Rippen, die sie tragen müssen – Mal sehen", fuhr er nachdenklich fort, „ich werde ‚Arkaway' reiten."

„Ja, Sir", sagte Snaffle.

'Sir 'Arry, 'It-me-'ard.'

„Willst du ihn nicht auf Sir-danapalis setzen?" fragte Snaffle.

„Nein", antwortete Watchorn, „nein; Ich möchte den Bart retten. – Ich möchte den Bart retten. Sir 'Arry muss 'It-me-'ard' reiten.

„Geht Ihre Ladyschaft?" fragte Snaffle.

„Ihre Ladyschaft fährt", antwortete Watchorn. 'Und du. „Snooks", wandte sich an einen bloßarmigen Helfer, „sagen Sie Mr. Traces, er soll ihr ein Pony-Phaeton und ein Paar machen, mit frischen Rosetten und alles komplett, wissen Sie."

„Ja, Sir", sagte Snooks mit einer Berührung seiner Stirnlocke.

„Und Sie sollten Mr. Leather besser sagen, dass er ein Pferd für seinen Herrn haben soll", bemerkte Watchorn zu Snaffle, „es sei denn, Sie möchten ihn auf eines Ihrer Pferde setzen."

„Ich nicht", rief Snaffle; „Ich habe genug, um ohne ihn aufzusteigen." Weißt du, wie viele mitkommen werden?' fragte er.

„Nein", antwortete Watchorn und eilte davon; Während er sagte, fügte er hinzu: „Oh, hängen Sie sie auf, satteln Sie sie einfach alle und lassen Sie sie um sie kämpfen."

Dann änderte sich die Szene. Anstatt zischende Helfer zu sein, die im Stall oder in der Sattelkammer ihrem Beruf nachgingen, fingen sie an, mit Sätteln auf dem Kopf und Zaumzeug in der Hand herumzuhüpfen, und der Tag der erwarteten Leichtigkeit verwandelte sich in einen Tag ungewöhnlicher Schwierigkeiten. Mr. Leather erklärte, während er die Kleider in Parvos Schwanz über Multum fegte, dass es sich um das skrupelloseste Vorgehen handelte, das er je erlebt hatte; und murmelte etwas über die stillen Annehmlichkeiten, die er bei Mr. Jogglebury Crowdey hinterlassen hatte, und deutete in einer Art Dialog mit sich selbst an, wie sehr er es bedauerte, zu Sir Harry gekommen zu sein, während er das Pferd sattelte. Die Schönheiten des letzten Ortes kommen immer stärker zum Vorschein, wenn ein Diener an einen anderen gelangt. Aber wir müssen Mr. Watchorn begleiten.

Obwohl ihn seine frühe Karriere bei den Geländeläufern von Camberwell und Balham Hill Union noch nicht viel mit den Feinheiten der Jagd vertraut gemacht hatte, verspürte er bei der Erinnerung an die Anwesenheit von Mr. Sponge plötzlich den Wunsch, „die Dinge so zu machen, wie sie sein sollten". ; und er ging murmelnd zum Zwinger und dachte darüber nach, wie er Dinnerbell und Prosperous zu Hause lassen würde und wie das Rudel genauso gut aussehen würde, ohne dass Frantic ein halbes Feld voraus lief oder der alte Stormer und Stunner mit langem, langwierigem Geheul die Nachhut bildeten. Er bezweifelte tatsächlich, ob er Desperate nehmen würde, der ein unverbesserlicher Leichtathlet war; aber da sie in dieser Hinsicht nicht viel schlechter war als Chatterer oder Harmony, die ebenfalls ein eingefleischter Schwätzer war, und das Rudel ohne sie eher klein aussehen würde, behielt er sich den Punkt für weitere Überlegungen vor, wie die Richter sagen.

Seine Spekulationen wurden unterbrochen, als er am Zwinger ankam und feststellte, dass die Tür fest war. Er suchte unter der Schieferplatte, über dem Rahmen, im Fenster und an der Wand nach dem Schlüssel. und sein Schütteln, sein Tritt und sein Klappern wurden nur von einem vollen Chor der aufgeregten Gesellschaft im Inneren beantwortet.

„Hängt den Kerl! Was ist mit ihm los? rief er und meinte damit Joe Haggish, den Fresser, den er dort zu finden erwartete.

Joe war jedoch abwesend; nicht im Urlaub, sondern auf einem diplomatischen Besuch bei Mr. Greystones, dem Müller, in Splashford, der sich entschieden geweigert hatte, noch mehr Essen zu liefern, bis seine „kleine Rechnung" ($\pounds$430) für die drei vorangegangenen Jahre beglichen war; Da das Fleisch im Land sehr knapp war, waren die Hunde recht leicht und kampftauglich. Joe hatte versucht, Greystones ein oder zwei Tonnen Mehl abzulocken, weil es Neujahr war.

„Lass den Kerl! Wo ist er? rief Watchorn aus, ergriff den Riegel und rüttelte wütend daran. Die Melodie des hungrigen Rudels wurde lauter. „Ord die Tür verfaulen!" rief der wütende Jäger aus und lehnte sich mit dem Rücken dagegen; Beim ersten Stoß öffnete es sich. Watchorn fiel zurück, und das erstaunte Rudel ergoss sich über seinen am Boden liegenden Körper, ungeachtet seines Festtagsmantels, seiner ordentlichen Krawatte und seiner Toilettenweste. Was für ein Gedränge! Was für ein Kick-up da war! Die Hunde huschten weinend und heulend davon, einige bis zum Fleischrad, um zu sehen, ob Fleisch da sei; einige zum Knochenhaufen, um zu sehen, ob dort welche waren; andere gingen in die Molkerei, um dort Zutritt zu erlangen; während Launcher, Lightsome und Burster in den Hinterhof von

Nonsuch House stürmten und sich augenblicklich im Schweineeimer befanden.

„Hol mir mein Horn! Hol mir mein Whop! – hol mir meine Mütze! – hol mir meine Anfälle!' rief Watchorn aus, als er wieder auf die Beine kam und sah, wie seine Frau die Szene von der Tür aus beobachtete. „Besorg mir meine Wettkämpfe! – besorg mir meine Mütze! – besorg mir meine Hupe! – besorg mir mein Horn, Frau!" fuhr er fort, indem er die Reihenfolge der Dinge umkehrte und beim Sprechen die Fußspuren der Hunde von seiner Kleidung rieb.

Mrs. Watchorn war zu gut ausgebildet, um sich auf Befehle einzulassen, und sie traf ihren Herrn und Herrn im Flur mit den aufgezählten Artikeln in der Hand. Nachdem Watchorn sich auf einen Stuhl in der Eingangshalle gesetzt hatte – denn es war ein geräumiges, gut eingerichtetes Haus, da es dem Verwalter gehört hatte, solange es noch etwas zu erledigen gab –, fragte Mrs. Watchorn zog seine Gamaschen aus, während er seine Stiefel anzog und sich mit seiner Mütze krönte. Dann schnallte Mrs. Watchorn seine Sporen an, und er eilte davon, das Horn in der Hand, mit der Bitte, sie möge ihm eine Schüssel mit Schildkrötensuppe bereithalten, bevor er hereinkam; und fügte hinzu: „Sie wusste, wo sie es bekommen konnte." Die frostige Luft hallte dann vom Twang, Twang, Twang seines Horns wider, und Hunde begannen von allen Seiten her anzurücken, so wie Jäger von niemand weiß woher zu einem Wettkampf auflaufen.

„He-hier, Hunde – he-hier, gute Hunde!" schrie er, überredete die Erstankömmlinge und machte sich über sie lustig: „He-hier." Galopp, alter Junge!' fuhr er fort, griff in seine Manteltasche und warf ihm ein Stück Keks zu. Das Erscheinen von Futter hatte eine sehr ermutigende Wirkung, denn sofort herrschte ein allgemeiner Ansturm auf Watchorn, und nur indem er seinen „Whop" schlug und herumschwang, verhinderte er, dass das Rudel ihn scharrte und ihn vielleicht niederstreckte. Schließlich, nachdem er sie einigermaßen beruhigt hatte, machte er sich auf den Weg zurück in die Ställe, überredete die scheuen Hunde und beschimpfte und klopfte auf diejenigen, die geneigt zu sein schienen, sich loszureißen. So gelang es ihm, in ziemlich guter Ordnung in den Stallhof zu marschieren, gerade als die Hausgesellschaft in der entgegengesetzten Richtung eintraf, gekleidet in die außergewöhnlichsten und unpassendsten Gewänder. Da war Bob Spangles, in einem schwalbenschwänzigen, maulbeerfarbenen Scharlachrot, das wie ein alter Federwischer aussah, mit weißen Entenhosen und glanzlosen Napoleonstiefeln; Kapitän Cutitfat, in einem eleganten neuen „Moses and Son's"-Kleid mit geradem Schnitt in Scharlachrot, mit Bluthundköpfen auf den Knöpfen, gelb-ockerfarbenem Leder und Gummistiefeln mit eintönigen Kniescheiben; der kleine Bouncey in einem ungeheuer weiten scharlachroten Kleid mit langem Rücken, dessen klaffende Außentaschen zeigten, dass sie sowohl die Hände seines verstorbenen Besitzers als auch sein Taschentuch getragen hatten; Das klobige Muster auf den angelaufenen Knöpfen ähnelte Schafsköpfen ebenso wie denen von Füchsen. Bounceys enge Tweedhose steckte in weiten Fischerstiefeln, die ihn ohne seinen kleinen, runden Bauch körperlich verschlungen hätten. Kapitän Quod erschien in einem ehrwürdigen Frack der Melton Hunt, der während der beliebten Herrschaft von Mr. Errington angefertigt worden war und dessen stark befleckte und verschmierte Seidenbesätze Zeugnis von der guten Laune ablegten, die er gesehen hatte. Wie im Gegensatz zu der leichten Leichtigkeit dieses Kleidungsstücks trug Quod eine enorm große, zottige braune Weste mit Hornknöpfen, einer doppelten Taschenreihe und einer Kerbe vorne. Mit einer unfairen Vorliebe trug sein Untermann eine schäbige alte schwarze oder vielmehr braune Anzughose und steckte in langen Gummistiefeln mit Messingsporn. Kapitän Seedeybuck trug einen fichtengrünen Schwalbenschwanzmantel von Sir Harry und ein Paar alte Tweedhosen, die er in lange Opernstiefel aus Sämischleder mit roten Saffian-Abschlüssen steckte, was dem Ganzen ein ganz einzigartiges und neuartiges Aussehen verlieh. Obwohl Mr. Orlando Bugles mit meiner Dame fahren wollte, hielt er es für angebracht, seine Stiefel anzuziehen, und erschien in Kerseymere-Shorts und einem mit vielen Fröschen und Pelzen besetzten blauen Gehrock, mit einem Zipfel eines moschusbesetzten Batisttuchs der Teil eines Sterns auf seiner Brust.

„Hier kommt der alte sechzehnsaitige Jack!" rief Bob Spangles, als sein Schwager, Sir Harry, angeschleppt und humpelnd daherkam, mit allen Fäden, Bändern und Enden, wie üblich, gefolgt von Mr. Sponge in der strengen und strengen Ordnung sportlicher Kostüme; doppelt genähter, rückgenähter, an den Ärmeln befestigter Pull-Devil- und Pull-Baker-Mantel, eine breite Cordweste mit Fuchszahnknöpfen, noch breitere Cordhosen und die gefürchteten Essigoberteile. „Jetzt sind wir alle bereit!" rief Bob, indem er seine Arme bewegte, als wollte er los, und mit seinen Fingern einen schrillen Schillingpfiff ausstieß, der dazu führte, dass die Stalltüren aufflogen und die unterschiedlich gezackten Rosse aus ihren Ställen auftauchten.

„Ein Pferd! ein Pferd! mein Königreich für ein Pferd!" rief Miss Glitters und rannte so schnell heran, wie es ihr langes Habit, oder besser gesagt Lady Scattercashs langes Habit, erlaubte. „Ein Pferd! ein Pferd! mein Königreich für ein Pferd!" wiederholte sie und tauchte in die Menge ein.

„White Surrey ist für das Feld gesattelt", antwortete Mr. Orlando Bugles, richtete sich pompös auf und winkte mit der rechten Hand anmutig in Richtung des arabischen Zelters Ihrer Ladyschaft, wobei er sich innerlich dazu beglückwünschte, dass Miss Glitters statt auf ihn darauf gestoßen werden würde.

„Gib uns ein Bein hoch, Seedey!" rief Lucy Glitters dem „Herren" mit dem grünen Mantel zu, aus Angst, dass Miss Howard, die etwas zurückgeblieben war, das Pferd für sich beanspruchen könnte.

HERR. Bugles geht wieder auf die Jagd

Kapitän Seedeybuck packte ihren hübschen kleinen erhobenen Fuß und hievte sie so leicht wie einen Korken in den Sattel. Sie nahm das Pferd sanft am Maul, berührte es so leicht wie möglich mit der Peitsche und bewegte es nach Belieben hin und her, anstatt es zu ärgern und zu bekämpfen, wie es die ungeschickten, schwerfälligen Bugles getan hatten. Sie sah zu Pferd wunderschön aus und erregte eine Zeit lang die Aufmerksamkeit unserer Sportler. Endlich fingen sie an, an sich selbst zu denken, und dann gab es so viel Klettern und Umklammern und Fangen und Anklammern und sanftes Gebrüll und Who-Ho-Ing und Who-Ah-Ing und Fragen, ob das so ist ein Pferd war ruhig?' ob ein anderer 'gut springen könnte?' Wenn ein Dritter „einen guten Mund hätte?" und ob ein Vierter jemals weggelaufen ist?

„Führe meinen Backbord-Steigbügel zwei Oles hoch!" rief Kapitän Bouncey von der Spitze des hohen Hop-the-twig und streckte ein Bein aus, um den Bräutigam das tun zu lassen.

Der Kapitän war als Verwalter der Wettliste auf dem See- statt auf dem Landdienst tätig gewesen und empfand den blöden Matrosencharakter als sehr sympathisch.

„Avast da!" rief er aus, als der Bräutigam die Schnalle bis zum gewünschten Loch führte. „Nun", sagte er und sammelte die Zügel in einem Bündel auf, „wie viele Knoten pro Stunde kann dieses Pferd schaffen?"

„Zwanzig", antwortete der Mann und dachte, er meinte Meilen.

„Dann lass sie gehen!" rief der Kapitän und trat dem Pferd mit seinen spurlosen Trachten in die Seiten.

Mr. Watchorn bestieg nun Harkaway; Sir Harry kletterte weiter zu Hit-me-hard; Miss Howard wurde auf Groggytoes hochgezogen, und alle anderen waren mit Pferden der einen oder anderen Art „fit", und die Rennen an der Spitze fanden über die in den Hof strömenden Jungtiere statt. Lady Scattercashs Pony-Phaeton stellte sich heraus, und unsere Freunde waren endlich bereit für den Start.

KAPITEL LXV

DIE JAGD

Während die oben genannten Vorbereitungen im Gange waren, hatte Mr. Watchorn Slarkey, den Messerjungen, gebeten, in den alten Heuboden zu gehen und den dreibeinigen Fuchs, den er finden würde, zu holen und ihn bis zum Sommer zwischen den Lorbeeren abzusetzen – Haus, wo er alle „Stammgäste" zu sich kommen ließ. Dementsprechend ging Slarkey, aber als der alte Krüppel auf die Dachsparren gestiegen war, sah Slarkey ihn nicht, oder besser gesagt, als er nur einen Fuchs sah, klammerte er sich an ihn, mehr darauf bedacht, ihn nicht zu beißen, als darauf, zu sehen, wie viele Beine er hatte; Infolgedessen erbeutete er einen ungewöhnlich schönen alten Fuchshund, den Wiley Tom gerade aus Lord Scamperdales neuer Deckung in Faggotfurze gestohlen hatte; und erst als Slarkey ihn zwischen den Büschen absetzte und sah, wie lebhaft er ging, bemerkte er seinen Fehler. Es half jedoch nichts, und er hatte gerade noch Zeit, die Tasche einzustecken, als Watchorns halb betrunkener Jubel und das hallende Knallen der schweren Peitschen auf beiden Seiten des Dekans die Annäherung der Meute ankündigten.

„He-leu da drin!" rief Watchorn den Hunden zu. „Ord, Dommee, aber es ist rutschig", sagte er sich. „Haben Sie es auf ihn abgesehen. Plünderer, guter Hund! „Ich wünschte, ich könnte Kardinal Wiseman sein, wenn ich komme", fügte er hinzu, als er sah, wie sein Atem in der Luft zu sehen war. „Ho-oi-cks! P *a* sh, ich bin Hup! Ich werde am Boden zerstört sein, wenn ich nicht unten bin!' rief er aus, als sein Pferd eine lange Rutsche hinlegte. „He-leu, rein! Eroberer, alter Junge!' fuhr er fort und rief so laut, dass Mr. Sponge, der näher kam, es hören konnte: „Suchen Sie uns einen Fuchs, der uns fünfundvierzig Minnits gibt!" Der Sprecher hoffte innerlich, dass sie ihren Bagman in Deckung schlagen könnten. „Yoo-icks! Vertreibe ihn!' fuhr er fort und wurde immer energischer. „Yoo-icks! wind ihn! Yoo-icks! Rühren Sie uns zu einem Teaser auf!'

„Das geht nicht, glaube ich", bemerkte George Cheek und schlenderte auf seinem langbeinigen Gras herbei.

„Nein, geh, du junger Ungläubiger", knurrte Watchorn. „Wer hat dir beigebracht, über Gos zu reden, frage ich mich?" „Ich sollte in der Schule lernen, zu chiffrieren oder die Globen zu entschlüsseln", da Mr. Watchorn nicht genau wusste, was der Begriff „Verwendung der Globen" bedeutete. „Nennt ihr das *nichts*?" rief er und nahm seine Mütze ab, als er den Fuchs über den Kiesweg schleichen sah; Als er seine gleichmäßige Bewegung und seinen vollen, gut markierten Pinsel sah, fügte er zu sich selbst hinzu: „Oder verrotte ihn, er hat das falsche ‚Un' erwischt!"

Es war jedoch keine Zeit zum Nachdenken. Im Nu ertönte das Geräusch des Welkin vom Ausbruch des Rudels und dem Lärm des Feldes. „Talli ho!" „Talli ho!" „Talli ho!" 'Band!' 'Band!' 'Band!' riefen Dutzende Stimmen und „Twang!" twang! twang!' erklang das schrille Horn des Jägers. Auch die Peitschen standen in ihren Steigbügeln und ließen ihre schweren Riemen knacken, was in der frostigen Luft wie Gewehre klang, und steuerten ihr „Kommt zusammen!" bei. Kommt zusammen, Hunde!' „Hört mal!" „Hört mal!" „Hört mal!" Hören Sie auf den allgemeinen Aufruhr. Oh, was für ein Krach, was für ein Aufruhr, was für ein Lärm! Da Watchorn dabei war und sich daran erinnerte, wie viele einen Start sahen, die nie daran dachten, ein Ziel zu sehen, packte er sein Pferd sofort am Kopf und hob sich aus der Menge hervor, die nun seinem Pferd auf den Fersen war und feststellte, ob die Hunde es waren nicht im Park auf ihren Fuchs gestoßen sind, um ihn bei der ersten Gelegenheit von der Fährte abzubringen. Der „Chumpine" war noch immer in ihm lebendig, und in der Aufregung des Augenblicks sprang er über das Handtor, das aus dem Gebüsch in den Park führte; Das Geräusch, das das Pferd beim Abreiten machte, ähnelte dem Trampeln auf Holzpflaster.

„Verdammt, aber es ist ard!" rief er, als das Pferd zwei oder drei Meter rutschte, als es auf dem gefrorenen Feld landete.

George Cheek folgte ihm; und Multum in Parvo nahm das Gebiss absichtlich zwischen die Zähne und ging einfach durch das Tor, als wäre es aus Papier.

„Ah, du Unmensch!" stöhnte Mr. Sponge angewidert und drückte die Latchfords in seine Seiten, als ob er vorhatte, sie in der Mitte zusammentreffen zu lassen. „Ah, du Unmensch!" wiederholte er und gab ihm einen kräftigen Schlag, als er seinen Kopf hob, nachdem er versucht hatte, ihn wegzustoßen.

'Danke schön!' rief Fräulein Glitters und galoppierte herbei; und fügte hinzu: „Du hast mir den Weg gut geebnet."

Schön, dass er es für sie alle freigegeben hatte; und die aufgestaute Flut des Reitsports ergoss sich jetzt über den Park wie die Flut einer bewässerten Aue. Solche Ponys! solche Pferde! So eine Umarmung! So ein Tritt! So ein Durcheinander! und so wenig Fortschritte bei vielen!

Da der Park weitläufig war – 300 Acres oder mehr – gab es genügend Platz für die aufstrebenden Gäste, sich auszutoben; und als Lady Scattercash und Orlando im Pony-Phaeton auf der Anhöhe beim Haus des Wärters saßen, sahen sie einen dunkel gekleideten Reiter (George Cheek), Old Gingerbread Boots, wie sie Mr. Sponge nannten, mit Lucy Glitters an seiner Seite Er schlich sich allmählich von der Menge weg und schlich sich an Mr. Watchorn heran, der mit den Hunden davonsegelte.

„Was für ein Gedränge!" rief Ihre Ladyschaft, stand in der Kutsche auf und beäugte die

Seltsame Verwirrung im Tal unten.

„Da ist Bob in seinem alten Lila", sagte sie und musterte ihren Bruder, der vorbeieilte; „Und da ist „Fett" in seinem neuen Moses und Sohn; und Bouncey im Mantel des armen Wax; und da ist Harry, ganz auf Beinen und Flügeln, wie immer", fügte sie hinzu, während ihr Mann dabei zu sehen war, wie er es flötete.

„Und da ist Lucy; Und wo ist Miss Howard, frage ich mich? beobachtete Orlando und strengte seine Augen an, nachdem er dem krabbelnden Feld nachgegangen war.

Nichts als die inspirierende Hilfe von „Chumpine" und die Hoffnung, dass die Sache bald ein Ende haben würde, hielten Mr. Watchorn in der Not, in der er sich so unerwartet befand, aufrecht; denn nichts hätte ihn mit dem brennenden Geruch eines wilden vierbeinigen Fuchses dazu verleiten können, einem solchen Frost zu trotzen. Da der Park weitläufig und von einem hohen Lattenzaun umgeben war, hoffte er, dass der Fuchs die Manieren haben würde, sich darin einzuschließen; und solange seine Fäden und Windungen diese Vermutung begünstigten, lief unser Jäger geschäftig voran und schrie und schrie in offensichtlicher Ekstase mit voller Stimme. Natürlich wollten die Hunde zusammenhalten, denn Frantic war wie üblich vorausgeschossen, während die vollgestopften Schweinehüter sich nie von den Ponys befreien konnten.

„Fooorrard! fooorrard! fooorrard!' Der langgestreckte Watchorn erhob sich in seinen Steigbügeln und blickte grinsend auf George Cheek zurück, der sein Gras mit der Peitsche bearbeitete, und rief: „Ah, du verdammter junger Warmint, ich gebe dir einen Warmin!"! Ich werde dir beibringen, über „untin" zu reden!"

Als er seinen Kopf gerade drehte, um seine Hunde anzusehen, war er schockiert, als er sah, wie Frantic beim ersten Versuch, über die Parkzäune zu springen, rückwärts fiel, und gerade als sie sich für einen zweiten Versuch sammelte, griffen Desperate, Chatterer und Galloper an in der Schlange und kam vorbei. Dann kam der allgemeine Ansturm des Rudels, begleitet von dem üblichen Erfolg – einige über, einige zurück, einige über anderen.

„Oh, der Teufel!" rief Watchorn und blieb in völliger Verzweiflung stehen. „Oh, der Teufel!" wiederholte er mit leiserer Stimme, als Mr. Sponge näher kam.

„Wo ist da ein Tor?" brüllte unser Freund und lief hinauf.

'Tor! „Im Umkreis von einer Meile gibt es kein Tor, und das ist verschlossen", antwortete Watchorn schmollend.

„Dann geht's los!" antwortete Herr Schwamm und sammelte die Kastanie zusammen, um ihm Gelegenheit zu geben, sich von seinem früheren *Fauxpas zu befreien* . 'Hier geht!' wiederholte er und setzte seinen Schutzhelm fest auf seinen Kopf. Mr. Sponge zog sein Pferd ein paar Schritte zurück, drängte es mannhaft an die Zaunpfähle und kam mit einem Klopfer hinüber.

'Das hast du gut gemacht!' rief Miss Glitters entzückt aus; Er fügte zu Watchorn hinzu: „Jetzt, alter Beardey, bist du der Nächste."

Beardey war unentschlossen. Er tat so, als sei er bestrebt, die Jagdhunde zu überwältigen.

„Dann machen Sie den Weg frei!" rief Miss Glitters und stellte ihr Pferd zurück, während ihre hellen Augen blitzten, während sie sprach. Sie trug ihn so weit zurück, wie Mr. Sponge es getan hatte, berührte ihn mit der Peitsche, und im Nu war sie hoch in der Luft und landete sicher auf der anderen Seite.

'Hurra!' riefen die Kapitäne Quod und Cutitfat aus, die nun keuchend herankamen.

„Jetzt, Herr Watchorn!" rief Kapitän Seedeybuck und fügte hinzu: „Sie sind ein Jäger!"

„Yooi vorbei, Prosperous! Yooi vorbei, Buster!' jubelte Watchorn und tat immer noch so, als sei er besorgt um seine Hunde.

„Lass *mich* scheuen", quiekte George Cheek und unterstützte seine Giraffe, wie er es bei Mr. Sponge und Miss Glitters gesehen hatte.

George packte seine Schraube am Kopf, versetzte ihm mit der Peitsche einen herzhaften Rippenbraten, trieb ihn mit voller Wucht gegen die Paläste und trug ein halbes Kreuz davon.

'Hurra!' rief das befreite Feld.

„ *Ich* wusste, wie es sein würde", rief Mr. Watchorn mit gespieltem Ekel, als er durch die Lücke ritt; und fügte hinzu: „ *verdammter* junger Trottel!" „Verdient, gebührend *gezüchtigt* zu werden, weil er den Leuten auf diese Weise die Kumpels kaputt gemacht und den ganzen Müll reingelassen hat."

Dann änderte sich die Szene. Anstelle der grünen, wenn auch harten Grasnarbe des hügeligen Parks befanden sich unsere Freunde nun auf großen gefrorenen Brachflächen, auf deren unebener Oberfläche die schwersten Pferde keinen Eindruck machten, während die schlurfenden Ratten der Ponys sich abmühten und herumzappelten und fast in ihr zurückwichen Fortschritt. Mr. Sponge war gerade dabei, den Zaun des ersten Zauns zu überqueren, und Miss Glitters versammelte gerade ihr Pferd, um darauf zu reiten, als Watchorn und Co. aus dem Park kamen. Die führenden Hunde umrundeten den dahinter liegenden Rübenhügel und rannten mit brusthoher Fährte, gefolgt von der Meute in langer Reihe.

'Was für ein Chaos!' sagte Watchorn zu sich selbst und schirmte mit der Hand die Sonne vor seinen Augen ab; Als er sich an seine *Rolle erinnerte* , rief er aus: „Yoon-der, sie gehen!" wie in Ekstase bei dem Anblick. Als er am Ende des Feldes ein Tor sah, packte er sein Pferd am Kopf und scheuchte es über die Brachfläche, wobei er sein Horn mehr in der Hoffnung blies, das Rudel aufzuhalten, als in der Absicht, die Jagdhunde heraufzulocken. Er hätte sich vielleicht den Atem sparen können, denn die Musik des Rudels übertönte den Lärm des Horns völlig. „Lass es!" sagte er und schlug mit dem breiten Ende gegen seinen Oberschenkel; „Ich wünschte, ich wäre ruhig wieder in meinem Wohnzimmer. Warte, Pferd!' brüllte er, als Harkaway beinahe in die Hocke ging, als er am Tor anhielt. „Ich weiß, wer *nicht* Kardinal Wiseman ist", fuhr er fort und bückte sich, um es zu öffnen.

Das Tor war schnell, und er musste aussteigen und es aus den Angeln heben. Gerade als er dies getan hatte und es so weit geöffnet hatte, dass ein Pferd passieren konnte, kam George Cheek von hinten und schlüpfte vor ihm hindurch.

„Oh, du ungerechter junger Abtrünniger! Hat jemals ein Sterblicher gesehen, dass er einen unzivilisierten Trick begangen hat? brüllte Watchorn; Während er wieder auf sein Pferd kletterte und stotternd durch die gefrorenen Rüben hinter dem Täter herlief, fügte er hinzu: „Ich glaube, Sie haben keine Bekanntschaft mit Lord John Manners!"

„Oh je! – oh je!" rief er, als sein Pferd fast auf den Kopf fiel, „aber das ist die strafendste Angelegenheit, in der ich je war." Puseyismus ist nichts dabei.' Und daraufhin erging sich bei Slarkey endlose Verfluchungen, weil er den falschen Fuchs mitgebracht hatte.

„Es ist doch höchste Zeit, Sondierungen vorzunehmen und den Anker auszuwerfen, nicht wahr?" keuchte Kapitän Bouncey, der sich in einem Zustand völliger Erschöpfung glühend heiß auf seinem Zugpferd abmühte, während Watchorn da stand und sich reckte und auf eine Raspel blickte, durch die Mr. Sponge und Miss Glitters gegangen waren, ohne einen Zweig zu stören.

„C-a-s-t Anker!" rief Watchorn in einem spöttischen Ton aus – „noch nicht diese halbe Stunde, hoffe ich! – noch nicht diese vierzig Minuten, hoffe ich; – noch nicht diese Stunde und zwanzig Minuten, hoffe ich!" fuhr er fort und stellte sein Pferd unentschlossen an den Zaun. Das Pferd stapfte hindurch und bellte Watchorn mit einem Ast an der Nase.

„Oder verrotte es, schneide mir die Nase ab!" rief er und dämpfte es in seiner Hand. „Ich glaube, ich habe mir die Nase direkt am Gesicht abgeschnitten", fuhr er fort und wagte es, in seine Hand zu schauen. „Nun", sagte er und betrachtete den leichten Blutfleck auf seinem Handschuh, „das wird mir mein Leben lang eine Lektion sein." Wenn ich jemals wieder in den Frost komme, möge ich —— sein. Gott sei Dank! Sie haben es endlich überprüft!' rief er, als die Musik plötzlich verstummte und Herr Schwamm und Fräulein Glitzer regungslos zusammen auf ihren keuchenden, rauchenden Rossen saßen.

Dann gab Watchorn seinem Pferd die Sporen, und da er sich nun auf einer flachen Weide befand, mit einem Gatter zum Feld, auf dem die Hunde warfen, eilte er hinüber und bereitete sein Horn für einen Schlag vor, sobald er dort ankam.

„Twang – twang – twang – twang", sagte er und ritt die Hecke hinauf in die entgegengesetzte Richtung zu dem, was die Hunde lehnten. „Twang – twang – twang", fuhr er fort und gratulierte sich innerlich, dass der Fuchs niemals der Horde Bengel entgegentreten würde, die er mit ihren Gewehren herunterkommen sah.

„Häng ihn auf! So ist er nie!" bemerkte Mr. Sponge *sotto voce* gegenüber Miss Glitters. „So ist er nie", wiederholte er, als er sah, wie Frantic nach rechts schleuderte.

„Twang – twang – twang", erklang das Horn, aber die Hunde beachteten es nicht.

„Machen Sie es, Herr Schwamm, schicken Sie mir die Hunde!" brüllte Mr. Watchorn und fürchtete, sie könnten die Fährte verlieren.

Mr. Sponge antwortete auf den Appell, indem er sein Pferd in die Richtung drehte, in der die Hunde sich ausbreiteten, und sie leicht anfeuerte.

„Oder verrotte es!" brüllte Watchorn, „ *lasst* sie doch in Ruhe!" das ist ein *frischer* Fuchs! Unseres ist über dem „Kranken" und zeigt in Richtung Bonnyfield Hill.

'Band!' rief Mr. Sponge und nahm seinen Hut ab, während Frantic die Fährte nach rechts weiterleitete und Galloper, Melody und alle anderen zu Tränen rührten.

„Oh, du verdammter, braunhaariger Bettler!" rief Mr. Watchorn, legte sein Horn wieder in sein Etui und beäugte Mr. Sponge und Miss Glitters, die mit der wiederum brusthohen Duftpackung davonsegelten. „Oh, du exorbitanter Wucherer!" fuhr er fort und sammelte sein Pferd, um hinter ihnen herzulaufen. „Nun, das ist das schändlichste Vorgehen, das ich in meinem ganzen Leben je erlebt habe." Hängt mich, wenn ich solche Arbeit aushalte!

Zerschmettere mich, aber ich werde die Königin zum Lachen bringen! – Ich werde es Sir George Grey sagen! Ich werde Herrn Walpole schreiben! Fo-Orrard! 'for-orrard!' „Hallo!" rief er, als Bob Spangles und Bouncey unerwartet von hinten auf ihn zukamen, und rief mit gespielter Freude, während er mit seiner Peitsche auf das strömende Rudel deutete: „Herr, hau ab, aber uns steht etwas Gutes bevor!"

Das Pferd des kleinen Bouncey gähnte immer noch und starrte in die Sterne, und Bouncey, der dem Reiten nicht mehr gewachsen war und fast erschöpft war, ließ ihn mitten auf einem Feld gegen einen Scheuerpfahl „niederlegen" und bildete mit seinem Pferd eine „Kanone". und den Kopf seines Pferdes und wurde sofort zum Anziehungspunkt für den keuchenden Schwanz. Bouncey schnappte sich zwischen ihnen ein Pint Sherry, bevor er sich von dem Schock erholte. Sie waren so besorgt um ihn, dass keiner von ihnen daran dachte, die Jagd fortzusetzen. Selbst die zurückgebliebenen Peitschenhiebe konnten ihn nicht verlassen. George Cheek war gerade *außer Gefecht* in einer Hecke, und Watchorn, der ihn „wippen" sah, rief aus, als er durch ein Tor schlüpfte:

„Ich werde dir deinen Mar schicken, du junger ‚Umbug'."

Auch Watchorn hätte gerne angehalten, denn die Dämpfe des Champagners waren in ihm tot, und das Reiten wurde von Minute zu Minute gefährlicher. Er trottete weiter, in der Hoffnung, dass jeder Sprung der braunen Stiefel der letzte sein würde, und wünschte seinem Träger innerlich den Teufel. So durchquerte er ein beträchtliches Stück Land, über Harrowdale Lordship oder die angebliche Lordship, vorbei am Roundington Tower, die Sloppyside Banks hinunter und weiter nach Cheeseington Green; Die Schwere seines Leidens wurde allein durch den Eingriff entgegenkommender Straßen und Reihen von Feldtoren gemildert. Diese lehnte Mr. Sponge jedoch im Allgemeinen ab und stürmte weiter, bald über hohe Stellen, bald über niedrige, gerade als sie ihm in den Weg kamen, dicht gefolgt von der schönen Lucy Glitters.

„Nun, so einen Mann habe ich noch nie gesehen!" rief Watchorn und beäugte Mr. Sponge, der über eine steife Gleisreihe hinwegkam, in deren Nähe sich eine Lücke befand. „Noch eine Frau!" fügte er hinzu, wie Miss Glitters dasselbe tat. „Nun, ich bin am Boden zerstört, wenn es nicht gefährlich ist!" fuhr er fort und schlug mit der Hand gegen seinen dicken Oberschenkel, als der Weiße bei der Landung fast ausrutschte. „Vorwärts! for-rard! Band!' kreischte er, als er sah, wie Miss Glitters zurückblickte, um zu sehen, wo er war. „Für-rard! für-rard!' wiederholte er; und fügte scheinbar erfreut hinzu: „Meine Augen, aber uns erwartet ein Stich!" Warte, Pferd!' brüllte er, als sein Pferd nun bis zu den Knien durch eine lange Eisschicht sprang und seinem Reiter das lehmige Wasser ins Gesicht spritzte. 'Halten!'

wiederholte er und fügte hinzu: „Ich wäre am Boden zerstört, wenn man nicht genauso gut über den Christial-Palast stürzen könnte, wie über ein Land, das auf diese Weise erstarrt ist!" „Ord verrotten, wie kalt es ist!" fuhr er fort und blies auf seine Fingerspitzen; „Ich erkläre, dass meine Beine ziemlich taub sind." Gut gemacht, alter brauner Kerl!' rief er, als ein Krach auf der rechten Seite seine Aufmerksamkeit erregte; „Gut gemacht, alte braune Kerle! – jede Stange im Tor ist kaputt!" und fügte hinzu: „Aber ich werde Mr. Buckram wissen lassen, wie seine schönen Pferde mit dem Bus versorgt werden." „Nun", fuhr er fort, nachdem er lange über die grasbewachsene Seite der Ditchburn Lane gelaufen war, „das macht keinen Spaß – überhaupt nichts." Wer zum Teufel wäre ein Jäger, der alles andere sein könnte? Lass es! Ich wäre lieber ein Strumpfmacher – ich wäre lieber ein „Atter" – ich wäre noch ein Bestatter – ich wäre noch ein Pussey-Pfarrer – ich wäre noch ein Schweinehändler – ich wäre noch ein … Besenmacher – ich wäre lieber ein Hundefleisch-Mann – ich wäre lieber ein Katzenfleisch-Mann – ich würde lieber Vogelkraut und Sperlingsgras verkaufen!' fügte er hinzu, als sein Pferd fast auf den Hinterbeinen ausrutschte.

„Dem Himmel sei Dank, es gibt endlich Erleichterung!" rief er, als er auf dem ansteigenden Gimmerhog Hill sah, wie Farmer Saintfoins Southdowns sich drehten und zusammenballten, was darauf hindeutete, dass der Fuchs vorbeigekommen war; „Danke, Eavens, es gibt endlich Erleichterung!" wiederholte er und zügelte sein Pferd, um zu sehen, wie die Hunde auf sie losgingen.

Mr. Sponge und Miss Glitters befanden sich jetzt ganz unten und kämpften sich über einen breiten Mühlenplatz mit einem sehr steifen Zaun auf der Startseite durch.

'Halten!' brüllte Herr Schwamm, als er, nachdem er ein Loch durch den Zaun gebohrt hatte, sich am Rande des Wasserlaufs befand. Das Pferd hielt stand und landete ihn – nicht ohne Gerangel – auf der anderen Seite. „Lass ihn los, Lucy!" rief Herr Schwamm und drehte sein Pferd halb zu seiner schönen Begleiterin um. „Lass ihn los, Lucy!" wiederholte er; und Lucy traf glücklicherweise die Lücke und glitt wie eine Schwalbe an einem Sommerabend über das Wasser.

'Gut gemacht! Du bist ein Trumpf!' rief Herr Schwamm, der in seinen Steigbügeln stand und sich an der Mähne festhielt, während sein Pferd den gegenüberliegenden Hügel hinaufstieg.

Er stand gerade noch rechtzeitig auf, um die Hammelfleisch zu retten; Noch eine Sekunde, und die Hunde wären in sie verwickelt gewesen. Er hielt seine Hand hoch, um Lucy zum Anhalten zu bewegen, und beobachtete sie aufmerksam. Viele von ihnen hatten den Kopf erhoben und nicht wenige warfen Schafsaugen auf die Schafe. Einige der Leinenjäger hielten den

Geruch über dem fettigen Boden ausharrend in sich. Es war ein kritischer Moment. Sie warfen nach rechts, dann nach links und machten erneut einen weiteren Schwung im Vorfeld, kehrten jedoch in Richtung der Schafe zurück, als ob sie sie für die beste Spezies hielten.

„Gib sie mir", sagte Mr. Sponge und gab Miss Glitters seine Peitsche; „Gib sie mir!" sagte er und jubelte: „Yor-geot, Hunde! – yor-geot!" – was übersetzt bedeutet: „Hier wieder, Hunde! – hier wieder!"

„Oh, der eingebildete Bettler!" rief Mr. Watchorn vor sich hin, als er, enttäuscht von seinem Ende, dasaß, seine Nase befühlte, sich das Gesicht abwischte und das Geschehen beobachtete. „Oh, der eingebildete Bettler!" wiederholte er und fügte hinzu: „Alte Hogany-Kämpfe sind *auf* jeden Fall ein Versuch, sie zu töten."

Er warf sie jedoch aus und bewegte sich sehr vorsichtig in die Richtung, in die sich die Hunde zu neigen schienen. Sie befanden sich auf einem Stück kaltem, duftendem Boden, über den sie den Geruch kaum wahrnehmen konnten.

„Beeil dich nicht!" rief Mr. Sponge zu Miss Glitters, die sich mit ziemlich unnötiger Energie aufführte.

Als sie in den Leebereich der Hecke gelangten, besserte sich der Geruch ein wenig, und ein oder zwei Hunde ergingen sich bei einem gelegentlichen Gefieder am Heck in einem Wimmern, bis sie schließlich förmlich in einen Schrei ausbrachen. „Ich werde einen Schuh verlieren", sagte Watchorn zu sich selbst und blickte zuerst auf den gewaltigen Sprung vor ihm und dann darauf, ob jemand dahinter kam. „Ich werde einen Schuh verlieren", sagte er. „Keine Ahnung von einem schiffbaren Fluss – einem regelrechten Meeresarm", fügte er hinzu und stieg aus.

'Nach vorne! nach vorne!' kreischte Mr. Sponge und setzte den Hunden die Mütze auf, als sie weggingen, mit erhobenen Köpfen und gesenktem Heck wie zuvor.

„Ja, für-rard! für-rard!' ahmte Mr. Watchorn nach; und fügte hinzu: „Du bist auf jeden Fall schon genug."

Nachdem er etwa eine dreiviertel Meile im Höchsttempo gelaufen war, sah Herr Schwamm, wie der Fuchs mit aller Kraft, die er aufbringen konnte, ein großes Grasfeld überquerte, ein paar hundert Meter vor dem Rudel, das am schönsten dahinströmte, nicht zuschauen, aber allmählich auf ihn zukommen. Schließlich wandten sie sich von der Geruchsbelästigung ab und drehten ihn hin und her.

„WOW!" schrie Herr Schwamm, warf sich von seinem Pferd und stürmte zwischen ihnen hindurch. „WOW!" wiederholte er noch lauter und hielt den Fuchs in grimmigem Tod über das bellende Rudel hoch.

„Wow!" rief Fräulein Glitters und hielt entzückt neben der Kastanie. „Wow!" wiederholte sie und kramte in der Satteltasche nach ihrem spitzenbesetzten Taschentuch.

„Wirf mir meine Peitsche!" rief Herr Schwamm und wehrte die Angriffe der Hunde von hinten mit seinen Fersen ab. Nachdem er es geschafft hatte, warf er den Fuchs auf den Boden, machte einen Kreis frei und machte sich augenblicklich mit seinem Pinsel davon. „Zerreiße ihn und iss ihn!" schrie er, als das Rudel über den Kadaver herfiel. „Zerreiße ihn und iss ihn!" wiederholte er, als er mit der Bürste auf Miss Glitters zuging und rief: „Das stecken wir dir in den Hut, neben die Hahnenfedern."

Die schöne Dame beugte sich zu ihm, und als er ihn höflich an ihrem Hut zurechtrückte, ihre bezaubernden Augen und ihr schönes Gesicht betrachtete und den süßen Duft ihres Atems spürte, schoss etwas durch Mr. Sponges Pull-Teufel, Pull-Bäcker Mantel, seine Cordweste, sein Eureka-Hemd, die Angola-Weste und drangen bis ins Innerste seines Herzens. Er gab ihr eine Reihe schmatzender Küsse, die ihr Pferd erschreckten und einen Wilderer in Erstaunen versetzten, der sich zufällig in der angrenzenden Hecke versteckt hatte.

Sponge war noch nie in seinem Leben so glücklich. Er hätte auf dem Kopf stehen oder sich irgendeiner Art von Extravaganz schuldig machen können, ohne sein Geld zu verschwenden. Oh, er war glücklich! Oh, er hat sich gefreut! Er war berauscht vor Vergnügen. Als er seinen engelsgleichen Zauberer beäugte, ihre strahlenden Augen, ihre leuchtenden Wangen, ihre perlmuttfarbenen Zähne, die bezaubernde Fülle ihrer eleganten *Tourniere* und an die meisterhafte Art dachte, wie sie den Lauf ritt – vor allem an den schneidigen Stil, mit dem sie auf sie losging Mühlenrasse – er fühlte etwas ganz anderes als alles, was er mit einer der üppigen Witwen oder gleichgültigen Mädchen erlebt hatte, die er je nach den Umständen einfach lieben konnte oder nicht, unter denen seine früheren Erfahrungen gelegen hatten. Er wusste, dass Miss Glitters nichts hatte, und dennoch hatte er das Gefühl, dass er nicht ohne sie auskommen konnte; Sein Verstand war verwirrt, wie zum Teufel sie die Sache regeln sollten – „Zunge und Schnalle in Einklang bringen", wie er es elegant ausdrückte.

Es ist angenehm, die Vor- und Nachteile eines Junggesellen zum Thema Ehe zu hören; wie die Schwierigkeiten des Gentlemans aus der Liebe verschwinden oder sich in Vorteile verwandeln mit demjenigen in – „Oh, ich würde nie auf die Idee kommen, zu heiraten, ohne mindestens ein paar Tausend im Jahr zu haben!" ruft der junge Fastly aus. „*Ich* kann nicht ohne vier Jäger und einen Hacken auskommen." *Ich* kann nicht ohne Parkservice auskommen. *Ich* kann nicht ohne einen Brougham auskommen. *Ich* muss einem halben Dutzend Clubs angehören. *Ich werde* keine Frau heiraten, die es mir nicht ermöglichen kann – Junggesellen können von nichts leben – Junggesellen sind überall willkommen – mit einer Frau ist das etwas ganz anderes. Schreckliche Dinge: Die Rechnungen der Hutmacherinnen – fünfzig Guineen für ein Kleid, zwanzig für eine Haube – die Zofen der Damen sind der Teufel – nie zufrieden – weitaus schlechter zu befriedigen als ihre Geliebten." Und zwischen dem Hauch einer Zigarre summt er die alte Säge –

„Nadeln und Nadeln, Nadeln und Nadeln. Wenn ein Mann heiratet, beginnt sein Kummer."

Nehmen Sie ihn jetzt auf die andere Seite – Fast ist hin und weg.

„Ordnen Sie es auf! „Ein verheirateter Mann kann von sehr wenig leben", sagt unser Freund. Ein schönes, schönes Geschöpf, das man zu Hause behalten kann. Jagen ist alles Humbug; Es ist nur das Aufblitzen des Dings, das einen dazu bringt, ihm zu folgen. Dann gleicht die Gefahr das Vergnügen weitaus mehr als aus. Schreckliche Orte, über die man fahren muss, um sicher zu sein, sonst wird man als „langsam" bezeichnet. Es ist schrecklich, sich für einen Reiter zu engagieren und dann reiten zu müssen, um seinen Ruf zu wahren. Ich werde dankbar sein, ganz darauf verzichten zu können. Die Braunen eignen sich hervorragend als Kutschpferde, und oft kann man eine gebrauchte Kutsche ergattern, die so gut wie neu ist. Ich werde jede Menge Geld sparen, da ich im Steuerbescheid kein „B" auf meinen Namen setzen muss. Eine Keule ist so gut wie ein Dutzend – sie wird die Polyanthus und die Sonnenblume sowie den Müll und den Lappen aufgeben. Damenkleider sind recht günstig. Habe neulich für eine Guinea ein wunderschönes Kleid gesehen. Startet Master Bergamotte. Tut nichts für seinen Lohn; Ich werde meine Stiefel kaum reinigen. Für die Hälfte von dem, was ich ihm gebe, kann ich einen Kerl bekommen, der die doppelte Arbeit macht. Wird Beans zum Kutscher machen. Was für eine Annehmlichkeit, die Zofe seiner Frau zu haben, die einem die Knöpfe annähen kann, und die Zehen in den Strümpfen zu lassen! Erkläre, dass ich die Hälfte meiner Sachen beim Waschen verloren habe, weil ich sie nicht markiert habe. Gehängt, wenn ich nicht heirate und respektabel bin – die Ehe ist ein ehrenhafter Staat!' Und daraufhin wird Tom in seiner eigenen Einbildung ein paar Zentimeter größer.

Obwohl Mr. Sponges Gedanken nicht in einem ganz so luxuriösen First-Class-Zug wie im Vorhergehenden reisten, war er, Mr. Sponge, eher der Typ Mann mit zwei Hemden und einem dicken Schwanz, und dennoch waren die Wege und Wege der Zukunft im Mittelpunkt Die Mittel lasteten auf seinem

Gemüt und beruhigten die Spannungen seiner gegenwärtigen Freude. Lucy war ein Engel! Darüber gab es keinen Streit. Er würde sie auf jeden Fall zur Frau Schwamm machen. Rundreisen waren sehr teuer. Der Extravaganz der Gasthöfe konnte er nur durch die strenge Regel entgegenwirken, den Bediensteten in Privathäusern nichts zu geben. Er dachte, eine schöne, luftige Unterkunft in einem Vorort von London würde jedem Zweck genügen, während seine genaue Kenntnis der Taxipreise es Lucy ermöglichen würde, ihr Engagement im Royal Amphitheatre fortzusetzen, ohne die erheblichen Überzahlungen in Kauf nehmen zu müssen, denen Unerfahrene ausgesetzt sind. „Wo einer speisen kann, können auch zwei speisen", sinnierte Herr Sponge; „Und ich zweifle nicht daran, dass wir die Sache irgendwie in den Griff bekommen werden."

„Twopence für deine Gedanken!" rief Lucy, trottete herbei und berührte ihn sanft mit ihrer leichten, silberbesetzten Reitpeitsche am Rücken. „Twopence für deine Gedanken!" wiederholte sie, während Mr. Sponge trotz der bitteren Kälte gemächlich entlangschlenderte, gefolgt von den Hunden, die ihn begleiten wollten.

'Ah!' antwortete er und hellte sich auf; „Ich habe gerade daran gedacht, was für einen verdammt guten Lauf wir hatten."

'In der Tat!' schmollte die schöne Dame.

'Nein mein Schatz; „Ich habe mir gedacht, was für ein sehr hübsches Mädchen du bist", entgegnete er, schob sein Pferd heran und umfasste ihre hübsche Taille mit seinem Arm.

Ein süßes Lächeln bildete Grübchen auf ihren dicken Wangen und vertrieb die Erinnerung an die frühere Antwort.

Es wäre nicht schön – tatsächlich könnten wir nicht einmal so tun, als könnten wir auch nur einen groben Überblick über das anschließende Gespräch geben. Es wurde in solch gebrochenen und unzusammenhängenden Sätzen weitergeführt, wobei Augen und Berührungen so viel mehr Arbeit leisteten als Worte, dass selbst ein Reporter für den Inhalt weitgehend auf seine Vorstellungskraft zurückgreifen musste. Es genügt zu sagen, dass sie, obwohl das Thermometer unter Null lag, nie einen Fußbreit langsamer kamen; selbst die Hunde wurden des Weges müde und schlichen einer nach dem anderen davon, als sich ihnen die Gelegenheit dazu bot.

Eine blendende Sonne ging mit einem blutroten Schein unter, und der teilweise aufgeweichte Boden nahm schnell wieder sein frostiges Laubwerk an, als unser Held und unsere Heldin so langsam und leise die westliche Allee zum Nonsuch House entlangschlendern sahen, als ob sie es getan hätte War der heißeste Abend im Sommer.

„Hier sind die alten Coppertops!" rief Kapitän Seedeybuck, als er sich im Billardzimmer umdrehte, um sein Stichwort zu markieren, und erblickte, wie sie entlangkriechen. „Und Lucy!" fügte er hinzu, während er sie beobachtete.

„Wie langsam sie kommen!" bemerkte Bob Spangles, als er zum Fenster ging.

„Muss ihre Pferde ermüdet haben", meinte Kapitän Quod.

„Genau der Typ Mann, der ein Pferd ermüden kann", entgegnete Bob Spangles.

„Ich hasse diesen Schwamm", bemerkte Kapitän Cutitfat.

„Das tue ich auch", antwortete Kapitän Quod.

„Nun, kümmere dich nicht um den Bettler! Du spielst!' rief Bob Spangles Kapitän Seedeybuck zu.

Aber Lady Scattercash, die unsere Freunde von ihrem Boudoirfenster aus beobachtete, sah mit dem Auge einer Frau, dass es sich um mehr als nur einen Fall müder Pferde handelte; und als sie die Treppe hinunterstolperte, kam sie gerade an der Haustür an, als die schöne Lucy lächelnd von ihrem Pferd in Mr. Sponges ausgestreckte Arme fiel. Lucy eilte ins Boudoir und gab ihrer Ladyschaft einen von Mr. Sponges modifizierten Küssen, wobei sie die Wahrheit beredter enthüllte, als Worte es vermitteln könnten.

„Oh", Lady Scattercash war „ *so* froh!" ' *So* erfreut!' „ *So* entzückt!"

Mr. Sponge war *so* ein *netter* Mann und *so reich* . Sie war sich sicher, dass er reich war – sonst könnte er nicht jagen. Würde Lucy zu einer guten Einigung raten, für den Fall, dass er sich das Genick bricht. Und Pin-Geld! Pin-Money war äußerst nützlich! Kein Ehemann ließ seiner Frau jemals genug Geld. Ich muss alles über Harry Dacre und Charley Brown und den Aufschwung im Blues vergessen. Man muss für die Zukunft vorsichtig sein. Mr. Sponge würde nie etwas von der Vergangenheit erfahren. Dann kam sie auf das interessante Thema Siedlungen zurück. „Was hatte Mr. Sponge bekommen und was würde er tun?" Das konnte Lucy nicht sagen. 'Was! Hatte er ihr nicht gesagt, wo sich die Anwesen befanden? – „Nein." „Na, war sein Vater tot?" Auch das wusste Lucy nicht. Sie waren nicht weiter als bis zur Tenderstütze gekommen. 'Ah! Also; würde nach und nach alles aus ihm herausholen.' Und mit der Wiederholung ihres „Ich freue mich sehr" und der Erwiderung des Kusses, den Lucy ihr gegeben hatte, riet Ihre Ladyschaft ihr, ihre Gewohnheit abzulegen und es sich bequem zu machen, während sie nach unten rannte, um der Gruppe unten die erstaunliche Nachricht mitzuteilen.

„Was denkst du?" rief sie und stürmte in den Billardraum, wo die Gesellschaft immer noch mit einer Partie Billard beschäftigt war, alle unsere

Sportler, außer Kapitän Cutitfat, der immer noch sein neues Moses and Son's Scarlet trug, nachdem sie sich ihrer Jagdausrüstung entledigt hatten –" Was denkst du?' rief sie aus und stürzte sich mitten hinein.

„Dass Bob keine Kanonen hat?" beobachtete Kapitän Bouncey unter dem Verband, der seinen gebrochenen Kopf umgab, und nickte in Richtung Bob Spangles, der gerade einen Schlaganfall machen wollte.

„Dass Wax außer Kontrolle geraten ist?" schlug Kapitän Seedeybuck im gleichen Atemzug vor.

'NEIN. Rate nochmal!' rief Lady Scattercash und rieb sich vor Freude die Hände.

„Dass der Papst einen Sohn hat?" bemerkte Kapitän Quod.

'NEIN. Rate nochmal!' rief Ihre Ladyschaft lachend.

„Ich gebe auf", antwortete Kapitän Bouncey.

„Das tue ich auch", fügte Kapitän Seedeybuck hinzu.

„ *Dieser Mr. Sponge wird heiraten* ", verkündete Ihre Ladyschaft langsam und nachdrücklich und wedelte mit den Armen.

'Hurra! Denken Sie nur daran!' rief Kapitän Quod aus. „Alte Hogany-Tops werden gespleißt!"

'Hast du jemals?' fragte Bob Spangles.

„Nein, das habe ich *nie* ", antwortete Kapitän Bouncey.

„Er sollte Spooney Sponge heißen, nicht Soapey Sponge", bemerkte Kapitän Seedeybuck.

„Na ja, aber an wen?" fragte Kapitän Bouncey.

„Ah, zu wem in der Tat! „Das ist die Frage", erwiderte Ihre Ladyschaft schelmisch.

„Ich weiß", bemerkte Bob Spangles.

„Nein, das tust du nicht."

'Ja, das tue ich.'

„Wer ist es dann?" verlangte Ihre gnädige Frau.

„Lucy Glitters, natürlich", antwortete Bob, der nicht umsonst aus dem Fenster des Billardzimmers gestarrt hatte.

„Mitleid mit ihr", bemerkte Bouncey, während er sich am Billardtisch niederließ, um um eine Kanone zu spielen.

'Warum?' fragte Lady Scattercash.

„Normaler Schlingel“, antwortete Bouncey, verärgert darüber, dass er seinen Schlag verpasst hatte.

„Ich wage zu behaupten, dass Sie nichts über ihn wissen“, blaffte Ihre Ladyschaft.

„Nicht wahr?“ antwortete Bouncey selbstgefällig; und fügte hinzu: „Das ist alles, was Sie wissen.“

„Er wird sie mit Sicherheit verprügeln“, bemerkte Seedeybuck.

'Wie kommst du darauf?' fragte Ihre Ladyschaft.

„Oh – ha – hm – haw – warum, weil er sein armes Pferd geschlagen hat – ihm über die Ohren geschlagen hat. Whop sein Pferd, whop seine Frau; Whop seine Frau, whop sein Pferd. Regelmäßige Dreierregel.

„Machen Sie sie zu einem schlechten Ehemann, das wage ich zu behaupten“, bemerkte Bob Spangles, der von Lucy selbst ziemlich angetan war.

'Egal; „Ein schlechter Ehemann ist viel besser als keiner, Bob“, antwortete Lady Scattercash, entschlossen, sich nicht aus der Einbildung ihres Mannes verleiten zu lassen.

„Er, er, er! – ha, ha, ha! – ho, ho, ho! Das hast du gut gemacht!' lachten mehrere.

„Sie muss ihn behalten“, bemerkte Kapitän Cutitfat, der nun an der Reihe war.

'Wie kommst du darauf?' fragte Lady Scattercash und kam noch einmal auf den Vorwurf zurück.

„Er hat nichts“, antwortete Fat kühl.

„Tat, aber er hat – auch ein sehr gutes Eigentum“, antwortete Ihre Ladyschaft.

„In *Air* Shire, glaube ich“, entgegnete Fat.

„Nein, in Englandshire“, erwiderte Ihre Ladyschaft, „und große Erwartungen an einen Onkel“, fügte sie hinzu.

„Ah – er scheint ein Mann zu sein, der ein gutes Verhältnis zu seinem Onkel hat“, spottete Kapitän Bouncey.

„Zweifeln Sie nicht daran, dass er ihn oft besucht“, bemerkte Seedeybuck.

'In der Tat! „Das ist alles, was Sie wissen“, schnappte Lady Scattercash.

„Das ist nicht alles, was ich weiß“, antwortete Seedeybuck.

„Nun, was wissen Sie sonst noch?" fragte sie.

„Ich weiß, dass er nichts hat", antwortete Seedey.

'Woher weißt du das?'

„Ich *weiß* ", sagte Seedey mit Nachdruck und widmete sich nun seinem Schlag.

„Na ja, egal", erwiderte Ihre Ladyschaft; „Wenn er nichts hat, hat sie nichts, und nichts kann schöner sein."

Mit diesen Worten eilte sie aus dem Zimmer.

KAPITEL LXVI

HERR. SCHWAMM ZU HAUSE

Sponge wurde von Sir Harry und allen versammelten Kapitänen aufs herzlichste beglückwünscht, die insgeheim hofften, dass seine Heirat dazu führen würde, „ihn auszulöschen", wie sie sagten, und sie freuten sich riesig darüber. Sie tranken Lucys und seine Gesundheit neunmal, jedes Mal neunmal neunmal. Die Folge war, dass die Lakaien und die Fensterläden früher als gewöhnlich angefordert wurden, um sie zu ihren jeweiligen Wohnungen zu tragen. Am nächsten Morgen pochte es in Sponges Kopf heftig; Auch die Erinnerung an seine eheliche Verlobung und seine völlige Unfähigkeit, den Engel zu behalten, der sich in seine Zuneigung gedrängt hatte, ließ das Pulsieren nicht nach. Wie alle unerfahrenen Männer war er jedoch stark von seinen eigenen Fähigkeiten überzeugt, und der Anblick seines lächelnden Charmeurs vertrieb alle klugen Überlegungen so schnell, wie sie aufkamen. Er zweifelte nicht daran, dass sich etwas ergeben würde.

Mittlerweile befand er sich in einer guten Verfassung, und nachdem Lady Scattercash sich wärmstens für seine Sache eingesetzt hatte, erlangte er eine beachtliche Stellung im Establishment. Nachdem der alte Beardey es gewagt hatte, sich über seine Einmischung in den Zwinger zu beschweren, sagte meine Dame kurz zu ihm, er könne sich „selbst aufhalten, wenn er wolle"; ein Schritt, zu dem Beardey durchaus bereit war, nachdem er von einem begehrten Wirtshaus in Newington Butts gehört hatte, vorausgesetzt, Sir Harry zahlte ihm seinen Lohn. Da dies nicht ganz praktisch war, gab Sir Harry ihm einen Auftrag für „Kohl und Co." für drei Anzüge und willigte ein, dass er eine massive silberne Suppenterrine nahm, auf der Mr. Watchorn unter den vielen geviertelten Scattercash-Armen eine Inschrift anbrachte, die besagte, dass sie ihm von Sir Harry Scattercash, Baronet, überreicht worden sei die Adligen und Herren seiner Jagd, in Bewunderung seiner Talente als Jäger und seines Charakters als Mann.

Mr. Sponge fühlte sich dann noch wohler. Sehr bald hieß es „meine Hunde", „meine Pferde" und „meine Peitschen"; und er schrieb an Jawleyford, Puffington, Guano, Lumpleg, Washball und Spraggon und bot an, Treffen zu vereinbaren, die ihnen am besten passten, und sie bei Bedarf sogar zu besteigen. Sein *Mogg* wurde zugunsten von Lucy ziemlich vernachlässigt; und es sagt viel über den Einfluss weiblicher Reize aus, dass er, der ein perfektes Orakel in Sachen Taxifahrpreise gewesen war, vor ihrer Verlobung zwei Wochen lang nicht in der Lage gewesen wäre, den gewöhnlichsten Fahrpreis auf der meistbefahrenen Strecke zu nennen. Er hatte sie alles vergessen. Trotzdem gingen Lucy und er so oft sie Hunde züchten konnten auf die Jagd, und als sie einen guten Lauf hatten und töteten, grüßte er sie; und als sie nicht töteten, warum – er tat einfach dasselbe. Er leitete und verfolgte das Saitenmeut, zog die Schürzenjäger und Schwätzer (die er mit seinen Komplimenten an Lord Scamperdale schickte) und brachte den unebenen Zwinger schließlich in einigermaßen Form.

Dies war jedoch nicht die einzige Art und Weise, wie er sich nützlich machte, da Nonsuch House mittlerweile fast ausschließlich durch freiwillige Spenden finanziert wurde – das heißt durch die Leichtgläubigkeit von Händlern –, und seine Straßen- und Ladenkenntnisse waren wertvoll bei der Entscheidung, wen er tun sollte. ' Mit dem Postverzeichnis und Mr. Sponge an seiner Seite ließ sich Mr. Bottleends, der Butler – ein „ungeheuerliches Delirium", wie Bottleends es nannte, nachdem er Sir Harry völlig außer Gefecht gesetzt hatte – von diesem Mann Champagner, von diesem Sherry und von Schildkröte abschreiben ein dritter, Steinbutt von einem vierten, Tee von einem fünften, Trüffel von einem sechsten, Wachslichter von einem, Sperma von einem anderen; und die Dinge kamen mit solch einem Eifer herab, mit solch einem Dank für die Vergangenheit und mit Hoffnungen für die Zukunft, wie wir armen Teufel aus der Welt ohne Titel es überhaupt nicht kennen. Nein, viele der armen, wahnsinnigen Geschöpfe begnügten sich nicht damit, ihm die Waren zu geben, sondern stellten ihre Torheit tatsächlich vor ihren Türen in neuen Kisten zur Schau, die schwungvoll AN SIR HARRY SCATTERCASH, BART., NONSUCH HOUSE usw. gerichtet waren. *Mit dem Expresszug* .' In manchen Fällen bezahlten sie sogar die Fahrtkosten.

Und hier, inmitten von Liebe, Luxus und Fuchsjagd, lassen wir unseren unternehmungslustigen Freund, Herrn Schwamm, für eine Weile zurück und werfen einen Blick auf eine Art von Grausamkeit, die manche Leute „Sport“ nennen. Zu diesem Zweck beginnen wir ein neues Kapitel.

KAPITEL LXVII

Wie sie zum „großen aristokratischen Kirchturm" kamen

Es lässt sich nicht sagen, welche Vorteile die Eisenbahnkommunikation einem Land bringen kann. Ohne die Granddiddle Junction hätte es in der Grafschaft nie ein Hindernisrennen gegeben – zumindest ein „Aristokratisches" –, denn je snobistischer eine Sache ist, desto sicherer ist es, sie als aristokratisch zu bezeichnen. Wenn es für irgendetwas zu schade ist, nennen sie es „Grand". Nun, wie wir bereits sagten, hätte es in der Grafschaft ohne die Granddiddle Junction nie eine „Grand Aristocratic Steeple-Chase" gegeben. Ein paar Freunde oder Bauern hätten vielleicht eine stille Sache untereinander angezettelt, aber es wäre nie zu einer regulären Handelstransaktion gekommen, mit ihrem aufgeblähten Mob, den falschen Kapitänen und all dem Drum und Dran von merkwürdigen Machenschaften, „Geheimtipps" und Marktmanipulationen . Wer wird den Nutzen leugnen, der jedem Ort durch die Einspeisung aller freilebenden Fische des Königreichs entstehen muss?

Früher waren die Preiskämpfe das Privileg der Zöllner. Sie waren es, die dafür sorgten, dass Shaggy Tom Harry Billys Kopf auf das Land von So und So hämmerte, wobei der Ort bevorzugt wurde, der das meiste Geld für den Kampf spendete. Seit dem Niedergang des „Rings" kamen ihnen das Steeple-Chasing und die noch kleinere Form des Glücksspiels, das Coursing, zu Hilfe. Neun Zehntel der Kirchturm- und Coursing-Wettbewerbe werden von Gastwirten zum Wohle ihrer Häuser veranstaltet. Einige der Stadtwirte scheinen in der Tat zu glauben, dass das Land nur dafür geschaffen sei, dass dort ihre Streichhölzer zünden, und lassen sich kaum dazu herab, die Grundbesitzer um Erlaubnis zu bitten.

Neulich sahen wir eine Anzeige, in der ein niederer Wirt in einer Industriestadt den Abonnenten seines Jagdclubs versicherte, dass er darauf achten würde, offenes Gelände mit „vielen kräftigen Hasen" auszuwählen, als ob alle Ländereien in der Gegend wären die Nachbarschaft stand ihm zur Verfügung. Ein anderer bewarb eine Hindernisjagd im Zentrum eines guten Jagdgebiets – „Amateur- und Gentleman-Reiter" – mit einem Half-Crown-Comedian am Ende! Stellen Sie sich die Seriosität eines Kirchturmrennens vor, mit einer halben Krone am Ende!

Unser „Aristokrat" wurde nach dem Prinzip des Wohlergehens des Hauses gegründet. Welchen Nutzen die Granddiddle Junction auch für das ganze Land hatte, sie hatte eine sehr nachteilige Wirkung auf das Old Duke of Cumberland Hotel and Posting House, das sie hoch und trocken in einem Winkel zurückließ, der nahe genug war, um von dem Surren und den Geräuschen gequält zu werden Pfeifen der Züge, und doch zu weit weg, um von den Partys, die sie mitbrachten, profitieren zu können. Dieses einst wohlverdiente Gasthaus wurde von einem gewissen Mr. Viney geführt, einem ehemaligen Butler der Scattercash-Familie, der immer noch den üblichen „alten und treuen Diener" -*Eingang* des Nonsuch House hatte und sein Beefsteak und eine Flasche Wein im Zimmer des Stewards einnahm wann immer er anrufen wollte. Viney hatte beim alten Herzog von Cumberland gute Arbeit geleistet; und niemand würde, wenn er ihn „voller Feige" sah, in der feierlichen Erhabenheit seiner stattlichen Person den schmutzigen Messerjungen erkennen, der den Platz eingenommen hatte, der jetzt von dem noch schmutzigeren Slarkey eingenommen wurde. Aber die Tage des Straßenreisens gingen vorbei, und Viney, der unter dem Portikus mit griechischen Säulen seines landhausähnlichen Hotels die Ovationen seines Blumenkohlkopfes zu jeder Beschreibung des Reisenden modulierte – vom herrschaftlichen Besitzer der Kutsche – und - vier, bis hin zum bescheidenen Dargestellten in einem Auftritt - wurde auf einen Schlag vom gesamten weiteren Verkehr abgeschnitten. Er wurde wie ein Gaslicht gelöscht und das Rohr auf eine neue Leitung gelegt.

Zum Glück war Mr. Viney ziemlich warm; er hatte es ziemlich gut gemacht; und nachdem er die Intimität der großen „Jeames" der Eisenbahnzeit genossen hatte, hatte er einen Hinweis bekommen, das Hotel nicht über die Eröffnung der Linie hinaus zu besetzen. Folglich besaß er das große Haus nun für nichts, bis der Besitzer es in den letzten Zufluchtsort für verlassene Häuser umwandeln konnte – eine Akademie oder ein „Seminar für junge Damen". Mr. Viney, der jetzt viel Muße hatte, fuhr häufig mit seiner „Missis" (einst Dienstmädchen einer vornehmen Familie) zum Nonsuch House hinauf, sowohl zum Lüften – denn die Straße war angenehm und malerisch – als auch zum Entspannen Sehen Sie, ob er die „kleine Kleinigkeit" bekommen könnte, die Sir Harry ihm schuldete, für Postpferde, Flaschen Sodawasser und solche Kleinigkeiten, für die Landherren in ihren Posthäusern Punkte einstreichen – Punkte, die selten kleiner werden, je länger sie stehen. Bei diesen Ausflügen machte Mr. Viney die Bekanntschaft von Mr. Watchorn; Und da ein Jäger eine Figur ist, mit der selbst der Wirt eines Gasthauses – wir bitten um Verzeihung, eines Hotels und einer Poststation – ohne Erniedrigung Umgang pflegen kann, kamen Viney und Watchorn intim miteinander in Kontakt. Watchorn sympathisierte mit Viney und versäumte es nie, im Vorbeigehen, sei es beim Training oder auf der Jagd, ein Glas zu trinken, um sich darüber zu beklagen, dass ein so hübsches Haus, das so „auch in der Nähe des Bahnhofs" lag, als Gasthaus ruiniert werden sollte. Nach einem mehr als gewöhnlichen Trankopfer fragte sich Watchorn, der fröhlich mit den Hunden trottete, nachdem er drei leere Tage hintereinander hinter sich gebracht hatte, als er von der Anhöhe des Hammercock Hill mit der cremefarbenen Station auf das umliegende Tal blickte und das rosarote Hotel, das zwischen den Bäumen hervorschaut, ob nicht etwas unternommen werden könnte, um letzteres mitzunehmen. Zuerst dachte er an einen Taubenkampf – ein Gewinnspiel, an dem ganz England teilnehmen konnte – etwa fünfzig Teilnehmer, je zwei Pfund zehn, sieben Tauben, sieben Spatzen, einundzwanzig Yards Steigung, zwei Unzen Schrot und so weiter. Aber andererseits dachte er, dass es schwierig sein würde, an Waffen zu kommen. Ein Coursing-Match – wie würde das funktionieren? Antwort: „Keine Hasen." Die Bauern hatten so laut über das Wild geschrien, dass die Grundbesitzer sie alle erschossen hatten, und nun murrten die Bauern, dass sie keinen Platz bekommen könnten.

„Zerschmettere meine Knöpfe!" rief Watchorn aus; „Das wäre genau das Richtige für eine Hindernisjagd!" Da sind die Hunde des alten Puff und die Hunde des alten Scamp und diese Hunde, die auf das schlecht sortierte Los um ihn herum herabblicken; „Und die Hölle ist drin, wenn wir der Sache nicht einen solchen Anstoß geben könnten, der die Jungs des „Dorfes" zu Fall bringen würde, und eine Menge guter Geschäfte gemacht werden könnten. Ich bin am Boden zerstört, wenn es nicht das richtige Land für ein Hindernisrennen ist!' fuhr Watchorn fort und ließ seinen Blick über Cloverly Park schweifen, um die Einfriedung von Langworth Grange herum und die Anhöhe von Lark Lodge hinauf.

Je mehr Watchorn darüber nachdachte, desto mehr war er von der Machbarkeit überzeugt und trottete am nächsten Tag zum alten Herzog von Cumberland, um seinen Freund zu diesem Thema zu sprechen. Viney war, wie die meisten Opfer, eher auf Geschicklichkeitsspiele fixiert – Billard, Federball, Kegeln, Domino und so weiter – als auf die unhöflichen Möglichkeiten im Freien bei Überschwemmungen und Feldern, und zweifelte zunächst an seiner Fähigkeit, zu kämpfen mit den Details; aber auf Mr. Watchorns Zusicherung, dass er ihn aufrecht halten würde, gab er Mrs. Viney einen Schlüssel und forderte sie auf, in den inneren Keller zu gehen und eine Flasche mit dem grünen Siegel herauszuholen. Das war Sherry für neunzig Schilling – ein sehr gutes Zeug zum Mitnehmen; und als sie in die zweite Flasche kamen, waren sie auch mitten im Plan. Viney war vorsichtig und nachdenklich. Er hatte eine hohe Meinung von Watchorns Klugheit, und solange Watchorn sich auf Gewichte, Pfähle, Pfändungen und so weiter beschränkte, war er zufrieden damit, sich den Händen des Jägers zu überlassen; Aber als Watchorn von „Verwaltern" sprach, die diese und jene Personen zusammenbringen, kam Vineys Erfahrung zugute. Viney wusste ein gutes Geschäft. Er hatte nicht nachlässig vor einer mit Tellern beladenen Anrichte herumgedreht und eine Serviette gedreht, ohne eine ganze Menge Kleinigkeiten und Irrtümer in Form von Eigenheiten, Vorlieben und Abneigungen, Hassgefühlen und Eifersüchteleien aufzusammeln, die törichte Menschen zuvor so frei fallen ließen Diener, als wären die Diener um alles in der Welt selbst Anrichten; und er hatte seinen Bestand an im

Dienst erworbenen Kenntnissen durch einen liberalen, wenn auch nicht die Würde beeinträchtigenden Verkehr – denn es gibt keinen größeren Aristokraten als Ihren außerlivrierten Diener – unter den oberen Dienern aller Familien in der Nachbarschaft aufrechterhalten , so dass er genau wusste, wer zusammenhalten würde und wer nicht, wessen Namen es nicht tun würde, dieser Person gegenüber zu erwähnen, und wen es nicht tun würde, sich vorher zu bewerben.

Da weder Watchorn noch Viney Sportler waren, dachten sie, sie hätten nichts anderes zu tun, als sich an zwei Freunde zu wenden, die es waren; und nachdem sie darüber nachgedacht hatten, wer zu zweit jagen sollte, hatten sie das Pech, sich für unsere Flat Hat-Freunde Fyle und Fossick zu entscheiden. Fyle war über alle Maßen empört darüber, dass man ihn gebeten hatte, Verwalter einer Kirchturmjagd zu sein, und warf den Antrag ins Feuer; während Fossick unten einfach schrieb: „Ich werde dafür sorgen, dass du zuerst gehängt wirst" und es zurückschickte, ohne auch nur einen frischen Kopf auf den Umschlag zu legen. Sie ließen sich jedoch nicht entmutigen und kehrten zum Vorwurf zurück, und ohne den Leser mit unnötigen Details zu belästigen, können wir unserer Meinung nach allgemein zugeben, dass sie mit Mr. Puffington, Guano und Tom Washball schließlich eine hervorragende Auswahl getroffen haben.

HERR. VINEY UND MR. WATCHORN STEHT AUF „DER GROSSE ARISTOKRATISCHE"

Das Glück begünstigte sie auch dabei, einen Ort zum Laufen zu finden, denn Timothy Scourgefield aus Broom Hill, dessen Farm sich über ein gut drei Meilen großes Land mit allen möglichen Hindernissen erstreckte, hatte seinen Pachtvertrag für eine Ermäßigung von dreißig Prozent aufgegeben – ein Verzicht, den sein Vermieter höchst unschön hingenommen hatte –, war Timothy sehr daran interessiert, ihn zu entschädigen, indem er der Farm jeden nur erdenklichen Schaden zufügte, und nichts kann vielversprechender sein, als ein Hindernisrennen darüber zu unternehmen. Scourgefield stimmte daher bereitwillig zu, Viney und Watchorn tun und lassen zu lassen, was sie wollten, unter der Bedingung, dass er am Tor Eintrittsgeld erhielt.

Der Name erregte einige Zeit ihre Aufmerksamkeit, da er nicht mit „Aristokratisch" begann. Der „Great National", der „Grand Naval and Military", der „Sports-man", der „Talli-ho", der „Out-and-Outer", der „Swell" wurden alle in Betracht gezogen und beworben, und so weiter Als sie schließlich als „Aristokraten" bezeichnet wurden, hing es davon ab, ob sie Lord Scamperdale zum Abonnieren brachten oder nicht. Dies wurde durch einen ehrerbietigen Anruf von Mr. Viney bei Mr. Spraggon erreicht, mit einem kleinen Schein über etwa drei Pfund, den er mit der dringendsten Bitte vorlegte, dass Jack dann nicht daran denken würde – wann immer es am bequemsten war an Mr. Spraggon – und dann die Einführung der übersichtlichen Blattliste. Es war ein Glück, dass Viney so leicht zufrieden war, denn der arme Jack hatte nur dreißig Schilling, von denen er seiner Wäscherin acht schuldete, und er war sehr froh, Vineys Geldschein in die Tasche seiner Wunderjacke zu stecken und sich ausschließlich dem geplanten Kirchturm zu widmen -Verfolgungsjagd.

Wie die meisten von uns hatte Jack nichts dagegen, ein wenig Geld zu verdienen; Und während er seine schrecklichen Augen auf das Papier kniff, dachte er darüber nach, welche Pferde sie im Stall hatten, die so etwas hatten; und dann fragte er Viney, ob er ihm eines umsonst anbieten würde, wenn er seine Lordschaft dazu bewegen könnte, es zu schicken. Viney stimmte dem natürlich bereitwillig zu und forderte Jack erneut auf, nicht an seine kleine Rechnung zu *denken , bis es ihm vollkommen* passte – ein Gefallen, den Jack ihm ziemlich sicher gewähren würde – Mr. Viney verabschiedete sich und Jack verpflichtete sich, ihm das Ergebnis zu schreiben. Die Post am nächsten Tag brachte Viney das Dokument – natürlich unbezahlt – mit einem großen „Scamperdale" darauf gekritzelt; und sogleich wurde entschieden, dass das Kirchturmrennen „Grand Aristocratic" genannt werden sollte. Schnell folgten andere Namen, und schon bald erlangte es Bedeutung. In allen Sportzeitungen und angehenden Sportzeitungen erschienen Anzeigen mit den eindrucksvollen Namen der Sportkommissare, des Sekretärs und des Rennleiters Mr. Viney. Die „Grand Aristocratic Stakes" von 20 Sovs. jeweils zur Hälfte verfallen, und 5 £ nur, wenn deklariert, usw. Der Sieger schenkt dem Gewöhnlichen zwei Dutzend Champagner und das zweite Pferd rettet seinen Einsatz. Gentlemen-Fahrer (Titelträger dürfen 3 Pfund wiegen). Über etwa drei Meilen schönes Jagdgebiet unter den üblichen Bedingungen einer Hindernisjagd.
Dann begann das Spiel der „Peeping Toms", „Sly Sams", „Infallible Joes" und „Wideawake Jems" mit ihren Tipps und der Verteilung von Abzügen;

Tom riet seinen zahlreichen und täglich wachsenden Kunden, sich auf den Weg zu Nr. 9, Sardanapalus (der Bart., wie Watchorn ihn nannte), zu machen, während „Unfehlbarer Joe" seinen Freunden und Gönnern empfahl, sich auf Nr. 6 (Herkules) wohlzufühlen. und „Wide-awake Jem" war ganz für etwas anderes. Ein Herr, der sich die Mühe machte, von einem halben Dutzend von ihnen Tipps einzuholen, stellte fest, dass keiner von ihnen in irgendeiner Hinsicht einer Meinung war. Welche Informationen, um Bücher zu machen! „Aber was nützt es", wie unser ausgezeichneter Freund Thackeray eloquent fragt, „jemals aus einem Wettbuch herauszukommen oder hineinzugehen?" „Wenn ich eine Woche lang KALIF OMAR SEIN KÖNNTE ", sagt er, „würde ich jedes einzelne dieser verabscheuungswürdigen Manuskripte in die Flammen werfen; von Mylord's, der bei Jack Snaffles Stall "in" ist und schlechter informierte Schurken und betrügerische Neulinge übertrumpft, bis hin zu Sam's, dem Metzgerjungen, der in der Schankstube Achtzehn-Penny-Quoten bucht und dabei steht Gewinne fünfundzwanzig Bob.' Wir sagen das Gleiche und sind uns nicht sicher, ob wir nicht noch ein oder zwei „Bein"- oder „Listen"-Männer dazuhängen würden.

Watchorn hatte einen eigenen Propheten, einen gewissen Enoch Wriggle, der sich zunächst erfolglos im Schneiderhandwerk, dann als Buchhalter, dann im Brunnenkressehandwerk, danach im Kaufhaus, im Haubenkästchen und schließlich im Schneiderhandwerk versucht hatte in der abgestandenen Hummer- und Immergrünlinie, hatte sich als Orakel in Rasenangelegenheiten etabliert, indem er gegen halbe Kronen die genauesten und unfehlbarsten Informationen an Flats weiterleitete und seine Anzeigen mit den Worten überschrieb: „Wenn es eine Sünde ist, Ehre zu begehren, dann bin ich es." die beleidigendste Seele der Welt! Henoch machte einen beachtlichen Geschäftserfolg und formulierte seinen Rat in solch zweifelhaften Worten, dass er im Allgemeinen in der Lage war, einen Sieg zu erringen, egal wie die Sache ausging. So gedieh die „beleidigende Seele"; und da er kaum Schuhe an den Füßen hatte, baute er schon bald einen Auftritt auf.

KAPITEL LXVIII

Wie der „Großaristokrat" zustande kam

Kirchturmjagden sind im Allgemeinen grobe, schlecht arrangierte Dinge. Nur wenige Sportler werden ein zweites Mal als Sportkommissare fungieren; während das Opfer der weit verbreiteten Täuschung, unseren „Nationalsport" zu bevormunden, der Meinung ist – wie Gentlemen, die das Amt eines Sheriffs oder Kirchenvorstehers innehatten –, dass einmal im Leben genug sei; Daher haben sie immer den Eindruck von Amateurschauspielern. Es gibt immer etwas, das fehlt oder vergessen wird. Entweder vergessen sie die Seile, oder sie vergessen die Waage, oder sie vergessen die Gewichte, oder sie vergessen die Glocke, oder – was noch häufiger vorkommt – einige der Parteien vergessen sich selbst. Auch Landwirte geben sich leicht mit den Vorteilen eines verantwortungslosen Pöbels zufrieden, der über ihre Höfe herfällt, auch wenn einige von ihnen in die verschiedensten Gewänder von Jagd- und Rennkostümen gekleidet sind. Tatsächlich ist es gerade diese Mischung aus zwei Sportarten, die beide verdirbt; Beim Hindernisrennen handelt es sich weder um Jagen noch um Rennen. Es hat weder die wilde Aufregung des einen noch die präzisen Berechnungsqualitäten des anderen. Schon die Pferde haben etwas Eigenartiges an sich – sie sind weder Jäger noch Aussteiger, noch sind sie echte Rennpferde. Einige von ihnen sind zweifellos schöne, gutaussehende und gut trainierte Tiere; Aber die Mehrheit sind dürre, schlanke, eingefallene, traurige, eisengeprägte, verzweifelt misshandelte Rohlinge, denen die lebhafte Energie fehlt, die die Bewegungen des modernen Jägers auszeichnet. In den Anfängen der Kirchturmjagd gab es eine verbreitete Fiktion, dass die Pferde Jäger seien; und Stallknechte und Burschen kamen bei Kontrollen und in kritischen Zeiten grinsend und klauend zu den Jagdhundmeistern und forderten sie auf, sich zu vermerken, dass sie draußen waren, um um Zertifikate zu bitten, dass die Pferde „regelmäßig gejagt" worden seien – eine Art Regelmäßigkeit Nichts könnte unregelmäßiger sein. Dieses Ärgernis hat Gott sei Dank nachgelassen. Ein Hindernisjäger steht heute im Allgemeinen auf seinen eigenen Verdiensten; Eine Veränderung, für die Sportler dankbar sein können.

Aber zu unserer Geschichte.

Das ganze Land war in Aufregung über diesen „Aristokraten". Die Unkultivierten betrachteten es als eine große *Wiedervereinigung* der Aristokratie; und schicke Hauben und Umhänge sowie Jacken und Sonnenschirme wurden mit der Großzügigkeit bestellt, die zu einem fernen Blick auf Weihnachten führte. Als Viney abends an seinem Sherry-Cobler nippte, lachte er über die Vorstellung, dass ein Tagelöhner wie er so viel

Staub aufwirbeln könnte. Von allen Seiten strömten Briefe an den Kursleiter; einige fragen nach Betten; einige über Frühstücke; einige über Einsätze; einige über Ställe; einige über diese Sache, andere über jenes. Jedes Zimmer im Old Duke of Cumberland wurde schnell maßgeschneidert. Postpferde stiegen im Preis, und Dobbin und Smiler, Jumper und Cappy sowie Jessy und Tumbler wurden von den benachbarten Bauern abgeworben und für diesen Anlass in Poster umgewandelt. Endlich kam der große und wichtige Tag – ein großer Tag mit dem Schicksal von Tausenden von Pfund; denn das Wettlisten-Ungeziefer war im ganzen Königreich fleißig seinem Gewerbe nachgegangen, und über die Qualität und den Zustand der Pferde waren allerlei Gerüchte laut geworden.

Wer kennt nicht das kühle Gefühl eines englischen Frühlings, oder besser gesagt eines Tages zum Jahreswechsel, bevor es überhaupt Frühling gibt? Unser Galatag war ein perfektes Beispiel dieser Ordnung – auf weißen Frost folgte eine strahlende Sonne und ein Ostwind, der eine Seite des Gesichts wärmte und die andere verhungerte. Es war weder ein Tag zum Angeln, noch zum Jagen, noch zum Hetzen, noch zu irgendetwas anderem als der Landwirtschaft. Das Land war, bis auf ein paar vereinzelte Rübenbestände, ein einziger schmuddeliger, düsterer Anblick, mit zahlreichen Verbrühungen auf den nicht entwässerten Brachflächen. Das Gras ähnelte eher Hanf als allem anderen. Selbst die Binsen waren gelb und kränklich.

Lange vor Mittag war das ganze Land in Aufruhr. Die gleiche Art von Menschen vermischte sich, wie man es erwarten würde, wenn ein Ballon aufsteigt und ein Mann absteigt oder an der gleichen Stelle aufgehängt wird. Feine Damen in allen Farben des Regenbogens; und dunkelhäutige, perläugige Damen mit ihren tapferen, großkalbigen, Körbe tragenden Kameraden; freundliche junge Leute hinter der Theke; Dandy Candy-Händler hinter der Hecke; rauhaarige Dandys mit ihren silberbeschlagenen Peitschen; und Shaggyford-Roughs mit ihren weiten, wilderähnlichen Mänteln und beeindruckenden Keulen; Wagen und vier und Wagen und Paare; und Gigs und Hundekarren und Whitechapels und Newport Pagnels und lange Karren und kurze Karren und Eselskarren trafen von allen Seiten auf den Anziehungspunkt am Broom Hill zu.

Wenn Farmer Scourgefield einen Mob gebildet hätte, hätte er keinen finden können, der seiner Farm mit größerer Wahrscheinlichkeit Schaden zugefügt hätte als dieser Hindernisjäger. Die Versammlung beschränkte sich auch nicht auf die Bevölkerung des Landes, denn die Granddiddle Junction ermöglichte durch ihre Verbindung mit dem großen Eisenbahnnetz allen Förderern dieses wahrhaft nationalen Sports, wie Wolfsschwärme über den Ort zu strömen; und Zug um Zug spuckte eine großzügige Mischung aus scharfen und flachen Hosen aus, vermischt mit mantellosen Vagabunden mit ausgebeulten Hosen, höchstwahrscheinlich den Abgesandten der Peeping Toms und Infallible Joes, wenn nicht sogar den Würdenträgern selbst.

„Liebes, aber es ist ein edler Anblick!" rief Viney Watchorn zu, als sie auf ihren Pferden unter einem wackligen, mit grünem Filz bedeckten Gerüst saßen, auf dem stand: „GROSSER STAND; Eintritt, Two-and-Sixpence", an die Mauer des Scourgefield-Hofes gelehnt, während er die von allen Teilen herströmende Bevölkerung beäugte. „Liebes, aber es ist ein edler Anblick!" sagte er, schirmte die Sonne vor seinen Augen ab und bemühte sich, die verschiedenen Fahrzeuge in der Ferne zu identifizieren. „Dort kommt wieder der Bus", sagte er und schaute zum Bahnhof, „beladen wie der Rübenwagen eines Gärtners." „Das wird sich lohnen", fügte er hinzu und warf dem Vermieter des Hen Angel, Newington Butts, einen wissenden Blick zu. „Und wen haben wir hier, mit den vier Pferden und den himmelblauen Lakaien? Jawleyford, so wie ich lebe!' fügte er hinzu und antwortete sich selbst; und fügte hinzu: „Der Bettler sollte mir besser bezahlen, was er schuldet."

Wie großartig Mr. Viney war! Manche Leute, die noch nie etwas mit Pferden zu tun hatten, halten es für ihre Pflicht, Stulpenstiefel zu tragen, wenn sie es getan haben, und dementsprechend erscheint Viney zum ersten Mal in seinem Leben in einem Paar bemerkenswert harter, enger Stiefel , Landstiefel, darüber ein Paar ausgebeulte weiße Schnüre, auf denen noch die schmutzigen Fingerabdrücke des Schneiders zu sehen sind. Er trägt einen einreihigen grünen Cutaway-Mantel mit Korbknöpfen, eine schwarze Satinweste mit Rollkragen und einen neuen weißen Seidenhut, der in der hellen Sonne wie ein Fischkessel glänzt. Sein blaugestreiftes Kopftuch wird von einer Schmetterlingsbrosche befestigt. Wer hat jemals einen Wirt gesehen, der einer Brosche widerstehen konnte?

Er reitet auf einer elenden Ratte eines schlecht geschorenen, mausfarbenen Ponys, das unter ihm wie ein Veloziped aussieht.

Sein Begleiter, Mr. Watchorn, ist sehr großartig und lässt sich kaum herab, die Landleute zu kennen, die behaupten, er sei ein Jäger. Er ist Hotelier – Meister des Hen Angel, Newington Butts. Enoch Wriggle steht neben ihnen, gekleidet im imposanten Stil eines Cockney-Sportlers. Er hat in der Öffentlichkeit „Sir Danapalus (der Bart.)" gebrüllt und privat alle Chancen gegen sich genutzt, die ihm in den Weg kamen. Watchorn weiß, dass es einfacher ist, ein Pferd verlieren zu lassen als zu gewinnen. Der ruhelos aussehende, luchsäugige Kaitiff im schmutzigen grünen Schal, dessen Hände in den Vordertaschen des braunen Tarriar-Mantels vergraben sind, ist ihr Jockey, der berühmte Kapitän Hangallows; Er hört auf den Namen Sam Slick in „Mr. Spavin, der Hof des Pferdehändlers in der Oxford Street", wenn er nicht auf dem Land auf ähnlichen Ausflügen in die Gegenwart ist. Und jetzt sind in der Menschenmenge in der Hauptreihe zwei auffällige Pferde – ein geschecktes und ein weißes –, die Mr. Sponge und Lucy Glitters tragen. Lucy erscheint wie bei der Jagd an frostigen Tagen, strahlt vor Gesundheit und Schönheit und strapaziert die Nähte von Lady Scattercashs Kutte mit dem zusätzlichen *Embonpoint*, den sie durch die frühen Morgenstunden auf dem Land erworben hat. Sie hat Herrn Schwamm eine weiße Seidenjacke zum Reiten angefertigt, die er unter seinem grauen Tarriar-Mantel trägt, und eine gleichfarbige Mütze steckt in seinem Schutzhelm. Er hat die gänsegrünen Kordeln durch cremefarbene Leder ersetzt und, um Lucy eine Freude zu machen, die „Hogany-Bouts" tatsächlich durch ein Paar rosafarbene Oberteile ersetzt. Im Großen und Ganzen ist er ein toller Kerl und dem Bräutigam sehr ähnlich.

Aber Achtung – was für ein Absturz! Die Anführer von Sir Harry Scattercashs Schleppe starten vor einem blinden Spielmannshund, der am Tor, das zu den Feldern führt, stationiert ist, ein Rad fängt den Pfosten, und im Nu sind die Scheinkapitäne über die Straße verstreut: Bouncey auf dem Kopf, Seedeyhuck auf der anderen Seite der Räder, Quod auf dem Rücken und Sir Harry rittlings auf dem Tor. Unterdessen spielt der alte Geiger, ungeachtet der Rufe der Männer und der Damen, mit der passenden Melodie „Der Teufel unter den Schneidern!" davon. Ein Ansturm auf die Köpfe der Pferde verhindert weiteres Unheil, die vertriebenen Kapitäne sind endlich wieder aufgerichtet, die Nerven der Damen sind beruhigt, und Sir Harry versucht erneut, sie den Hügel hinauf zur Tribüne zu treiben. Nachdem diese Leistung vollbracht war, folgte das Ausladen, die Bestürzung und das Zusammendrängen der festgeschnürten Insassen bei der Vorstellung, dass diese weiblichen *Frauen* zwischen ihnen auftauchen könnten, und das übliche Spähen, Spionieren und Beobachten der „ *Kreaturen* ". „Was für eine Unverschämtheit!" 'Nun, ich denke!' „Mein Wort!" „Was kommt als nächstes!" – Ausrufe, die angesichts des Lärms, des Flatterns und der Verwirrung der Szene ziemlich untergingen. Aber horcht noch einmal! Was läuft jetzt?

'Hurra!' 'Hurra!' „Hurra!" „Ein Hoch auf den Knappen! Hurra!' Alter Puff, wie wir leben! Das „erstaunliche" Beispiel eines Poplar-Mannes, der von den Swillingford-Snobs begrüßt wurde. Der alte, erfrorene Dandy fühlt sich durch den Jubel geschmeichelt und verneigt sich herablassend, bevor er aus dem gut ausgestatteten Post-Phaeton steigt. Sehen Sie, wie freundlich ihn die Damen empfangen, als er, nachdem er die Treppe hinaufgestiegen ist, unter ihnen erscheint. „Ein Mann ist nie zu alt zum Heiraten", lautet ihre Maxime.

Der Ruf ist immer noch: „Sie kommen!" Sie kommen!' Sehen Sie, wie er im Handgalopp mit seinem braunen Pony in weißem Fell auf Pacey reitet, über beide Ohren grinsend, während sein Wettbuch mit rotem Rücken aus der Brusttasche seines braunen Cutaways herausschaut. Er starrt und klafft, um zu sehen, wer ihn ansieht.

Pacey hat ein Buch geschrieben, wie es niemand außer einem Jungen mit dem Holzkopf wie ihm schaffen könnte. Er wurde mit Trinkgeldern überhäuft. Spanner hatte ihm geraten, Daddy Longlegs zu unterstützen; und, *völlig falsch*, Sneaking Joe hat ihm gesagt, dass der „Baronet" „Kalifornien ohne Cholera und Gold ohne Gefahr" sein wird; Während Jemmy, der Jockey, der damit wirbt, dass seine „Zunge nicht für Unwahrheiten da ist", obwohl wir annehmen sollten, dass sie für nichts anderes verantwortlich gemacht wurde, ihn gedrängt hat, Parvo mit der Hälfte der Staatsschulden zu unterstützen.

Alles in allem hat Pacey ein solches Durcheinander angerichtet, dass er unmöglich gewinnen kann und fast jede Summe von tausend bis einhundertachtzig Pfund verlieren kann. Mr. Sponge kam durch die Vermittlung von Jack Spraggon gut mit ihm klar.

Pacey geht jetzt zu dem, was er „Vergleichen" nennt – er stellt sicher, dass er seine Wetten richtig verbucht hat; und indem er sein rechtes Bein über den Hals seines Kolbens wirft, lässt er sich auf den Boden fallen; und während er das Pony sich selbst überlässt, verschwindet es in der Menge.

Was für ein Trubel! Was für ein Gebrüll und Geschrei und welches Erkennen! „Segne mein Herz! Wer hätte gedacht, dich zu sehen?' und: „Von Jingo! Was hat *dich* hierher geschickt?'

„Meine lieben Waffles", ruft Jawleyford und eilt auf unseren Freund Laverick Wells zu (der sehr verkommen aussieht), „ich bin überglücklich, dich zu sehen." Kommen Sie nach oben und sehen Sie sich Mrs. Jawleyford und die lieben Mädchen an. „Erst letzte Nacht haben wir über dich gesprochen." Und so eilt Jawleyford Mr. Waffles weg, gerade als Waffles wegen seines Pferdes *in größter Sorge ist.*

Wenn man sich in der Szene umschaut, scheint es, dass es jeden gibt, den wir dem Leser im Laufe von Mr. Sponges Tour vorstellen durften. Mr. und Mrs. Springwheat in ihrem Hundekarren, Mrs. Springeys Gestalt sah aus, als ob „der Weizen die vierzig überschritten hätte, Mylord"; Der alte Jog und seine hübsche Frau in dem hässlichen alten Phaeton, gut geschmückt mit Kindern, und ein paar Stöcken im Rough, die aus der Schürze hervorlugten, Gustavus James, hochgehalten in den Armen seiner Mutter, mit der lockigen blauen Feder, die über seiner Nase nickte. Es gibt auch Farmer Peastraw und Gesichter, die wir durch geduldige Betrachtung Dribble, Hook, Capon, Calcot, Lumpleg, Crane of Crane Hall und Charley Slapp aus der Zeit der Rotröcke zuordnen können – die Menschen sehen so unterschiedlich aus in Zivilkleidung zu dem, was sie in Jagdkleidung tun. Hier ist auch George Cheek zu sehen, der schweißgebadet läuft, nachdem er von Dr. Latherington herübergerannt ist, was ihm höchstwahrscheinlich bei seiner Rückkehr auffallen wird; Und oh, Wunder aller Wunder, hier ist Robert Foozle selbst!

„Nun, Robert, bist du zum Hindernisrennen gekommen?"

„Ja, ich bin zum Hindernisrennen gekommen."

„Magst du Hindernisjagden?"

„Ja, ich mag Hindernisjagden."

„Ich wage zu behaupten, dass du noch nie zuvor bei eins warst", bemerkt seine Mutter.

„Nein, ich war noch nie bei einem", antwortet Robert.

Und zu guter Letzt ist hier Facey Romford, mit dem Arm in der Schlinge, auf Mr. Hobler, der gekommen ist, um sich um diesen Sivin-P'und-Ten zu kümmern, den wir uns wünschen, dass er ihn bekommt.

Horchen! Unterhalb der Tribüne befindet sich eine Reihe, und man sieht Viney aufgeregt, wie er sich nach Mr. Washball erkundigt. Pacey hat Einwände gegen einen Gentleman-Fahrer erhoben, und Guano und Puffington waren in diesem Punkt unterschiedlicher Meinung. Ein netter, schlanker, gut aussehender Bursche (Buckrams rauer Reiter) ist auf die Waage gekommen und hat behauptet, dass er als ehrenwerter Kapitän Boville 3 Pfund wiegen darf. Als er den fraglichen Punkt erkennt, gibt er den „Griff" auf und verfällt in den schlichten Kapitän Boville. Pacey hat jetzt überhaupt Einwände gegen ihn. „Verzeihung, Sir; „Verzeihen Sie mir, Sir", sagt unser Freund Dick Bragg lächerlich und nähert sich dem Verweigerer, wobei er mit seiner zurückgedrehten Hand seinen Hut berührt. „Verzeihung, Sir; „Entschuldigen Sie", wiederholt er, „aber ich glaube, Sie hatten Unrecht, Sir, als Sie Einwände gegen Kapitän Boville als Herrn Reiter erhoben haben, Sir."

'Warum?' fordert Pacey im vollen Siegesrausch.

„Oh, Sir – denn, Sir – in der Tat, Sir – er *ist* ein Gentleman, Sir."

„ *Ist* ein Gentleman!" Woher weißt *du* das?' fordert Pacey im gleichen Ton wie zuvor.

„Oh, Sir, er ist ein Gentleman – ein unbestrittener Gentleman." Das zeigt alles an ihm. Tut nichts – Reithosen von Anderson – Stiefel von Bartley; Außerdem trinkt er jeden Tag Wein und hat eine ganze Kiste Zigarren in seinem Schlafzimmer. „Aber vertrauen Sie mir bitte nicht beim Wort", fuhr Bragg fort, als er sah, dass Pacey schwankte; „Vertrauen Sie mir nicht beim Wort, beten Sie." „Irgendwo in der Nähe ist ein Herr, ein Landsmann von ihm", fügte er hinzu und blickte besorgt in die umliegende Menge – „Irgendwo in der Nähe ist ein Herr, ein Landsmann von ihm, wenn wir ihn nur finden könnten," « Bragg stellte sich auf die Zehenspitzen und rief: »Mr. Buckram! Herr Buckram! Hat irgendjemand etwas von Mr. Buckram gesehen?

'Hier!' antwortete eine sanfte Stimme von hinten; Daraufhin drängte sich die Menge mit den Ellbogen, und plötzlich kam ein höchst respektabler, rosiger Kiemen-, grauhaariger, Weißbock aussehender Mann, gekleidet in ein neues braunes Cutaway mit hellen Knöpfen und einem Samtkragen, dazu eine polierte Weste Er drehte mit einer Hand einen Eschenstab und fummelte mit der anderen vor den Augen der Umstehenden an dem Silber in der Tasche seiner tristen Hose herum.

'Oh! 'Hier ist er!' rief Bragg und appellierte hastig an den Fremden: „ *Sie* kennen doch Kapitän Boville, nicht wahr?"

„Nun, was die Sache betrifft", antwortete der Herr, nahm das ganze lose Silber in seine Hand und sprach sehr langsam, genau wie ein Landedelmann, der den ganzen Tag lang nichts zu tun hat. „Was die Sache betrifft", sagte er, während er Pacey aufmerksam beäugte und begann, das Silber langsam fallen zu lassen, während er sprach, „ich kann nicht sagen, dass ich etwas Besonderes habe. " ticklar 'Bekanntschaft mit dem Kapitän. Ich kenne ihn natürlich, so wie man den Sohn eines Nachbarn kennt. „Der Kapitän ist viel jünger als ich", fuhr er fort und hob seine neue Acht- und Sechs-Penny-Pariser, als wollte er sein sandgraues Haar zeigen. „Ich bin fast sechzig; und ich wage zu behaupten, dass er kaum älter als zwanzig ist, und ließ dabei eine halbe Krone fallen. „Aber der Kapitän ist ein netter junger Herr – ein netter junger Herr, ohne jede Schmeichelei, würde ich sagen; und das ist mehr, was man heutzutage nicht mehr von allen jungen Herren sagen kann", sagte Buckram, während er Pacey ansah, während er sprach, und ließ zwei aufeinanderfolgende halbe Kronen fallen.

„Warum, aber du wohnst in seiner Nähe, nicht wahr?" unterbrach Bragg.

„In seiner Nähe", wiederholte Buckram und befühlte nachdenklich sein gut rasiertes Kinn. „Ja, das heißt, in der Nähe seines Vaters. „Tatsache ist", fuhr er fort, „ich bin ein wenig unabhängig, indem er ein schweres Fünf-Schilling-Stück fallen ließ, als er es sagte", und sein Vater – der alte Bo, wie ich ihn nenne – gesellt sich zu mir; Und wenn einer von uns eine *Battue* hat oder eine Tante Wenzun und ein paar Freunde, dann laden wir uns gegenseitig ein, und wicey wersey, wissen Sie, und geben eine Menge Schilling und Sixpence ab. Und gerade in dem Moment stimmte der blinde Geiger „Der Teufel unter den Schneidern" an, als die Schreie und das Gelächter der Menge die Szene beendeten.

Und nun werfen Herren, die bisher nicht mehr Jockey gezeigt haben, als Aschenputtels Füße zu Beginn der Pantomime ihre Ballkleidung offenbaren, plötzlich ihre Erbsenjacken und Bärenfellumhänge sowie Schals und Mäntel des Winters ab und strahlen hervor in all dem seidenen Flattern der Sommerhitze.

Wir kennen keinen demütigenderen Anblick als unförmige Herren, die Jockeys spielen. Mit Soldaten zu spielen ist schon schlimm genug, aber mit Jockeys zu spielen ist unendlich schlimmer – vor allem mit Hindernis-Jockeys zu spielen, die, wie sie es im Allgemeinen tun, alle schlimmsten Eigenschaften des Jagdreviers und der Rennbahn in sich vereinen – unsympathische Stiefel und Hosen, schmutzig Jacken, die nie passen, und Mützen, die nicht halten. Was für eine Farce zu sehen, wie die großen, massigen Kerle mit auf dem Rücken festgeschnallten Sätteln zur Waage gehen, als wollten sie veranschaulichen, dass es unmöglich ist, eine Runde Rindfleisch auf einen Puddingteller zu legen!

Aber die Eingewogenen nehmen zu. Sehen Sie, da wird Jack Spraggon zu Daddy Longlegs hochgezogen! Hat jemals ein Sterblicher einen solchen Mann als Jockey gesehen? Er hat die Schöße einer atemberaubenden Tartan-

Jacke abgeschnitten und sieht aus wie ein tolles Backgammon-Brett. Er hat seinen Kopf in eine alte militärische Futtermütze mit Goldstreifen gesteckt, die fast bis zum Rand seiner großen Schildpattbrille reicht. Lord Scamperdale steht mit der Hand auf der Mähne des Pferdes, spricht ernst mit Jack und gibt ihm zweifellos seine letzten Anweisungen. Andere Jockeys kommen aus verschiedenen Teilen der Wirtschaftsgebäude; einige außerhalb der Ställe; einige aus Kuhställen; andere unter Wagenschuppen. Die Szene wird durch die vielfältigen Farben der Reiter belebt – Rot, Gelb, Grün, Blau, Violett und Streifen ohne Ende. Dann kommt die übliche Schwierigkeit hinzu, die Parteien zu identifizieren, von denen viele Mütter sie nicht kennen würden.

„Das ist Captain Tongs", bemerkt Miss Simperley, „im Blauen." Ich erinnere mich, dass ich mit ihm in Bath getanzt habe und er nichts anderes getan hat, als über Kirchturmrennen zu reden.'

„Und wer ist das in Gelb?" fragt Miss Hardy.

„Das ist Captain Gander", antwortet der Herr zu ihrer Linken.

„Nun, ich denke, er wird gewinnen", antwortet die Dame.

„Ich wette mit Ihnen, dass er keine Handschuhe trägt", schnappt Miss Moore, die sich für Captain Pusher in Rosa interessiert.

„Was für ein untersetzter kleiner Jockey!" ruft Miss Hamilton aus, als ein kleiner Knödel von einem Mann in Lincolngrün auf einem schönen braunen Pferd am Stand vorbeigeführt wird und jemand den Reiter als unseren alten Freund Caingey Thornton erkennt.

„Und schau, wer hierher kommt?" flüstert Miss Jawleyford ihrer Schwester zu, während Mr. Sponge, nachdem er einen Aufritt ohne Gemütsverwirrung geschafft hat, Herkules ruhig an der Tribüne vorbei reitet, die Peitschenhand auf seinem Oberschenkel ruhend und den Kopf seiner schönen Begleiterin auf dem Weiß zugewandt.

„Oh, der Elende!" spottet Miss Amelia; und die schönen Schwestern schauen erst Lucy und dann ihn mit größtem Abscheu an.

Mr. Sponge könnte nun ein halbes Dutzend Stürze hinter sich haben, bevor einer von beiden auf die Idee kommt, ihn ausbluten zu lassen.

Lucys Wangen sind ziemlich blass von dem „bleichen Schimmer ihrer Gedanken", denn sie ist nicht ausreichend in die Geheimnisse des Kirchturmrennens eingeweiht, um zu wissen, dass es für einen Mann oft genauso gut ist, zu verlieren wie zu gewinnen, was gerade noch der Fall war Eine stillschweigende Einigung zwischen Sponge und Buckram sollte bei dieser Gelegenheit der Fall sein, da Buckram ungewöhnlich gut mit der

Verlierermelodie zurechtgekommen war. Vielleicht dachte Lucy jedoch an die Gefahr und nicht an den Nutzen der Sache.

Die jungen Damen auf der Tribüne beäugen sie mit einer Mischung aus Mitleid und Verachtung, während die Älteren den Kopf schütteln, sie als dreistes Luder bezeichnen, behaupten, sie sei nicht so hübsch, und hinzufügen, dass sie „nicht gekommen wären, wenn sie das gewusst hätten". ,' &C. &C.

Aber es ist halb zwei (eineinhalb Stunden später), und einige der Parteien zeigen endlich die Bereitschaft, zur Post zu gehen. Man sieht, wie breitrückenige, farbige Jockeys auf diese Weise zusammenkommen, und die Wettleute kommen näher und werden immer lauter, wenn es um Quoten geht. Was für ein Trubel! Wie sie brüllen! Wie sie brüllen! Eine allgemeine Taubheit scheint über sie alle gekommen zu sein. „Sieben zu eins ,Gewinn den Bart!'" schreit einer: „Ich nehme acht!" brüllt ein anderer. „Fünf zu eins Agen Herc'les!" schreit ein dritter: „Fertig!" brüllt ein Viertel. „Zweimal!" gesellt sich zu dem anderen: „Fertig!" antwortet der Abnehmer. „Ar'll take five to one agin the Daddy!' – „I'll take six!" „Was wird irgendjemand ,Gin Parvo' legen?" Und so sorgten sie für einen solchen Aufruhr, dass das Quietschen, Quietschen, Quietschen der

„Teufel unter den Schneidern"

ist kaum zu hören.

Dann, in einer teilweisen Flaute, erhebt sich die Stimme von Lord Scamperdale und ruft: „Oh, du abscheulicher Hobgoblin, Vollidiot von einem Jungen!" Sie denken, weil ich ein Lord bin und nicht schwören oder grobe Ausdrücke verwenden kann –' Und wieder der Tumult, angeführt von dem

„Teufel unter den Schneidern"

übertönt die Ausrufe des Sprechers. Es ist wieder dieser Pacey; er beschuldigt den tugendhaften Mr. Spraggon, sein zusätzliches Gewicht Lord Scamperdale zu überlassen; und Jack, im vollen Bewusstsein verletzter Schuldgefühle, deutet an, dass das Blut der Spraggons das nicht ertragen wird – dass es „nur *eine* Möglichkeit gibt, die Sache zu regeln, und er wird eine halbe Stunde nach dem Rennen für Pacey bereit sein."

Endlich sind alle Pferde draußen – eins, zwei, drei, vier, fünf, sechs, sieben, acht, neun, zehn, elf, zwölf, dreizehn, vierzehn, fünfzehn – fünfzehn, und bewegen sich in alle Richtungen: einige nehmen mit ein Aufwärtsgalopp, andere ein Abwärtsgalopp; Einige traben würzig, andere gehen hin und her;

solange man noch die Schnauze trägt, damit er seinen Reiter nicht ablöst und ihn frisst; und der Stallknecht eines anderen folgt ihm und fleht die Menge an, ihm auf den Fersen zu bleiben, wenn sie ihren Kopf nicht in ihren Händen haben wollen. Die laute Glocke ruft endlich die verstreuten Kräfte zum Posten, und die bunten Reiter bilden eine möglichst gute Linie, wie es die Umstände erlauben. Gerade als Mr. Sponge den Kopf seines Pferdes dreht, reicht Lucy ihm ihre kleine silberne Sherryflasche, die unser Freund bis auf den Rest leert. Als er es mit einem warmen Druck ihrer weichen Hand erwidert, sprengt eine aufgestaute Tränenflut ihre Grenzen und durchdringt ihre glänzenden Augen. Sie wendet sich ab, um ihre Gefühle zu verbergen; im selben Moment zerreißt ein wilder Schrei die Luft – „Surren!" Sie sind weg!'

Dreizehn entkommen, einer wendet sich ab, und unser Freund im Lincoln Green bleibt zurück, indem er ein *Pas Seul vollführt* und das sich aufbäumende Pferd unter einem Eid fragt, ob es denkt, „er hat es gestohlen"? während der Mob schreit und brüllt; und ein böser Witzbold, im Trainerjargon, rät ihm, die Differenz zu bezahlen und reinzukommen.

Aber was für eine Demonstration der Reitkunst wird in den Flyern gezeigt! Tongs löst sich am ersten Zaun, das Pferd rennt direkt auf einen Teich zu, während die anderen in großer Zahl weiterrasseln. Der zweite Zaun ist klein, aber auf der anderen Seite gibt es einen Graben, und Pusher und Gander messen ihre Längen einzeln auf der dahinterliegenden Binsenweide. Es sind immer noch zehn übrig, und niemand hat jemals damit gerechnet, dass diese das andere Ende erreichen.

„Meister gewinnt, für ein ‚undr'd!'" ruft Leather aus, als Mr. Sponge beim Betreten des dritten Feldes die Führung übernimmt; und Lucy, ermutigt durch das Geräusch, schaut auf und sieht, wie ihre „weiße Jacke" die trockene Brache in die Fläche des Feldes wirft.

„Oh, wie sehr ich das hoffe!" ruft sie aus und faltet ihre Hände mit nach oben gerichteten Augen; Doch als sie einen weiteren Blick wagt, sieht sie, wie der alte Spraggon auf ihn losgeht, Hangallows' flammend rote Jacke nicht weit entfernt und mehrere andere näher, als ihr lieb ist. Immer noch begann sich der Schwanz zu formen. Ein weiterer Zaun, und zwar ein großer, zieht es hinaus. Eine gestreifte Jacke ist heruntergelassen, und das Pferd sinkt nach vergeblichem Versuch, aufzustehen, leblos zu Boden. Weiter geht es trotzdem!

Aus den Zuschauern ertönt lautes Wettgeschrei, und Buckram kommt gut zur Flanke.

Es sind jetzt fünf vorne – Sponge, Spraggon, Hangallows, Boville und ein weiterer; und schon beginnt das Tempo zu merken. Es war nicht möglich, es mit dem Tempo zu betreiben, mit dem sie begonnen hatten. Spraggon versucht verzweifelt, die Führung zu übernehmen; und Sponge, der Boville als nützlich erachtet, zieht sein Pferd und lässt das Leichtgewicht mit der Kastanie über eine raue, schwere Brachfläche spielen. Jack gibt die Sporen und peitscht, grinst und schäumt vor dem Mund. Dadurch wird die ovale Strecke zur Hälfte umrundet. Jetzt stehen sie direkt vor dem Hügel, und die Zuschauer blicken mit großer Besorgnis; bald rufen sie den Namen dieses Pferdes, bald jenes aus; Jetzt schreit er: „Rote Jacke!" jetzt 'Weiß!' während der blinde Geiger bei der alten Melodie von „Der Teufel unter den Schneidern" beharrt.

„Jetzt kommen sie zum Bach!" ruft Leather aus, der über dem Boden war; und während er spricht, sieht Lucy deutlich, wie Mr. Sponge sich bemüht, das Problem zu klären; und – oh, Schrecken! – das Pferd fällt – es ist unten – nein, es ist oben! – und ihr Geliebter sitzt wieder auf seinem Platz; und sie schmeichelt sich, dass es ihr Sherry war, der ihn gerettet hat. Splash! – ein Pferd und ein Reiter ducken sich darunter; drei kommen rüber; zwei gehen hinein; Jetzt schafft es ein anderer, und der Rest macht Schluss.

Was für ein Platschen und Schreien und Auspeitschen und Anspornen, und wie aussichtslos die Chance für einen von ihnen, seinen verlorenen Boden wiederzugewinnen. Das Rennen liegt nun klar zwischen fünf. Nun zur Wand! Es ist fünf Fuß hoch, aus schweren Blöcken gebaut und im abgesteckten Teil stabil. Als er sich ihm nähert, lehnt sich Jack weit zurück, packt Daddy Longlegs gut am Kopf und gibt ihm mit der Peitsche eine Auffrischung. Es ist Jacks letzter Zug! Sein Pferd kommt mit nach vorne geneigtem Hals und Kruppe und rollt Jack wie einen Kammgarnknäuel auf die andere Seite. Im gleichen Moment geht Multum in Parvo auf Hochtouren; und ohne sich einen Zentimeter zu erheben, schickt er Kapitän Boville in die eine Richtung, seinen Sattel in die andere, sich selbst in die dritte und die Steine in alle Richtungen. Dann schlüpft Mr. Sponge durch, dicht gefolgt von Hangallows und einem Jockey in Gelb, gefolgt von einem Dreier-Tail. Dann setzen sie auf der anschließenden zwanzig Hektar großen Weide so viel Kraft auf, wie sie können.

Der Weiße! – der Rote! – der Geschrei! Der Rote! – der Weiße! – der Geschrei! und jedermanns Rasse! Ein Laken würde sie bedecken! – Riss! Schlag! Riss! wie sie auspeitschen! Herkules zuckt zusammen, als er das Geräusch hört.

Viele der aufgeregten Zuschauer fangen an, zu grüßen, rittlings zu sitzen und ihre Arme zu bewegen, als ob ihre Gesten und Laute das Rennen unterstützen würden. Lord Scamperdale steht wie gebannt da. Er starrt durch seine silberne Brille auf die seltsam liegende Kugel, die den armen Spraggon darstellt.

„Beim Himmel!“ ruft er mit leiser Stimme aus: „Ich glaube, er ist getötet!“ Und dann schwang er sich die Tribünentreppe hinab, stürzte zu seinem Pferd und stürmte, die Sporen an die Seite legend, quer durch das Land bis zur Stelle.

Lange bevor er dort ankam, kündigte der zunehmende Aufruhr der Zuschauer den Endkampf an; und als er über seine Schulter blickte, sah er, wie White Jacket sein Pferd nach Hause drückte, dicht gefolgt von Red, und am Siegerpfosten vorbeischoss.

„Verdammt, Herr Schwamm!“ knurrte Seine Lordschaft, als der Jubel der Gewinner die Szene beendete.

„Der Rohling hat trotz ihm gewonnen!“ keuchte Buckram und wurde bei diesem Anblick tödlich blass.

KAPITEL LXIX

Wie andere Dinge zustande kamen

„Es war schwer zu sagen, ob Lucys Freude über Sponges Sicherheit oder Lord Scamperdales Trauer über den Tod des armen Spraggon am überwältigendsten war." Jeder fand Erleichterung in einer Flut von Tränen. Lucy schluchzte und lachte, und schluchzte und lachte wieder; und es schien, als würde ihr kleines Herz seine Grenzen sprengen. Der Pöbel, der stets aufgeschlossen für Gefühle war – insbesondere für das Gefühl der Schönheit –, jubelte und schrie, als sie mit ihrem Geliebten vom Sieger- zum Wiegepfosten ritt.

'A', sie ist eine hübsche Frau!' rief ein Landsmann und sah ihr aufmerksam ins Gesicht.

„Das ist sie!" rief ein anderer und tat dasselbe.

„Ein Hoch auf die Dame!" rief ein großer Shaggyford-Rough, nahm seine Wollmütze ab und wedelte damit.

'Hurra! Hurra! Hurra!' rief eine Gruppe flanellgekleideter Marinesoldaten.

„Drei für weiße Jacke!" Dann brüllte ein Metzger im blauen Kittel, der bei dem Rennen ebenso viele halbe Kronen gewonnen hatte. – Drei Hochrufe wurden für den unwilligen Sieger ausgesprochen.

„Oh, mein armer lieber Jack!" rief Seine Lordschaft, warf sich vom Pferd und rang verzweifelt die Hände, als eine ausgewählte Gruppe von Fingerhuthändlern, die Jack zu Hilfe gekommen waren, ihn aufrichteten und sein gespenstisches Gesicht mit zusammengekniffenen Augen nach innen drehten. und der Schaum war immer noch auf seinem Mund, voll auf ihm. „Oh, mein armer lieber Jack!" wiederholte Seine Lordschaft, sank neben ihm auf die Knie und ergriff seine steif werdende Hand, während er sprach. Seine Lordschaft sank überwältigt auf den Körper.

Die Fingerhuthändler nutzten dann die Gelegenheit, um seiner Lordschaft und Jack ihre Wachen und die wenigen Schilling, die sie bei sich hatten, zu entziehen, und machten sich auf den Weg.

Wenn ein Herr in Not ist, lässt der Trost nie lange auf sich warten; und Lord Scamperdale hatte die ersten Kummeranfälle kaum überwunden und Jacks Mütze und die Bruchstücke seiner Brille aufgehoben, als Jawleyford, der bemerkt hatte, dass er plötzlich von der Tribüne wegging und durch das Land huschte, an der Stelle eintraf. Seine Lordschaft befand sich noch immer im tiefsten Schmerz; Er hielt immer noch Jacks kalte Hand fest und benetzte sie mit seinen Tränen.

„Oh, mein lieber Jack! Oh, mein lieber Jawleyford! Oh, mein lieber Jack! „schluchzte er, während er sich mit einem roten Baumwolltuch die Tränen von den Grizzly-Wangen wischte. „Oh, mein lieber Jack! Oh, mein lieber Jawleyford! Oh, mein lieber Jack! „, wiederholte er, als sich eine neue Flut über die zerklüftete Oberfläche ausbreitete. „Oh, was für ein Tr-Reasure, was für ein Tr-Tr-Trumpf er war. So etwas werde ich nie wieder bekommen. Niemand konnte ein Fi-Fi-Feld besser beherrschen als er; kein hu-hu-Humbug über ihn – war nie su-su – so ein feiner, natürlicher Bl-bl-Bösewicht"; und dann erstickten seine Gefühle völlig, als er sich daran erinnerte, wie leicht Jack zufrieden war; wie er sich von Kutteln und Kuhfersen ernähren, fetten Haferbrei zum Frühstück aufwischen konnte und sich nie darüber beschwerte, dass man ihn auf ein schlechtes Pferd setzte.

Die Nachricht vom Tod eines Mannes erreichte bald den Hügel und lenkte die Aufmerksamkeit des Mobs von unserem Helden und unserer Heldin auf sich, was zu einer solchen Bevölkerungsverteilung auf der Farm führte, dass Scourgefield, der da stand und dem Absturz des Flugzeugs zusah, höchst erfreulich gewesen sein muss Zäune und den Abriss der Tore, während er darüber nachdachte, wie er seinen Vermieter abbezahlen würde.

Als Jawleyford den unhöflichen, unhöflichen Charakter des Pöbels sah, packte er Seine Lordschaft beim Arm und führte ihn zum Hügel. Seine Lordschaft schwankte, anstatt zu gehen, und erging sich in allerlei wilden, unzusammenhängenden Schreien und Wehklagen.

„Singe laut, Jack! singt!' schrie er, als hätte er die Qual, von seinen Hunden überritten zu werden; Dann schüttelte er seinen Kopf und sagte: „Ah, armer Jack, armer Jack!" wird nie wieder auf seinesgleichen blicken – wird einen solchen Mann nie dazu bringen, den Aufruhr zu lesen und sich an alles zu halten.' Und dann strömten ihm erneut Tränen ins Gesicht.

Die geringfügigen Verluste dieser wenigen krampfhaften Momente des Schlachtens können kurz ignoriert werden, obwohl sie zahlreicher waren, als die meisten Sportler in ihrem Leben auf der Jagd sehen.

Ein Pferd brach sich den Rücken, ein anderes ertrank, Multum in Parvo wurde völlig in Stücke gerissen, sein Reiter hatte zwei Rippen und einen Daumen gebrochen, während Farmer Slyfields Stapelplatz von einigen umherziehenden Stämmen in Brand gesteckt und sein gesamter unversicherter Inhalt zerstört wurde – so dass sein Vermieter nicht der Einzige war, der unter dem großen Ereignis litt.

Doch das war noch nicht alles, denn als Mr. Numboy, der Gerichtsmediziner, von Jacks Tod hörte, führte er eine Untersuchung der Leiche durch. und nachdem er eine sachliche Jury eingesetzt hatte – Männer, die weder aus politischer, kommerzieller, landwirtschaftlicher noch nationaler Sicht den Vorteil des Kirchturmrennens erkannten, und die die Linie untersucht und fast gefunden hatten Jeder Zaun war gefährlich, und die Mauer und der Bach noch dazu in doppelter Hinsicht, erwirkte ein Urteil wegen Totschlags gegen Mr. Viney, weil er ihn angelegt hatte, und er wurde sofort in das Bezirksgefängnis von Limbo Castle gebracht, wo ihm der Prozess bei den folgenden Schwurgerichten bevorstand, von wo aus wir uns dem anschließen sollten Der wohlwollende Gerichtsschreiber wünschte ihm eine gute Befreiung.

Viele der zähen „Spitzen" ließen laut siegestrompeten und verkündeten, dass ihre zahllosen Freunde ihre Nester durch ihre Vermittlung zum Schweigen gebracht hätten; aber Spanner und Unfehlbarer Joe und Enoch Wriggle, „die beleidigende Seele" usw. fanden es bequem, aus ihren jeweiligen Einrichtungen zu fliehen und ihre großen Feuerschirme, Campinghocker und Bretter zum Anbringen ihrer Listen mit sich zu führen , und Niederlassung unter neuen Namen in anderen Vierteln; während der Hen Angel kurz darauf geschlossen und die Präsentationsterrine zu „weißer Suppe" verarbeitet wurde.

So viel zum „kleinen Hirsch". Wir werden nun ein abschließendes Kapitel den „großen Geschützen" unserer Geschichte widmen.

KAPITEL LXX

Wie LORD SCAMPERDALE UND CO. davonkamen

Die Nerven unseres edlen Herrn wurden durch die beklagenswerte Katastrophe für den armen Jack so schrecklich erschüttert, dass er fast unbewusst in Jawleyfords Kutsche stieg oder vielmehr gestoßen wurde und von der Strecke nach Jawleyford Court gefahren wurde.

Dort blieb er so lange, dass Mrs. Jawleyford ihn davon überzeugen konnte, dass er weitaus besser verheiratet wäre und dass eine ihrer liebenswürdigen Töchter ihn zu einer hervorragenden Ehefrau machen würde. Seine Lordschaft beschloss nach sehr reiflicher Überlegung und vielen prüfenden Blicken auf beide durch seine beeindruckende Brille, sich zu fragen, wer ihn am wenigsten ruinieren würde, schließlich, Miss Emily zu nehmen, die Jüngste, wenn auch schon seit langer Zeit Der Sieg war zweifelhaft, und Amelia übte ihren „Scamperdale"-Gesang bis zum Schluss mit unvermindertem Eifer und Selbstvertrauen. Wir glauben, wenn die Wahrheit bekannt wäre, wäre es ein leichter Hauch von Rouge gewesen, von dem Amelia glaubte, dass er die Sache klären würde, der seine Lordschaft gegen sie entschieden hat. Wir freuen uns, sagen zu können, dass Emily eine ausgezeichnete Ehefrau aus ihm macht und dass sie sich durch ihre Karriere als Gräfin nicht den Kopf verdrehen lässt. Sie hat seine Herrschaft erstaunlich verbessert, ihm schicke neue Kleidung besorgt und ihn überredet, sich einen buschigen Schnurrbart bis unter sein Kinn wachsen zu lassen, und tastet sich jetzt an einen Schnurrbart heran.

Woodmansterne ist ein ganz anderer Ort. Sie hat eine richtige Einrichtung zusammengestellt und ihn dazu gebracht, in die lange Zeit weggeräumten Firmenräume zu locken. Obwohl er immer noch seinen früheren Kuhabsatz und andere Köstlichkeiten genießt, erscheinen sie nicht auf dem Tisch; während er bei allen Gelegenheiten seine silbermontierte Brille trägt. Das Obst und das Wildbret werden kostenlos verteilt, und als Gegenleistung für unsere Aufmerksamkeit haben wir eine Keule bekommen.

Das Beste von allem ist, dass Lady Scamperdale seine Lordschaft dazu gebracht hat, dem armen Jack ein hübsches Marmordenkmal zu errichten, anstelle des billigen Landsteins, den er beabsichtigt hatte. Die Inschrift besagt, dass es von Samuel, dem achten Earl of Scamperdale, und Viscount Hardup in der Peerage of Ireland zum Gedenken an John Spraggon, Esquire, den besten Sportler und treuesten Freund, errichtet wurde. Wer oder was Jack war, wusste niemand, und da er nur einen Hut und achtzehn Pence zurückgelassen hatte, hat sich noch kein nächster Verwandter gemeldet.

Jawleyford hat der Ehre der Scamperdale-Allianz nicht ganz so gut standgehalten wie seine Tochter; und als wir Amelia unser „Amaazin"-Beispiel eines Poplars anboten, vielleicht ausgelöst durch den Wunsch, den alten Scamp als Schwager zu haben, wurde Jaw kehlig und konsequent, gesäumt und beschnitten und tat so, als ob er es wäre steif darüber. Puff brachte jedoch so gewichtige Zeugnisse hervor, dass er bald seinen gewohnten Einfluss ausübte. Zu gegebener Zeit schlug Puff sehr großmütig vor, sein Rudel mit dem von Lord Scamperdale zu vereinen und die Kosten einer Einrichtung zwischen ihnen aufzuteilen, wozu seine Lordschaft bereitwillig zustimmte, und Puff riet, Bragg loszuwerden, indem er ihm die Hunde gab, was er auch tat; und diese große sportliche Koryphäe kann man jeden Montag bei Tattersall's dabei beobachten, wie er sich selbst „sceuse" und den Hundeführern seine Dienste anbietet – obwohl er immer noch ein „Qualitätslokal" bevorzugt.

Benjamin Buckram, der Gentleman mit der geringen Unabhängigkeit, den wir leider sagen müssen, ist in die „Schlechte" geraten. Verärgert über den Verlust, den er durch den Sieg seines Pferdes im Hindernisrennen erlitten hatte, startete er einen unüberlegten Angriff auf die Kasse der London and Westminster Bank; und mit dreizig Jahren und zehn Jahren war dieser angesehene „Turfite", der ungestraft an fast allen großen Raubüberfällen der letzten vierzig Jahre teilgenommen hatte, zum Transport verurteilt. Und doch haben wir gesehen, wie dieser verrückte Kapitän – denn auch er war zeitweise Kapitän – sich unter einigen der höchsten und edelsten des Landes um Chancen drängte und brüllte!

Leder hat sich bis zum Führerstand hinabgesenkt, dessen vornehmes Schmuckstück er zu sein verspricht. Er treibt sein Unwesen auf den Ständen von Piccadilly und lässt Mr. Sponge, wie er es nennt, mit drei und sechs Pence pro Woche belasten, unter der Drohung, den Raubüberfall aufzudecken, den Sponge an unserem Freund Mr. begangen hat. Waffeln. Wir freuen uns, hinzufügen zu können, dass dieses flüchtige Genie ganz gut ist und für die Aufmerksamkeit jeder jungen Dame offen ist, die glaubt, einen wilden jungen Mann zähmen zu können. Seine finanziellen Angelegenheiten sind nicht unwiederbringlich.

Und nun zum Helden und der Heldin unserer Geschichte. Die Sponges – denn unser Freund heiratete Lucy kurz nach dem Hindernisrennen – blieben in Nonsuch House, bis die Gerichtsvollzieher eintrafen. Sir Harry flüchtete dann nach Boulogne, wo er kurz darauf starb, und Bugles heiratete meine Dame sehr würdig. Sie leben jetzt in Wandsworth; Mr. Bugles und Lady Scattercash, sehr „großartig" – wie Bugles sagt.

Obwohl Mr. Sponge durch den Sieg im Hindernisrennen nicht so viel gewonnen hatte, wie er es gehabt hätte, wenn Hercules ihm erlaubt hätte, es zu verlieren, schnitt er dennoch recht gut ab; und nachdem er schließlich aus dem Nonsuch House ausgehungert war, kam er in seinem alten Quartier, dem Bantam, in der Bond Street an, wo er seine Aufmerksamkeit sehr ernsthaft darauf richtete, für Lucy und den kleinen Schwamm zu sorgen, der nun seinen Prospekt herausgegeben hatte. Er dachte über alle Möglichkeiten und Mittel nach, ohne Kapital Geld zu verdienen, und lehnte Australien und Kalifornien als ungeeignet für Sportler und Männer ab, die ihre *Moggs lieben* . Lucy, eine professionelle Hindernisjägerin, schimpfte und erklärte, sie würde lieber zu ihren Flaggenübungen bei Astley zurückkehren, sobald sie dazu in der Lage sei, als dass ihr lieber Schwamm auf diese Weise seinen Hals riskiere. Unser Freund begann schließlich zu befürchten, dass es nicht so einfach sei, Glück zu machen, wie er dachte – tatsächlich war er sich dessen bald sicher.

Eines Tages, als er geistesabwesend aus dem Fenster des Bantam-Kaffeezimmers starrte, zwischen den goldenen Etiketten „Heiße Suppen" und „Abendessen", überkam ihn plötzlich ein Anfall tugendhafter Empörung über die verrufenen Betrügereien, die prinzipienlose Abenteurer auf dem Bantam-Kaffeesalon übten Er war der unvorsichtigen Öffentlichkeit ähnlich wie bei Wettbüros und beschloss, dass er der heilige Georg sein würde, der diesen großen Drachen des Missbrauchs tötete. Dementsprechend investierte er nach gebührender Rücksprache mit Lucy alles in die Einrichtung und Dekoration des prächtigen Lokals in der Jermyn Street, St. James's, das heute als SPONGE AND CIGAR BETTING ROOMS bekannt ist und dessen Reichtum weder Kugelschreiber noch Bleistift gerecht werden können.

Wir müssen unsere Leser daher dringend bitten, dieses Emporium der Ehrlichkeit zu besuchen, wo sie nicht nur Listen über alle wichtigen Ereignisse des Tages finden, sondern auch einen *Mogg trinken können* , während sie sich eine von Lucys unvergleichlichen Zigarren gönnen; und Adlige, Herren und Offiziere der Haustruppen können mit Krediten zu ihrer persönlichen Sicherheit in beliebiger Höhe untergebracht werden. Aus Mr. Sponges letzten Anzeigen geht hervor, dass er 116.300 Pfund zu dreieinhalb Prozent zu leihen hat.!

„Was für eine Farce", glauben wir, hören wir einen unternehmungslustigen Jugendlichen ausrufen – „was für eine Farce, anzunehmen, dass ein so bedürftiger Schlingel wie Mr. Sponge, der alle betrogen hat, Geld hat, das er leihen oder mit dem er Wetten bezahlen kann." er verliert!' Richtig, junger Herr, richtig; Aber es ist keine größere Farce, als anzunehmen, dass einer der plausiblen Geldverleiher oder unfehlbaren „Tipps", mit denen Sie vielleicht in Verbindung standen, auch welche haben, falls es nötig sein sollte. Nein, so schlecht er auch ist, wir werden den alten Soapey dafür unterstützen, dass er besser ist als alle anderen – mit diesem Lob sagen wir ihm herzlichst ADIEU
.

FUSSNOTEN:

[1] Frage: „Snob"? – Printer's Devil.

[2] Der poetische Bericht über die Taten der Dublin Garrison Dogs, in *Bell's Life*.

[3] *Sehen Sie sich* „Die Berichte von Barnwell und Alderson" an.

[4] „S" für Scamperdale, was zeigt, dass sie seiner Lordschaft gehörten.